泛台海区域国学家文库

林惠祥文集

(上)

蒋炳钊 吴春明 主编

林惠祥教授

出版说明

"泛台海区域国学家文库"收录近代西学东渐以来活跃于福建和台湾地区（包括游寓海外和港澳地区），在国学研究方面具有卓越贡献，或在某一学科领域具有开拓功勋、高享盛誉（如位尊院士）学者的生平著述全集或文集。文库涵盖海峡两岸文学、历史、哲学、政治、经济、法律、教育和社会学等众多学科的名家，以增进闽台学术交流合作与中华文化认同，努力建构国学研究的海西风格。

"泛台海区域国学家文库"的编辑出版，以"整理、传承、鼎新、恢弘"为宗旨，兼收并蓄，辨章学术，考镜闽台国学名家之深蕴，铸造厦门大学出版社之精品。鉴于收录内容体裁各异，编纂工作繁难复杂，特将有关事宜说明如次：

一、钩沉稽迹，广搜博求，历尽所能全面展现各国学名家的生平著述、书翰手迹，分类编次，内容一仍其旧。卷首缀以编者前言，卷末附以作者学术年表或生平年谱。

二、收录文献概以原刊或作者修订、校阅本为底本，参校他本，正其讹误。原刊明显的笔误、错排等予以径改。校勘整理中所发现问题，则酌情作出校记，一般不作注释。

三、原刊为竖（横）排繁体者，均予统一改作横排简化字。如未标点或仅有简单断句者，一律施以新式标点。

四、原刊中的习惯用语、数字用法、标点符号、历史纪年、参考文献著录规则等均按现行出版有关规定使用和处理。

本文库卷帙浩繁，任务艰巨，虽得各方同仁鼎力襄助和支持，但动员人力尚显不足，疏误缺漏在所难免，诚盼社会各界教之正之。

厦门大学出版社
2011年6月

前　言

　　林惠祥教授是一个忠诚的爱国主义者,我国著名的人类学家、民族学家和考古学家。他虽然离开我们已有52年,但是其学术思想仍然在激励大家向前探寻。尤其是2001年《自传》公开发表以来,人们对他极具民族气节的爱国主义情怀表示敬仰;对他执著的学术研究精神感到由衷的敬佩。《自传》载述了从出生到1949年10月17日厦门解放近50年经历,它涵盖了林先生解放前的学习、工作和思想活动的全过程。从《自传》里我们还可以了解这位著名学者成长的艰辛道路和鲜为人知的传奇轶事。

　　林先生1901年6月2日出生于福建晋江县莲埭乡(今石狮市蚶江镇)。其祖曾在台湾经商,父亲仍在台湾继承家业。甲午战争后,日本占领我国领土台湾,强迫居民改隶日籍。依其国籍法,以血统和户主为原则,因此其父及其全家即被隶为日籍。《自传》上篇《二十五年秘密——主要是放弃日籍的事情》,全文记载他为放弃日籍所表现出来的民族气节。

　　林先生自幼聪颖又很有个性。他父亲对改隶日籍也是不情愿的,所以他不移家属赴台,亦不在故乡挂台湾籍。林先生从小对日本人不怀好感。九岁时,他父亲将他送到福州日人办的东瀛学堂,主要学日文,经四年毕业,获第一名。日本校长要介绍他到日本商行工作,林先生谢绝了。后来又到教会办的青年会中学,主要学习英文。林先生认为学校授课太少,浪费时间,只读一学期便退学,在家自学。他对父亲说:"有真才便好,何需资格文凭。"每日伏案14小时,拟用二年时间读完五年课程,凭着一份自励奋志的毅力,不但学好英文,中文程度也大大提高,尤其是写作能力进步最快。可是他父亲觉得"既不入学,又不从商",总要寻找一条出路,于是劝他去当老师,经日本校长介绍回东瀛学堂教授汉文,颇得学生好评。时有一个日本教师对林先生说:只要他能"劝台湾富绅林某,(就)出资送他留学日本"。这位日本人究竟要林先生替他办什么事,我们不得而知,但是林先生还是婉言谢绝了,彼此关系也疏远。不久,林先生便离开学校入台湾公会,办理台侨事务,后又随父至台北为某巨商抄账,两星期后便辞职不就。

1918年，应妹夫之邀前往马尼拉，在亲戚家米厂记账，工作之余，坚持学习，约有二年多。林先生一贯对从商不感兴趣，欲入学界，此时方知资格的重要，又不愿意再入中学。恰巧见报上报导陈嘉庚先生创办厦门大学，学生可免学缮费。他十分高兴，决定弃业就学，以同等学力报考厦大，时年20岁。由于考期已过，勉强补考，终于无师自学，各科不齐，中文过、英文及格，数理分数不足，不得为正式生，只可为旁听生，学期成绩考试颇优，次学期改为特别生，次年补考数学及格改为正式生。在预科一年毕业，即入人文科社会学系学习。四年毕业，得学士学位，犹幸得追及为厦大第一届毕业生。

五四运动后，厦大学风亦甚活泼有生气。入学厦大后，民族国家的思想进一步发展，决定退出日籍。所以这次回国后，旧的入口字交菲海关，另领回国新字，则改作中国福建晋江人，亦不向日本领事馆报到。这就是林先生决意私自放弃日本籍的思想活动的开始。25年的秘密，就是从这一年算起。

林先生用"秘密"二字来写这段历史，说明他当时对此事不仅是不让其他人知道，更担心让人发觉。为了达到这一目的，在25年间承受了不少风险和痛苦，从未退却。其中主要有三次：

第一次是1929年赴台奔丧。1926年，林先生厦大毕业后留任厦大预科教员一年。后自费赴菲律宾大学研究院人类学系深造一年，获人类学硕士学位。1928年毕业回国，即入中央研究院任著作员，后被委任民族学组助理研究员。1929年林父病逝台湾，他极力隐瞒自己的身世，告假前往奔丧，领中国护照，化名林石仁，假托为商人前往。期间首次调查台湾高山族文化及台北圆山等考古遗址。1935年，林先生又利用暑假自费再到台湾搜集和购买高山族标本。此次他又化名林淡墨，假托教会中学教员，用中国护照前往。幸好两次台湾之行，虽历尽艰险，获益非浅，在一定程度上增强了他放弃日籍的信心。

第二次日寇进犯厦门，举家避难南洋。自1931年"九一八"日本侵占东北后，林先生已觉得国之祸将至，冀望我国之能速强盛。他曾在厦大纪念周演讲"由社会学所见之中国"，提出谁能抵抗日本侵略者，必将得到全国人民的拥护。又撰写《野蛮救国论》以提倡忠诚、淳朴的民族朝气。1937年"七•七"事变，日本野心占领中国。位于南方岛屿的厦门告急，厦门大学的教学秩序也受到严重威胁。1937年秋，林先生领母亲、岳母、妻子、弟弟、妹妹及子女等十五人举家避难南洋。关于这一事，林先生在《自传》中说："余逃亡时极匆遽，盖余之情况与他人不同，如待至沦陷，台人来者必多，若被发觉，即免受罚，亦必强逼做汉奸。当时余此段心事又不能告人，忐忑不安。窘极无法，临急时终于被逼出走。余为保全节操起见，比较他人为慎也。"这应是实情。又因为"不愿我家人有一人沦于敌中也"，故举家出走避难。

第三次新加坡沦陷后，不愿与日人为伍，饱受生活折磨。1937年秋，林先生举家自厦抵港,在香港停留数月,见战事无速了之望,未知所适。正好此时新加坡博物馆召集第三届远东史前学家国际大会,中国未派代表参加,经同学的推荐和资助,林先生由港抵新参加该会,时1938年1月。林先生在会上宣读《福建武平之新石器时代遗址》一文,内容推论中国南方之史前民族及文化与南洋的关系,颇受与会者好评,并引起国外同行对华南史前文化的强烈关注。

林先生初抵新加坡,就任女中教员。1939年冬受聘槟榔屿钟灵中学校长,该校为当地一著名侨校,林先生极尽全力办学。自己着手制定了《办理本校之计划及其实施》《钟灵中学小规模图书馆分类编目简法》,建树颇多。但是终于"国内政事波及至南洋",由于林先生积极支持抗战,拥护陈嘉庚先生的活动和拒绝参加国民党,于是在1941年3月被校董会解聘。林先生无端遭到校董会解聘引起校内师生和社会各界的不满,反响很大。钟灵中学校董会发表了《为辞退林惠祥事敬告侨胞书》,林先生公开回应《告社会书》《对钟灵中学校董会告侨胞书之解答》,以正视听。遂回新加坡从事著述,以卖稿为生,离开钟灵中学,开始编译《苏门答腊民族志》《婆罗洲民族志》《菲律宾民族志》三大巨著。由于职业未定,生活遇到很大艰辛。1941年秋,相濡以沫的妻子积贫成疾并因缺医少药而去世。正在悲痛之际,南洋战事又爆发了。有一幼子也因贫病夭折。

1941年12月8日,日军开始轰炸新加坡,林先生手抱幼女领一家老小到处逃避飞机轰炸,有时露宿街头,状如乞丐。1942年2月16日,日军占领新加坡,时见日宪兵大声以日语告谕华人,华人不解,日宪兵甚焦噪无法。林先生及其弟见状伪作不解,不愿出为翻译。有些朋友见林先生一家困难,欲介绍他到昭南日报工作或做翻译,因是日人所办,故婉言谢绝;有些特务也开始跟踪他,或劝说,或利诱,他都极力避开。为了养家糊口和躲避日人的干扰,他举家迁往距市区7千米的后港,住草房,每日挥锄不停,开荒种菜,种木薯、番薯,兼做小贩以维持一家人的最低生活。1944年,他结识了邻居一位淳朴善良的侨生姑娘黄瑞霞,从此结束了整整三年的孤独生活,幼女也重新得到了慈母的照料。在这艰难的岁月里,林先生始终坚信祖国抗战必胜,中华民族必兴。他在《自传》中写道:"在南洋沦陷期间,更坚守我的本意,不因日本之胜利而攀附为日籍,以取得势力富豪,反以我国之被侵略而愿与华侨同受危险与痛苦。""宁愿牺牲个人利益,遭受痛苦及危险,而不愿变节认贼作父。"铿锵数语,其坚贞的爱国主义情怀,令人敬仰。

抗战胜利了,林先生"二十五年的秘密"已成历史了。他崇高的民族气节和伟大的人格魅力必为国人敬仰。1947年秋,接母校的聘书和路费,又率眷属回厦门大学任教。在临行前的那一些日子里,应陈嘉庚先生之邀,为陈老修饰《南侨回忆录》和参加南洋筹赈总会编辑《大战与南洋·马来亚之部》一书。陈老先生知道林先生欲返回厦大十分高兴,并送给他 1000 元作路费。林先生对陈老先生很敬重,特请陈老留言以作座右铭。陈老欣然写下"对于轻金钱、重义务,诚信果毅,疾恶好善,爱乡爱国诸点,尤为服膺响应,而自愧未能达其万一,深愿与国人共勉之"的《述志诗》,对林先生予以崇高的评价。

《自传》下篇《对国内反动派的认识》,写他回国后对国内政局的一些认识。当时国内学运如火如荼,林先生对学生运动提出"反内战、反饥饿、要民主"深表同情。他坦然回答学生提问:"我不赞成勘乱,因为这是内战。我们是不应当再有内战,你们该预备将来抵抗外敌。"1949 年 10 月,人民解放军进逼厦门,反动派大肆捕杀共产党员和进步民主人士,形势十分恐怖。10 月 15 日夜,一群匪徒包围了林先生在同文路的住家,以"共匪嫌疑犯"强行把他绑走投入警察局。幸好解放军进展神速,16 日夜已进入厦门市区,反动头子毛森一伙逃跑了。17 日凌晨,管狱员在"犯人"的逼迫下打开牢门,林先生提着铺盖走出牢门回家。这一天是 1949 年 10 月 17 日,即厦门解放的日子。

这一天对林先生来说是终身难忘的。他深情地说:"只晓得帝国主义是敌人,不晓得国内反动派也是敌人,结果不死于帝国主义之手,却几乎死于国内的敌人之手。我现在才明白,只有革命的无产阶级领导的政权才能致国家于兴盛富强,以打倒帝国主义。我的余生是出自无产阶级的兄弟所赐,我今后必须认清自己是属于无产阶级的,应当完全站在无产阶级立场,参加无产阶级的行动……"新中国成立后,林先生实践了自己的诺言,积极参加土改和承担多项社会工作。1957 年被吸收为中国共产党党员,以一名爱国主义者成长为一名共产主义战士。

林惠祥教授在科学研究方面建树丰硕,发表大量著作,创造出多个学术第一,并倡建国内第一座人类学博物馆。这些成就凝聚着他为科学献身的精神和不畏艰辛的毅力,让人称奇。比如到台湾调查和搜集高山族文物标本一事,他向蔡元培院长建议,利用赴台奔丧的机会进行。这是一个极有胆识的尝试,敢于在日本占领下的台湾,只身深入高山族地区进行为期近两个月的工作。并到台北圆山贝冢遗址做考古调查,获得大量资料。可以想象这是多么艰难,甚至是冒着生命的危险,他成功了。写出了《台湾番族之原始文化》一书,蔡院长予以高度赞赏,破格"擢升为研究员",时年 29 岁。该书是林先生的第一部学术巨作,在学术上影响很大。这本开辟荆榛之作成为日后研究台湾的学者必读之书,林先生也因此被誉为大陆学者高山族研究和台湾考古的第一人。

1931 年秋,林先生应母校之聘,出任厦门大学人类学、社会学教授,同时仍兼任中央研究院特约研究员一年,完成了《傻俣标本图说》一书编述,1931 年由该院出版。迨任厦大教学工作后,那时中国人类学研究刚刚起步,资料十分缺乏。为了教学的需要,他废寝忘食,苦干了五六年,先后由商务印书馆出版了《世界人种志》(1932年)、《神话论》(1934年)、《文化人类学》(1934年)、《中国民族史》上下两册(1936年)、《民俗学》(1937年)。是知林先生学识渊博和勤奋精神。其中《文化人类学》被该馆列为大学丛书,曾被多所大学采用为课本。该书为我国第一部人类学专著。《中国民族史》一书,是当时同类书中最详者,且有诸多创见。日本学者中村、大石二位学者合译为日文,1940年在日本出版。林先生这批著作的发表,填补了我国人类学研究的空白。因而他被誉为我国人类学研究的先驱、开拓者、奠基人之一。

创办私人博物馆。林先生是学人类学专业的,他非常热爱这个专业。他深知教人类学需要原始文化之标本。早在20年前他便开始注意搜集文物和标本,但学校又不可能提供采集费用。于是在1933年,他在厦大西边顶澳仔自建一房屋,留前厅为人类学标本陈列室,供厦大历史社会学系之用,并欢迎中小学师生参观。1935年扩充为"厦门市人类博物馆筹备处",此乃现在厦门大学人类博物馆的雏形。1937年林先生避难南洋时,可以带走的文物标本随身转移。星岛沦陷后,林先生冒着多次生命的危险,保护了这批文物不被日人发现。而且在他落难生活处于十分苦楚之时,有位欧洲学者愿以高价收购他保存的文物,均被拒绝。1947年回厦大工作,他又花了很大力气把这批文物标本安全地运回厦大。他曾多次说过,保护好这批文物标本比他的生命更重要。1949年厦门刚解放,他即向军代表呈交并恳转呈教育部关于《厦门大学应设立"人类学系"、"人类学研究所"及"人类博物馆"的建议书》。1951年,林先生曾向王亚南校长建议,愿把他平生搜集的文物标本和图书无偿地捐献给学校,创建厦门大学人类博物馆。3月15日正式呈文《捐赠古物标本及图书提议设立人类博物馆筹备处呈函》给王校长并转华东教育部。此举得到王校长高度赞赏,4月28日,王校长在呈华东教育部呈文中写道:"林惠祥先生为一诚笃刻苦努力之学者,近将其半生勤劳积蓄之物全部捐给学校,希望我校设立人类博物馆筹备处。……其志甚坚,其情尤挚。"6月16日,华东教育部吴有训部长在批复文中写道:"查你校教授林惠祥先生贡献其个人经数十年辛勤收集文物,以供大家钻研,此种大公无私,阐扬学术之精神,予以奖勉,希即转告。"7月12日,林先生又呈文《厦门大学设立人类博物馆筹备处计划书》,送王校长并转呈华东教育部。这些报告都是他自己亲手完成的。12月4日,华东教育部批复,经中央教育部同意,暂时成立厦门大学人类博物馆筹备处。

厦门大学人类博物馆于1951年开始筹办,林先生随即辞去历史系主任,专司馆长之职,全力投入办馆工作。1953年3月15日,厦门大学人类博物馆正式开馆。它是全国第一家专业性博物馆,也是高校中唯一的一所人类博物馆。于是,厦大人类博物馆便成为中国人类学研究基地之一。1980年,中国人类学学会成立大会在厦大召开,厦大人类博物馆便被选定为中国人类学学会的会址,以至现在。

林先生一生俭朴,他曾说过,他的工资和稿酬有一半以上是用于收购文物标本。他第一次捐赠给博物馆文物标本有七大类643件,古钱币、邮票和照片不计在内。专业图书27类,计729种875册;第二次又捐献文物有54号(每号一件或数件);图书158部256册,二次合计共961部1303册。其中不少是珍本和孤本。这笔财富泽被无穷,这种精神流芳千古,永载史册。

林先生在避难南洋十年间,在对华南民族和南洋与马来族关系的开拓性研究,也作出了很大的贡献。林先生对南洋民族研究心中早有定数。日寇侵犯厦门,林先生为何选择南洋为避难地,他曾明白地说:"余来南洋之目的,一因日人占厦,避免被逼作汉奸;二因欲研究南洋人之人类学材料。盖新加坡素有'人种博物馆'之称,且有富于人类学材料之博物馆及图书馆。而南洋附近各岛皆多原始民族。"他到新加坡的第一份职业为什么选择在新加坡某女中任职,而不去苏门答腊之苏东中学,薪差一半?他说:"然余宁愿少获收入,而不愿放弃学问也。"因为新加坡有博物馆和图书馆可供研究。

尤其是在被钟灵中学解聘之后,专靠以卖稿为生,从此专心致志于南洋民族的研究和著述。除了编译《菲律宾民族志》、《苏门答腊民族志》、《婆罗洲民族志》三部巨著外,并撰述《南洋人种总论》、《南洋民族志》、《马来人与中国东南方人同源说》、《南洋民族与华南古民族关系》等著作,并在《星洲日报·半月刊》发表诸多有关南洋民族研究的文章。新加坡叶钟铃先生耗时近廿年收集整理的《林惠祥南洋研究文集》,于2009年在北京民族出版社正式出版,足见林惠祥先生在南洋学术界的影响。1950年9月,王亚南校长聘任林先生为厦大南洋研究馆馆长。他极力支持创办厦门大学南洋研究所,厦大南洋研究所成立后,1957年2月高教部任命林先生为该所副所长。林先生是我国南洋问题研究的开拓者与提倡者之一。

考古学研究也是林先生的强项。早在20世纪30年代,他曾在厦门、惠安、南安、武平等地调查,发掘石器时代遗址。在避难新加坡时,又沿途在香港、马来西亚等地发现古人类遗址,尤其是两次台湾之行,在台北圆山"贝塚"遗址进行考察。新中国成立后,编写出《中国史前时代略史》(即《原始社会史》和《考古学通论》讲义,教授学生,带领学生进行考古实习。1956年又承教育部任务,负责培养二名考古学副博士研究生。并在福建的闽侯,闽南和闽西等地进行考古田野工作,写出一批重要的考古论文和调查报告,提出了许多学术新见解。比如1937年在第三届远东史前学家国际会上,他以英文发表的《福建武平新石器时代遗址》,首次提出以武平印纹陶和有段石锛为代表因素的"亚洲东南海洋地带"文化不同于华北的看法。《台湾石器时代遗物的研究》一文,最早论证了台湾史前文化的源头在中国大陆东南地区。同时他应用比较研究,系统地论述了华南(以福建、广东为主)与邻省(包括台湾)和东南亚古代文化的密切关系,提出其源头均在大陆的见解。《中国东南区新石器时代文化特征——有段石锛》,这是集他一生研究成果写成的一篇综合性论文。1958年2月12日晚,林先生正在完成这篇文章的英文提要,13日凌晨,因脑溢血抢救无效,不幸辞世,享年57岁。这是我国学术界一大损失。

新中国成立前林先生开过的课程有:"人类学通论"、"中国民族史"、"亚洲各国史"、"南洋史"、"社会发展史"、"考古学通论"、"民族志"等二十多门。研究生的指导课程有:"石器时代考古"、"有史时代考古学"、"古物分类研究"、"古迹分类研究"、"文化人类学"、"日语"等。

综观林先生30多年所取得丰硕的学术研究成果,最根本的是他具备广泛深厚的学识为基础,运用文化人类学、考古学、民族学以及历史学的研究方法和刻苦钻研精神,这一宝贵财富永远值得我们学习。厦门大学位于祖国东南,其研究重点应立足于本省及东南地区(包括台湾),面向东南亚地区。他在筹建厦大人类博物馆的计划书中也表明这一观点,建议今后应重点增加这方面的陈列品。林先生他身体力行构建这一区系的理论,至今仍被广泛运用,林先生居功甚伟。

林惠祥教授在国内外学术界享有很高盛誉。像他这样一个大学者,既是人类学家,又是考古学家和民族学家,样样都做出巨大的学术成就,这在学界中是少见的。于是他的主要著作《文化人类学》、《中国民族史》,1993年商务印书馆又重版发行。北京中国国际广播电台在《中国知识》栏目播出"介绍中国著名人类学家林惠祥教授"专稿。1983年福建人民出版社出版《林惠祥人类学论著》。1998年由福建省厦门市台盟策划、厦门大学联合主办,"纪念林惠祥教授逝世40周年学术研讨会",会后出版《纪念林惠祥文集》。1998年7月26日《厦门晚报》发表纪念专刊。8月7日厦门《鹭风报》作了详细报导。2001年,为纪念林惠祥教授百年诞辰,由市台盟策划,出版《天风海涛室遗稿》,收录林先生书稿6种。厦大人文学院出版《林惠祥教授诞辰100周年纪念论文集》。林先生老家晋江石狮市,2000年7月1日《石狮日报》刊发题为"我国人类学开拓者:石狮籍台胞,厦大教授林惠祥诞辰百年祭"的纪念文章。《泉州晚报》2001年9月25日发表《一代人类学泰斗——纪念林惠祥教授诞辰100周年》。2002年,菲律宾华裔青年联合会出版《华菲自古是一家——菲人与华南人渊源资料汇编》(吴文焕主编)。收录了《泉州晚报》的《一代人类学泰斗》、《林惠祥教授传略》和林先生的《南洋马来族和华南古民族关系》等文章。菲律宾菲华历史博物馆还辟有林惠祥教授事迹的陈列专柜。2002年9月14日,李鹏委员长率人大代表团参观该馆专柜,详细听取讲解。

林惠祥教授学术成就影响深远,对当前我国人类学研究,仍有着启迪作用,他的爱国自强的思想将永远激励着一代代莘莘学子。厦门大学出版社计划出版林惠祥教授著作全集,这是一个很有远见的决策。该社约我主编,作为林惠祥教授的学生,义不容辞。当我将此事转告其家属,他们均表示大力支持。明年正是林先生诞辰110周年纪念,愿以这种方式,寄托我对老师的缅怀和追思。

　　林先生著作很多,除已发表的外,又找到一些未刊的书稿,能找到的拟全部编入。由于篇幅大,内容多,时间又短,幸得诸同仁的鼎力相助,吴春明教授协助策划全书并校注考古学方面的论著,石奕龙、黄向春教授校注《文化人类学》和《中国民族史》。林惠祥夫人黄瑞霞女士提供手稿和照片,女儿林华明女士还专程前往新加坡寻找资料。叶钟铃先生、陈庆力先生、赖燕鸿先生和董兴艳同志帮了很大的忙,查找和复印资料。厦门大学图书馆、厦门大学档案馆、新加坡国家图书馆、厦门市侨办也给予大力支持。故本书的出版是得益于诸多同志的共同努力。本书还选取《林惠祥南洋研究文集》中一些文章,一并附此表示谢意。

　　本人重校全部书稿并做篇目,有的手稿加以誊正,个别地方作些改动。本书拟分三辑,依次以人类学、民族学和考古学为重点,按发表或写作时间先后为序。由于时间紧、水平有限,不妥之处,敬请读者批评教正。

蒋炳钊
于厦大北村寓舍
2010年9月10日

目 录

（上）

前言

自 传

上篇　二十五年之秘密 ·· 1
下篇　对国内反动派的认识问题 ··································· 22

第一辑

台湾番族之原始文化

凡例 ··· 33
引言 ··· 33
上篇　番情概说 ··· 34
中篇　标本图说 ··· 57
下篇　游踪纪要 ··· 95

倮㑩标本图说

例言 ·· 116
导言：倮㑩种族略考 ·· 122
图说本文 ·· 123

世界人种志

例言 ·· 134
第一章　绪论 ·· 134
第二章　大陆蒙古利亚种 ·· 143
第三章　海洋蒙古利亚种——马来种 ·························· 156
第四章　美洲土人 ·· 162

第五章	高加索种	177
第六章	非洲尼革罗种	197
第七章	海洋尼革罗种	211
第八章	系统不明人种	217

文化人类学

序 ……………………………………………………………………… 224

第一篇 人类学总论 ………………………………………………… 225
  第一章 导言 …………………………………………………… 225
  第二章 人类学的定义及其对象 ……………………………… 226
  第三章 人类学的名称 ………………………………………… 230
  第四章 人类学的分科 ………………………………………… 231
  第五章 人类学的地位及其与别种科学的关系 ……………… 234
  第六章 人类学的目的 ………………………………………… 236

第二篇 文化人类学略史 …………………………………………… 239
  第一章 文化人类学的先锋——巴斯蒂安及拉策尔 ………… 239
  第二章 社会演进论派 ………………………………………… 241
  第三章 传播论派 ……………………………………………… 247
  第四章 批评派或历史派 ……………………………………… 250
  第五章 文化压力说(以上各说的总评) …………………… 256

第三篇 原始物质文化 ……………………………………………… 264
  第一章 绪论 …………………………………………………… 264
  第二章 发明 …………………………………………………… 266
  第三章 原始物质文化之地理的分布 ………………………… 268
  第四章 取火法 ………………………………………………… 269
  第五章 饮食 …………………………………………………… 272
  第六章 衣服 …………………………………………………… 275
  第七章 原始的住所 …………………………………………… 277
  第八章 狩猎 …………………………………………………… 281
  第九章 畜牧 …………………………………………………… 284
  第十章 种植 …………………………………………………… 287
  第十一章 石器 ………………………………………………… 289
  第十二章 金属物 ……………………………………………… 301
  第十三章 陶器 ………………………………………………… 303
  第十四章 武器 ………………………………………………… 306

  第十五章 交通方法 ………………………………………… 311

第四篇 原始社会组织 ……………………………………………… 315
  第一章 绪论 ……………………………………………………… 315
  第二章 结婚的形式 ……………………………………………… 318
  第三章 结婚的手续 ……………………………………………… 324
  第四章 结婚的范围 ……………………………………………… 329
  第五章 母系 母权 父系 父权 ………………………………… 337
  第六章 家族 氏族 半部族 部落 ………………………………… 340
  第七章 结社 ……………………………………………………… 344
  第八章 阶级 ……………………………………………………… 346
  第九章 妇女的地位 ……………………………………………… 349
  第十章 政治 ……………………………………………………… 352
  第十一章 财产及交易 …………………………………………… 356
  第十二章 法律 ………………………………………………… 361
  第十三章 伦理观念 …………………………………………… 363

第五篇 原始宗教 …………………………………………………… 368
  第一章 绪论 ……………………………………………………… 368
  第二章 自然崇拜(Nature Worship) ……………………………… 372
  第三章 动物崇拜及植物崇拜 …………………………………… 376
  第四章 图腾崇拜 ………………………………………………… 378
  第五章 灵物崇拜 ………………………………………………… 381
  第六章 偶像崇拜及活人崇拜 …………………………………… 382
  第七章 鬼魂崇拜及祖先崇拜 …………………………………… 385
  第八章 多神教 二神教 一神教 ………………………………… 388
  第九章 魔术、禁忌及占卜 ……………………………………… 391
  第十章 牺牲与祈祷 ……………………………………………… 395
  第十一章 巫觋 ………………………………………………… 399
  第十二章 神话 ………………………………………………… 402
  第十三章 宗教的起源一：魔术说(Theory of Magic) ………… 405
  第十四章 宗教的起源二：鬼魂说(Ghost Theory) …………… 407
  第十五章 宗教的起源三：生气主义(Animism) ……………… 410
  第十六章 宗教的起源四：生气遍在主义(Animatism) ……… 414
  第十七章 结论：原始宗教的要素 …………………………… 419

第六篇 原始艺术 …………………………………………………… 423
  第一章 绪论 ……………………………………………………… 423

第二章　人体妆饰……………………………………………………… 426
　　第三章　器物装饰……………………………………………………… 432
　　第四章　绘画雕刻……………………………………………………… 435
　　第五章　跳舞…………………………………………………………… 440
　　第六章　诗歌…………………………………………………………… 448
　　第七章　音乐…………………………………………………………… 453
　　第八章　结论…………………………………………………………… 456
　第七篇　原始语言文字……………………………………………………… 458
　　第一章　绪论…………………………………………………………… 458
　　第二章　拟势语………………………………………………………… 459
　　第三章　口语…………………………………………………………… 461
　　第四章　信号…………………………………………………………… 467
　　第五章　记号…………………………………………………………… 468
　　第六章　文字…………………………………………………………… 470

神　话　论

　第一章　神话的性质及解释………………………………………………… 477
　第二章　神话的种类………………………………………………………… 485
　第三章　神话的比较研究（以自然神话为例）…………………………… 489
　第四章　各民族神话概略…………………………………………………… 496
　第五章　神话实例…………………………………………………………… 505

民　俗　学

　第一章　绪论………………………………………………………………… 524
　第二章　信仰………………………………………………………………… 531
　第三章　惯习………………………………………………………………… 543
　第四章　故事歌谣及成语…………………………………………………… 552

自 传

上篇 二十五年之秘密*

——主要是放弃日籍的事情

余有一事，秘藏于怀，已有十五年矣。余为此事而受尽痛苦，费尽心机，古人所谓"独孤臣孽子，其操心也危，其虑患也深"，余乃身经而体验之。余此事从不泄露于人，盖泄露则余有危险，而友好亦莫能相助也。余之不敢泄露，盖为惧日人而非畏国人也。在此前，日本帝国未崩溃之时，余不能言，今则情势不同，余之危险已去，已无复再守秘密之必要，而可以宣示于国人矣。且余至今日如尚守秘密，则反似有意欺骗国人，包藏祸心，故更不可以无言。

余在中国学术界略有微名，中国研究新兴学科人类学、民族学之少数人中，余亦其一人。余曾受知于蔡子民先生，任职于国立中央研究院，为民族学专任研究员。余又曾任厦门大学教授七年。此次中日战争，实为中国民族解放之战争，而阐明中国民族之"中国民族史"一类书中，其最详者出自余之手。记录现代中国人之书报多记余为福建晋江人，然出于国人意料之外者，则余尚有其秘密也。余国籍属中国，为众所周知，然而余亦可言："余台湾人也，亦即日本人也。"余原有双重国籍，然余自二十五年前，即放弃日籍，专认中国籍，惟未能经由正式退籍之手续，故自秘其事，以至于今。余在国内之户口登记及公民证，在南洋之人口字、护照、华侨登记证等，均作中国人。厦门将失时，余以不愿为汉奸而避来南洋。在南洋沦陷期中，更坚守余之本意，不因日本之胜利而攀附为日籍，以取得势利富厚；反以我国之被侵略，而愿与侨胞同受危险与苦痛。余有汉奸之机会而不为，不但个人利益牺牲不少；而弃籍不报，一有泄漏而危险亦立至。今年抗战胜利，台湾收回，余个人之国籍问题亦完全解决矣。

---

* 此文写于1945年，观点立场多未正确，保存原状，不加修改，除作个人历史资料外，并可看出思想变化的过程。1956年4月于厦门——作者注。

此事非仅为个人之事，国际上或尚多此类事件，爰拟记其始末而公之于众，以供改良国际法之参考云。

余祖居福建省旧泉州府属晋江县南门外之近海小村莲埭乡（今石狮市蚶江镇）。曾祖赴台湾，从事航海经商，因而起家，至余父时已衰落，然仍至台湾营小生意，而家眷则仍居泉州。甲午日本占台湾，居民改隶日籍。而日本国籍法亦根于血统，因之我家亦兼属日籍。然我父不移家赴台，亦不在泉州故乡挂台湾籍，对祖国仍尽国民应尽之义务，故亦仍有中国籍，盖即所谓双重国籍也。此种情形在我国常有之，盖由于国际上无一律之规定也。余父一生多在台湾，中间一度来福州营出入口业，曾加入清末地方官奉旨所办之"自治研究所"，毕业中等第一名，其毕业文凭犹为余所保存。其文凭由今观之甚奇特，大数倍于今之学校文凭，上下长于左右，有如中堂字轴，四周有龙形图样，其中之字颇多，前半为"上谕"，系劝诫士子勿误信革命之说，后半为各科分数及教员姓名盖印，末方叙明学生某人考试学业等语，时在逊清宣统元年。

余父虽业商，然性好学，故能与当时秀才童生等所谓读书人一同肄业于自治研究所。彼不特好读书，其立身行事亦多照书讲究，故不愿借"籍民"之势而获不义之财。彼曾对余言（时余已十五岁）："若效现时一般在福州之台湾人私贩鸦片，可立获巨利，但非好事。"余答云："余亦不希望父亲作此种恶事，以使我等享非分之福。"余父以不取非义之财，终身未能积资，劳碌甚苦。彼后因营业关系复移往台湾，又十年殁，即葬于台北之观音山上，时民国十八年也。其墓形异于常型，墓之上部以洋灰及砖筑作四方形，二层，中立一方形尖顶石柱，柱四面皆有字，前为"晋江林敏方先生之墓"，右为蔡元培先生挽语"典型犹在"，左为我兄弟之名，后为"一九二九年某月某日葬"。纪年不愿用日本，然又不得用中国，故用公元，此余兄弟当时苦心斟酌之办法也。此奇特之墓想至今或尚存在。

余以1901年出生于泉州故乡，九岁入家塾，十一岁随人乘帆船赴福州，自此居余父店内八年。余父以经营闽台间商业需用日文（然往来者为台人而非日人），故命余入福州之东瀛学堂。该校初系台湾公会所立，后改属台湾总督府直辖。校长教师多属日人，亦有台湾人。课程以日语为多，然亦有中文及中国史地等，程度如小学。学生不限于台湾人之子弟，内地人亦收。余在该校时不知嗜学，惟喜看旧小说书数十种，中文进步颇速盖全由此，否则全归日本化矣。又与台湾之恶少年游，向铁店定制"鲫鱼刀"即小匕首二，加小皮鞘，插于阔腰带上，预备作流氓恶汉。练跳高，练拳脚，又欲练"胆"，网获雀儿置木板上，以小匕首切断其颈。好殴辱同学，课外酗酒，向街头寻人相斗。尝与一年长之同学相殴，不胜，乃由楼梯上抛一拳大之石击之，几中其头。其时盖完全为一小恶鬼也。

余自十二岁入该校，经四年毕业，虽不勤学，然亦获第一名。日人校长欲为余介绍于日本商行，余不肯就。盖余在校时浑浑噩噩有如一梦，迨至毕业乃忽惊醒觉悟。余之恶行由恶友传染，余之迁善亦由良友陶熔。毕业时余年十六，暂留宿舍二三个月，遇一新来之特别生，福州人，名似为林振国，年长于余，原系马尾海军学校学生，中文程度甚好，能解古文写文章，余甚羡之。彼甚勤学，求余教彼日语，余亦求彼教余古文。彼又走读于英文私塾，余生好奇心，亦随之加入英文私塾。彼读写不辍，余亦读写不辍，不复思与人斗殴作流氓矣。然初读英语，觉发音甚难，课本又颇深，其中且有诗，记有一句是"Play while you play, work while you work"，舌强不顺，诵读甚苦，几于泪随声坠。然坚锲不舍，幸余领悟颇快，且知利用注音符号，故成诵易，解说亦易。塾师颇以余之进步为异。于是更有兴趣，读二个月毕二册。

余既不肯就日本商行之职业，而对中文、英文发生兴趣，余父遂命余入教会所设之青年会中学。即以私塾所读二个月之英文程度，投考该中学之第一年第二学期，幸得入。该校素重英文，诸学科多用英文书，甚至中国地理亦用英文书。国文时数不多，教古文，颇重作文。余学习甚勤，学期终，获第一名。余以此生骄心，又以家贫亲老，急欲速成，谓学校所授太少，浪费时间，不及余自修之速，因决意退学而在家自修。余父不许，教师亦来邀，余坚不从。余父云："自修即有学力，亦无资格文凭。"余云："有真才便好，何须资格文凭。"由此在家自修，目标为该校二年至五年之英文课本，欲以两年毕之。每日伏案约十四小时，英文已知照符号发音，全以字典为教师，日读数课，记生字数十，课本为读本、文法、尺牍、修辞学、中外地理、罗马史、希腊史、迈尔氏世界通史等。中文则不限于该校所定，由古文、《左传》、《东莱博议》①，而至诸子文、两汉文、骈体文、诗赋等。每日必作文一篇，由散文而骈文而诗赋。虽无人为之改正，然日日为之，自觉颇有进步。如此晨夕勤课，继二年，至十八岁，中英文果有中学毕业之程度。中文尤颇能写作，曾翻译英文小说为玉梨魂派之中文。时台湾遗老尝组一文会，出题征文，题为《韩信论》，余亦用当时流行之史论体作一篇，约千字寄去应征，被选列首名，闻曾刊登新闻云。余以此益自负，常着一领旧长衫，往福州城内西街旧书肆，选购木版古诗文集。酸气冲天，满腹以名士自许，三年前之流氓习气涤除净尽，一变为文弱书生，"鲫鱼刀"亦不晓如何用法矣。

余既不入学，又不从商，所学亦已告一段落，余父遂命余出而教书。以交游太少，乃往谒东瀛学校儿时之日本教师，此日本教师即前余毕业时之校长，名横尾广辅，甚爱我，即介绍于该校为教汉文。时余年十九，学生有十五六岁

---

① 《东莱博议》，宋吕祖谦撰，凡二十五卷。

者,然尚能胜任。此日本教师曾对余言,彼能劝台湾枋桥富绅林某,出资送余留学日本。余答无意。彼云:"中国政府每年资送多人赴日本留学,可见留日甚好。"余仍不愿,与此教师渐疏,与校长则绝无交情,故约二个月,即由该校长告余欲调余任台湾公会副书记,余从之。此教师后任台湾高级视学官,曾于民国十五六年间到厦门集美视察,余避不敢相会。

台湾公会办理台侨事务,余为司填表格、记簿册之事,工作甚轻,暇仍抄写诗集。余记当时曾将李义山诗集按性质分类,抄录一部。公会尚有一正书记,其人颇有浪人气,虽尚不侮余,然以一书呆子服务于浪人机关,何能相称?约一二月后,难题果然发生矣。时中日国交冲突,福州学生倡议排斥日货。台湾公会时有台湾侨民到会集议,其中浪人汹汹然,袖手枪匕首,声言欲与中国学生斗。有招余参加者,其冥顽凶暴,甚为可惊,乃反引起余不平之念。余告余父言:"余不愿参加此种无理之举。"时适有父执台湾某君来,颇赏余之中英文程度,乃为介绍于台北某巨商,作书记。余遂向公会辞职。

余父当时在福州商业亦已无利,乃挈余赴台北,余人某巨商肆内为抄账。以余为"文人",相待颇见礼貌,然工作时间过长,无暇看书,极感烦闷,二星期后辞职不就。

余妹嫁菲律宾华商庄君,妹倩来函邀余前往,余父遂为余领护照。余当时在台,自然作为日籍民,即携此护照回泉州故乡,然后随邻乡"番客",由厦门出口赴菲,抵马尼拉。关吏系菲律宾人,用英语问余:"你台湾人乎?"余答:"然。"又问:"日本统治台湾好否?"余答:"好。"彼微笑。由此可见余当时国家民族之观念尚甚薄弱也。

余在亲戚米厂内任书记,日与工人为伍,言语态度亦渐与同化。然仍不能忘情诗文,携一箱古诗文集去,半夜后偷阅默抄。妹倩亦嗜学,而被其父母强逼离校。乃寄资上海,多买书籍,除文学外,史地科学书亦选买之。既到,乃相与偷运入屋,夜间出而偷阅之,不敢使人知,恐被讪笑。在国内时,曾阅教会出版某杂志中浦化人君自传,叙述其由学徒生活苦学成功经过,甚为感动。此时觉情境相同,乃引以自况。又阅报载美国某诗人初为马车夫,终以自学成功,更引为模范。余对商业不感兴趣,而以在商界不能兼事学问(店员不便常看报纸),颇以为苦,乃思改业就教育界。而此时方知资格有关系,思再入学校取得文凭。然余实力已有中学毕业程度,不愿再入中学,适于此时见报载陈嘉庚先生捐资创办厦门大学,学生可免学缮费,不禁踊跃再三,乃决意弃业就学,以同等学力投考厦大。由是乃自修代数几何,加紧预备。时年已二十一,计在菲前后三年矣。即于是年回国投考厦大,至已逾期,勉强补考,终以无师之学各科不齐,中文过,英文及格,数理科分数不足,不得为正式生,不获受免费待遇,只可为旁听生。然余已喜出望外,盖余原意即不获为学生,虽为学校司阍,得于教室外窃听亦甘之。当时在赴校小船中（时厦大暂假集美中学上课），曾有句云："一叶扁舟自在行，从今事业定我生。千金货殖飘然去，只为真修岂为名。"余入校后，颇以文学露头角，同学公选为校刊编辑人之一。以学期考试成绩颇优，次学期即改为特别生，次年补考数学及格，乃改为正式生。在预科一年毕业，人文科社会学系肄业四年，毕业得学士学位，犹幸得追及为厦大第一届毕业生，同学录上且列余为首名（因以文科居首，而当时文科毕业者实只余一人也）。

余在菲律宾时爱国心尚薄，当时中日事未息，菲岛华侨捐款救国，余对之殊不热心。一工人讥余为日籍，故不爱国，余与强辩，仍不自以为耻也，然此即为第一次之教训。迨余入厦大后，初尚只喜旧文学，后渐感染新思想。而当时（民国十年）正在五四运动发生后，学生之救国呼声弥漫四处，厦大学风亦甚活泼有生气，开会演剧而外，且有时到厦门街头演说救国。余系本地人（同学多外省人），自然被推参加街头演说，余亦颇踊跃。又记当时曾作四六体《日本史论》一篇，中有二联云："祖鞭先著，逗后起之揶揄；孙山未成，叹倒绷之偃蹇。""扬其声势，齐言象被蛇吞；溯厥源流，不道青从蓝出。"对日本欺侮其文化上恩人之中国，大有不平之意。余既多读史，且由社会学而知悉人类社会之原理，于是民族国家之思想乃大为发达，由此立志专为中国国民，决意退出日籍。自回国前，余之旧入口字交菲海关，另领回国新字，则改作中国福建人。回国以后，亦不向日本领事馆报到矣。闻台湾人退籍，不易得日政府允许，或有费至数千数万元者。余虽屡次请余父为我提出退籍，然事实办不到，故唯有冒险片面放弃而已。

余入厦大后第二年，余父营业失败，妹倩助余读书之款交余父，亦被人倒去，自此生活甚苦。余虽由成绩获得甲等奖学金二次，然亦仅抵销学费而已。余于课外译书三四种，托朱谦之先生寄去上海书局求售，以未成名无受之者，后来自观之，实已成熟。在三年级时，乃由系主任徐声金博士介绍，于课外兼任厦门中华中学史地社会诸学科教员，月薪二十五元，只供略补家用而已。时余年二十五，学生年龄亦多在二十以上，然待余甚好，余精神上甚慰，故亦颇努力。每日步行数里赴校，中经二小岭，虽雨亦不缺席。该校虽为私立缺经费，然学生甚蓬勃有生气。其后颇有成就甚好者，如槟榔屿某报名记者洪丝丝君，又福建崇安县县长为陈嘉康先生所精选之刘超然君皆是也。该校颇多台湾来之学生，然彼等不知余亦为台湾籍也。闻台湾学生系因在台湾无中学可读，乃辗转先往日本，然后偷渡上海，转来厦门求学。彼等对中国之观念，不殊于中国学生，盖亦自认华人也。彼等毕业后即回去，后来不知如何，然曾闻有某君，于此次战时为我国服务云。余在该校一年半，余厦大毕业后，改由余弟惠柏继任，亦达两年。

余毕业后任厦大预科教员一年，眼见林语堂、鲁迅诸先生因办国学研究院事，与某院长之冲突。学年终，余辞职复赴菲律宾。关吏见前出口字，自然认余为中国人，余亦全以中国人自处。余因恐姓名被人识破，故将英文姓名写作Thomas huisiang line，huisiang只简称之。余入菲律宾大学研究院人类学系，从美国导师拜耳教授（H. Otley Beyer）做人类学研究之实地工作。余系自费，故极穷苦，有时立小店外以面包冷水度一餐。后兼教某女校，乃得勉强度日，并寄家费。余以未入学时曾预备一年，故得越常例，一年即毕业，受人类学硕士学位。时余二十八岁，即民国十七年。

时蔡元培先生为教育部改称之大学院院长，以余师毛夷庚先生介绍，召余赴京，委为大学院特设著作员。不久国立中央研究院成立，中有民族学组，蔡先生自兼组主任，而用余为该组助理员。越年，余父殁于台湾，余告假奔丧。余领中国护照，化名林石仁，假托为商人，诸弟亦皆如此，陆续赴台。幸日警吏不详察，故得无事，否则形迹颇有可疑之处，即如上述余父之怪墓碑即是证据也。

余于葬父后即实行前对蔡院长之提议，欲乘机入番地，研究番族，搜集其风俗习惯之标本。乃由台北经基隆，乘小汽船赴东海岸之花莲港，再至台东，入附近番社数处，颇有所得。因为台东时向警厅请求赴红头屿，致惹猜疑，被其派员跟踪调查，在半途花莲港旅馆候我，幸余方赴山内番社，未即回，不与遇，得无事。回台北后，又赴中部高山之日月潭，时未开辟，独行深林山径中。既到，考察既竟，乃买樟脑木所刳制之独木舟一，雇番人由小径偷运出山，中途经一铁线桥，几致失事。渡赴他处，经二个月乃归上海。即写成《台湾番族之原始文化》一书，由中央研究院印行，并于周会中作报告。又为南京中央广播电台请去广播。采得标本一百余件，可说明人类之原始文化，可为研究历史之助，其中樟脑木之独木舟，长丈余，尤不易得。《申报画报》为出特刊，致京沪多人来院参观，盖民族学标本之采集及陈列，其时尚甚少见也。余之报告，闻其后日本人曾译刊之，余未之见。

余在台湾之任务为学术研究，自然专心于此，不及他事。惟在政治上余亦感日人统治之精密可惊，其好处在乎治安良好，交通便利，产业发达。其坏处在乎统制过严，人民无自由；经济收获多归日人，台人收入甚少；初级教育虽普及，然中等以上之教育台人便不易入学，民族界限甚明，待遇上台人极不平等；行愚民政策，利用迷信以统治人民，如在赴日月潭之路上，曾见有木牌写字云："不纳税者将被神罚。"

至于台人之语言风俗仍如闽人，受日本影响未深，对祖国仍有感情，对日人尚有隔膜，背后称日人为"四脚的"。一些曾自费留学日本受过高深教育者，则组成团体，要求同等权利。台人之年老者祖国观念似较深。余由花莲港赴台东,在火车中有一台人问余何来,余实告由中国来。彼问:"中国近如何?"余答:"已大有进步。"彼问:"中国尚思收回台湾乎?"余初为防彼报告日人,答:"中国不作此想。"彼面现失望状,叹言:"祖国已不要我等矣。"余察其诚,乃转言:"祖国非无意收回台湾,以现在力量未允,故不提起耳。"彼乃似稍慰。由此可见人心之思汉也。

余观日人之长处在乎办事认真,颇有傻干之精神,与我国人之敷衍了事者不同(就当时而论)。在台时坐火车,到站时天方明,颇冷,闻车外日人之路役高声呼喊"到某站了",探头视之,其人引吭长鸣,状如雄鸡,神气十足,有似宣布重大事件。余当时窃叹此等微役小事,亦如此认真,若余在京沪路上来往多次,均未尝见过此状。事虽小,然由小可以见大,此一民族诚为我人永远不可不提防之对手也。

该次调查番族采集标本之工作,余奋力以赴,不畏艰险,故能略有成就。盖台湾番族素有喜割人首之俗,故台人亦鲜有愿赴番地者。余一意向前,单身入番境,又无武器防身,幸得接近番界之台人予以助力,并得日警为监视式之襄助,故得入更深之处。余回院后,蔡院长待余写成报告,即擢余为专任研究员,此为该院之上层职员,余深感其知遇。余在该院二年,经手选购该科图书颇多,学问上亦甚获益。至民二十年秋,母校厦门大学招任人类学、社会学教授,余以南人挈眷住京沪不惯,且恋厦门之风土,乃转就厦大。然尚兼任研究院特约研究员一年,呈交《罗罗标本图说》一册,亦由该院出版。

余在研究院时专作研究工作,迨任职厦大后,以当时人类学书籍甚少,乃编写讲义,搜罗中外材料理论,综合编述。数年中成《文化人类学》《民俗学》《神话论》《世界人种志》《中国民族史》诸书,皆由上海商务印书馆刊行。其中《文化人类学》一书达二十余万言,由该馆列入大学丛书,曾获数所大学采用为课本。又《中国民族史》最后出,在同类书中为最详者,余之创见亦颇多,出版四阅月销至四版,可见颇承国人错爱也。该书于民国廿五年出版后,日人中村、大石二人合译之,于民廿九年出版,余数年后方知之。此外,日文书报论及我国民族时,常参考余书。井东宪取张其昀、林语堂及余书各译数篇,合为一本,名《我民族》,意为中国人自己描述己族之书也。又日本之东亚调查局编《中国民族问题》一书,中言余为"中国著名民族研究者",可见日人全认余为中国人,不知余原有日籍也。又各书常转载余书中"中国古今民族分类表",及"民族史之分期"。余书中论及满洲族征服中国后,其民族乃反归渐灭一段,日人书中乃有特别译载者,其或有见而惊心乎?要之此书刊行时,中日战争已将开始。此次之战争为民族战争,故我应自己明了我民族之古今状况,方有自知之明,国人之错爱此书,或即由此。而敌人为欲明了对方之为如何民族,故亦亟译之以供参考也。惟我书详述我民族数千年来屡遇外族侵凌,而屡次获得最后胜利,为同化侵入之外族,而屡次扩大民族人口也,自来有亡国而未尝有亡族,而亡我国者不久并已族而亡之。以日本之小民族而欲吞我全国,读我此书,屡见历史上前车之覆,能不自馁乎!

  余在厦大满七年,以所教人类学需有原始文化之标本,以供参考,而学校不能供给采集之费。余生活俭朴,薪俸稿费月有赢余,乃自建一住屋,留前厅为人类学标本陈列所,自费四出搜买标本及发掘古物,又得南洋热心家捐赠,合计得三四百件,陈满二室,颇有可观。此小陈列所曾声明愿供厦大历史、社会学系之用,并欢迎各中小学师生参观,盖兼有通俗教育之效。厦门市政府民众教育馆长来观,自叹以政府机关反不能及也。余曾于民廿四年暑假自费复往台湾,再入番地,采买标本,欲以充实陈列所。此次又化他名为林淡墨,假托教会中学教员,用中国护照前往。不意船抵基隆时,即遭水上警察严密查问,他人皆放,惟余独留,自清晨至午后。乃由余自请派特务偕余赴台北,余不敢住族人处,即由特务引至一旅馆宿焉。在厦时曾闻前月有一僧人由厦到台,被日人拘囚未放云。余知日人起疑,甚悔此来,盖日人疑余为蓝衣社员,恐有政治作用。余告以作修学旅行,彼尚不信。余又不能即返,自忖余目的系采集番族标本,与政治无涉,似可放胆进行,只须提防日籍事耳。余每次出门,皆依约通知特务,请其同行,偕行数次,特务亦放心矣。此时台北帝国大学已成立一人类学陈列室,因即托特务介绍往观,见所采集者已不少,心服其工作之努力。然余伪为外行,不多表示,招待者送余论文数篇。余因欲得独木舟,仍往日月潭,此时其地已开辟,公路已通,日月潭后遂作水电之源。独木舟因禁用樟木刳制,故更少于前,不可得,乃买音乐杵而回。余到日月潭时,特务不同往,余到其地未往警局报告,警局即派人来召去。警长系台人,言接台北长途电话通知,故知余来。由此可见台湾警网之密,一有犯罪,立即成擒,"警察国"之称信不诬也。余见此,又深觉电话网为维持治安之良好工具。经二星期,赴三数处,不如前次之远。侦查余者除特务外,即旅馆之茶房亦如特务然,时与余闲谈。余知旅馆亦奉命监视余,余之皮箱遂不加锁。茶房其后似略知余之根底,余对彼奖此特务"极为精明,无一事可瞒他"。茶房云:"先生亦甚能干。"余动身回厦之日,茶房云:"以前有一南洋富人,年方壮,曾来台湾游历观光。闻其人祖先原出自台湾,故特来看其祖先之故乡。"余知茶房之意在影射我,姑虚与应答,不动声色。然彼似亦不曾告知日本特务,台湾人究与日本人不同也。登船,水警不复刁难。然此二星期中,余受惊颇剧,与警探等勾心斗角甚苦。船抵厦门,上码头,仰见海关上悬我中国之国旗,不禁大喜,几于出涕,深觉国旗之可爱也。此次采得标本为番人之刀、枪、弓、箭、衣饰、雕刻物、船模型、史前石器等数十件,即加入于人类学陈列所。

  民廿五年春,与厦大同事郑德坤、庄为玑二先生同赴泉州探寻古迹。于中山公园掘得唐初古墓四所，内有唐瓷明器数十件，有字及花纹之古砖无数。又向驻军某师索得原已掘起之清初小铁炮二尊，一并带回厦门，其一即置于人类学陈列所。

民廿六年暑假，闻闽西武平发现史前古物，余即取道潮、梅转入武平。偕梁惠溥（原发现者）、雷泽光二君发掘该遗址二星期，得新石器时代遗物石器数十件，陶器破片无数，于中国东南部之史前情形发现不少，可作一详细报告。此举凡旅行发掘之费，均自余出。归后尚拟再偕雷君同往海南岛五指山调查黎族，采取标本，费时按二个月，用费余自备一千元，厦大三百元，雷君旅费亦自备。不幸"七七"战事发生，"八一三"继之，日兵占金门，余遂挈家逃亡。余之陈列所内标本除大部分携走外，余尚损失颇多。自此以后，转徙流离，饱尝痛苦，九年之后尚未得回我故宅。

自"九一八"日占东北以后，余颇受刺激，知亡国之祸将至，甚望我国之能速臻强盛。因见当时国内政党斗争甚烈，阻碍统一图强，故亦渐注意国内政治，然不愿加入政界或政党。余习社会学，故由社会学观点以观察中国社会，颇有所见。曾于厦大纪念周演讲《由社会学所见之中国》（登于厦大校刊），指出中国社会有数特征，致有今日之状况；又提出针对特征之补救办法数条，中有一条言：为补救国家观念不发达，应排除家族主义及地方主义，使个人与国家有密切直接之关系。又一条言：应行全国皆兵之征兵制，对外方可抵抗外国，对内亦可使兵民合一，以消灭军阀土匪（其时我国尚未行征兵制也）。又曾答学生问各政党孰有成功希望，余言政党之成败不在名称及理论，而在其能否应付国家人民之当前实际需要。我国之实际需要当时为抵抗外国之侵略，故无论何党，凡能抗日者，即能得全国人民之拥护，否则失败。余又撰《野蛮救国论》，以提倡忠诚淳朴之民族朝气。

有一台医，在厦甚久，人甚和善，对中国似尚有感情，因治病与之相识，不知彼能否悉余根柢，然彼表面上全视余为中国人。"七七"战事前不久，彼问余："中日国交渐紧张，日本欲与中国合作，中国何不从之？"余言："日本与中国合作系不平等之方式，日为主，中国为属，不能平等，故中国不肯。"彼云："然。但两国地太相近，战时中国受害必甚大。"此医生不知是否招我亲日，余甚恐。日本如占厦门，恐有人招余为汉奸，故战事发生后，厦门危急，余家先迁鼓浪屿，后渡赴香港。余母、弟、妹倩等亦皆同行，费由余出，盖余不愿我家有一人沦于敌中也。余逃亡时极匆遽，盖余之情形与他人不同，如待至沦陷，台人来者必多，若被发觉，即免受惩罚，亦必被强逼做汉奸。当时余此段心事又不能告人，忐忑不安，窘极无法，临急时终于被逼出走。余为保全节操起见，比较他人为慎也。自此余之生活遂一落千丈，尝尽痛苦矣。

在港数月，见战事无速了之望，余未知所适。时新加坡政府博物馆方召集远东史前学家第三届大会，系国际性质，而中国未有代表。余与该博物馆原曾交换史前石器，乃由同学陈育崧君介绍于李俊承、林金殿二先生，购船票寄港助余南来，参加该会，时民廿七年一月初也。

余到新加坡后数日，即参加开会。会员多属南洋各属政府代表，次为私人会员。计到美、法、荷、澳、英各属，少者一人，多者三四人，余为中国之私人会员。不请日本代表，亦无暹罗人。余宣读《福建武平之新石器时代遗址》(A Neolithic Site In Wuping Fukien)论文一篇，内容推论中国南方之史前民族及文化与南洋之关系，余并将作证之史前遗物传观于众。会经一星期方毕，其后将各人论文合印会刊一册，由政府发售。

余初抵新加坡时，陈育崧君告余苏门答腊之苏东中学欲聘余长该校。余以新加坡有博物馆及图书馆，可供研究人类学，故辞该中学之聘，而就新加坡之某女中教员。薪差一半，然余宁愿少获收入，而不愿放弃学问也。余自逃离厦门后，放弃家屋一座，器物颇多，而所有现款数月后皆耗尽。在新加坡之收入甚少，只及在厦门时之四分一，颇觉其苦。以为国难牺牲，分所当然，强忍而已，然精神上打击甚大，常失眠。

当时每有吟咏，多属哀音。然而凄楚之中尚留希望，民族思想形于笔墨，固非徒为亡国之音也。如民廿七年重阳止园雅集即事云："佳节重阳客里过，归途何处奈风波。情牵老菊家园瘁，目断哀鸿故国多。填海未穷精卫石，回天伫看鲁阳戈。飘零幸预群贤末，暂释牢愁且放歌。"徐悲鸿先生曾为余书"填海"二句，余珍藏至今，幸未被日寇所发现。无所贡献，甚自愧也。

余教书不久，又改卖稿为生。所写为南洋各地民族志，亦写宣传抗战文字。记有小说一篇名《王老爷的梦》，描写汉奸心理颇尽致，惜剪存者已失，不知将来能否再觅得也。

1939年冬余就槟榔屿钟灵中学之职，主持校务。在校三学期，努力校务外，并鼓励捐资筹赈。余自以第一月之薪金全献于筹赈会，又索徐悲鸿先生之画以为寒衣捐奖品，全校师生踊跃，捐献甚多。余因不得回国，乃欲为侨教效力，接任后以全部精力为该校服务，建设颇多，身心交瘁。终以国内政争波及南洋，至1941年3月，余竟被校董会解职，遂回新加坡复从事著述。余原拟译《苏门答腊民族志》、《婆罗洲民族志》二巨著而苦无暇，兹乃承张礼千君介绍于郑天送君，加入于纪念其尊翁成快先生之丛书中，而由郑先生送余稿费。此外，余又就家中设私塾教国文。

余来新加坡之目的，一因日人占厦，避免被逼作汉奸；二因欲研究南洋之人类学材料，盖新加坡素有"人种博物馆"之称，且有富于人类学材料之博物馆及图书馆，而南洋附近各岛皆多原始民族，其时正开远东史前学会，余亦应参加；三可服务华侨教育文化工作，及宣传抗战。第一项目的来后即达到。第二项亦达到一部分,除由博物馆、图书馆及耳闻目见增广知识外,并编译上述南洋民族志之书籍,完成福建武平新石器时代遗址研究报告。余前在香港避难时,曾在香港本岛山上大潭发现新石器,南来后又曾赴北马发见史前洞穴遗址一所,获得旧石器式之遗物颇多。至于第三目的则如上述从事教育及卖文等事,坚持学术报国之宗旨,故生活困难亦不改业。

计余南来后三四年,以生活费不足,致前妻因贫苦而得病,因乏医药而致死。推其原因皆由国难,故国难亦即余之家难也。余妻死于民卅年之秋,时余职业未定。余方在悲痛之际,而霹雳一声,南洋战事又爆发矣。

1941年12月8日未明,余举家住中峇鲁,方睡,突闻爆炸声,自此遂陷入更惨之战祸中。余为避难及节省屋租,乃迁居武吉智马,距市四英里半之处。战事起后,余生活较前更窘,且贫病交加,一幼儿以此致死。余囊中屡空,虽蒙友好接济一二,然余家人多,不能不自为计。乃购一旧锄,拟在附近之草地从事种菜;又因柴贵,乃与小儿赴近处斫拾草木为薪。一日有警报,因习惯不以为意,瞥见一飞机经市区飞来,忽然俯冲,余急按二儿卧地,飞机下弹二三颗,极近,几为所中。时战事已临星岛,日军登陆,进至距市区七八英里之处,英军退至余住处,邻居多迁走。余幸遇一载货汽车,乃雇之,将家人及小件器物书籍载来市区,暂住于一无人之华校校舍(中华女学),时1942年2月11日也。是夜宿于防空壕内,次日亦尚平静,其夜炮声乃甚烈,两方相应,终夜不息,又闻机关枪声甚近,似日军冲进又被击退。13日日机忽来炸该校舍,下数弹,家人朋友皆幸免,惟守门之印度人被炸死。恐其再来,乃弃去诸物,只带少许罐头,冒险行过七马路,挤入国泰大厦之内甬道。其中难民约数千,其厅为伤兵病院,难民不得入。炮声不息,有一次国泰似中一弹,全屋震动,哭叫之声交杂,又似闻飞机扫射之声,子弹飕然落窗外。罐头食罄,渐觉腹饥口渴,夜无隙地可卧,惟坐而假寐。至15日夜约七时半,炮声忽息,传言系停战。翌晨,始知英军已投降,难民乃各回家,计余等在国泰内经三日夜。余与弟家暂合住一车房。至18日,日宪兵来驱华人全数集中受检。余家人皆入爪哇街集中处,坐卧于街路旁之骑楼下。翌日妇孺先释出,余女几被拘,幸得走免。男人仍留待检,已无食物,幸该街侨胞慈善家以大锅施粥,难民各手一器求食,余等亦如此,自视状如乞丐。时见日宪兵大声以口语告谕华人,华人不解,日宪兵甚焦躁无法。余及弟不愿出为翻译,伪作不解。明知若出为翻译,日兵必喜,彼等当时极需舌人,助彼者必免危险,并可获利,以华侨识日语者几于绝有也。然当时若出面,汉奸生涯亦即开始矣。余等以此默不开口,愿与侨胞同其命运。在集中处经五六日。至廿二日方随众排队,得至审查处之第一关。被检者各书姓名、籍贯、年龄、职业、住址五项,于一小纸片呈检。检至余,余亦交去该纸片,不发言。余用真姓名,籍贯则报福建晋江,职业报教师。彼即挥余向其旁露地之一列,余即往蹲于列后。前面一人回首对余言:"你何来蹲此?我等蹲此,自晨至今尚不得出。彼命你去,你何来此?可速走去。"余即起,试向前缓行,幸达第二关,取来印有"检"字之一小纸片,再行至第三关,见字即放出。余在外候良久,方见余弟及余子亦放出。此役华侨名之为"检证",全岛华人皆被集中检查。然拘去甚多,其后不复回家,消息杳然,至战后真相方大白,盖当时被拘者全数被载往僻处屠杀,其数约在万人以至数万人。余当时不认日籍,又不肯与日军合作,甘与华人同命,实冒极大之危险也。

　　沦陷后又苦失业,生活无着。有知余识日文者竟来相招,或介绍余为华侨协会日文秘书及通译;或招余任职《昭南日报》,为日当局与华职员之中间人。有一当时红人费某,一见即招余为法庭通译,余皆避之若浼。余规避之法为不访此等人,不到有此种危险之场所。然以生活费全无来源,故与友人托写日文文件,如营业上之文件,或被拘者之申辩书,以及代看代译华侨家信、电报,余度其无政治意识者,方为之代译。然余不愿见日人,故定明不为人赴官署及访日人。又当时律师因不识日文,失去效用,凡诉讼者如能用日文之诉状易于得胜,有来求者,余坚拒之,人不解,颇怪余。奈战前原已设私塾教国文,从余补习中文之商界青年等乃请余教以日语,云彼等不愿入日本学校,而为应付出入被检查,以及日人来店买物之需要,又不能不学几句日语,请余私教。余见日人所教目的在乎政治上之宣传,其语句又不合华人之用,乃另撰实用所需,而全无宣传性质之语句以教之,其性质如以前国内出版学校所用之日语课本。即于夜间在余家中之厅授课,不欲设正式学校,盖即为私塾性质,如此者约一年。

　　余虽竭力避免与日人认识及来往,然有时亦与相遇,或由他人介绍来访。一次为友人搬出被日兵占居屋内之家具,而被日兵带往兵站部(在东陵)交涉清楚。其部队长后又来请,待余如客,嘱余前往,盖即命余协力之意。兵站部即军需部,购物甚多,华人与之协力者可设店肆,招牌上大书"军御用达"四字,不但获利无算,而势力亦大可假借。余知此为个人发财之大好机会,且无需资本,然终不愿作此事,故绝不复往。此地政府中吏员皆识英文,亦有兼识中文者,然绝少识日文。当时日政府甚需能识日、英、中三国文者为其臂助。曾闻日政府欲请一识三国文者为编教科书,待遇特别高云,余绝不置意。其后果有一华人来对余言,日政府欲请一人将华校小学教科书译为日文,然后由日教育当局审查增减(余思大约是除去国家民族思想之内容,加入日方之宣传材料),编为日文教科书,科目仍为历史、地理、公民、国语等,待遇甚优,工作在署内或在外均可。彼已介绍余于日当局,故来通知。余言:"君何不自应之?"彼云:"日文学力不足。"余云:"余之日文亦不足,且无暇。"坚辞之。彼次日又来言:"教育科长请君去面谈。"余云:"余若应承,便须面谈,余既不能就,何必再谈?"

坚却之，彼乃去。此君自己不作此事，甚是，然不应荐余。日政府之意，盖欲废中文，易日文，并加入宣传材料，以便速收奴化之功。此计若行，小学之课本已早改矣。然其后除算术书外，似未见有史地公民等日文课本之颁行（余不在学校内，故不知其详），或因始终未得其人为作此事也。

日人曾召集留日学生开会，余辞以非留学生，不赴。其后日人监督之《昭南日报》召余参加开会，云奉政府指名，不可不去，且命余发言，题为《日本之决意》，须照其所示大纲，如"日本之决意，为击灭米（美）英，成立东亚共荣圈。人民应竭力协助皇军完遂圣战"云云。余云："余非日本人，何能代日本人宣布其决意？余只闻之而已。"余乃改为"我侪常闻日本之决意……"云云。至于华侨之态度，我只能说："自英政府时代我华侨便是安分守己，不敢干预政治，此后自然亦如此。"余不愿说"协助皇军，击灭米英，完遂圣战"等语。不意该报刊登后将"我侪常闻"四字删去，并将战前《南洋商报》所刊余初到南洋时之相片刊登一处，竟似余自己送去者，其强拉胡扯之宣传术可谓精矣。然余尚保存此等证据（其所写前之字及《南洋商报》之相片），至今尚有公开申明之日，可见作伪之无益，而强暴之不能使人心服也。余原有日本籍，然宁愿为贫弱战败之中国人，而不愿为富强胜利之日本人者，即以日本之行为及其宣传，不能使余心服，而引起余之反感，愿以华人之身份代侨胞说话，不愿以日本人之身份代宣其"决意"也。

日军政部有一调查室，其职员系调用日本学术人才充之，多属大学教授，或研究机关人员。有二三人来访余，其中有一人对余言："我早悉君，知君之生平。"余心为一惊，疑其知余根底。余问："何由知我？"彼云："我由日本出版之《中国名人录》知之。"余心始安，盖既列入《中国名人录》，自然即是中国人矣。此人名须山卓，曾著《支那民族论》一书，中举余著《中国民族史》一段，故余亦知其名。彼云已提议于该调查室，请余加入任职。余竭力辞以无暇，彼幸不相强。不久彼被调往苏门答腊，不复来矣。余所遇引诱者，惟此人为余所最惧，以此人为学者，且为研究民族学之同行，对余颇表敬慕之意，余若不能坚持，即随之失足矣。此人若为中国人，或其他外国人，可为我之良友，然彼乃为侵略我国之日人。余以为凡日人，对外国友人在战时皆可牺牲友情而加以利用。故与日人交，须防战时为被拉去作汉奸，如不从又必有危险。娶日女为妻者亦须防此也。日本人胸襟须扩大，方可以获得国际上之友人。彼须知日人爱其国，他国人亦各爱其国，平时若为友人，战时友谊仍在，当容许他人自爱其国，自全其节，如申包胥之与伍员也。要之，日本人极端褊狭之民族主义，虽学者亦不免，致使其民族及个人成为国际上孤独者。日人若能改变此点，东亚可望永久和平，而日本之人口问题、民生问题亦可望解决，而增加其全民族之幸福，否则于己于人，两不幸也。

日人占新加坡后,改莱佛士博物院为昭南博物馆,馆长为田中秀三,系日本之南洋研究学者。又有德川侯爵,系极高级之贵族,素喜研究南洋,亦南来领导学术工作,曾见报载彼欲就博物馆设人种学研究所。调查室曾召集华侨文化界人士到博物馆集会,云欲出版《南方文化研究》,系专门性质刊物,仿英皇家《亚洲学会会刊》,请华人之从事研究南洋者撰文,报酬颇丰,并可利用该博物馆及图书馆(其时除日军政界外不准平民进入)云云。余坚辞无暇,并托辞此种文字不能随便作,其后亦不曾再往该博物馆及图书馆,故亦不曾与该馆长及德川侯爵结识。

尝有一日人来访,其人姓佐藤,亦似学界出身,在成武堂书店任职。据云彼受军队委托为廖内诸岛农场主任,需一华人能日语者相助,欲请余去。余辞以不欲改业,彼云姑先同去旅行一次,余坚不肯。彼云此举可以成富人,盖当时此种工作实可获利,薪虽不多,然可上下其手,利用势力敲剥人民,大做暗市。此日人盖亦知此中曲折,而彼实需一华人与彼联手也。余仍不愿,坚却之。数日后彼又来,再请,余又却之。后不复来,余亦迁居(战后闻泽光岛有成武堂经营农场,而陈嘉庚先生之泽光砖厂即为该机关强行收去,或即此人)。

日政府设一高级教育机关,名兴亚学院,收学校教师及官吏加以训练。其中教官资格颇高,系由其国内大学调来。一日,一华人介绍该院一教官来访余,道其倾慕之意,云欲常来,并请余去。当时余知此人来意不好。余不久即迁居,又不曾往该院访彼,故不曾再见其人。然余迁住之处(在后港)实距该校不远,余虽不到该校,亦惧为彼所遇。幸余衣着与前不同,彼亦不易认也。

余既屡却日人之招引,凡日人军政学商各界,以及华人之协会,及与日人有关系之商店如军御用达、军指定商等,余全不参加任职,遂致引起怀疑。一日,由特高科派二华人侦探来,言:"有人控告你。"余云:"何罪名?"彼云:"反日。"余言:"证据何在?"彼实无物证,只云:"你既晓日文,何故不出来做事?"余问:"做何事?"彼因历问余:曾任军队事乎?曾任政府职乎?曾入日本人会社(即商店)乎?曾任学校教师乎?曾任记者乎?曾任华侨协会职员乎?曾在与日人合作之华人商店中任事乎?余皆无以应。彼云:"为此便大有可疑,最少亦须为学校教员,但为教员须受训练二三个月,获得证书(按即兴亚学院)。"因详问余之履历,余仍隐日籍事不实告,其他亦简答之,隐蔽余之历史。彼等记毕云:"将报告长官,方决定如何。"余忐忑不安者久之。知此是第一次警告,若再有第二次控告,必被拘去。余疑系邻居台人报告,余以是思迁他处。

日人入境后,有人对余言:"君若为台籍,今当速报,否则将来不及矣。"余疑其略知余之根底。余答:"余非台籍,余不过曾习日语而已。"其后举行户口登记,挨户调查,华侨由保甲长管理,加入警协,须领户口登记证。台人则与日人同,另设身份证,并加入奉公会。余报为中国福建晋江县人,领来华人户口登记证，一切待遇身份，自然皆与一般华人同，牺牲利益不少。盖当日据时代，台人已被认为日本国民，而非籍民，其身份远在华人之上，势力大，地位高，明暗权利不少。虽原为一介光棍，亦可立成富人。华人多数忍饥受辱，台人则口餍酒肉，恃势凌人。台人欺侮人常曰："你知我是甚么人？"有人劝彼言："同是福建人，何必如此？"彼则答："我是日本人，甚么福建人？"不但台人有势力，即与台人有关系者，亦可藉势欺人。有邻居华女招赘台人，其小舅子以小刀斫邻童之头，血流满面，且扬言："我姐夫是台湾人，我怕甚么？"华人买配给之鱼肉，限买少许，且须排队，日台人则随到随买，且无限制。华人配给之米每月由二十斤逐次减至八斤（妇孺只六斤四斤），台人则始终不减。台人中固亦有好人，如余所闻有谢某者，不忍眼见法庭之酷刑，因辞通译职。然民间多言台人罪恶，余少时即知台人如此，故今日亦不愿自认为台人，以欺我同胞也。

余一家十口全赖一人谋生，避难南来，又不以一己之营生为念，而坚持为民族国家服务之宗旨，慎选职业，不以金钱之收入为标准，致生活甚苦。妻以贫病致死，幼子亦于战争期殇。自南洋战事发生后，阮囊空空，生活全无所托，无一机关为余之靠山，甚危险，有朝不保暮之势。迨沦陷后，以当时环境之需要，余即不恢复日籍，而只以能力应之，亦足以立登青云，扬眉吐气，为识时之俊杰，为乱世之奸雄，以获取俗人所羡慕之势利富厚，而一洗数年落魄受尽白眼之耻。若论余前此对我国家民族之倾向热忱，而国家民族乃任其穷困潦倒，自生自死。余本以为个人应事事以国家为先，乃不意实际之经验发觉社会实鼓励个人之自私自利，而不须顾及国家。余若自认为台人，亦正为一世滔滔者之常见行为。然余虽在苦境，仍不敢只顾自身而置国家民族于脑后，汉奸职业余皆拒绝不就，而生活所逼又不能不接受于道理上无大害之生活路。余既不愿就日人军政界等职业，而愿自食其力，以为侨胞服务。然而当时侨胞所需于余者，非复为中英文，而为日文，故余乃以日文为侨胞服务，而不以日文为日人服务。

余之教日语系在家于夜间私教，日政府亦不视为学校，故绝无补助或配给，然亦不加拘束，不须行学校中之礼式，如"宫城遥拜"、唱日本国歌等。且不出入公署及军队，不与□台人往来，故无势力而收入亦微，然余已自觉不安。日文虽不过一种工具，其为善为恶须视其所表示之意义。且日人于中日战事发生后，盛倡学习中国语文，其侵占南洋后，亦竭力学习马来语及英文。彼可学习中马英文，我自亦可习日文。语云"知己知彼"，不能知敌，何以防敌？我国与英美以前之弊，即在不能知日本也。然而学习日文在平时固属无妨，若彼在胜利时学习中文，我在失败时学习日文，则彼觉光荣，我觉羞耻。且余既不利用日语谋大利，何必用此以谋生活费。余由是渐生悔心，谋改职业，教日语不一年即停止，以后只代译少数函电。迨后余以不出任事，被派探来查，亦思他徙，且物价日涨，亦恐入不敷出。闻半岛内地物价贱且有地可耕，乃思迁去，改业种植。然交通困难，一车须千元，不得已乃就本岛乡间，寻觅草屋（阿答屋）而周围有空地可耕者，得后港距市区六七英里之处乃顶其屋租其地，遂迁居其处，秘不告人，故知者极少，时1944年6月也。

在市中写信之业，因移乡僻而全告断绝，此后无复一文收入矣。余原按自栽木薯、番薯，可补配给米之不足，此外则栽菜可省买菜，养鸡鸭可代鱼肉，如此虽无收入亦无妨。然不意种植养鸡鸭之理想全与事实不合。前见报纸所载，专家言"木薯每棵可收至少五斤"，实则此系农人方能之，土亦须佳，肥料须多，株间距离须在三尺以上。若余则土既不佳，肥料全缺，株间距离复太密。栽至五六个月，拔而视之，每株只得一二条，其重约半斤，故第一期完全失败。第二期多掘青草，埋于土内，作为"绿肥"，株间距离至三尺。其后果收得每株约二斤，喜至雀跃，其时木薯一斤须三四元也。余种木薯两期后，不但学得种植法，且对于各种类皆有经验。据余之经验，"红稿"（稿即干）者最劣，"白稿"平常，"青稿"颇佳，"黑稿"又名马六甲种者最佳，肉既甚松，皮亦易剥。故余遂决定专种此一种。

余于木薯虽已有把握，然限于地，不能多种，每辍耕而叹，真可谓"英雄"无用武之"地"矣。余栽番薯不多，生产更少，其后方知不得其法。盖番薯用藤播种，其藤须长一尺，节数个，横埋土内，只留小部分于外，其后每节能生一薯，所埋节数少，生产必少。此法名为"唐山种法"云。余栽蕉类数十株，以当时蕉价贵也。余种蕉掘土深而广，费力甚多，惜无肥料，且土不佳，故生产亦少。余于蕉类亦有经验，能由叶而辨其种。余又种黄梨，此较易种，且可作菜。余栽种蔬菜种类甚多，惜收获不丰，一因无技术，二因缺肥料。最大原因尤在肥料，盖余初时不敢施人粪，后来方悟不能不施粪。乃以五十元买一粗缸，半埋土内以盛粪，俟满乃塞鼻而以椰壳挹之，以施于所栽蔬菜。余所栽者有茄、白菜、苋菜、雍菜、红毛雍菜、马尼菜、番茄、辣椒、木瓜、丝瓜、苦瓜、芋、姜、花生、豌豆、芥菜、葱蒜等，种类颇多，掘畦不小，然能到口者甚少。盖每一种菜有一样种法，非易事也。

余自移居乡村后，每日挥锄不停，工作甚勤，将屋之周围荆棘丛生之硬地掘为园圃，计年余中开垦约一百二三十方丈之地，皆掘至约一尺深，遍栽上述植物，皆余自作，不曾雇工。原望藉此解决生活，不意流尽万点汗，用尽全身力，数月以后乃知无大希望，然亦无可奈何，只有改进技术，再加努力。至于养鸡鸭亦失败，盖因饲料太贵，利不及费也。

余之耕畜事业既无大成就，而收入全无，除亲友略助一二次外，只靠卖物度日。幸当时无论何物均可卖，且价均昂贵。余除卖去饰物器物以外，又收买旧自来水笔（中下庄货）及旧小刀，加以拆换改装磨光而卖之。又买旧欧制锄头,亦修磨而出售。初时卖物系托人代售,后则以急需得钱,乃有时自携往小坡松涯路旁旧货摊集聚处,排而卖之,由他人视之盖即为小贩。初尚畏熟人见,后亦渐成自然。曾有相识之粤人冯君,见余愕然,言不意君亦在此。彼亦同业,然技术高于余,有手摇细磨机,能修磨旧物如新。彼乃买余数件旧小刀加工转售,盖亦相助之意。

余既甚少收入,而耕种所收复不足,生活乃不得不极力撙节,其痛苦为余一生所未尝。回忆余在国内时如在天堂(比较而言),即在新加坡未沦陷时,虽月入不丰,亦可谓尚在人间,兹则竟跌落地狱,直至日寇将倒台前,余亦已届山穷水尽。其后余每言:"日本如再半年不倒,余将先倒矣。"余迁居乡村时,米价百斤暗市约三百元,其后渐次上涨,至日本投降前达八千元。肉每斤约十元起至二三百元,鱼上者与肉等,极劣之小鱼亦须五六十元,木薯自每斤一元余起至七元,番薯须十余元,蔬菜粮油亦皆甚昂。余家日食木薯及米各一餐,番薯价较贵,不能买。米是碎米且不足,有数次买"稷仔",磨碎混于米中,然壳屑多。至于佐餐之物,则大鱼大肉非余所敢问津,有时买咸肉咸鱼或小鱼,已同盛宴;日常只买下等菜,如薤菜荇菜;自栽者出产不足,只木薯叶、番薯叶、芋梗较多,然味劣。有时余妻采摘草类,如所谓"节节花"、"猪母菜"等,亦以佐膳。酱油贵,常用盐,配给之盐用罄,买半斤亦须一二十元。食虽极粗粝,然当时日日挥锄,出力易饥,故大碗粗杯,狼吞虎咽,不觉其难食,而惟恐不能继续得食也。有时上市,如见鱼肉摊,则急将眼光他移,恐引起大嚼之欲望。民卅三年旧历过年之日,买肉十二两,人得二两(其时一斤五十元),翌日元旦已无肉,此后约三个月未再食肉。过年之日,曾见某友家买肉约六七斤,又见邻人买肉之外尚有鱼尺余,幸余妻及幼子亦不以为意。饮料咖啡及茶叶价皆奇昂,余家常以自栽"红竹叶"煮作茶,又以"稷仔"磨粉代咖啡。

当时柴薪亦甚贵,余无力买柴,幸所租地为椰园,余乃全赖拾椰叶、椰花、椰壳以代薪。椰诚贫人之恩物也,然每一椰叶落地,如在园界之外,则邻童竞拾之,故须时时注意风声,如闻大风一起,立即趋出,风吹时落,立即拾之。至于夜间如有大风雨,其夜必有落叶,然一至天明,则已为邻童拾去。故余于大风雨之夜,常不能寐,天未明即起,披衣冒雨,出而拾之,常可大获。

取火之洋火柴在平时为微物,然在彼时一小匣贵至五六元。余思得一法以代之,乃以凸玻璃镜映日光取热。然引火燃烧之物亦大有问题,最好用中国草纸,然其时草纸亦甚贵,本地土制纸不能燃,乃以椰子壳外之纤维,即所谓椰棕者晒干取火。其物极易燃,然又极易熄,不能发火以引于椰叶,最后乃试将椰叶一束,与椰棕合执于一手,将凸镜焦点照于椰棕上,椰棕既燃,立即挥摇不停,果然发火,椰叶随之而燃矣。此法固简单,然亦经数次失败方能成功,颇堪与大发明家媲美也。此法既"发明",余家便省买奢侈品之洋火柴而用此"天火"。然"天火"有限制,晨日无热,须待至八时半以后方得取火,下午四点以后热亦渐弱,须即于是时起火,以此每日须行二餐,即上午九时以后早餐,下午五时前晚餐也。余家原以乏粮亦早行二餐,故亦无妨,惟逢天阴或雨,则无天火,而须向邻家乞火。余常嘱余妻勿向较裕之家问津,只可向同样贫家告急也。

当时修钟表费极昂,余无力修理,则以天为钟表,以太阳为时针,视太阳在天之位置而臆度之。经验既多,眼力颇精,与邻人之钟相较,相差不过半小时。余妻每问余几点矣,余则停锄看天,武断之曰"几点"。余每日俯身掘地,有时则又仰首看天,盖此即是"上观天文,下察地理"。有时赴守夜之役,须准时去,则以月代日,植木棒于地上,测其影,亦相差不多。此种实用天文学诚驾于哥白尼之上,幸秘不教人,否则钟表店皆关门"转业"去矣。

余一家三年不曾制新衣,只就旧衣穿至破,破则补,补而又破,补至不能再补,则将长裤剪作短裤,长袖改为短袖,内外可以翻转,此皆改组派之良法。线织汗衫既贵,即省而不买,初甚不惯,后反喜其凉爽。当时"凉爽"之同志亦颇多。袜既无一双完好,则合二双为一双,可以夸为"双料";有时不分底面,倒转而穿之,此则可称为"自由袜"。袜既大破,乃只顾足背不顾足底,此真"有天无地",后竟完全弃去。线一粒数十元,不能足用,余见路旁有白麻纤维,盖打绳之原料,拾之回家,以补旧衣,余妻及小孩嫌其粗硬生痒,余则喜其颇能去痒。然此种麻线究不如绵线之耐久,常易断,衣服即常破,补不胜补。余赴市买菜时,衣冠似不甚"俨然",然以当时"破衣党"同志颇盛,故所受白眼尚不甚多。至于在家挥锄时,则上身裸体,下身只着短内裤,裤有时撕裂成条,故余之裤乃兼职为裙。余虽日日落园作"粗人",然不能去鞋,以两足承数十年之阴,有如千金小姐,太觉娇嫩,怕砂石又怕棘刺也。积年旧鞋,无论何种类,一一穿破,乃买一种工人鞋,价最贱,只十元,全属生胶制,外观甚不雅,然余颇满意,以其甚合工作,且可学习化学,盖穿至有热气时,发生一种极臭之气,似系生胶与足臭之化合气体,真所谓"闻"所未"闻"也。

当时无物不贵,以洗面巾之微亦须三数十元。余面巾以日日擦汗不息,故易破,破则补以布,至无可再补乃弃之,而取已破之纱背心为代用巾,既破又取以前盛麦粉之旧袋而代用之。此种代用品不能含水,颇不便,然亦无法。至于手巾更不必言,将破衣裤剪起一块便充用,在家则以污而未洗之衣代之,挥锄一次,汗湿全衣。此外,余家当时"发明"之代用品甚多,以椰子壳为器皿,带出盛物,如配给之盐等。店伙言余有发明天才,频给奖状,余不胜荣幸之至,然两颊似觉发热。又以粗铁线代锁,以细铁线补鞋,以洗衣桶代面盆,以小刀代菜刀。通草瓶塞亦贵,余则削椰叶柄为之,大小均可。牙签为奢侈品,余乃以椰叶细骨削尖代之,亦甚便。肥皂贵,余妻以灶内椰叶之灰浸水洗衣。捣粗盐使细,以代牙粉。以杯为油灯,灯头及灯芯则以铅线夹破布为之。椰叶蕉杆皆可作绳，泥土可作炉灶，椰叶骨则结作竹帚。凡此种种方法或与人同，或则自己"发明"，皆处贫之妙术，余家费之省盖即赖此。

余既处上述苦境中，日日劳作无休，荣养不足，身体日渐消瘦，精力亦渐减退，然尚不愿改变我志。有欲用余作对军队之买卖者，待遇甚优，月薪千二百元，花红十分之一。当时为此事踌躇良苦，就之心有不愿，不就则将濒饿死；试看数日，终于谢绝。又闻日政府欲设一海运组合，欲用一能识日、中、英三种文者，利益甚大云，余亦不肯营求。

古语云："不在其位，不谋其政。"又云："衣食足而知荣辱，仓廪实而知礼仪。"又云："救死不瞻，奚暇治礼仪？"余非官吏，与政府绝无联系，且自战前余即失业，生活全无所靠，自生自灭，无足轻重。余若为求生而忍辱，想亦非仁人所深责。然而终以国家民族为念，不敢用我所长乘机图利，自制自责，愈穷愈坚，孤身奋斗，直至濒于饿死之境。一转念则立刻苏生，再固执则山穷水尽，当时堕落易而守志难，决断割舍，实颇不易，盖长期贫穷之苦殊难堪也。

且余如欲补报日籍，亦非不可能，盖其时固亦有人如此，如有证据，日政府不拒也。然余等不肯出此，盖一不愿于国家民族遭难时叛投敌人；二因既已自行放弃日籍多年，亦不愿为朝秦暮楚之反复小人也。余既自认为华人，则一切悲惨之命运即与华人同，刑戮之危险，生活之困难，皆意中事。虽识日语，然不与日人结交，不与日人协力，亦等于不识。余居市区时，邻人有知余能日语者，视为特殊人物，后见无日台人往来，故亦相待如常，余心乃安。余入印度人之肆，余用英语，印度人则答余日语。余言："余非日人，何对余用日语？"彼云："君之状貌极似日人。"余自昔剪平发，此地华人多剪长发，惟日人平发，故此印人云然。余即留发使长，以别于日人，盖余固不欲为假虎威之狡狐。直至日寇投降后，余乃复剪平发。香蕉因日军征买，暗市价甚昂，尝由组合配给平民，余自昧旦偕小儿前往排队待买，经二三小时终于不获，谁能知此排队者中乃有台湾人乎？鱼肉配给既少，且不易买，余家常不得买，而邻居之台人（其人不识日语，盖来南洋久，或后来方补报）除自买外，且可代人买，人多托之。余惟愤日政府之歧视华人，不思自变为台人也。迁居乡村后，初时邻人窃言余识日语，或为极高级之特务人员，薪俸甚优，颇惴惴不安。其后见余日日敝衣粗食，挥锄拾薪，乃不畏忌。且有以前从余习日语之洪君背后言："林君不愿出而活动，故致如此。"甚表同情。然余当时固不敢对人表示真意也。曾于路上遇一人呼余，自言在后港开小纸厂，曾托余写一日文信。彼言："先生何如此？我意先生遇此机会当发数百万矣。"余言："我无如此才能，亦无如此福气。"彼言："我知先生为人甚有趣。"在当时环境之下，彼只能寄同情于"有趣"二字，而余亦觉其人之有眼光，若彼为侦探，则余危矣。尝于路上冲碰一人，其人立飨余一拳，并出手梏，立欲捉余官里去。幸路人排解云："同是唐人，何必如此？"其人始悻悻去。排解者言："此人系日本宪兵部侦探。"余自思余若认台籍，势力当驾于此人之上，今乃反受此人之侮，然此乃余之自愿，又何怨焉。上文言有二侦探奉特高科之命来查余，据言"有人告你反日"，查问毕，对余言："我等同是华人，不做此事，告你者乃别种人。"余意彼或指台湾人告余也。此二探尚不多事，否则不止此矣。战后乃闻余友郑泰裕君言，余迁居后有一台人任职高级特务，曾问彼言："有林某者，其人识日语，何不出任事？今何在？"余友言："林某无家眷，今不知何往。"郑君于战后初次见余，乃大贺平安且告余此事。余既系华人，自然亦须轮值守夜等事，余无钱可雇人，则自往，每次经四小时，甚疲，巡行二遍后，常倒卧路旁人家檐下或桥上（近柴山之桥）。同伴者多属劳动界人，中有一潮州老人，似系小贩，常与余同行，余常念彼等岂知同伴中，乃有一识日语之台湾人乎？（余近日仍遇之，其人常于六个石排食物担，名林金香。）

综括沦陷三年半之中，余幸得始终避免数事：一不曾参加一次所谓"宫城遥拜"，唱《君之代》歌之仪式（此因不加入军政机关、学校社团）；二不曾佩过日军政等机关之徽章，当时无此颇危险；三不曾教一句为日人宣传之语；四不曾为日官厅译写一次；五不曾勾结一日台人。以上诸事，若非自始至终执意坚持，不易避免也。

至于余不与日人合作，而复能避免危险，则亦有数法：一极力避免与日台人接近；二不贪利，盖利即饵也；三不多言，不随便表示余真意；四不出远道，以免受警署查问；五不示人以无业，因日人注意无业贫民，易于起疑，或召去服务；六行为避免引人注意。以上诸法并用，自然不露罅隙。日人之警察制度及侦探术余早领教，故不敢不如此谨慎防备也。

溯余韶龄时误入恶劣环境，几于成为浪人恶汉，后虽幸弃去，然只晓立身待人之道理，尚未明对国家民族之义务。迨入厦门大学后，乃晓然于国家民族之大义，遂决意只认我祖国之国籍，而弃去日籍。直至沦陷期中，宁愿牺牲个人之利益，遭受痛苦及危险，而不愿变节认贼作父。今者失地收回，余家之国籍问题亦全归解决。余父有知，当亦顾其奇特之墓碑，而喜其遗志终得实现于身后乎！

回忆八年前避难南来，曾仿陆放翁诗作《述怀》一首，以示余友。盖余曾读放翁临终《示儿》云："死去元知万事空，但悲不见九州同。王师北定中原日，家祭毋忘告乃翁。"深受感动，因于无意间仿其体云："国破家倾万事空，飘零未解叹途穷。王师北定中原日，好句犹能续放翁。"

今者抗战胜利，日敌投降，余忽忆前诗，应偿续貂之诗债。乃不意一首之后，意未能尽，复续数首。此等诗余前此未全发表，盖其中含意，非待余发表此文后不能明也。

闻最后胜利讯，喜续八年前旧作

一

血战年年喜不空，竟教顽敌叹途穷。
王师克服中原日，好句终能续放翁。

二

百战翻教百胜空，报施天道巧无穷。
用兵不为吞人国？真意还应问醉翁。

此讥日敌也。

三

碧海珠还梦不空，金瓯无缺祚无穷。
神州今是谁天下，家祭欣然告我翁。

此喜台湾光复，可告我父也。

四

八载流离未是空，伸眉不复叹身穷。
孤臣孽子深危惧，幸际升平作圃翁。

前因弃籍事，畏日人知之，有如孤臣孽子，操心危，虑患深，今幸解决矣。

五

半世龙潜事岂空，耻将富贵换孤穷。
凌夷华裔争存日，忍作胡儿负祖翁。

我国虽弱，个人岂肯趋炎附敌，以取富贵。

六

敝屣黄金甑屡空，逢时妙手不疗穷。
若教折尽平生志，怕见先民郑所翁。

不义之财不屑取，非不能也。当时甚慕宋遗民郑所南。

七

华夏声灵日照空，昆仑东走脉难穷。
自将青史从头写，见义也应似老翁。

割台时抗日不成之台湾先贤丘逢甲先生，有句云："昆仑山势走中华，赴海南如落地鸦。"盖言台湾为中国昆仑山余脉所成，余第二句故云，亦暗寓余家国籍上之秘密也。中国民族精神方如日之升,且余曾著《中国民族史》,熟知割台史实,固不输于亲经其事之老翁也。

1945 年 12 月于新加坡怡和轩

附注:

  1945 年 9 月方知日本战败,大战已结束。不久陈嘉庚先生由爪哇回新加坡,闻予未死,即招予入筹赈会为司编辑工作,此文即其时夜间所写。

下篇　对国内反动派的认识问题*

  1945 年底,我曾写了一篇《二十五年之秘密》,是一篇自传体的文字,主要是发表了我自二十岁到四十四岁为止,私自放弃日本籍的事情。因那一篇对国内政治上的问题叙述很少,而且四十四岁以后以至解放前夕,我被牵涉到政治浪潮中,几乎丧失了生命。这一段历史从未记录过,我现在想补写一篇,记载我自少时对政治上的态度,尤其是自四十四岁(1945 年)以至四十八岁解放时(1949 年)的事情。目的是要保留个人过去事迹的真相,以为自己今后立身行事的参考,并为别人了解我的政治面貌的资料。前一篇作为上篇,这一篇便作为下篇。

  我在厦门大学将毕业时(二十五岁),方略注意到国内政治上的情形。当时"国共合作",不但北伐胜利,外交上也获得空前的胜利(如收回汉口租界),我也很觉高兴。不久国共分裂,厦门有四个学生被国民党反动派残杀。其中一人名罗扬才,是厦大同学,我曾和他谈过话,知道他是有志救国的青年。我当时认为不管他是什么党,他总是好人,他为了爱国而被杀害,真是不合理的事。后来听说罗扬才在狱中时,曾用剃刀自己割喉不死,终于被枪毙,我更觉得是太残酷了。我又听说四人之中有一个中学女学生,在狱中时,有一个国民党老爷派人对她说,她如肯答应做这位老爷的小妾,他便肯救她。这个女学生拒绝了,终于被杀害。这件事使我更为愤怒,而鄙视国民党人。那年(1927 年)我因同情厦大学生为反对厦大当局停办国学研究院而发生的风潮,曾经骂过拥护当局的一个学生为走狗。事平后自己辞去预科教员的职务,自费到菲

---

*　年岁本篇是用足岁,不像上篇用虚岁。——作者注

律宾人研究院进修。在马尼拉遇到了同届毕业的黄天爵,他在校时原不是国民党员,我便对他诉说厦门国民党惨杀青年的事。我说得愤愤不平,很为激昂,他却不表示什么。我后来方知道他到菲律宾教中学时便加入国民党了。国民党给我的印象一开头便是这样,所以我对国民党不感兴趣,后来不加入国民党,这是一个重要原因。

我对政治认识始终是模糊的,而且抱着纯技术超政治的观点。我不能认识整个国民党的性质,只认为是个别的党员或官吏不好,其中或者也有好人。我又认为尽管政治不好,只要文化教育有进步,也可慢慢把国家改变好来。我由于有这样的想法,因此也不曾走上革命的路,而只抱着改良主义的思想,也即教育救国的思想,想在文化教育上尽一点力量,希望国家能够慢慢地改变好来。我于1928年毕业于菲律宾大学研究院人类学系后回国,厦门大学不能给我适当的位置。适于那时国立中央研究院成立,中有民族学组,由院长蔡元培兼任,便由我的老师,当时大学院(即教育部)的秘书毛夷庚(北京大学出身,与蔡熟识,曾任厦门大学国文教授多年)介绍我入研究院,为民族学组助理员。我在南洋一年,那一年国内政治上的变化我很模糊,思想上只认为蔡元培便是国民党中比较好的人,而从事学术研究工作也可以有贡献于国家,因此便到南京任职。初到时见了南京公署的墙壁上写了非常大字的标语,都是孙中山《建国方略》中的话,心中认为能够实现这些话,也是好的了。

我在中央研究院两年,逐渐发觉国民党的统治是没有什么希望的。我虽不注意政治,但也有时听到国民党官员中有些丑恶的事。有一次我听一个外国人说:"现在的贪污比较以前北洋军阀时代更为厉害,现在贪污的胃口比以前大得多了,以前贪的是一个小皮包,现在贪的却是大箱大笼。"有一个德国人颜复礼在民族学组为研究员,曾在背后笑说中央研究院的发展计划是不会实现的,因为他所听到中国政府的话,都是不兑现的。我又见院中职员有以前军阀时代的人员,思想很顽固,常大谈算命看相等迷信的话。我想一个研究科学的机关,为什么还有这种人?我又曾听院内人员说当时蒋介石和桂系闹翻,蔡元培调解无效,他担保李济深到南京,却被蒋介石关禁在汤山,蔡由此消极,虽挂名监察院长,却不去办公开会,只想办研究院(当时已移到上海)。我看了国民党执政后内讧时起,知道国民党不是能救中国的党,对整个国民党都没有信心。又见当时有助理员因入了国民党,而获得由国民党派送美国留学的机会,心中很鄙视他,以为不是正途出身。我在院内两年,虽已被提升为专任研究员,但对当时的政治局势已抱悲观的看法。我又不想加入国民党,觉得没有什么意义,在组内也受一派人挤排(凌纯声,现在台湾),因此到了1930年秋①,

---

① 应为1931年——编者注

我便接受厦门大学之聘回到母校来。

厦门大学是私立的,经费不靠当时的政府,故在校内政治气味比较少,国民党的恶势力未能深入校内,有如世外桃源一样,更养成我的超政治的思想。但是自从"九一八"事变发生以后,我知道将有亡国的大祸,很希望国内政治能够急速变好,以抵抗外敌,故曾发表有关救国图存的演说和文字(已见上篇)。对当时十九路军政变是同情的,但不曾参加。

我因自己受了国籍问题的痛苦,故当时只抱着单纯的民族主义思想,认为抵抗日本帝国主义的侵略,是我国最切要的事情。而要抵抗外敌,必须改良国内政治。对当时国民党的腐败政治感觉无望,但对当时共产党提倡的阶级斗争,我也没有认识,而以为不如民族主义的切合实际要求。因此我对两派都不赞同,而对学生问我哪一个政党可以成功的问题,我答以能抗日者便成功。其后见共产党转而提倡抗日,西安事变以后,国民党也被逼转而在表面上赞同抗日,便认为是有转机了。抗战发生以后,我因恐沦陷在厦门,而流亡南洋。在南洋十年,对国内的政治更为隔膜,只闻说国民党仍不进步。

我在南洋时仍是无党派,原不致和国民党冲突,不意我的思想行动却不为国民党人所容,而致遭受迫害。1939年秋,我接受槟榔屿钟灵之聘为教务长,因该校原不设校长职只以教务长总理校务(除财务以外),故即是校长。该校学生约一千人,在南洋是很大的华校,我以为很值得努力。我在该校时非常勤劳,建设很多。新设植物园,生物标本室,史地标本室,编印图书馆藏书目录。不但每日工作常超出时间外,便在放假日也常到校工作。该校高中部原只办二年,照英文学校制度,目的只要应英文中学考试而已。我认为华侨出钱办外国式教育是不对的,便把它改为三年,照国内学制,增加本国史、世界史、高中数理化生物等课程。学生也赞同,没有退学的,次年新生更多。学生中原有前进分子,时常和学校当局冲突,前任教务长陈充恩因此辞职。我接任后采取开明办法,我赞同他们爱国,但望他们勿累及学校被封。学生体谅我的意见,不再发生学潮。其后当地发生政治事件(1940年),实即马来西亚共产党主持的政治运动。因当时英本国政府还是和德国及日本妥协,故马共提倡反对这种政策。事变过后,华侨有被当地英政府拘捕驱逐出境的(如庄明理便是,现在中央侨委会)。当地政府教育局叫我查报有多少学生参加那次事件,我说我不知道。他们便交给我一纸名单,列了十个人的名,叫我开除他们。我不忍用开除的办法,因为开除过的学生,不能转学他校,丧失了前途。我只暗暗叫他们转学,给他们转学证书,后来多转到吉隆坡中学去。这事在当地教育局一定会认为我不是能够和他们合作的。有一次马来西亚四州府教育行政当局召集华校校长开会,负责官吏英国人某说,要取消华校的公民课。我和新加坡南洋女中校长刘韶仙表示不赞同,这英人很不高兴。

我在该校的措施也不能获得校董方面的欢心。我改高中为中国式,一部分实利主义的校董一定不会赞同。我对家贫不能按月交足学费的学生(学费很贵,每月三至五元),不肯强逼他们交费。该校会计主任直接属校董会领导,其人是校董的亲信。会计每月都开一张名单请教务长向学生催逼交费。这位会计对我说,前任教务长常到班中斥责欠费学生说:"你没有钱便不要读书。"强逼他们立即回家取款。他叫我照样做,帮助他收齐欠款。我回答他说:"我是学生的老师,一个老师哪里可以对学生说没有钱便不要读书,而强逼回家取款?我做不到。"这位会计对校董说了,校董当然认为我是无用的。一个学生不及格,请校董会主席来对我说情,我不肯听从。我说:"记分是教员的权,我无权更改教员所记的分数。而且有人说情的便改,无人说情的便不改,是不公平的。如要全改,又不合教学的原则。"这位校董主席无趣而去。一个工匠由另一位校董介绍来做某种用具,开价很贵,我要减价,他请校董打电话来说情,我的秘书(李弼,现在福建省政协委员会办公)代我回答他,生起气来说:"你靠你们有钱吗?你们有钱,我们有学问。"原来介绍我的另一位校董,是我的晋江同乡,见我这样只顾公不顾私,后来也不再支持我了。

最为致命的是国内政争波及到南洋。当时国内国共再生裂痕(1940年),陈嘉庚先生回国慰劳,看出真相,同情共产党,而指斥国民党。于是国民党便派人南来,要推翻陈嘉庚的领导。该校校董会主席王景成接受了国内委任,为当地三青团负责人。他叫一个教员请我到他家,对我说明这事,意思是要我帮助发展三青团,我不表示什么。有一天早晨我开了办公桌的盖,忽然发现了三张入国民党的空白申请书。这张桌是有盖有锁的,不知何以会放在桌上。当时我和秘书李弼(后加入民盟)、训导主任许牧世(后也加入民盟)三个人都是无党派的。我们知道是国民党人招我们入党,但我们都无意加入,且笑说:"我们要加入,早加入了;到了现在国民党劣绩已完全暴露的时候,才要加入吗?"同日有一位老教师(陈少苏)到办公室来,他是国民党员,我们知道他是来劝我们入国民党。我们说我们宁愿照旧无党无派。他说:"不左则右,不右则左,没有中间路线。"我们不赞同,他也不满意而去。次日那三张空白的入党申请书又忽然不见。有一位别校的女教员是我的同乡,来对我说,我如能和校董王景成合作,校董会要送我一部汽车(前任曾自买一部汽车,我没有)。至于如何合作,她不曾说,我当时以为是指感情上的。后来他们不再提起,大约所谓合作是指政治上的,因为我不入党,不能满足他们的要求,故取消了。我因学生在课间无可娱乐,乱唱不好听的歌词,便去买了些有教育意义的唱片,用广播机唱给学生听。其中有一片《义勇军进行曲》(即现在国歌),我认为是最有教育意义的,后来听说这一曲在国内已被国民党禁止,认为是有共产党意义的东西,无形之中我又增加了嫌疑。其后(1941年春)吴铁城带了倒陈(嘉庚)的任务到南洋,在槟榔屿的国民党开会欢迎,各团体学校多派人参加。我是当地最高级最大规模的华校主持人,原应参加,但我没有兴趣,不去参加。在路上走时,遇见吴铁城带来的人员侨务委员会的黄天爵,他是我的同学,便邀我坐他的汽车,驶到欢迎吴铁城的会场,他邀我一同入去,我推说有事,便走开了。大约这事更证实了我是反对国民党的。陈嘉庚既和国民党决裂,我是厦大毕业生,而思想行动又有反国民党的嫌疑,于是便被作为打击的对象。吴铁城回去不久,在3月20日,我突然接到校董会通知解聘,我便办好移交手续离校。

我原以为我在该校一年半,非常认真努力,对学校是有功的,他们不敢抹杀我的功,给我太难过,不意他们竟敢在学期中解我的职,心中非常气愤。学生也很为我不平,有的要发动学潮,我劝止他们,恐他们吃亏。学生及一部分教师连日欢送我,校外社会各界人士也开会欢送,在会中叫我发表意见,次日被报纸(《现代日报》,洪丝丝等人主持,现多在中央侨务委员会)登出,传到其他地方都知道,各地报纸上纷纷评论这事,都为我不平,说我努力校务,很有成绩,不应这样对待我,有的甚至揭破是国民党的党化教育方针推行到南洋,故排斥非党的校长。该校校董主席老羞成怒,便在其机关报(国民党办的《光华日报》)上登出谩骂我的启事。我在新加坡报纸(《南洋商报》,当时是进步报纸)上也刊登反驳。后因该校其他校董劝止方才停息。该校即由国内召回前任教务长陈充恩到来接任(陈在国内是空军幼年学校校长),其后到1951年陈被马来西亚共产党游击队杀死。

我经过这事,非常痛心消极,失业后数月,妻因贫病致死。不久南洋沦陷(1942年2月),我如靠了我的能力,恢复日籍,然后修怨,报复该校对我有恶感的人,一定可以达到目的。但我却不这样做,我当时只恨日本,而不计及个人的仇恨。我那时对他们的怨恨已消失,而且同情他们那时也受日本逼害,所以他们之中有一个人(谢某),到了战后曾对人说我是好人。(沦陷期中的事已见第一篇,这里从略。)

第二次大战终止,我欢喜重见天日,解除了我二十五年来国籍上困难危险的问题。对于祖国的一切我都欢喜,甚至对国民党我也不感觉十分痛恨,只知道他们仍是贪污腐败,希望他们能改善而已。当时陈嘉庚先生要发表他所写的《南侨回忆录》,找到了我,问我肯不肯为他润饰文字。我看他书中有很多处是痛骂蒋介石和其他国民党反动分子的,我想这事是很重大的,将来对我个人必有严重的后果。但我想他所说的话都是对的,反动派是应当骂的,他这事是合于正义的,我便答应了。我不改变其意义,只修饰其文字,使能更有效力,数月后便完成了。他又叫我参加南侨筹赈总会编辑一部书,名《大战与南侨:马来亚之部》,是记载华侨在战争中所受痛苦的,我的工作是就应征的文章加以润饰。这一部书共费去七个月的时间,有时兼做些零星的笔墨工作。1946

年夏间工作完毕时,接厦门大学来函,叫我回国继续旧职。我便告诉陈嘉庚先生,他也欢喜,且送我路费一千元。我因钦佩他的为人,请他将他的持己立身的方针亲自写在纸上,给我保存以作座右之铭。其后因厦大尚未寄来正式手续,我不便自行回国,便在家中(我自战争期中便迁居距市20华里的村落中)继续为郑天送君编译未完稿的《苏门答腊民族志》、《婆罗洲民族志》和《菲律宾民族志》三部大书,到1947年夏完成。这三部书稿由郑先生买去,要印刷为其令先尊成快先生纪念丛书。其间我又曾帮一个私营出版公司编《南洋年鉴》,才二个月。《南洋商报》约我写文,又《星洲日报》需要一个高级翻译,有人征求我的意见(月薪很高),我因政治关系都不肯就。到了1947年夏,接到厦大聘书及津贴路费,乃带家眷回国。

我在南洋十年,对国内很为隔膜,所以当时敢回国来。自回国以后所见所闻的都很可痛心,感觉国民党竟腐败贪污到非常可惊的地步,比较抗战前更为不如。当时贪官污吏横行,人民生活困难,通货膨胀,百业凋零,全无战胜国复兴的气象,反像将要亡国的状况。在南洋时虽知国内反动派坏,但无明确的印象。回国后亲眼见到很多事实,方能确切明悉。如我曾认得一个曾到过南洋的国民党人(连谋),我原知他不是好人,回国后闻人说抗战中这人在其乡里中建造很多房屋,中间可以跑马。而这个人在竞选立法委员时,竟强逼厦门公共汽车替他在全市马路上拉人上车,到投票处选举他。我又见近处电灯杆上贴有标语,说这人是为国为民的好人,大家应投他一票。我看了觉得真是是非颠倒,不禁引起非常强烈的反感。我住同文路宿舍,和左右邻二位同事郭大力、李兆源很谈得来,他们也常告诉我国内的黑暗情形,我明了得更多。

我初到厦大时,因为带了人类博物馆筹备处的标本回国,故开了一次人类学标本展览会。历史系学生连带将学运资料同时展览,当时我便受到国民党方面警告。其后学生运动愈来愈盛,如反饥饿运动、垦荒运动、反美扶日运动等,我都同情,有时也参加。如垦荒运动我知是有政治意义,我便亲自到场教学生怎样用锄头。1949年元旦,历史系师生集会,我说我们年年元旦都有希望,但都落空,今年的希望想不再落空了。

我回国时,厦门伪市长黄天爵及其妻特来访我,认我为老同学,很表殷勤之意,故我也曾去访他们。黄有一次对我说,要替我介绍向农民银行借一二千万元,为修理我的旧屋之用。他说:"政府有一笔款存在农民银行,是要借人修理因抗战而损坏的家屋的。"又有另一个旧同学地政局长苏宗文要替我担保。我说我将来还不起。苏宗文说,一二年后通货又膨胀若干倍,照原额还款,等于不还。我也知是很有利的机会,但恐怕被拉去入他们一伙,以后要跟他们走便不好,故不敢接受。1948年间通货膨胀太高,学校薪水不够维持一家七口的生活,心里怨恨国民党官吏自己享福,这样对待我们教育界的人员。当时黄天爵对我说,要介绍我卖一本书稿于华侨设立的一个南侨通讯社,是研究南洋的出版机关。我便将一本《南洋民族志》的小书稿卖给该通讯社,自以为该书全无政治性,且该社是华侨设立的,大约无甚政治关系。解放后方知这所通讯社也是国民党的华侨办的,不是没有关系,我卖稿给他们便是和他们发生关系,不管内容是怎样的,只要利用我的姓名便够了。幸其后该书未曾出版,原稿退还给我,或者因该书是纯粹学术性的不合用,书价却早已被我用完不能还它,其实该书价才拿来二天,通货又膨胀,跌价到不及一半。到了1949年春,黄天爵丢了厦门市长的职,要搬家到台湾去。我对他说:"现在的局势已到了不能不变的地步了,我劝你今后莫再参加政界,由台湾再到南洋去,最好是到婆罗洲垦荒种植,不问世事,岂不是好?"他唯唯不说可否。少停,听他对他的秘书说:"原来某人(另一个人,忘其名)是共产党。"他曾将他的一部分书籍、字画、日本刀寄存我处,我转送给人类博物馆。他去后不曾通讯,听说他还是参加了反动政府,一直到现在,不知他会不会懊悔不听我言。

　　黄天爵在厦时,我不曾想参加厦门政治,我对市参议会全不注意。黄曾拉我为华侨协会的委员,送来聘函,我不接受。厦大政治学系主任陈烈甫是国民党负责人,办一种刊物,常向我索稿,我不曾给他一篇。1949年春,有一个厦门警备司令部高级人员姓管,名似是容德,到厦就职后来访我,我吃了一大惊。他说他的叔父管震民(即槟榔屿钟灵中学老教师,非国民党)寄信给他,提到我说我是好人,叫他应来拜候我。他和我要拉交情,他说他原是学美术的。有一次开了画展会,在报上登了画刊,要我写几句介绍的话。我记得我写的有几句说:"真美善是相通的,一个真正的美术家一定看不惯人间的龌龊事情。"这人实是大特务,我怕他查到了我的事情,有一天会翻过面来抓我,幸而才一二个月,他便被调到台湾去了。他去后我才松一口气。1949年春,伪海军军官学校迁到厦门来,请厦大派教员兼教,有三四十人去,我初时不想去,后来也因生活太难,乃答应去担任"西洋近代史"一课。我照必需的史料讲授,不避忌讳,如工业革命后续讲劳工问题、马克思主义的产生等,似乎引起疑心。有一次海校学生问我对现在世界局势的看法,我说:"战后日本受美国扶植,恢复很快,我国则战后年年只有破坏,没有建设,将来日本国力充实,必仍旧侵略我国。"他们又问我对国内局势的看法,直接地问我赞成"勘乱"吗? 我说:"我不赞成'勘乱',因为这是内战,我国是不应当再有内战的,你们应预备将来抵抗外敌。"我明知国民党反动政府曾宣布反对"勘乱"者便是共产党,又说反对"内战"也便是反对"勘乱"。但我因不能抹杀良心去赞成"勘乱",以鼓励学生反动,故我不能不大着胆这样说。过后我自知说了这种话,必有不利的后果,很觉不安。当时学生中又常有失踪的,大约是逃亡。我曾见我的班中座位有忽然空的,其后不曾再来。照我观察,海校学生中固然有反动的,但也有思想比较好一点的,方在徬徨歧途,后一种人比较多,故我不愿误了他们,而说出真心的话。如果他们全是反动的,我当时便立刻被扣留了。我见布告牌上贴着似乎是广东传来的反共宣言,我很怕叫教师也签名,我曾对一位海校原来的教师说这种事不宜强逼,后来幸不曾强逼教师签名。开学约二个月后,该校校长被撤,另换一个来。听人说前任的太松了,故要整顿。新校长到后,在会中宣布将历史课也改归训导处领导。我问为什么这样做,他很紧张地答说:"没有什么,这不过是便利办事而已。"我知道这一问更引起他们的怀疑了,他的答语明明是饰词,在座的人都会觉得。到了学期终止时,原应续送秋季的聘约,但久不发出,说因有特别原因,故缓发聘书,但暗中已约定一部分人仍旧任职。我知道我的嫌疑已经成为他们的难题,必须自动离开。我便于交分数单时对教务长说,我下学期无暇再来。他说:"先生学问很好,我们很敬重。我们老实说,将来或者会迁到台湾去,如先生肯随我校去,我们是很欢迎的。"我答说:"我原是厦大的教员,在贵校不过是兼职,此地又是我的故乡,我家人多,书物也多,很难迁移。"他说:"如先生肯去,迁移的事我们能担任。"我仍辞却。解放后我听厦大同事徐元度说:"你早已有了嫌疑了。"可证我猜得不错。

到了1949年9月,战事逼近厦门,反动派调杀人魔王毛森为厦门警备司令,自此厦门人民便时有被捕的危险。有一次厦大的工友、学生、教师被捕去十余人,我知道祸事也要临到我的头上,日夜提心吊胆,每夜如听到汽车声,便疑是要来捕我的。有一日,警察局人员来说,有人报告我屋内有无线电机。我说:"我很想买一个听听广播,可惜没有钱。"他说:"不是收音机,是无线电台。"我说:"这个东西我哪里会有?你自己查看吧。"他查看无所得,将我的孩子所制的飞机模型的推进机看了很久方放下。约自9月半起,解放军隔海包围厦门,反动派的炮台和战舰便日日开炮打过去,解放军似乎不曾开炮打过来。到了10月15日解放军发动攻势,炮声剧烈,压倒了反动派的火力。我全家大小八人躲在楼下卧地避弹,到了夜间9时,忽听见敲门声很大,我知道祸事到了,开门一看,许多人拿着长枪短枪,一拥而入,有武装的,有便装的,说要查户口。我便答以人名人数。有一人叫我出去,对我说:"警备司令部要请你去。"我问:"应带铺盖吗?"他说应带。我问:"要搜查吗?"他们说要查,便搜查一遍,看到一堆书箱,都已封订。我说:"我开箱给你们看吧。"他们说:"我们知道你的东西都是书籍和古物,不必查。"其实我当时还藏有陈嘉庚先生给我的亲笔落款的字,以及赠我的《南侨回忆录》,可以证明我和他的关系,而他当时已被反动派通缉。还有我在南洋被钟灵中学校董解职后报纸上的评论,说是由于党争波及南洋故辞去不是国民党的校长,这种报纸我还保存。这些文件我不忍烧毁,夹在书的硬封面中,和其他的书装在木箱内。我的书有一千余册,装十余个箱,谅他们一时也查不完。我假装无事,故他们反不注意搜查。那一晚我便被押去中华路民国路交叉处的警察分局。来捕我时武装军警包围了整条同文路，对面房子同事齐某的两个儿子，因将旧杂志烧毁，致被一并带去。那夜未审，大约因战事剧烈故无暇。我在局内虽有睡处，但睡不着，整夜听到远处炮声，我心里希望解放军能速赶到。到了次日（16日）天亮，炮声渐稀，他们叫我到走廊附近前海军司令部大门内的广场，有一群兵士刚被押到，头面身上血迹很多，手无武器。他们说："这是共产党的兵，受伤被俘。他们（指解放军）由集美过海来，已被包围在海滩，进退不得，已下令叫他们投降，如不降便把他们歼灭。"我知道这是故意说给我听的，但心里想解放军打了一个整夜，还未能胜利，我何时方能得救呢？约在8时，有厦门大学代理校长的陈教务长、校长办公室的戴秘书、图书馆陈主任，一同坐汽车到警察分局。局内高级人员招待他们到小楼上谈话。不久下来，对我说，不能担保出去，如需要什么可为我通知我家里送来。到近午时，我的妻送衣服来，局内人员便押我步行到伪警察局去。那时伪警察局是在公园西邻即今市政府所在地（公园南路2号）。我的妻跟我一同走，将全家仅有的钱四元中交给我二元（那时伪纸币已完全破产，改用旧银币，每次发薪只数元而已）。押送的人便对我说："我们给你方便，你也应给我们方便。"我假装听不懂不给他们钱。我想我只有二元，在狱中不知有偌久的时间，哪里可分给你们一元。我家中大小七人也只有二元，更不能分给你们。他们见我不"给方便"，便改用恶声，吆喝我快走。在路上看见一位同事，我叫他一声，他却如看不见，便走过去了。到了警察局，便将我送入附设的监狱内，我的妻哭着回去。

这个监狱面积不大（解放后改为饭厅），狱内似分为三个小室，我被送入中央一室。室内人犯约有二三十人，三室全数约数十人。室内有木板的总铺，离地只一尺，便是犯人坐和睡的地方，其前是地板，旁边有一个尿桶。我初入时，旧犯都以诧异的眼光看我。听得有人说："大学先生也入狱了。"又有人说："王子犯法，庶民同罪。"我心里想我犯的什么法。我对旧犯们说："兄弟初来，不晓得狱中规矩，请告诉我，以便照办。"有一个老犯告诉我："初入狱时照例应拿出一点钱，买些东西分给大家吃，大家方肯让出一个位置给你坐眠，否则须睡在尿桶边，替大家倒尿桶。"我便交他一元，请他托管狱的人代买。少停买了些烧饼来大家分吃，我从清早到这时只吃这一块烧饼。午后有一段短时间，开室门给犯人出去，在前面极窄的走廊内散步。我便到管狱员面前，问他："我是哪一种犯？"他说："你是'匪嫌犯'。"即指给我看簿子上写的"共匪嫌疑犯"五字。我又问这种犯重或轻，他说："你们这种犯比强盗还要重。"我查问同狱的难友，所犯的罪不一律，有轻有重。我便问一个老犯说："像我这种政治犯，大约经过偌久时间方可出狱？"他说："自我入狱数月，未曾见过你这种政治犯出狱去。"我心内渐渐着急，我想我家中书箱内还夹藏着不利于我的证件，如再到我家搜查,难保不被发觉。这些文件的收藏处还不曾告诉我的妻,现在要通知她很觉为难,想了良久没有办法。我想我的案情除了曾帮助陈嘉庚先生修饰反蒋的书籍以外,还有我个人在海校的言论,这是很难分辩的,而且在战事剧烈的百忙中,特地来捉我,可见是认我为危险分子,由此可见这案是严重的。警备司令部办案也比法院会重些,况且在战争行动中更会随便解决。最后想到我如被害,在我个人生死不成问题,只是家中妻子七人,全家只有二元的财产,今后生活无着,不久一定会死去大半。想到这里,不禁痛恨反动派的凶恶无理。我想我一生不曾做过坏事,我以前冒着危险放弃日本籍,要做中国人,不意反被中国人所害(解放后,听说毛森临走前曾下令将全部政治犯都解决,在16日那天确已杀害一部分)。

日间炮声稀疏,到了傍晚,炮声又渐多,渐渐近来,又夹杂着机关枪声步枪声,知道战事已渐近市郊,心里再生希望。天将黑时,同被拘去的齐家两个儿子得其父来送衣物,偷偷通知他们说:解放军已进到江头了。他们告诉我,我们暗暗欢喜。其后炮声渐少,但枪声愈来愈多。到了约在9时10时之间,枪声也稀了,心里猜疑,不能确定是解放军已胜利或被击退。但注意看管狱人员的动静,见他们卷起铺盖,知道他们已想溜走,解放军一定就要到了,全监内的犯人都快活起来。到了半夜,确知解放军已完全胜利了,犯人向管狱员要求开门放出,管狱员不肯,说他不曾接到上司命令,不能擅自开门放出犯人。双方争执很久,管狱员已丢去了威风,但还是不肯开门,说他不能负责。有的犯人暴躁起来,提议大家一起用力推倒狱墙走出去。但因狱外还有反动军队放着哨,如出去恐被开枪,因此还耐心等着。我那时虽是全夜不睡,但心里很高兴,慢慢卷好铺盖,看着四壁上以前难友的题字,把它记在纸片上。天将明时,管狱员大约已经知道他的"上司"不会再来责备他了,便决定开狱门放犯人出去。我提着铺盖走出狱门,由公园南路经中华路、中山路、水仙路步行回家。一路上无人行走,有时传来一二响枪声,路旁店门都紧闭。有一二处有人从楼上看下来,听得他们说:"囚犯已放出来了。"我到了同文路住屋,大声敲门,我的妻和孩子们见了我,大家都感觉如在梦里。那一天是1949年10月17日,即厦门解放之日。

总结我以前对国内政治上的态度,以及所遭遇的经过,我得了很大的教训:第一,我由于国籍问题,一心只痛恨日本帝国主义,对祖国的一切人都怀着好感,甚至连反动阶级也不很觉得可恨。我可以说是只抱着民族主义,而没有阶级观点。我不知道国内的反动阶级是和国际的帝国主义一样的可恨,不知道国内的反动阶级和国际的帝国主义是同样的东西,同样的会迫害人民的。我为了对付国外的敌人,便宽恕了国内的敌人。我没有正确的立场和观点,不能分清敌我,因此不曾参加无产阶级革命。第二,我希望祖国能够早日兴盛强大起来,以抵抗帝国主义,收回失地,故希望祖国的政治能够早日改善。因看出祖国政治的腐败,渐渐对反动的统治者失望。我虽抱着纯技术超政治的观念,但也难免会表示不满。尤其是战后从南洋回国,亲眼看到腐败龌龊的情形,更觉抑制不住心里的鄙视与气愤。到了反动派看出我的真意以后,他们便也板起面孔,不客气地对我下手了。由此可见国内的反动统治者是不许人民爱国的,不许人民要求改善政治以抵抗外敌的,对他们的希望可以说是与虎谋皮。

由我过去的经验看来,我的错处在于没有正确的阶级立场和观点,因此不能分清敌我。只晓得帝国主义是敌人,不晓得国内的反动阶级也是敌人,结果不死于帝国主义之手,却几乎死于国内的敌人之手。我现在才明确,只有革命的无产阶级领导的政治才能致国家于兴盛富强,以打倒帝国主义。我的余生是出自无产阶级的兄弟所赐,我今后必须认清自己是属于无产阶级的,应当完全站在无产阶级的立场,参加无产阶级的行动,以建设幸福的社会主义以至共产主义的国家,并抵抗国际的帝国主义和扫除国内的反动残余。

1950年初稿,1956年完成

台湾番族之原始文化

凡 例

一、本报告书计分三篇,如目录所揭:上篇《番情概说》根据已所见闻及由台湾总督府图书馆及博物馆所得之材料,将番族之一般的状况分类叙述。中篇《标本图说》将每种标本各加说明及摄影,以明其性质与形状。下篇《游踪纪要》只述所经路程,调查及采集之手续,及所历番社之特殊的状况,至于番族之一般的状况则划归上篇,以清头绪。

二、"概说"即为"标本"之详细的说明,而"标本"亦即为"概说"之实际的参证;故上篇与中篇阅时可按类对照。文中不另加注,因应注处太多,故反略之。

三、三篇皆有插图,上篇采照相馆所摄,中篇在所内自制,下篇系出发中所摄。

四、标本之摄影蒙本组精于此道之商章孙(承祖)先生尽心指点,甚感厚意,志此鸣谢。

引 言

台湾番族状况在学术上之价值,盖有三端:

1. 台湾番族自石器时代由南洋移入此岛以后至于最近,与外界文化之接触甚少,所保存之固有的状态颇多,实为现存未开民族之良好代表;故观察此一族,可望知晓未开民族状况之一斑。

2. 原始的器物及制度在文明民族久成陈迹,然在未开民族中尚多存在;虽不能即依进化论派之言,指为完全相同,然其原始性总不能不谓为颇相类似;若去其小节,取其大概,则由此等未开民族之现状,亦略可窥见人类文化史上之原始状态。台湾番族为未开民族之一,自然亦富于原始的性质而有上述之作用。

3.台湾为世界大岛之一,而番族之住地占全岛之大半,且此族与中国亦有历史上之关系;故除上述二种作用外,其状况之本身在史地上亦有知晓之必要。

以上三端为报告人出发前之揣测,亦即为工作毕之结论。肤浅之见,是否有当,尚希所内外先进硕学惠予指正,幸甚。

上篇　番情概说

一、总论

1. 名称

台湾汉人称番族为"生番"。"生番"二字其初系汉人对于未开化异族之通称,其后台湾人由习惯之故竟用以专指此族,而成为此一族之特殊名称。日本领台后欲用怀柔政策以待番人,谓"生番"二字含有野蛮之意;故援引古书,改用"蕃殖"之"蕃"字,而称之为"蕃族",官书皆用此名。日本学者著作中又常称番族为"高砂族"(タカサゴ)(Takasago),此因昔时一部分番族曾有此称传于日本,故今以之统括全族。此三名者皆可用,但本书为明了起见,只称之为"台湾番族"(英文书中亦只称之为 Aborigines of Formosa)。

2. 种属

番族属马来种即棕色人种。其体质、言语、风俗与南洋群岛马来人多有相同之点,而番人之传说中亦有南来之语,可以证明之。日本学者多主此说,而由余个人之见闻亦确信其无误。余初见番人之面仿如重觏菲律宾朋友;盖其黄褐色之面容,突出之眉棱骨,圆而大之马来眼,均与菲律宾人相类,而其言语之声调尤为相似。番语数目字多与菲律宾语马来语同(见《番情概说》八之语言),他种字亦多有类似者。如余在知本社闻番人谓山猪为 Baboy,此与菲律宾语极相近,盖菲律宾称猪亦为 Baboy 也。余在新港时闻其地土人之传说,谓其祖先系从南方来,故其屋门必南向,人死则头必朝南。曾有一土人往台北,宿于一爪哇巴达维亚人之家,夜闻巴达维亚人夫妇私语,悉能通晓之。由此可见阿眉族(即新港之番族)其先必从爪哇来,而与爪哇人同属马来种也。番族之体质、语言、风俗,虽略有歧分,然大端皆相同,故确皆同属马来种。

3. 支族

番族之中,因体质、语言、风俗略有差异,再分为数支族,各支族皆有其特殊之住地。各研究者之分类自六族以至十族不等,本书采用七分法,其名如下：

    (1)太么族（タイヤル）(Taiyal)

    (2)萨衣设特族（サイセット）(Saisett)

    (3)蒲嫩族（ブヌン）(Bunun)

    (4)朱欧族（ツオウ）(Tsuou)

    (5)阿眉族（アミ）(Ami)

    (6)派宛族（ヅイワン）(Paiwan)

    (7)野眉族（ヤミ）(Yami)

4. 体质

皮肤黄褐色即所谓棕色,发黑而直,鬈须甚缺,体毛亦少,颧骨高,眉棱骨稍突,眼属马来眼(Malayan eye)(眼平横,不似我国人之斜吊,眼孔圆而大,上眼睑卷起,泪阜显露),鼻梁不高,头形多属广头,惟阿眉、野眉二族属长头,手指之第二与第四指同长,肥瘦适中,筋骨健壮,身长不一。兹引日本学者测量所得于下：

    身长：自太么族南势番之156.32厘米以至阿眉族马兰番之165.14厘米。

    北部较南部低,渐南渐高,阿眉族最高。

    头形：自阿眉族之75.41(长头)至派宛族之85.57(广头)。

    鼻形：自萨衣设特族之73.37(狭鼻)至阿眉族之88.79(阔鼻)。自北而南,示数渐减而成为阔鼻。

由以上三种根本测量,则在体质上可分番族为三种：

(1)高身长头狭鼻型：太么族及朱欧族为代表。

(2)低身广头低鼻型：蒲嫩族及派宛族为代表。

(3)高身长头低鼻型：阿眉族为代表。

5. 人口

昭和二年末统计番社数七百三十九,户数二万三千三百五十三,人口十三万九千三百二十七人,内男六万九千七百三十四人,女六万九千五百九十三人,壮丁数三万三百五十三人。各族人口如下表：

太么族	32906
萨衣设特族	1279
蒲嫩族	18561
朱欧族	2068
派宛族	41693

阿眉族	41211
野眉族	1609
合计七族	139327

6. 历史

　　番族确系自南洋移入,惟其移入之时必甚古,因台湾全岛无论山岳平原均有石器时代遗址,可证其移入时尚在石器时代。台湾之石器时代遗址在日本领台后之明治二十九年由粟野传之丞氏最先发现,至今已有百数十处。其遗物有石器、陶器、骨器、贝器等。石器中有石锄、石棒、石锤、石斧、石锛、石刀、石匙等。石器更可分为细磨、半磨、不磨三种。石器中之石锛一种与中国山西所发现者极相似,或可证明未入台湾之番族与大陆之汉族有关系也。

　　除石器外,更有贝壳、货币亦可供考古上之材料。日本学者尾崎秀真氏编《台湾古代史纲》,谓夏大禹之《禹贡》书中所言"岛夷卉服,厥篚织贝,厥包橘柚,锡贡",即指台湾番族。此说初似不经,然细考番族之衣服,可信其无误;惟《禹贡》一书决非夏时之物,后世人方有此种智识也。番族之衣皆属麻质,"卉服"或即指此。"织贝"二字,古注多不明了,或以为即是锦衣,然"贝"字终不能明。今考番族自古即以贝壳制成小粒扁圆珠,以为货币,并缝缀于麻质之衣服上,以为盛装之服(所获一件缀贝珠六万数千颗)。所谓"织贝"惟此为最近。贝壳货币之制造法,盖由于百余年前日本商人名文助者漂流台岛后得生还,乃传于世。文助为函馆鱼行之店伙,航海遇风,船破,漂至台湾东海岸,即今阿眉族住地,彼时台湾东部尚无外人踪迹,番人尚极野蛮。幸番人怜其遇,不加杀害,予之食,命之工作。经九年乃得回国。其间之工作盖即制贝壳货币也。其法先由海岸采拾贝壳——大都为子安贝——碎为相当之小片,然后一一穿孔,贯以麻线为短串,张于弓上,磨于砥石,使其棱角渐钝,终而成为扁圆之珠。此种物今不复制,然在古时极盛。

　　此外,中日古书所载有关于台湾番族者,有《汉书》所述之"东鳀人",盖即指台湾及琉球之土人。《三国志》载吴孙权黄龙二年遣将军卫温、诸葛直浮海求夷州、澶州。《隋书》载炀帝使朱宽探南海发现流求(即台湾)获捕虏而还。元元贞元年,高兴征琉求获生口百三十人。明时日本丰臣秀吉遗书于番族一部落高山国,令其称臣入贡,德川家康引见班遮国(バンチヤ)人(即今东部之阿眉族),并遣将侵攻西部之高砂国(タカサダン)。明末荷兰人亦曾一度侵占台湾之一隅,与番族略有接触。以上皆外人对于台湾番族之关系。然其事迹一瞬即过,影响极微。惟三百年来汉人大批移殖,愈聚愈众,番人之在西南方平地者乃渐受感化;但番人并非原住西海岸而因汉人逼迫乃退入深山,其实番人自昔便多有居住山地者,此由于山地亦有石器时代遗址之发现可证明也。

7. 理番事业

郑家及清朝之治台,政治及文化之中心皆在南方,故南方番族受其影响较多。然清朝之积极的经营理番事业系最近之事。自同治十二年即1873年,日本人漂流台湾南部为派宛族牡丹社番所杀,引起中日国际交涉后,清廷乃注意番务,任用沈葆桢筹善后之策;沈乃开道路,垦番地,取消入番之禁,并惩讨派宛族番人。由于政府之剿抚及民番之接触,南番之与汉人相接近者遂渐次汉化。北番则与汉人之接触更迟,昔汉官曾立碑禁止出入番界,其禁之解放系在咸丰时即1850年后。是后汉人乃有入山垦地及制樟脑者,然为数甚少。迨光绪十一年刘铭传任台湾巡抚,乃着手于北部之理番事业,其间剿抚兼施,颇费经营,然所开发之区亦只一小部分而已。日政府领台后,初用怀柔政策,其后番害颇大,乃于明治四十二年以后五年间,派遣讨番队大加征剿,并收其铳器,番人乃渐屈服,然犹时有骚动,至今未全平也。

二、各族分述

1. 太么族

"太么"意为人,此族自称之词。居台湾北半部山地,人口众多,势力雄大,狞猛剽悍,为蛮性最强之族,可谓为台湾番人之代表。躯干不甚大,容貌颇环伟,男女皆黥面为饰,故又称"黥面番"。男子自额至颏之中央作直纹;女子自口经两颊至两耳作横而斜上之阔纹,使口似有锐突之势,汉人称之为"乌鸦嘴"。又拔左右切齿,穿耳贯以竹管或骨制之耳饰。衣服最简单,或仅为一块方布,或只由二块长方布缝成。以织贝之衣为盛装之服。男子戴半圆形之藤帽。食物有谷菜及鸟兽肉,然不丰,多以手撮食。家屋多散处,植竹木为柱,茸茅草为盖及壁,有于屋内穴地四五尺深而为半穴居者。仓谷最发达,自成一屋,下有支柱,屋底及支柱间隔以圆木板以防鼠害。家族为父系小家族制,家长握一家之管理权,家人甚和睦。产儿则产妇自以水洗之。人死则有埋之于所卧床下,而举家移居者。男女自由求偶,二男争一女则行馘首的竞争,先斩得人首者得女。自昔盛行杀人馘首之风,以所得人头之多寡定勇武之等第。时出而猎头,得则携归以夸耀于众,举社为之行祝贺式。馘首之风以此族为最盛,然今亦渐衰。日本领台后之理番事业多系对付此族,而此族亦最倔强不受制。惟其团结力不强,同族中常相反目,所住地尚不甚高,所贮粮亦不丰,故终于失败。

2. 萨衣设特族

在新竹厅南庄附近,不过一小族而已。其初曾经一度汉化,后因接近东方之太么族,屡受其迫害,由于反抗之故而发挥其狞恶之性,复返于古时之蛮风。

行馘首之俗,其他习惯亦多同于太么。然近又再行汉化,衣着皆模仿汉式。

3. 蒲嫩族

"蒲嫩"意亦为人,自称之语,在太么族之南即中央高山之偏东一方。所住地在番地中为最高,有距海面六千五百尺者。人口不甚多,然势力殊强,识者以为此族之强悍可畏在太么之上。盖太么不善合群,不能协力御外,此族则富于团结性,其力尤大;幸在南方,早受感化,而减杀其蛮性,若与太么易地以居则将不可制矣。行大家族制,一家常多至六十人以上,合居一屋。勤勉耐苦,膂力强健,妇女亦能负重操劳。屋以粘板岩砌壁及顶。服装有皮帽、皮衣、皮裹腿、皮鞋,盖即所谓"皮服民族"也。又有自织之布,男子有蔽胸及蔽生殖器之方巾,着法甚奇异。家庭联合为小集团,有头目。馘首之风次于太么。

4. 朱欧族

"朱欧"意亦为人,此族自称。住中部高山之偏西一方。人口昔多今少,盖因厄于天然痘及清兵之来剿。昔当盛时,人口既多,性复凶暴,好馘首,邻族畏之,其各社"公廨"所藏髑髅常至二三百个。相传昔通事吴凤舍身劝导,番人感之,其风遂衰,然终不能尽绝。人口虽少,然其敌忾心甚强,故至今犹能自守其地。躯体与衣饰多类蒲嫩族。

5. 阿眉族

自称为"班遮"(バンチャ)(Panchia),"阿眉"盖"北方人"之义,为昔时其南方卑南社人(属派宛族)称之之语。住东部一带细长之地域。人口甚稠密,其数较最大之派宛族只少数百人。躯干在番族中最高大,男子颇雄伟,然性殊和平。以栖息于平地之故,接触外来文化较早,故开化程度在番族中为最高。操作勤勉,境况殷裕。馘首及文身缺齿之风皆无。服饰不一律,与他族接近者多与之同,而汉

图 2-1　中部高山番

化程度亦高。喜吸生烟叶,嚼槟榔子。番族中惟此族之一部能制手捏素烧之原始陶器。家屋皆相联结为集团,集团之外有公共之垣围之。屋内有间隔,有厨房、寝所、畜舍之分别。行家族联合制,头目公选。从母系,女尊男卑,结婚自由,但男必须为赘婿,不以离婚为非。盛行厌胜之术,名为"拔里鲜"(Pualisian)。其先从爪哇来(见《番情概说》一之总论:种属)。

6. 派宛族

"派宛"为其祖先开辟之地名,故以自名其族。居台湾之南部,占地颇广,人口最多。与汉人接近者颇受同化。清末杀害日本难民而引起日军攻台之牡丹社即属此族。体高中等。衣饰亦不一,有似接近之他族者,有模仿汉人者。有文身之俗,但不于面而于手臂胸背等处。家屋以粘板岩及草木等为建筑料,屋内亦有间隔,有分别。男女平等,妇女亦可为户主。结婚自由,但成约后,男子须往女家服劳一二年。以蛇为祖先之化身,崇拜甚虔,在森林中设祖祠以祀祖。亦有拔里鲜俗,昔行"人体牺牲",现已易以猿或假猿。馘首之风只有小部分保留之,余已不行,但对于首级棚上之古头骨犹甚珍视。好雕刻,其雕刻品在番族中为最多,其模样大都为人头及蛇。此族中之一部落卑由马(Pyuma)昔时曾称霸一时(见《游踪纪要》七之赴卑南社)。

图 2-2 北番

图 2-3 南部高山番

7. 野眉族

住台湾东南方一小岛红头屿上。其岛上有赤土山,故名。人口甚少,只有七社,千余人。番社皆在山麓。自昔不曾受外族之影响,故至今犹存固有的风俗。性情温和,不知用铳,自来不曾有馘首之俗。躯干中等,肤色浓褐。衣服甚简单,有芭蕉衣、椰树皮衣、藤盔、藤甲等。平时不着衣服,男仅用巾包围生殖器,女则用裙围蔽之。食物为芋、番薯及鱼贝。不知烟酒,以米饭为臭,不敢食,尝糖必吐唾之。能制泥人,喜雕刻,其模样极富原始性。能造首尾高翘之艇。生业为渔业及农耕,产物为芋薯等,不种粟。每社有一头目,由众推举。家族为一夫一妻之小家族制。结婚自由。行母系制,女子地位高于男子。

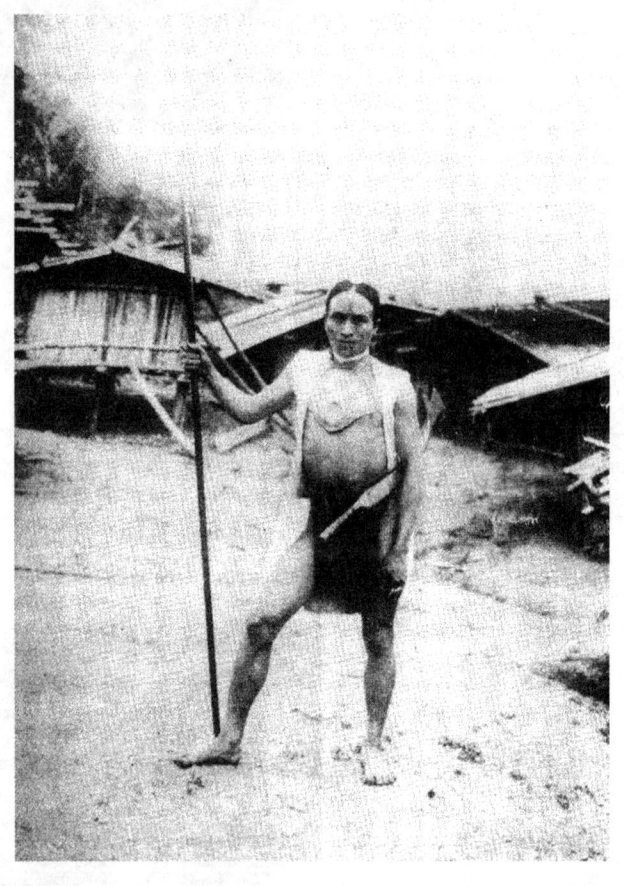

图 2-4 北番壮丁

番族又有南、北番之别。太么与萨衣设特为北番,其余为南番。南、北番之分系由于其风俗习惯。北番有黥面之俗,性质较为凶暴,好馘首,不易感化,文化较低;南番则除蒲嫩及派宛之一部分犹存蛮性外,其余皆渐开化。

三、生活状况

1. 生业

主要生业为农耕与狩猎,渔业与畜牧次之。农业有平地、山地之别:平地耕水田,用水牛如汉人,惟技较逊;山地则在山谷之中,只用小锹栽种番薯及粟,程度较之平地远为幼稚。耕法有火耨法与轮耕法二种。火耨法即放火烧田中草木,以其灰为肥料,然后播种其处,数年后地味渐薄便弃之他往;如欲再回其地,则栽种榛树或五倍子树,待五年后再放火烧为肥料。轮耕法则进步甚多,在同一块田地上轮种二种以上植物,使其肥料不竭;然此法只限于较开化之一小部分。农作物为番薯、芋、粟、菜蔬、苎麻、烟草等;近汉人者种类较多,在内地者较少。收获一年只一度,无二度者。农具在昔时石器时代有石锄,亦兼用鹿角或树枝;有铁器后用铁器。其能由汉人获得铁锄者,农耕便大为进步。从事农耕者从前多属妇女,男子多出外事狩猎;但其后因猎获物渐少,男子参加农业者亦渐多。

图 2-5 番人在平地射箭之状,所用系射鸟之竹箭。

图 2-6 番人从岩上射箭之状,所用系铁箭。

狩猎为男子之职业,除个人从事外,尚以冬季为大出猎期,全社皆参加。其猎法:①用铳;②用弓箭刀枪;③用绳索;④用狗。猎具中有脱头枪,甚奇异。所获物大都为鹿、獐、山猪、穿山甲等,时或猎得猛兽如豹。出猎前以前晚之梦预卜吉凶,吉方出发,凶则裹足不前;在途中闻鸟鸣声亦认为预兆。

渔业凡近水之地皆有之。方法除普通者如下钓、堰水、撒网、置筌等以外,尚有原始的方法如箱捕、箭射等,皆甚奇,然稀用。有帘形渔具,亦为特殊物,其筌为南洋式。畜牧不甚盛,然亦有水牛、黄牛、猪、狗、家禽、蜜蜂等。

番族亦有数种手工:

(1)木工:能制饮食器、农具、盔、盾、刀鞘、舟等。能用刀斧,不知用锯。因不解分部接合之法,多用独木刳成。

(2)编线工:以苎麻之线编为背物之网,甚结实。

(3)韧皮:惟高山上之朱欧及蒲嫩二族能之,然法甚简陋。

(4)藤工:此为番族之上等手工,与汉人少接触之处更发达,饮食具、筐笼、帽、盾等皆以藤编成。

(5)竹工:如渔具、盛物筒等。

(6)纺织及裁缝:石器时代即有纺锤轮。能搓苎麻成线,用简单之机织成布,布纹不整齐。

(7)锻冶:能造小刀小锹等,但技不精,锋不甚利,故常用汉人制成之物。

(8)陶工:番族之能制造陶器者只阿眉族之一部分。其制法尚属原始,用手捏,无陶轮,在平地上烧,不用窑。自与汉人交通获得铁锅及磁器后,自制之陶器渐少,至今几于绝迹。

图 2-7 红头屿舟

番人之经济状况为自产自给,有余不足方行交易。交易有物物交换者,有用易中者。其易中在昔时多用贝壳货币,铁器如刀枪等亦可为易中,与汉人接触之地则用汉人之绵布金属币,今则日本人之银币亦颇通行。

2. 住所

各族之家屋精粗不同,北部最简陋,渐南乃渐进步,然尚远逊于汉人。北番之屋常孤立无邻舍。南部方有自二三家至十余家之集团,集团之外常围以公共之垣墙为防守具。家屋之构造可分为二部,即屋盖与柱壁。屋盖以茅竹或石片葺成,有一面至四面之倾斜面。柱植木或竹充之,壁用茅竹或石片砌成。家屋略具人造屋之初形,然只用自然状之材料构成,故不免于粗陋。柱之植立不甚牢固,乃以绳索缠系,并于屋外用竹木拄之,建筑术甚幼稚也。屋内之配置则北番概为单房,派宛与阿眉二族方有隔离分房,有卧室、常居、厨房之别。其他各族亦多有由单房进入分房之趋势。床概为土床,有铺以石片或席者。屋之称类除通常之住屋以外,有公廨即集会所,有谷仓及瞭望台等。

3. 食物

烹饪法多为煮、烧二种。主要食物为番薯、黍、稷、粟等,佐以蔬菜、肉类。在山地者不得盐,则多食辛辣物。嗜酒,其自酿者或以唾液和于原料中使之发酵。喜吸生烟叶,束之成卷,粗约一寸,长达八九寸,终日衔之不去口。嗜槟榔,唇齿皆红污。齿牙坚利,鸟兽细骨皆能嚼碎。进食前皆用手指,今渐有改用匙者。匙有骨匙、木匙、竹节匙,无陶磁匙。器皿因缺陶器,故用藤碗、木碗等,状如汉人饲家禽之槽。炊具有独木刳成者,有陶制者。近汉人之地兼用磁器及金属器。

4. 衣服饰物

衣服之原料为自织之麻布及兽皮、树皮。兽皮有鹿皮、山羊皮等。树皮有椰树皮、芭蕉等。衣服之种类有帽、包头、胸衣、长衣、外挂、蔽胸、筒袖、腰围、裙、裹腿、腰袋、腰带、裹脚、鞋等;此等名皆借用汉称,形式离奇不与汉同也。男子蔽下体之物不一律,有于工作之际只用木叶蔽私处者,有用腰围之下垂部者,有用方形之布片者,有用长布全包腰以下者。女子则各族皆用长裙一件或二件围腰及脚。北番之衣多存旧式,南番之衣渐趋汉化。裁缝之法县简单。北番之衣有仅为一块方形布者(外挂、蔽胸);有将长方布两条缝合三道,留袖子以穿臂,开襟无袖,无扣无带者(胸衣、长衣)。而袖与衣不能联结,分为二件,尤为可笑。汉化之番服亦与汉服不全同,不男不女,形式离奇。盛装之衣服多加刺绣,其花样多作几何形,衣服与其刺绣之色彩多为浓艳强烈之色。

妆饰品之种类有耳饰、颈饰、胸饰、腕束、脚饰等。其原料为贝壳、牙、骨、竹、木、玻璃、铜、银等。耳饰男女皆带之,有竹制者骨制者,皆甚粗。颈饰短,紧束颈上。胸饰即长珠串,有挂至十余串者。贝壳除贝壳珠外,尚有大块之饰物。得自汉人之金属币,常即用为饰物。有一种非银非锡之金属,似系自炼之合金。汉人输入之玻璃珠串,亦多被采用。

四、社会组织

1. 番社及部落

番社略同于氏族(Clan),然较开化者渐减少其血统观念,而渐有成为地域的、社会的及经济的集团之趋势。同社者多属同一血统,同祭祀日,同遵一种风俗,同狩猎及出战。有每社各戴一个头目者,有数番社合拥一个头目者。头目之任务或办外交,或司裁判,或于出猎及战争时为统率者;头目之权力普通亦不甚大,惟派宛族之头目能征收其属下租税及猎获物之一部。头目有世袭者,有由长老公选者;派宛族行长子继承制,男女一律,常有长女为头目者。

数番社有由种种关系而合成部落者,例如同属一远祖而从事于同一之祭祀者,共同出猎者,同守一种惯习者,战时合为攻守同盟者。著名之部落如派宛族之卑由马,昔时曾以卑南社头目之力称霸东部。

2. 家族

有行大家族制者,如蒲嫩族,一家多至六十人以上;有行小家族制者,如太么族,一家只数人而已。家族人员大都甚雍和。世系惟阿眉及野眉二族行母系制,余皆属父系。阿眉与野眉二族之男子须出己家而入赘妻家,女子方得为家长,女权甚大,妻有离弃其夫之权力。番族通行一夫一妻制,夫妻间感情颇亲密,犯有夫奸及离婚者少。结婚后不曾公然离异者,夫妻关系永远存在。未生子之寡妇得再嫁,有子者则否。

番族之姓氏制颇奇。太么族及阿眉族无姓,他族有姓。其姓大都为"太阳"(Taihira)、"蝉"(Camrarai)、"狸"(Puptol)等,似有图腾之遗意。太么族无姓,则于子之名下加以父名,如 Awi Watan 一名,Awi 为子名,Watan 为父名;意谓 Watan 之子 Awi。父早死而育于母之手则易以母名,父母离婚,子亦用母之名。

3. 婚姻

近亲不得结婚,只行族外结婚。婚姻之形式有受父母亲族干预之"干涉的结婚",有当事人自主之自由的结婚,然行真正的自由结婚者,只有从母系制之阿眉族及野眉族。此外,尚有数种婚俗甚奇异。有"交换结婚"者,行于蒲嫩族及朱欧族,例如甲家娶乙家之女,则乙家亦必娶甲家之女,若男女二人中有一人年龄尚稚者,则待长成方结婚,甚至有未出母腹之胎儿已定婚约者。有"买卖结婚"者,如雾社番婚俗,男家须先送买女之代价,如衣服、饰物、畜产、土地等于女家;女家一一加以审查,估其价值,价值不足,婚便不成,必须足偿女子之失,方能成约。有可称为"服务的结婚"者,盖即买卖结婚之变式,如朱欧族婚后三日男子须随妻赴妻家服务,以劳力偿代价,时间之长短依所定契约,普通一二年后可以挈妇归家。尚有可谓为"竞争的结婚"者,如太么族婚俗,若二男争一女,则以馘首定胜负,先取得人头者获女。"掠夺的结婚"尚存痕迹,如蒲嫩族婚俗,男家亲族至女家迎新妇时,必伪为强劫之状,新娘及其家人亦皆假作抵拒。

4. 成丁惯例

成丁之礼式在蛮族皆甚重,台湾番族亦然。成丁须在十六七岁以上,如太么族且以馘得人头为必需条件。成丁后有特殊表号或装饰,如黥面、文身、缺齿、束发等,各族不同。成丁后之权利为:

(1)成为有能力者,得参预于一社之公议。
(2)得结婚。(以上两条较普遍)
(3)得嚼槟榔子。(此一条较为特殊)

5. 社会制裁

道德及法律观念各族不尽同。文化较低者所认为罪恶之事少,文化较进者则多。杀伤、放火、窃盗、诈欺、奸通、破坏契约、违犯惯习等大都认为犯罪,而有相当制裁。惟所谓罪恶之行为只以对于本社或本族人为限;若行于外社外族或汉人,则不但非罪恶而且为勇敢。

刑罚之标准依不文律,其种类如下:

(1)斩杀:专行于有夫奸。
(2)放逐:驱出社外或族外,有无期、有期之别。
(3)抄没:没收所有物。
(4)笞刑:臀部或背部,派宛族犯有夫奸者笞阴部。
(5)攫发:握发而振摇之。
(6)谴责:在公众前责数其罪。
(7)赔偿:偿被害者以财物。

昔日多用死刑及笞殴,今则多为赔偿。奸通罪有以猪为赔偿物者,杀猪享众,事便可息;窃物者归还便可,否则以猪偿之便了。犯有大奸罪者刑较重,或先由头目笞打犯人背及臀,然后交本夫加以全身之痛殴;若因而离婚,则妇女不得嫁本社或本族人。伤人者或以猪偿,不足继以水牛;伤人致死者则尽弃所有物出奔,其所有物归被害者之家。番人犯罪者颇少,野眉族更不知有所谓盗窃、诈欺、奸通等事,隐匿拾得物或违犯惯俗者亦鲜。断罪之法除头目及公论裁判外,更有行神判者,如太么族曲直之争不易裁判时,则令当事人出而馘首,先成功者谓有神佑,其理必直云。

五、馘首及战争

1. 馘首

馘首为台湾番族之特殊风俗,台湾汉人称之为"出草"。出草者,谓出门杀人取其首以归也。其所杀者为社外或族外人,而汉人之头尤为所喜。昔派宛族之一部名傀儡番者极凶暴,异族近境,立失其首,汉人甚畏之,有谣云:"傀儡山深恶木稠,穿林如虎攫人头。"此种风俗,在昔时除野眉族外各族皆有之,其后渐趋衰微。现只行于太么族及蒲嫩、派宛二族之一部;此外各族或时一为之,如阿眉族固已属驯化之民族,然其在北部者因生存竞争之故,有时亦斩太么之首置于首级架上。

"出草"之手续,或袭入对手者之家,馘取其首以去,然大都匿于路上之树荫岩隙,以伺行人,待其过,先以铳弹、弓箭射之中,然后跃出拔刀割其首。割首时大抵先将尸身拖近树干或岩石,将颈置其上,然后斫下。割首后拔去脑髓,洗净血污,装入名为"票干"之网袋,背负回社。既入社,即高声叫喊,报告成功。于是一社之老少男女皆惊喜奔集,欢迎凯旋,有酒者便出以祝贺,妇女儿童围绕人头而舞。最后由"出草"者携回己家,陈于人头架上,下垫萱草。得新人头则将旧者推移两旁,将新者置于中央。对人头亦有祭献,将食物塞入其口,唱祭辞,大意谓:"供尔以番薯及猪肉,尔其尚飨,盍邀尔之父母兄弟,同来此地享乐乎?"其意以为如此便可招致被害者之亲族,同被馘首云。邻近之人咸来饮酒歌舞,欢呼庆贺,继续至于一二个月。"出草"成功者被尊为勇敢之壮士,极有光耀。青年男子得人头后便得成丁;结婚期有限于夏季者,但"出草"成功者不受此限制;"出草"成功后,前此所犯之罪亦一概消灭。

"出草"系危险之事,故带有神秘性,而发生多种迷信。"出草"之前最注意于梦。得吉梦便奋勇直前,反之便不敢出。临发之际,盛水于葫芦中,以指插入,以为厌胜。途中注意一种鸟名"丝主丝里"(Sitsusiri)者之鸣声,声如悲惨,便反走回社,即不回社,亦停于半途以待转机。出发后,家中之火不可熄,时时注意维持之;家人不敢借物与人,不敢作鄙狻之语。

"出草"之原因非为满足残暴之念,而实由于数种正当之希望,如:履行成丁之必需条件;取得社会上之名誉;复亲人之雠;祛除恶疫;祈求丰年;争婚之方法;裁判之方法等。

"出草"之风昔盛而今衰,可知将来必全消灭。其故由于:(1)教育及宗教的感化;(2)政府之惩罚与抚绥;(3)开山交通;(4)番族自觉人己共存之理。

2. 战争

番族之男子皆是战士,自少即练习登山、涉水、跳跃、潜伏等技能,故动作

图 2-8　番人习战之状

甚敏捷。其兵器昔时用刀枪弓箭等，自百余年前始有由汉人传入之铳。其初汉人入山开垦，恃以抵御番人，番人初甚畏之，后渐晓其作用，乃乘间袭杀汉人而夺其铳。其铳初皆火绳铳，后渐夺得新式铳。自得铳后，馘首之风益为助长，战斗力益加增进。射击极精，为汉人及日人所叹服。

番族除自相争斗以外，更常抗御官兵之来剿，勇悍耐斗，战术亦优，清兵固极难取胜，日兵亦不易得手。其战术大抵为：

图 2-9　番人战斗之状

（1）置障碍物于敌之行进路，如以竹钉插路上，或于敌从崖下过时推落大石以击之，或置毒草于路使敌中毒。

（2）番族不晓筑城之术，故住屋不敢密集，散置四处，以避炮击。

（3）保护近处高地，使不致落敌手而置炮于上。

（4）不露身体于敌前，常匿林丛岩隙以狙击敌人。

割台前汉人受番害无从计算，然其数必甚多。归日后至昭和二年（1927年）末，止三十二年间，受番害而死者总计六千九百一十八人。其中警士、隘勇等二千余人，平民四千余人；此外伤者一万零九百六十五人。

六、宗　教

1. 灵魂观念

番族皆有灵魂观念，以为人之生存系由灵魂附合于肉体，灵魂所在为眼、胸、肩或他部。嚏系灵魂欲脱出，故甚忌之，眠系暂时的死，死由于灵魂脱离肉体，病由于恶神劫去人之灵魂，灵魂离体可用法术追回。

人死后灵魂不灭，存在于宇宙间。生前之灵魂为生魂，死后则为死魂。死魂有两种：

（1）归魂：即归于灵界之死魂。灵界大都在天上之一方，为快乐之世界；已故之祖先及族人皆在灵界生活如人世。灵界与人间距离虽远，然归魂能自由来人世，人若以酒食请之亦能来享。通常只有善人之魂得入灵界，但在一部分番族以为男无馘首女无纺织之功者，难于进入云。

（2）幽魂：不得归灵界而留滞于人世之死魂。如他族之死人，己族中之死于非命者，在世时有罪恶者，死后不曾受祭祀者皆是。幽魂杂居人世，有时现形发声，或凭附人身为祟。番族亦有轮回观念。如卑由马支族以为，得入灵界者只有头目、医巫及不知女色者，死人之魂皆转附于他人及动物如犬鸟蛇等；阿眉族以为，死后不营丧葬祭祀者之魂皆入于犬猪狸蛇等之身体，人死乃成为动物，故动物之生系由人死而来云。

2. 祖先崇拜

北番以为人魂便是神，别物虽亦有灵魂，但有神力者只有人魂；南番亦以人魂为神，惟以为此外尚有他神。总之，番族皆以人魂为神，而人魂之中各以自己之祖先为中心，以为对己有关系。此种信仰盖即为祖先崇拜。其信条为：

（1）祖灵皆有神力，住于灵界。

（2）祖灵能照鉴子孙，司其祸福，加以赏罚。

（3）祖灵除自己降福于子孙外，更能保护之，使不受恶神之加害。

（4）对于祖灵如怠于祭祀，祖灵将怒而降祸。

（5）祖灵之能力系相对的，一家之祖灵只对于一家之子孙有降祸赐福之能力，对于他家便无关系，而各家之子孙亦只需对自己之祖灵祭献。

3. 多神的信仰

番族虽以祖灵为主要之神，然亦有信此外种种之神者，故亦可谓有多神的信仰。其神或为人，或为他物，种类繁杂。其神之作用各不相同，有善有恶，有具一般作用者，有负特殊任务者，如司理个人祸福之神、生殖之神、技术之神、战争之神、疫神、害虫神等。

4. 动物崇拜

番族有以为祖先死后灵魂转入动物者，又有谓其族之起源系诞自动物者，由此而发生动物崇拜。如派宛族对于一种毒蛇之崇拜即如是。其蛇属管牙类之响尾蛇科，学名为 Trimer Surus Linkianus Hilgd，台湾人称之为"龟壳花"，为台湾最毒之蛇，《台湾府志》云"有文如龟壳，啮人最毒"，盖其盘旋栖息时身上之纹适合成龟壳形也。派宛族之一支族查里先（Tsarisen）称之为"卡马华兰"（Kamavanan），派宛本族称之为"扶仑"（Vurun），咸加以极敬虔之崇拜，不敢杀害，甚或于酋长之家屋中特备一小房以为其巢穴。屋饰器物常雕蛇形，其初盖全由于敬虔之念。其崇拜之故有神话说明之。查里先支族之神话云："我族之祖先死后变为灵蛇，故今见此蛇必加以'巴里西'（Parisi，即崇拜），以表示敬意，决不敢加以杀害。"派宛本族之一部云："我祖先之灵魂转生为灵蛇，经时既久则体长渐缩，胸腹渐大，终而化为'哥罗斯'（Koros，即山雉）。"又一部云："昔有二灵蛇，所产之卵中生出人类，是为我族之祖先，故对此种蛇不敢杀害。"

5. 琐物崇拜

即 Fetishism，旧译拜物教。此种信仰以为各种琐碎之物——大都为无生物——如树枝、石块、鸟兽、牙骨等，偶或具有神秘的能力，可加以崇拜而藉以招吉祛祸。台湾番人亦有此种信仰，所获野兽如鹿、猴、山猪等之头骨，常悬于屋壁，以为久则有灵而发生上述之作用；又以木刻之神匣悬于胸前，以为出战时可藉以获胜。

七、艺 术

1. 雕刻

番族皆能雕刻，尤以派宛族之技为最高，产品亦较多。雕刻之种类，有浮雕、阴雕、全体雕三种。原料大都为木、竹或石。模样（Design）则原始艺术中之写实（Realistic）、简省（Conventional）、几何（Geometrical）三式皆有之。对象大都为蛇、人头、人像及几何形等。如前所述番人因拜蛇之故常雕蛇形，以表敬意，其后此种蛇形渐成为艺术上之模样，而应用于装饰。如派宛族酋长家屋檐下横板及詹上竖板,以及较珍贵之器物如刀鞘、枪杆、匙、杯等皆雕蛇形。蛇形有写实者,然甚少(见《标本图说》一之武器:南番雕蛇枪);简省体最多(见《标本图说》一之武器:刀;六之娱乐品:双连杯);简省体中有变体,如一头两身者(檐饰),一身两头者(双连杯);尚有成为几何形者,已不可辨识,其状如下:

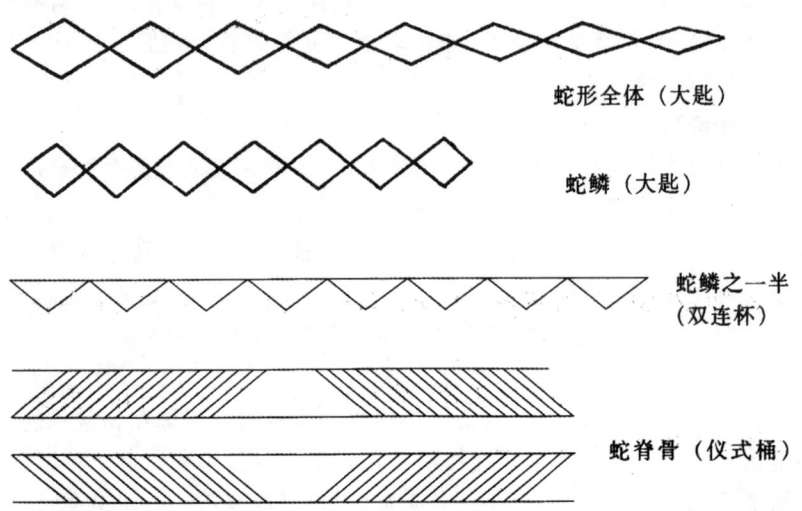

蛇形全体(大匙)

蛇鳞(大匙)

蛇鳞之一半（双连杯）

蛇脊骨(仪式桶)

人头亦以简省体为最多,有五式:①银饰刀;②大匙;③细雕长刀;④檐饰;⑤双连杯(见《标本图说》一、四、五、六)。其成为几何形者如雕蛇枪上之突起节,又如大陶杯上之饰纹亦似为人头所变成。全体人像多有写实者,然技术极粗陋,不按比例,不照部位,任意加减之,甚或并生殖器而雕之,藉以分别男女(见《标本图说》五之艺术品:木雕人像、雕人像木匙等)。其简省体有三种:①大偶像,②小匙,③小偶像(同上)。几何体亦有三种:①野眉族长刀,②野眉族匕首,③野眉族奇形舟(见《标本图说》一、九,所述种类皆只以标本为限)。

2. 绘画

番族既尽力于雕刻,绘画遂不发达。写实及简体均极少见,惟几何形之模样最多,其式颇复杂,色彩只用红、黑、白三种(见《标本图说》二之衣服:插羽帽;四之家具:女笠;七之宗教及仪式品:红绘杵、红绘桶等)。

3. 刺绣

衣服上常加以刺绣,原料用粗线,其模样多系几何纹,如三角、四角、直纹、横纹、斜纹、直形波纹等,少曲线;又其纹以横者为最多,常成为大横条,与身体成正交(见《标本图说》二之诸种衣服)。

4. 塑土

野眉族能以泥土捏塑种种人物,如人、动物、器物等,其技术极可笑,类文

明民族之儿童所为。泥黑色,表面不加搽绘。又陶器上亦多蛇形所变成之纹样,状如下:

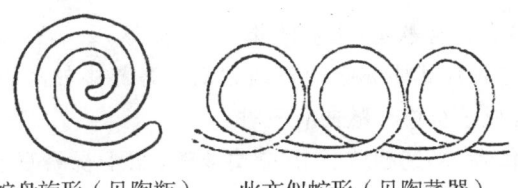

蛇盘旋形(见陶瓶)　　此亦似蛇形(见陶甑器)

5. 装身

番族于自己身体之装饰,除穿戴之衣服、饰物外,尚有毁体之装饰,如文身、缺齿等。文身之法:以针刺入皮肤作无数点,成为阔纹,然后以青黑色颜料搽于其内,使成为不褪之绘画。北番男子自额至颊之中央作纵纹,阔约四五分,妇女自口至耳作"乌鸦嘴"(见《番情概述》二之各族分述);南番则不黥于面,而黥于胸背及手。缺齿系敲去切齿,以为笑时可增美观。

6. 跳舞

蛮族之嗜跳舞甚于文明人,台湾番族亦然。舞不独作,但于祝祭宴会终了时,必起立齐舞以为乐。其舞式各族皆有二三种,无大差异。最普通者为圆阵舞:男女数十,列成圆圈,互相牵接,且舞且歌(参看《游踪纪要》之大马武窟之夜)。舞法大都以两手向左右前后及上下摇动,两脚进退伸屈,腰及膝屈伸转

图 2-10　番女跳舞之状

折,顿足跳跃,更迭动作而已;较文明人之舞法简单。但番人舞时整齐谐和,妙合节奏,彼等亦自觉酣畅淋漓,快乐无遗也。

7. 音乐

番族老少男女皆喜歌唱,宴会既阑,开口而讴,一唱百和,反复不倦;舞时亦必和以歌,于各种仪式中亦必唱赞颂之歌。番族中如阿眉、卑由马二族,且以歌舞之娴熟为成丁资格。歌曲有三种:

(1)自古相传者,多述祖先之历史功业等,用于祝祭宴会之际,此可称为"赞颂歌"。

(2)流行之谣曲,如捣粟、运搬、相嘲等所唱,此可称为"流行歌"。

(3)感物触事,冲口而出,以表现个人之心绪者,此可称为"表情歌"。

兹举例于下:

第一种赞颂歌:

阿猴社《颂祖歌》:

  Hai oh oh hai a di yi lao,

  论我们的祖宗,

  Tsin mong ki kiu lian,

  真是好汉,

  Chiao ho liu di mi mi,

  众人都不能敌,

  Chiao liu mi mi lian.

  谁敢同他争。

水社番《凯旋歌》:

  Yi lacua si balura balura, Kainarai Lawane hukisa maridabato cusanitoa ananina.

  下船罢,荡桨罢,我们Lawane社的人呀!大家都来作乐罢。但是很伤心!

第二种流行歌:

斗六社《娶妻自诵歌》:

  Ya miao puat lio miao ha lu,

  今日我娶妻,

  Piat gian mo ha ya ho,

  请来饮酒,

  Yu ya miao yi lim yu lim,

  将来我生子生孙,

  Yu puat lio piat gian mo ha ya ho.

他们再娶妻,又请来饮酒。

猫雾揀社《男女合饮唱和歌》:

男:Li miao liac mai yu si in lu kit mua yon.
　　你妇人贤而且美。

女:Li da jia mua ma lin ki sib log.
　　你男人英雄且会快跑。

男:Li miao liac mai mai hu ma kit da lao bi log in lo sa.
　　你妇人在家养鸡猪,又会酿酒。

女:Li da jia da hiac hiac mua un do ding mun lam kit mang ko ma.
　　你男人会上山捉鹿,又会种田。

男女:Mi sib ko hai na man li ku mo gu nao ki in lo sa.
　　　现在大家都欢喜,作乐,唱歌,喝酒。

第三种表情歌:

系个人一时随口而发者,故无一定之谱。番人尚有一种歌调,似无歌词,一唱百和,反复不绝,其调如下:

1—532—6653 2—6656—65
呵—呵乌呵—呵呵呵乌呵—呵呵呵呵—呵呵

番族之乐器甚少,其类略如下:

嘴琴:系将竹片开一隙,夹金属薄片为舌,以口吹之作声。

竹笛:有纵横二种,长约一尺,有五六孔,如汉人所用。

鼻笛:由竹二支作成,以鼻孔吹之。

弓琴:形如弓,以草之纤维为弦,上端抵口际,下端握于左手,以右手指弹之。

尚有一种奇异之乐器,即音乐杵,系长数尺重数斤之大木杵,持之捣于石上,其音铿铿然,五六根合敲成歌。

八、语　言

1. 语系

番族语言各族不同,一族之中复再歧分,故其种类甚多。两族接近地界之住民大都通晓二种语言,常出门者更常能说数种语言,有达七八种者。语言不通,则用手语,常有因此而发生误会,酿成斗争者。番族语言虽有多种,然皆同属马来语系,非劣等语言也。比较南洋现行之马来语,大体相似,然差异之点亦不鲜。

2. 语音

母音 a、e、i、o、u，五音皆全，子音之数自二十至二十三不等，但 l、r 二音各族皆有之。子音如下：

b、p、m、f、v、d、t、n、l、r、g、k、ng、ny、s、sh、ch、z、j、ts、h、w、y。

3. 构造

台湾番语为多缀语，单缀者极少。按其构造可分为"本体语"及"转成语"二种，后者即由前者转成。转成之方法有三：

(1) 由两个不同的本体语合成；
(2) 由同一的本体语重复；
(3) 本体语加接头语或接尾语。

本体语之变为转成语者，各品词内皆有。接头语与接尾语如欧语然，能使本体语之意义发生变化，并能变一种品词为别种。盛用接头语与接尾语以构成新语，为马来语之特点，台湾番语亦然。番语之组织及变化有整然之规则，各族虽有差异，然大体相同。语汇颇丰富，惟概括的抽象的语辞甚少，而特殊的具体的则多，例如有"父""母"二字，但无"亲"之一语，又如"善""恶"，"美""丑"，"正""邪"皆用同一语。

兹录蒲嫩族水社番语一段于下：

Darenguan lasbat thao mindaheb Lin madagad da dalura munai
水社 　　四 　　人 　　为 　　林 　　抬 　　此 　　舟 　　来

Vagulaz. Mun hulun mundalao. Magaluman salan. Mageleh madlug.
五城。 　从 　山 　落下。 　　　不好 　　路。 　辛苦 　　久。

Mahomhoman. Mugagtun maccan. Musaira. Idia folan.
到夜。 　　已毕 　　食。 　　将回。 有月。

兹录台湾各番族数目语与巴旦语、菲律宾语、马来语比较表于下，以察其异同之点。巴旦岛(Batan Is.)在台湾与菲律宾之间，其语与野眉族甚相类。菲律宾达加碌语(Dagalog)与台湾番语之类似点亦较马来语为多，由此可察出其关系之疏密也。各番族之语言与马来语等之同异亦不一，渐北则异点渐多，同点渐少；由此亦可见渐北则其关系渐疏，而分离之时期较早也。

	1	2	3	4	5	6	7	8	9	10
Malay	Sata	dua	tiga	ampat	lima	anam	tujoh pitt	dilapan	sembilan	sa'ploh
Philippine	isa	dalawa	tatlo	apat	lima	anim	pitto	walo	siam	siampo
Batan	sa	do	lo	pat	lima	nom	pitt	wa	shiei	pou
Yami	ssa	do-ua	tulu	pat	lima	nom	pitt	wao	shiba	pou
Paiwan	ita	lusa	tiolo	spat	lima	unum	piechu	al	shiba	tapoloka
pyuma	tasa	luwa	telu	bats	lima	nun	pito	wal	shiwa	pul
Ami	chittsai	tosa	tolu	sibbatt	lima	anum	pito	walo	shiwa	pol muktop

续表

	1	2	3	4	5	6	7	8	9	10
Tsuou	tsoni	yuso	toyu	sipt	yeimo	nom	pit	boyu	shio	mask
Bunun	tasha	lusha	tau	pat	phinma	nom	pitto	wau	shiva	masan
Saisset	aha	lusa	tolo	shupat	lasbu	Seibushi	pitto	shipat	macaelo	mapo
Taiyal	kouto	shajin	teyugal	payat	magal	mateyu	pitt	wa	shiei	pou

九、智　识

1. 数目

通常计算法,先由一数至十为一个大数,复由一至十又为一个大数;五个大数即为五十,六个大数及三个小数即是六十三;余仿此。日常应用罕有至十以上者,十以上之数名只语言上有之。

2. 时间

汉人谓番族"终岁不知春秋,老死不知年岁",此即形容其缺乏时间观念;但各族亦不同,较开化之族亦有稍发达之时间观念。测定时间之标准,各族皆基于自然现象,与他处蛮族同。番人之年以粟之收获为标准,每次收获毕至下次收获期为一年,收获后月球再圆时便是新年。故番人之新年在七至十一月之顷,以此一年之月数无一定。一年只有两季即夏与冬,春是夏之初,秋为冬之始。计月则以月球大圆时至下次月再圆时为一月,故一月之日数有几亦无精密之观念。计日则以太阳出时至翌日太阳再出时为一日。一日时间之区分视太阳之位置,例如"太阳出时"、"太阳在天中时"、"太阳没时"等。月日时之区别无所谓正月、二月,初三、初四,五时、六时等精密的名称;只以今日、明日、昨日,代表现在、未来及过去之时间。农作物之下种亦无一定时期,只以植物之开花发芽为标准,如见某种植物开花,便下该项植物之种。

3. 年龄

番人因无正确之时间观念,故不知自己之年龄,只有子孙之年龄,系以粟之收获次数计算,故可记至五六岁。已归顺之番人家屋门口常有木牌,上记姓名,旁注某年某月某日生,颇详细,然非番人所自记,盖警吏为之臆拟也。

4. 方位

番族皆有方位之观念,因出草、狩猎等事项须知晓己社之方向,方能回社,故发生方位观念。其判定方位之标准即为太阳之出没:太阳所从出之方为东,落为西。方位多少不同:有只知二方位者,如太么族只有二语,即 Havuaka ano Wake 及 Kapa ano Wake,前者为日出之意,即指东方,后者为日没之意,即指西方;稍进步者有三方位,即东、西、南;最高者如阿眉族,则加北而有四方位。

5. 度量衡

度无器具,只用肢体。度短者以拇指及中指伸长为一单位,名一个"淘碌"(Tolok);度长者以两臂左右伸直为一单位,名一个"卡巴"(Kapa)。臂与指之长短人各不同,故不能正确。只有常与汉人来往之番人方知用尺。量器较为发达,盖由于与汉人交换食盐之需要而致。太么与汉人换盐时用藤帽为量器,他族或有藤制量器,然大小不一致,故亦不能正确。此外,尚有用汉人之碗计量者。衡器只有极少数与汉人同化者方有之。

6. 记事法

最常用者为结绳。如与人约期集会,则先按其日数作结记之,每过一夜即解一结,结尽即赴会。债务亦以绳记之,每一结代表一单位,还则解之,不还则据以诉讼,即现时之日本警署亦承认之。结绳亦可用以传达意见,如男子向女子求婚,则以绳作结寄之(见《标本图说》八之记事绳)。

有利用他物记事者。如朱欧族于谷仓之前悬茅叶,其数等于所贮之谷物,每取出谷物若干,即抽去茅叶如其数。太么族每馘得人首,便陆续铺茅叶于道中,以石块压之,使人知其馘首之时期。如芽叶犹青,便知是才二三日;表面虽枯其中犹鲜,则知是已过五六日;全枯则十余日,腐烂则一月以上。

主要参考书:

森丑之助:《台湾蕃族志》第一卷

台湾总督府蕃族调查会:《台湾蕃族惯习研究》

伊能嘉矩,粟野传之亟:《台湾蕃人事情》

井上伊之助:《生蕃记》

松村暸:《台湾蕃族ド就ひて》

速水滉:《台湾生蕃人の文化》

临时台湾旧惯调查会:《台湾蕃族图谱》

成田武司:《台湾生蕃种族写真帖》

鸟居龙藏:《台湾の有史以前》

鸟居龙藏:《人类学写真集台湾红头屿之部》

伊能嘉矩:《台湾土蕃の蛇にっまての敬虔的观念及伴生する模样の应用》

片冈岩:《台湾风俗志》

台湾博物馆の手引:

Perry W.J., *The Megalithic Culture of Indonesia*

Taylor, G., *Aborigines of Formosa*

Taintor, E.C., *The Aborigines of Northern Formosa*

中篇　标本图说

导　言

此项标本约有半数系现用物，他半系旧时物。旧者较新者更富原始性，然亦更不易得，日本学者至以之为古董。采集番族标本有数种难处，琐陈于下：

1. 番族文化甚低，故其产物自然稀少。日用器具既甚缺乏，艺术的及娱乐的产品更不易觏。每见番屋之内，四壁萧然，其状无殊于乞儿之寮；旅行中常有跋涉远道以赴目的地，而结果乃大失所望者。

2. 番族所居荒僻，各族间复少往来，故其器物皆自制自用，有独无偶，原非制以出售者；且其技术不精，工具不利，制造大需时日，失之立觉不便，故多不愿卖。

3. 番族迷信极重，禁忌繁多。出卖其己力所造，己手所触之物，不但恐自蹈不吉，亦且虑买者施术；而带有宗教性及仪式性之物尤不敢轻于出脱，如祖先遗留之物虽已不用，亦不敢弃，惧祖先之鬼见责也。不得已而售物，必作厌胜法，自作尚不足，须再请神巫为之。其费亦不赀，然不敢吝也。

4. 番人之售物亦知居奇滥索，漫无标准，其性复蛮直，言不二价，绝不推移。

此种情形不特台湾番族为然，凡蛮族大都如此。本所《专刊》第二种《广西凌云瑶人调查报告》中所述亦与此相同。中有云："……及至入山时，方知实际采集之阻挠殊多，能得一份已属幸事……除身以外，别无长物，衣服首饰等虽得高价，每不愿转售于人……视吾等光顾为千载难逢之机会，遂乃居奇，所索之值每数倍甚至数十倍于值……又疑吾等采集其物品不用之正途，借此施法弄术……而含有美术意味之妇女服饰尤不肯售脱……"

一、武　器（括弧内为番名）

1. 北番刀　一件附鞘

形弯曲如镰，鞘由木一块刳成，仅一面，无雕刻，另一面用铁丝钉就。佩时露刀之铁丝面向外，盖所以使刀之出入容易；刀必横而不垂，鞘上有二绳扣，一扣系带，带围腰间，另一端穿入他一绳扣打结，刀便平横。拔刀及归鞘皆只需一手，但拔时当以拇指按鞘端。刀形曲其用全在横斫，而不能直刺。用于战争、馘首及狩猎,平时亦佩之不去身。

2. 中部高山番刀(Hunos) 一件附鞘

较上一种直而短,大都用于工作。亦有半面之木鞘,以皮为带,系于腰间,刀斜。

3. 南番银饰刀(南番刀通称 Tarao) 一件附鞘

与北番刀相反,形极直,锋末斜削。鞘亦木制,半面,鞘末端翘起约三吋。鞘上雕蛇一,人头四,及几何形模样。蛇眼及身上之点,人眼及额上之点,柄上之巨点及直线纹,皆以银为之。鞘边以铜条为饰,柄上银点之下衬以贝壳圆片。鞘末端有一孔,穿细绳,系所获人头上割下之发(雕蛇与人头之故见番情概说五之宗教,六之艺术)。为头目于祝祭宴会或出行作客时所佩,非常用物。有装饰之面佩时反向内,而露刀之面向外,凡番族刀皆如此。

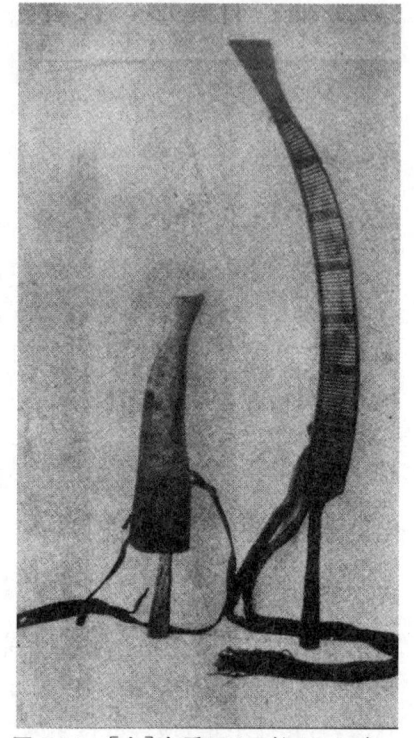

图 2-11 [左]**中番刀**(刀长 15.8 吋,鞘 13.3 吋);[右]**北番刀**(刀长 29.5 吋,鞘 25 吋)
Central highland tribe (left) and swords of Northern tribe (right)

4. 南番细雕刀 一件附鞘

刀及鞘形皆同上惟较长,鞘上近柄处加一三角形长木块。雕刻较为工细:有蛇形,长者三,在鞘末,小者一,在三角形附加部之一面;人头二排,鞘之本部九个,附加部七个;余为几何形饰物。蛇身人头之额及颏下皆加细长铜条为饰,蛇眼与人眼亦以铜为之。用途及使用法同上。

5. 野眉族长刀 一件附鞘

刀形近直而末端稍曲。柄不加木,其端有铜环。鞘亦木制,半面。鞘上有深雕人形,为此一族之特别模样,大者六,小者二十四。其刀与鞘之构造颇奇:因鞘与刀之尾皆弯曲,故不能直插及直拔;拔时须先将刀尾举离鞘内,然后抽出鞘口之环;插时则先通过铁环,至刀末与鞘末齐,方合于鞘内。盖此种刀只用于工作而不用以战斗,只恐刀与鞘之脱离,而不需拔刀之急速也。

6. 野眉族匕首 一件附鞘

锋短而薄,面不平匀。柄由木一块制成,非两面相合。鞘亦由木一块刳成,有两面,其一面开一长隙,由此以刳内部。鞘上雕全体人形,一面八个,一面二个,其状与上一种略异,且作连续形。编藤为圆带,挂肩上,露刀面向外,渔业用。

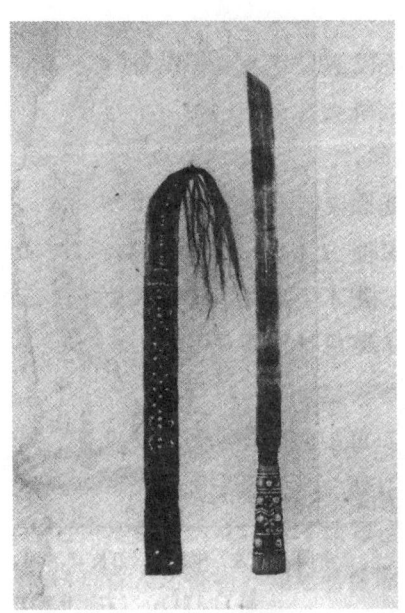

图 2-12 南番银饰刀(刀长 25 吋,鞘 20 吋)
Sword and wooden sheath of Southern tribe

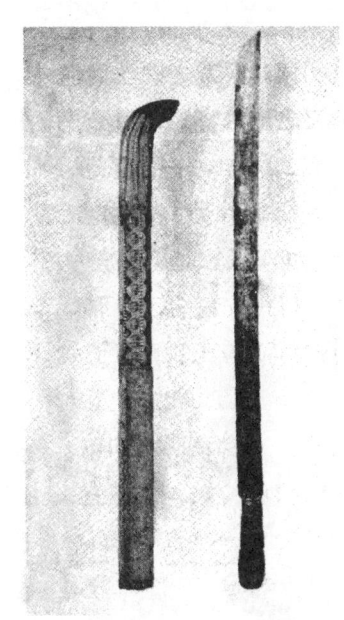

图 2-13 南番细雕刀(刀长 26.7 吋,鞘 23.5 吋)
Sword and sheath of Southern tribe

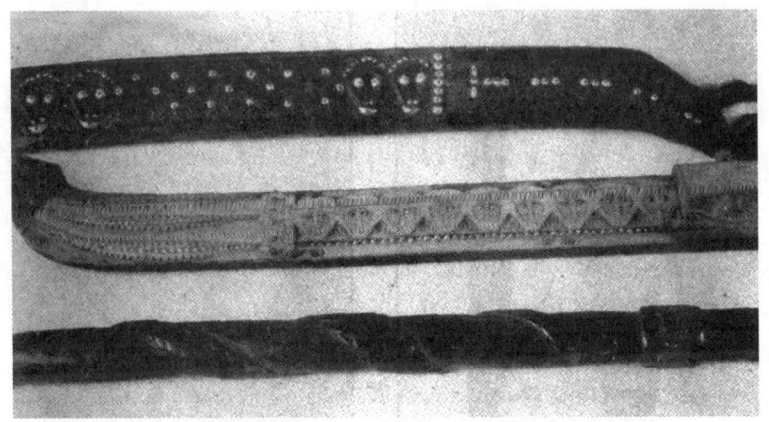

图 2-14 武器上之雕刻:上,银饰刀;中,细雕刀;下,雕蛇枪
Sculpture on sheaths and handles of weapons

7. 南番雕蛇枪（南番枪皆名 Iluz） 一件

枪头甚匀整，较他种为佳。柄坚木制，上雕盘旋之蛇一，简省体人头构成之突起部四。蛇形属写实式，甚工整；突起部之为人头所合成，初甚难辨，细视方知。昔时酋长所用，手提不掷出。

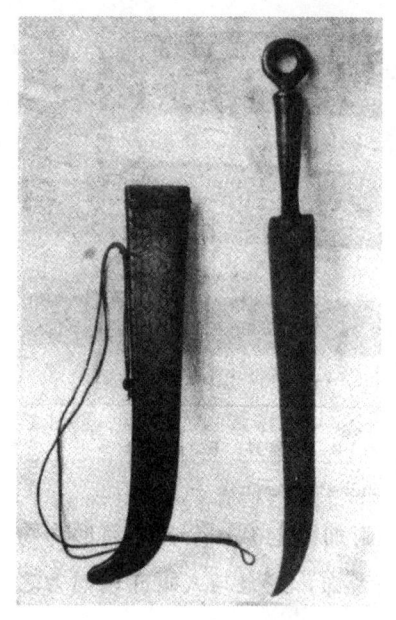

图 2-15 野眉族长刀（刀长 23 吋，鞘 16.5 吋）

Sword and sheath of Yami tribe

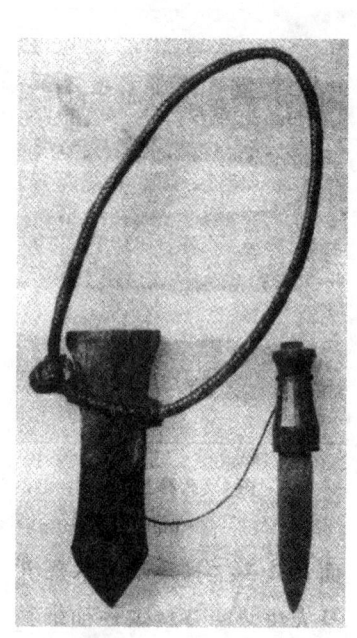

图 2-16 野眉族匕首（刀长 12 吋，鞘长 12.2 吋）

Dagger and sheath of Yami tribe

8. 大叶手提枪 一件

番族枪有两种：其一手提使用，不掷出，枪头大而重，柄亦粗；其二即标枪，掷远用，头小而轻，柄细。第 7、8、9、10、15 五种皆手提枪，第 11、12、13、14 四种为标枪。此一种只余枪头，柄补加，狩猎及战争用。各族皆有枪，其状大都相同。

9. 四倒钩手提枪 一件

此与上一种制工皆粗。亦只余枪头，柄补加。用途同上，凡番族枪皆如此，下不赘。

10. 阔头手提枪 一件

枪头颇佳，柄黑木制，加藤扎。

11. 长标枪 一件

枪头轻，柄亦细长，便于投掷。用时，一手举以掷射远处之目的物。

12. 短标枪　一件

枪头逊于上一种,竹柄,较短,以藤旋扎其上。

13. 细头标枪　一件

枪头甚小,如一圆叶,柄竹制甚长,藤扎。

14. 三倒钩标枪　一件

枪头细巧精致,竹柄藤箍。上有发一小撮,系由所馘人头上割下云。

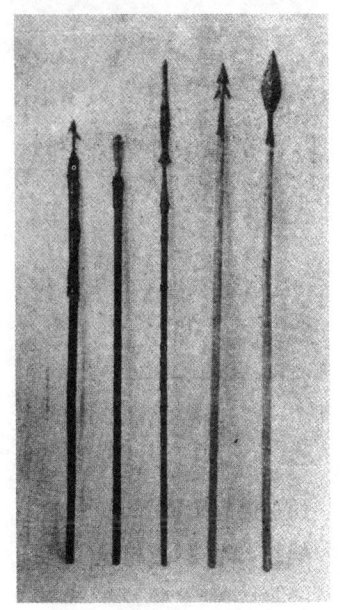 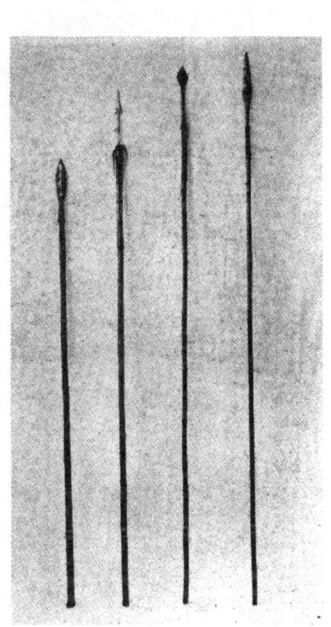

图 2-17　**手提枪五种**(自右至左:大叶手提枪、四倒钩手提枪、南番雕蛇枪、阔头手提枪、脱头猎枪)

图 2-18　**标枪四种**(自右至左:长标枪、细头标枪、三倒钩标枪、短标枪) Throwing spears

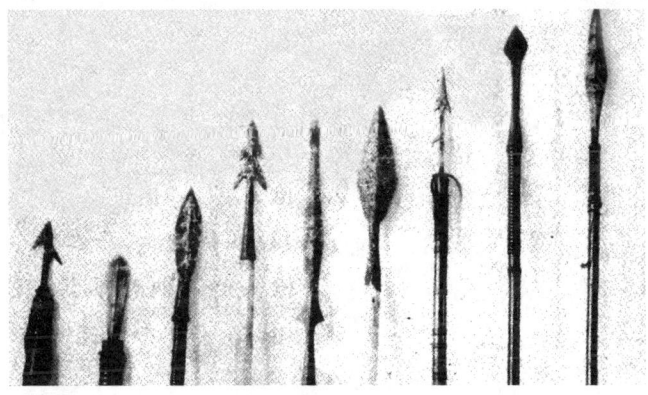

图 2-19　**枪头之形状**　Spear heads

15. 脱头猎枪 一件

柄粗,竹制。枪头可脱离柄端,但有绳系连之。先将其绳旋缠柄上,使枪头牢固,然后用之。野兽既中枪,因有倒钩不得脱,必带枪而逃;走时绳渐弛,柄与枪头遂脱离,而仍由绳牵连,柄因系其中部,势必横拖于道,若为木石等所碍,兽便不得逸。

16. 弓 一件

杆木制,富韧性,弦麻搓成。弦之一端有二扣,张时穿入内扣,弛时穿入外扣。扣之编制甚精致。狩猎及战争用。

17. 常镞铁箭 一件

镞无倒钩,柄竹制,不带羽。凡番族箭皆如此,是为原始性之征。此件杆末端折。战争及射兽用。

18. 四倒钩铁箭 一件

制法及用途皆同上,惟镞甚佳。

19. 四镞铁箭 一件

镞有四,且有小倒钩,射鸟用。盖多镞易中,且可夹住鸟羽使之坠下也。

20. 三镞竹箭 一件

削竹为镞,镞有三,亦用于射鸟。

21. 四镞竹箭 一件

制法及用途皆同上。

22. 鱼骨槊 一件

长三十四吋,形扁,两旁有锯牙甚多,盖即锯嘴鱼(Saw-fish)之嘴骨。番族用之为兵器,他处蛮族如新几内亚等处土人亦有之。精于原始兵器之 Pitt—Rivers 著作中曾加以详论。此件为东海岸土人物。

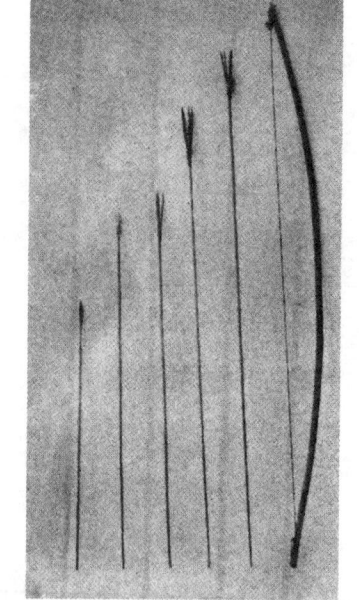

图 2-20 弓、箭(自右至左:弓、四镞铁箭、四镞竹箭、三镞竹箭、四倒钩铁箭、常镞铁箭)(弓长 56.5 吋)

Bow and arrows with iron and bamboo heads

23. 木盾 一件

长方木两块合成,后面附以一木条,横贴中间,以藤扎合。其上雕人头及几何形等,皆深刻。曾搽原料,日久褪落。战争用。南番物。

24. 藤盾 一件

粗藤纵劈成长条,排列成长方形,五木条横贴其后,以细藤皮紧扎而成,另用弯形木扎于后面为手提处。阿眉族物。

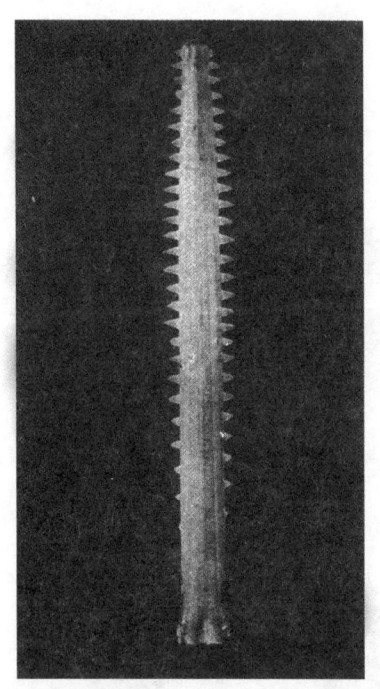

图 2-21　鱼骨桀（长 34 吋）
The snout of saw-fish, a primitive weapon

图 2-22　木盾（长 24.8 吋，阔 16.2 吋）
Wooden shield

25. 北番藤盔　一件

半圆形，藤编成，甚坚牢。此为番族之最上藤制品。下系以绳，扣于颏下。平时及战时皆戴之。太么族物。

26. 野眉族藤盔（Syayub no palitzu）　一件

较上一种大，厚一寸余，内部用椰子皮，外用藤编成，编法颇不规则，盖只求其厚，不求其美观也。用以抵御石子，因彼等只有投石之战，不用刀。

27. 独木盔　一件

由木一块刳成，其状宛如现代西洋人所戴之通草制夏帽。上

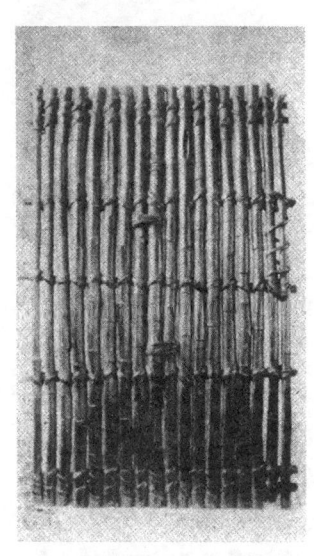

图 2-23　藤盾（长 37 吋，阔 23 吋）
Rattan shield

63

有几何形之雕刻,甚匀整。

图 2-24　[左]北番藤盔(径 7.4 吋);[右]野眉族藤盔(径 11 吋)
Rattan helmets

图 2-25　独木盔(径 13 吋)　Helmet made by one piece of wood

二、衣　服

28. 带角鹿头冠(皮帽通称 Tarupung)　一件

以"羔仔"即小鹿之头皮带角及耳制成;前部至口而止,眼缝合,后方添一垂块以蔽颈项。此为番族之珍贵品,为头目及勇士所戴,于祝祭等仪式用之。南番物。

29. 插羽鹿皮冠　一件

鹿皮一方剪去一角,缝合而成。后方加一垂块。上插鸟羽并绘红色纹样,羽出自台湾特产鸟名"帝雉"。装饰炫众时插羽,狩猎实用时拔去。南番。

30. 带毛山羊皮帽　一件

由皮一块制成,其皮不割不剪,原系平面状,由强压其中部展延其边部而成为半球形。雨天可用以御雨。南番。

图 2-26 ［左］插羽鹿皮冠；［右］带角鹿头冠　Hats of deer's skin

31. 带毛山羊皮衣（Taguriz）　一件

山羊皮一大长方块及两小长方块缝合而成,长及膝,无领无袖无扣无带。雨天翻有毛之面于外,冷天则翻入内。南番。

32. 鹿皮衣（Taclong）　一件

状如上一种,但系由全身鹿皮一大方块制成,其腹部即作前部,纵劈为对襟,复开其两旁各一小孔以穿臂。去毛,但鞣法不精,甚硬。出猎或平时用。南番。

33. 鹿皮裹腿（Katin）　一件

皮两长方块,上部连接,有带可系于腰间,下部则裹于腿上。出猎时着以穿林爬山,不畏荆棘。南番。

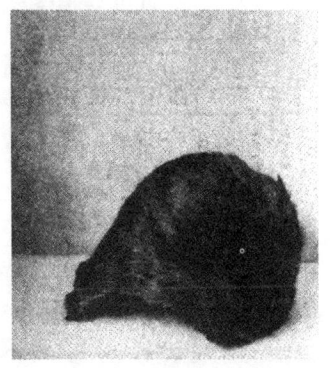

图 2-27　山羊皮帽
Hats of sheep's skin

34. 鹿皮鞋（Tukap Kalit）　一双

每只由皮一方块制成,有带可系于足上。用途同上。

35. 皮腰袋（Labat）　一件

袋有三口,外为表盖。袋及带皆由鹿皮制成。袋上皮钉甚多,盖为装饰也。带悬肩上,袋偏于左方腰际。出门必佩之,烟袋及小刀常与之相连。

图 2-28 山羊皮衣(长 39 吋)
Coat of sheep's skin

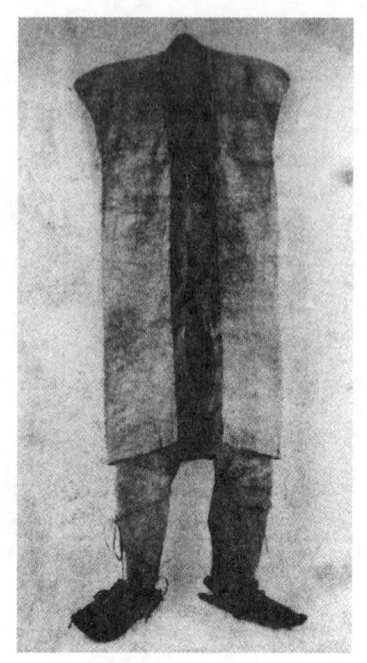

图 2-29 上,鹿皮衣(长 38 吋);中,鹿皮裹腿;下,鹿皮鞋
Clothes of deer's skin

36. 椰树皮衣(Ast no opesnan) 一件

将自然状椰树皮裁制而成,其边缘缝以麻线,颇工整。形如甲,无袖,只蔽上体。野眉族物。

37. 织贝衣(Luks kaha) 一件

缀有贝壳货币之衣也。此种衣为极珍贵之盛装服,为酋长及有力者之所有物。此件所缀之贝壳珠达六万数千颗,约计于下:

背后纵长条四,前面长条二,每条四百串,每串二十颗:其数为四万八千颗。背后短横条十六,每条六十串,每串十五颗:其数为一万四千四百颗。

前面上端短纵条二,每条

图 2-30 [左]小刀附鞘;[中]皮腰袋;[右]烟盒
Leather bag with knife and tobacco box

六十串,每串二十颗;其数为二千四百颗。

单个列成之长串,背面三串,前面二串,下缘一串,每串二百五十颗;其数为一千五百颗。四数合计为六万六千三百颗。

衣麻质,上复加以红色之刺绣。背部较前部为美观,或因前部尚有他衣故从略。前面纵劈为直襟,无领,无袖,无扣,无带。着时或以两臂穿入袖孔,或只披背后。北番物。

38. 北番常长衣 一件

长将及膝,开襟无袖,如上一种。以自织麻布两长方缝合而成。上加红色刺绣,前少后多。男女同用。

39. 北番彩长衣 一件

形同上,惟盛加彩色刺绣,色有红、桃红、黄、青、蓝诸色。模样皆几何形,种类颇多。背面美于前面。男女同用。

40. 北番短衣 一件

状似长衣之上半,只能蔽胸,不及腹。加于长衣之上,长衣上部无刺绣即以此补之。男女同用。

41. 北番筒袖 一件

两袖连而为一,形如筒,不与衣连。先着此然后着衣,妇女用。

42. 北番外披(Tejiu) 二件

仅为方形之布一大块,披于诸衣之上。上部两角有带,合而打结。男女同用。男子正披,饰纹平横;女子斜披,一端着肩上,一端在腋下,饰纹斜。冷时披前,手缩其内;作业时则披于一旁或背后。二件一为红底白纹,一为白底棕色纹。

43. 北番蔽胸 一件

方形,上有绣纹,斜系胸前。男女并用。

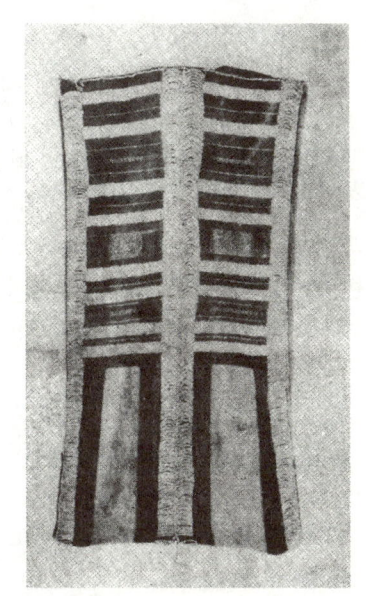

图 2-31 织贝衣(长 39 吋)

A coat with more than 60000 pieces of shell money

图 2-32 [左右]北番筒袖;[中]北番蔽胸

Separated sleeve and chest — dress of Northern tribe

44. 北番蔽下体布 一件

布一长条,围系腰际,其端下垂,遮蔽生殖器。男子用。

45. 中部高山番蔽胸(Tabaco) 一件

麻质白方布一幅,一角加以刺绣,各色皆有,而以红色为尤多;其模样皆几何形,颇繁复。以带两条各系两角,挂于项上,使布对折,而有刺绣之一角在外层;继将外层左方之带及内层右方之带通过两臂,移置背后;于是此对折之方布遂向左右斜摊,两边翘起,中腰下垂,成为袋形,可以置不重要之小物,并于冷天缩手其内;而有彩绣之一角亦正当中央,其绣纹皆斜,合于彼等之美的观念。男子用。

46. 中部高山番蔽腹(Kurin) 一件

形如上一种,但较大,刺绣不集于一角,只在全体上作横纹数条。着法同上,但系蔽腹部及生殖器,其上再加腰带,其下垂部亦可置物。男子用。

47. 中部高山番腰带(Datisbut) 一件

黑色,惟两端加彩绣,不甚宽,长可绕腰二三匝。加于上述之蔽腹上。男子用。

图 2-33 上,中部番蔽胸;下,中部番蔽腹,其上加腰带

Chest—dress and belly—dress of Central tribe

图 2-34 南番汉化男服(即头巾、衣、腰带、裹腿、短裙、腰袋)

Man's clothes of Southern tribe

48. 南番对襟衣(Kabang) 一件

南番之衣服多仿汉人,但亦有改变处。汉人常依其式制以售之。此衣甚短,只能蔽胸,不及腹,或因其下尚有彩色绚烂之阔腰带不忍蔽之也。男女并用。

49. 南番偏襟衣 一件

形与不同,但襟偏于右方。领上有各色滚条六,袖缘裙缘亦皆有红色滚条。男女并用。

50. 南番男短裙(Balisun) 一件

黑布一长方,围腰及下体,长及生殖器下而已。

51. 南番男裹腿(Kading) 一件

白布两长方,上相接,有带系腰际,下亦各有带系脚上。

52. 南番男腰带(Lunain) 一件

宽过半英尺,长可绕腰二匝,以五色线织成。

53. 南番男包头(Aliput) 一件

状如腰带,由彩色绒织成,以之缠头上。

54. 南番男腰袋(Labat) 一件

白布绣红、黑二色几何纹,颇复杂。中可置杂物,悬腰旁。

55. 南番女裙(内裙 Tubit,外裙 Pusit) 二件

分内裙、外裙二件,外裙稍佳,皆只系一方布制成,上两端有带,以之围腰际。一裙自右至左,其开口外在左方,他裙反之。即以蔽下体,无裤。

56. 南番女裹脚 一双

约一方尺,两层,围裹脚上以为饰。

57. 南番女腰带 一件

同男腰带,但较狭。

58. 南番女包头(Alisulai) 一件

图 2-35 **南番汉化女服**(即包头布、衣、腰带、内外裙、裹脚)
Woman's clothes of Southern tribe

仅系青布一长条,裹扎头上。

三、货币及饰物

59. 贝壳货币 一幅

此系将贝壳珠贯以麻线为短串,缝于布上,用为货币。此一幅之珠数约九千余颗。北番物。

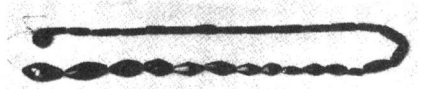

图 2-36 玛瑙珠串(玛瑙珠合长 29 吋)
Bead

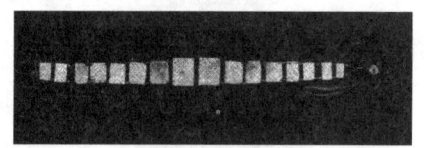

图 2-37 骨制颈饰串(长 17 吋)
Neck ornament of bone

图 2-38 贝壳货币(布大 29 吋×16 吋)
Shell money

60. 玛瑙珠串(Uruc) 一串

有椭圆形者,有圆柱形者,有方形者,有菱形者,其数凡二十九。悬项上,垂胸前。恐系得自汉人者,然昔时番人甚喜用之,今又渐衰。南番物。

61. 骨制颈饰串 一串

系白色方形扁块,大小不一,穿纵孔贯以线。其骨或云系大蛇骨。方块间尚有圆柱形黄色小珠,名为"顿波玉"(トンポ玉)(Tompo),系由玻璃制成,每颗各有二层,中夹金粉。据传说,谓为三四百年前荷兰人来台湾时所遗,番人甚珍视之。此一串有骨十六,顿波玉三十八,玛瑙珠二。用时紧束颈上。

62. 骨耳饰 一对

每件由骨一块制成,前部扁圆形,后方为柄,柄粗约三分。以之穿入耳下部特穿之孔内。男子用。北番。

63. 竹耳饰 一对

长三四寸,粗约三分。上加雕刻并扎草为饰。穿入耳孔至中央而止。妇女用。北番。

64. 贝珠脚饰 一件(原系两件一对,只得一件)

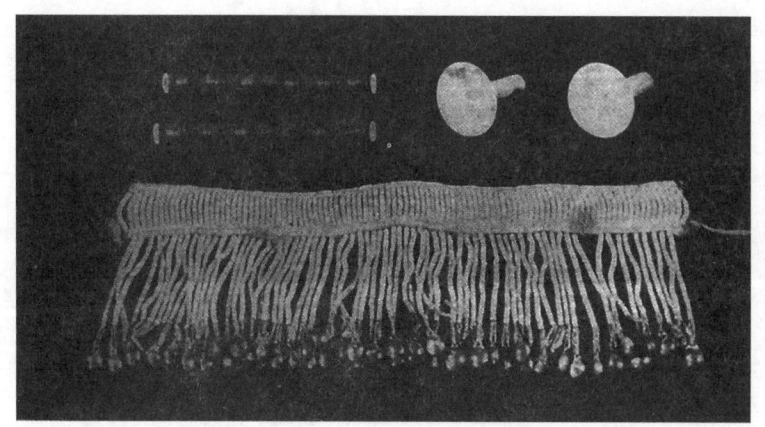

图 2-39　上,[左]竹耳饰,[右]骨耳饰;下,贝珠脚饰
Upper：ear ornaments of bamboo (left) and bone (right)
Lower：leg ornament

以贝珠串合成一长排,每串下加以铜铃系脚上。男子用。北番。

65. 红色珠串　一串

悬项上垂胸前,妇女用。南番。

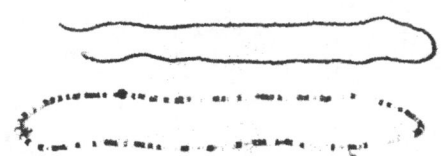

图 2-40　上,红色珠串;下,彩色珠串　　Beads

66. 白色珠串　一串

玻璃制,系汉人输入者。妇女用,南番。

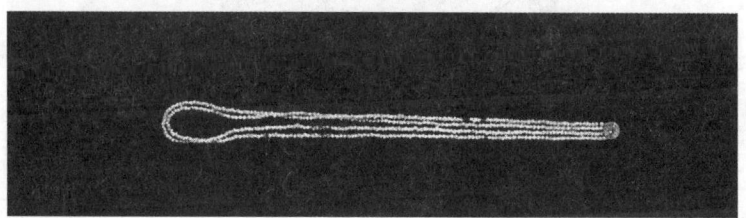

图 2-41　白色珠串　　Beads

67. 彩色珠串　一串

同上,类汉人小儿玩物。

68. 磁制腰袋带饰（Kalipat）　四个

扁圆形，中有孔缀于腰袋之阔带上。此系汉人仿照番式制以售番人者。南番。

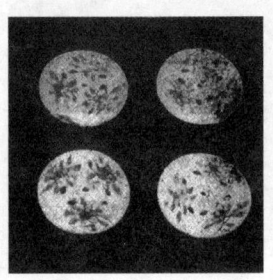

图 2-42　磁制腰袋饰　　Porcelain ornament

四、家　具

69. 大藤衣筐（Kadawasan）　一件

形圆而扁平，径约二尺余，有四耳及盖。全体藤编，甚精致。此为番人之最上藤制品。南番。

图 2-43　大藤衣筐（径 20.5 吋）　Large rattan box

70. 北番出行筐　一件

藤制，有六角形疏孔，有两耳。以绳系之，绳置两肩，筐置背后。妇女出门必携之。

71. 南番出行筐（Padkan）　一件

亦藤制，密，无孔。以绳及另一藤编扁带系之，扁带置额上，筐置背后，盖以额承其重而不以肩也。大小不一,有载重至数十斤者。妇女用。

图 2-44　北番出行筐(高 9 吋)
　　　　　Basket of Northern tribe

图 2-45　南番出行筐(高 12 吋)
　　　　　Basket of Southern tribe

72. 长藤囊(Tarumal)　一件

有盖,上下皆方形,中部圆形。盛物用。南番。

73. 独木炊桶(Lairirigan)　一件

高约呎半。近下部有一格。全体由木一段刳成,留一薄层为格,凿孔以通蒸气。用以蒸食物。南番。

图 2-46　长藤囊(高 11.5 吋)
　　　　　Bamboo rattan long box

图 2-47　独木炊桶(高 18 吋)
　　　　　Food—steaming vessel made
　　　　　from one piece of wood

74. 烧肉竹架（Parrarayan） 一件

以竹片平列成方形，下承以人字形树枝，以藤扎合之。置肉其上，下灸以火，肉熟而架不焦。此架已用数年，闻可用至十余年云。南番。

75. 藤制饭碗（Kanan） 一件

圆形，径约八九吋。番族不能制陶碗，故以藤编成。碗不能洗净，故有一种臭味。南番。

图 2-48　烧肉竹架（32 吋×24 吋）
Bamboo frame for roasting flesh

76. 木刳菜碗（Tipit） 一件

长方形，长约八九吋，如汉人饲家禽之槽。木碗不漏，故用以盛菜。南番。

77. 盛食物藤盒（Fatabuan）一件

长方形，上下二半相合。一角

图 2-49　［左］藤碗及骨匙（碗径 11.5 吋）；［右］木碗及竹匙（碗 11 吋×6 吋）
Rattan and wooden bowls, bone and bamboo spoons

有小藤环可穿绳。番人出外工作中午不回家，故以此盛食物，悬于身上，带之出门。

78. 大木匙（Cadan） 一件

长一尺余，用以掀锅中食物。

79. 竹节匙（Pacsikao） 一件

将粗竹管之节目下截断，并斜削其上部为柄。用以挹流质物。

80. 骨匙（Puaskos） 一件

以畜类骨片为之。

81. 盛物匏器（Kairitan） 一件

将自然形之匏剖制上部，上为盖，下为底，剖处并留上下相错之齿。全岛皆

图 2-50　［左］盛食物藤盒（长 10.5 吋）；［右］大木匙（长 18 吋）
Rattan box for containing food, wooden spoon

有之。

82. 匏勺（Takit） 一件

将匏之一旁面剖开，以其近蒂之部为柄，用以挹水。

83. 随身小匏器 一件

形如汉人所用之葫芦。凹腰系绳，绳端缚小木楔，以之插入腰带。用以贮小物。

84. 竹筒（Tatabuc） 一件

有盖，亦竹制。用以盛流质物。

85. 小竹盒 一件

有盖及底二部，盛小物用。

86. 石杵（Horrez） 一件

圆柱形石二块相接，以藤紧扎而成。南番。

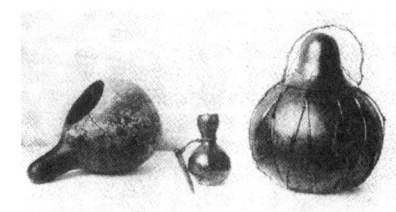

图 2-51　匏器三件：[左] 水勺；[中] 随身；[右] 盛物用（右径 8 吋）
Gourd vessels

图 2-52　竹筒（高 10.5 吋）
Bamboo

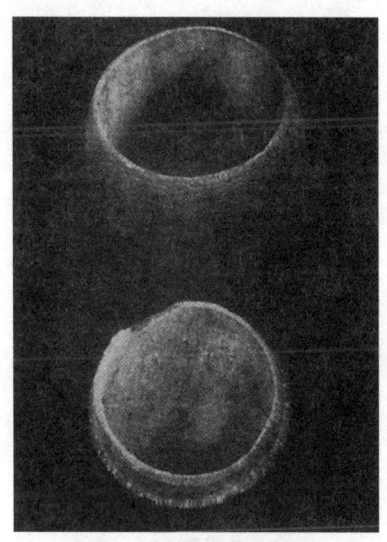

图 2-53　小竹盒（非装饰品）
Bamboo box

87. 木槌（Puagpo） 一件

番人无铁槌，以此代之，为工作上必需品。

88. 小刀（Bakan） 一件附鞘

鞘皮制，常系腰袋带上，随身供杂用。南番。

图 2-54　[左]木槌；[右]石杵
Wooden hammer, stone pestle

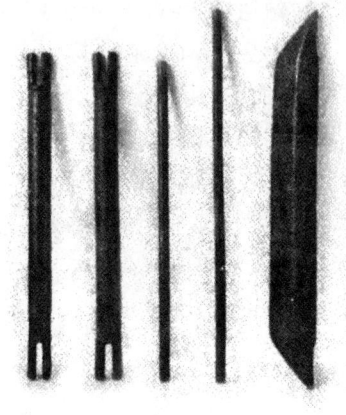

图 2-55　五件织机(最长者 23 吋)
5 pieces weaving instruments

89. 织机(Tadununum)　一套五件

上有红色绘纹。所织皆麻布。南番。

90. 伞(Arrabaz)　一件

以芦干平排，加一长竹片、二小竹片及绳而成。可开合。开时将长竹片插入两旁之扣内，系置背上，于俯身作业时可蔽日光；合时将竹片抽出两扣，纵置中央，便可卷束。

91. 女笠(Karipang)　一件

形圆，顶为穹形，不尖锐。篾及藤合编，由加布，布上搽白色为底，并绘红色几何纹。南番。

图 2-56　伞(纵 36 吋，横 33 吋)
Grass umbrella

图 2-57　女笠(径 18 吋)
Woman's bamboo hat

92. 鱼筌（Surrung） 二件

藤及竹制，圆锥形。前部开口甚大，后部渐小。二个，一大一小，大者口径约三呎，小者只半呎。用于溪流渔业。筌口向流，鱼顺水游入，入则难于复出。后部有盖，收鱼则开盖倾出之。南洋群岛广用此式。东海岸。

93. 帘形渔具（Harrila） 一件

藤制，形平如帘，其下有叠起之部，约一尺，两旁系竹竿二支。用时斜置水流中间，并以石置其中央，使之下陷；复将叠起之部支开作口。鱼从口之上面顺水流下，至前面被阻，退后则多入于口内，难于逸出。东部。

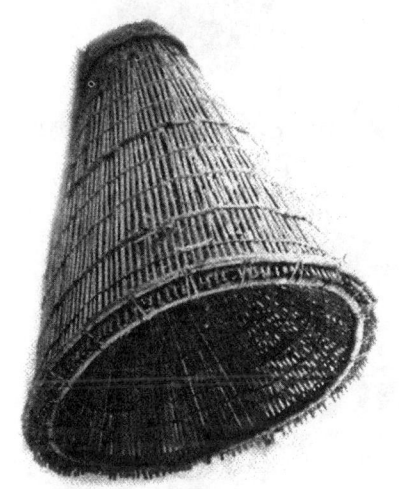

图 2-58　**大鱼筌**（长 36 吋，口径 25 吋）
Large round fish-trap

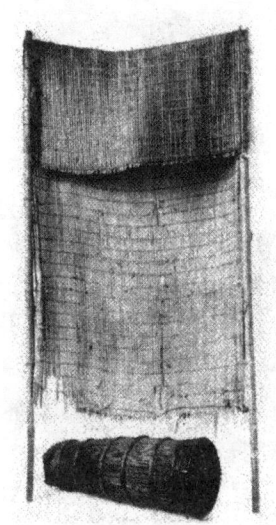

图 2-59　上，帘形渔具（阔 30 吋）；下，**小鱼筌**（口径 7.5 吋）
Flat fish-trap, small round fish-trap

94. 捕鼠机（Putel） 一件

形如胡琴，以竹及铅线制成（昔用麻绳）。用法将弓压下，抽弦入筒内，张开成圆口；以小竹片扣弦使不得缩，筒内置食物。鼠入筒窃食，触竹片，则弓弛弦缩，将鼠夹住。非洲土人亦有类此之物。南番。

95. 北番网袋 一件

绳挂两肩，袋垂背后。其制较南番劣。

96. 南番网袋（Ali） 一件

袋口有小藤圈甚多，以绳贯之。用法同上。装物不漏出。

图 2-60　捕鼠机(长 36 吋)
Mouse trap

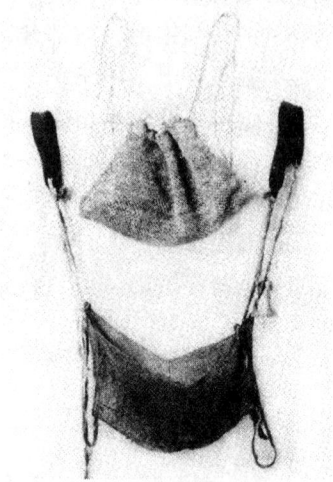

图 2-61　上，北番网袋，下，南番网袋
Hemp bags

97. 鹿角(Marrumum Suhaan)　一件

系自然状之大鹿角，两角皆全。为狩猎之胜利品，悬于壁上以示勇武，并以挂物。

98. 牛角烟盒(Lupung)　一件

上有盖，外包以鹿皮。以绳系于皮腰袋之带上，随身用。

99. 大号陶瓶(陶器通称 Atumul)　一件

高约一英尺，颇厚。色青黑，旁有大螺旋纹四，下有足三。制法系手捏，不用陶轮，在平地上烧，不用窑。螺旋形之模样系蛇形之简体。番族陶器甚富原始性。皆旧时物，不易得。

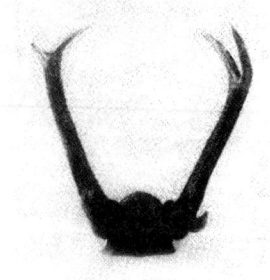

图 2-62　鹿角(高 18 吋)
Deer's horn

100. 蒸物陶器　一件

高约八英寸，黑色。中腰有一格，下层盛水，格上盛所蒸物，蒸熟将水倾出，但内部下层永不得洗涤。两耳系手提处。

101. 中号陶瓶　一件

色黑，上系藤以便手提。盛流质物如油等。与下一种皆大马武窟公学校送。

图 2-63 大陶瓶(高 12 吋)
Large urn of pottery

图 2-64 蒸物陶器(高 8 吋)
Cooking vessel of pottery

102．大陶杯 一件

色红褐,高约四吋余。上有饰纹,似人面之变成几何形者。

103．小陶杯 二件

高三吋。其一中腰有棱,其他旁有三耳。饮酒用。

104．小陶瓶 二件

口小腹大。其较广者,底甚厚,中空,藏泥丸四颗,似系作厌胜用。

图 2-65 ［左］中号陶瓶(高 5.5 吋);［右］大陶杯(高 4.2 吋)
Bottle and cup of pottery

图 2-66 [左]小陶杯(二件,高 3 吋);[右]小陶瓶(二件,高 3.6 吋)
Small vessels of pottery

五、艺术品

105. 带生殖器之木雕男像 一件

坚木雕成,高约一呎。头作戴鹿头冠状。技术甚幼稚。头及面部须雕刻者多,故大;下肢无可雕刻,故缩短。雕生殖器所以别男女,或亦带有生殖器崇拜(Phallicism)之意。南番派宛族。

106. 带生殖器之木雕女像 一件

较上一种略大,技术同。

图 2-67 带生殖器之木雕男像(高 15.7 吋)
Wooden idol with sex organ

图 2-68 带生殖器之木雕女像(高 15.5 吋)
Wooden idol with sex organ

107. 带长角帽之木雕人像　一件

较上二种小,技术同。

108. 抱小孩之木雕女像　一件

与上一种同大。因须加一小孩,致胸部缺凹,而小孩则有手足无胸腹。

图 2-69　带长角帽之木雕人像
（全高 13 吋）
Wooden idol

图 2-70　抱小孩之木雕女像（高 9.6 吋）
Wooden idol

109. 木雕四面大偶像　一件

高 17 吋,棕色,坚木雕成。其像为简体,无眼口及足。两手似合掌状,四面相同。南番派宛族。

110. 雕人像壁板(Papatoc)　一件

上雕一勇士,戴插羽之冠,持枪而立,枪尖插一人头。南番派宛族。

111. 蛇形檐饰(Tinatao)　一件

高 2 呎。尖端即作蛇头。两旁各有一蛇身,中雕人面两个。于祝祭宴会之际高悬于檐上,以为装饰,并带有拜蛇之意,颇近于图腾。南番派宛族。

112. 雕人面大木匙　一件

长 14 吋雕人面一个,人面下之长串为蛇形之简体。仪式用。南番派宛族。

图 2-71　木雕四面大偶像（高 17.5 吋）
Large wooden idol with four phases

图 2-72 壁板（阔 13 吋）
Wooden plank with engraving

图 2-73 蛇形檐饰（高 25 吋）
Totem-like carved wooden plank

113. 雕人像小木匙 一件
长 8 吋，仪式用，南番派宛族。

114. 木雕小人像 二件
长只 2 吋，其状为另一体。南番派宛族。

图 2-74 ［中］雕人面大木匙；［右］雕人像小木匙；
［左］木雕小人像（大木匙长 15 吋）
Wooden spoons. Small wooden idol

115. 泥偶　四个

黑色,塑法甚可笑,似文明人之小儿所作。野眉族。

图 2-75　泥偶(最大者高 4.5 吋)　Clay idols

六、娱乐品

116. 木雕双连杯(Arrangadan)　一件

长 26 吋,木一块刳成。上雕人头 14 个,蛇 3 只,蛇有两首。头目相会时用,两人各执一端同时齐饮。两社媾和或会盟时必饮此为誓。

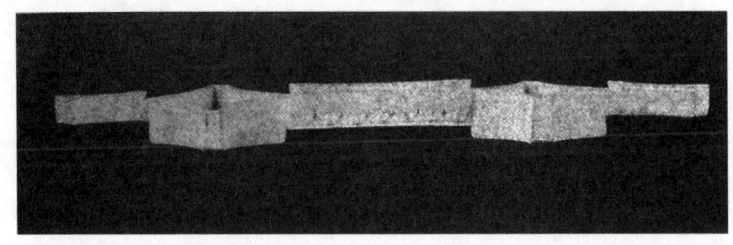

图 2-76　木雕双连杯(长 27.8 吋)　Wooden connecting cups

117. 具鱼尾状之木烟斗(烟斗通称 Ongtoi)　一件

木一块刻成。上雕人头四,后部如金鱼尾。木雕烟斗皆南番物。

118. 具双角之木烟斗　一件

由树根雕成,上加合金制人面为饰。

119. 翘尾木烟斗　一件

上雕直纹,并加合金为饰。

120. 素雕人头木烟斗　一件

上刻人头一个，不加别种装饰，然颇佳。

121. 细刻竹烟斗　一件

竹头制成，上有细雕几何纹及树叶、小鸟形。中部高山番。

122. 无雕刻大竹烟斗　一件

口大将及1吋，盖用以吸生烟叶也。

图2-77　烟斗三个：[左]双角烟斗；[中]素雕人头烟斗；[右]鱼尾状烟斗（高4吋）
Carved wooden pipes

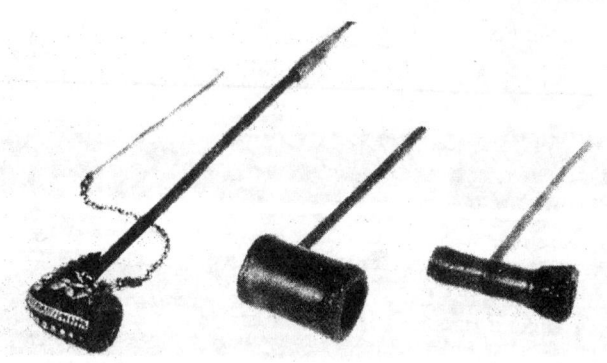

图2-78　烟斗三个：[左]翘尾木烟斗；[中]大竹烟斗，[右]细刻竹烟斗（长2.7吋）
One wooden pipe, two bamboo pipes

123. 音乐杵(Dartutol)　三件

最长者达7呎，木制。妇女持之捣于坚石上，其音铿铿然，颇可听。每根代表一音阶。此三根长者为1音，中者为4音，小者为6音。五根以上可以合敲成歌。中部高山水社番特有。

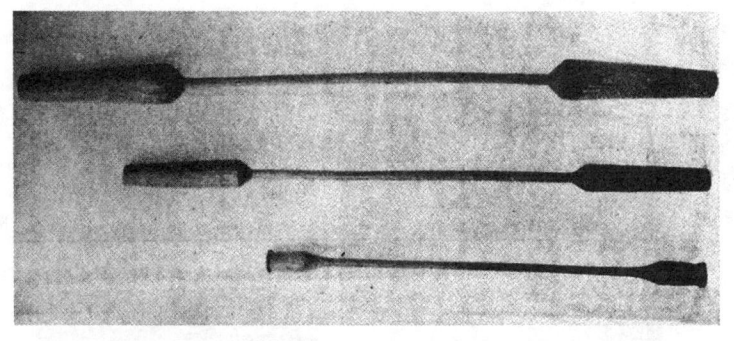

图 2-79　音乐杵(最大者长 91 吋)　Wooden musical instruments

七、宗教及仪式品

124. 雕蛇神匣　一件

长方形，独木刳成。上雕简体之蛇及人头等，复有红绘几何纹。用以贮神秘性之小物如狗血珠等。上穿麻线，出战时悬于胸前，谓可藉以获胜。南番。

125. 野猪颚骨(Okag)　一件

即自然状之野猪下颚骨，上有獠牙。狩猎所得，悬于壁上，以为久则有灵，可藉以辟邪招吉。

126. 狗血珠(Tarramao)　一串

泥制红色小珠，据云和以狗血。用法或置小匏内，藏于神灵所指定之地点，或于祭祀或法术毕弃于屋外。南番。

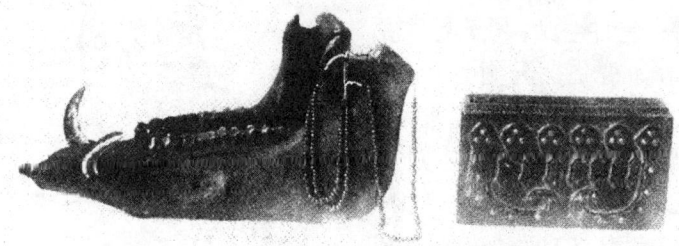

图 2-80　[左]野猪颚骨；[中]狗血珠；[右]雕蛇神匣(大 3.3 吋×5.5 吋)
Religous specimens: boar's jaw, beads of dog's blood, magical wooden box

127. 红绘捣食木杵(Koholesan)　一件

上搽红底，绘黑色连排十字纹。于祝祭丧喜等仪式用以捣米作团。

128. 红绘仪式桶（Patan） 一件

所绘皆几何纹,样式颇多。先用小刀划纹,然后搽色,故甚工整。只余桶片,底及箍新补。南番。

图2—81 红绘捣食木杵（长49吋） A wooden Pestle

图2—82 红绘仪式桶（高9吋） Ceremonial tub

八、记事绳

129. 记账之绳结（Palinut） 一件

结为东海岸大马武窟社一老番妇所作。其绳系用以套斧嘴者,其编成一阔条者即套斧之处,此不过借其数绳中之一以打结作例。先打二结,稍隔离复打三结,其次复打五结。其意谓如借贷二元则打二结,其后复借三元则打三结,余类推;结表数目,隔离则表时间。若还则按数解结,不还则持此为诉讼之证据。绳虽由债权者自打自藏,然不敢多打一结,恐被神责。据该地巡查部长横山氏谓,日本派出所及法庭亦承认其效力云。

130. 传意之绳结 一件

东南部派宛族知本社一青年男

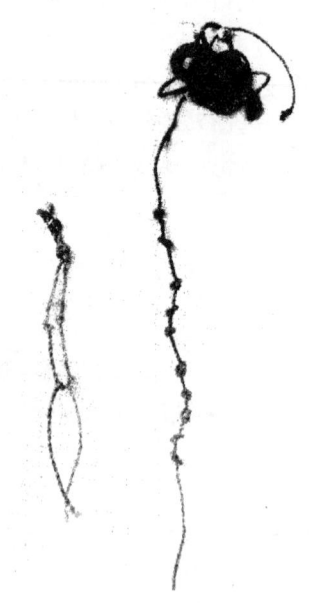

图2-83 [左]传意之绳结；[右]记账之绳结
Knotting cords

番所作。将等长之绳二条各打二结,然后将二绳之端合打一结。以寄与女子则有求婚之意,盖两绳代表两人,合打一结则为结合为一之意。

九、舟

131. 独木舟(Lura)附桨(Balura) 各一件

形甚狭长,约 17 呎,阔不及 2 呎,深不及 1 呎,重约 200 斤。用樟脑树干一段剞成,盖用樟木方免被蚀也。底无龙骨,首尾不尖削,舱底不平坦。无帆橹等物,只有手提小桨,其桨端手提处不加横木。甚不平稳,非经练习不能使用,然番人能立于其上,行驶自如。据番人云,彼等不晓他法,只能将整个独木剞成。此种

图 2-84 独木舟附桨(长 14 呎 8 吋)
A dugout(14 ft 8 in.)

舟实为舟类之祖先,人类文化史上有名之物也。现世界上已不易觏,盖将绝迹矣。此一只为台湾中部高山湖日月潭之特有物,湖距海面 2400 米。

132. 野眉族奇形舟(Tatala)模型附舟饰(Molun) 舟一,舟饰二

长约七呎,首尾翘起甚高,并加以木雕如人形之舟饰,上插羽毛。其高翘之故,初因欲阻风浪之冲入,后乃更由实用而转为装饰。其上之舟饰平时不用。其船边之雕刻为人形及几何形,每社只有一种,不但为美观,亦兼为识别之符号。实物较此大二倍以上,用于渔业。此模型亦番人所雕,因已旧,首尾略加修补。

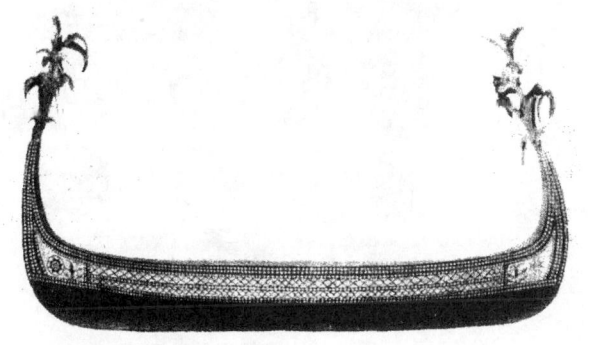

图 2-85 野眉族奇形舟模型附舟饰(长 78 吋)
A model of the canoe of Yami tribe

十、石器时代遗物

133. 石锄或石斧　整者一，破者十九

石锄与石斧同，其形扁而长，一端有薄嘴。用以耕耘即为锄，用以狩猎争斗即为斧。斧多用手握，锄则加柄。

134. 石锛　整者二十四，破者十三

形如凿而短阔，锋口一面斜削，一面垂直（英文名为 Adze）。其用为手握以割物、剥兽皮、刳木（先将所欲刳之部分烧焦，然后以此刳去其炭）等。所得石器中此一种最多，大小不一，大者达三四吋，小者只一吋之四分三，石质皆坚硬。有具背棱及无背棱之二种，前一种背上有突起之横棱，似为便于工作时支指之用。

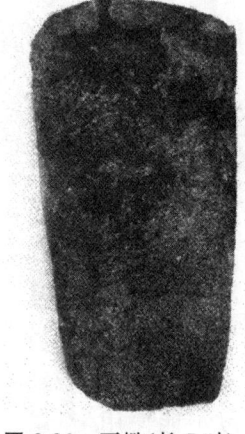

图 2-86　石锄（长 7 吋）
Stone hoe

135. 石铲　整者一，破者十九

如汉人之铲，体薄，锋在前端，有柄。其柄或供手握，或可以竹木夹系之为长杆。

136. 石枪头　整者一，破者四

甚尖薄，有颇匀整者，惜多破碎。有凿圆孔者，或系供穿绳以系于柄上之用。

137. 石镞　三件

台湾之石器时代最缺石镞，此数块亦不佳。

图 2-87　**石斧或石锄破块**（最长者 8 吋）
Broken pieces of stone axes or hoes

138. 石锥 二件

其一尖端破缺。

139. 三角形石斧 一件

此为特殊之形式。

图 2-88　石锛（最长者 3.5 吋）　Stone adzes

图 2-89　石锛（最长者 2.5 吋）　Stone adzes

图 2-90　石锛（最长者 3 吋）　Stone adzes

图 2-91　石锛（最长者 1.9 吋）（右下块示背面之棱）　Stone adzes

图 2-92　石锛（最长者 3.2 吋）　Stone adzes

图 2-93　石锛（最长者 2 吋）　Stone adzes

图 2-94　**石锛**(最小者长 1.5 吋)　Stone adzes

图 2-95　**石锛破块**(最长者 3 吋)　Broken pieces of stone adzes

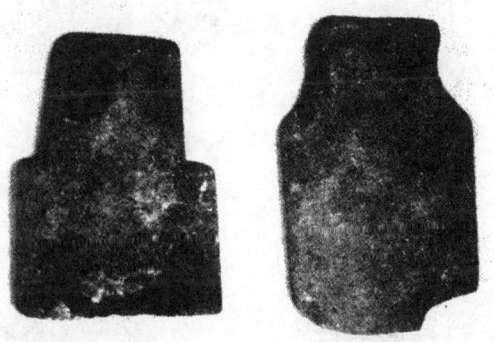

图 2-96　**石铲**(右者长 4 吋)　Stone spades

图 2-97 石铲破块(最大者阔 4 吋) Broken pieces of stone spades

图 2-98 石枪头破片(最长者 3.5 吋) Stone spear-heads (broken)

图 2-99 石镞 Stone arrow-head

图 2-100 破石锥 Stone borers (points broken)

图 2-101 ［左］三角形石斧（长 4.2 吋）；［右］沉网石（长 2.2 吋）
Triangular stone axe, net-sinking stone

图 2-102 粗制石斧（最长者 6 吋） Un-polished stone axes

图 2-103 粗制石斧（最长者 7 吋） Un-polished stone axes

140. 沉网石　一件

近两端处皆有沟，绕石一周，以绳缠之系于网上，使得下沉。

141. 石饰物　七件

阔而扁者系手环，圆而细者为耳环，皆破段。以上之石器皆经细磨，可谓为新石器时代物。除沉网石得自水流东外，余皆出自圆山贝冢。

图 2-104　石饰物破段　　Stone ornaments（broken）

142. 粗制石斧　六件

长约四五吋，有完全未磨者，有只磨一面者，磨工粗劣，石质亦不佳，不如圆山所出，可谓为旧石器时代物。出自东海岸大马武窟近处新发现遗址，该处番童公学校所赠。

143. 石器时代陶器破片　二十二件

中有纺锤、瓶瓮盖、瓶瓮耳、瓶瓮等破片。其上之花纹，有篾器纹、藤器纹及深划纹等。亦出自圆山。

图 2-105　石器时代陶器破块（中间左方三个有孔者系纺锤）
Broken pieces of potteries of stone-age

下篇　游踪纪要

一、台湾全岛大势

台湾为亚洲大陆东南隅，太平洋西方边际之一大岛。地形南北延长，中部稍广，纵六百八十里，横二百七十里，面积约十万数千方里。北部及西部一带概为平原，中部及东部多为山地，山地占全岛之大半。中央山脉纵贯南北，气势雄峻；东部复有稍低之山脉与之连亘并行；故东面斜峭，岩壁直逼海岸，多险崖。海岸概乏屈曲，东部尤甚，全海岸无一海湾，太平洋之浪势复大，极不便于交通。

气候北部为亚热带性，南部在回归线下属热带性。产物有椰子、槟榔、棕榈、芭蕉、婆罗等热带植物。无论平原山地，四时苍翠不绝，甚为美观。昔葡萄牙人初至其地，名之为"浮尔穆萨"（Formosa），盖即美丽之义也。

住民有属汉族之台湾人约三百数十万，新移住之日本人约二十万，华侨数万，多住西部及北部平原；番族约十三万，多住中部及东部。番族人数虽少，然其住地较非番地为广，占全岛十分之六。

二、台北之出发筹备

台北市位于北部平原之中央，为台湾政治及文化之中心点，而总督府之驻在地也。物质的建设甚为完备：街道修整，建筑壮丽，交通便利，产业殷富，实为颇完美之近代式都市。文化的设备则除各种学校外，有总督府图书馆及博物馆、动物园、植物园、商品陈列馆等，规模皆甚大。市民多数为台湾汉人及华侨，少数为日本人，无番人。

余之筹备工作，即阅览总督府图书馆中关于番族之图书及博物馆中之番族标本，并探询台湾汉人之见闻，以选择目的地，并预拟所从出之途。图书馆中关于番族之图书颇多，博物馆则以番族标本自成一部，收藏甚富。余由此两机关乃得选定最有希望之目的地及最捷之途径，获益殊不鲜也。

三、圆山贝冢石器之寻获

台湾之有石器时代遗物，余久已闻之，抵台后即注意于此。台北市西北方

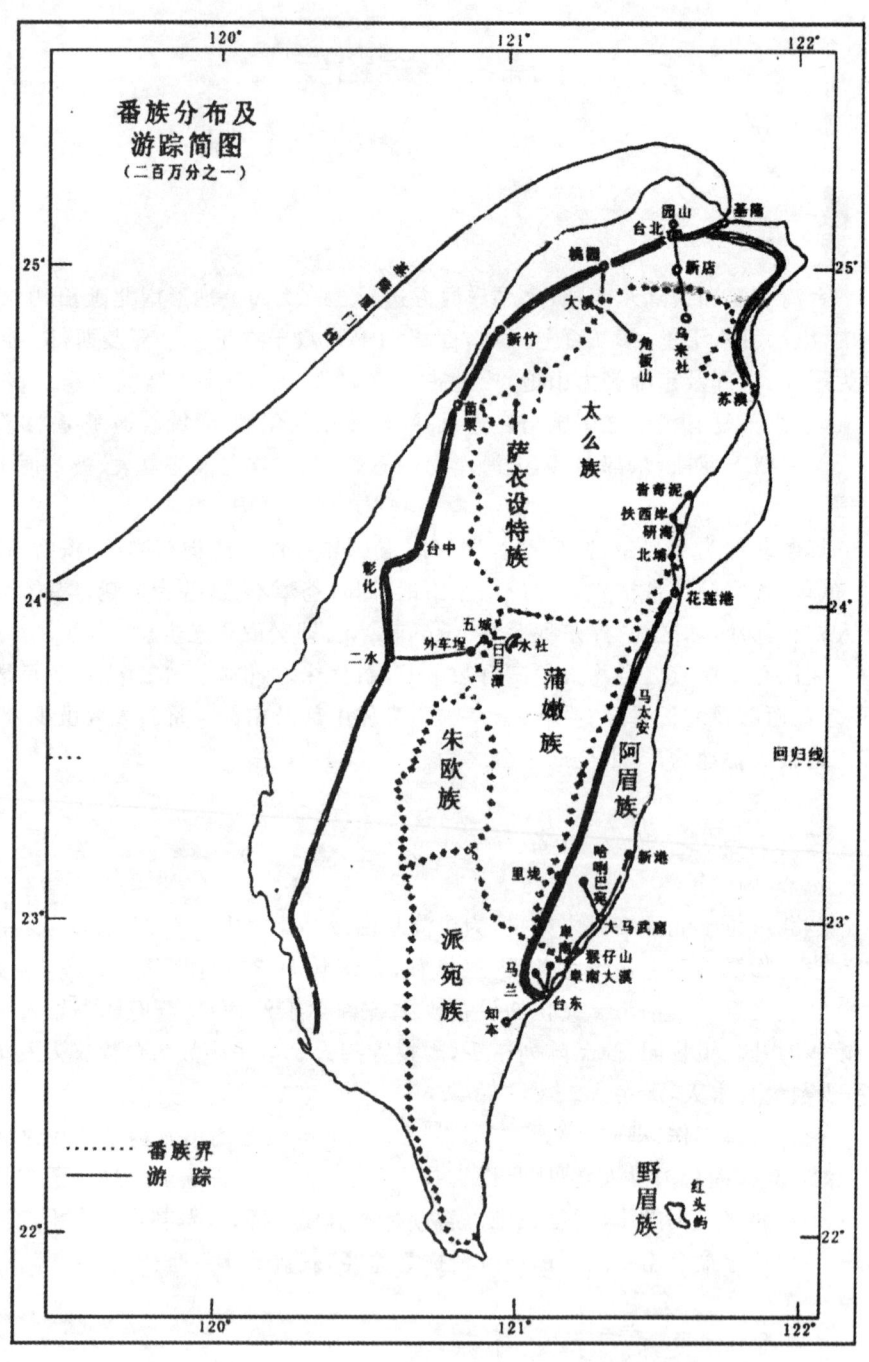

图 2-106 番族分布及游踪简图

之观音山系产石之地,余曾数赴其处探寻,只得二块,质粗而工劣,且数少。又一日余经市南古亭庄,见工人方开挖一小丘,急探视其所倾之土,检得一块,复视察小丘之上层,无所得。据工人云:"初开时曾见数块,质坚色黑,有如铲者,有如凿者,今在某某家"云。余急往询问,则皆已遗失。

图2-107　圆山西麓之贝冢

图2-108　圆山西麓之贝冢(部分放大之状,白点皆为贝壳)

台北市北圆山为著名石器时代遗址,余初往探寻数次无所获。其后台湾适有台风,继以暴雨,连续数日,到8月12日雨霁,余急携小锄赴圆山。盖大雨之后为寻挖石器之良机,因雨后泥土被水冲洗以去,其下之石器易于发露,且土松亦较易挖也。我因古书亦常记载雨后获得石斧之事,故古人谓石器为雷神所遗落之雷斧。既抵圆山,寻挖颇久,无所得,最后方见有一断层,土中夹杂贝壳甚多,即用锄及小刀试挖,不久果获一块。方挖时,邻近之儿童及少年来观,即告以挖获者可卖我,彼等遂以所挖得者归我,是日所得达二十余块。将归时,余告彼等可继续寻挖售我。是后余常往收集其已挖得者,并再从事寻挖,约经十日渐无所得。综计所获达五六十块,其中破块固多,完美者亦不鲜。余从番地归台北,犹常往探寻及收集,复得四十余块。

圆山为市北一小山,原系石器时代番族之住地。其后番族或因死亡,或因转徙,竟致绝迹,至今唯有台湾人之村落在其山麓而已。其地之为石器时代遗址,系日本学者所发现。盖其西面山坡断层之黑色泥土中夹杂无数贝壳,色白而质脆,且皆系已劈开之单面,不类活贝之化石,故可确断为人类食余之弃壳。而此种贝壳之堆积层,亦即与欧洲所发现之"贝冢"(Shell Mound)相同,故亦可称为贝冢。贝冢之中常混有石器等物,此冢中亦发现甚多,现陈列于总督府博物馆。其近处又有数尺径之大石一方,系番人磨石器及贝壳珠之砥石,政府为建一小亭以保护之。

四、赴乌来社(ウライ)(Urai)

7月25日出发赴乌来社,其地在台北南方之山中,距台北不远。初乘汽车至近山之新店庄,换乘"轻便车"入山。所谓"轻便车",不过四铁轮之上置一木板,两车夫推之行于铁轨之上。所经路皆系山腰开成之狭道,循溪谷蜿蜒而进。沿途风景极壮观,两面高山,中夹深谷,林木葱郁,水石清幽。车行则一泻如飞,真若雷轰电掣,不觉心怀开旷,狂呼快哉。有时逼近坡缘或过木架之危桥时,如车一脱轨或手握不牢,立有翻堕万丈深溪之虞,其危险之状又使人目眩神夺,不敢俯视。其地原不应有车,此盖木材公司设以运载木材者,非以载人为目的也。轨路尽,步行不远,即抵该社,而余乃第一次见番屋及番人。

其社甚小,家屋寥寥,屋皆孤立,且皆甚小。植竹木为骨架,编草为盖及壁,状甚简陋。另有一种屋,其下有支柱,屋底与柱之间隔以圆形木板,盖即谷仓,圆木板所以阻鼠类之侵入也。此处之番人属太么族,男番有直线黥纹,女番作"乌鸦嘴"。衣服皆甚简单,属北番服。番屋内四壁萧然,物殊不多,只采得标本七种而归。(番人之状况,见《番情概说》之言及太么族及北番者)

五、赴角板山

8月21日晨6时动身,初由台北市乘火车南行,约五十五里到桃园;转乘轻便车入山,至大溪,约行三十里,其地已在群山之中;复由大溪转雇别辆,赴角板山。过大溪后不远,在路上略息,于田中拾得一石子,作扁圆形,如卵大,两头各有人为之深沟一道绕石一周,知即为石器时代之沉网石。途中经一陡峭之山坡,车夫请余等(同行者四人)下车步行,使车轻易推,并以一人导予等越岭从捷径行。岭腰草木荫翳,不见天日,穿行其间如在热带林中。行经三十里,乃抵角板山,时已午后3时矣。

角板山为著名之番地,其番人亦属太么族,番屋同于乌来社,但较多,人口亦众。一切情形皆为北番式。采得标本颇多。因无可宿处,即于5时回,12时方抵台北。

六、赴台东

上述二社皆系北番,番物不多,且无雕刻品、陶器及其他较为奇异之物。据台湾人云,番族以台湾东部花莲港为最多,然东海岸之航路甚为险恶云。余计非往东部不能大获,遂决心前往。23日乘火车出发,初行东北,次折南方,所经前半皆山路,隧道甚多;既出一最后之隧道,则山岭已尽,而太平洋之一片汪洋突呈眼前。是后沿东海岸蜿蜒而行,经二百里,午后至苏澳,铁路终于此。自此至花莲港只有小火船,即于是日下午4时登船,夜间启行,天明抵花莲港。夜间倦极熟睡,不知风浪如何,殊不觉苦。

抵花莲港后,转思再南行赴台东,归途方在花莲港工作,因即于是日9时乘长途小火车前进,午后5时抵一地,名稻叶。其地之铁桥因遭台风及溪流冲

图 2-109　东海岸之怒涛

破,暂架铁线桥,使乘客行过,换乘对岸之东。是日不及换车,而近处皆番社,不敢歇,转回至里垅社,有台湾客店,乃与同行客宿其处,夜间颇有戒心。翌日晨乘车复南行,过铁线桥,越二小时抵台东。自花莲港至台东所过皆番社,其番人为阿眉族,其开化程度颇高,余故不停留。

台东在台湾之东南海岸,数十年前始渐有汉人移住,最近日政府锐意经营,故开辟虽未久,然已有市镇规模,有日本官署、会社及汉人商店。市外皆番社,市中亦常见番人。余以此为根据地,依次向四方番社出发,在台东获交吴金麟及蒋源盛二君,其后出发屡蒙二君惠以介绍信,使进行得以顺利,可感也。

七、赴卑南社（Pinam）

27日晨步行赴卑南社,其社在台东之东北方山麓,为台湾之著名番社,与其附近七社合成卑由马部落（Pyuma）,属派宛族。此社人口众,势力强,约在百余年前曾称霸一次,不但为八社之盟主,且并其北方之阿眉族亦加以辖制。其致强之方似非由兵力,而系由宗教。据其地传说云：

创霸之大酋名安曼曼（Ang Man Man）,有金葫芦一个；如所辖诸社有异心,大酋即以葫芦作法,降祸于其社,众番慑其神术,故皆甚恭顺。大酋出行,则其近处之马兰社人须尽抬舆之义务,普通卑南人亦日衣华服,四出闲游,他社人须轮派人役服务于其社。其时尚行杀人祭神之俗,所属诸番每年必须供给二人为牺牲,其后属番反抗,不再进人,乃改用猴,至于今日则只用草扎之假猴矣。其社当盛时,清政府闻之,思加以笼络以便于理番事业之进行,因赐大酋龙袍,召之入觐。酋行至台南,汉官见其着御赐之龙袍皆俯伏,酋不谙汉礼,任其久跪不扶之起,汉官恶其傲,于请宴之际,醉以酒,以戏袍换去龙袍。其后诸汉官见酋不再跪拜,酋亦不复前行,携假袍而回,至今此袍犹藏于其家云。大酋之裔不能继承霸图,势

图2-110 卑南社大酋之遗址（立于其旁者即采集人）

渐落,然犹被承认为名义上之酋长及宗教上之领袖。

以上系其地一汉人为余言者。此汉人来此已一二十年,娶番妇,置产业矣。其原籍为泉州晋江县南门外某乡,与余故乡相距只数里,与余论乡谊甚欢。此人又言,大酋生时曾征集大石巨木建造宅第,后迭遭"天火",渐致破坏,今只余荒凉遗址。即导余往观,其地甚荒废,果有残剩之石垣植立其中,阔约四五尺,高在二丈以上,上有二大圆孔,似系用以穿椽。余立于其下,使同往者代摄一影,并剥其一片备携回,复于其废物堆中搜挖遗物,无所得。

卑南社之番屋较北番进步,然仍是草屋。番人之衣服上身为汉化之短衣,长裁及胸,腰以下男女皆束裙,男短而女长。腰系彩色阔带,男子常挂皮腰袋,佩翘尾刀。妇女则负一筐,其带置额上,以头承其重。此社之文化状况较为复杂,故番物亦较多,由中人之介绍及翻译询得番情颇详,并购得标本多种,其中且有别族之物为此族昔时所得者。购物时有数种情形颇有趣:番人全家无论老小男女皆参加卖物之会议,凡卖一物必全家人皆在场,且皆首肯方卖,以此买番物必须待至日夕,番人回家后,方得接洽,其后所经各社皆如此。此社番人状况颇裕,其物多不愿卖;而其祖先遗留之旧物,由祖先崇拜之信仰更不敢卖。由介绍人苦口劝导,方勉强应诺。买竣,番人请余给以酒,余不解;介绍人谓余言番俗凡交易毕,须饮酒为誓,手续方完满,而不再食言,否则可再反复计较,余如言购酒予之。番人乃倾满一杯,以手指探沾之,洒于空中,口喃喃念诵,似即咒语,诵毕即自啜一口,以杯付余。介绍人告余彼盖请余立誓也。余遂接杯效其动作,心厌其秽,然不得不伪啜一口。余酒由番人持去。介绍人云,番人今夜须请神巫为作"拔里鲜"即厌胜,方保无事,其费亦不赀云。

图 2-111　卑南社之番屋

图 2-112　卑南社番屋及番童

是日夜间方回台东。其后于 30 日及翌月 7 日复赴此社二次。

八、赴马兰社（Melan）

28 日赴马兰社。其社较卑南近，其番人属阿眉族。与卑南之属派宛族不同。闻此社方有银饰奇形烟斗及其他为卑南所无者，故特赴其地访寻。其族属虽与卑南不同，然体质上未见何种特异之点。文化上更因周围皆系派宛系番社，故亦被同化，无甚差异。只采得少数标本而回。

九、赴新港

因台东近处已无可获，思赴较远之地一探，于是有新港之行。新港在台东之北，近海岸，其地番人属阿眉族。9 月 1 日晨自台东乘小舟北行，海岸无湾，浪势复大，舟自岸上乘浪入海，状颇可骇。沿岸行约二小时抵猴子山，上岸。舟中同乘者有郑注深君，亦欲赴新港，相与倾谈甚欢。即同行抵新港，郑君邀寓张之远先生家。张先生年已六十余，曾在前清刘巡抚部下效力，来东部最早。是日并访吴金麟、蒋源盛二君所介绍之林福安君及胡火生君。林君系该地保正，即邀余访该区警部二人，道此行来意，警部亦表示欢迎，此举可以消弭彼等猜疑之念。是夜即宿张君家。翌日，郑君并邀一能番语之台湾人同赴番屋视察，其地番人汉化已多，现用物多为台湾人用日本人输入品，只买得数种而已，颇失望。

十、赴哈喇巴宛社（Harabawan）

9月2日，余从诸友言，折回南方至大马武窟，然后由是处入山赴哈喇巴宛社。因其地在山内，可一看狩猎生活并购买猎具也。林福安及胡火生二君愿同行，并为告知警部请通知大马武窟巡查部长。既至大马武窟，访部长横山寅吉君，横山君慨然愿同行入山，并雇一番人为导，一行计五人。所经皆山路，崎岖曲折，知向西行，但不能确断为西南或西北。有时行至山崖之腰，无路可通，则有架竹而成之桥，状不甚固，履行其上，右扪直削之崖壁，左瞰深邃之溪涧，状颇可骇。复经一铁线桥，人行其上摇摆不止。约经三四小时至哈喇巴宛。

此社四围皆山，居民约五六十户，以狩猎及农耕为生，状况较外面闭塞，多存旧习。横山部长导我逐户入屋视察。余见所欲购之物即以告横山君等，彼等代问番人欲卖否，不肯，则彼等或力劝或婉导之。由于诸友之尽力乃

图 2-113　赴哈喇巴宛社之道

能买得十余种，若仅余一人入山，恐一件亦不能得也。番人大都不甚愿卖，一因在此种荒僻之境，器物皆自制自给，日用必需，一旦卖出，立感不便；二因罕

图 2-114　在哈喇巴宛社之摄影，中有番人、台湾人、日警官及采集人（持帽携杖者）

与外人往来,将生活用品出售之事觉甚不惯。

余告横山君欲为番人照相,彼乃召集在家者数人,并皆穿着衣服佩刀携枪而至。余又请彼等邀妇女来,大都不肯,只有二人至。同来三友及所雇番人皆加入其中。余摄一影毕,请福安君代摄,余则入队立于其位,亦摄一张。午后4时始就归路,入夜方抵大马武窟。

十一、大马武窟之夜(Toa Mabakut)

是夜寓派出所,约在8时顷部长来邀看夜学。夜学系警署设以教番人者,即设在集会所内。分男女二班,皆青年。男适学算术,其题为加减及乘法,程度如小学一年级。余询部长番人有结绳记事之法否,部长转问番人,答昔时盛行,现只老辈仍用此法。余请部长嘱番人回家后请老辈作结示我,番人应诺。部长对诸番人言:"此位是支那国人,来此参观尔等番族状况。"番助教即译为番语,彼等闻之,皆张其马来式大眼睛视我。助教所说之番语,极似菲律宾番调。转入第二室看番女学歌舞,其室即集会所之前部,形不规则,颇宽广,无椅桌等物。学生皆未嫁之处女,助教为番男。所教系半新旧式歌舞,但无乐器。余对福安君言旧式歌舞不知如何,福安君即与部长商令番人奏旧时纯粹番式之歌舞。诸番女即排成圆阵,各人之手皆向两旁张开相接,但非与两边之第一邻伴相接,而系越过第一邻伴与第二邻伴相接,相牵接之两手即在中间人之腹前。有一歌头开口先唱,大众随之应和;所唱不知何词,但声甚哀婉可听。其调大约起句是:

| 3. $\underline{5}$ | 2. $\underline{3}$ | 5 — | 5. $\underline{6}$ | 3. $\underline{2}$ | 1 — | ……

奏时歌舞并作,其舞法上身倏俯倏仰,两足进退开合,有时众足同时一顿;如此更迭动作,与歌声应和。全队续续向右旋动,循环而行,奏至酣畅时,歌声激扬,足步亦变为急速。有时歌声中忽穿插以极曼妙之声调,想系特选歌喉最佳者于紧要时参加一二声,以增歌音之美妙。课毕,男子,即转入隔壁公共宿舍内安歇,余亦入观之。内容颇广,四围皆有固定之竹床,上下两层,宽约三尺,长与壁等,无间隔。中央尚有一燕火之位,备冬季取暖。据云凡未结婚之男子,皆须宿于此公廨内之公共宿舍,不得睡于己家,此与古时斯巴达俗颇相类。出公廨,见番女尚络绎于道,其谈笑声极似菲律宾女子。

是夜宿派出所。翌日天方明,福安君即促余速往番屋购物,因番人鸡鸣即起,天明即外出工作。购物当乘其未出时也。福安君番语甚佳,又与彼等略相识,引余进入番屋观察,并买得标本数种。然尚有肯卖者。回至派出所,顷之横山君来邀余再往探视其他番屋,林、胡二君亦同去。番屋外形皆一律,位置杂乱,余不能辨认道路,只随彼等走。此次进入更多番屋,添买数件。

近大马武窟有新发现之石器时代遗址,挖出石器颇多,其中并有石棺。其遗址前来时曾见之,惟其遗物已移置此处学校。余即请福安君介绍往观,蒙该校送石器六件及陶器二件。

事既毕,余欲即回台东。将动身时,记昨夜嘱番人打绳结,其人尚未来,继思其人必宿公廨不回家也,急买番人套斧之绳一条,请福安君代询一老番妇,彼即为余打一记账之结(见标本图说八之记事绳)。福安君予我一介绍函,谓抵猴仔山若无舟,可宿其人处,遂与诸友别而就道。此行赖新交诸友为余尽力,方免行路之难,心甚感之,而其中横山部长以日本警察官吏亦如此殷勤,尤不易觏也。

十二、回台东

午抵猴仔山,往海岸探视,果无一舟,盖今日风大,台东舟不敢来也。访福安所介绍之人,则已出门。其地皆番屋,语言不通,无可宿处,彷徨无措,焦急万状。适见一台湾人,向之探询,则亦欲赴台东者,因相与谋,拟从陆路步行。行程虽长亦无妨,惟中途有溪流二道,流急水深,桥已被冲破,须雇番人牵引逆流涉过,其事颇险。余计既无可宿处,不能不前行,因与此同伴刘扬君同雇一番人牵引,余又另雇一番人为余挑标本。此两番人皆属阿眉族,躯干甚高,盖阿眉人在番人中为最高也。尚有刀枪一束,余自肩之。

1时动身,两番人行甚速,倏已不见。所行非已开辟之路,只认南方而进。初涉浅流数次,自己脱鞋袜卷裤而涉,既过则复穿之,其后不遑如此,遂着以入水。方以为似此种溪流何须人扶,然顷之果抵一水流湍急之大溪,番人亦立待于溪边;此外尚有数番人亦欲过溪。番人等皆裸其体,所雇番人令我等亦去其衣服,不留一丝,余知如此可以少受水之压力,即从之,彼时大众皆然,殊不以为愧。番人欲以两手拉余两人,余恐其力不足,不从,番人怒詈余,即挈刘君先涉,见其落水时,水及于胸;涉时并非直前而系斜向下流。深恐其不支而被冲去,盖此处已是溪口,不远即入海矣。番人回此岸时,喘息如牛,少停方牵余下水,入水后觉水自右方冲下,压力甚大,不能直前,渐行渐斜,至中流已将不支,若非番人牵引必仆倒。既抵彼岸,番人复先行,余与刘君着衣服再进。行不远复遇一溪,复由番人牵过。既过此二溪,番人即回去,过两溪皆不见为余挑物之番人,刘君云彼必已先过去,但无妨,番人决不逃逸。过溪后,行于沙上,其沙极细,色黑,大风鼓之,散漫空中如浓雾。方行时,忽觉挂于颈上之帽已失,急回原路追寻,风沙扑面,数步外即不明了,杳不可得。方欲转回,忽遇数番人,其一携余帽示余,余接之向之称谢,即与同行。余以台湾语对彼言:"尔是好人?"答:"是。"余问:"尔饮酒乎?"答:"不爱酒,尔有钱乎?"余急取三角与之,乃称谢而去。此番人年龄在四十以上,尚如此率直,益信未开民族之少诈伪,多天真也。顷之风益大,余方略一弯腰,衣袋内之纸币忽被风吹出,飞舞而去,余急追拾,力奔数分钟,方拾得三张,尚有一张瞬即不见。余知此四张皆系一元之币,其大数者幸其先已移置他袋,得免此难。

抵台东市头,果见挑标本之番人止而待我,即引之至客店。此次觉甚困惫,与客店人言及,据谓此名卑南大溪,原有桥,惟每年暴雨后必被水流冲倒,须到冬季水浅方可复架。据番人所能记忆,为此溪所流去者已有四十余人云。

十三、赴知本社(Tipun)

余前闻番人有一种带角鹿头冠,甚欲得之,赴新港一带调查不获。适吴金麟君告余:知本社颇大,或有此物,彼愿为余修函介绍于久住该社之一中国人。余遂于9月5日前赴该社。其社在台东之西南方,亦属派宛族。

图2-115 知本社之祖祠(较人住之屋小数倍且甚简陋,内悬明器以供鬼用)

既到,即访得吴君所介绍之陈芋咸君,年约三四十岁,在番社已有一二十年,且娶番妇置田产于是。陈君原籍福建泉州惠安县,与余故乡甚相近,其父在清末曾任千总,陈以不堪后母虐,少时即奔台湾入"后山"(台湾人称东部为后山),不复回国,然至今尚不肯入台籍。陈君认余为乡亲,款余以酒食,意甚殷勤;告余日间番人不在家,当待夜间往探,嘱余宿其家。其妻亦能操泉语,为余道番人状况甚详。日既夕,番人陆续回家,陈君夫妇即导余遍探番屋,夜间饭后复出探,购得标本二十余种,并由一青年男番为余作一传意之绳结。其夜即宿陈君家。翌日又探觅一次,添购数种。带角鹿头帽果于此得之,甚喜。下午辞别陈君回台东。

十四、赴东北方番地及回台北

台湾东南部之游既毕,所得南番之物亦夥,拟探视东北部。9月8日乘火车回花莲港。9日晨赴北方番地,经北埔、新城、扶西岸,而至沓奇泥。此诸社皆属北番太么族,情形与乌来社、角板山同,无奇异之处,番物亦少,只采得三数种,知再进亦无可获,遂折回。花莲港番人亦少,无所得。在台北时,闻花莲港番物甚多,至此乃知不确。

图 2-116 花莲港推舟入海状图

10日上午自花莲港乘小汽船赴苏澳。花莲港名虽为港,实无海湾,无码头,小艇直由岸上乘浪势推入海,浪高如屋,举船而簸,乘客皆屈伏舱中,上盖以帆布,浪从船后溅入舱中,拍于帆布上,并漏溅人身。既上汽船,船虽泊定犹颠摇不已。10时开,下午2时到苏澳。沿途船颠簸甚剧,此次方知东海岸航程著名凶恶之故。船抵苏澳时遇骤雨,衣服皆湿,且余晕未息,乃宿于客店。翌日晨乘火车行,4时余抵台北。

十五、赴日月潭水社(Darenguan)

自东部回后,综计所获标本已不少,惟尚有独木舟及音乐杵未入手,中部高山番族亦未曾见,查此二物惟中部高山湖日月潭边水社番有之,而其番人系蒲嫩族,正可代表高山番,决计赴其处一探。

9月14日启程,乘西部纵贯火车南行,经新竹、苗栗、台中、彰化诸名地,直抵小市镇二水。稍停,改乘小火车入山赴外车埕。车沿山谷蜿蜒而行,由车窗南望,远则新高山,近则浊水溪,咸呈眼前。下午5时方抵外车外,宿客店。翌日晨8时雇手押车赴五城,9时到。自此到日月潭须步行登山,此次不雇向导,结束行装讫,即独行就道。初行谷中,路不甚斜,殊不觉苦;惟地甚幽僻,林木荫翳,不见人类形影,只闻虫鸟之声,始尚不以为意,渐进乃渐凄惶。谷既尽,即登山坡,一段毕复一段,不知究竟有多少段,腿酸汗流,不敢停息。既达山上,余急摄一下瞰之影,复行。行经三小时,最后果见有大湖在诸山之中。

图 2-117　赴日月潭在半途自山上下瞰之摄影(蜿蜒之白纹为山路)

图 2-118　日月潭边之水社(左方靠岸之横长纹即所买之独木舟)

既至湖滨,遇一台湾人,询余何往,余告以来意。彼云湖之内部方有番社,彼有舟愿载余往探,并为余介绍买物,从之。此人姓黄,其舟亦常状,非独木舟。行不久即抵番社,余为拍一照。此社即水社。湖面距海达2400呎。番屋

图 2-119　水社番屋

约二三十，杂列于湖边，复有独木舟靠岸，余又摄一影。细视独木舟有四只，有破损者，有太大者；其中有最小者一只，甚完美，长约一丈半，尚嫌稍大。既登岸，舟人导予入番屋。余问小独木舟之主，则为一二十余岁之青年，略解台湾语。余问欲卖否，答不愿卖，因此舟系湖中往来必需之物，并为捞鱼之要具，生活全资于是。其意颇决绝，然其旁之他番怂恿之，始首肯。此处尚有一种乐器，名音乐杵，形如番人捣物之杵，捣石上作铿铿之声。余请观之，并言欲买；彼等云全社只公有一套，不能卖。余固求之，乃选出三个，代表高中低三音。余请彼等敲成歌调，彼等云须请妇女为之，即唤集五人持所余之五杵敲于原来特设之坚石上。其音颇清越可听，若在夜间当更动耳，惟调殊简单，余记得为

图 2-120　用手押车运独木舟之状（在半途）

3532 123—……余又请彼等唱一歌,彼等亦首肯,余为记之于纸。此外尚购得衣服及刀等,并询得番情数条。因无复可采,即雇四番人负舟回五城。舟重,番人颇不胜,余亦时加入共负。至铁线桥时,余见碑知只能容五人以下,嘱番人将舟置桥上,以二人拖之;番人不晓,仍负之齐行。余已先过桥,忽闻大声作于后,如倒屋之声,大骇;疑为桥断,回视则四人犹在桥上,桥固未断,盖舟重杠折,坠桥上也。余遂令彼等分班拖之,既过心乃安。行甚缓。

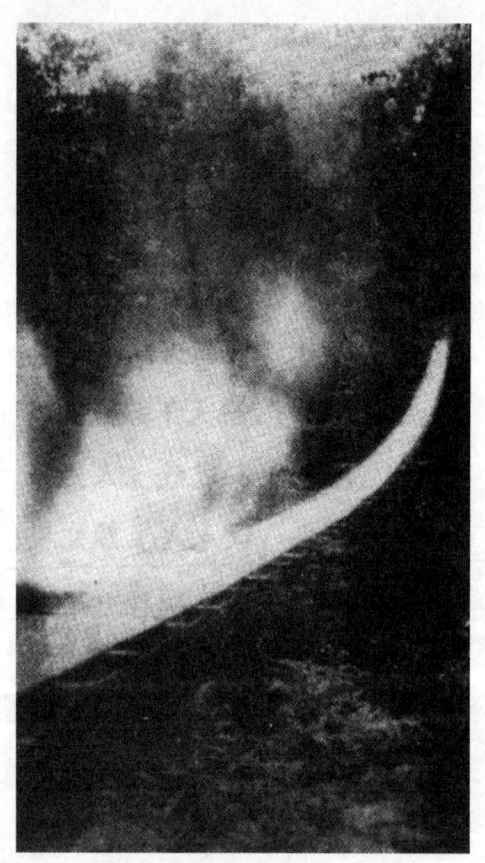

图 2-121　日月潭道中之铁线桥,同时只能容五人

月出良久方抵五城。余请番人吃饭,番人甚感余意,为余说番语一段(见番情概说之八语言),并自道其名,请余他日再往,其名为辛好(Sin hau)、乌瓶(Ubin)、马葛巴(Macaba)、母爵(Mucho)云。是夜宿其处,越日用手押车运舟赴外车埕,由火车回台北。

附 录

中国古书所载台湾及其番族之沿革略考

自秦徐福入海不反,后人常传其留居海外之陆地。

《史记·淮南王传》:"昔秦使徐福入海求神异物,还为伪辞曰:'臣见海中大神言曰……即从臣东南至蓬莱山……'秦皇帝大悦,遣振男女三千人,资之五谷种种百工而行。徐福得平原广泽,止王不来。"

自汉至三国,因海外人民时有漂流至中国,而中国人亦有漂至海外者,遂推拟谓海外有地名澶洲及夷洲,而澶洲即为徐福所留居之地云。三国时中国人实行浮海探寻,结果不得到澶洲,仅发现夷洲而还。

《三国志·孙权传》:"(黄龙)二年春正月……遣将军卫温、诸葛直将甲士万人浮海求夷洲及澶洲。澶洲在海中。长老传言秦始皇帝遣方士徐福将童男女数千人入海,求蓬莱神山及仙药,止此洲不还,世相承有数万家;其上人民时有至会稽货市,会稽东县人海行,亦有遭风流移至澶洲者。所在绝远,卒不可得至,但得夷洲数千人还。"

《后汉书·倭国传》:"会稽海外有东鳀人,分为二千余国。又有夷洲及澶洲。传言秦始皇遣方士徐福将童男女数千人入海,求蓬莱神仙不得,徐福畏诛不敢还,遂止此洲。世世相承,有数万家。人民时至会稽市,会稽东冶县人有入海行遭风,流移至澶洲者。所在绝远,不可往来。"

《史记·淮南王传》:"正义曰:《括地志》云:澶洲在东海中,秦始皇遣徐福将童男女遂止此洲,其后复有数洲万家,其上人有至会稽市易者。"

《后汉书》以夷洲与澶洲并言,似以为徐福亦曾至夷洲,然其文不明;其书之著后于《三国志》,故宁依《三国志》所述为是。《三国志》文中以澶洲另提,可见彼时人只传徐福到澶洲,不言其亦至夷洲也。《史记》之注亦同此意。更考《临海水土志》及《太平御览》亦可证明徐福所止非夷洲。《史记》所述传说谓徐福得平原广泽,止王不来,而夷洲四面皆是山溪,此其不合一;夷洲之民尚极僿陋,徐福所率系开化民族,且携有百工而行,若留居夷洲不应绝无痕迹,引其不合二。

沈莹《临海水土志》:"夷洲在临海东南,去郡二千里,土地无霜雪,草木不死,四面皆是山溪,人皆髡发穿耳,女人不穿耳。土地饶沃,既生五谷,又多鱼肉。有犬,尾短如麇尾状。此夷姑、舅、子、妇卧息共一大床,略不相避。地有铜铁,惟用鹿格(角)为矛以战斗,磨砺青石以作弓矢。取生鱼肉杂贮大瓦器中,以盐卤之,历月余日乃啖食之,以为上肴也。"

《太平御览》:"夷洲在临海东南,去郡二千里。土地无霜雪,草木不死,四面是山,众山夷所居。山顶有越王射的正白,乃是石也。此夷各号为王,分划土地人民,各自别异。人皆髡头穿耳,女人不穿耳。作室居,种荆为蕃障。土地饶沃,既生五谷,又多鱼肉。舅、姑、子、妇卧息共一大床,交会之时各不相避。能作细布,亦作斑文布,刻画其内,有文章以为饰好也。其地亦出铜铁。惟用鹿骼矛以战斗耳。磨砺青石以作矢镞、刀斧、镮贯、珠珰。饮食不洁,取生鱼肉贮大器中以卤之,历日月乃啖食之,以为上肴。呼民人为弥鳞。如有所召,取大空材,材十余丈,以著中庭,又以大杵旁舂之,闻四五里如鼓,民人闻之皆往驰赴会。饮食皆踞相对。凿木作器如槽状,以鱼肉腥臊安中,十十五五共饮之(子民先生云:'饮'字疑当作'食')。以粟为酒,木槽贮之,用大竹筒长七寸许饮之。歌似犬嗥,以相娱乐。得人头,斫去脑,剥去面肉,留置骨,取大毛染之以作须眉髻,编贝齿以作口,临战斗时用之如假面状,此是夷王所服。战得胜,头著首还(子民先生云:此句恐有误字),中庭建一大材,高十余丈,以所得头差次挂之,历年不下,彰示其功。又甲家有女,乙家有男,仍委父母(男离己家)往就之居,与作夫妻,同牢而食。女已嫁,皆缺去前上一齿。"

由上举诸文推之,徐福所止盖为澶洲而非夷洲。夷洲为台湾,而澶洲即为今之琉球。夷洲之方向、地势、气候、风俗与台湾极相似,舍台湾外无可指,且近时日本人曾在台北发现指掌型之古砖,推其时代属于三国,故夷洲之为台湾绝无疑义。澶洲之为琉球证据虽较少,然由于上述之记载,知其与夷洲同在会稽海外,而较夷洲为远,其人民时至会稽市,由方向推之,惟琉球最为近似;且琉球之人民开化颇早,其俗复类中国,谓为徐福殖民之结果,亦颇近理;而徐福之子孙闻尚有在琉球者,此更可以证明此说矣。

自三国时发现夷洲,以后中国人不复问津,遂忘其地,只余此段记载于史册上而已。清代所编《图书集成》犹列夷洲于边裔,等于外国,不知其即台湾也。

隋时中国人复发现台湾一次,然已忘其为夷洲,而另名之为"流求"。

《隋书·流求国传》:"流求国居海岛之中,当建安郡东,水行五日而至。土多山洞。其王姓欢斯氏,名渴剌兜,不知其由来有国代数也。彼土人呼之为可老羊,妻曰多拔茶。所居曰婆罗檀洞,堑栅三重,环以流水,树棘为藩。王所居舍,其大一十六间,雕刻禽兽,多斗镂树,似橘而叶密,条纤如发,然下垂。国有四五帅,统诸洞,洞有小王。往往有村,村有鸟了帅,并以善战者为之,自相树立,理一村之事。男女皆以白纻绳缠发,从项后盘绕至额。其男子用鸟羽为冠,装以珠贝,饰以赤毛,形制不同。妇人以罗纹白布为帽,其形正方。织斗镂皮并杂色纻及杂毛以为衣,制裁不一。缀毛垂螺为饰,杂色相间,下垂小贝,其声如珮。缀珰施钏,悬珠于颈。织藤为笠，饰以毛羽。有刀、矟、弓、箭、剑、铍之属。其处少铁，刃皆薄小，多以骨角辅助之。编纻为甲，或用熊豹皮。王乘木兽，令左右舆之而行，导从不过数十人。小王乘机，镂为兽形。国人好相攻击，人皆骁健善走，难死而耐创。诸洞各为部队，不相救助。两阵相当，勇者三五人出前跳噪，交言相骂，因相击射。如其不胜，一军皆走，遣人致谢，即共和解，收取斗死者，共聚而食之，仍以髑髅将向王所，王则赐之以冠，使为队帅。无赋敛，有事则均税。用刑亦无常准，皆临事科决，犯罪皆断于鸟丫帅，不伏则上请于王，王令臣下共议定之。狱无枷锁，惟用绳缚。决死刑以铁锥，大如筋，长尺余，钻顶而杀之。轻罪用杖。俗无文字，望月亏盈以纪时节，候草药荣枯以为年岁。"

"人深目长鼻，颇类于胡，亦有小慧。无君臣上下之节，拜伏之礼。父子同床而寝。男子拔去髭鬓，身上有毛之处皆亦除去。妇人以墨黥手，为虫蛇之文。嫁娶以酒肴珠贝为聘，或男女相悦便相匹偶。妇人产乳，必食子衣。产后以火自炙，令汗出，五日便平复。以木槽中暴海水为盐，木汁为酢，酿米麦为酒，其味甚薄。食皆用手。偶得异味，先进尊者。凡有宴会，执酒者必待呼名而后饮。上王酒者，亦呼王名。衔杯共饮，颇同突厥。歌呼蹋蹄，一人唱，众皆和，音颇哀怨。扶女子上膊，摇手而舞。其死者气将绝，举至庭，亲宾哭泣相吊。浴其尸，以布帛缠之，裹以苇草，亲土而殡，上不起坟。子为父者，数月不食肉。南境风俗少异，人有死者，邑里共食之。

"有熊羆豺狼，尤多猪鸡，无牛羊驴马。厥田良沃，先以火烧而引水灌之。持一插，以石为刃，长尺余阔数寸，而垦之。土宜稻粱、䄺（禾）黍、麻豆、赤豆、胡豆、黑豆等，木有枫、栝、樟、松楩、梗、楠、杉、梓、竹、藤、果、药，同于江表。风土气候与岭南相类。

"俗事山海之神，祭以酒肴。斗战杀人，便将所杀人祭其神。或依茂树起小屋，或悬髑髅于树上，以箭射之，或累石系幡以为神主。王之所居，壁下多聚髑髅以为佳。人间门户上必安兽头骨角。

"大业元年，海师何蛮等，每春秋二时，天清风静，东望依希，似有烟雾之气，亦不知几千里。三年，炀帝令羽骑尉朱宽入海求访异俗，何蛮言之，遂与蛮俱往，因到流求国。言不相通，掠一人而返。明年，帝复令宽慰抚之，流求不从，宽取其布甲而还。时侯（倭）国使来朝，见之曰：'此夷邪久国人所用也。'帝遣武贲郎将陈稜、朝请大夫张镇州，率兵自义安浮海击之。至高华屿，又东行二日至鼇䲔屿，又一日便至流求。初，稜将南方诸国人从军，有昆仑人颇解其语，遣人慰谕之。流求不从，拒逆官军。稜击走之，进至其都，频战皆败，焚其宫室，虏其男女数千人，载军实而还。自尔遂绝。"

案:建安郡即为今之福建,义安郡即为今之粤省东北部,当福建之东依稀可望,而浮海之途发自粤省东北,在古时水行五日可至者唯有台湾,与今之琉球殊不合。文中又云风土气候与岭南相类,此亦以在南方之台湾为然,又云无牛羊驴马,然琉球产马颇多,以马为贡,而台湾则甚少。又云其人深目长鼻,此亦不类琉球人而似台湾番族。其种种风俗更酷肖台湾番人而异于琉球,如云王之所居壁下多聚髑髅,男女相悦便相匹偶等,皆与琉球大异而与台湾全同。以上诸点,明清两朝册封琉球使臣之记述中咸加疑讶,然不知其为地名之混淆,只归咎于古书所载不实或情状变迁而已(见明陈侃《使琉球录》《闽书》、清张学礼《使琉球记》、徐葆光《中山传信录》、李鼎元《使琉球记》、黄景福《中山见闻辨异》)。

宋时亦以台湾为琉求。

《宋史·琉求传》:"琉求国在泉之东,有海岛曰彭湖,烟火相望。其国堑栅三重,环以流水,植棘为藩。以刀、矟、弓、矢、剑、鼓为兵器。跣月盈亏以纪时。无他奇货,商贾不通。厥土沃壤,无赋敛,有事则均税。旁有毗舍邪国,语言不通。袒裸盱睢,殆非人类。淳熙间,国之酋豪尝率数百辈猝至泉之水澳、围头等村,肆行杀掠。喜铁器及匙箸,人闭户则免,但刓其门圈而去。掷以匙筋则俯拾之,见铁骑则争刓其甲,骈首就戮而不知悔;临敌用标枪,系绳十余丈为操纵,盖惜其铁不忍弃也。不驾舟楫,维缚竹为筏,急则群异之,泅水而遁。"

文中云:其地"在泉(即泉州)之东,有海岛曰彭湖,烟火相望",此明系台湾,其人之情状亦极似台湾番族。又云:其旁"有毗舍邪(读'耶')国",考台东阿眉番自称为Panchia,音颇近,或即指此。

元时尚称台湾为琉求。元世祖遣使招谕不达;成宗时福建省平章政事高兴派兵抵其地,擒生口一百三十余人而还。

《元史·琉求传》:"琉求在南海之东,漳、泉、兴、福四州界内。彭湖诸岛与琉求相对,亦素不通。天气清明,望之隐约,若烟若雾,其远不知几千里也。西南北岸水,至彭湖渐低,近琉求则谓之落漈。漈者,水低下而不回也。凡西岸渔舟到彭湖以下,遇飓风发作,漂流落漈,回者百一。琉求在外夷最小而险者也,汉唐以来史所不载,近代诸蕃市舶不闻至其国。……且就彭湖发船往谕……惟琉求迩闽境未曾归附……自汀路尾澳舟行至是日己时,海洋中正东望见有山长而低者约去五十里,祥称是琉求。"

直至明洪武五年始遣使直达今之琉球,琉球即随以入贡。其后历明清两朝使命频通,而流求或琉求之名乃移,以指今之琉球,至台湾则改称为小琉球。

《闽书》:"琉球……地卑湿,气候常温,隆冬迓寒,亦有小雪。……其地去澎湖不下数千里。《宋志》云泉州烟火相望,闽人尝言霁旦登鼓山可望琉球,皆非也。又有小琉球与闽海稍近,未尝朝贡,或言并入琉球。饶甲矢,人武健,以金鼓为节,邻国目为劲敌。其国西南则暹罗,东北则日本。闻东隅有人,鸟语鬼形,不相往来,盖毗舍那('那'想系'邪'之讹)国云。"

观此段可知明人所谓琉球确系指今之琉球,与元以前之指台湾不同,故斥《宋史》所言为非,而不知自蹈于张冠李戴之谬误也。

其后复改称台湾为鸡笼山,又号东番,最后始有台湾之名。

《明史·外国传》:"鸡笼山在彭湖屿东北,故名北港,又名东番,去泉州甚迩。地多深山大泽,聚落星散。无君长,有十五社,社多者千人,少或五六百人。无徭赋。以子女多者为雄,听其号令。虽居海中,酷畏海,不善操舟,老死不与邻国往来。永乐时郑和遍历东西洋,靡不献琛恐后,独东番远避不至;和恶之,家贻一铜铃,俾挂诸项,盖拟之狗国也。其后人反宝之,富者至掇数枚曰'此祖宗所遗'。俗尚勇,暇即习走,日可数百里,不让奔马。足皮厚数分,履荆棘如平地。男女椎结裸逐,无所避。女或结草裙蔽体,遇长老则背身而立,俟过乃行。男子穿耳,女子年十五断唇旁齿,以为饰。手足皆刺文,众社毕贺,费不赀。贫者不任受贺,则不敢刺。四序以草青为岁首。土宜五谷,而不善水田。谷种落地则止杀,谓行好事助天公乞饭食。既收获,即标竹竿于道,谓之插青,此时逢外人便杀矣。村落相仇,刻期而后战,勇者数人前跳,被杀则立散。其胜者,众贺之曰:'壮士能杀人也。'其负者家,众亦贺之曰:'壮士不畏死也。'次日即和好如初。地多竹,大至数拱,长十丈。以竹构屋,覆之以茅,广且长,聚族而居。无历日文字。有大事集众议之。善用标枪,竹柄铁镞,铦甚,试鹿鹿毙,试虎虎亦毙。性既畏海,捕鱼则于溪涧。冬月聚众捕鹿,镖发辄中,积如丘山。独不食鸡雉,但取其毛以为饰。中多大溪,流入海,水澹,故其外名淡水洋。嘉靖末,倭寇扰闽,大将戚继光败之,倭遁居于此,其党林道乾从之。已道乾惧为倭所并,又惧官军追击,扬帆直抵浡泥,攘其边地以居,号道乾港。而鸡笼遭倭焚掠,国遂残破。初悉居海滨,既遭倭难,稍稍避居山后。忽中国渔舟从魍港飘至,遂往来通贩以为常。至万历末,红毛番(即荷兰人)泊舟于此,因事耕凿,设阛阓,称台湾焉。"

既知古书所述之夷洲(汉至三国)及琉求(隋至元)皆指台湾,则其记载皆可取为考究番族古时状况之绝好材料。如:由此而知台湾北部番族在三国时尚在石器时代,至隋已入铁器时代,然在宋时尚极乏铁,至明乃有犀利之铁器。此外他事,原文所述亦皆甚明,无待赘论。

(《国立中央研究院社会科学研究所辑刊》1930年第3号)

猡猓标本图说

例　言

　　一、此项标本系由四川峡防局义勇队深入该省西南边境采集所得者；该局卢作孚先生特携来沪，谒见孑民先生，即以赠送本组以供研究及陈列；本组对于卢先生之热心学术及该队之探险精神，实深钦佩。

　　二、此项标本甚有价值，惜卢君只附以一纸清单，不曾惠以说明书，故整理人只能就标本本身研究，并参考其他原始民族之标本而作推证。

　　三、猡猓族之状况与标本极有关系，似应并加稽考，兹搜索新旧记载略加案语，附录于后，以助说明。

　　四、本篇完稿后，复经孑民先生及审查员陈翰笙、凌纯声两先生指正，并蒙本组同人代为改量标本长度及接洽印刷，敬志于此。

俅
俜
标
本
图
说

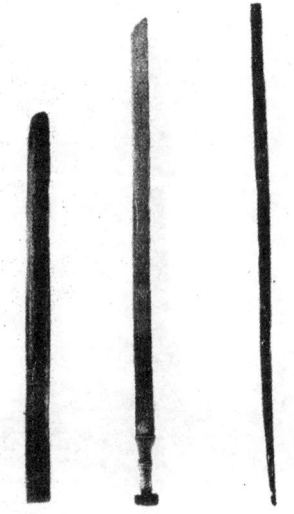

标本图 1　左刀鞘，中刀，右弓杆
A Sword with Sheath
and a Bow

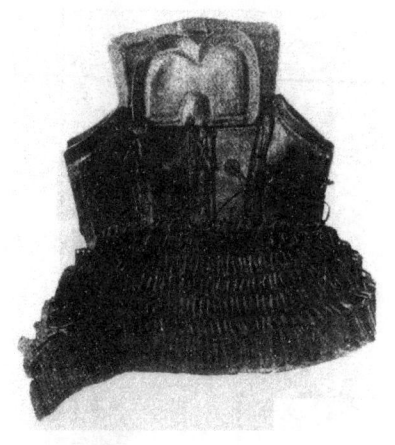

标本图 2　皮甲
Leather Armour

标本图 3　盾
Wooden and Leather Shield

标本图 4　左小护手，右大护手
Leather Hand-plates

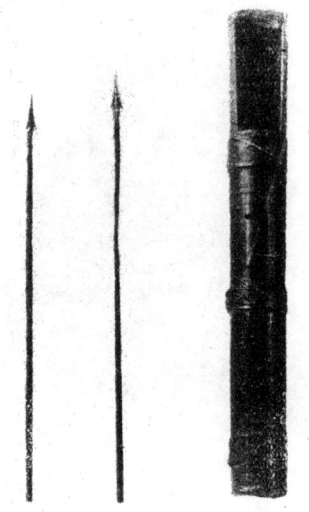 

标本图 5　左箭，右箭筒　　　　　　标本图 6　枪头及枪须
Arrows and Arrow-case　　　　　　Spear-head and Spear-tassel

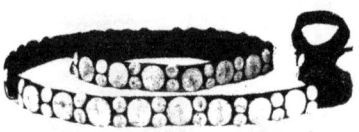 

标本图 7　骨饰系刀带　　　　　　标本图 8　铜手环
Rattan Sword-belt with　　　　　　Brass Bracelet
Bone Ornaments

标本图 9　耳饰及衣领
Ear-ring and Collar

标本图 10　毡衫
Woolen Garment

标本图 11　毡毯
Carpet

标本图 12　独木锅盖
Wooden Pot-cover

傈僳标本图说

标本图 13　木碗及木杯
Wooden Bowl and
Wooden Cup

标本图 14　独木坛
Wooden Jar

标本图 15　泥烟斗及木勺
Clay-pipe and
Wooden-ladle

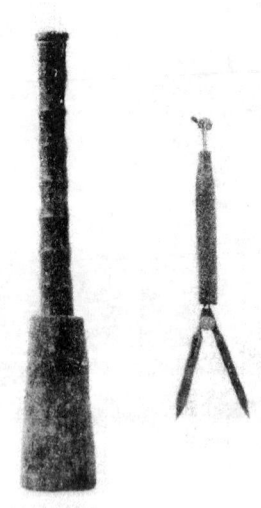

标本图 16　木喇叭及口琴
Wooden-bugle
and "Mouth-harp"

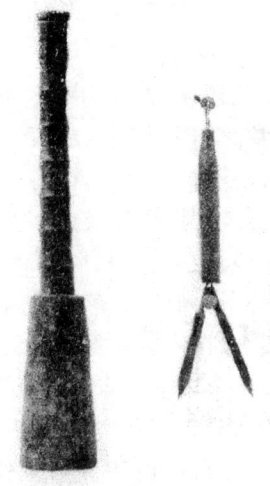

标本图 17　皮鼓及厌胜物
A Drum and a Fetish

导言:倮㑩种族略考

倮㑩(Lolos)[1]又作㑩倮、倮倮、㑩㑩、卢卢、罗罗、佬佬、獠獠、卢鹿[2]等;汉族贱之称之为倮鬼[3],又常泛称之为夷人或蛮子[4]。其先原属爨蛮之一种,故亦称爨[5]。其住地在四川、云南、贵州三省,特以四川之西南境为多[6]。

倮㑩之种类甚多,其主要者有黑倮㑩及白倮㑩,此外尚有妙倮㑩、干倮㑩、撒弥倮㑩、阿者倮㑩、鲁吾倮㑩、撒完倮㑩、阿蝎倮㑩、葛倮㑩、普拉倮㑩、大倮㑩、海倮㑩、小倮㑩、个倮㑩等[7]。似皆为落部之名,非种族上之分别。黑倮㑩与白倮㑩又称为黑夷及白夷[8],在体格容貌上全无差异[9],其区别通常谓系由于其帽色[10],但亦不尽然[11]。由以下诸点推之,或可谓白倮㑩为较近汉化者,而黑倮㑩则为较不开化者。鸟居龙藏之书记黑倮㑩自称为ニセブ,ヌスブ,或ナスブ(Nisep, Nusup, Nasup),而白倮㑩则自称为アシブ(Asip)[12],可知两者间确有区分。《续云南通志稿》谓:"白倮㑩于夷种为贱……言语饮食输赋税均类齐民","黑倮㑩为滇夷贵种,凡土官营长皆其族类……性多鸷悍,好攻掠"。此外,黑夷之固有风俗亦较多。白者所以为贱,想因汉化而具温和之性;黑者所以为贵,则因其犷悍,不屈保守旧状,故能维持其领袖之地位。

倮㑩之体质及其种属据普通记载谓:"其皮肤白皙,鼻尖,作弓形,毛发带橙黄色,眼大,睛碧绿,身长高于欧人,四肢细长而强健,颇似亚利安人种"云[13]。此说亦非无因,但似不甚准确。再据人种分类之专家 A. C. Haddon 所记:"头形指数约77度,鼻形指数约85度,身长有甚高者,面形椭圆,颐骨小,鼻高而直,眼形直,无外层赘皮,肤色不黄而棕,如南欧人,发有作波状者,且倾于栗色。总言之,彼等为长头人种,或可归于'纳西奥种'(Nesiots)[即印度尼西亚种(Indonesians)]或其近支[14]。"此说系应用科学方法测得者,自较上说可信。尚有鸟居龙藏氏在四川西南所亲见者与此大同小异。其记载略云:"倮㑩躯干之长为从来所未见……妇女亦长大。发黑而直,略粗,皮肤淡褐色,面形长方,眼细长,鼻形略呈弓状,大都为高鼻,口大,齿牙整洁。身虽长而不肥大,作瘦长形,胴短腿长,此与苗族大异。[15]"合以上诸说所述之同点言之,倮㑩之体质为身长,鼻高,头形长,肤色淡褐,四肢细长而强健。至其种属则鸟居氏[16]及丁文江氏皆谓属于"西藏·缅甸族",已成定论。兹摘载丁文江氏之西南民族分类表[17]于下,以明倮㑩之地位:(细目不载)

1. Mon-Khmer 系

    甲 苗瑶群

    乙 Wa-Palaung 群

2. Shan 系（按即掸）

3. 西藏缅甸系（Tibeto-Burman）

甲　西藏群

乙　倮倮群：倮倮，力些，窝泥，Labu

丙　缅甸群

注释：

1. 西山荣久：最新《支那地理》，页 72
2. 《云南通志》
3. 西山氏：《地理》，页 72
4. 鸟居龙藏：《人类学上より见たる西南支那》
5. 《云南通志》
6. 西山氏：《地理》
7. 《云南通志》
8. 鸟居氏：《西南支那》
9. 鸟居氏：《西南支那》，页 486
10. 西山氏：《地理》
11. 鸟居氏：《西南支那》，页 486
12. 鸟居氏：《西南支那》，页 285
13. 西山氏：《地理》
14. Haddon, A. C., *The Races of Man*, P. 114
15. 鸟居氏：《西南支那》，页 300～414
16. 鸟居氏：《西南支那》，页 309
17. *China Year Book*, 1925

图说本文

第一号　刀及鞘　各一件；刀全长 92.71cm，刃阔 3.56cm，鞘长 76.2cm。

刀形直，尖端不锐，作弯斜状。柄木制，外包银片，并扎银线，柄端加扁圆木一颗，两面各附圆形红铜板一片。刃根两面复加黄铜制半椭圆形板一片以为饰。鞘由长木片两个合成，外包以皮，施黑漆。

刀既长而复笨重，非躯干高大之倮倮人不能有此物。刀形与台湾番族物极相类，两族相去弯远，隔绝不通，以"传播论"（Diffusionism）言之殊难通，似可为"独立发生说"（Theory of Independent Origin）之一证。柄上无护手，刃上无泻血之沟,此均为幼稚性之征。刀鞘解制双面则颇进步,若如台湾番刀之鞘,则只有一面而已。此刀似系贵重品,装潢颇多,除细致之银饰以外,在铜板上尚有凹雕。所雕纹样(Designs)最有趣者为黄铜板之一面,作旋转车叶形。此一种极罕见,略如英国人类学会之《人类学要义与问题格》(Notes and Queries on Anthropology)中之标准的原始纹样第22种卍,但此系双线,实可自成一种。黄铜板另一面作花朵状,亦颇特别。其旁复有羽毛形纹样,亦不常见。柄端红铜圆板上之纹样虽似繁复,实只合大小圆圈与弯月形⌒而成。综言之,由此一刀已可发现四种不常见之纹样:即旋转车叶形、花朵形、羽毛形、弯月形。

(纹样图一)1. 旋转车叶形　　　　　　　　2. 花朵形及羽毛形

第二号　皮甲　一件;高60.96cm,下部周围137.16cm。

全部由皮制成。皮厚约0.32cm,坚硬若铁板,兵刃不易贯入。其制护胸一大片,护腹四中片,背部称是;下部以多数小片砌合而成,计六层,盖即所谓鱼鳞甲也。诸片即以细皮带系连为一。上部即胸腹部之片固定不动,紧贴身体,下部则能松动而不碍两腿之行动。左边前后片接连,右边可开合,披时即开右边以合于人体。腹片上前后有四孔,尚系有断皮条,想即以此挂肩上。

原始兵器专家庇得·利维尔斯(A. L. F. Pitt Rivers)分自卫的武器为四类;此一种便系其中皮革及鳞片甲二种合成。厚皮动物之皮革即系彼等本身之甲胄,故如犀牛、河马等便是全身擐甲之壮士。人类之利用皮革为甲,实为自然之理。鳞片甲则源于动物之鳞,此种动物之鳞亦即系护身之武器;人类见之遂应用其理以造甲,其法或将坚硬之物缀附于衣服上,或用绳将各块缀连成片。所用坚硬物大都如骨片、角片、贝壳、椰壳等,其后方用铜铁片。此一件之下部盖即将小块坚皮应用此法制成也。

第三号　盾　一件;圆木板径67.31cm,皮板最宽处62.99cm。

分二部,其一为圆木板,中厚而边薄,最厚处约2.54cm。边包薄皮宽10.16cm。其二为坚硬之革板一大片,其一面有红黑黄三色之漆绘。两板上各有二孔,以麻绳系连。木板即盾之本体,用以保护前面。皮板系附属之部,似系用以保护后面或旁面。

盾有长形与圆形二种。长形盾之起源大抵因初时人类利用攻击的兵器如棒杖等以架格敌人之兵器,其后方逐渐扩大此种自卫的棒杖之幅度而成为狭长形之盾,如澳洲土人所用者即如此。至于圆形盾之起源似因初时人类亦兼用自然的坚厚片状物如龟类之甲等以为自卫的兵器,其后乃仿此而造圆形盾也。

第四号　大护手　一件;长 28.7cm。

以厚皮制成,工极精致,未开化民族能有此物颇属不易。由皮一整块卷成圆筒形,但不接合,有弹性,可扩大使手得插入。上加薄银条为饰,银条上有凸起之圆泡大小数串为饰纹。皮加黑漆甚亮。此系战时用以保护手腕者。束腕上,可遮蔽肘以下。

第五号　小护手　一件;长 12.7cm。

较上一种小,皮亦较薄,亦系由皮一片卷成。外加红黑黄三色漆绘。用时束于腕际,因较短只能护腕而已。其上所绘纹样可名为钱形。(图见标本)

第六号　箭　二件;长 39.37cm,及 36.8cm。

铁镞,具双倒钩;杆竹制,末端有凹缺为承弓弦处。形短而细小,可决为弩用之箭。弩之发明系因平常之弓发矢不易准确,故加横木于上,与弓杆成对交状,置箭于横木上,扣弦以抵木端,发射有力而复准确。有此种利器之民族大都强悍,文化程度亦非极低。

第七号　箭筒　一件;长 42.42cm。

即长竹筒一个,近端际之一面开口,扎皮箍四道,外加红黄黑三色漆绘。所贮即为弩箭。绘纹无甚奇异,只有成串之三角形及直条。

第八号　弓杆　一件;长 117.6cm,最粗处约 2.54cm。

木制,加黑漆。中部粗两端细,甚强硬不易扳,此种弓非多力之民族不能用。两端有缺口备安弦,但安弦之法甚简陋,两端相同;凡稍进步之弓两端安弦处常不相同,一端固定,一端则须可张弛也。此弓与上述之弩相去甚远。

第九号　枪头　一件;长 16cm。

颇整齐,但甚小。原始民族之枪原有手提枪与标枪二种,前者头大而重,后者小而轻,此一件或系标枪之头也。

第十号　枪须　二件

系于枪头之下以为装饰,须色白。

第十一号　骨饰系刀带　一件;带长 121.92cm,阔 2.29cm,骨饼大 26 颗,小 70 颗

带细藤编成,加漆,里衬红布。其上饰物扁圆形,骨制,磋磨匀滑。由他处

标本推之,似为此族之贵重饰物。此带颇长,不似围腰者,用时想系挂肩上,斜悬胸前。台湾番族亦有类此之物,用时即如此,但饰物系以贝壳磨成,亦作扁圆形,带则系麻织,类此之饰带想别处民族亦有之。

第十二号　铜制手环　一件;径最大处 6.86cm,阔 3.56cm。

红铜制,甚笨重,两面直径不同。用时想系紧束腕上,若松动恐触腕致痛也。环之外面满雕图样,甚有奇趣。全图中除二鸟一蛇为幼稚之写实形(Realistic)外,余皆为几何形(Geometrical)。其式甚多,可类别为点、线、圆圈、半月形、三角形、树叶形、棕形、梳形、蛇身形等。其中蛇身形一种系由写实形之蛇推知之,此一种可为由写实形变几何形之一例。上举之纹样多出于普通民族学书所举标准的原始纹样之外,其中尤以蛇形为最有价值。

第十三号　银耳饰　一件

此件显系汉化之物,所异在纹样之简单而已。未开化民族之耳饰大都笨大沉重,似此轻巧极为罕见。

第十四号　银饰衣领　一件;长 30.48cm。

衣领亦系仿汉式,无甚奇异,其上之银制饰物亦系仿汉式而未成者,与上一种同为汉化之产物。

第十五号　毡衫　一件;长 106.68cm。

色暗褐,由毛织物十一长条合成。每条宽约 17.78cm。无袖,其状如汉人之一口钟。上部近领处附加棉质布,对折成双重,中贯以带,备打结于颔下胸前;下部则搓毛为多数圆带下垂为饰。着时罩于身上,长及膝;此种衣服颇可御寒,足见其地必冷,或系在高山上也。

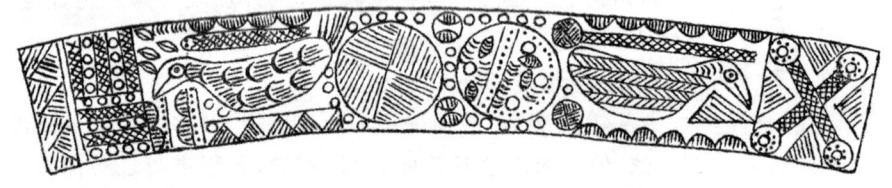

(纹样图二)写实鸟形蛇形及几何纹样

第十六号　毡毯　一件;长 685.8cm,阔 99.06cm。

颇薄,且不匀,边亦不整齐,但系纯毛制成,故亦可御寒。此与上述毡衫同为未开化民族中之上等产物。非逼于御寒之需要不能有此物。于此可见,自然环境对于人类文化之影响也。

第十七号　独木锅盖　一件;径 73.66cm～78.74cm,最厚处 4.32cm。

由木一整块剡成,形虽圆但不规则,厚薄亦不匀。背有凹沟二道为手提处。木质松,不沉重。此锅盖不但可以表明其用具之简陋,或尚可藉以推证其一家食指之不少,而家族制度为大家族也。

第十八号　独木碗　一件;径25.4cm,高13.21cm。

由独木一大块刳成,然甚匀整,可断其系由车床制就。外加红黄黑三色漆绘,光泽颇佳,绘纹似波状纹。器皿多以木制,可反证其陶器之少。

第十九号　独木杯　一件;径9.91cm,高7.36cm。

亦由独木刳成,经车床修削匀整。并加红黄黑之漆绘,其工之精不下汉人。此件之特点在于纹样,其纹样可谓为蝴蝶形与金钱形之交错,由一面观之为蝴蝶,由另一面观之又为金钱。此可为原始的纹样,由写实体变为几何体之一例。其金钱形由小护手上所绘而知之,应参看。

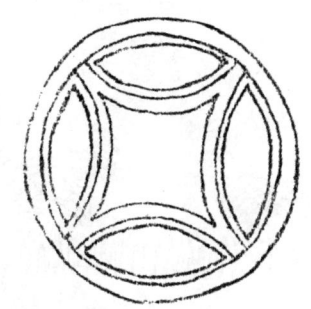

(纹样图三)金钱形(在护手上)

(纹样图四)蝴蝶金钱交错形

第二十号　独木坛　一件;径21.59cm,全高20.83cm。

本体与盖皆由独木刳成,并经车床修整,外加褐黑色漆。远观之极似陶器,木工至此可谓上乘矣。此件与上一种若全出于倮倮人之手,便可以证明原始民族之智能若充分发展时亦甚可惊也。

第二十一号　木勺　一件;最广处9.4cm,柄长26.67cm。

本体与柄皆由木制成,但形不规则,略加漆。柄与本体接合处用斗笋,则可证明其工具之利与技术之佳。

第二十二号　泥制烟斗　一件；本体长 4.83cm,柄长 14.48cm。

泥色灰白,质甚细。柄系细竹管,其状与台湾番族之烟斗亦极相似。此又可作文化独立发生说之一例。

第二十三号　口琴　二件；附一管；长 9.65cm,宽 0.95cm。

竹一片雕刻而成。在竹片之中纵划一细长之簧,颇似风琴与洋口琴之簧。其尖端能颤动,其根仍连于全体上。奏时,一手握其一端,另一手之指则频频拨动他端。口近簧际,吹气其上,自然成声。此系云南施及时君所说,闻云南夷人亦有此物。另有一竹管贮藏之,竹管上之雕纹甚特别,或可称为"百足形纹样"。

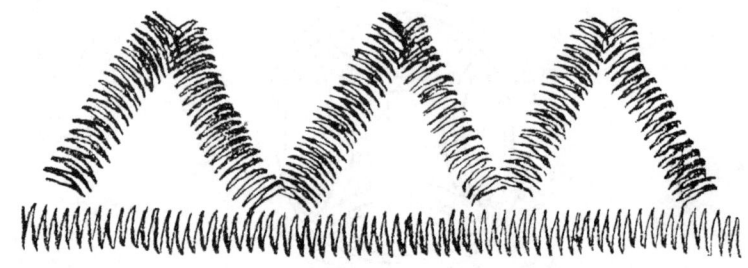

(纹样图五)百足形纹样

第二十四号　木喇叭　一件；长 36.83cm。

由二部分合成,上部为细管,下部系粗管。上部为本体,下部则以扩大声音者。皆由木刻成,工颇不易。有七孔同在一面。吹之无声,似尚缺发声之喇叭嘴。

第二十五号　皮鼓　一件；径最宽处 34.29cm。

形不规则,似圆非圆,制甚劣,声亦不佳。其内骨架系木制,两面之皮以皮条系连,但不紧张。此鼓声不响,或非音乐或战争上所用,而系宗教或仪式上(例如祭神跳舞)之物也。

第二十六号　厌胜物　一件；长 31.75cm。

汉人称之为菩萨,意者其上端之半圆颗或即为头,而下端之二分叉或即为足。又可自其中部分为上下二半,中空似供贮物之用。初见不解其作用,后因台湾番族标本中有一种厌胜用神匣,外雕人头,中空可贮厌胜物,系带挂胸前,以为可以辟邪。而出战时可获胜。此物既称为菩萨,而中空可藏物,且又系带适可挂颈上,垂胸前,或者其效用亦如台湾番族之物乎。菩萨系汉人所称,由民族学言之应名为厌胜物。

附录一：关于俫㑊之旧记载

我国史书关于俫㑊之记载，除略记爨蛮之叛服外，他无所述。且爨蛮范围甚广，亦非专指俫㑊一种也。地志中四川与云南两省志均应详载，乃翻遍前者煌煌二百册之巨帙竟无所见。幸《云南通志》记载颇详，差能补此缺陷。今即取其中主要者三篇，略加案语，附载于下。此种记载固属旧时状况，与渐经开化后之现在状现自然有异；但民族学所注意者即为原始文化，旧时状况原始性较多，不但无妨，且正适用。但其内容不知是否完全属实，且旧时执笔者多乏科学智识；故阅者应具民族学的眼光，衡以民族学的原理，方能灼其谬误，发其蕴蓄，然后此种旧记载乃能成为有价值之民族学的资料。此文中所夹之案语或注释，盖即根于上述之意而附加者，特皆为编者个人之意见，只可供阅者之参考而已。

一、俫㑊总说

爨蛮种类甚多，有号"卢鹿蛮"者，今认为俫㑊。凡两迤之内依山谷险阻者皆是。名号差殊，言语嗜好亦异（谓其部落繁多，文化亦有歧异）。大略寡则刀耕火种（以刀为锄犁，烧草木为肥料，皆原始的耕种法），众则聚而为盗（想即指抄掠汉人）。男子椎髻（即将发卷成长角形置于额上，见鸟居氏《西南支那》页484），摘去髭须（或系本乏髭须，鸟居氏曾言云南某处之俫㑊须髯少；又我国旧书亦谓台湾番族摘须，实则彼等本乏须也），左右佩双刀，喜斗轻死。妇人披发衣皂，贵者饰锦绣，贱者披羊皮；耳穿大环，剪发齐眉，裙不掩膝。以腊月为春节。竖长竿，设横木，左右各坐一人，以互落为戏。病无医药，用夷巫禳之。巫号"大觋皤"，或曰"邦祃"，或曰"白马"。取雏鸡雄者，生刳两髀，束之，细剖其皮，骨有细窍，刺以竹签，相多寡向背顺逆之形以占吉凶（此即观察动物体内之占卜）。或取山间草齐束而拈之，略如蓍法（此即猜详偶然的事件之占卜）。有夷经，皆爨字（即俫㑊文）。状类蝌蚪，精者能知天象断阴晴（夷经中想亦多占卜天象之法）。民间皆祭天，为台三阶以祷（此即天体崇拜）。其部长正妻曰"耐德"，非所生不得继父职；若耐德无子，或有子早夭，始及庶出者。无嗣则立其妻女（可知其家族系一夫多妻，男系，男权，但有时亦行女权）。死以豹皮裹尸而焚，葬其骨于山，非骨肉莫知其处。（用豹皮似有迷信之意；原始民族有信人死化为别种动物者；又常喜用接触的魔术取用动物身体上一部分之物，冀藉以获得其精气。骨不令人知，恐被人取去施术，加害于死者或生人也。）多养死士，名曰"苴可"，厚赡之，每兵出则"苴可"为前锋。军无行伍纪律，战则蹲身渐进，三四步乃挥标跃起。人挟三标（标枪），发其二必中二人，其一则以击刺不发也。又有劲弩毒矢，饮血即死，以射禽兽，去其射中之肉而食之。部夷称部长曰"撒颇"，华言主人也。夷性憨而恋主。诸酋长果于杀戮，每杀人，只付二卒携持至野外，掘一坑，集其亲知泣别，痛饮彻夜，昧爽乃斩其头，堆坑中。复命，更使二卒勘之，乃许其家收葬。虽素昵者欲杀即杀之，出令勿敢丐者，其家人亦莫敢怨憝。用法严，诛求无厌。每酋长有庆事，令头目入村寨计丁而派之，游行所至，阖寨为供帐，无少长皆出罗拜马前。邻寨在数十里内者皆以鸡黍馈，无以应诛求，往往潜出他郡劫掠，所得头目私分之，官府檄下督责，则缚数人应命（以上出自旧《云南通志》）。甘淡薄，习勤苦。祭祖设尸。族认大宗，事尊长上。宴会则踏歌跳舞（《蒙化府志》）。男妇衣服多用红绿。长幼有节，尊卑有礼，会饮以跪为敬。凡设席必以生肉剁碎，用蒜调和分而食之（《新平县志》）。事必决于火头，居则常围一炕，客至同之（围火而坐蛮族之常）。行则背挂皮袋，所需悉备（《赵州志》）。俗或以六月二十四日为节，十二月二十四日为年。至期搭松棚以敬天祭祖（《临安府志》）。聘妇议银币，娶议牛马，轻重多寡凭媒妁口，贫者不易得妇（纯粹的买卖婚姻）。爨之父母将嫁女，前三日，持斧入山，伐带叶松树，于门外结屋，坐女其中，旁列米浙数十缸，集亲族执瓢列械环卫。婿及亲族新衣黑面乘马持械鼓吹至，两家械而斗。婿直入松屋中，挟妇乘马疾驱走。父母持械勺米浙逐浇婿，大呼亲族同逐女，不及而归。新妇在途中故作坠马三，新婿挟之上马三，则诸爨皆大喜，即父母亦以为是爨女也（显有掠夺婚姻之遗意）。新妇入门，婿诸弟抱持新妇扑跌，人拾一巾一扇乃退。及月爨女归家。子生，婿家别议以牛马迎之，未生子夫妇相见不与语（西南诸族风俗常如此，嫁后女仍归家，有性的自由，生子后方重入夫家为正式夫妻）（《东川府志》）。蒙山老爨不死，久则生尾食人，食不认子女。好山畏家，健走如兽，土人谓之"秋狐，"然不恒有（彼族之神话也）（《腾越厅志》）。滇中㑩倮有黑白二种，皆多寿，一百八九十岁乃死。至二百岁者，子孙不敢同居，异之深谷大箐中，留四五年粮。此倮渐不省人事，但知食卧而已，偏体生绿毛如苔，尻突成尾，久之长于身，朱发金睛，钩牙銛爪。其攀涉崖壁，往来如飞，攫虎豹獐鹿为食，象亦畏之，土人呼曰"绿瓢"（钮锈《觚胜》）。（与上相同之神话。此种神话之起源，或系由于弃老之风俗，蛮族以老者为累，常有弃之甚或杀之者。久而忘其原意，乃发生神话以说明之，此种神话属于"文化神话"之一种，即所谓"习俗或祭式之神话"也。Myths to account for Customs or Rites）。

二、黑㑩倮

黑㑩倮为滇夷贵种，凡土官营长皆其族类。……自唐时隶东西两爨部落，元收其地为郡县，分处各属。其居处斫木代瓦，名曰"苫片"（此种木瓦之屋实为特殊的文化产物）。性朴鲁，好射猎。岁时用鸡酒摇木铎以祝图祈年。土宜稻黍，输税惟谨（《皇清职贡图》）。男子挽发，以布束之，耳带圈坠一双，披毡佩刀,时刻不释。妇人蒙头方尺青布,以红绿珠杂海珠璨为饰。下着桶裙,手带象牙圈,跣足。在曲靖者居深山,种甜苦二荞自赡。善畜马,牧养蕃息。器皿用竹筐木盘(可见其乏陶器)。交易称贷无书契,刻木析之,各藏其半(木上刻缺记数目,自中裂之则两半皆有缺,故可执以为契约)。市以丑戌日。葬贵者裹以皋比,贱者以羊皮,焚诸野而弃其灰。在路南者能为奶酪,杂樵苏鬻于市。在安宁、禄丰者多负盐于途中。安南者以草为衣,加以毡毳。大都性多鸷悍,好攻掠,而武定、荞甸尤为凶顽(《旧云南通志》)。嫁女与皮一片绳一根为背负之具,或用笋壳为帽,衣领以海蚆饰之。织麻布麻线市卖之。"星回节"列炬吹笙,跌坐,以歌和之,饮酒为乐(或曾以星纪时,故以星回为节,他处原始民族亦有如此者,如非洲 Basuto 人,海洋洲中 Sandwich 岛人,Society 岛人,新西兰 Maori 人皆是)。其祝以铃,其占以蚆、钱、草签,或鸡羊骨为之。相见亦有尊卑上下之礼。见汉人辄避。性畏鬼,亲死既葬,遇有疾即谓父母作祟,开冢取骨而视之,以验吉凶(《楚雄府志》)。男挽髻,插骨簪。妇人首戴长布一条,绕头三匝,余者垂后。穿布袍,前及膝后曳地,无开襟,服之自首笼下;不穿裙。男女俱赤脚。死用火化(《弥勒县志》)。性朴。多种旱地。居茅舍,中堂作火炉,男女围绕而卧,惧棰挞而不畏死。妇女戴青巾箍,穿青衣,钉银泡数匝。婚聘用牛一只,银六两或十二两,祭则牛羊捶死不杀(《开化府志》)。蛮娘能织连钱贝锦,饰花裙百折,多走马拖长枪,习以为常。其书形蝌蚪,绝不可识(《沾益州志》)。婚娶以牛马金帛为聘,新妇入门命以名,次日用祝者引谒祖先,披套头执盥器候舅姑洗沐,七日乃止(全属男系制,且行祖先崇拜)。男椎髻缠皂布,左耳带金银环,衣短衣。大领袖,着细腰带。女辫发盘于头,皂布缠之,垂两端于后。嫁女主家泡酒数十坛,聚男妇会饮,老者坐于其上,少者男女牵手罗舞而唱,一人吹笙以导之。轮次饮酒至三五夜乃止。病不医药,用"必磨"(原注巫师)翻书扣算病者生年及获病日期,注有牛羊猪鸡等畜,即照所注祀祷之。契券用木刻,书爨字于后。死则覆以裙毡,罩以锦缎,不用棺木,缝大布帐,用五色帛裁为云物,谓之"远天锦"。生前所用衣物悉展挂于旁,事毕焚之(有殉葬俗)。打牛羊猎以祭,三五七日举而焚之于山。以竹叶草根用必磨裹以锦,缠以彩绒,置竹筒中,插篾篮内,供于屋深处。三年附于祖,供入一木桶内,别置祖庙以奉之,谓之"鬼桶"(似以竹叶草根为鬼魂栖附之物,如汉人之木主)。打牛羊犬祭其先谓之"祭鬼"(《宣威州志》)。

三、白㑩㑩

白㑩㑩于夷种为贱,云南等府及开化、景东皆有之。一名"撒马都",又称为"洒摩",其部落贡税与黑罗罗同。居处依山箐,或居村落。男子以布蒙首,衣短衣,胸挂绣囊,着革履。妇女椎髻,蒙以青蓝布,缀海蚆锡铃为饰,缠足着履(衣饰较黑㑩㑩为汉化)。勤于耕作。婚姻以牛马纳聘。祭用丑月,插山榛三百枝于门,诵经罗拜。有占卜则投麦于水,验其浮沉。言语、饮食、输赋税,均类齐民(《皇清职贡图》)。丧无棺,缚以火麻,裹毡,舁于竹椅,前导七人,摆甲胄执枪弩四方射,名禁恶止杀;焚之于山。既焚,鸣金执旐招其魂,以竹签裹絮少许置小箧笼悬生者床间(亦即木主之类)。婚姻惟其种类,信鬼畜蛊(旧《云南通志》)。婚嫁女家以牝牛猪陪随男家作乐,以酒瓶火炉居中,围绕歌舞,吹芦笙相和。性勤力作,食荞稗杂粮。病不服药,惟知祭鬼,呼父母与窝泥同(《景东厅志》)。

附录二:关于倮㑩之新记载

日本民族学家鸟居龙藏氏于1902—1903年曾来我国调查西南民族,著有《苗族调查报告》及《人类学上所见之西南支那》二书。

在后者中颇多关于倮㑩之记载,兹择其中最精详之二段译载于下。

一、四川西南卢鼓驿至登象营沿路倮㑩状况

男子以黑布缠头,头发卷成角形,高置额上(按此想即志书所谓椎髻)。衣服黑白两色皆有,上衣如汉人兵卒服(按此指清制),裤亦相同。脚上自膝以下有毛毡制"靴足袋"(想即裹腿之物),足着草鞋。衣外尚有羊毛所织之"肩挂"(即标本中之毡衫),在胸前打结,长至足。男子头发形不一,除作角形者以外尚有别种。耳饰甚奇,只饰一耳,其饰物系将南京玉(按此非玉,不过为较细致之绿色石,他处蛮族如台湾番人亦常用以为饰物或利器)系线挂耳上,亦有用银环者。十四五岁之青年与大人同。男子有用布缠头者,有不缠者。无汉式之帽,而有一种固有的笠,略似 Assam 地方 Naga 族之物。笠上有覆黑白布者,但不加装饰。男子之容貌体格黑白二夷皆相同。皮肤之色较苗族更多褐色,鼻多高,口大,骨不甚突,躯干皆长,容貌大都狞猛。女子头发为"平埔的",头上罩黑色头巾,甚宽广,头几全没其内,发皆不露。头巾布制,由上观之形如车轮。被头巾者似皆已嫁,少女似不被头巾。妇女衣服有多种,有木棉制者,有羊毛染黑织成者。其裾较男子为长,下身着有襞纹之腰围,长至足,有触地者。其腰围可假定为三段,第一及第二段为白木棉布所制,第三段专用羊毛织物。通常系跣足,出行时穿草鞋。耳有银饰。村落之住屋互相接近,但不并列而仅作集团状。屋盖为大木板,壁有由竹编成者,有泥土堆成者,且有以木板围成者。入口在前面中央,有一扇之户。屋皆二层,上贮谷物,下为饮食起居之所。床极简单,以竹编成,上敷以席而已。上楼有梯。正屋之外有仓屋,亦有二层,楼上贮谷,楼下养豕。各家之周围有堆石而成之垣,亦有将泥土制成之砖叠成者,上植松枝。此地为倮㑩之巢穴,汉人极少(鸟居氏《西南支那》页

484~489)。

二、四川会理州罗州山之倮㑩

男子发短,缩辫。衣服有着汉式之黑衣者,有着连裤之麻衣者。富人以毛布为衣,贫人则以黑羊毛之皮蔽体。女子头发有在前部劈分结辫,并卷缠于头上者,亦有戴帽者。耳上嵌轮为饰。衣服由黑色木棉制成,制法同汉族,裾长过膝。汉人女服无襟,彼等则有之,其襟系用赤色之巾为之,且有于其上加以银制圆点物以为饰者(按此想即志书所谓银泡)。妇女无汉式之裤,只着有襞纹之"腰衣"(按此想即志书所谓桶裙)。有襞处在上衣与足之间,其上另接黑布三段。足不着物,皆跣足。此时系寒季,故富者合上衣二件而着之。住屋之顶以茅葺成,其上加横木以御风。屋二层,上楼有梯,楼上系用以贮谷;下层分二间,一厅事,一卧室。厅事即在入口之内,卧室在其后。厅事之一隅有火炉,此火炉亦如台湾番族之物,只以三石块围成,上置铁锅。日用器具挂于厅事之壁上,或倚于壁旁。火炉上之柱悬有火炉钩。卧室之内无床,只以竹编成之席状物铺地,人即睡于其上,夜间御寒之具则有杂凑羊毛而成之毛毡(见标本)。屋高约十二三尺(日本尺),上下层各居其半,深广约六步及四步(一步为日本六平方尺)。墙壁有多种,有泥砖砌成者,有堆石者,有束树枝排成者。食物系以玉蜀黍为粉而食之,各家无不有挽臼。米亦有之。但食者只限于富人。有马铃薯,食时只以手取之入口。米饭以高杯状之食具盛之,汁亦置其中。有勺及匙,大小不一。杵只有一种。刀亦只有一种,即所谓"倮㑩刀"是也。弓箭昔时盛行,今已罕用。此处头目之家藏有古弓二张,又有箭筒(以下述倮㑩之体质,即附录一中所引)。麻布在此处为男子之衣料,家庭中盛织麻布,织法只以一木杖植地上,系机而织,甚简单,与 Assam 及菲律宾土人相似。畜牧颇盛,黄牛水牛皆有之,最多者为羊。羊对于彼等之日常生活贡献最大,其肉供食,其皮则为衣为带及刀鞘等。剥羊皮之法已成为一种技术,无特别器具,只用手,剥时在后足上穿孔系皮条悬之,自足剥起,以次及腹,最后方及头。有固有之文字,其文字非若汉人之象形,而系标音文字。其文字与语言同为一音一义之单缀语,彼等以此种文字记载其神话及传说(鸟居氏《西南支那》页411~417)。

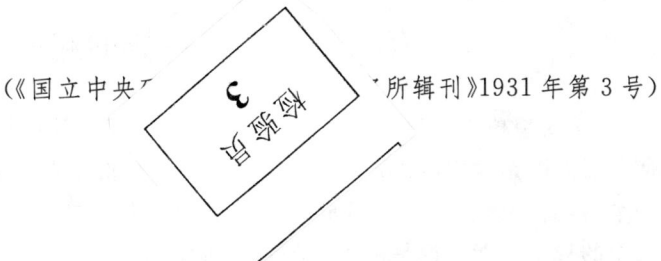

(《国立中央研究院历史语言研究所辑刊》1931年第3号)

世界人种志

例 言

一、本书编法系根据体质区分种族,再就各种族叙述其文化。目的在介绍通俗的智识,故避免枯燥的专门论调,期于简明有趣而又不悖科学性质。

二、凡种族以土著者为主,故美洲只论印第安人,澳洲只论澳洲土人。又近世民族移民别地者,虽人数甚众,也不另立名目,只就其母族论之;如美国人,澳洲英人都不独立叙述。

三、文明民族的文化,例如欧洲诸族,为普通史地书所常载,故从略;至于半开化以下的民族文化,因别种书少载,故多述。

四、蒙古利亚种诸族如汉人、蒙古人、通古斯人、西藏人、西南诸原始民族等,都属中国民族范围内,现已有专书(张其昀君著《中国民族志》)。本书不复详述。

五、本书目次颇详,拟兼供种族表之用;但尚有不能全举的如美洲土人,菲律宾人,都须再查书中本文。

第一章 绪 论

第一节 人类种族的起源

"黑人是兽类,但却被造成会说话并且有两只手以供其主人即白人的驱使。黑人不是含姆(Ham)的子孙,《圣经》也不能证明他是。"这是以前美国的一本书,名《黑人即兽类》(The Negro Beast)的大意。这种话似乎是滑稽,但放奴的战争不能不说是由于这种意见所酿成。

反之,屈费耳(Cuvier)说人类是由诺亚(Noah)的三子传下来的。雅弗

(Japhet)是高加索种的祖,闪姆(Shem)是蒙古利亚种的祖,含姆是非洲种的祖。含姆的后裔何以独为黑色?据说是由于含姆的子迦南(Canaan)曾被诺亚诅咒的缘故。这种意见虽和上面的不同,却似乎一样可笑。

关于人类种族的起源及其区分的问题,我们如不满意于上举的意见,必须再进一步搜索较合科学性质的答案。研究人类的专家已经提出了很多假说,至少也可以使我们在这一方面的智识欲得了一点安慰。

人类的祖先——现在人类体貌不一,种类繁多,究竟最初是出自一源,或出自多源?换言之,人类的祖先是一种,或是多种?对此的答案有两条相反的学说,即"一元说"与"多元说"。

多元说(Polygenism):自新大陆发现后,对于以前的人类同祖的意见给了大大的打击,以前所不信的"对蹠人"(Antipodal man)毕竟存在于地球的别一面。但当时的"文明民族"却很不屑认这种"野蛮民族"为同祖所出的弱小兄弟,因此便生出人类多元的观念;如西班牙人便借口于美洲土人,不是亚当和夏娃的后裔,以自解其虐待的行为。其后黑奴解放的反对者更多是主张多元说的。但人类学家的主张多元说,却不是由于别种目的,而是纯粹由学理立论。多元说根据于各种族的体质、心理、语言文化的差异繁杂,以为同一的祖宗,决不会生出这样多歧的子孙。例如各种语言的差异有很大的,不能推究他们的共同起源,语言既无共同的起源,人类自然也不是出于一祖。故穆勒氏(F. Muller)更主张凡一种明显的语系,便代表一种明显的种族。至于体质上更有以为人类在未成人类的时候,便有两种不同的形式,如克拉亚次氏(Klatsch)以为尼安达他耳人(Neanderthal)(欧洲发现的石器时代人类的一种,约在五万年前,体质富原始性,故又称为"旧人类",Palaeoanthropic Man)和奥利孽期(Aurignac Age)的人类(名为克罗马囊人,Cromagnon 约在二万五千年前,体质已近于历史时代人,故又称为"新人类",Neanthropic Man)分属两种体型,前者和非洲的"哥利拉"即大猩猩同出一祖;后者则和亚洲的猩猩(Orang-utan)同属一系,另有别个共祖。

一元说(Monogenism):主张者如初期的人类学家林那(Linnaeus)、勃鲁门巴(Blumen-bach)、坎伯(Camper)、普立折德(Prichard)等人,以为凡人类都是一对男女的子孙。至于这一对男女是白种、黑种或黄种是另外一个问题。祖先既是一样的,何以后来变成多样?为要说明这种原因,他们已略有一点演进论的观念。到了拉马克、达尔文、赫胥黎、斯宾塞等演进论派出来,以为人类也是一种生物,便也应用演进论来解释人类分种的原因。以为人类原出一祖,其后因适应自然的环境而渐渐发生歧异。例如人类肤色的不同,是由于气候的影响,故在热带的较黑而在寒带的较白;躯干的高矮也视乎生活境况而有异。生活不良的不能增加体高;阔鼻与大鼻孔的民族常在湿热的地方。反之,住在寒燥地方的人,则鼻常狭,鼻孔常较小,以便保留体内的热气。人类既由演化的历程而变成现在的歧分状态。然则现在是否还在变化?并且为什么不见再生出变种来?对于这种疑问可以答说:人类现在还在演化中(Keith 氏以为北欧人的头形还在演变),不过程度很微不至于成为动物学上的新种就是了。

折中说及人种系统树:以上两说初时竞争甚烈,其后一元论靠演化论的帮助较有声势。但现在人种学家的意见,却似乎倾于结合两说,将人类的共祖,放在更远的位置,不把他们当作一对两性的人类,却推想他们是人类以前的动物。即某种似猿又似人的动物,其物为现在所不能知晓。由这种共同祖先传下来,支再分支,其初数次分出各种程度不等的史前的原人,其后再由其中一支分出有史以后即现代的各种族。所以若就近言之,即单就有史以后的种族言之,则其祖先为多元,若溯远言之,即再追求各种族的祖先的起源言之,则又有一个共同的祖先,故又是一元。如将人类系统图解起来,其状适像一株树,其顶面枝叶纷繁,但寻根究底都出自一个树干。人种分类的专家常各依自己的分类法,构成这种"人种系统树"(Family tree),兹举数种于下以省叙述。

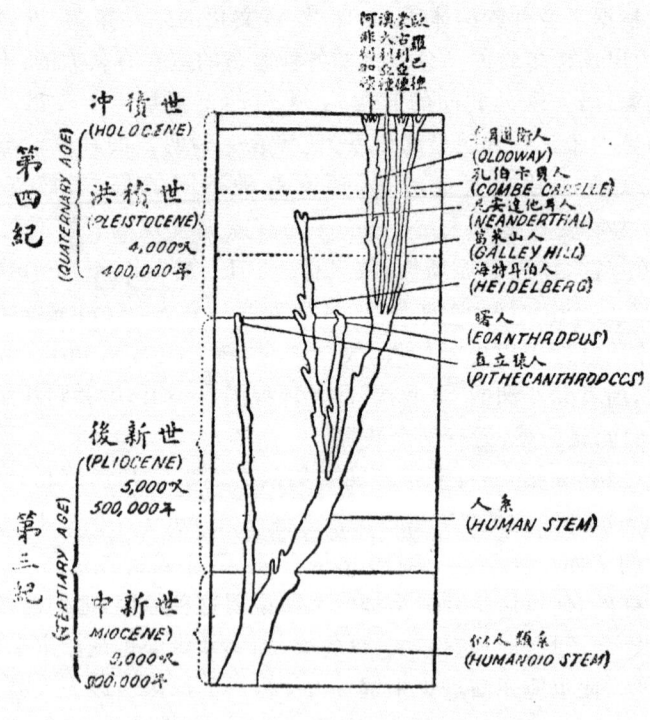

图 4-1 启武(A. KEITH)的人类系统树

世界人种志

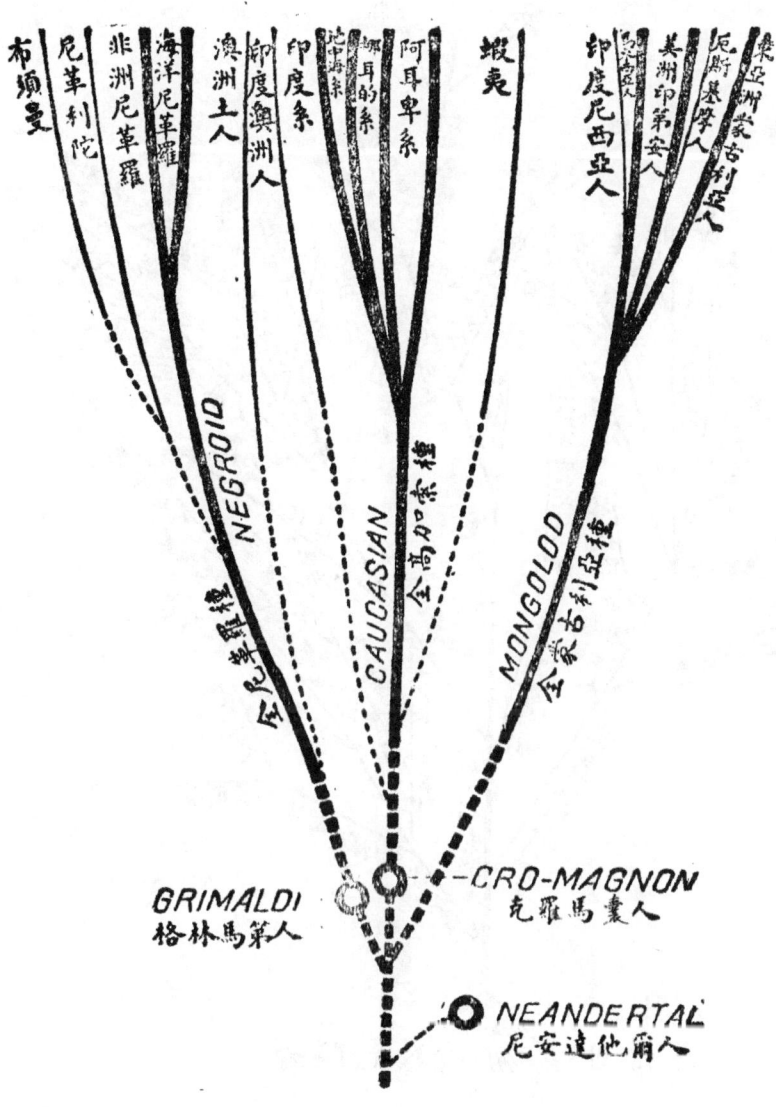

图 4-2 克屡伯（A. L. KROEBER）的人类系统树

137

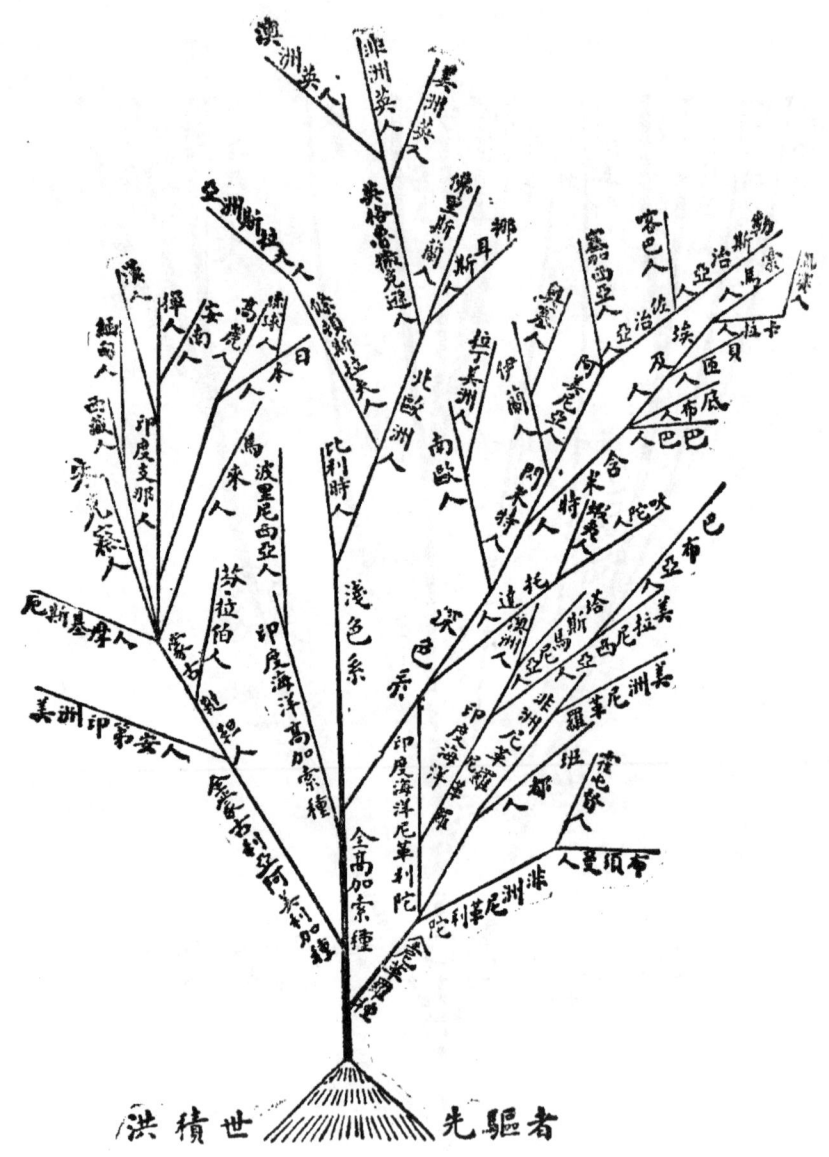

图 4-3 钦氏(A. H. KEANE)的人类系统树

人类发生的时地——人类的共同祖先大约发生于第四纪的洪积世(Pleistocene)即冰河世或以前,约在数十万年前。这是由于太古人类遗骸推测而得。但人类的发生地方还不能断定,因为发现人类遗骸的地方未必就是人类的发祥地。人类的远祖既是一元的,然则其发生地也必是只有一处。现在曾发现原人遗迹的地方太少,还无充足的根据来解决这个问题,只能就现有材料推测一个大略而已。略述于下：

新大陆已曾经探检过,但所得的古人类遗迹都不是十分古远的。在洪积世美洲还没有人类,其住民是后来方由旧大陆移去的。

欧洲的史前研究最详,发现古人类的遗骸也最多,但其年代也不是最久远的。比较别地如爪哇所发现的为近,而且欧洲面积最少,气候又冷,无论古代或现代的猿猴类都缺少,似乎不像是人类的发源地。

非洲曾发现原人遗迹而且多有类人猿,故也有人主张非洲说,而其地点是在尼罗河的源头或大湖地方。但非洲在第三纪的气候未必比现在为佳,其湿热的状况大约是一样,湿气能促森林的发达,但森林的发达却反阻碍人类的发展。生物体质的演进也需有物质环境的刺激,非洲的自然境状既然自很早的时代便这样,自然不像是人类演进的中心点。

有一说很为有趣,便是斯克拉特(Sclater)的列母利亚洲说(Lemuria),其说以为印度洋中有一个沉没的大陆叫作列母利亚,人类由此发生后乃散布到其他各处。这说后被 Wallace 所反对。

但介于人与猿之间的"直立猿人"(Pithecanthropus Erectus)遗骨却是在爪哇发现(其时代除最近北平周口店猿人以外最为久远),故钦氏(Keane)再注意印度洋而主张"印度阿非利加洲"说(Indo-African Continent)以为自第二纪或第三纪的初期以后由非洲南角经马达加斯加岛东达澳洲及新西兰,有一个大陆。人类的祖先自此地散布四处,北经印度而至中亚,东向澳洲,西赴非洲,由非洲再赴欧洲,由亚洲分移美洲。以上二说的根据是已沉的大陆,究嫌证佐太少,须再待以后的发现。

亚洲似乎最有希望,因为这一洲的面积最大,和别洲都一样接近。美洲的民族已经知道是由亚洲移去。欧洲的民族自原史时代以后也知道是多数由亚洲迁去。以此亚洲很为考究人类起源的学者所注意。但亚洲地方广漠,人类究竟发生于哪一部分,因为遗址的发现还少,未有定论。有主张"中亚说"的,如马寿(Mathew)以为哺乳类的动物都是起自亚洲中央,然后由此散布各地,而且人类发生的环境,不是湿热的热带,而是温和干燥的地方,且在其演进时,逐渐增加寒冷和干燥。韦士勒(C. Wissler)也赞成这话,申说哺乳类既是大多数发生于亚洲中央,其中的灵长类也确是起自此处,人类自然也是这样。

和上说相差不远的是"西亚说",如哈顿(A. C. Haddon)以为人类的发生虽由于一个地方,但他或者会迁移到别地方,在此新地域中继续演进,然后再散布开去。在冰期中波斯的东部及中部大约是很合人类居住的地方,其草原或者有些森林而沙漠和沼泽或者是淡水的大湖。人类或者在此居住,以此为中心然后向各处散布。其移向北方的肤色渐变为白,发变为直,鼻变为狭;其居住南方各地的则较能保存旧状,肤色黑、发鬈、鼻阔;至于在中间一带的,则体质也适在中度。

近来我国北方如蒙古、甘肃、辽东、河南、山西、山东、河北诸省均有石器时代遗址发现,其中新旧石器均有。前数年北平周口店发现"北平齿",最近复在该处发现"猿人"头骨,其时代为第四纪下部,与爪哇猿人略等。这种发现更可为亚洲说的良好证据,或者起源地点不在西亚而在中亚以东也未可知。

第二节 人种分类法

动物中"人科"(Hominidae)包含种种体质程度不等的原始化石人类,及其最后一分支的"真人"(Homo Sapiens),由这种"真人"再分为有史以后即现代的人类。至于这些现代人类的系统究竟是怎样的?也须把他分析清楚。各人种学家的分类法在外表上都互有差异,但内容却相去不远,兹举数种主要的于下:

以肤色分别人种起于林那(Linnaeus),在1735年发表,其法分人类为四种:即(1)欧罗巴白种(Europaeus albus);(2)亚细亚黄种(Asiaticus fuscus);(3)亚美利加红种(Americanus rufus);(4)阿非利加黑种(Africanus niger)。

其后勃鲁门巴(Blumenbach)在1775年发表其五分法,根据肤色和头形分人类为(1)高加索种(Caucasian Race)(按即上一法的白种);(2)蒙古利亚种(Mongolian Race)(即黄种);(3)阿美利加种(American Race);(4)埃提奥辟种(Ethiopian Race)(即黑种);(5)马来种(Malayan Race)(即棕种,由黄种分出)。

穆勒(F. Muller)以发形为标准,分人类为二种:即(1)羊毛状发种(Ulotrichi or Woolly-haired);(2)直发种(Lissotrichi or Straight-haired);每种各分二支。

勃洛卡(Broca)、托皮那(Topinard)都按发状分为三类,最近哈顿(A. C. Haddon)也从其法而分人类为三种:即(1)羊毛发种;(2)波状发种(Cymotrichi);(3)直发种(Leiotrichi)。其第一种再分为(A)东洋的(Orientales)和(B)非洲的(Africani)二族,其第二第三种都再分为(A)长头族(Dolichocephals)、(B)中头族(Mesocephals)、(C)广头族(Brachycephals)三族。其羊毛发种即指黑种;波状发种包含高加索种,澳洲人"先达罗维茶人"(见末章);直发种包含蒙古利亚种美洲土人波里尼西亚人。

屈费耳(Cuvier)及佛劳尔(Flower)也分人类为三种,但不是专以发为标准:(1)高加索种;(2)蒙古利亚种;(3)非洲种或埃提奥辟种或尼革罗种。最近克屡伯氏(A. L. Kroeber)也采此法另为分支,并提出系统不明的民族使他们独立(详见本章人类体质比较表)。

钦氏(A. H. Keane)虽采用林那氏四分法:分为(1)埃提奥辟种(Homo Aethiopicus);(2)蒙古利亚种(Mongolicus);(3)阿美利加种(Americanus);(4)高加索种(Caucasicus)。但他的人种系统树却是三分的:即(1)全尼革罗(Generalized Negro);(2)全高加索种(Generalized Caucasus);(3)全蒙古利亚阿美利加种(Generalized Mongolo-American)。

狄逊氏(R. B. Dixon)按人类的头幅头高及鼻骨三种指数,分为八基本型式,及十九混淆型式,此法采用者少。

此外还有别家的,无甚特点,不复详举。

观于以上的分类法,可知人类大约是倾于三分,即(1)蒙古利亚种兼含马来人、印第安人,都是直发的,(2)高加索种,是波状发的,(3)尼革罗种,是羊毛发的。凡体质比较纯粹的民族都可归入这三种。至于体质极为不纯的混合的小民族,本来是介在大种的中间,要把他们勉强拨入一大种也可以,但终是不甚妥,还是照克屡伯氏的意见,给他们独立于三大种之外,较为清楚。

本书的系统兼用三分法与四分法,美洲土人一章,为惯例及叙述便利起见,另立名目,可以说是四分,但如把他看做蒙古利亚种的别支,便可算作三分,在系统上并无妨碍。至于系统不明及混合的民族,则由于上述的理由,另置一处。

第三节　区分人种的体质标准

鉴定体质特征的方法是:(1)观察:只凭眼看手摩等感觉,例如毛发、眼睛、肤色、面形、颚状等都可由观察而知。但如要精确也须用对照表或模型,如眼睛模型、发模型、肤色表等。(2)测量:头形、鼻形、身长等都须应用仪器,如"测径两脚器"(Calliper)、量长滑尺(Sliding Compass)等方能用数字表现出来。兹将各种重要的体质标准略述于下:

毛发——发的形状即其构造(Texture)遗传不变而且不因年龄、性别、营养而有异,所以最受重视而被推为最要的标准。发可分为三种:(1)直发(Leiotrichy),其形垂直,截断而置于显微镜下观之,其截断面圆,其垂直即因此,蒙古利亚种发属此类。(2)波状发(Cymotrichy),其形微曲如波浪状,截断面椭圆,高加索种发属此。(3)羊毛状发(Ulotrichy),形鬈缩如绵羊毛,其截断面长,手摩则扁,尼革罗种属此。发色有淡黄的和黑的二种,淡黄的只高加索种的北欧人有之,南欧人便较黑,黑发的则其余的种族都是。须及体毛的多少也是种族的特征,高加索种最多,蒙古利亚种及多数尼革罗种人则少。

肤色——(1)白色的(Leucodermi),在北方的鲜白,在南方的苍白;属此的是欧洲人,西亚人,波里尼西亚人。(2)黄色的(Xanthodermi)有微黄至棕黄,属此的是蒙古利亚种和一部分美洲人。(3)黑色的(Melanodermi)很少真黑的,大都是暗朱古力棕色;属此的是尼革罗种人,澳洲人,先达罗维荼人。(4)棕色的,这种是另加的,其色自淡棕至红棕及暗棕,属此的是马来人,多数美洲人,含米特族及闪米特族。人类的肤色在旧大陆大约近赤道的渐黑远的渐白,但在新大陆的不然。

身长——人类的平均身长约1.65米突即65吋;在1.70米即67吋以上的为高,在1.60米以下的为矮,在1.50米即59吋(或定为1.48米)以下的为"矮民"(Pygmy)。各民族的平均身长无在70吋以上的,除极少数外也无在59吋以下的;大多数不离平均高度2英寸。

头形——人类的头形在男女老少都无差异,且不受气候的影响,在生的与死的差别也微,测量也易于准确,因此也成为重要的标准。自上观之,人的头形有些是狭长的,有些是广阔的。要区分得正确只须量其前后的长度及左右的阔度,然后计算头的阔度等于头的长度百分之几分,这种百分数便叫作头幅指数(Cephalic Index)。指数在75%以下的称为"长头"(Dolichocephalic);在75～80的称为"中头"(Mesocephalic);80以上的称为"广头"(Brachycephalic)。也有只分二种的,自78以上为广头,以下为长头。

面形——长头的常兼为"长面"(Leptoprosopy),广头的兼为"阔面"(Chamaeprosopy),但也有不相称的。

颚状——有些是前突的,这叫作"突颚"(Prognathous);不突而直的叫作"正颚"(Orthognathous)。突颚似乎是较为原始的特征,因为猿猴类颚比人类为突,人类中尼革罗种人也最突。

鼻形——鼻虽小却很重要。其测量法先量其长度及阔度,然后计算阔度等于长度的百分之几分,这叫作"鼻形指数"(Nasal Index)。指数在85以上的为阔鼻(Platyrrhine),85～70的为"中鼻"(Mesorrhine),70以下的为"狭鼻"(Leptorrine)。尼革罗种属阔鼻,蒙古利亚种中鼻,高加索种狭鼻。

眼形及睛色——眼形分为(1)欧罗巴眼(European Eye)或马来眼(Malayan Eye)位置是水平的,眼孔大,上眼睑上卷,泪阜显露。欧人及马来人的眼便如此。(2)蒙古利亚眼(Mongolian Eye)位置斜,向外一边上吊,上眼睑下伸遮蔽内角。睛色只有高加索种的北欧人是碧的。南欧人便较黑,高加索种以外都是黑的。

兹将各种族的体质特征表列于下(根据A. L. Kroeber略加注):

人类体质比较表

种族	体质	发状	须毛	头形	鼻形	颚状	肤色	身长	附注
高加索种（白种）	挪耳的系	波状	多	长	狭	微斜	甚白	高	发黄眼碧（北欧）
	阿耳卑系	波状	多	广	狭	微斜	白	平均以上	发棕眼棕（中欧）
	地中海系	波状	多	长	狭	微斜	暗白	中等	（南欧闪族含族）
	印度系	波状	多	长	不一	稍斜	棕	过中	
蒙古利亚种（黄种）	正蒙古利亚系	直	少	广	中	中斜	黄	平均以下	蒙古眼阔面
	马来系	直	少	广	中	中斜	棕	平均以下	（欧罗巴眼）
	美洲印第安系	直	少	不一	中	中斜	棕	中至高	阔面
尼革罗种（黑种）	正尼革罗系	羊毛	少	长	广	甚斜	黑	高	（即本书苏丹人班图人）
	美拉尼西亚系	羊毛	少	长	广	稍斜	黑	中	（即本书巴布亚西亚族）
	矮民	羊毛	少	广	广	稍斜	黑	甚矮	（非洲及南洋）
混杂的小民族	澳洲土人	波状	多	长	广	甚斜	黑	平均以上	近尼革罗种
	先达罗维荼人	波状	中	长	广	中	暗棕	矮	（近澳洲人）
	波里尼西亚人	波状	中	不一	中	中	棕	高	（三大种混合）

第二章　大陆蒙古利亚种

第一节　总　论

蒙古利亚种的范围：蒙古利亚种（Mongolian，Mongoloid）又称黄种（Yellow Race），这两个名称若深究起来，都不是绝对适当，但因习惯使用的缘故所含意义已经很通俗，故还可以沿用。蒙古利亚种的范围有广狭二种，从狭义即由人种五分法言之则仅指亚洲大陆蒙古利亚种本支，从广义即由人种三分法言之，则兼含所谓棕种的马来种与红种的美洲印第安人。马来种与印第安人的体质与本支虽有些相同的地方，但也很有不同之处，故也可以分开。

蒙古利亚种的分系：蒙古利亚种，可分为南北二系，北即（1）蒙古鞑靼系（Mongolo-Tatar）或蒙古突厥种（Mongolo-Turki）（突厥又译土耳其，但本书以土耳其指现代土耳其国,以突厥为兼含土耳其人及其他支族的总名)。南为(2)西藏印度支那系(Tibeto-Indo-Chinese)。由南系或再分出一系而成为(3)海洋蒙古利亚系(Oceonic Mongol)即马来西亚民族。南系与北系的分界线为长城、昆仑山脉、兴都库什山脉。

蒙古利亚种与高加索种的混合:蒙古利亚种有于古时侵入高加索种地域的如芬人、匈牙利人、土耳其人等,因受同化的缘故渐渐变像欧洲人的体质,很难晓得他们是蒙古利亚种人,但因其语言还属乌拉阿尔泰语族(见下),且其来源的历史甚明,故仍归入蒙古利亚种内。还有在中亚细亚的蒙古利亚种人很早或自石器时代,便和高加索种人混合而产生中间种。

蒙古利亚种的发源地:关于蒙古利亚种的发祥地点议论纷纷,还未决定。其中有著名的二说:一是"西藏说";一是"北方说"。主张西藏说的是钦氏(A. H. Keane)和于华微氏(Ch-de Ujfalvy),其说以为西藏高原及喜马拉雅山斜坡,在洪积世比现在很为低下,其时的自然境状,很适于形成新的变种。假定人类的共同祖先是出自热带(由爪哇发现"直立猿人"Pithecanthropus Erectus)的证据)。则其一支北迁到此处,也很有可能。因为此处气候较热带为凉,而其时地势较现在为低,故气候也不如现在的冷;其时的地形大约是广阔的平原,间以不甚高的山岭,且包有很大的湖沼。在热带发生的洪积世原人进入此处后,由于新环境的影响,因而发生变化成为蒙古利亚种。由地理上言之,这地方为印度或印度支那所可通。由古迹言之,原始的遗器在西藏高原虽发现不多,但却已确知西藏曾经过石器时代。在不久以前,西藏喇嘛的截发,还用"雷石"(Thunder-stone),这便是原人遗留下的石刀或石斧。还有高地的牧人,虽已有金属器,也还使用石的炊煮器。在印度及印度支那粗制的旧石器,也发见于很多地方:如印度 Arcot 镇 Narbada 河砂砾中 Mirzapur 城、伊拉瓦底河流域,掸人(Shan)的住地(在暹罗、缅甸)等处,似可表示原人由热带地方北迁的路径。现在的诸族中最可代表原始的蒙古利亚种的,通常都指蒙古人,但据于华微氏的研究,则以为是西藏人。他把蒙古利亚种人分为二系:一是北方圆头系;一是南方长头系。而其南系——包含西藏人等——方是原始的蒙古利亚型。主张北方起源说的:如巴克斯顿氏(L. H. D. Buxton),以为蒙古利亚种大约真的起于亚洲,但却是由北方发生的。亚洲有旧石器时代的人类(Palaeolithic Man),已有很多遗迹可证明。自 1864 年在叙利亚(Syria)发见旧石器后,在亚洲西部,特别是叙利亚和巴勒斯坦,陆续发见很多。和石器一同发见的,常有很多洪积世的动物,可以证明其时期的久远。其石器的型式,与欧洲的相类,有旧石器各期的型式。其时各高山坡地和高原似还有冰河不能居人,因为小亚细亚及波斯罕有遗迹。平原的地方,不但有旧石器遗址,并且有新石器时代(Neolithic Age)的,如中亚细亚的安诺(Anau)地方便有一个遗址,原始人类自新石器时代起在其地居住很久。在亚洲北部叶尼塞河流域有旧石器时代遗址,曾发现石器和猛犸毛犀等古动物。在伊尔库次克也发现新石器遗址。在中国北方也只有旧石器及新石器时代遗址数处发现,而其中有和中亚安诺遗址相类的。在南部和印度支那所发现的遗址很有可疑之处。巴克斯顿氏在他的《亚洲的人民》(The People of Asia)一书中,列举了上述的事实,方加以上述的结论。最近我国北平周口店发现"猿人"略与爪哇猿人相同,很可为北方说的良好证据。

北方蒙古利亚种概况。地域:东自日本西抵拉伯兰,北自北冰洋南至长城及昆仑山。此外有咸海及里海盆地、伊兰高原、小亚细亚、东俄罗斯、巴尔干半岛、莱因河下游各一部分。

体质特征:发色黑,形直长,截断面圆;但与高加索种混合者,棕色、栗色或淡黄;形波状,或弯曲。须髯除西土耳其及一部分高丽人外,大都缺少。肤色:在蒙古人及西伯利亚人系淡或污黄色;在混合种(如芬人、拉伯人、匈牙利人、保加利亚人、西土耳其人等)及满洲人、高丽人,则为白、苍白,日本人身体不露处也白色。头形:蒙古人头形甚广,指数80～85,与他种混合者头较长。颚微突。颊骨:甚高且横阔。鼻甚小且凹,鼻孔广,属中鼻;但在混合种常大而直。眼睛黑,小而斜吊,上眼睑伸张遮蔽内角。在混合种则有平直灰色甚或碧色的。身长常矮,在1.68米以下,满洲人及高丽人常有较高的。唇颇薄有略突者。四肢照常度比例,唯日本人的腿有不称的短。

心理状态:蒙古人迟钝保守,略倾于忧郁冷淡。但如日本人及芬人则较为奋发而活动。大都勇敢而好斗,甚或凶暴残忍。但在历史时代,这种性情已渐变为温和而近人道。

语言:(一)乌拉——阿尔泰语族(Ural-Altaic family)通行最广,属胶着语类,无接头语,有多数接后语以形容语根。分为三系:(1)阿尔泰语系(Altaic Stock),包含突厥语(Turkish),蒙古语(Mongolian),通古斯——满洲语(Tungus-Manchu);(2)乌拉语系(Uralic Stock)或芬—乌格利安语系(Finno-Ugric Stock),行于芬人匈牙利人等中;(3)萨瞒伊语系(Samoyed Stock):行于欧俄北部。(二)日本语族(Japanese family)。(三)高丽语族(Korean family)。(四)叶尼塞语族(Yeniseian family)。(五)犹卡既儿语族(Yakagir family)。(六)朱克察—堪察达语族(Chukchi-Kamchadal family)。562种都限于西伯利亚东端。

文化宗教:西伯利亚人盛行精灵的崇拜,并信奉萨满巫(Shaman)。蒙古人、满洲人、高丽人为名义上的佛教徒。土耳其人为回教徒。日本人奉佛教及神道教。芬人、拉伯人、保加利亚人、匈牙利人及一部分西伯利亚土人为名义上的基督教徒。物质文化:西伯利亚土人大都是游牧及游猎民族,畜养半驯的冰鹿,罕知工艺。蒙古人、吉利吉思人(Kirghizs)、耶库特人(Yakuts)、及土耳科曼人(Turkoman),是半游牧的民族。土耳其人、满洲人、高丽人,是定居的农耕民族。日本人、芬人、保加利亚人、匈牙利人,更为进步。

南部蒙古利亚种概况。地域:西藏喜马拉雅山南坡,印度支那至克拉(Kra)地峡(在马来半岛中腰)、中华本部、台湾、马来西亚一部分。

体质特征:毛发一律黑色,形直,截断面圆。须髯稀少,髭普通。肤色:通常为污黄棕色,近南者较黑,向北者较白。头形:普通为广头,指数80~84,一部分较长。颚、颧骨、鼻、眼如北部。躯干:通常在中度以下,1.62米(5呎4吋)中华北部常较高,1.77~1.82米(5呎10吋~6呎。)四肢:如北部。

心理状态:大体富忍耐性,略迟钝,甚勤勉,其中以汉族为最优秀(汉族民族性详见张其昀《中国民族志》)。

语言:传布最广者为(一)汉语族(Sinitic family),属孤立语(Isolating Language),包括(1)汉语本系(Chinese Branch),(2)西藏缅甸语系(Tibeto-Burman Branch),(3)泰或掸—暹语系(T'ai or Shan-Siamese Branch)。此外小语族为(二)安南语族(Annamese family),或可归入上族。(三)蒙—克麦语族(Mon-Khmer family)。蒙克麦语族行于安南的西南部,及中国的苗猺民族。

文化:大体在佛教名义之下,兼行祖先崇拜、精灵崇拜,及其他原始宗教。汉族宗教思想较淡,西藏人及印度支那人较盛。汉族发生高等文化,渐次传及邻近诸族。西藏及印度支那则一面输入印度的文化,一面也传染汉族的文化。诸族皆逐渐吸收西洋文化而改变旧时状况。但印度支那内地,及中国西南边境,尚存有半开化及原始文化的民族。

第二节 北部蒙古利亚种

1. 蒙古族(Mongols Proper)

蒙古本系人因其住地北为天山及阿尔泰山所隔,而不能远赴西伯利亚可耕种的地方,南为长城所阻,而不能侵入中华肥沃的流域,故自古以来只有住居于黄沙漠漠只产青草的地方,度其游牧的生活。历史上虽很有几回被他们的铁骑一面闯入汉族的地方,一面远征高加索人的欧洲,因而移居外地;但移者自移,而留者自留,留居的蒙古人,永远占有这一片牧地,永远不变其体质与心理。蒙古人似乎也不是最先入住蒙古的,因为石器时代蒙古住民头骨有长头的,而现在的蒙古人是广头的。或者可以猜想原始的蒙古人进入蒙古时,其地已有先住的长头的高加索种,其后这些高加索种,便被驱逐于阿尔泰山高地,及满洲、高丽地方,因之其地至今还有高加索种的体质特征存在。蒙古人分为三大支族：(1)喀尔喀族(Khalka)，在蒙古东部；(2)卡尔马克族(Kalmúk)，即额鲁特族(Eleut)，住蒙古西部；(3)布里雅特族(Buryat)，略有混血，在西伯利亚的伊尔库次克省(Irkutsh)，及外拜喀尔省(Trans Baikalia)。除布里雅特族外，余二族自17世纪即清初以来，即受中国统治，社会及政治组织分为盟、部及旗三级。此种组织，与英属南非洲相似，原来的部落酋长，即成为国家的行政官吏。

2. 通古斯族(Tungus)

通古斯人分布很广，生活也依地而异。在北冰洋的为渔人；在西伯利亚东部的为猎夫；最多数住在黑龙江及其南方支流的肥沃流域为定住的农民。通古斯的名称是俄罗斯人所号，或者是由于"东胡"的旧称。他们除农牧的民族外，还被俄罗斯人区分为"马的通古斯、牛的通古斯、冰鹿通古斯、犬通古斯、草地通古斯、森林通古斯"等。我国人亦称通古斯人中二支族，为使犬部、使鹿部。通古斯人的体质特征是眼很斜吊，颧骨高，肤色黄棕，身材不高，似乎曾和较瘦长活泼的种族相混合。通古斯人的性情常受旅行者的称誉。虽沉着却颇活动，好运动及跳舞。在西伯利亚的服装很华丽，绣纹颇精巧。通古斯人在极南部的虽信佛教，但其大部分都崇信萨满巫(Shaman)。这个名词原是出自此族，现在已成为文化人类学上的普通名词。其意义略同于巫觋或僧侣，但另有其特殊意义。萨满巫的职务有三种：第一是用神秘的方法医治疾病；第二是占卜或预言，其能力是由于和神灵交通；第三是禳被邪祟，这是因为他们有转移或驾驭精灵的法力。萨满的成立，有些是由世袭的；有些则由大众公推。有男的，有女的，有结婚的，有独身的。一切都看个人的能力。萨满之间也常由竞争而发生斗殴。萨满巫的信仰还行于通古斯以外的民族，如萨瞒伊人、奥斯第雅克人(Ostyaks)、奇利雅克人(Gilyaks)、科利雅克人(Koryaks)、朱克察人(Chukchi)中。此种信仰现渐受基督教及佛教的排斥，但还是不易销灭。通古斯族中有一支族名道黎人(Dauri)，住在道耳高原(Daur Plateau)，以前占有黑龙江上游两岸。其体质是身较高，面较长，睛色较浅，肤色较白，发色棕。他们原是和石器时代的先住民族高加索种人混合的，故有这种特征。通古斯族中住在满洲的有二支，文化颇低。一是黑斤人(Golds)，即使犬部；一是鄂伦春人(Uronchons)，即使鹿部。通古斯人中成为历史的民族者，便是我国史上的"东胡"，即满族。其事迹历史详载，本书从略。此族至今已经几于完全和汉族同化，而北方的汉族在体质上也很受此族的影响。

3. 东部西伯利亚民族

以下所叙述的犹卡既儿、朱克察、科利雅克、堪察达、奇利雅克诸族，合称为极北民族(Hyperboreans)，都住在西伯利亚东部，其语言很为特殊，和阿尔泰语不同。他们原是先在西伯利亚的，故又称为旧西伯利亚人。其后被后至的阿尔泰语人,即突厥人、蒙古人、通古斯人等,逼逐而退让于东部。所居都是寒冷不毛的地方,以渔猎为生,其人口总数只有一万数千。

(1)犹卡既儿人(Yukaghirs),住在科里木河(Kolyma)的 Yasachnaya 合流地方。在东部西伯利亚土人中,只有这一族有文字。其字是用小刀刻于新鲜的桦树皮上,是用象征法的,足可记载渔猎出行的路径,家庭的事件,并为传达爱情的信札。其情书有些很能传出深挚的意思:如"尔去后,我独居,因为尔,我远在哭泣叹气。""在一个新的屋里尔将快乐了,我却须长久忧愁,我心中只有尔,虽是另有一个人也在爱我。"但这种原始的文字,却不是一看便可晓得的,有时须收集多次的信札,然后托较能识字的人代为找寻文字的构造方能解释得来。犹卡既儿人现在虽只剩一千余人,以前却很多,其衰落的原因,是疫疾、战争、嗜好烟酒等。其语言或且比种族还要先灭亡。

(2)朱克察人(Chukchi),朱克察人和科利雅克人,都住在科里木河与白令海峡之间及堪察加半岛的北半。朱克察在北,而科利雅克在南。据近来的研究,以为朱克察人原是通古斯的一支,自黑龙江移来北极地方。其初和更先住的恩奇仑土人(Onkilon)竞争,后来渐渐同化,并和科利雅克及爱斯基摩人的一部分混合。或以为朱克察人和美洲爱斯基摩人有种族上的关系,因为他们的兵器,家具,及传说,有相同的地方。其实不然。因为朱克察人的头形是广的,而爱斯基摩人的头是长的;而且他们的语言也不相同;可见他们种族上,相隔尚远。朱克察人由其生活可分为二种:一是在海岸定居从事渔业的,名为捞鱼的朱克察(Fishing Chukchi);一是在内地游牧的,名为冰鹿的朱克察(Reindeer Chukchi)。无世袭的酋长,拥有最多冰鹿的人也无多大权力。俄罗斯人常称这种有最多冰鹿的人为"Jerema",把他们当作朱克察人的领袖。名义上虽改奉基督教,但还是继续崇拜自然,对河神或山神祭祀,并行萨满仪式。信死后存在,但只限于凶死者的鬼。因此有一种杀老人的风俗叫作"卡弥托"(Kamitok),现在还盛行。老人或衰病者,例须由其亲族致之于死地,但却是出于自愿的。应死的人常欢喜帮助预备;执行之前先开一个宴会,饱吃尽醉,忽然歌声鼓声齐作,宣布时候已到,于是亲友列成一个圆圈,由最

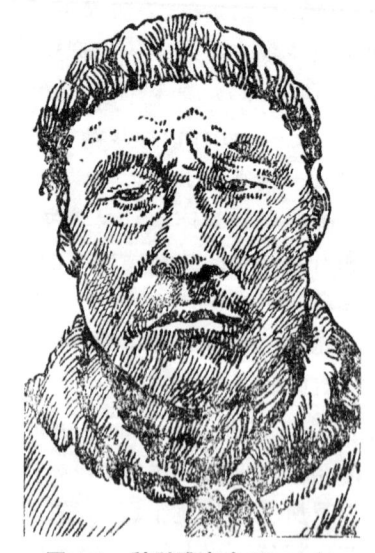

图 4-4 科利雅克人(Koryak)
蒙古利亚种,西伯利亚土人之一

亲的人(子或兄弟)为刽子手,用海马皮条将其人缢死。

(3)科利雅克人(Koryaks),与朱克察人大都相同,大约是同属一支的;其差异只在比朱克察人更为退步而已。他们也分为定居的渔人,和不定居的牧人。

(4)堪察达人(Kamchadales),又称为伊特耳麦人(Itelmes),住在堪察加半岛。他们的语言和宗教都俄罗斯化了,但还有时秘密杀狗以祭妨害狩猎的恶神。他们的生活却大大倚赖所畜的狗,其狗勇健如狼又能拖橇。

(5)奇利雅克人(Gilyaks),现在黑龙江口三角洲及库页岛北半部,以前散布很广。其中有二种体型:一是蒙古利亚种的,一是高加索种的;后者大都是由与库页岛南部的虾夷人混合而成。智力很低,至今还笃信萨满巫而且很信命运。人死后的灵魂,据说会附入于所爱的狗的身上,故以美食饲狗。奇利雅克人与黑斤人一样,用鱼皮做衣服,其皮由两种鲑鱼取得,捶去其鳞并使之柔软,此种衣服不透水。此种有鱼皮的民族,我国人称之为鱼皮鞑子。奇利雅克人像虾夷一样都有拜熊的风俗,以熊为神,却又将熊捕获养肥,然后行仪式宰食他。

4. 高丽族(Koreans)

高丽人的体质南北不同,北部的与通古斯族相类,南方的类似日本人,又带有高加索种的特征。此种特征:便是棕色的发,浅色的眼,多须髯,白皮肤,高身材,大鼻等。大约古代蒙古利亚种的通古斯人,由满洲移入高丽占据北部,其南部则原有三韩民族,其人或即为新石器时代高加索种人的遗裔。三韩的国家(即马韩、弁韩、辰韩),虽说是由后来的汉人所建;然其原来的大部分土人,恐怕不是汉人。东亚的高加索种,还不止这一处,如上述的道黎人和库页岛及日本的虾夷也是这一种人。汉代高加索人还散布至亚洲的中部,如西域的乌孙,也是高加索种人。远东的高加索种人,大约是在石器时代移来,时期还比蒙古利亚人为早,其后因蒙古利亚人太多,故渐被驱逐或同化。

5. 日本族

日本人的体质据说有三型:

(1)满洲高丽型(Manchu Korean Type),常见于上流阶级中,其肤色较白,躯干较高而瘦,面长,颧骨不高,鼻形弯,胸较狭。(2)蒙古型(Mongol Type),较为厚硕,面阔,颧骨高,眼很斜,扁鼻,大口。(3)马来型(Malay Type),身矮,面圆,鼻短,颚及颏常突。他们的进入日本,大约满洲高丽人自西方;蒙古人自南方;马来人自东方。他们进入日本时,已有先住民族即高加索种的虾夷(Ainu),其人是在石器时代自大陆移来的,其时日本海峡想还无这样阔(详见高加索种章虾夷一段)。虾夷还不是最先的住民,其前想还有马来人。虾夷人呼其先住民族为"コロボックル"(Koropokguru),意为"土居者"。而日本古史也记有土蜘蛛、国栖、八掬胫、隼人、肥人、熊袭等,其中有的或是最早的住民。日本人虽是各种人的混合,但除少数的例外,也有其一致的特征。平均身长1.585～1.639米,腿特别短,额平,两眉距离大,鼻小,鼻孔向上,体格活泼而强韧,肤色不露处有时很白,眼不甚斜。

琉球人(Liu-Kiuan)在种族上和日本人相近,但体质也略有差异,躯干较日本人为短,但各部比例较为相称,不像日本人的身长腿短,肤色上级者浅,下级者甚暗,不输马来人。眼较深,鼻较大,额较高。其面貌温和而略近于忧闷,这便是他们性情的表示。琉球人与日本人不同的地方,大约便是由于马来人的成分。琉球人的语言也和日本语相近,或以为更近日本语的古式。

6. 突厥族(Turki)

(1)土耳其即奥斯曼突厥(Osmanli Turks),他们原是突厥人的一支,侵入西方而建立国家。其体质已经和高加索种混合,几于完全失去蒙古利亚种的特征。土耳其人以前的民族性,是不勤勉,乏气力,耽游乐,信命运的。奉回教,行多妻制,一男常有四妻。此外,尚有女奴。妇女出门必障面。回教虽准行多妻,却不许饮酒,故土耳其人罕有酒徒。最近政治及文化改变甚速,旧俗已经渐改。

(2)耶库特人(Yakuts),这一族和次族最能代表原来的突厥人。住在西伯利亚勒拿河两岸及以西地方。躯干低,睛不甚黑,很为深凹。他们是西伯利亚最进步的民族,在奇寒极冷的地方还能奋力做事。以游牧为生,畜马,食马肉,饮马乳。敬长老,行多妻制。

图4-5　耶库特人(Yakut)
蒙古利亚种,突厥族之一

妻各有天幕,在丈夫天幕的四围。人死以爱马殉葬,死者头必西向。名义上奉基督教,然仍信萨满巫。其语言因贸易的缘故,通行于西伯利亚东部。

(3)吉利吉思人(Kirghiz),在中亚细亚。其家族常用蒙古名如奇卜察克(Kipchak)、乃蛮(Naiman)等,和蒙古族或有关系。分为二支:(1)住平地的哈萨克(Kazak)意为骑者,他们原是善于骑马的民族。其中一支进入俄罗斯南部草原,被讹为哥萨克(Kossack)。其住地自巴勒喀什湖至窝瓦河下游。数百年前便皈奉回教,但无礼拜堂及教师。有马乳酸醇做成的饮料,叫作"古米斯"(Kumiss),在这种游牧民族的生活上很为重要。(2)住高地的喀拉——吉利吉思(Kara-Kirghiz)，在天山及帕米尔山地，俄罗斯人称之为"野山人"(Wild Rock People)。"喀拉"意为黑，指其天幕的颜色(按即我国之布鲁特人)。

(4)土耳科曼人(Turkoman)，在里海咸海及阿姆河之间。住圆形天幕，毛织物甚美丽。畜养马羊骆驼，但无"古米斯"。以前常捕掠及贩卖奴隶，常盗取波斯妇女，近被俄罗斯政府禁止。也信回教。

7. 芬—乌格利安族(Finno-Ugrian)

芬人的起源大约在叶尼塞河，和突厥族相近。其后迁到乌拉山地方，由此再向西进；有的到北冰洋滨；有的住窝瓦河流域；有的到多瑙河、波罗的海、拉伯兰等处。

(1)芬人(Finns)，在波罗的海东北，欧战后脱离俄罗斯而独立，文化已甚高。分东西二支族：即答哇斯特安人(Tavastians)和卡列利安人(Karelians)。答哇斯特安人在多湖的地方。身较大，头较广，眼斜，睛碧，肤色白。性情安静迟钝，诚实可靠，较为保守。卡列利安人身材细长，活泼，肤色较黑。性情较为快活而喜冒险，颇和俄罗斯人同化。两支族言语相同，属乌拉阿尔泰语族。芬人在都市的生活，像俄罗斯人及日耳曼人；在乡村的，则仍保守古风，住古式的屋，且有用天幕的。多用桦树皮作器物及船。农业不甚发达。民族性好诗歌音乐，古歌甚多，喜古俗。芬人有一部分混合在俄罗斯人中。

(2)拉伯人(Lapps)，在拉伯兰即芬兰及斯干的纳维亚半岛的北部。在种族上和芬人相近。但身体较芬人为矮，皮肤带黑，发色也黑，头广。衣服还保存古式，冬用驯鹿毛皮为衣，以帽形为职业的标号。有定住的，也有流浪而作天幕生活的。游牧者的生活，倚靠驯鹿，畜养甚多，有达千头的，食冰鹿乳及肉。定住的，秋事狩猎，夏营渔业。拉伯人相见以鼻相摩为行礼；此种风俗也行于爱斯基摩人，及其他极北民族中。

(3)萨瞒伊人(Samoyeds)，为拉伯人的近支。在俄罗斯的北极地方，也以游牧为生，多畜驯鹿。躯干也矮，略等于拉伯人。蒙古利亚种的特征也还存在。性情是亲切的，社交的，多言常笑。萨瞒伊人虽奉基督教，还是保存旧时的信仰。

芬人的别支还有在西伯利亚叶尼塞河和鄂毕河的奥斯第雅克人(Ostyks)和乌拉山的窝古尔人(Vogul)等。

(4)保加利亚人(Bulgars)，属乌格利安族(Ugrian)，在中古时进入欧洲，由俄罗斯南部移到多瑙河下游，其后逐渐斯拉夫化。

(5)匈牙利人(Hungarians)，由数族合成。一为马加耳人(Magyars)，也用乌格利安语。在保加利亚人民后入欧洲，也住在多瑙河地方。在第九世纪之末，匈那牙人(Hunagars)自西亚进到多瑙河和马加耳人及其他突厥族人联合,制服斯拉夫人,建立匈牙利国家。吸收第五世纪征略欧洲的匈人(Huns),和第六世纪的阿华人(Avars)二族的遗裔。现在已和高加索种同化,只有一二特征还存在,如高颧骨便是。

第三节 南部蒙古利亚种

1. 西藏族(Tibetans)

分为三支:(1)波巴(Bod-pa),即"波人",在西藏南部肥沃的地方。拉萨(Lhasa)是其都城,文化较其他为优。定居耕种,有市镇,已脱离部落状态,通常所谓藏人多指此。(2)德鲁巴(Dru-pa),在北方高原,是半游牧的部落,用天幕,性和平。(3)唐古特(Tanguts),在青海东北,迁徙不定,常事劫掠。三支族都用西藏语,同奉喇嘛教或"蓬波教"(Bonbo)。波巴人混合汉族和印度的血液。只有德鲁巴人较能保存原来的西藏型,因为他们孤立于高地的草原,少和外族接触。其身长约五呎五吋,圆头,波状发,棕色眼,颧骨不如蒙古人之高,大口,钩鼻,少须,体无毛,皮肤浅棕色。其体质似带有高加索种成分。藏人的性情,据调查者所说,土人自述他们的祖先是一个猴王(神的化身)和一个女妖,而他们的性情似乎是由祖先传来的。由猴王得来的是宗教心、慈爱和智慧;由女妖得来的是残忍、淫欲、多言。喜贸易,爱赚钱等。西藏的家族制度是一妻多夫的,其夫很常是一群兄弟,而妻是买来的。除特别规定外,通常以最长的夫为儿女的父,而其他的夫则为伯叔。这种制度使妇女得到很高的社会位置。这种制度的发生,大约是由于环境不佳,生活状祝窘苦的缘故。此外也有一夫一妻的,而较富裕的阶级,且有行一夫多妻制的。西藏的葬法也很奇:死尸先由喇嘛剃头,以使其灵魂转生容易,然后由他命令埋葬火化投河,甚或行露天葬,即投给鸟兽吃;后一法最为隆重。喇嘛教(Lamaism)是变相的佛教,其实根本上不过是魔术(Magic)的系统罩上佛教的外皮而已。由此而发生的喇嘛阶级及神权政治,很像欧洲中古的教会。不但宗教,便是文学、艺术和科学,都在喇嘛手里。由于喇嘛教的羁勒,民族的发展已经停滞数百年了。除喇嘛教外还有一种"蓬波教"(Bonbo),是佛教传入以前的旧宗教,至今还存在。其僧侣穿黑袍,故又称为"黑教",和喇嘛教的"黄教"(正派)、"红教"(旁派)鼎立,奉十八位大神,即"红魔""黑魔",蛇神虎神等。其教的象征是卍字形。西藏文字,是在7世纪由印度传来的,其后渐渐由胶着语变为单音语。

藏族除上述三支外还有在别处的,如布丹的罗巴人(Lho-pa),锡金的郎格人(Rongs),四川的西番(Si-fan),东南方阿萨密地方的达王人(Tawangs)、弥失弥人(Mishmi)、弥利人(Miri)、阿簿耳人(Abor)、达夫拉人(Daflas),在印度的巴尔提人(Balti)、拉达奇人(Ladakhi)等。

2. 缅甸族(Burmese)

(1)缅甸本支(Burmese Proper),包含文野不等的数支族。如在西部阿拉干约马山(Arakan Yoma)的么罗人(Mros)、克洪人(Kheongs)都是蛮族。在更西阿拉干平原的穆格人(Mugs),是从事农业较为开化的。至于在伊拉瓦底河流域的大族,便是有历史有文化的缅甸人。缅甸人的体型在乎汉族与马来人之间,皮肤黄棕色,发色黑,形直,无须,鼻小而直,身长中等。缅甸人的性情诚恳,待遇外人很为亲切,但自己的事却很怠惰。其社会的特性是平民主义的,各种人都平等而自由。其所以致此的缘故,或以为是由于佛教的教理。缅甸人也奉佛教,但其僧侣却不像在西藏的成为特殊阶级。因缅甸人个个都须在一生的一个时期出家做僧侣。他们以僧寺当学校,入寺读书修行,穿黄衲托钵化斋。僧侣的职务不过是教授而已,不像喇嘛的压逼人民。妇女的地位也很高,妇女很自由,但也鲜不贞之事。缅甸还有文身之俗,只行于男子自腰至膝的皮上满刺动物图形,所搽的色是黑或红色。

(2)那卡人(Nagas)、枯奇人(Kuki)、曼尼浦利人(Manipuri),在缅甸东北部那卡山地方及曼尼浦(Manipur)。三族都传说有一个共同的祖先,生三个儿子因而传衍下来。枯奇人自说像鸟一样无有定处,故各处皆有。那卡人的体质特征:眼睛棕色,发常有作波状的,须极罕有,故有髭的众便称之为"有髭的人"。崇拜的神甚多,常树巨石祀神。"猎头"(Head-hunting)的风俗盛行,和血斗、农耕仪式、葬仪灵魂的信仰等有关,但有时不过为社会的义务。曼尼浦利人住在曼尼浦平原,较为开化。其社会组织很奇异,每一村落常分为两个以上的"克耳"(Khel),有时相去不过数里,却不相往来,各有一个头目。

(3)钦人(Chins),在北方Chindwin河流域。身体很高而壮健。性情严肃,说话缓慢,注意族系。重视复仇,喜用诡谋。待人亲切,不受管束,不能合力,无忍耐性。宗教只崇拜恶神,惧其为祟。鬼魂观念甚奇,以为人死后有苦乐二境,自然死者得入乐境,被害的如未报仇须入苦境,行为的善恶无关系。被害者为杀人者的奴,故杀人愈多的,死后奴隶愈多;杀动物愈多的,死后食料也愈多。以霍乱及天花为精灵,迷信极重。

(4)喀钦人(Kachins),又名喀丁人(Kakhyens),在伊拉瓦底河(Irawadi)上游。族很大,自东部喜马拉雅山直至云南。云南野人山的野人或者也属于这族。喀钦是缅甸人所号,自称为Singpho,意为"人"。其语言是半胶着语,和阿萨密的土人较相近。体质有二型:一是正喀干人,头短而圆,额低,颧骨高,斜眼阔鼻,唇厚而突,发及眼暗棕色,皮肤污牛皮黄色,中等高,腿短。第二式较优美,有高加索种特征,具长椭圆面、尖颏、弓鼻。不但此处,亚洲东南部高地自西藏至交趾支那一带蒙古利亚族中常散见高加索种体质,这是人类学上一个要点。

（5）喀连人（Karens），在缅甸、遥罗交界的地方成为无数村落。和喀干人有血缘关系。占缅甸人口六分之一，还溢入遥罗疆域内。身体低矮而强健，皮肤浅黄棕色。对于首领虽很忠心而可靠，但却非温厚和平的人民，沉默暴戾而畏见生人。在战争时诡诈而非勇敢，且很为残暴。崇拜无数的"拉"（La），即精灵，以为凡山岳河流都有"拉"。他们因有人格神的信仰，及对于预言者的希望，使美国的基督教传教师很易于收效。

（附）倮㑩（Lolo），又作卢鹿，汉族又称之为夷人或蛮子。在四川云南之间。其体质特征为身甚长，眼不斜，鼻高而呈弓状，头形略长，肤色淡棕，四肢细长而强健。似此颇表现高加索种特征，故以前有谓其类似雅利安人（指高加索种）的。A. C. Haddon 说：是印度尼西亚族的近支。鸟居龙藏氏和丁文江氏都说是西藏缅甸系的一种。这三说似相反却都不错，因为印度尼西亚族原是高加索种的远支，而西藏缅甸系据上文所说常带有高加索种的特征，这两族或者很有关系。而倮㑩归入西藏缅甸系与上说并不冲突。倮㑩部落甚多，各有称号，大别之为白倮㑩及黑倮㑩，白者为贱族，黑者为贵族。至今还保守半独立及全独立的状态，常掠汉人为奴隶。文化实非甚低，有部落制度及酋长。有文字。有咒术书名《夷经》。工艺有制皮工，能制皮甲刀鞘，有刳木工，知用车床，能制器皿多种。有金属工、织毛工等，陶器甚不发达。畜牧业甚盛。

3. 泰—掸族（Tai-Shans）

这一族人数也很多。种类名是掸，自称则为泰，意为"高贵"者、"自由"者。掸字的起源或说是由于中国语的"山"。遥罗的遥字也与掸相近。《后汉书·西南夷传》有掸国即指此。此族散布的地方很广，占缅甸东部、遥罗全部、安南西部及云南南部。在缅甸的仍称掸；在遥罗北部和安南西部的则称为老挝（Loas）；在遥罗南部的便是通常所谓遥罗人（Siamese）；在云南的则称为摆夷（Pa-y）。泰掸族古时在中国似乎散布更广，有人推他的起源地在四川的北部。泰掸族各支文化不等，政治上又不团结。但所以还能保存其种族上的统一性，便是由于其体质大体相同。社会习惯相类，同奉佛教。同用一种语言。约在二千年前便受印度文化的影响，其后更由佛教传教师将其粗陋的语言写成文字，其文字是借用巴利文的。

遥罗人在湄南河流域人多地腴成立历史的民族。遥罗人的性情温和良善，但倾于自卑。社会组织有阶级的分别。妇女和缅甸一样，在社会上的地位很高，出行游玩、买卖、访人及参加公共宴会都得自由。遥罗人的文化以前得自印度及中国，其宗教也是佛教。近来政府努力改进，吸收西洋文化，已成为文明国家。

4. 安南族（Annamese）

（1）安南人本支（Annamese Proper），住在东京的三角洲、安南的沿海及交趾支那大部分。身长中等,广额,高颧,厚唇,黑发,少须,皮肤铜色。这族人自古受中国文化及移民的影响,体质也像汉人,很像是中国的附属部分。其初在北部,后来方逐渐南下。民族性不为旅行家所赞美,以为是硬心而冷淡,和暹罗人的温和相反。这种批评恐是出于种族偏见。他们很重个人的自由,不像暹罗人的有服从性,以做奴隶为耻。社会制度上富有平民主义的精神。以前的国家政体虽是专制的,但各部分的社会,都像共和国一样,所以法国的官吏也很为惊异。语言也是孤立语。文字根于汉字,但多有改变。奉佛教。

(2)占人(Tziam,Chiam),在安南南部交趾支那一小部及柬埔寨。鼻略作弓形,发波状,或鬈缩,肤色暗。以前很强,在明代曾建立国家,后被安南本支所灭。

(3)柬埔寨人(Cambodians),即克麦耳人(Khmer)。发常作波纹,是混合种。这一族的语言和在缅甸的蒙(Mon)、Palaung、Talaing、Wa 等,合称"蒙克麦耳语"。

(附)苗徭族(Miao-Yao),苗族头形指数 80.6,鼻形指数 88,身长 1.55 米。散布在我国西南各省。徭族除在西南外,还有别支在福建、浙江,别名畲民。A. C. Haddon 以为苗族和暹罗、缅甸的人民有关系。丁文江氏以苗徭合为一群,置蒙—克麦耳系中。

5. 汉族(Chinese)

汉族的来源,异说纷纷,至今未能完全解决。主张西藏说的,以为或是在石器时代,直接由西藏高原移到黄河流域。主张巴比伦说的,以为是由亚细亚西南方移来,其来时且已有文化,如文字、科学、艺术等,这些都是直接或间接得自巴比伦的亚喀—苏麦利民族(Akkado-Sumerian)。其所根据的,是这两种文化的相同点,如文字、天文学、纪年法、人名等。近来因中国北部石器时代遗物发现甚多,已可证明巴比伦说的错误,而知中国文化,很早便是在本地发生的。至于西藏移来说,则由于以前"北平齿"的发现,和最近北平周口店猿人遗骨的掘获,知其时期极古远,非别处可及,更无论西藏。故中国民族的起源,还是本地说有良好的证据。汉族的体质大体一律,属于"蒙古利亚种南系"(Pareoean,Southern Mongoloid)。但南北的人民的体质,也略有 点差异。两相比较,北方的躯干较高,头形较长,面也较长,肤色较白。差异的原因,环境说不能完全解释得来,大约是由于两方都混有外族的成分。北方的人民和突厥、蒙古、通古斯等族相混。而南方的则受西藏人、安南人、日本人以及古代的先住民族等的影响,或者还有马来人的成分。

第三章　海洋蒙古利亚种——马来种

第一节　总　论

地域：马来西亚群岛（苏门答腊、爪哇、婆罗、西里伯、菲律宾群岛、摩鹿加群岛、新加坡、槟榔屿等）、马来半岛、台湾、马达加斯加岛等处。

体质特征：毛发如南部蒙古利亚人，须稀少或无。肤色棕色带黄，黄色有时不见，马达加斯加土人浅熟皮色。头形，广头或次广头，指数78～85。颚微突。颧骨大，但比正蒙古利亚种小。鼻小，形直，鼻孔大。眼色黑，中等大，水平或微斜，常有蒙古利亚眼的折襞。身长，中等以下，自1.52米至1.65米（5呎至5呎5吋）。唇厚，微突。四肢颇细，足小。

心理状态：常时安静保守而沉默，但受刺激时，容易张脉奋兴。颇有智力。多礼貌，但不固定，不甚信实。勇敢能冒险。不甚残暴。嗜音乐。有口才。喜娱乐。

语言：全属"马来—波里尼西亚语族"（Malayo-Polynesian），再分为小支，属胶着语类。

文化：宗教在野蛮的民族只有原始的信仰，但大都无仪式，开化的则信印度的婆罗门教及佛教，其后多数改信回教。在菲律宾及马达加斯加信基督教。未开化的尚有"猎头"、"毁体"、食人肉、杀人祭鬼等风俗。生业则只有渔猎，不知耕种。开化的民族早有各种工艺，从事农业。有文字，美术，曾建立国家。马来人多好跳舞及其他娱乐。嗜嚼槟榔子。家屋常置高柱上，以梯升降。最喜用蛇形匕首，名Kris，有发狂杀人的恶习。

种族的混合，南方蒙古利亚种自大陆南下散布于各岛屿，和原有的土人混合而生出新种，其蒙古利亚种的特征遂不能完全明显。如在马来半岛、菲律宾的和尼革利陀（Negrito），在米克罗尼西亚和佛罗理岛及其附近的和巴布亚人；在苏门答腊、婆罗、西里伯、菲律宾的摩耳岛（Timor）、西兰岛（Ceram）的和印度尼西亚人；在马达加斯加岛的和尼革利罗混合。要把这种掺合的成分分析开去是极不容易地事情。所以在人种分类的五分法且把这些马来人算作独立的一种。

第二节　各　论

1. 苏门答腊人（Sumatran）

（1）正马来人（Malays Proper），又称为马来由或巫来由（Orang-Malayu），

其语言是现代的马来语。现在本岛南部的 Melangkabau、Korinchi、Siak、Rejang、Palembang、Lambong 等处。除本岛以外还散布于很多地方,为马来西亚的有力民族。自 14 世纪以后成为回教徒。但在其前很早便接受印度文化的影响,自西历纪元之初,印度东南的巴拉哇国(Pallavah)殖民于此地,其后成立室利佛逝帝国(Sri-Vishaya),至 1372 年方灭。其影响还留在后来的风俗传说语言文字中。其文字是印度的"德梵那加里文"(Devanagari)的古式。

(2)巴塔人(Battas),在内地(Toba)湖周围,地域很大。这是著名的食人民族。但文化却不低,善能畜牧和耕种。作物有米及玉蜀黍。结成定居的大团体,有政治组织,有世袭的酋长,有民众会议并有成文法典。又有邮政制度,是利用树干的空洞为邮箱,为青年男女所常用。其文字也是德梵那加里文的变式,用竹签写在棕榈叶上。工艺如陶器、织物、珠宝、铁器、建筑等都很发达,这都是由印度传教师学来的。其宗教也效印度而有创造神、保护神、破坏神的三位最高神灵。他们的食人俗是更早传下的,还未曾给后来所得的较高文化所消灭。所杀食的人,不但是俘虏犯人,便是族中的老人病人,都不能免。食老人时,老人自己爬上树上,亲友跳舞于树下,并唱道"果实熟了,要坠下了",老人便自树坠下,给众人杀死宰吃。

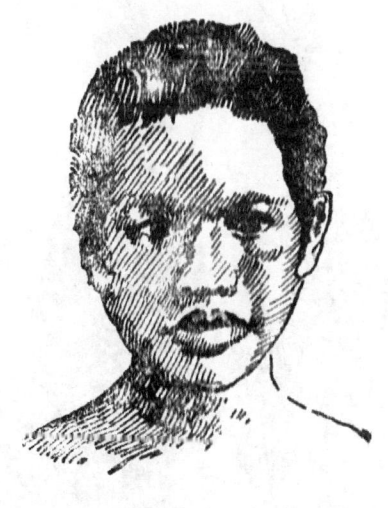 

图 4-6　苏门答腊正马来人　　图 4-7　巴塔人(Battap)属马来族的别枝

(3)亚珍人(Achinese),在巴塔人的北方。这族很为勇敢,直至近时还抵抗荷兰政府,保守独立。以前也曾受印度文化,其后改奉回教。在 1205 年建立回教国,在 16 世纪时臻于极盛。有二支:一是都依人(Orang-Tunong),住高地,是纯粹的马来人;二是巴鲁人(Orang-Baruh),住低地,混有达罗维荼人的成分。荷兰人常斥他们残暴奸险,恐是由于他们不肯降服的缘故。他们其实是勇敢而爱自由的民族。很勤勉而知晓数种工艺,如金属工、珠宝工、纺织、造舟等。

2. 爪哇人(Javanese)

巽他人(Sundanese)在西部,爪哇本支(Javanese Proper)在中部,马都拉人(Madurese)在东部。他们在很早便开化。在二千余年前便皈奉印度的婆罗门教,其后又奉佛教,并由印度教师传得高等文化。在完备的政治组织之下,无论和平与战争的技术,都发展到很高的程度,特别是音乐和金属工艺尤为驰名。有定规的历法和有韵的文学。刻石及雕铜的文字,即"卡微语"(Kavi),自12世纪传到现在。同时还有许多大寺庙的建筑,遗留至今,其中且有印度神佛的造像。在1220年,Ken Arok 王创立了 Singosari 国;在1292年蒙古征爪哇引还后,爪哇产生强国,名麻喏八歇(Madjapahit)帝国,至1428年方灭,其后不复再盛。现在的爪哇人奉回教,在荷兰政府统治下得少亨顺

3. 婆罗人(Borneans)

(1)埔南人(Punan)和乌吉人(Ukit),在森林地,各河流的源头。不定居。文化最低,结为小团体。不知耕种。无长久的住屋。他们以林中的产物,如马来树胶、樟脑、木藤条等,和外族交换铁器、布、珠、烟草等。性情极为温和,无猎头的风俗,慷慨诚实,善待妇女和小孩。

(2)克任曼丹人(Klemantan),包括陆居达押克人(Land Dayak)、Murut、Kalabit、Sebop、Barawan、Milanau 等族,都是弱小的农业部落。例如陆居达押克人,据说性情温和诚实,待人亲切,品行很好,无甚罪恶,只有"猎头"风俗不好而已。有一种独身青年的公共宿舍,称为 Panga,形

图 4-8 婆罗的"猎头者"
(左方一个手携的便是人头)

圆,其中藏置猎得的人头,并为举行仪式的地方。头目无甚势力。

(3)巴豪、更耶、卡颜人(Bahau-Kenyah-Kayan),这一群人较为奋勉而有势力。躯干较矮,头略广。占有最好的土地,位在湿地与山地之间,也从事农业,所栽的有薯芋类、Padi 米、南瓜、甘蔗、芭蕉、椰树等。又兼事狩猎。住居在长形公共家屋,其屋建在河岸。头目甚有权力。这些民族都很有艺术,喜欢雕刻及音乐。屋的梁柱有雕刻动物的,门上也有雕绘,又有以雕刻的木板装饰屋宇的。器物也常有雕刻。更耶人和卡颜人都会冶铸铁枪头及刀剑,其钢有很好的。

(4)伊班人(Iban),即海达押克人(Sea Dayak),在萨拉瓦克。皮肤比较内地人为黑。多数住在低地。他们也栽种 Padi 米、玉蜀黍、甘蔗、甜薯、葫芦瓜类等。虽也是农业的民族,却很喜欢猎头,其中一部分在以前且曾作海盗,故得有海达押克的称呼。他们的作海盗,是由正马来人为主,约定以所杀的人头归他们,故伊班人很乐从。伊班妇女能织很美丽的棉布,织机却很简单。伊班男人由卡颜人学得文身的风俗,女人不文身。

婆罗人有一种占卜的动物,大都是鸟。据说是有神灵凭其身上,常请其指示获得丰收,脱离灾难,战胜敌人,及其他要事。

4. 西里伯土人

主要的是芒加沙拉人(Mangkassaras)和布既人(Bugis),在西里伯南部。他们有一种著名的奇俗,叫作"跑阿目"(Méng-āmok ＝ Running-Amok),是一种发狂的自杀法。凡因为环境所苦绝望人世的人,便握了一把利刀,跑去路上,逢人即杀,并不选择,其状犹如凶兽。路上的人见了他,便大呼"阿目亚目",齐取兵器来抵抗,直至把他杀死,才住手。这种风俗在别地的马来人也有,但不如在西里伯的常见。这种怪俗据说是由于一种神经变态,叫作"拉塔症"(Látah),这是马来人所常具的。这种变态的心理使人违反常道而做出怪异的行为。布既人又善能航海经商,以前且曾做海盗,故绰号为"商业的冒险家"。他们的航船,散布于马来西亚各岛间。

5. 马来半岛土人

半岛北部是暹罗人,在南半部中央森林是矮民寒茫人(见海洋尼苴罗种)。其邻近是先达罗维荼民族沙盖人(见先达罗维荼民族)。属马来族的是:

(1)乍滚人(Jakun),和前述的先住民族颇有混合。皮肤暗红棕色,比正马来人为黑,发直而粗,头形广,身长 1.527 米。

(2)正马来人,即巫来由(Orang Malayu),自 1160 年方移入,原在苏门答腊的 Menang-kabau,肤色较浅,躯干稍高。新加坡、槟榔屿的土人也是正马来人。

6. 菲律宾人（Philippins）

菲律宾人大都为原马来与印度尼西亚人的混合种，按其文化区分为三类：

(1)基督教族，文化最高，人数也最多，占全人口约九分之八。住在吕宋大岛及中部群小岛之各市镇及农业区域。所用言语也属马来波里尼西亚语族，但比正马来话为古式。其支族按人数之多少依次列之于下：Bisaya、Tagalog、Iloko、Bikol、Pángasinan、Pampangan、Ibanag、Sambal 及其他。在 16 世纪初归西班牙占领时，以中部各岛的米塞亚人（Bisaya）为最进步，近代则在吕宋岛的答加碌人（Tagalog）渐取其地位而代之。其语言有成为国语的趋势。这些奉基督教的菲律宾人，因很早受西洋文化的陶冶，近来复由美国人领导建设，已成为有高等文化的民族。

(2)摩洛人（Moros），这便是信回教的民族，多数在南方民大瑙大岛、巴拉弯岛、苏禄群岛。西班牙人初到时，因见他们信回教，故称之为摩耳人（Moor），后变为摩洛。其文化还不高。人口甚少，止三十余万。但民族强悍，不服西班牙人管辖，常常叛变。现方渐渐进步。其住在苏禄的土人，以前不久还在营海盗生活，现亦改善。

(3)蛮族，如乙哥洛人（Igorot）、本托人（Bontok）、伊夫高人（Ifugao），都在吕宋北部。定居，营农业。行半自治，略有一点文化。又如曼既安人（Mangyan）在满多罗（Mindoro）岛森林地。文化甚低。不定居，结为小群，游行猎食。兵器只有弓箭，衣服甚少。

菲律宾最早的土人是尼革利陀，即矮人。马来人的移入有三次：第一次移入的，可以乙哥洛人为代表，大都还是野蛮；第二次中有答加禄人；第三次是摩洛人，自婆罗移入苏禄群岛及民大瑙。菲律宾人中由华侨娶菲妇而混入汉族的成分也很多，上流阶级中，常有华菲混合种人。

7. 台湾番族即高砂族（Takasago）

台湾番族也属马来族，在石器时代由南方移入。皮肤黄棕色，发黑而直，髭须甚少，颧骨高，眉棱骨突，眼平横，颏大，鼻梁不高，头属广头，但其中也有较长的，手的第二指与第四指同长，肥瘦适中，筋骨壮健，身长自 1.5632 米至 1.6514 米，北低南高。番族住地现占台湾中部山地及东海岸。番族自来因少受外族的影响，故至最近还保存原始的状态，现受日本政府的干涉，渐生变化。

番族人口古多今少，其纯粹的即"生番"，现有十三万余。依其体质言语的差异，再分为七支族：

(1)太么人（Taiyal）：此族住台湾北部山地，地广人众，势甚盛。躯体极健，男女皆有文身之俗，故又称"黥面番"。女子自口至耳的黥纹使口似有锐突的势，故汉人称之为"乌鸦嘴"。衣服极简单，不着裤，男女皆带耳饰。男子戴藤帽，常佩弯形刀。此族最凶暴，杀人必馘首携归以夸于众，这便是和婆罗人相同的猎头俗。

(2)布能人(Bunun)：住于中部山地的偏东一方。躯体不甚大，人口亦不多，但势殊不弱。男子的衣常为皮服及土织的麻布，其衣开襟无袖。男女均不着裤。生业系狩猎与农耕。好取人头置家中"人头架"上。

(3)曹人(Tsuou)：住中部山地偏西一方。人口亦少。体貌与布能族略同。男子戴皮帽，上插鸟羽，着皮衣，皮裹腿，皮鞋，或即中国古书所谓"皮服之民"。佩刀较短与布能同。黥首俗昔盛今衰。生业亦系狩猎与农耕。

(4)阿眉人(Ami)：住东部一带平地，早受外来文化所影响，故文化较高，文身黥首之俗久绝。衣服饰物甚复杂，多受汉人影响，生番中唯此族能制陶器，生业多为农耕。

(5)派湾人(Paiwan)：住台湾南部占地颇大，人口亦众。躯干高大，黥纹于身及手而不于面，其中有一部分文化在生番中为最高。喜雕刻，模样多为人头及蛇。所佩刀形直，鞘尾高翘，鞘上常施雕刻。黥首之风甚稀。崇拜祖先，以蛇为祖先的化身，甚加虔敬，故又可谓拜蛇教。

(6)赛西特人(Saisett)：住北部偏西一小地方，人口亦少，与太么族为邻。古时曾一度与之同化，后因受太么族压逼，遂再反于蛮俗，好黥首如太么，然今又渐汉化，衣服皆汉妆。

(7)野眉族(Yami)：住于台岛东方太平洋中的一小岛，岛名红头屿，因距台岛不远，故附属之。此族自来最鲜受外族的影响，依然保守极原始的状态。男子着藤甲，戴藤盔，佩短剑。此外有棕衣、椰衣、蕉布衣等。能制首尾高翘的奇形舟。喜雕刻，其模样极富原始性。

8. 马达加斯加的马来人

马达加斯加岛的土人多数是尼革罗伊即准尼革罗人，少数是马来人名为安的麦利那人(Antimerina)，又常称为荷哇人(Hova)，人数虽少，却很有势力。而马来波里尼西亚语和许多马来式的风俗，也通行全岛。马来人与尼革罗伊有些混合的，但在中央高地，握统治权力的荷哇人，还是保存马来人的体质，其状貌很像爪哇人，躯干矮，发黑，头形广，面形平，颧骨高，眼略斜。荷哇人的文化颇好。信基督教。能用马达加斯加文(Madagasy)和英义编辑及发行本地新闻。农业及工业都已改良，机器也被采用，能造欧洲式的家屋，却不敢造到完备，因为恐屋主在落成后，一年内会死。

就全岛状况言之，衣服都是植物性的。马来式的"沙笼"(Sarong)(即裙)，行于东部，有一部分用树皮。东部的部落从事农业，西南北三部都事游牧。米为主要农产物，牛也很多。荷哇人的工艺，远胜别族，如织物、编物、铁工都很好。在火器输入以前，枪矛为通行的兵器。初时行族长政治，各村独立，其后马来人进入，建立封建制王国，自己便为统治阶级，国王像神灵一样。

第四章 美洲土人

第一节 总 论

地域：西北太平洋海岸；北冰洋岸；腊布拉多、格陵兰、阿拉斯加、加拿大未殖民的部分；加拿大及美国的保留特居地；佛罗里达、亚里逊那、新墨西哥诸邦的一部分；中美及南美的大部分。

体质：毛发黑色，粗而直，常甚长，截断面圆，面上稀少，体几于无。肤色不一律，依地而异，自黄白色至朱古力色皆有，但主要色为棕。头形通常为中头（79度），但差异甚多。颚颇大，略突。颊骨横阔且高。鼻大而直，有弯曲的，属中鼻。眼暗棕色有黄色结膜，裂缝略斜。身材在中等以上，约1.728米之间，有至1.829米的（6呎）。

性情：忧郁沉默，谨慎坚忍，极能耐苦，能体谅人，善待妇女与小孩。是非心颇敏锐，故易怒，但亦易平。其自尊与高贵的态度，实系由于虚荣心而非由于骄傲。

语言：杂凑而成，为别处所无，非原始的而是特别发达的胶着语。一句常合并为一长字，常用的字数极多。其主要种类为爱斯基摩语（Esquimo）、阿达巴斯加语（Athapascan）、阿耳贡钦语（Algonquin）、伊罗葛语（Iroquoian）、萧语（Siouan）、母斯科日安语（Muskogian）、乌达阿兹得语（Uta-Aztecan）、马耶语（Mayan）、乞勃茶语（Chibcha）、奇楚亚语（Quichua）、阿老干尼安语（Araucanian）、卡立勃语（Carib）、阿拉瓦干语（Arawakan）、杜卑语（Tupi）、达布耶语（Tapuya）、阿衣马拉语（Aymara）。此外尚有小语族百余种。

文化：宗教信仰有多种，精灵、自然物、图腾、保护神等皆有。萨满巫术盛行。在文化发达的民族则成为多神教僧侣制度等。物质文明高低不同，最高者如马耶人、阿兹特克人等，已知制陶、纺织、冶金、农业、高等建筑术。文字不甚发达。航海术只初步。南美洲文化较北美为低。部落制度各地皆有。

美洲民族的起源：新世界的民族史，不能与旧世界断绝关系。因为美洲不但无类人猿，并且连狭鼻猿都没有，所以美洲居民绝不是独立发生的，而是由旧大陆移来。在史前时代进入美洲的路径只有二条。因为大西洋中部的连接地，在人类出现以前，便已断绝。而南美洲和南极大陆也早已隔离，所以只有推想东北美洲和北欧相接，或西北部与亚洲相连。在第三世纪确曾有一条陆地接连欧洲西北部和格陵兰，其后或至冰后期方沉没。主张欧洲起源说的，以为美洲人绝不是由亚洲来的,因为西伯利亚在新石器时代以前,冰河未融,未有居民,而美洲在冰期将尽时已有人类。但主张亚洲起源说的,则以为在第三世纪美洲也确曾和亚洲相连,而所谓"中新世的桥"(Miocene Bridge)即接连亚美二洲的陆地,或者很阔。南边自堪察加至英属哥伦比亚,北边则为伯令海峡中间地。最近美国学者克屡伯氏(A. L. Kroeber)也赞成亚洲说,但以为移入时连接地已断,大都是踏冰而过,或者航过;因为伯令海峡的距离只有60哩,中间且有一岛,其时离最后冰期不远,或者冰期还未消。其移入的经过,或有数千年,陆续前往,不是一二次的大移民。

图 4-9　美洲印第安人

最先移来美洲的民族是怎样的?以及其移入的时代如何?是一个重要的问题。据古生物学的证据,知在洪积世的初期,美洲还无人类,美洲的史前人类,最古也不过在最后的冰期方移入,其时连接地已将没,这个连接地很广且多植物,气候也温和,故可住人。在巴西至火国一带的大西洋斜坡、玻利维亚、秘鲁、安第士高原、太平洋岸等处发现一种已灭的古民族的遗骸,其人称为拉哥亚山他族(Lagoa Santa,)又称为"古美洲支族"(Palaeo-American Sub-race),是南美洲人民的原祖。其躯干低,但力似甚大,头形长,中等大,颚突,眉棱骨大,但额不削。其年代不明,其体质的痕迹尚遗留于现在南美民族中。其生存时的住地,大约都是在边境,如巴西东部,巴他俄拿之南,德尔佛伊哥、智利东南的海岛,厄瓜多尔的海岸,或者北美的加利福尼亚。此外有许多广头的民族,虽互有差异,却大体相同,都是由亚洲经过连接地带,分数次移来。Hrdlička说:美洲的民族原是一源的,因为肤色、须、发、眼、鼻、颚等特点都相同。据最近克屡伯氏(A. L.

Kroeber)的研究，推测最初移入美洲的时候，约在一万年前，其理由是因为美洲印第安种，实属于广义的蒙古利亚种，而且更近于原始蒙古利亚种（Proto-Mongoloids）。至于蒙古利亚种的发生时期，则在二万五千年前世界三大支的人种已见其二，尼革罗种与高加索种的祖先均已出现，蒙古利亚种也必已发生。这种原始的蒙古利亚种人，约在旧石器末期，或新石器初期，自亚洲进入美洲，若在以后则新石器文化发展已高，其时的文化产物，如牛猪羊大小麦米稷等，也必带到美洲。但美洲却没有这些东西，故进入美洲的时期不会太后。由另一方面着想，则美洲所发见古人类遗骨，从不曾大异于现在民族像欧洲的

图 4-10　美洲文化区域图

尼安达他尔人的,故其时期也不会太早。

美洲文化的起源:关于美洲文化的来源,有三派的意见。其一是完全独立发生说,如包卫尔氏(I. W. Powell)以为美洲文化完全和亚洲无关,移入时的民族,还没有工艺,他们的石器是来美洲后才发生。他们的语言、艺术、政治、宗教等,都是美洲的土产。与此相反的是完全外来说,这是文化人类学上的传播论派的意见。如格纳那氏(Graebner)以为美洲文化系传自东南亚洲,其路径也是由伯令海峡。又如埃利恶斯密氏(G. Elliot Smith)直推究美洲文化,系得自埃及,他以为埃及的"日石"文化(Hebo-lithic Culture),其中包含多种事物,传布旧世界,并由亚洲输入美洲,其径路一由阿留地安群岛(Aleutian Is.),一渡太平洋而至秘鲁。这说最为奇特,但殊乏实证。此外还有其他学者都根据于美洲文化与旧大陆某处文化的一二同点而推其传自某处。最近乃有折衷派的学说,以为美洲文化最初原有由旧大陆带来的一点胚胎,但大部分都是在美洲发展而成的。如克屡伯氏的推究最初移入的民族,因是属旧石器末期,或新石器初期,故其文化便属于那时代的文化。他们的生活是渔猎拾食,其兵器已有弓、杈、棒、矛等,其石器已知剥削并开始磨制。又有骨钻及骨针。晓得编筐篮的技术。畜狗的风俗未完全成立。无社会组织,只有根于血统及由接近而成的群。鬼魂和精灵的信仰很早就有,已知要和鬼魂及精灵交通以对待他们,故已有萨满巫(Shamans)的胚胎。

第二节　北美民族

兹将韦士勒氏(Clark Wisler)所分配的九区叙述于下:

1. 爱斯基摩区

爱斯基摩人(Eskimo)的名称是外人称他们的,意谓"食生肉者",其自称则为"因奴伊"(Innuit),意为人。其住地自格陵兰东北至阿拉斯加西部,约有5000哩长的海岸。亚洲极东北也有之。爱斯基摩人和其南方的印第安人常不和,故不能向南发展。其体质自成一种。发黑而直,身长中等,皮肤作浅棕黄色,头形甚狭长,面平而阔,颊骨大,鼻高而狭,眼黑色,属蒙占眼,手足特小。

爱斯基人以海产为生活,虽和北美太平洋岸土人一样,但他们冬天在冰上居住,以猎海狗为生,夏天却转而捉捕陆地动物。他们的生活,据说很一律,都以食物为基础。动物的迁徙使他们不得不时常移居;其地又缺乏植物,使他们不能不依赖动物的食料。其地海狗的繁盛,略可抵补气候的寒冷,与土壤的瘠薄。海狗皮可以为夏天的衣料与天幕,海狗肉差不多是唯一的食物,其脂肪则为冬天蛰居暗黑的雪屋内不可少的燃料。在春天冰开时,爱斯基摩人便驻守在江河的头,以便捞取沙门鱼。六月间陆地雪消,便从事内地的狩猎,以取珍贵的长角鹿皮和麝香牛皮以为冬天的衣料。鲸鱼、海马、海狗,以及许多鸟类,都被捕杀食用。在冬天短促的昼间,男人外出从事狩猎,妇女则在家各为其夫预备食物。在漫漫的长夜里,只可作种种消遣。夏天生活又不同,各家不自烹煮食物,而轮流烹煮同食。食时每人各带小刀为餐具,男女分成两圆列。食物多在傍晚,常以模仿的表演助兴。衣服男女相同,都穿裤子包头巾,又有叫作Kamiks的皮制长靴。婴孩放在革囊内背于身上。母亲常以舌舐小孩的面,当作洗面。家屋有石和土造成的,但下半是在地下,这叫作"半地下屋"。又有"雪屋",是在冬天将凝结的雪块叠成的。在夏天有皮制的天幕。爱斯基摩人还有几种特殊的器物都很巧妙。如射鸟枪,将数个枪尖合为一簇,掷射时易于射中。"波拉"(Bolas)可译为流星绊索,是将数条长绳,结合一束,绳末各缚小石块,用时先将绳旋转,然后向鸟抛去,把鸟缠住。复合杈射中水中动物的身上时,杈柄自会脱离,浮起水面,杈尖却由一条绳系连一个浮袋,以指示动物的所在,使其易于被获。掷枪和杈时又用一种掷枪器,也是一根木棒,将枪杈置其上,然后射出,较为有力,且准确。一种狩猎用小艇,名"卡押"(Kayak),形甚狭长,是将皮蒙于骨架上而成,艇面也封密,只留中间一穴,给渔人的下半身塞入,水不能入。渔人的技能极精,行驶波浪恰如一只海鸟。又有大舟专用以运载妇女小孩及物件。

社会团体有三种,即家族、同屋者(House-mates)、地方集团。家族包含一个男人及其一个或一个以上的妻,亲生及继养的子女。同屋者包含同住一屋的几个家族。地方集团即同住一村落或暂时居留所者。小孩便订婚约,一夫多妻制,及一妻多夫制都存在,男子可将其妻贷人或交换以表示友谊。无政治组织,只有一种领袖,能指挥诸事,但权力亦不大。绘画颇巧妙,又能雕塑。宗教盛行萨满巫术,萨满巫之成立,由于获得"保护神",此外尚有多数凶恶的精灵。

2. 麦更济区(Mackenzie Area)

在哈得孙湾以西一带半寒带地,有丹涅大部落(Déné Tribe),分为三个文化群:在东部的,是"黄刀"(Yellow Knives)、"狗肋骨"(Dog Rib)、"野兔"(Hares)、"奴隶"(Slavery)、支伯卫(Chipewyan)、"海狸"(Beaver);西南部的,是那哈涅(Nahane)、塞卡尼(Sekani)、巴比涅(Babine)、"挑负者"(Carrier);西北部的,是苦金(Kutchin)、露歇(Loucheux)、亚典那(Ahtena)、科旦那(Khotana)。各部落都以渔猎为生,所猎有美洲驯鹿及鱼等。植物性食物略有一点。器物多用木及树皮制成,无陶器,树皮制的器皿也用以烧水,有时用热石浸水法烧沸水。夏天出行用小艇,冬天用雪鞋,狗橇也略使用。衣服也用皮制。雪鞋袋网都用树皮纤维织成。铜器使用不广,石器也不很发达。

各族都很和平,胆小或至畏怯。兵器罕用,个人争斗时,也丢开利器,只用手搏。因传说中记忆着昔时受外敌的蹂躏,故甚畏敌人。旅行者都称赞他们的诚实。旅行家在 Sekani 人中,不怕行李的失落,他不在时,若有一个土人排闼直入,取去所要交换的枪弹火药,也必定留下足可相抵的皮货。

东部丹涅人是游猎和采食的民族,西部的则为半定居,大半在本村以捕沙门鱼为生计。前者行父系制。后者则集成母系而外婚的图腾氏族(Totem Clan),氏族的首领,成为有特权的贵族,只有他们方能占有狩猎地场。萨满崇拜盛行于此区域内。神话中常说世界的创成是由于一个"改造者"(Transformer)的工作。有一种"送礼"(Potlatch)的风俗,在冬天举行,向同族或邻族致送礼物,其物常是毡毯。男人如要得别人的妻,可以向其夫挑战,以相搏定胜负,胜者占有其妇。

3. 北太平洋岸区

地形狭长,这区的文化和民族都较为复杂,也可分为三部分:北部的民族是突邻吉(Tlingit)、海达(Haida)、金鲜(Tsimshian)三族;中部是瓜固土(Kwakutl)、贝拉苦拉(Bellacoola)二族;南方是海岸的沙里次(Salich)、奴突家(Nootka)、金奴克(Chinook),卡拉菩偃(Kalapooian)、哇伊拉般(Waiilatpuan)、金马关(Chimakuan)诸族。

北部的文化可为此区的标准,其特征如下:生活大部分倚靠海产,略从事陆地狩猎,干鱼蛤和果实是主要食物。用石烹法(Stoneboiling),即将石烧热,然后投于盛水的箱或袋内,使水逐渐变热。有三角顶的屋,柱上有雕刻,屋外有图腾柱。旅行常由水路,有独木艇。无陶器及石皿。能编筐篮,但方法未完备。无真正纺车。衣服颇少,大多用皮制,有特殊的筐形帽,系用以御雨。常赤足,有时亦着逐皮鞋及行縢。兵器有弓箭棍棒及匕首,无枪。有皮甲木盔,无盾。使用"青石"为器具,但不加溜削。木工颇发达。红铜器尚属幼稚。中部的文化与北部大同小异,有树皮或羊毛所织的衣料,不用毛皮。南部的多用石箭镞,又有一种扁棍似新西兰式。

社会组织各部落不一,但自北而南似有连贯。在北部行母系制,南方则行父系。各村落都是自治的,其初或只限于一个图腾氏族。人民分为三级:即贵族,平民,及下等阶级。卜等阶级包括贫民及奴隶,不能参加秘密社会。除村落组织外,还有图腾组织,有数个图腾同在一村的,也有一个图腾不但散布各村而且扩大至别部落的。同一图腾标号和名目的不能通婚。土人们据说并不自以为是做图腾的动植等物的子孙。女子带其父的地位标号与特权为陪嫁物,但其夫不得享用,只能保留以供其子之用,这便是所谓母系的继承权了。

在这里盛行"保护神"(Guardian Spirit)的风俗,各人在少时,便须取得一神;其法是自致于梦寐迷乱的状态,其时如恍惚有所见,那便是了。其物大都为动物或其他,其人一生对于这种物有密切关系。在北部的秘密社会和图腾氏族范围相等，在中部瓜固土部落中，夏天人民散开，社会仍根据旧时氏族制度。在冬天人民集合来又行秘密社会的组织。有很发达的交换法，以前用麋皮小艇及奴隶为交换，现在改用毡毯。有"送礼"(Potlatch)的大节日，送者得很大的名誉。神话中以鸦为主人翁，他能管理自然现象，获得火、日光及清水，并教人技术。南部的人民与北方的略有差异。他们较为散漫，宗教也属个人的，有改变幼孩头形的风俗。穿生皮的衣。用热石烹煮法。有动物形的面具。不文身，无图腾柱。

4. 高原区

在太平洋岸区与中部平原之间。地势不齐，北方湿而肥沃，南方则为沙漠地。在这一区的部落以内地的沙里次(Interior Salish)、萨次瓦拍(Shushwap)、李路尼(Lillooet)诸部为代表；还有涅兹伯塞(Nez Percés)、萧松尼(Shoshoni)二部则兼带平原区的特征。食物为鲑鱼、鹿肉、植物根、果实。有加柄的挖掘杖。以热石和筐篮烹煮。捶干鲑鱼和植物根为粉保藏之。冬天的屋是半地下式的，夏天的屋是席及草盖成，可迁移。用粗陋的独木艇及树皮艇为转运器。无陶器。编筐篮的技术甚精。能织席，并织树皮纤维为简单的布。常以鹿皮为衣服。毯有用兔皮制成的。兵器如弓箭枪棍都有。雕木术较被平原人为工，但较太平洋岸的为差。石器还在使用。

内地的沙里次人是陆地的猎夫，自远古以来便在山间追逐野兽。这种生活使他们的体格活泼而强健，且较其别支即海岸的沙里次为高大。其中的汤伯孙(Thompsons)一支尤为优秀，不但在体质方面，便是道德上也这样。

社会组织，在内地狩猎部落极为简单，各家族独立自治，无强固的政治组织。每个地方团体只包含几个家族，以各家族的长老或智者为其名义上的领袖。所有狩猎、渔业及植物场地都是公共的财产。有一二特殊的部落，其中各家族须每日轮流供给并烹煮食物，以供全部的人。

5. 加利福尼亚区

其部落是温顿(Wintun)、波磨(Pomo)、弥恶(Miwok)、约窟(Yokut)四部。此区的标准文化，是以橡实为主要食物，制为面包状，植物根头果实都少用。狩猎大部是小动物。渔业也不盛。家屋有多种。无独木舟。无陶器。不知织布，衣服稀少，常赤足。编篮术甚发达。兵器只有弓箭。皮木骨工都劣。石器也不高。无金属工。南部受别区的影响，文化较高。此区的印第安人自昔便较别区为蒙昧及和平。他们的生活技术、社会制度、宗教仪式，都比较简单，自来不曾有为自己而发生的战争。无部落联盟。无图腾制度及送礼的风俗。印第安人的著名文化特征，他们都没有。他们的良好物质环境，反为他们进步的障碍。人口是固定的。社会组织除家族外，只有根据村落和语言。阶级的分别不著，无贵族与奴隶。首领的权力也不大。个人财产权发达。宗教仪式不盛。

6. 平原区

地方很大，部落最多。自北而南，为沙耳西(Sarsi)、黑足(Blackfoot)、平原的克里(Plains-Cree)、平原的奥日贝(Plains-Ojibways)、血(Blood)、大腹(Gros Ventre)、比挨干(Piegan)、亚辛尼奔(Assiniboin)、鸦(Crow)、折颜(Cheyenne)、亚里卡拉(Arikara)、克劳族印第安人(Hidatsa)、曼丹(Mandan)、山蒂—大科达(Santee-Dokota)、杨屯—大科达(Yankton-Alakota)(以上二族都属萧族Sioux)、温河的萧松尼(Wind River Shoshoni)、铁屯—大科达(Teton-Dakota)(也属萧族)、本卡(Ponka)、波尼(Pawnee)、奥麻哈(Omaha)、亚拉巴鹤(Arapaho)、爱奥哇(Iowa)、奥陀(Oto)、密苏里(Missouri)、奥沙治(Osage)、韦乞达(Wichita)、基奥哇(Kiowa)、戈曼折(Comanche)。

这区的标准物质文化，是依赖野牛为生。少吃树根及果实。无渔业。无农业。有叫作"底比"(Tipi)的天幕，为流动性的家屋。交通转运限于陆地，古时用狗橇，历史时代用马。无筐篮、陶器及真纺织，衣服用牛皮鹿皮，皮工及珠串工特别发达。木石骨工都劣。

诸族之中以大科达即萧族为最特出，无论体质心理或道德方面都如此。他们的勇敢是白人及其他印第安人所拜服的。他们克服了所有的敌人，只有奥日贝人能与之抗衡。其体质是具有红黑色的皮肤，高大的鼻及下颚，中度的头形，强健活泼，故能为自由而有力的猎人与战士。其兵士是用石木骨角所做的战斧(Tomahawk)、棍棒、石刀、弓箭。其风俗习惯以野牛为中心。其艺术是能绘图在牛皮上并雕刻精致的烟管以为仪式之用。全部落分为血属的群。妇女是一家的主宰。氏族内不得通婚，但部落内则可。婚姻由父母主之，有时行一夫多妻制。政治组织为酋长制，酋长以个人功绩得之，老人有极大势力。宗教信奉一种灵力，叫作"瓦孔达"(Wakonda)或"马尼突"(Manito)。其崇拜方法，便是萨满巫的许多仪式，如跳舞、讽咒、宴会、断食等。其中最著名的便是"太阳舞"(Sun Dance)。这种风俗广播于平原区的诸部落中，每年举行一次，每次经过数日方毕。其用意是崇敬太阳以祈求次年的丰盛。太阳舞不但是这些印第安人的一种宗教仪式，而且是他们生存的条件。不但为他们发泄感情的机会，而且能巩固全部落的团结。共同的意志由以成立或重造，部落政策由以开始，酋长地位由以重定。有丧宴以追思已故的族人，有欢宴以履行社会义务。最后复有各种社交的跳舞，以便青年男女得表襮其恋爱的感情，这尤为全部中最有精彩的一段。可惜这种风俗不为基督教会传教师所了解，故被其严厉排斥而渐致衰微，不久将完全绝迹了。

7. 东部森林地区

这区地域甚大，包括自哈得孙湾以南，密西西比河以东，至东海岸。北部的部落是所尔朵(Saulteaux)、森林的克里(Wood Cree)、蒙大倪(Montagnais)、那斯加皮(Naskapi)。自此以南偏于西部的,是奥日贝(Ojibways)、绵老弥尼(Nenomini)、所克与伏克斯(Sauk and Fox)、菩大瓦陀弥(Potawatomi)、表利亚(Peoria)、伊利诺亚(Illinois)、基卡铺(Kickapoo)、弥亚弥(Miami)。偏于东部的,是奥大瓦(Ottawa)、亚耳贡钦(Algonquin)、亚勃那奇(Abnaki)、弥克麦(Micmac)、胡仑(Huron)、威偎督(Wyandot)、耳里(Erie)、苏示格哈那(Susquehanna)、伊罗葛(Iroquois)。这区中伊罗葛、胡仑、威偎督、耳里、苏示格哈那诸部都使用伊罗葛语,其余则属于亚尔贡钦语系。文化特征是槛圈驯鹿,使用罗网,捕获小禽兽及鱼。织兔皮。制桦皮艇,雪橇(Toboggan)。圆锥形皮屋。无陶器及筐篮,多用树皮及木为器物。西部的文化特征是栽种玉蜀黍、南瓜和豆,采野生的米,制枫糖。捕鹿、野牛、野禽。渔业发达。陶器不佳,常用木及树皮器。家屋有圆顶的冬屋和三角顶的夏屋,都用树皮盖成。有独木艇、树皮艇、雪鞋、雪橇等。织树皮纤维为网袋等。衣以皮制成,有数件。兵器无枪及盾,有弓箭、棒及战斧。木石骨工都不发达,或者在史前已经常用赤铜器。在东部农业更盛,陶器也很发达。羽织的外套很常有。蜡石工很精。

奥日贝族在诸族中很为特出,其文化属西部的。体格很好,高达1.73米,阔头,颊骨很广,鼻也高大。他们是很好的战士,曾击退东方的伊罗葛人和南方的伏克斯人,并抵住了萧族人的侵入。全部落有多数外婚的氏族,行父系制(其他亚尔贡钦人多行母系制)。氏族是图腾式的。氏族各有首领,全部落也有一个酋长,由一个世袭酋长位置的氏族选出,酋长的权力很大。其宗教信"马尼突",即一种超自然的神秘力,常将这种神秘力的观念附合于动物或无生物,又渴望人与这种神秘力会发生关系,以利用他。白人的传教师殊难变易他们的信仰,因为本地巫师势力甚大,有一个巫师会叫作"Medewiwin"能管理部落内的各种运动。

伊罗葛人也是这一区内的优秀民族。他们的文化属东部的。其农业和陶器更发达。有一种叫作"吹箭铳"(Blow-gun)的兵器。能织玉蜀黍皮。有细雕的木面具。家屋是三角形的。能造堡垒。精于骨工。他们的政治组织最为特长,全部落原由五部落合成。其名为Mohawk、Onondaga、Oneida、Cayuga、Seneca(后再加入Tascarora一族),成为著名的伊罗葛联邦(League of Iroquois),时约在1570年。各部落自治其部内的事,但却有一个共同的议会,由公选的"沙监"(Sachem)组成,握有最高权力。他们的政治组织政策和武功,在北美土人中是独一无二的,而他们的外交手腕也很能与狡猾的英法政治家抗衡。这个联邦是这样的能干,所以在几百年来逐新制胜附近诸族,扩大其势力北至哈得孙湾,南达北加罗林那(North Carolina)。其西北方苏必利尔湖畔,因有强大的奥日贝族,南方则又被其近支折落奇族所阻,故不能再扩大。社会组织,较之其他印第安人都远为复杂而繁密,其最特殊的情形,是妇女地位的重大。妇女在政治上很有权力。男酋长的选举及重大事件的决议,都由有子的妇人主持。酋长候补人的名,由全部落的女家长提出,由部落议会和联邦议会通过。土地和家屋所有权都全属妇女。

8. 东南区

其部落有包哈丹(Powhatan)、萧泥(Shwnee),为北边的中间族。其主要部落是克里克(Creek)、触陶(Choctaw)、支卡所(Chickasaw)、薛明瑙(Seminote)等(以上属母斯戈日安语系"Muskogean");又折洛奇(Cherokee)、达斯卡罗拉(Tuscarora)(以上属伊罗葛语系)以及尤基(Yuchi)、东部萧宛(Eastern Sionan)、突尼干(Tunican)、瓜堡(Quapaw)。主要的文化特质如下:农业兴盛,多用植物性食物,能种玉蜀黍、蔗、南瓜、西瓜、淡巴菰。初时只养狗一种,且系充食料,近来学养鸡猪牛马。狩猎所获有鹿、熊、野牛、火鸡等。略事渔业。有制造的食物如熊脂、胡桃油、柿面包、玉蜀黍饭,还有一种仪式用的"黑酒"。家屋为三角顶形茸草及树皮而成的茅屋,村镇外有木栅保护之。衣服多用鹿皮,又有野牛皮袍,树皮纤维的织物,编羽外套野牛毛织物等。兵器有竹刀,竹及骨的箭,吹箭铳。陶器颇好,用螺卷法。石器技术也好,金属器不精。

克里克族的男子据说:比欧洲人还高,大都在6呎以上,体格很美,性情勇敢而高傲。民族性好装饰,喜音乐。每一村镇都有其独立的政府,有选出的酋长和议会。有些村镇,限于举行和平的仪式,故名为"白镇"(White towns)。有些专做战事的仪式的,则称为"红镇"(Red towns)。有大节日,名"Puskita",以庆祝初获。

尤基族的屋子,环绕一块方形空地,其地有神圣性质,是举行宗教仪式和集会的地场。崇拜太阳,以为是万物生命的创造者。又有图腾制。各氏族的人,都自信是某种古动物的后裔,而现存的该种动物,也是该种古动物的子孙,所以人与活的动物之间,有血统上的关系。氏族的名便用该动物的名,而对于该动物也不敢杀食。但若由别氏族人得来的皮或肉,便不在此例内。氏族内各个人都在行成丁仪式时,承继这种保护图腾的义务,以后终身都须履行这种义务。他们也有复杂的过年仪式,以祈求收获。

在密士失必河下游流域及附近,发现一种古文化的遗址,其文化在北美居最高位。其特质是稳固的定居生活,发达的农业。各种长久性的建筑,如住家的、宗教的、公事的、战事的、埋葬的都很宏大,且有各种形式。这种古民族,据考古家称之为"丘屋建筑者"(Mound-builders)。以前的考古家,以为他们是印第安人以前的另一种民族。但现在则以为也是印第安人,其人至欧人初到时还存在,因为坟塚中还有欧洲物,其人的遗裔,也还可在其地的住民中寻出痕迹。

9. 西南区

其部落是何比(Hopi)、俊泥(Zuni)、里约格兰(Rio Grande)、那哇鹤(Navaho)、卑马(Pima)、摩哈夫(Mohave)、支加里拉(Gicarilla)、麦斯加勒罗(Mescalero)、哈哇苏拜(Havasupai)、亚巴折(Apache)等。这区的文化可以"贝勃罗文化"(Pueblo culture)为标准。贝勃罗文化的名称由于其地的全村落或市镇的屋子都是用石或日晒砖造成,这种村落或市镇便称为贝勃罗。这区文化的其他特质是:耕种多量的玉蜀黍和其他植物(男人从事耕种和纺织,妇人做别事)。用磨石而不用舂。泥水工发达。有纺机,用棉织布。陶器加彩色。畜养火鸡,略事狩猎。衣服常有织布的袍,还有几式衣服,又有兔皮衣、火鸡羽的衣等。陶器甚精,且加彩色。编筐篮也很好。无舟。木石工也不能胜别处。无金属工。贝勃罗式的屋包含许多房间,多数层次,上面的渐小,而下层的屋顶即为上层的走廊,所以从正面看像一个大阶级,由后面看又像一座垂直的城墙。

贝勃罗印第安人躯干短,肤色暗,筋肉发达,膂力强健,能负重走远,每日的工作能够走四十哩的热沙路到田地耕作。性情温和勤奋,富保守心。男女间分工较他族为公平。家族最重要,氏族次之。无图腾制。父系及母系并行。婚姻为一夫一妻制,离婚甚易。无宗教社会秘密社会等。宗教上以祈雨为要事。灵物崇拜、动物崇拜均盛。动物崇拜中以蛇的崇拜最常,特别是响尾蛇尤被崇敬。在土人意中,以为这种迅疾如风,性又喜湿的毒蛇,和天上的闪电,以及由电而致的雷雨有密切的关系,在那种干燥的地方极需雨水,所以便对蛇崇拜而藉以求雨。

在这区中特别是北方有古代存留的屋址,其屋是依岩壁而建立的,这叫作"岩壁屋"(cliff-dwellings)。这种岩壁屋使居人便于看守前面的地场,以及观察外来的生人。其住民的文化已知其与现在的贝勃罗人相同,而其遗留的头骨,也与现在居民一样。

第三节　中美民族

墨西哥和中美诸邦可名为墨西哥区。其土人也属印第安种,其中有二支主要民族:一是那活兰人(Nahuatlan),以阿兹特克人(Aztecs)为代表,住在墨西哥的亚那活高原(Anahuac Plateau);一是花克示得干人(Huaxtican),以马耶人(Maya)为代表,住在尤加丹(Yucatan)和瓜地马拉(Guatemala)。但这两族的住地交界互相错杂,而且各有隔离的小群孤立在别族的地方,如马耶人有住在墨西哥的,阿兹特克人也有住在尼加拉瓜的。他们都自北方移入,其次序似乎以马耶人为先。

这两族人的体质,阿兹特克人的头幅指数78.9,鼻幅指数80.5;马耶人的头幅指数85,鼻幅指数77.5。体质上虽略有差异,但文化上历史上地理上都互相错杂不能分开,只可合论。马耶人较阿兹特克人开化为早,马耶先开创了很高的文化,阿兹特克人方模仿他,故也可合称为马耶文化。

马耶文化可以说是达到美洲的最高级。南美洲的古秘鲁人虽也有很高等的文化,但也有不及的地方。至于北美的居民更是望尘莫及了。这种文化刚在进入文明的程度,大略如旧世界的古埃及和希腊的有史之初的状况。分述于下:社会组织:在哥伦布发现新大陆以前一千年,马耶人已有城市互争雄长,犹如古希腊的城市国家一样;其后阿兹特克人更发挥武力,征服别族,而建立类似帝国的国家,其领土北自墨西哥中部,南达中美,包括数百万的人民。征收定额赋税,组织有力军队以强邦的世袭君主为其统治者。国都便在现在的墨西哥城,其时称为"Tenochtillan"。此地社会组织的演化程序有五段:(1)先氏族时代,氏族尚未发生。(2)父系氏族时代。(3)母系氏族时代。(4)国家发生,由联盟而成,氏族还在。(5)帝国时代,其组织比较旧世界的简单且松散,但确是有组织的政治团体,氏族已消灭。文字及书籍:在美洲只有此地民族发明真的文字,秘鲁还没有,其他则只有图画文字而已。阿兹特克人已有"谜字"(Rebus),即用图画文字代表声音,这是介于图画文字与音标文字之间的一种方法,但阿兹特克人大都用于固有名词而已。马耶人更进步,他们将图画文字大大简省,用以代表声音,但还有些不清楚的地方,所以还是在混合的或转变的阶级,而非真正的音标文字。书籍也只有这地方才发生,其内容大都是仪式的或占星术,写在长卷的龙舌兰草所制纸上或鹿皮上。其数不多,能通晓者,也只有僧侣和官吏。历算及天文学也很发达。他们创设一种太阳历,每月二十日,十八月再加五日的余闰,计三百六十五日为一年。五十二年为一周,后来又改四百年为一周。这种历法的成立,大约略早于基督纪元。他们又晓得三百六十五日比真的年稍短,故预算一百零四年应加二十五日。他们又推算阳历与阴历的对照,在三百年中只差一日。这种历法实是非常的成绩。建筑:马耶式的建筑物,及其附属的雕刻绘画,也表现很高的程度。在七万方哩的马耶疆土内,处处可见巨大建筑物的遗址,其式有金字塔形的,四方或长方而平顶的,圆形的,重叠数层,规模宏伟。其构造极为牢固,多用石料,以木补助之,泥水工很精。经过四百年的荒废,至今还大体存在,可见其技术之佳。

此外的文化特征,是陶器、农业、金属工、纺织等,都比较别地方为发达。自被欧洲人征服以后,阿兹特克人受其影响而改变其土语几于消灭,至于马耶人则尚保存其语言及其文化,有时反影响外人使从马耶风俗,可见其根柢的深固。

除了上述的二族外,在墨西哥高原,还有其他文化稍逊的民族。如在 Oajaca 的 Miztecs 和 Zapotecs;在 Michoacan 的 Tarasco 和 Matlaltzinca;在 Vera Cruz 的 Totonacs。这几族的文化,颇受上述二族的影响,故颇不低。此外在更北的地方,还有野蛮的民族,其中最广布的是 Otomi 族。其语言似是孤立语系的,但与中国语又不同。尚有一种 Seri 人在加利福尼亚湾内 Tiburon 岛上,其野蛮状态在北美诸族中为第一。

西印度群岛居民在初时由佛罗里达移来,其后有二大族由南美北上。其一是阿拉瓦干(Arawakan)族,住最大地方,成为最主要住民;又其一是卡立勃(Caribs)族,住小安的列斯群岛。西印度群岛在文化上称为安的利安区(Antillean Area)。这区的文化在美洲最早消灭,因为最先被欧洲人发现并受其影响,又无内地可以退避。

第四节　南美民族

1. 乞勃茶人(Chibcha)

又称为"没伊斯加人"(Muysca),在哥伦比亚,这地方在文化上可名为哥伦比亚区。"乞勃茶"的名,是由于其族的语言中多有"ch"的音;"没伊斯加"方是真的族名,其意为"二十"及"人",因为人的十指十趾合为二十的数,故人与二十同一名词。这族的文化也有半开化的程度,但不如墨西哥与秘鲁的高。其缺点便在没有特殊的发展,他们有嚼槟榔、睡吊床、坐低椅的风俗,为墨西哥所无。但这些都是南美洲通行的,不是这族自己创出;至于繁复的农业,寺庙僧侣,政治组织都是墨西哥与秘鲁所共有的。大约这区因为介在墨西哥与秘鲁两大文化中心之间,两者的文化交通时,必定经过这区,因而影响了这区的居民,故这区实为上述二区文化的传达者与接受者。这族曾建立政治组织,由几个国家合成一个帝国,其南方与秘鲁的印加帝国相毗连。其中各邦的君主都有专制的权力,能任免僧侣。王位的继承是照母系计算,贵族与平民划分甚明,有奴隶,行多妻制。物质文明中以冶金业最为发达,其所制金属圆盘被用为货币。又有金与银或铜金制的饰物小像等甚多。宗教行自然崇拜,有太阳庙,饲养小孩以充牺牲。当欧人来攻时,其帝国本有内讧,且系专制政体,故解体甚快。

本区除乞勃茶族以外,四围还有野蛮的民族,总称为"Panches",无部落组织。不着衣服。有食人俗。

2. 奇楚亚人(Quichua)及印加帝国

住地及其势力范围,为厄瓜多尔南部,秘鲁全部,智利北部,阿根廷西北部,地势高燥无森林,地形为一长带。在文化上可名为安地安区(Andean)或秘鲁区,因为其文化中心在秘鲁。其语言自称为"Ruma-simi",意即"人的语",现在还流行于土人中。在发现美洲以前数百年,秘鲁便有一个"印加帝国"(Inca Empire),其疆土略等于全区,约有100万方哩和1000万人口。印加帝国的起源,或者发祥于秘鲁东南部的的喀喀湖南畔,因为在那边有一个巨石文化(Megalithic culture)的遗址,在距海13000呎的高原上。其遗址是一个大城,由精巧的技术用大石造成,其工程的伟大可与古埃及媲美。由此可以证明其居民的众盛而有组织,这或者便是印加帝国的祖先。中间被外族侵略衰败,直到其后裔Manco王时,方定居Cuzco流域,国势渐振,其时约在西班牙人来攻以前四百年。其后传至印加碌卡(Inca Rocca)王,方大扩张而成立帝国。物质文明始兴,学校制度亦发生。全国分为四省,分派本部人民移住各地以镇压之,称为"Mitimacs",意为殖民。这民族大都从事农业,主要农产物是薯,高地又有玉蜀黍。他们又能畜养美洲驼(llama)。其大规模的灌溉方法,以及道路悬桥等的精善,都可叹异。其宗教崇拜太阳,国王自称为太阳的子孙,有盛大仪式,最高僧侣便是一个高级官吏,常是国王的兄弟。历法也很精确,可惜还无文字,其记载全是口传的,用结绳方法帮助记忆,称为"Quipus",其法是将各种颜色的绳打结以代表事物,但这种方法只宜于记数目。这区的文化和墨西哥文化的异点,在于后者以精神的文明为胜,而前者则以物质和实际的技术为优。印加帝国较之阿兹特克人为大,却统治得更为严密。道路较长,建筑较大。开矿和冶金业也较发达。因畜牧和农业的进步,经济上也较稳固。

3. 亚老干尼安人(Araucanians)

这便是智利的土人,自称为"Molu-che",意为战士。至Araucanian的名称,是源于奇楚亚语"叛徒"之意。这族人号为"南美的伊罗葛人",因为他们从来不曾屈服于他族。他们对白种人的长期战争,且成为西班牙文的史诗材料,现在也还维持其自治,而为智利共和国的忠实朋友。其社会组织富于个人自由及平等的性质。全族有四个大酋长,每一酋长有五个地方酋长辅佐他,酋长的职位是世袭的,但权力不大。在战争时各部落方联络而共戴一个领袖。不但各部落自由,便是氏族、家族也是自由。又无奴隶或农奴。法律思想只晓得报复而已。宗教是低等的自然崇拜,最大的神是雷神。死人的鬼魂则过海而赴快乐的地方。亚老干尼安语言现在还为四万土人所专用,其中"che"一字意为人,故其部落名都用此字为接后语。其中"Puen-che"一族,是标准的亚老干尼安人,其人最有智慧,其面貌有点像白种人。

4. 巴他峩那人(Patagonians)

又称为"特回耳次人"(Tehuelche),是著名的长人。躯干1.73~1.83米,即68～72吋,肤色棕,发黑色,长而直,广头,指数85,面方形。住地即阿根廷南部巴他峩那地方。

5. 耶干人(Yahgans)

又称为翡及安人(Fuegians),和特回耳次人体质相近。语言不同。住在南美南端德尔佛伊哥岛。关于这族的记载,殊不一律。如G. Bove说:"妇女被遇如奴隶,男子的妻或女奴愈多者,生活愈快乐,故多妻制盛行,一夫四妻为常事。因气候严冷,养顾不周,儿童未达十岁而殇者甚多。母的爱以断乳为限,至儿童六七岁时完全不顾。翡及安人只爱自己一身而已,无家族关系。"P. Hyades则说:"翡及安人男女之间,也很有爱情,男人有妒心,女人也有媚态。有些人娶二个以上的妻,但大多数是一夫一妻。儿童很受父母爱护,他们也晓得敬服父母。翡及安人性情慷慨,喜欢分所有给别人。男人对其妻有管理权,妇女不贞,受罚甚酷。"上述两种不同的状况,或者由于近来土人的开化,因为英国传教师曾到那里努力传教。

巴他峩那、德尔佛伊哥、智利南部,可合称为巴他峩那区,凡南美洲盛行的文化特质,这区都缺乏,却反和北美北部的民族相似。本区的特质是板制小艇、螺旋编筐术,和流星绊索(Bolas)。除极南端以外马甚多,这是由西班牙人引来的,繁殖极盛,大大增加土人的战斗狩猎的能力。

6. 亚马逊尼亚土人

亚马逊河流域地方卑湿,森林丛杂,交通不便,秘鲁的文化不能输入此地,故另成一种疆域,在文化上可称为"热带森林区"。其特质是有一种特殊食用植物,叫作"Cassava",吊床,塞鼻饰物,凳,"潘的烟管"(Pan's Pipe),玉蜀黍虽非没有,但不如Cassava之多。主要的土人依其语言分为四种如下:

(1)卡立勃人(Caribs)或卡立班(Caribans),这族人散布很远,连西印度的安的利安群岛都有。以前以为他们是由北美佛罗里达移来,现在已知其发源地是在巴西中央,其后方向北散布至卡立此安海(Caribbean Sea)。这海的名称便是由他们来的。其支族在委内瑞拉的名Makirifare,英属圭亚那的名Makusi,荷属圭亚那的名Kalina,法属圭亚那的名Galibi。

(2)亚拉瓦干人(Arawakan):这族人散布也很广,南方直达巴拉圭。支族也很多。其发源地似在玻利维亚东部,其后乃向东方东北东南散布。

(3)给散人(Gesan):在巴西东部。其中最著名的是"波多苦多人"(Botocudo),其文化极低。自称为"土地的孩子",又没有从别地迁居的传说。其器物如枪、弓箭、臼、囊、盛水器等,都是用木或植物纤维制成,或者可说是未达石器时代的民族。和翡及安人有很多相似之点。社会组织简单,男子妒心甚重,妇女颇受虐待,不行乱婚制。住屋是将树枝插地作成,高不过四呎,住两家以上。生活纯粹是拾食和狩猎,裸体游行于森林内,找寻草根果实、蜂蜜、蛙、蛇、

图 4-11 巴西森林中印第安人的生活

蠕虫、鸟兽及人类以充食料。食法是生吃，或用竹管烹煮。以前无吊床，或睡于皮上，或倒在火灰上。食人肉的风俗，确实存在，将所吃的人的牙齿，贯为一串，以作颈饰，阵上敌人或别部落人都被吃，全体只除头颅都吃尽，头骨藏为战利品。略有宗教思想，举火于死人的墓以驱除恶灵。凡吉事都归于"昼火"（即日），凶事则归于"夜火"（月），以月为能发生雷雨，有时且降洪水以害人民。

（4）杜卑、瓜拉尼安人（Tupi-Guaranians）：杜卑在东部，瓜拉尼安在西部，占地很广。据说这族无数字，但未有确证。其中支族如玻利维亚的 Chiquito，颇有智识，能从事贸易。制铜锅以煮糖。知纺织，能种蓝及棉。当西班牙人来征时，土人走避，西班牙人见其住屋低小，遂误以为矮人，其名的意便是如此。又有在 Chaco 地方的 Abipone 人，其中一部分还在原始状况中。常与别族争斗，割去敌人头皮以当战利品，像北美民族一样。

第五章　高加索种

第一节　总　论

概况：住地原在欧洲、亚洲西部，非洲北部，其后移居美洲、澳洲、南非，今已散布世界各地。

分族：(1)挪耳的系(Nordic)，即北部长头系，住欧洲北部；(2)阿耳卑系(Alpine)，即广头系，住欧洲中部、亚洲西部；(3)地中海系(Mediterranean)，即南部长头系，住欧洲南部、非洲北部、亚洲西部。以下简称(1)、(2)、(3)。

体质：毛发(1)浅棕色，或红色，颇长，直或波状，柔滑有光泽；(2)红棕色，波状，颇短而无光泽；(3)深棕或黑色，弯曲度不一。三种的横断面皆椭圆。须髯甚多，形直或波状，色比发浅，有甚长者。肤色(1)红白色，(2)灰白色或浅棕色，(3)不一律，白者棕者甚或黑色(如含族)皆有之。头形：(1)及(3)皆长头，指数72～79。(2)圆头，即广头，指数85～87以上。三种面形皆直，颊骨皆小，不横突。鼻形：多数大而直，弓形或作钩状，亦有阔而短者。眼形：(1)多数碧色，(2)棕或黑色，(3)黑或深棕色，亦有碧色者。躯干：(1)高约1.73米即68吋，(2)中等，(3)中等，高约1.615米即63.5吋。臂：比较尼革罗人为短。腿合度。足：(2)及(3)小，(1)较大。

心理：(1)诚恳奋发，稳健迟钝，沉默深思，富宗教性，温厚不残酷。(2)及(3)聪慧灵敏，富于想像，智力甚高；易于激动，好社交，有礼貌，但变动无恒，不可信赖，甚或狡诈残忍；甚勇敢，审美性发达，伦理观念不高。

语言：大都属于屈折语系。其重要种类如下：(1)雅利安语族(Aryan family)，即印度欧罗巴语族(Indo-European)，包含印度语(Indic)、斯拉夫语(Slavic)、日耳曼语(German)、拉丁语(Latin)、波斯语(Persian)、阿美尼亚语(Armenian)、希腊语(Greek)、亚耳巴尼亚语(Albanian)、立陶宛语(Lithuanian)、克耳特语(Keltic)等。(2)闪米特语族(Semiti family)如阿拉伯语等。(3)含米特语族(Hamitic family)如埃及语等。此外小语族有达罗维荼语族(Dravidian family)，虾夷语族(Ainu family)。

文化：大都甚高，现方逐渐推行全世界而为现代的共同文化(此种智识极普通，本书略而不述)。但此外如含米特族、印度尼西亚族，尚在原始状态中。

名称的讨论：高加索种或称白种，但这种人却不全是白的，而也有棕的黑的，故白种的名称不适合。高加索一名也不妥当，因为这种人不全是出自高加索的地方。但高加索一名，因沿用已久，此外也无更为适宜的名称，所以本书还是沿用他。雅利安人(Arians)这个名称通常系指高加索种的一族，这种用法不是指体质而是以语言为标准，本书不用这名。此外还有闪米特、含米特、斯拉夫、日耳曼等名称，虽也不是纯粹体质上的分类，一族内常有数种体质，但相去不远，本书中有时沿惯例使用，因为较为通俗便利。

高加索种的起源：这个问题现在还无实证可以解决，故只有一二假说而已。其中有一说是"北非起源说"，以为这种人是由非洲北部移向欧洲的。因为非洲北部在后新世及洪积世的时候，气候温和，适于动物的生存。而欧洲则气候酷寒，冰雪遍地，两者相比，自然是非洲较能合于产生动物及人类。非洲曾有大伙的动物如河马、犀象、穴狮等,进入欧洲,或者人类也同时移入。欧洲史前人类中有一种格林马底人,很像非洲尼革罗人,可以证明非洲和欧洲在史前便有种族上的关系。非洲沿地中海一带也发现了很多石器时代遗址,有些很古远,这也是一种证据。但非洲与欧洲隔了广漠的地中海,何以人类能进入欧洲,这却因为地质学上证明在古时欧洲与非洲间有二三处的地带联结。并且还有人说,撒哈拉沙漠在第四世纪还是大海,而非洲北部是一个大岛,名为摩列坦尼安岛(Mauretanian Is.),其上的民族和欧洲的石器时代人一样。主张亚洲起源说的,以为高加索种人有三大系,即两种长头的(地中海系在南,挪耳的系在北),和一种广头的(阿耳卑系在中);其中在南部的地中海系的起源,虽以非洲说为近,但其他两系却是从亚洲来的。人类大约在第三世纪的后新世发生于亚洲(或主南部或主西方尚难断定)。其中的两种长头民族,即北方的挪耳的系,和南方的地中海系,最初或系一族,彼方分化。挪耳的系先住欧亚交界高原的北方草原,其后冰期过了,土地干燥,遂向东西迁移,向西的便入欧洲,而成为欧洲北方的民族,通常或谓之条顿族,或称为雅利安人。向东的则为西部波斯人、阿富汗人。在南部的地中海系则向西移入非洲。遍布于非洲北部而为埃及人、柏柏尔人(Berbers),有些过地中海进入欧洲的,便为欧洲南部的居民。在亚洲的则为印度人、阿拉伯人等。至于居中的阿耳卑系则由亚洲西部高原,向西迁移而为东波斯人、阿美尼亚人、斯拉夫人、古瑞士人、南日耳曼人,一部分法兰西人等。

欧洲的史前人类:高加索种以欧洲为最多,要懂得欧洲现在的民族,不能不参考欧洲史前人类的陈迹。欧洲所发现最早的人类遗骸,便是"海得耳伯人"(Homo Heidilbergensis)的下颚骨,虽是很大,却显然是人类的,其时代约在五十万年前。其次是"道孙的曙人"(Eoanthropus Dawsoni)或"彼耳当人"(Piltdown Man),其下颚骨很像黑猩猩,其头盖骨则表现他们似乎是第三纪遗留的人类,而为后来的"安尼达他耳人"及"真人"的共同祖先。这种人约在十万年前。以上两种人,都还在"始石器时代"(Eolithic Age),所用石器不甚加以人工。自十万年以来至一万年前,称为旧石器时代,再分为前后二段,或前中后三段。其前段有两个文明时期,即舍利安(Chellean Period)和亚歇利安(Acheulean Period),这都是由遗物而推得,至于人类体质还不晓得。其中段为一个文化时期,即穆斯特利安期(Mousterian),其人即为尼安达他耳人(Homo Neanderthalensis),其遗骸发现于中欧及西欧很多,地名如 Gibralter、Neanderthal、Spy、Krapina、Le Moustier、La Chapelle-aux-Saints、La Quina 等处。其体质不一律,多数是长头的,但也有中头、广头的。旧石器后段分为三期或四期,即奥利孽先期(Aurignacien)、索吕特利安期(Solutrean)、马格德林期(Magdalenian)、亚梓利奥—他田诺亚期(Azilio-Tarde-noisian)。最后一期

图 4-12 三种欧洲人(上挪威人属挪耳的系,中奥地利亚人属阿耳卑系,下西西里人属地中海系)

或另称为中石器时代(Mesolithic Age)。奥利辇先期的文化是由非洲北部移来的新民族带来的。自此以前的史前人类如尼安达他耳人,谓之"旧人类"(Palaeoanthropic Man)。自此以后的人类,则谓之"新人类"(Neanthropic Man),又谓之"真人"(Homo Sapiens)。奥利辇先期的人类,比较尼安达他耳人为优胜，所以便将他们克服或消灭。奥利孽先期人类的进入欧洲，或说在15000年前，或说在25000年前。奥利孽先期有数种民族住在欧洲南部及西部，其后直传至马格德林期，文化继续发展，其时的民族还遗留些痕迹在现代欧洲人中。其时的人类现已推知有二族：一为欧非族（Eurofrican race），矮身、长头、高头盖、广鼻；二为克罗马囊族（Cro-Magnon race），长身、长头、广头盖、狭鼻。属于欧非族的如 Combe Capelle 地方发现的遗骨，又如格林马底人（Grimaldi）都是，这种人似乎近于尼革罗人的祖先。克罗马囊和欧非族的体质相差甚多。他们广布于欧洲，并经过自奥利孽期直至新石器时代，其痕迹还留于历史时代的萨克逊人中。中石器时代以后旧民族和新来民族混合，而生出一种新族，遍布于地中海沿岸。其人头形长，肤色带黑，身材中等，带来的文化便是新石器文化（Neolithic）。自此便进入新石器时代，约在一万年前。这种人便是地中海系的祖先了。地中海系移来后广头的阿耳卑系人，也自小亚细亚西徙，这种人带来的文化，是种植、畜牧、细磨石器、加绘陶器、纺织，其后又输入冶金术。瑞士的"湖居人"（Lake-dweller）便属这种人。还有四五千年前在爱琴海的地方，有一种叫作"探险者"（Prospectores）的，也是广头的阿耳卑系人。亚洲西部的草原居民也向西迁移，不止一次，且成就不止一种的文化。最初移入欧洲是在索吕特利安期。在新石器时代则进到斯干的纳维亚及北海沿岸等处。这种人后来便成为挪耳的系人。

第二节　北欧民族（以挪耳的系为主）

　　欧洲挪耳的系现住在斯干的纳维亚、日耳曼北部，荷兰和比利时的一部分，英国、法国北部等处；亚洲的则在波斯、阿富汗诸地。他们自新石器时代便住在瑞典南部丹麦、日耳曼北部。但其起源却出自亚洲西部。一支入欧洲，一支则仍在亚洲。这一系的文化发展较后，但现在世界上最文明最强盛的民族，却有很多属于此系。分述于下：
　　斯干的纳维亚人及丹麦人：丹麦很早便是殖民地，故其民族是混合的。在中石器时代，在丹麦海岸生活而积成"食余遗址"的，便是高大而长头的民族。其后又有挪耳的系人进入，和前者混合，并进到瑞典。但除上述的挪耳的系以外，还有广头的阿耳卑系的分子，进入这些地方。自纪元前五百年前，有一支挪耳的系人定住在挪威的峡江，开始作海贼的生涯，因之著名，经过1500年之久。现在最纯粹的挪耳的系人，是住在挪威内部谷地和瑞典中部的人。其北方受拉拍人（Lapp）的影响，而海岸地方又与芬人混合，故不纯粹。纯属挪耳的系的瑞典人，身很高在1.7米以上，头长，指数75，面也长，颜色白而带红，发色也浅，鼻形短而直。丹麦人中眼及发最浅色的，身也最长，深色的便较矮，其平均高度1.69米。在五十年来丹麦人和瑞典挪威人的高度,都增加4生的米突即1吋半。

不列颠人:自11世纪诺曼人侵入以后,次第和先住民族混合而产生不列颠民族,只有爱尔兰人不易同化,至今尚有差别。诺曼人侵入之前,已有丹人(Danes)自北欧移来。其前复有盎格罗萨克逊人(Anglo-Saxons),也是自大陆入住,这些民族都属于挪耳的系。在挪耳的系人移入之前,不列颠已有不列顿人(Britons)住居,这种人属于克耳特语族(Celts)。克耳特人是广头的,属于阿耳卑系。在不列顿人之前,已先有别种克耳特人入居此地,而现在的爱尔兰人,或者就是他们的后裔。以前威尔士人是被盎格罗萨克逊人征服的。"威尔士"的名称,是盎格罗萨克逊所号,其意为"外国人",他们自称是"金麦里"(Cymry),也是另一种族。克耳特人以前,已有地中海系的"依比利安人"(Iberians)带新石器的文化进入居住,但此外也还有别种人。在不列颠已发现许多石器时代的遗址,可证明那时便有居民。总之不列颠民族的主要分子,是白色的长头的,大体可算入挪耳的系。但此外也不是没有别系的分子。现在人民的平均头形指数77~79,东部的色较浅,身较高,西部的色较深,身较低。不列颠人虽由几种民族合成,但在心理上却发生一种共同的民族性,很有异于其他民族,这种民族性可分为三种要素:即(1)个人主义;(2)功利主义;(3)实际主义。由于个人主义,故有独立不屈、自由平等的精神;但同时又能尊重别人的人格,服从团体的纪律。所以这种个人主义是健全的个人主义。由于功利主义,故努力事业,专求利益。由于实际主义,故贱理想与空谈,而重实际与现实。但这三种主义,有时也有其流弊,如个人主义易流于傲慢自是,冷酷利己,非社交性等;功利主义易流于重势利,轻贫贱;实际主义则流于浅薄与平凡。不列颠民族的文化兼含这美恶两方面的元素,赞赏他的固是不错,非难他的也有一面的理由。

日耳曼人:日耳曼可分为北部平原和南部山地。北部平原很早被由南俄罗斯移来的"原挪耳的人"(Proto-Nordic)所占住,至于南方山地则永远为广头的即阿耳卑系克耳特语人(Celts)所居住。旧石器时代后期的克罗马囊人(Cro-Magnon),据说曾遗留其血液在日耳曼民族,特别是萨克逊人中。在新石器时代全日耳曼地方遍布挪耳的系人民,其头形略有差别;有些还有显著的石器时代文化。自最后的冰期过后,斯干的纳维亚气候渐温,有些日耳曼人便移居其地。很久以后在铜器时代之末,有些人民又自斯干的纳维亚回归日耳曼,大约因为气候又坏的缘故。如哥德人(Goths)来自Ostergotland、羯辟底人(Gepids)和郎哥巴人(Langobards)。自Scania、布根底人(Burgunds)则退出Bornholm岛都是。挪耳的系人在新石器时代便已经是很不安静的民族,常漫游四处,侵犯较弱的民族。纪元后6世纪至9世纪,一部分斯拉夫民族移居日耳曼的易北河(Elbe)以东地方,后来完全和日耳曼人同化,而遗留斯拉夫成分在东普鲁士等地。阿耳卑系人虽大部在南方山地,但在石器时代也曾散布其他地方。比较纯粹的挪耳的系人现存于 Schleswig-Holstein, Mecklenburg,以及在易北河以西的北方诸邦。总之,日耳曼民族全体由挪耳的系的条顿语民族、阿耳卑系的克耳特语族、斯拉夫语族,以外似还有蒙古利亚种的芬人(Finns)等四族合成,其中以条顿民族为主干。以前德国人常以为条顿民族是最优等的民族,而德国人是条顿族的代表。法国的学者则反对他们,而说德国民族的主干普鲁士人,是芬人的子孙,不是白种人,这都是有政治作用的话。其后德国学者自己调查乃发现如上所述的真相。日耳曼民族的成分很为复杂,故其民族精神也依地而异,大抵西北部的较能代表纯粹日耳曼人的精神,东北部的近于俄罗斯人,南部的又类似法兰西人,此外还有像芬人的。就其全体而观之,普通的意见或称誉他们是理想主义的,忠实亲切,名誉心重,具强大的精力,坚忍的意志,组织的计划的能力,义务心,服从心和自我牺牲的观念。或则指摘他们是残忍刻薄,具有兽性。这种批评都不十分正确。其实日耳曼人的民族性,是具有相对的或矛盾的一对一对的性质。其中一对是个人主义和阶级的服从主义的对立。但两者之中似乎后者有压服前者之势,即欲于服从之中,保持其个性。其又一对是理想主义与实际主义的对立,日耳曼人虽以理想主义著名,其实他们的生活很现出实际主义的精神,如近世的民族生活,与其说是由于理想主义,毋宁说是由于实际的,甚或唯物的主义。最近大战后,更感物质的缺乏,理想主义更渐退步。要之,日耳曼民族的成分,比较不列颠民族更为复杂,故不列颠民族还有统一的民族性,日耳曼族却表现相对的相矛盾的性质而不能统一。日耳曼的哲学家哥德说:"唉!我觉得有两种精神存在我的胸中,而且似乎要互相分离。"这很可以表现日耳曼人的民族性。

荷兰人:荷兰人在种族上和语言上都可算作挪耳的系,其平均的头形指教是 79.50,但其中也非无别系的分子,如南部的人民头形较广,面形较阔,睛色棕,高度减少,这是属于阿耳卑系的成分,其加入且很早。

比利时人:分二部:北为佛列米次人(Flemish),属挪耳的系,头形较长,躯干较高,用荷兰语。南部的名瓦伦士(Walloons),头形广,指数 82,属阿耳卑系,用法语。

拉特、立陶宛人(Letto-Lithuanians):肤色很白,身长中等,发黄睛碧,头形很长,面形也长。用古式雅利安语,其接受基督教在欧洲为最后。此族或可代表原挪耳的系(Proto-Nordic)和挪耳的系的过渡。

瑞士人(Swiss):在新石器时代的湖居人(Lake-dweller),属阿耳卑系。现在的人民很杂,以挪耳的系为重要成分。

第三节　中欧民族（以阿耳卑系为主）

在欧洲的阿耳卑系可分二种：

(1)阿耳卑—喀耳巴阡型(Alpo-Carpathian)：发栗棕或黑色，皮肤苍白色，身长中等，高1.635米，头极广，指数85~87，面阔，鼻不甚狭，睛色棕。分布地域在法兰西中央高原及东北境，阿耳卑斯山地方、捷克斯洛伐克、喀耳巴阡山地方、巴尔干半岛、希腊、俄罗斯。其西部的常称为塞文诺族(Cevenoles)，或奥费孽族(Auvergnats)，大都在法兰西境内；其东部的则常称为斯拉夫族(Slavs)。(2)伊里利安型(Illyrian)：发色棕或黑，肤色淡棕，身颇高，1.68~1.72米，头形指数81~86，面形长，鼻狭而直。分布于伊里利安山地方，伸张至喀耳巴阡山、巴尔干半岛西部山地，阿耳巴尼亚人(Albanians)即属此型。

兹将由各种体型合成而大体以阿耳卑系为主的大民族略述于下：

法兰西人(French)：法兰西民族的成分很为复杂，其中高加索种的三系都有。地中海系的民族很早便入居其南部地方，但其他大部地方，却为很多的阿耳卑系民族所据，其人是说克耳特语的。历史上的高卢人(Gaul)的大部分，大约便是这一种。其后挪耳的系的佛兰克人(Franks)侵入北部，因之有佛兰西之称，中古又有挪曼人(Norman)入居西北部，这都是挪耳的系的成分。现在广头的阿耳卑系分子占最大部分，其人便属于上述的阿耳卑、喀耳巴阡型，住地在中部及东南部。地中海系在地中海沿岸。挪耳的系则在北部。全民族平均高度1.677米。法兰西民族的成分虽是复杂，但因经过长时期的融合，已渐渐生出一种统一的大民族，而有共同的民族精神。试分析其民族精神，则第一便是感受性的敏速精妙，易被激动，因为他们的气质大都是多血的神经质的缘故。其次法兰西民族的感情很为丰富，而其感情却不是内向的而是外向的。即不是蕴蓄而燃烧于内心深处，而却是倾于向外表现向外散布。一面感受别人的感情，一面也将自己的感情感动别人。因此，他们的同情心和社交性都大发达，其快乐爱美的性情也都由此。其次法兰西民族的意志活动的特征，是冲动的、自发的、爆发的。他们对于敏速感受的印象也要迅速激烈的反应，但却不能持久。他们做事不喜用慎虑勤勉忍耐持久的手段，而爱用一气呵成的方法。最后则法兰西民族的知力也很可惊，是敏速而透明的，理解极快，但有时却不彻底而成为浅薄皮相的见解。由于这种特征，故喜欢将事物或观念单纯化。其单纯化的倾向，则为抽象的一般的观念。

波兰人(Poles)：在新石器时代有先斯拉夫人(Pre-Slav)住在波兰成为以后民族的基础，其体质特征，是低度广头，短身，长面，较深的肤色。其后又有阿耳卑系的别支移来，其人头甚广，中等高，黑发高鼻。此外也有多少挪耳的系人加入。但波兰民族的主要成分还是阿耳卑系。

捷克斯洛伐克人(Czecho-Slovaks)：以阿耳卑系为主，属上述第一型，但也混有挪耳的系的成分。平均为广头，肤色自白至微黑，躯干1.69米。

俄罗斯人：俄罗斯民族的主要成分便是上述阿耳卑、咯耳巴阡型中斯拉夫人。有三大支：即(1)大俄罗斯人(Great Russians)住中部及东部，人口最多；(2)小俄罗斯人(Little Russians)住西南部，人口较少；(3)白俄罗斯人(White Russians)住西部，人口最少。这三种中都各混有别种成分，如大俄罗斯人中有挪耳的系成分最多，又有芬人的分子在内；小俄罗斯人的斯拉夫成分比较纯粹，但也混有蒙古利亚种的成分；白俄罗斯人则与列特—立陶宛人(Letto-Lithuania)相混。俄罗斯民族也有一般的民族精神，略述如下：俄罗斯人的性情原是敏锐的，多感的，有忧郁性，其精神极不安定而趋于极端。其感情本极丰富，故对于人及物都有同情心。但他们的同情和亲切有时极为深刻而沉痛，有时在外人观之却反近于残酷。据说克里米亚战争时，一个兵士受重伤，艰于行走，其同伴可怜他，便把他活埋，像这种行为固然出于同情心，但也未免近于残酷。俄罗斯人的意志不像英德人民的不挠不屈，他们有时猛烈的突进，其势甚锐；有时又突然停止，陷于消沉的状态。他们的知力也是锐的、直的、急进的、彻底的，一下便要发现真相，不耐作麻烦的推论。

此外欧洲其他民族以阿耳卑系为重要成分的如下：罗马尼亚人(Rumanians)属伊里利安型。巨哥斯拉夫人(Jugo-slav)属斯拉夫型。阿耳巴尼亚人(Albanians)属伊里利安型。保加利亚人(Bulgarians)起源是蒙古利亚种，后与斯拉夫人混合。奥地利亚人(Austrian)中，很多是广头的，指数平均82.7，有至89的，此外还有挪耳的系及地中海系的分子。

第四节 南欧民族(以地中海系为主)

巴斯克人(Basques)：住在西班牙和法国交界比里尼斯山的西部。其言语不属于广布全欧的雅利安语系中。其体质也自成为一种，与法国人西班牙人不同。因此成为民族学上纠纷的问题。据 R. Collignon 氏折中的断论，以为由体质观之，这族确与含米特族人即埃及人、柏柏尔人有关系，他们的来源是非洲北部或欧洲，而决非亚洲。他们由于长期的孤立和族内结婚，故成立其特殊的型态。这族人住在近法国的一面的，称为"法兰西的巴斯克"(France-Basque)，住在西班牙一面的，称为"西班牙巴斯克"(Spain-Basque)，略有差异。但却有共同特质，令人一见即知其为巴斯克人。其特质便是头的上部和前面稍广，面细长，腮尖。其体格甚好，实为壮健的人种。动作敏活而雅观。其文化尚保存旧时状况。其生业住高地者牧羊，住低地者从事农耕及畜牧，住海岸的便为渔人及水手等。古时常为海盗。女子和男子一样劳动，又常被雇于西班牙人的家庭为其乳母。生活很快乐。有审美性，喜作歌谣。有自负性，喜欢独立，不怕战斗。恋古而厌新，不喜改变风俗。至今还用旧式的笨重牛车。衣服也和别处不同，男子穿短的上衣，宽广的裤。男女衣服都爱鲜艳的颜色。食物简单，大都是玉蜀黍的"面包"，豆的汤等，救主诞方杀猪。他们的语言很奇特，但他们却很自夸，自称为"说话的人"，似乎以为别种人都不晓得说话。巴斯克人中也出有几个大人物，如最初环游世界的麦哲伦、耶稣会的创始者罗耀拉(Ignacio de Loyola)等都是。近来巴斯克人常离故乡赴新开辟的地方，如 Montevideo，Buenos Ayles，Havana 墨西哥等处。

西班牙及葡萄牙人：依比利亚半岛在穆斯特利安期有"古人类"，其后代以非洲来的"新人类"。这些"新人类"有二种：一是比里尼安人(Pvrenean)，其遗裔便是在西班牙的巴斯克人；二是"欧非人"(Eurofrican)，其后消灭。西元前6世纪克耳特人(Celts)移入，其后"依比利亚人"(Iberians)继至，和前者混合而成为"克耳特依比利亚人"(Keltiberian)。腓尼基人和迦太基人的殖民，都无大影响于本地的民族。萨拉森的阿拉伯人和柏柏尔人在第八世纪的攻占，留些影响在南部，但他们也同属一系人，故种族上无改变，仍可算是地中海系人。全半岛人头形平均指数77，东部更倾于长头，发色黑，眼色暗棕，肤色东海岸的较浅，葡萄牙人较黑，身长最高1.65米。葡萄牙人中特别是西南部混杂很多尼革罗人，血统上颇受影响。这里黑奴的贩卖，还在贩奴入美洲之前。有人计算在16世纪每年贩入黑土本的黑奴，有一万或一万二千人。现在在黑土本街上所遇的黑人，据说略等于白人的多。没有一家无黑奴，富家且拥有成群。在心理及文化上西班牙人可分为数区如下：(1)卡斯的利安人(Castilians)，骄傲而拘牵礼节，外观虽似乎高贵，却会做出卑贱的事来。(2)安达鲁西安人(Andalusians)，活泼而自负，有优美而能媚诱人的态度。(3)穆耳西安人(Murcians)，性情阴郁而麻木，信命运而怠惰。(4)华连西安人(Valencians)，性耽快乐，喜欢跳舞和宴饮；但一方面又极凶暴不怕死，甚至于"肯受人雇作刺客，将最后喋血的凶刀切面包吃"。(5)阿拉岗人(Aragonese)，也爱杀戮，并且很执拗，据说他们"宁愿用脑袋打进铁钉"。(6)卡达兰人(Catalans)，多言而爱闹，但却勇敢勤奋而有为，在西班牙人中是最好的分子。西班牙人的气质总括起来，据说是"原始性的表现。在严酷性而有刺激性的环境中，经过历次的发展，还保存青春的壮气和原始的蛮性"。这种评语很能够同时表出他们的优点与缺点。总之，西班牙人有优秀的创作力，却不能坚持以发挥它；其尊重荣誉和原始性的勇气，也是一种特色。

意大利人、西西里人、撒丁人、科西嘉人：意大利半岛自中石器或新石器时代，便有自非洲移来的属地中海系的"利哥里安人"(Ligurians)；其后又有同系的"伯拉斯及安人"(Pelasgians)自希腊移来；又有"伊里利安人"(Illyrians)自巴尔干半岛移来。其后又有属阿耳卑系说雅利安语言中克耳特话的民族，自西北移入意大利北部，其中有一部分进到底伯耳河和利哥里安人混合而成为罗马人。到现在意大利南部还保存纯粹的地中海系分子，自底伯耳河以北阿耳卑系的成分逐渐增加。罗马帝国灭亡时，北方的挪耳的系蛮族侵入，但在血统上无大影响。西西里人(Sicilians)也属地中海系，大约在意大利和西西里还接连非洲的时候，自非洲移来。撒丁人(Sards)也自石器时代便移入，为地中海系利哥里安人中最为纯粹的一部分。在意大利民族中躯干最矮，头形最长，肤色最暗，眼及发的棕色最深。科西嘉人(Corsicans)也差不多同样，面和额特别狭，眼和发的色特别暗黑，体格颇为敏捷，躯干甚矮，据说比北欧人少九吋。在文化上意大利很早便受爱琴文化的影响，其后复由希腊的殖民而获得希腊的文化，最后且全盘接受希腊的文化并介绍给西北民族，所以在文化上功绩很大。现在他们还是很优秀的民族。其民族性很富审美的性质，爱华美的颜色，女人衣服鲜艳。最贫贱的人都喜欢音乐、图画和雕刻，常会吹弹。对于公共地场的大理石雕刻物，决无人加以损坏。能够将贝壳或玛瑙等镶嵌成景物，甚为美观。又喜欢游戏，常以偶然的机会决胜负。有一种节日名"嘉年华"(Carnival)，于其时作种种乐事，有化装游行、撒纸花等事。意大利人的政治军事的才能也很高，罗马帝国便是这种才能的产物。近代自独立统一成功后，国势日日发达，现在竟成为世界有数的强国，这也可以证明这种民族的优秀。

希腊人(Greeks)：现代的希腊人不是纯粹属于地中海系，其中尚混杂其他二系的分子。在古代地中海系的民族或即伯拉斯及安人(Pelasgians)，住于希腊的沿海地方及附近各岛；即以克里地岛为中心而发生"爱琴文化"(Aegean Culture)，或"米那安文化"(Minoan Culture)，这种文化始自石器时代，经铜器时代而至于铁器的初兴。克里地岛约在纪元前1400年被破坏，但其文化却传给在希腊的阿耳卑系人，而成立美西尼安文化(Mycenian Culture)，其人便称为梅先尼安人(Mycenians)。在纪元前十一二世纪，"古希腊人"(Hellenese)也侵入希腊，征服以前的居民，他们是说阿利安话的，种族上也和以前的不同，但移入后，却与他们混合，并接受其文化。自纪元后还有很多次的外族移入，如阿华人(Avars)、斯拉夫人、阿耳巴尼亚人、土耳其人等。现在的希腊人肤色带黑颇深，躯干约1.626米，头形在南方的较长，在北方的较广，平均为中头。克里地的伯拉斯及安人先后被美西尼安人和阿凯安人所征服，其后又被多利安人侵入；在历史时代土耳其人、萨拉森人，虽曾攻入，但无甚影响。

第五节 含米特族(属地中海系)

在非洲的地中海系人,总称为含米特族(Hamites),广布于非洲北部,东自红海西至大西洋,北自地中海南抵苏丹。自回教兴起后,闪米特族(Semites)侵入非洲,血统上颇受影响,但他们还是同属地中海系。含米特族分为二大支,各包含数种小支,分述于下:

(1)东部含米特族又称为哀提奥辟安族(Ethiopians),包含古代及现代的埃及人、努比安人(Nubians)、贝匣人(Bejas)、阿比西尼安人(Abyssinians)、迦拉人(Gallas)、索马人(Somals)、马赛人(Masai)、巴希马人(Ba-Hima)等。

(2)北部含米特族又称为利比安族(Libyans),或柏柏尔人(Berbers),包含卡拜耳人(Kabyles),及其他在阿耳及里亚、突尼斯的黎波里诸处的土人、摩洛哥土人、摩洛哥与塞内加耳(Senegal)之间的摩耳人(Moors)、撒哈拉西部的"杜亚列人"(Tuaregs)、撒哈拉东部的"底布人"(Tibus),散布在苏丹尼革罗人中的"夫拉人"(Fulas)、加那里岛的"关乞人"(Guanches)等。

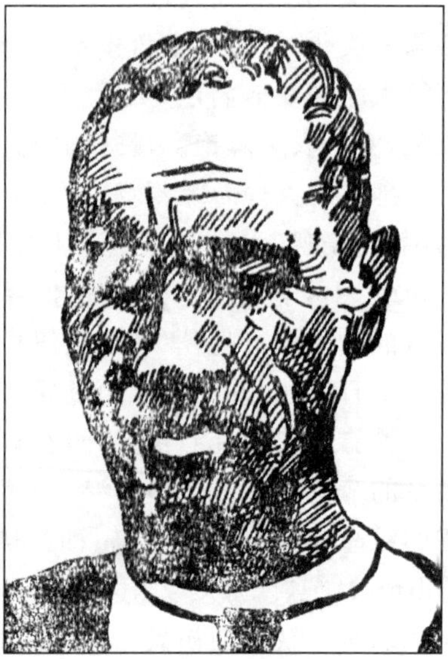

含米特族的体质特征如下:头形长,面形椭圆,颚不突,唇薄,颏尖,鼻隆,睛色黑,发色黑或深棕,形弯曲,肤色有深、浅、棕各色,躯干中等以上。

图 4-13 努比亚人 含米特族之一

柏柏尔人:柏柏尔人自石器时代以来,经过若干次的外族侵攻,至今还是保存其体质和民族性。自7世纪以后,闪族的阿拉伯人大举侵入非洲,和柏柏尔人杂处,但到了现在还是不能完全混合。阿拉伯人的生活仍是游牧,无家屋而住天幕,不事耕种。柏柏尔人则喜居森林地,从事耕种,有永久的住屋。发展多种工业。阿拉伯人的社会是封建和神权的,受专制君主的统治。柏柏尔人则有不成文的法律,维持个人自由。这种自由平等的精神便是摩洛哥人建国的原因。阿拉伯人盲目地信仰"阿拉",柏柏尔人则系天生怀疑派,不大信仰神灵。以上都是两族不同的地方。但千余年来杂居结果,柏柏尔人也受了些影响,宗教都改从回教。风俗语言也阿拉伯化。两族时常竞争,但柏柏尔人似乎有优胜的趋势。柏柏尔人中的卡拜耳族,住在阿耳及里亚附近山中,很可为柏柏尔人的代表。肤色颇白,日晒也不致甚黑,发黑,睛棕色,躯干颇高。体格优美,性情勤勉而耐劳,爱家庭。家屋普通只一层,屋顶平,屋分二房,一住人,一住家畜。儿子结婚,便就屋上再加一层给儿媳住家;屋下面掘地成穴,为冬天住所。所种植物种类不甚多,如大小麦、葫芦、瓜、麻、玉蜀黍、薯、烟草等。田圃在谷间或山腰。工业为制革及金属输出,供附近民族的用。妇女像阿拉伯人好装饰,常以宝石为饰物,但不蒙面。卡拜耳人好乘马,最爱放鹰狩猎。

在摩洛哥与塞内加耳河之间的摩耳人(Moors),也是柏柏尔人中的一支,或以为是柏柏尔人和阿拉伯人的混合种,或以为是真的含族人而混有黑人的血液。其发弯曲,皮肤铜色,鼻短阔,唇厚。性情严重,智力较黑人远为优胜。

埃及人:埃及人的起源有两说:一是非洲说,一是亚洲说。非洲说以为埃及人的来源,仍在本洲,其径路或自非洲西部沿地中海岸来;或自南方由尼罗河下来,否则便是在埃及本部起源。其证据是考古学上的,非洲北部发现了很多的石器时代遗址,证明在很早的时代大约数十万年前便有人类。在埃及发现的旧石器时代的石器,不但表现年代的久远,而且不见骤变的形迹。新石器也是这样。铜器和石器的交替也是逐渐的,史前陶器也缓缓地发展,这都可以证明本地文化的继续发展,不曾有外来文化的闯入。还有一种反证,便是含米特族只存在于非洲,此外别地都不曾见过,故其起源还应在本洲寻找。亚洲起源说,则

图 4-14　埃及人　含米特族之一

以为埃及的最早伫民是像黑种人的民族,而且是很矮小的,如刚果的矮民一样。其后在一万五千年前,代之以地中海系的人民,像是现在"夫拉人"(Fulah)的祖先,最后乃有"含米特人"侵入。含米特人和闪米特人原是同祖的,不论在语言上和种族上都是这样。他们或者发源于优胜民族的产地西南亚细亚。含米特族比闪米特族先出,他们先留住了美索不达米亚,后再进入阿拉伯南部。巴勒斯坦、埃及、阿比西尼亚、索马利兰、非洲北部,直达大西洋岸。王朝的埃及人,也属含族之一,但他们在阿拉伯西部时,似已有高等文化,其后乃用船渡过红海,先抵近 Berenice 的海岸。在此有一条宽广的谷地,引他们直

达尼罗河的 Thebaid，这里便是他们发展势力的最初中心点。埃及的筑堤及灌溉的方法，或者是在阿拉伯西部创始的。因为在阿拉伯长期抵御干旱的缘故，或者引起他们开采石块并用石建筑。由于人口的繁殖和干旱的增加，或使他们渡过红海以找寻新住地。当九千至一万年前，闪族人也由北方侵入阿拉伯，这或者也是含族人西徙的一个原因。亚洲起源说，又有一派以为埃及的文化，是由美索不达米亚传来，如埃及的神名和苏美利安人(Sumerians)的相似。埃及的象形文字也和苏美利安人的文字相近。还有金属冶铸法、制砖法、坟墓的建筑说、表示权威的"槌矛"(Mace)、家畜植物等，都可溯其起源于巴比伦。以上两说都言之成理，至今还未能断定谁是谁非。这个问题不但关系全高加索种的起源，并且联及全人类的起源地点。这两个大问题尚未解决，埃及人的起源自然还难断定。埃及人与黑人毗连，且屡受外族的征服，似乎体质上必生变化。但据专家 C. S. Myers, Elliot Smith 测量的结论，以为现代埃及人的体质很为纯粹，除一二处略带黑人的血液外，无多大混合的证据；而且现代埃及人的体质，正与六千年前及以后住在尼罗河流域北部的历史上的埃及人相同。

夫拉人(Fulah)：这种人散布在苏丹地方和黑人杂居，不曾自成一大团体。因其语言的特异，故有人疑其系一万五千年前，最初入居非洲的高加索人的后裔。体质上已受黑种人的影响，躯干高，皮肤橄榄色，体格匀整，面形椭圆，鼻形如其他高加索人，发长而黑，颇弯曲。其初是安静的民族，从事畜牧，信低等宗教。自12世纪以后，多数改从回教，因参拜麦加的旅行而略识外面的状况。自18世纪之末，发生回教的宗教狂，并由于认识自己驾于黑人之上的种族上的优异，因之自居为贵族，而要将尼日耳河流域一带的黑人统治权夺到手里。

其他东部含族人：这些带黑色的高加索人居住于自地中海以至赤道地带，连续不断。略举其民族如下：

贝匝人(Bejas)：住在上埃及至阿比西尼亚高原，躯干略矮，肤色红棕至棕黑，发弯曲，面长而椭圆，鼻形属高加索型。

索马人(Somals)或索马利：其得名的原因，是由于他们有好客的习惯，而以牛乳为主要食物。他们见客来便说："Só mál"意是"去拿牛乳来"，这话便被外族人取以称他们。他们的住地是非洲东部一大边，现在便称为索马利兰。他们原是含族而混有闪族及黑人的血液，但还应算作高加索种人。发颇弯曲，但不像黑人的作羊毛状，体格很好，鼻直，唇不甚厚，头形长。

卡拉人(Gallas)：卡拉人原在海岸，后被索马人压逼而走入内地，留了一部分为索马人的奴隶。又有一部分走到维多利亚湖，成为巴希马人(Ba-Hima)等。

马赛人(Masai)：是卡拉人和准尼革罗的混合种，体格很佳，身长常在六呎以上，躯干细长，面形也好，鼻形直，发弯曲，肤色暗棕。纯以游牧为业，有大群的牛。以军事组织著名,和南方的苏鲁人一样。他们四处侵掠农耕的民族,为东非洲各民族所畏怖;但自1891年以后发生牛疫,大受损失,且被欧人加以禁制,威焰方渐减少。

阿比西尼亚人(Abyssinians):这是阿比西尼亚国的土人,占人口的多数;其少数是南阿拉伯人,后者自两千年来都维持其统治的地位。基督教曾传入此地,却与原来的野蛮信仰相混合而成为畸形的宗教。社会组织一方面极专制,一方面又极泛散,也很奇异。

第六节　闪米特族(属地中海系)

闪米特族(Semites)也是地中海系的一大分支,他们的发源地,大约是在阿拉伯南部,特别是西南部,即也门(Yemen)地方。现在阿拉伯地方虽还没有多大的考古学的发现,但观察历史上闪族人民的分布情形,略可证明这说。上古时闪族中除阿拉伯人住在阿拉伯半岛外,有巴比伦人(Babylonians)和亚述人(Assyrians)住在美索不达米亚。腓尼基人(Phoenicians)住在叙利亚。迦南人(Cananites)、摩亚拜人(Moabites)及其他住在巴勒斯坦。亚摩来人(Amorites)包括亚拉米安人(Aramaeans)和叙利亚人(Syrians)住在叙利亚和小亚细亚。其后闪族人方再向远处推进,如"希米亚来人"(Himyarites)入阿比西尼亚,腓尼基人赴欧洲地中海岸,阿拉伯人入非洲伊拉尼亚(Irania)各处。

太古时蒙古利亚种人遍布亚洲大部分,而含米特族和欧洲地中海系人则住居于北非南欧。闪族人在其初时所居不出于亚洲的东南部,即上述阿拉伯半岛、美索不达米亚、叙利亚和小亚细亚一部分,所以他们的发祥地,也不出于这些地方。闪族人的心理态度、思想形式、宗教信仰、社会组织,都表示其为出自沙漠的民族。而且现在的阿拉伯人不论体质上或语言上,都是闪米特族的标准形式。

现在闪族人的体质特征,是深黑色的发,椭圆形面,直或曲的鼻,其中有一部分,具最美最狭的鼻,其长形的头,中等身材,白而带黄棕的肤色和其他地中海系相同。

图 4-15　阿拉伯人　代表闪米特族

阿拉伯人（Arabs）：阿拉伯人在回教发生前，便有高等的文化。上古有两支族，即沙巴安人（Sabaeans），和明那安人（Minaeans）。都曾建立国家，年代不甚明，大约曾存在至耶稣纪元之初。现在的阿拉伯人分为南北二种。北方称为"贝督英人"（Bedouin or Bedawin），身高 1.66 米以上，头形长，指数 75 以下。从事游牧，自以为出自 Ishmael。南方的名为"希米亚人"（Himyarite），身长 1.62 米，头形中等，指数 79 以上。住在也门（Yemen）、哈达拉毛（Hadramant）、阿曼（Oman）诸处。多事农业。自以为是 Shem 的后裔。两族中或以为贝督英人的体质是较为纯粹的闪族。游牧生活，大都在沙漠地方及其附近。无家屋而用天幕，其幕形颇大，但不高，顶面近平，其拆卸及运送很便利，张设也不难。所养畜类有骆驼、马、羊等。其马温良而勇敢，为世界最好的种。阿拉伯人的爱马，也不输于爱其小孩。马的使用常只作坐骑，不载物或拖车。骆驼的用途更大，过沙漠时，天幕器物及人类，都令骆驼负载。游牧生活所得的食物，大都倚赖所养畜类，其中以羊肉为最重要。游牧的阿拉伯人，有时兼做盗贼劫掠队商。但一方面又颇好客，外人赴幕前乞宿的，备受主人优待。阿拉伯人以膂力及敏捷相尚，青年人每于傍晚在幕前从事角力相扑及其他运动。定居的阿拉伯人也建有很多都会，其住所平屋楼屋皆有，常于屋中留一中庭，屋顶平，门直通中庭以便骑马出入。都市的建筑物，最触目者，是回教圣徒的墓和寺院的塔。阿拉伯人的宗教性很重，对于回教的信仰十分热诚。常于圣徒墓前祈愿，跳舞，绕墓疾走，甚或自杀。食前必洗手，每日必向麦加圣地祈祷五次。不但阿拉伯人，便是别处的回教徒，一生中必须到麦加参谒黑色圣石"Kaabak"一次。阿拉伯人在中古时文化极为发达。今日则黄金时代已属过去，学问衰落不振。阿拉伯人善经商，陆路则为西亚各地的队商，水路则昔时曾往来中国至欧洲一带。又常贩卖非洲黑奴，这种风俗至今未绝，买不到时，便赴非洲内部搜捕，像猎兽一样。阿拉伯人除阿拉伯半岛外，还住于美索不达米亚一部分及北非洲等地。以前虽曾侵入依比利亚、西西里、马耳他、伊兰尼亚、中亚、马米西亚诸地，在欧洲现在已无多大痕迹，在亚洲则其势力还是很大。其宗教传播颇广，其文字则被采用以书写波斯语、土耳其语、马来语等。

犹太人（Jews）：犹太人也是现存的闪族人中的重要分子。犹太的名字原是指 Judah 的子孙，但其后却用以称全民族。他们也是宗教性很重的民族，在巴比伦的放逐时，与其说是一种民族，毋宁说是一种宗教团体，他们的一神教的思想，是在放逐时才成立的。他们自纪元后 70 年耶路撒冷陷落后，散布各地，不曾再建立国家。现在的犹太人可分为二种：(1)是"亚什根那兹"犹太人（Ashkenazic），住在俄罗斯、中欧、西欧及英国；(2)是"塞法耳得"犹太人（Sephardic），住在西班牙、葡萄牙、小亚细亚、埃及、阿拉伯。现在犹太人的体质，很为复杂，但还有些共同的特征，即大而钩曲的"犹太鼻"，流动的眼，厚而下垂且几于翻转的下唇，粗而弯曲且无光泽的发都是。犹太人的智力也是多方面的，他们原以游牧为生，自定居迦南(Canoan)以后，又变成善于耕种的农民，其后又渐发展其才能于各种学问，如科学、文学、财政、外交、音乐等。中世阿拉伯人复兴学问的功劳，也是由于能容纳犹太人居于其中。而西班牙和葡萄牙人在十四五世纪的驱逐犹太人，自己也大受损失。近代犹太人在学问上的贡献和商业上的成功，也可证明其智力的优秀。他们因四处受人驱逐，遂发生复国的运动，而由于慈善家的帮助，在巴勒斯坦和阿根廷都成立犹太人的农业殖民地。

第七节　亚洲高加索种(三系混杂及系统不明的)

在亚洲西部的高加索种较为错杂，不如在欧洲的清楚，如波斯人、印度人，其成分都很为复杂，不是专属一系。阿拉伯人、犹太人也是亚洲的高加索种，但他们另成一大族，即上述的闪米特族，故另提出不包在这里。

亚洲西部的草原大约是白色长头人种的发源地。这种人可称为"原挪耳的系人"(Proto-Nordics)。西部高原则为白色广头人种的成立地方。西南地方即美索不达米亚、叙利亚及阿拉伯诸处，也有些长头民族，即南欧地中海系闪族、含族等，但现在只有闪族最盛。现在亚洲西部的白种人可分为：

(甲)长头至中头的(Dolicho-mesocephals)：

(1)印度阿富汗型(Indo-Afghanus)：长头，狭鼻，中至高的身材，其形成的地方大约在兴都库什山与苏来曼山(Sulaiman)之间。他们自此处散布至北印度或更东。属于这种的，是阿富汗的"波耳的人"(Balti)、"克什米里人"(Kashmiri)、"卡费耳人"(Kafir)、"达耳底人"(Dardi)、"喇日埔人"(Rajput)、"旁遮普人"(Panjabi)、"锡克人"(Sikh)等。

(2)伊兰地中海型(Irano-Mediteraneans)：中头，狭至中的鼻，中等至甚高的躯干。属此者为波斯人"高加索人"(Caucasus)、美索不达米亚的"叶西地人"(Yesidi)、巴勒斯坦的"费拉兴人"(Fellahin)、"沙马利坦人"(Samaritan)、一部分犹太人等。这种人的基本成分是头幅指数 76，鼻形指数 61～63，身长 1.633 米。这种体质实属于地中海系，可说是留居亚洲的良好代表。

(3)印度伊兰型人(Indo-Iranus)：其民族便是俾路支人(Baluchi)及其他。头形介于中头及广头之间，鼻形狭至中，身长中至高度。这一种是混合的或中间型。

(乙)广头的(Brachycephals)：

(1)佐治亚型(Georgianus)：头微广，指数 82.5～84.2，鼻甚狭，身长中等 1.646～1.658 米。

(2) 阿美尼—巴米利安型(Armeno-Pamiriensis):包括(A)葛耳茶人(Galcha)、达职克人(Tajik)等;(B)阿美尼亚人(Armenians),一部分库耳特人(Kurds)及其他。这一种头形甚广,狭鼻,躯干甚高,1.66~1.707米。

兹将以上各型所构成的大民族略述于下:

波斯人:波斯民族的成分,除侵入的库耳特人、阿拉伯人、阿美尼亚人,及其他小群以外,其重要分子可分为二种:(1)达职克人(Tajik);(2)波斯本系人(Persians)。波斯本系原属"原挪耳的系",但后来曾先后受阿拉伯人及土耳其人的影响。波斯本系再分为二支:一是"法耳西人"(Farsi),多属原挪耳的系;二是"罗里人"(Lori),较近地中海系。达职克人也分为二支:一是达职克本支,住平地;二是葛耳茶人(Galcha)住山地。这些达职克人原是很古的土人,现在大都为农民,他们还保守部落团体,与后来侵入的波斯人不接近。

阿富汗人俾路支人:阿富汗是印度阿富汗型人种的家乡。但此外还有很多的达职克人,又有蒙古利亚人。据说是成吉斯汗移来的。俾路支人常被当作和阿富汗人相近,其实他们的头形不同,俾路支人是属印度伊兰型的。

印度人(Hindus):印度地方种族极多,分属黄白二种。这里专述其主干印度人,他们是属于白种的,也是说雅利安语的一支。现在这一族的主要住地,是北部平原,即兴都斯坦(Hindustan);其中以在旁遮普(Pajab)和喇日埔坦那(Rojputana)的最为纯粹。上述地方的主要居民是札得人(Jat)和喇日埔人(Rojput),其体质如下:肤色浅棕,躯干颇高(札得人1.716米,喇日埔人1.748米),头形甚长,其指数72~75,额颅发达,面形狭长,鼻高而直且狭。他们是属于上述的"印度阿富汗型",即"印度雅利安型"(Indo-Aryan)的。

图4-16 印度人 亚洲高加索人的一支

如上所述他们发源于兴都库什和苏来曼山(Sulaiman)之间,循喀布尔河(Kabul)而入印度。他们在此遇着新境况,于是发生变化和适应,结果造成印度的历史和现状。这些地方在印度民族未来时,便已有很多土著民族。印度北部平原东西居民,虽同属印度民族,但体质与语言颇有差异。有人解释说,当时的移民是由两条路径,其初是由西北入境,因路较易行,携带家族同来,所以其后裔成为旁遮普和喇日埔的较为纯粹的印度民族。后来进入印度的路,是由北方的 Gilgit 和 Chitral 山径,因路径的难走,不能携带妇女同来。他们在此便和原住的土著达罗维荼人(Dravidians)接触,因之发生喀斯德的阶级制度(Caste),构成《吠陀经》(Vedas),创出种种宗教仪式和习惯。这些强族的人便取弱族的妇女为妻,因而产生东部的混合民族。现在恒河流域的人民上级的多属印度阿富汗型,愈下级的则土著分子愈增加。印度在历史时代还屡次受外族的侵入。如属于原挪耳的系的塞种人(Saka, Se, Scythians),被逼于月氏,于纪元前154—前140年进入西北边境,其后复在克什米耳建立罽宾国。波斯的安息人(Pahlava, Parthians)和侵入亚洲的希腊人即大宛人(Yavana),也在这时入居印度西北部。亚历山大王的征印度,不过军事的侵略而已,种族上无甚影响。月氏人(Yuehchi)是突厥族人,灭大夏(Bactria),进占喀布尔(纪元后20年),不久又征服西北部印度。其后嚈哒(Ephthalite),又称白匈奴(White Huns),又称匈那(Hûna),原是突厥和通古斯的混合种,也于455年侵入印度,蹂躏印度河及恒河流域,后于528年被印度人逐出。565年突厥族兴起,合并以前匈奴人的属地,并占领印度。以上各民族的侵入印度,自然都有影响而生出各种混合人种,如塞种与达罗维荼混合的在印度西部,蒙古利亚种与达罗维荼混合的在孟加里等。印度民族的文化很早发达,此处从略,只述其较为特殊的数事于下。印度人分为五种阶级(Pancha Ksitaya):(1)婆罗门(Bráhmans),即僧侣;(2)刹帝利(Kshatriyas),即战士;(3)毗舍(Vaisya),即商人;(4)首陀罗(Sudra)即农工;(5)巴利耶(Pariah)或尼舍达(Nisháda),即贱民或蛮族。其神话以为上四极都是由梵天生出来的,婆罗门由口,刹帝利由腕,毗舍由腿,首陀罗由足;至于巴利耶则非梵天所生,在四级之外。阶级间区别甚严,以下级者为污秽,上级若与下级有接触必须净秽,不同级的凡事不能共作,如不得同饮食等事。据说:有一回一个高级的印度人,因其牛乳壶被一个巴利耶人的影所映过,便把那壶掷破。这五级中上三级都是说雅利安语的印度阿富汗人,下二级是达罗维荼及其他。其起源和种族偏见很有关系。在印度政府统治下阶级观念渐消,但巴利耶的命运还是很苦。印度人的职业是世袭的,有各种手工业。印度女人的妆饰物很多,有腕环、脚环、耳环、鼻环等。印度人常描绘记号于额上,或为圆点或为直纹,以为宗教派别的标志。印度人也很爱游戏,好音乐,善演戏法,能吹笛弄毒蛇。印度人的家畜中有象,能使象运搬及载人。土王的乘舆也放在象背上,象又可用以猎虎。印度人因人口稠密,生活困难的缘故,有溺孩特别是女孩的风俗,将小孩抛于有神秘性的河中溺死,或饲鳄鱼。有宗教祭式时,或自残身体,或倒卧神车过道上自杀。人死用火葬。丈夫死,妻须负柴自焚以殉节,但这风俗现已禁绝。

以上所述的民族都是由西亚四种形式所构成,以下所举的,则系统不明,只知其也属高加索种。

达罗维荼人(Dravidians)：住在印度南部德干高原，原是印度的土人。其体质如下：发多作波状，颇弯曲，面及肢乏毛，肤色棕黑，身长中等，高 1.634 米，长头，中鼻。包含说 Tamil, Malayalam, Canarese, Telegu 等数种语言的民族。达罗维荼人除肤色以外，其体质很和欧洲地中海系相近，或者是同出一源。达罗维荼人在印度还不是最低级的人民，在南印度还是上等阶级，其下等阶级是先达罗维荼人(Pre-Dravidian)，其中间阶级是两者的混合种。达罗维荼人支族很多，但文化却颇相同。诸族中有托达人(Todas)一族，体质略异，肤色比其他为浅，其妇女比男子更浅。男子有浓须，身上多毛，鼻直而高，身长 1.698 米，头形指数 73.3。托达族的状况有人调查过，大略如下：托达人所居为盆地，有小山及草原森林，其气候炎热，终年如夏。其人只从事畜牧，不狩猎，无武器，又不事耕种，植物性食物仰给于外族。村落在草原之中，每群有二村落，一年中各住一时期，这是因为以养牛为业，便于供给青草的缘故。每村落只有二三家。家屋大都只有一房，有时也有二三房的，但各房不相通，各有向外的门。屋顶葺草而成，无窗及烟突。屋内有土床及杵臼灶等。全村的家畜共围一处，有公共榨乳场，由专门榨乳者代榨，其乳先酌量分给全村的人，剩余则送还家畜所有者。一群的水牛中有一只神圣的水牛，另由榨乳僧饲养他，别人不得榨其乳。榨乳僧和圣牛都受崇拜。榨乳僧每日榨乳一次，榨时须行神圣的仪式。托达人每年有一次的大祭日，其时方宰食公水牛，别时不食牛肉。

极迫西人(或浪民)(Gypey)：这种人很为奇异。其肤色薄黑，发色睛色都黑，体格很好。性情爱户外生活，常携带天幕四处流浪。其职业是修补锅釜、钉蹄铁、卖箅、医马、占卜等事。散布很多地方，如印度、中亚、北非、南欧、美洲都有。其所操语言，叫作罗曼尼语(Romany)。其发源地是印度，和印度民族有关系。

印度尼西亚人(Nesiot, Indonesian)：发色黑带红，皮肤黄棕或浅棕色，躯干短，其高度 1.54～1.57 米，头形中，指数 76～78，其初或系长头，面为菱形，颧骨有突的，鼻常扁平，有时中凹。这种人也是高加索种的一远支，但现在遍处和广头的黄种人混合，不易寻出纯粹的民族。东印度群岛马来人中常带有这种体质。婆罗洲的穆律人(Murut)，头形长，指数 73，可为其标准。印度尼西亚人先到东印度群岛，其后南部蒙古利亚人也到，两种混合，其中尤以后者的成分为多。

虾夷(Ainu)：虾夷的种属问题，还未有一律的答案，或以为属高加索种，或以为是高加索种和蒙古利亚种的混合种，但却较近于高加索种。发色黑，作波状，体多毛，肤色浅棕，颊常为红白色，身长中等，约 1.575 米，颇厚硕，中头，头前面垂直。面广鼻短中凹，指数 68，眼大而平横，大都无内眥赘皮，虹彩暗棕。他们原是日本的先住民族，后被大和民族驱逐，现只存于虾夷岛、库页岛南部、千岛列岛的南三岛、琉球群岛。这种人原是古代白色波状毛中头的人种（高加索种）。向东远来的一支，其来路是自黑龙江口以南的海岸东移，但在亚洲大陆上，已不留痕迹。虾夷妇女有文身之俗，自少时便以剃刀刺皮肤成线纹，染以煤炭，永远不灭，其位是上唇及下唇扩及两耳，其状恰如有浓厚的上髭；女子结婚后，又黥纹于额。虾夷的衣服用榆树纤维织成的布为衣料，男女同式。男子因髭多，食时另用雕刻美丽的小箸揭起他。虾夷家屋为长方形，屋顶为草葺，先造屋顶，次造柱壁，然后举屋顶置于柱上。先造小屋，家族增加，乃于其后另造大屋。家屋内东方的窗，有神圣意义，不得由其处弃物或唾吐；每晨由其处朝拜太阳。虾夷极善狩猎。能吹笛召鹿，埋弓射熊，又能制毒矢。其猎熊很有趣，能入洞刺熊的尻引他出来，熊死则对他道歉，回家开宴庆祝。畜小熊至长，然后举行熊祭，杀食之。

第六章　非洲尼革罗种

第一节　总　论

黑白二种的分界：非洲为黑白二种接触地，其间错综混杂，自不能免，但因其大部分各有其特殊之住地，故尚可寻出其界线。大抵自大西洋岸溯塞内加耳河（Senegal）而东，经丁布各都（Timbuktu）及察特湖（Chad）抵卡尔土穆（Khartum），即蓝白二尼罗河交会之地，或更东抵红海岸而止。此亘列东西之一不规则的横线即为黑白二种的分界。其北有白种中的含米特及闪米特族，其南即为尼革罗种。故尼革罗人的住地，实包括苏丹全部以及自此以南之地，其中只有数个小地方系例外。

尼革罗种的起源：非洲的历史除尼罗河流域，及古罗马占领地外，极难追溯。在非洲北岸索马利兰（Somaliland）、刚果自由国、开普殖民地等处，曾发现石器时代的石器，知其时代颇古，惜除尼罗河下游外，他处所发现材料尚少，不能即据以详推古代的状况。北非洲所发现者已定称为卡勃西安期（Capsian），属后期旧石器时代。欧洲南部所发现史前格里马第人（Grimaldi）化石遗骸，亦显有尼革罗种特征，其四肢的下部均较上部为长，骨盘高而小，颚突，鼻平，眼窠狭窄，此皆与后来的尼格罗种相似。以此，人类学家有谓格里马第人即为尼革罗种的祖先的，此说赞同者颇多。

非洲尼革罗种的分支：非洲尼革罗种可分为苏丹族（Sudanese），及班图

(Bantu)二大支族,及尼革利罗、布须曼、霍屯都三小支。尼革罗种中,常有与白种中含、闪二族混化的,另称为准尼革罗人(Negroid),杂居于苏丹及班图二族中。苏丹族受回教的影响,文化较高,除食用植物外,尚能栽种棉花蓝靛。有石造屋宇。有城郭及回教堂,曾建立国家,有一千年来的记载(但此系出自黑白混合种人的手)。至于班图族除一二处受白人影响者外,文化皆甚低,如食人、巫术等恶俗皆盛行。班图有一事似较苏丹族为优,其语言的统一为苏丹所不及。

苏丹族概况地域:撒哈拉沙漠以南抵赤道附近,除阿比西尼亚、索马利、卡拉(Galla)、马赛兰(Masai-land)诸地,此外并分播美国南部西印度、圭亚那、巴西、秘鲁等处。体质特征:发黑而短,卷缩如羊毛,断截面扁平,肤色暗棕或黑色,但非极黑;头形属长头,指数在72以上;颚突出;颧骨小;鼻形属广鼻;眼大而圆且凸出,眼球黑,虹彩近黄色;躯干颇高,达1.78米;唇厚且外翻;臂有不称的长;腿细,足扁阔。身体有一种异臭,想因生活状况而致。心理状态:敏于感觉,喜音乐;急惰无顾虑;颇忠实而富感情,然亦常流于残酷;缺自觉心,乏自尊之念,故易为人役。语言:属胶着语系,常加接后语。文化:宗教信仰为精灵(Spirits)崇拜、祖先崇拜、灵物崇拜(Fetishism)等;巫术盛行,杀人祭神系常事。食人俗前此几于普遍,今尚存于数处。物质文化只有农业、陶术、刻刻、纺织、冶金等。受白人影响者则渐进步。家屋构造简单,常作圆形。大都晓得织布,颇坚牢。最有名的技术是冶铁,工具简单却能造出优良的产品。象牙雕刻术也甚精,能在象牙全面满雕动物及几何纹。木雕也著名,且能施以彩色。饰物有铜、铁、亚铅、玻璃制的腕环、指环、脚环、颈串、耳环、鼻饰、唇饰等。各民族常有徽章,是刺在身上的,如在两颊胸前额上雕刺十字纹、直纹等,都是在小孩时雕成,这便是所谓文身。头发常结成奇异形状,加以发饰。性好音乐,乐器有鼓、笛、喇叭、弦琴等,有专门的乐师,常携带三弦琴遍历各地歌唱,晋谒各地的酋长。又有"鼓语",其法用鼓二三面,其鼓发声各异,以指或树枝敲之。其声即为语言,意义极为明晰。无论在族内或对族外均可以表示意见,传达消息。社会组织有已能建设民族国家的,也有很幼稚的。

南方诸族概况:

地域:班图族在苏丹以南至开普兰;尼革利罗族在赤道西部及刚果森林带;布须曼及霍屯都在那马瓜(Namargua)、喀拉哈里(Kalahari)、嘎米湖(Ngami)、奥兰治流域(Orange)。

体质:班图人,发属尼革罗人普通型,皮肤常为暗朱古力色,身长中等以上,1.685～1.730米,头形以长头为主。班图人的体质不一律,他们原是尼革罗人与含米特、尼革利罗等混合而成的。尼革利罗:发很短,肤色黄棕至黑都有,身长1.36～1.42米,远在5呎以下,常为4呎,是著名的矮民。臂长腿短,女人臀部有特别隆起的,中头,突颚,鼻根扁阔,眼球凸出。布须曼、霍屯都头形长,颚突,鼻扁,身长较尼革利罗略高,较班图人为矮。

心理:班图人略同于苏丹的准尼革罗人,较真尼革罗人远为聪慧。尼革利罗灵敏活泼,但颇狡诈。布须曼像尼革利罗且更聪慧,霍屯都颇愚钝。

语言:班图语在各族很一律,只有一种,属胶着语系。尼革利罗未明。霍屯都语也是属胶着语系,有词性的分别源于含米特语。

文化:班图在南非东部的奉祖先崇拜,在西部的行精灵崇拜。班图人的物质文化比苏丹的准尼革罗为低,但比真尼革罗较高。多养牛,从事狩猎,略知耕种。其服装几于裸体,男子只于腰间悬皮条,妇女则以带略围腰际。大祭日方以羽毛盛饰身体。狩猎术颇精,善作陷阱。武器有大头棍(Kerry)及铁枪(Assegai)等。其大头棍是一端有瘤的树枝。铁枪头甚大,有至二呎长五六寸阔,制法是模仿树叶形,很为精致。有椭圆形盾,内为木架,外罩牛皮,有长与身等的。尼革利罗和布须曼、霍屯都文化都很低。

第二节　苏丹族

1. 西部苏丹族

俄洛甫人(Wolofs):住大西洋岸塞内加耳河,至甘比亚河(Gambia)中间一片地。"俄洛甫"的意义,或谓系"多言者",或谓系"黑色人"。两种解释都不错,因为这种人一面是很黑的民族,一面又是全非洲中最喜欢说话的人。他们的肤色称为黑檀色,故有"黑人中的黑人"之称。躯干也很高,其中一支塞勒人(Serers)实可称为旧大陆的巴他俄拿人(Patagonians),6呎6吋高的男子很不为少。语言可为苏丹语的代表,因为很少受白人的影响。他们的陶器制法很为人类学家所注意,其法是正在由手制转入旋轮法的时候,可为非洲制陶器的例。俄洛甫人虽分奉回教、天主教,然其心理仍是信仰原始的宗教。旧时的宗教仪式还在举行,家神的崇拜仍存留,多数保护神之中尤以蜥蜴的崇拜为虔诚,每日必重添"牛乳碗"以供养它。他们也有蓄奴风俗,其奴隶也同是黑人。

满丁丁人(Mandingans):在苏丹中满丁干人的人数最多,分布最厂,其住地自大西洋岸至尼日尔河(Niger)上游流域,南达北纬九度。其分支甚多,语言文化体质亦不一律,自真尼革罗种以至回教化的准尼革罗皆有。其中较为纯粹的一种体质略异于别群,额较宽,鼻稍大,肤色也较浅。文化也比较为优,习于操作,善能耕种纺织及冶金。法国殖民政府曾说此族在将来最有希望云。满丁干人现在虽属法领,然在以前也曾建立国家,有一千年的光荣历史。最初的国家名几内(Guiné),现在该地名几内亚便是由此。其开国在回教发生以前,开创者名 Wakayamangha,国都在 Ghana,在回教纪元前三百年间传二十二王。其后六十年回教乃传入。在13世纪又有一个大国发生,在其有名的王Mansa-Musa时,为苏丹最强大的国家,有兵士六万人,都城为马里(Mali)。其疆域几于全包西部苏丹及撒哈拉沙漠的一大部,直至1500年方为松海族(Song-hai)国王Omar Askia所灭,是后遂不复振。

费鲁朴人(Felups):此族是最纯粹的尼革罗人,比较满丁干人野蛮得多。住在大西洋岸,自甘比亚河至Cacheo河,以前大约是被回教徒势力所逼,从而迁移来此的。此族也不是单个的,而是有很多支派。其嫡系表现尼革罗种特点最为明显。体质方面有黑色的皮肤,扁平的鼻,大鼻孔,厚嘴唇,健硕多肉的身体。心灵上则有粗暴的感情,低等的智慧。其文化甚低,不知工艺美术。无社会组织,只有家族,常相斗争,使用弓箭。全体不着衣服。有木造小屋但甚污秽。行母系制,职位财产皆传女。迷信甚重,崇巫觋,拜自然物。

地姆尼人(Timni):住塞拉勒窝的海岸。他们是土著,势力也最强,常要驱逐白人和外来的黑人。他们很强健,是很好的农夫。回教和基督教都不信但却信这两教的厌胜物。地姆尼人有一种秘密结社,名为"波罗兄弟会"(Porro),会内有特殊的符号,皮上标志、口号、暗语等。很有权力,可算是宗教的及政治的团体。会的命令能够停止战斗,判决争端,并派一个戴假面的武装队去惩罚理曲者。外人入境,须得一个会员的卫护,方保无事。仪式于夜间在森林里秘密举行,如有窥探者,立被处死刑,或被卖为奴。

塞拉勒窝人(Sierra Leonese):这是该处的主要住民,但其分子却是由各处移来的,其中由美洲放回的黑奴很多,极为复杂,不是纯粹的民族,所以不但不是部落,并且也不是人民,而是在新环境中受较高文化的影响而方在成长中的人民。因其分子复杂,竟致完全失去土语,而使用变态的英语为普通语。旧时的部落制度已废弃,受英国殖民政府的管辖,遵行文明式的法律。宗教也改信基督教。新式工商业也学得多少。

里比利亚人(Liberians):也是美洲放回的黑奴,在这里建立一个里比利亚共和国。其时在1820—1822年,人民是由美国一个慈善机关送来,所以初时也便由白种人指导,在1848年方完全成立独立国,政体也模仿美国。物质上颇有进步,人口也增加很速,在1909年复由美国加以财政上军事上的帮助。

克鲁人(Krus):住地在Monrovia至Polmas角一带的海岸。原系内地移来的民族,但却在新住地养成与阿非利加人相反的爱海性;因此常受欧人佣为非洲沿海的水手而得了"啤酒瓶"(Bottle of Beer)的绰号。他们虽常与白人接触,但其蛮性仍是存在。

齐语人(Tshi)、尤语人(Ewe)、约鲁巴语人(Yoruba):每种语言的人都有十几部落,齐语人住金海岸,例如亚山的族(Ashanti);尤语人住奴海岸西部,例如达荷美族(Dahomi);约鲁巴语人住奴海岸东部,例如约鲁巴族。语言虽略异，其实同属于一种语系，而且在种族上或者也是由一族分歧的。他们的传说说他们古时同住在内地高原，其时语言还未歧分，其后因受别族的逼迫，逐渐迁徙到海岸，看见奔腾汹涌的海浪，以为是滚沸的水，后来才晓得是不热的，所以到现在还称海水为"Eh-hurn den o nui shew"，不热的滚水。这地方人极为残忍，杀人是平常的事，常以人的髑髅装饰器物。有女兵队，叫作"亚马孙"（Amazon），战斗杀敌，极为凶暴。国王也喜杀人，刽子手常极忙碌。宗教以灵物崇拜著名，其"灵物"（Fetish）是指某种具有神秘能力的无生物，人类偶然获得因而加以崇拜。在这地方还有祖先崇拜也很发达。死人在冥界也须维持生时的地位，所以须供给他们奴隶及妻妾，其数按照生时的阶级。每年的大祭时须以人为牺牲，情状甚为惨酷。1897年英军攻占伯宁（Benin）时，人类学家得到宝贵的材料，便是大宗的象牙雕刻物、木细工物以及三百片的铜板，上铸人像；由此可证明这些民族工艺已很进步。

莫西人（Mossi）：住尼日尔河流域，这地从19世纪中叶以后，才渐被外人知悉。此族人竭力抵抗回教徒的进逼，至今还保存野蛮状态，人口总数约有数千，分支也很复杂。

2. 中部苏丹族

其地域自尼日尔河至瓦代（Wadai）。回教侵入已有数百年，植根很为深固。反对回教的土人都被驱逐远徙。信奉回教的土人则与侵入者混合而产生准尼革罗民族。旧时的部落制破坏。在一千年来的历史时代发生许多国家，其中且有很强大的。

 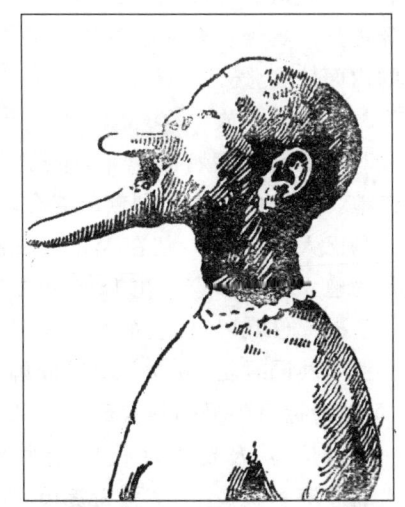

图4-17　非洲妇女的唇饰　左：正面　右：旁面（以二块圆木片撑上下唇，有敲去前齿以容木片的，不但形状奇怪，发声也极可怕）

松海人(Songhais):人口约二百万,使用同一语言,有共同的体质与心理。住在苏丹与撒哈拉沙漠交界地方,自丁布各都以东的尼日耳河上游流域。这种人是黑白的混合种,肤色深棕或略黑,性情颇不善。以前曾建立一大强国,开创约在西元7世纪之末,历代与满丁干国竞争。在其著名的国王 Muhammad Askia(1492—1529)时,国势最盛,成为一大帝国,但不久渐致衰弱,在1592年被摩洛哥所灭,至1894年改为法国领地。

贺沙人(Hausas):住地在尼日尔河至波尔奴(Bornu)之间,即北尼日尔亚(N. Nigeria)。人口约五百万,一部分居乡间种植棉蓝玉蜀黍,一部分住城市,从事商业。民性和平,守法奉公。语言为附近一带的通用语,语数约一万。人民虽喜和平,然战斗力殊强,自归英属后,英人率以战斗,很为勇敢。贺沙的历史不很古,约自14世纪以后方建立国家。在19世纪之初被索科多国(Sokoto)所并,至1903年转入英人之手。

卡廉布人(Kanembu)、卡奴里人(Kanuri)、巴给耳美人(Paghirmi):住在察特湖周围。卡廉布人在北卡奴里人在西,巴给耳美人在南。他们也是曾建立国家的历史民族。在20世纪之初,方分属法、英、德三国。种族较为复杂,文化上也较富旧状态,回教在此不很深入。三族人都是与外族混合的准尼革罗人。

莫士古人(Mosgu):住在察特湖以南的地方,他们是纯粹的土著,未奉回教,文化更低。上述的巴给耳美人及他族,常按期大举,深入其地,掳掠土人,贩卖为奴。每次实行这种"奴狩"(Slave-Hunting)时,杀伤很不为少,其状极惨。由于逃避这种灾祸,土人们也有移住树上的,连家畜都带上树,以长梯为升降之具。莫士古有一种奇怪的装饰,便是圆盘形唇饰,这种饰物很大,嵌在唇的内面使唇张开。

3. 东部苏丹族

其住地起自察特湖以东,包括 Wadai、Darfur、Kordofan。尼罗河上游流域诸地。此处的土人与别族的混合,大体较中西二部为少。

马巴人(Mabas):住在 Wadai,此处有阿拉伯人杂居已五百年,马巴人赖其帮助建立强大国家。在1899年方属法国。

丁卡人(Dinkas):散布很广,在尼罗河上游附近。分许多部落,但却不曾拥立一个共同君长,成立一个民族国家。各部落的体质风俗也不一律。大别之,可分为拥有牛群的强大部落和从事捞渔猎河马的贫弱部落。各族中大都有一个酋长,其人或即为术士,有些术士是世袭的祈雨师(Rain-Maker)。丁卡人的经济基础是牛,牛可为货币,娶妇的代价和罚锾的款项都用牛,而关于牛的争执,常为战争的原因。

芒巴都(Mangbattu)、然德(Zandeh)及其他,这几族的语言可合为一系。

住地在近赤道一带。土人不曾奉回教，巫术盛行，宗教仪式常很残酷。食人俗（Cannibalism）还存在，如然德人以人体脂肪为商品，而芒巴都人则将战场杀死的死体，保存为别日之用，又把俘虏当作家畜一样，饲养以供宰食。食人俗以前盛行于中非及南非，或者全洲都有，现在则范围渐缩，只限于自几内亚湾至白尼罗河的赤道附近一带地方，这可以名为"食人带"（Cannibal Zone），是非洲最秘密的地方。食人俗在此不但是宗教上的仪式，而且是一种公认的社会制度。但这些食人的民族却不是低劣的，其中尤以芒巴都、然德二族为优，他们善能耕种，并有几种工业，如冶铸铜铁、纺织、制陶、雕木等都很精，他们的家具常有美术价值。其铁器常较输入的欧洲铁器为佳。他们又富于形象艺术的天才，如芒巴都人、廉廉人（Niam-Niam），据说比较非洲北部的阿拉伯人、含米特人还胜。他们又不是没有感情的，如然德人很能保护妇女及小孩。

在东部苏丹的，还有 Fúr、Nuba、Shilluk、Bari、Abaka、Bongo、Momfu、Basé、Barea 诸族。

第三节　班图族

兹以中部高原为起点，沿东海岸、南非洲、西海岸而复至中部，依次叙述各地的班图族支派于下：

滂佐人（Bonjo）：这一种是住在最北的班图族。在中部高原，刚果河和察

图 4-18　非洲尼革罗人的角力（在乌干达）

203

特湖的分水界。这族人有显著的突颚,很为粗野,以贩奴为业,将奴养肥发卖供宰吃。他们或者是巴耶人的一支退化而成的。

巴耶人(Baya):是一大族,有很多支派,偏布于 Sangha 流域,北纬三至七度三十分,东经十四至十七度。这种人躯干很高,多肉而匀称,肤色黑。虽与滂佐人同是食人民族,但却较为聪慧和蔼。因受回教影响,而发生完备的政治组织,有朝廷及几种官吏。其语言为附近一带所通用。食人俗在妇女中受禁止。家畜有山羊、绵羊及狗。信有一个最高的神名 So,表现其威力于森林中,此外有许多小神散布于各村落及家屋。在宗教方面也同政治一样的完全,其原因可说是与高等民族接触的结果。

巴干达人(Baganda):这种人是住在维多利亚湖边的"湖滨人"(Lacustrians)中最著的一支,其他为巴狃罗(Banyoro)及卡拉乖(Karagwe)等。他们自说以前曾合建一个大国名 Kitwara 帝国,开创者名 Kintu,意为"无垢者",同时是一个神巫及家长和统治者,在几百年前由北方来,带了一妻、一牛、一山羊、一绵羊、一鸡雏、一株芭蕉树和一个甜番薯。他运用法力将一片荒野,变成繁盛的地方。虽有这种传说,各部却是各自分立。诸部之中以巴干达为最著名,现属英国。关于这民族有许多名称应当分别:乌干达(Uganda)是指现在的地名;巴干达(Buganda)指所建的小国;牟干达(Muganda)指族中个人;卢干达(Luganda)指其语言;巴干达别称其人民。巴干达人现在已渐渐改信回教及基督教,对于文字和宗教教理都很用心追求。他们的文化是原始的与文明的相糅杂。国王称为 Kabaka,但王的母与姊妹也同此称呼。政府的组织有议会,由议员组成,有首相兼最高审判官,有副相,有十个地方行政长官,管理十个行政区域。每区长官须负责修治一条官道,约四码阔百哩长,自其所在地至京城。每区复有分区,分区长官,也须负责修治大路,达大区长官驻地。每区都有司法官,诉讼者可依次上诉,至首相或国王。巴干达人的政治制度已经发展这样高,但在社会组织及宗教上还牢守图腾制(Totemic System)。民族全体分属二十九个氏族(Kika),每氏族各信奉二个图腾。例如狮图腾有鹰,蕈图腾则有蜗牛为其副图腾。每氏族各有其头目,各氏族都行族外结婚制。

瓦波科磨人(Wa-Pokomo)及其近支诸族:住在维多利亚湖和海岸的中间,即在英属东非洲中。文化大都低等,只有松散的部落组织、发达的图腾制度,崇信魔术,无僧侣偶像及庙宇,无世袭的酋长和部落会议。

瓦吉利耶马人(Wa-Giryama):住在英属东非洲的海岸,是这地方的主要民族。这种人的宗教很奇,是很为原始的。他们信有一种虚缈的"最高的存在物",称之为 Mulungu。此"最高存在物"却又是一个伟大的或古远的人,大都是族的古英雄,后来神化了而成为"造物主";而这个神仿佛又即是死去祖先的灵魂,因此他们的祖先崇拜很盛。

瓦耍喜里人(Wa-Swahili)：与上一族是近支，住在东海岸及其海岛。因常与阿拉伯人接触，文化上已变为阿拉伯化，衣服都改阿拉伯式。从事航海及贸易，蓄奴而且贩奴。曾经过多次的政治变迁，继续发生几个朝代。血统上很为混杂，自内地土人以至于波斯、阿拉伯、印度的移民都是其成分。因阿拉伯人的影响，回教已成为主要的宗教，代替了旧时的祖先崇拜。他们实是历史的民族，为以前的臧格帝国(Zang Empire)的主要成分。这帝国曾拥有自索马利兰至赞比西河的一带海岸，当葡萄牙人初探印度洋时，他正在强盛时代，有许多大城，其贸易关系，扩张至于印度、中国及欧洲。这个繁盛的地方后来竟被葡萄牙人的炮火所毁坏，这是当时一个葡萄牙人所自述的。

苏鲁、左沙人(Zulu-Xosas)：在苏鲁兰，但以前曾扩张于很大地域，以武力设立了数个专制政体的国家于其属地。现在却连其本土都已属英国的那塔耳殖民地(Natal)。苏鲁人在北，左沙人在南，但他们实是同一民族，体质语言风俗制度都同样。身长在中度以上，自5呎9吋至5呎11吋。他们的智力在纯粹的尼革罗种之上。其政治组织颇为优异。全民族由许多部落合成，部落基于血统，由世袭的酋长统治之，酋长的权力绝大，但若违反了他自己所定的法令，则贵族也可开会反抗他，由于贵族的议会产生了传袭的法典。据说这种法典是很合于原始社会的：人人都须受其限制，各家长须负其家族分子的行为上的责任，村落则关于其住民，氏族则关于其中的各村，都是这样。有各级法庭，其最高法庭由最高酋长主之，此最高酋长不但是统治者，而且是全民族的父亲。

图4-19　非洲尼革罗酋长的一夫多妻家族(居中吸烟者为夫，余系其妻。在刚果)

马绍那人(Ma-Shonas)及马卡拉卡人(Ma-Kalakas)：在赞比西河之南,英属罗得西亚的一部分。两族都是勤劳的农民,精于冶铸和开矿。在其地有一个有名的 Zimbabwe 遗址,相传是很古的,而且是属于文明的阿拉伯人的,但据近来的考察,则以为其时代不能早于十四五世纪,而且是班图族所创成的。

贝专纳人(Be-Chuanas)：住地南自奥伦治河,北抵 Gami 湖。这民族以图腾制著名。其中各部落的祖先,据说是狒狒、鱼、象等动物。这些神圣的动物,称为"Siboko",受族人的崇敬,不得杀害或宰食。部落的名便由其所奉动物而得,如"Ba-Tlapin"是"属鱼的他们","Ba-Kuena"是"属鳄的他们"。贝专纳人中以巴洛滋族(Ba-Rotse)和巴须陀族(Ba-Suto)为最著。巴洛滋族以前曾建立一个国家于赞比西河中部,其后为巴须陀族的一支所克服,最后前者复反抗而重兴,其盛时人民约达一百万。贝专纳现属英国。人民改信基督教的很多。

奥哇赫勒罗人(Ova-Herero)：为南非西部达马拉兰(Damaraland)的主要住民。其体质在班图人中算是较为优秀的,但智力上却未见特长。其住地是稍为干燥的平坡,介于山地与海岸之间,故又号为"养牛的达马拉人"(Cattle Damaras),或"平原的达马拉人",以别于海岸高地的"山地的达马拉人"(Hill Damaras)。"达马拉人"的名称是霍屯都语,本地人不承认,他们自称则为"奥哇—赫勒罗",意谓"快乐的人"。山地达马拉人其实也非班图族,而是霍屯都族。这两族常起战争,其后在 1884 年被德国占领时,死者又很多。赫勒罗人有不喜吃盐的性癖,但这却不是种族的特性,因为他们的牛也这样,其原因或者是由于其地多蒸气,而蒸气里含有盐质。

埃西刚果人(Eshi-Kongo)：这是刚果的主要民族之一,他们以前曾建立一个"刚果帝国"。在 1491 年葡萄牙人初到时,已经成立强国。自是以后,遂和葡萄牙人发生关系,受他们的影响。天主教的教士大获成功,入教者极多,国王 Mfumu 也入教而受葡萄牙的王号,改为"Dom Pedro V"。但这种新信仰不能深入人心,到后来土人们不问教理,而只崇拜基督教的教堂十字架旗帜及其他当作"灵物",由个人们把他私有。这民族当盛时曾把他们的班图语传播于很大地域,到现在下刚果还用这种语言。某学者曾称赞这种语言的优美,胜于其民族自身,其内容丰富,表意精确,文法的构造也很有规则。

卡宾达人(Kabindas)：在下刚果以北葡领地方,其名由于其海口商埠的名而得。他们是很为聪敏奋励的民族,善能航海,长于经商。但他们却碰着敌手的马范步人(Ma-Vambu)。这后一种人因他们有钩形的鼻,而营业的天才又像犹太人,所以便得了"黑种的犹太人"(Judcos Pretos)的绰号。卡宾达人说：这些"闪族的尼革罗人"是天生来惩罚他们中不谨慎的分子的。

巴鲁巴人(Ba-Luba)：在刚果河流域,支族很多,占地很广。其人大都是平均型的班图族,颇为聪慧勤奋。又精于冶铸铜铁。其他铁矿很多,铜矿也著称。其中以巴西琅支族(Ba-Shilange)尤为著名。他们可说是思想家,常把"何故"这个疑问词挂在嘴上。性情诚实而勇敢。极喜欢外人风俗,自动的模仿文明人习惯。已经放弃灵物崇拜,和食人肉的旧俗。其政治组织统一,且有名称其实的国王。

巴罗罗人(Ba-Lolo):在巴鲁巴人之北,自赤道至刚果河左岸,其语言传播很广,使用者达一千万人。巴罗罗的意义是"铁的人",或说是称他们善战,或则谓因他们会打铁,解释不一;但若就他们的体格言之,确实值得此称,可谓为班图族中有优秀体格的一族。他们大约在百年前由东方移来,斩伐森林,驱逐土著,开垦了很大地域。他们懂得分工的原则,精于多种技艺,其中已有耕田的,园艺的,冶铸的,造舟的,纺织的,制家具的,造兵器的,以及兵士政客等各式各样的人。

泛人(Fans)及其他赤道西部班图族:他们原从东方沿赤道一带移向西海岸,将土人赶逐别处,成为那边最要的并且可怖的民族,因为他们有食人俗。泛人体质上有些和黑种人不同的地方,躯干修长,肤色浅棕,多须,颚骨亦发达。心理也有异,较为聪慧而严肃,无黑种人特有的哗笑性,易教而难管,易发脾气而轻视生命。其食人俗不是由于祭祀的需要,他们情愿将亲人的尸体和邻家交换吃,但不像中部刚果人买奴来养肥宰吃。他们无奴仆,无俘房,也无坟墓。这种人不是纯粹的黑种人,恐是与含米特族的混合种。

巴卡来人(Ba-Kalai):与上述民族相近,在 Ogowai 河左岸,以前被上述的食人民族逐出旧住地。现在已弃冶铸业而从事贸易,成为西海岸中部一带的主要居间商人。

杜亚拉人(Dwala)、巴旦嘎人(Batanga)及其他喀麦仑土人:体质与纯粹尼革罗种略异,文化上则与其北方的尼日耳纯黑人同其低陋。巫术迷信很猖獗,曾有一土人因在传教师席上吃了鸡肉,他的本身也被族人惩罚而宰吃了。"以血偿血"的法律严厉的执行,而因为巫术的缘故,常有全村都空废的。

第四节 尼革利罗族

这族人以矮小者,故又常称为矮民(Pygmy)。其住地原是内部的森林地,但现在已缩小仅在赤道南北各六度以内一带地方,大部分在刚果。以前在很远的北方都有这种人,在四五千年前,埃及人便知道他们,在古埃及的《死者的书》中,曾有记载。壁画中也有其像。他们在埃及法老的朝廷很有用处,所以法老常派人去内地取这些"丹迦人"(Danga)。有最真确的记载的,是约在纪元前 3300 年,在白尼罗河地方取去献与亚沙王(Assa)的。其后约七十年,埃及王又派人赴南方有大树的地方,"取一个活的而且康健的矮民";丹迦一语,意义也便是指矮人。有人说这民族便是欧洲史前时代的矮人,但却无确实的证据。

这种人的体质已见总论中。他们的智力很为显著,有音乐天才。性情狡猾多疑,喜报怨,但不偷盗。生活状况仍是狩猎和拾食,不知农耕和畜牧。食物只有肉是熟食的。不着衣服。有弓箭及枪都很小。这种小人用这种小兵器,却能致水牛、象等大动物的死命。因为枪箭都有毒。其毒有两种,一是由像芜菁的植物叶取出,又其一是将赤蚁制为粉末混合椰子油。两者的效力都很大,能使伤者立陷死地。他们又喜开陷阱作陷机,其陷机系假茅屋,屋盖只覆蔓草,上置香蕉胡桃等,动物常被诱而坠落屋内。矮民们又能采蜂蜜捕鸟取羽。其小茅屋作椭圆形。其入口只有二三尺高。一村的茅屋排列成圆环,中留空地,空地的中央有酋长的屋。离村不远的道路上,有小屋为守卫所,并征收通过本村的税,不纳税不得过。矮民和其邻近的民族间,都互有利益,矮民卖出象牙、兽皮、蜂蜜、毒药以交换植物食料。他们动作敏捷,戒备又严,所以很能侦察敌情。社会组织只有小团体,以善战者或善猎者为领袖。死人埋于地下,不知崇拜死者,无专门的魔术师或僧侣。有狩猎用的厌胜物,传闻有最高神灵的信仰。

尼革利罗族的支派也有数种,略述一二种于下:

阿卡人(Akka):这一族很古便被埃及人所知道。古代埃及建筑物的壁画所画矮小的人,其旁并写有 Akka 的字。可惜后来的人反不知道,以为是古画家的戏笔,到了二百年前才重新发现这一种人。德国大旅行家 Sweinfurth 探险中非洲时在 Mangbuttu 族附近,发现有九个集团的矮民,总称为阿卡,其人和埃及古壁画上一样。Mangbuttu 王卖给 Sweinfurth 一个矮民,带到埃及便死了。其后意大利旅行家 Miani,也买了此族的矮民二名,带回意大利,他们对于事物的悟性很好,能够学意大利语和读书写字,后来过很好的生活。

图 4-20　尼革利罗(Negrito)即"矮黑人"(Pygmy),非洲尼革利罗人的一支

万多罗薄人(Wandorobbo):在马赛兰(Masailand)。善能猎象,除弓箭外,有象矛,叫作"Bonati"。长6呎,两头粗,手握细处,一端开一个洞,插入一

枝箭,箭镞阔 2 吋。猎象的法是偷偷走近象的旁边,刺入一矛于其腰部,赶快将矛柄扭动,便和箭脱离,立即走开逃避。箭都是有毒的,象中箭后,跑不远便死了。

窝楚亚人(Wochua):观于窝楚亚人便可以晓得古埃及皇帝何以喜欢这种矮民。他们赋有锐利的观察力和记忆力,善能模仿人的动作和姿态,经过数年之久,还能记得别人的状态,并能形容得出。

巴突亚人(Ba-Twa):在卡赛(Kassai)林中的旷地。身长平均约 4 呎 3 吋。从事狩猎并采棕榈汁。供给周围别族以禽兽肉和棕榈汁换来"曼尼屋"(Manioc)实玉蜀黍和芭蕉实。

此外还有 Obongo、Wambutte、Dume(?)、Dokd(?)诸族。

第五节　布须曼族与霍屯都族

布须曼现住在喀剌哈里,以前曾与北方尼革利罗族毗连,而且原来似乎也同属一系;后来或者由于环境的不同,北方是湿热的深林密箐,南方是广阔的草地,遂发生体质与心理的差异而成为两族。

霍屯都族在那马瓜。霍屯都与布须曼有密切的关系。以前有人说布须曼是由霍屯都分出的子族,现已知道霍屯都是布须曼与班图人混合而成。所存留布须曼特点,便是熟皮色的皮肤,大颐骨,尖颏,突起的唇部等。

霍屯都以前也曾分布于很大地域,现在还有一小支住在维多利亚湖的南方,叫作 Wa-San-dawi。可以证明霍屯都的住地以前曾达到这里。霍屯都与布须曼的地名,也散布于南非各地,北抵赞比西河,更可证明这两族以前的住地是很广的。布须曼人现在住地还保留一点,霍屯都人则纯粹的已逐渐消灭,一部分则和波尔人(Boer)、班图人混化,如 Koraquas、Gonaquas、Griquas 等族都是。

布须曼、霍屯都的语言极为奇异,另有一种鴂舌的音,参插在语句之中,像马车所发的声(Clicks),为别种人所不能全学得来。语言学家把这些音分为九种,用符号代表他,如齿音用—,喉音用⌐,气管及齿音用⌐,唇音用[ ]等。

布须曼便是林中人的意思,其文化虽低,但也有数事可说。他们有很多口传的故事,所表现的想像力很为丰富。有一位 Bleek 氏,曾搜集记载了很多,其稿积成 84 厚册,每册 3600 页。其内容分为二部分,一是神话传说与歌谣等,二是历史冒险谈以及关于风俗迷信的话。布须曼人的心理其实不像外族所传那样低劣。他们最爱自由,不承认有主人,但也不使用奴隶。因要保持独立,所以宁愿作游猎的生活,而不喜定居,很罕的特造茅屋,而喜欢住天然的石洞,有时在树上构巢居住,所以有林中人的称呼。有时又挖掘土穴,故又有"土居人"(Earthman)之称。他们的衣服就只有一小块皮。其兵器是简陋的矛与弓箭。其矛不过是一根树枝,末端缚连一块骨铁或燧石片,箭也是这样做成,弓箭都很短,矛头和箭镞却是有毒的。其毒药是由某种毛虫制就,将枪箭的头浸于其中而成。药性甚烈,人的皮肤上的搔痕如沾入一点,便有危险。中毒后,其痛甚剧,使人发狂,猛兽如狮中了毒,必倒地打滚,啮折树木。治疗的药是将毛虫和脂肪,同制为油,他们以为毛虫吃脂肪,若将脂肪给他,便不伤人。他们因制毒药的缘故,而崇拜毛虫,出猎前必向毛虫祈求大获。不养家畜,因嫌其累赘,只有和他们一样野散的狗方肯养。只有一种器具,是一种圆石,中部穿孔插入一根树枝,用此以挖掘草木根为食物。其食物是植物根实、蜂蜜、蛇、虫、驼鸟卵、白蚁蛹,故外人称白蚁蛹为布须曼的米。发火的方法还是用两块木头相摩擦。他们喜欢音乐和图画。其乐器中有一种叫作"戈拉"(Gora),是由猎弓改造的,弓弦上加一个环,将环移动,弦声便有高低,又于弓的下端加一个匏,以使弦调变高。他们的图画便绘在所住的岩穴壁上,其图为人物鸟兽的形式,或狩猎战争等景,技术颇好,其法是先描浅刻的痕,然后加以彩色,其色有赤黄黑三种。他们因是泛散的,无固定的社会组织和世袭的酋长。所以在自己自然也没有总括的族名,如 Khuai 不过是其中一小群的名,通常误用以指全族。又如 Saan 是霍屯都称他们的话。他们常被邻近民族所欺侮,常被无故击杀,现在已濒于灭亡。所拉斯氏(W. J. Sollas)说:"我们懂得这种奇异的小民族越多,则欣羡和欢喜他们的心也越深。他们除了勤奋、耐劳、聪慧、勇敢、忠义、家族感情等美德外,还有优美的态度和美术的天才,使我们晓得在狩猎时代中,也会有美妙的生活。他们在文明人未到的黄金时代,曾尽量享受了原始生活的乐趣。其后的生活,充满了残酷与灭种的情况,使我们不忍叙述。他们不再能徜徉于日光辉映的林中草原,狩猎的豪举已成过去,民族也已破坏,但他们却留下了不灭的纪念,他们的艺术使他们的名永远存留于世界。"

霍屯都族名的起源,或说是欧人因他们的语言中常有"霍"(Hot)、"督"(Tot)的字,故以"霍与督"称他,是讪笑的意思。他们能饲养家畜,但不知耕作,采集野生的果实木根为食料。人与畜类追随牧场而移动。其村落称为"克拉亚耳"(Kraals)。其家屋作圆顶形,以轻木为骨,架上罩以席,拆散家屋不过需数分钟而已。家屋的排列必成圆形,中留空地以居动物。其养家畜不为食肉而为食乳,故宰杀甚罕。男女都戴皮帽,衣服有上衣及前挂。其人极好战,尊敬战士,各集团都有一个酋长。性情豪爽喜谈,有时因争吵而起搏斗。有许多歌谣及咒语,其民谭中常以兔为主人翁。崇拜昴宿的星,每年此星初现时,便对之祭献。男子出猎时,其妻注意在家里烧火,不敢使他熄,以为火若熄,狩猎便失败。其巫师据说能使蛇,他们发出巧妙的蛇声,便能召集附近的蛇;因此土人们很怕巫师,常以武器随身以防被害。

第七章　海洋尼革罗种

第一节　概况

地域:巴布亚西亚族(以下简称巴族)(Popuasian)在马来西亚、新几内亚、美拉尼西亚。尼革利陀族(简称尼族)(Negrito)在安达曼岛、马来半岛、菲律宾、新几内亚。塔斯马尼亚人(简称塔族)(Tasmanians)前在塔斯马尼亚岛,已灭。

体质:三族肤色都是暗朱古力棕色,常近于黑,其较为浅色的是混合之征。躯干:尼族甚矮与非洲的尼革利罗同属矮民(Pygmy);巴族与塔族较之略高。头形:巴族为极长头,尼族广头,塔族为长头或中头。毛发:巴族黑色鬈缩如布帚状,须髯稀少或至于无;塔族黑色,略短,较少,布帚状;尼族短,鬈缩如羊毛,黑色略带棕红色。颚:巴族不甚突,塔族与尼族皆突。颐骨:皆不大。鼻:巴族大而直,常作鹰嘴状,塔族与尼族短而扁阔,大鼻孔,有大而厚的软骨。眼:三族皆大而圆,眼球黑或深棕色,虹彩污黄色。

心理:巴族易于激动,变易无恒,喜哗笑,颇聪慧而有想像力。尼族活泼,有小范围内的急智与狡猾,性情温和。塔族不易激动且较迟钝,但亦较不残酷,不喜虐待俘虏。

语言:巴族与塔族胶着语有接后字,在西部支派有数种,在东部只有一种。尼族大都不明,只知安达曼岛人亦属胶着语,有接头接后字。

文化:巴族宗教为马那崇拜(Manaism)及祖先崇拜,无僧侣及偶像。物质文化不甚发达,农业略进步,富艺术兴趣,家屋小艇及仪式品上常有木雕。其他皆甚低,在最低的狩猎时代,艺术及工业皆极简陋,只能制兵器、饰物、筐篮等物,只有安达曼人能制陶器。

种族关系:海岸洲的尼革罗种与非洲的尼革罗种虽隔了一道大洋,根本上实是同种,即鬈发系人种。非洲的尼革罗在血统上受含米特及闪米特族的影响。海洋洲的则和马来人、印度尼西亚人混杂。非洲有尼革利罗的矮民,海洋洲也有尼革利陀,正好相对。两处的语言都有很多支派,但都属于胶着语一系。

第二节　巴布亚西亚族

巴布亚西亚族可分为巴布亚人(Papuan)和美拉尼西亚人(Melanesian)二支,后者因多受别族的混化,体质颇有异。巴布亚人在新几内亚大部,和马来西亚群岛东南部,至佛罗里岛(Flores)。美拉尼西亚人便是美拉尼西亚群岛土人,即亚德弥拉耳帝群岛(Admiralty Isles)、新不列颠岛、新爱尔兰岛、约克公岛(Duke of York Is.)、苏罗门群岛(Solomon Is.)新赫布里底(New Hebrides)、新喀利多尼亚群岛(New Caledonia)、罗耶忒群岛(Loyalty)、斐济群岛(Fiji)等处。巴布亚人较之美拉尼西亚人,身体略高,皮肤较暗,发较长,面上毛较多,额颇削,眉棱较突。巴布亚语和美拉尼西亚语也不同。

民族移入的先后:最初的住民或者是黑皮肤羊毛状发的尼革利陀人,现在还剩留一部分在新几内亚、安达曼岛、马来半岛、菲律宾诸处。其后有躯体较高的一支,进入塔斯马尼亚岛,成为塔斯马尼亚族;又一支则散布于新几内亚及美拉尼西亚其他诸岛,成为巴布亚西亚族。波里尼西亚人在由东印度群岛迁往波里尼西亚时,经过这一带地方,也生了一点影响。

文化传入的序次:"嚼槟榔"的风俗大约在印度人侵入南洋诸岛以后,方由印度尼西亚传来,故时间上不很远。和这种风俗相连的是父系制度。板制小艇,头颅的崇拜及猎头俗(Head-Hunting)。更早传入的是饮卡哇酒(Kawa 胡椒属的植物所制的酒)的风俗。与之

图 4-21　斐济群岛人(Fijian)
海洋尼革罗人的一支

相连的是买卖婚姻、贝壳货币、秘密结社、"答布"即禁忌(Taboo)、图腾制、酋长制、带架艇、制船板法、三角顶屋、家畜等。当饮卡哇酒的民族移入时,已先有别种人居住于此,那便是有两合社会组织(Dual Organization)的民族。他们的风俗还有母系制、坐葬、魔术、地方神、弓箭、独木艇等。两合组织便是一个群分为两个"半族"(Moity),两半族的男女互为婚姻。这种风俗的起因,大约是由于这种新来民族与更古的旧民族的混合,各"半族"都有一个神话的人物,一个很狡猾,一个却很愚蠢,又各有一个为图腾的鸟,一个是善能捕鱼,一个却不能赴海;这相对的两方便是代表新移入的有能力的民族,与原有的文化较低的土人。这些最早的土人便是黑皮肤的鬈发民族,他们还不晓得崇拜鬼魂,而只有地方精灵的观念。

文化概况:民族通性,易激动,喜哗闹,感情丰富,胸怀快乐。产业限于环境不能处处营狩猎与畜牧的生活,大都只从事渔业和农耕。在较大的岛,住在

海岸的营渔业，程度较高；在内地的，事农业，文化较低。所栽植物是西谷米、椰子、香蕉、薯芋、面包果等。服饰：男子有时裸体，常着腰带树皮衣等，妇女皆有树叶制裙。妆饰有刻疤雕纹之俗。身上各部都装带贝壳、兽牙、鸟羽、树叶花朵等，并以草编的带围于颈项身上及腕上。贝壳及颈圈且为通行的货币，野猪的牙也是特色的饰品。家屋有很多种，其主要的一式，具有三角顶，脊梁一根，支以二柱，墙甚低。水上椿屋（Pile-dwelling）则见于俾斯麦群岛、苏罗门群岛，及新几内亚沿海的村落。兵器本地特有的是棒矛和弓。棒端附连石头的见于新几内亚、新不列颠、新赫勃来德诸岛。苏罗门岛的矛装饰很美，且有骨的倒钩。在新喀利多尼亚的矛，以刺鳐鱼的脊骨为尖锋。亚德弥拉耳帝岛的矛，以黑耀石为矛头。新不列颠的，又以人臂骨为矛头。弓是巴布亚人的主要武器，在其他各岛传播也很广。其他器物：舟有独木艇，常常带一个架在艇的旁边，板制舟见于苏罗门岛。制陶术在新几内亚、斐济、新喀利多尼亚等处都有之。树皮衣见于很多岛屿，但纺树叶的机很是罕见。社会组织常行上述的两合制，在"半族"内部不得自相结婚。母系制盛行，宗系与承袭都依母方计算，男子的财产传于姊妹的儿女，但母却不就是家长，家屋为父所有，统治权也是父的，不过有时母方的舅，较父的权尤大。在有些地方渐由母方的权变为父权，父须向母方的舅或姊妹的儿女收买权利。各处都有酋长，有的常兼为宗教领袖，权不甚大，公共事件常由长老会议决定之。但最有力者是秘密社会，传播很广，只有男子方得参加。入社式的举行常极残酷，社员据说与鬼魂精灵有密切关系，其戴假面及盛装时便也成为鬼魂与精灵。其催促会员进行的号令，是用"牛鸣器"，或其他所发出的怪声。这种秘密社会力能惩罚触犯风俗者而维持社会的秩序。还有"公会"（Clubs）的组织，行于新赫勃来德岛及朋克斯岛（Banks）。会内分为各等阶级，同级的人同在会所的特定地方同吃，各级都有其徽章，有时用偶像充做。升级是酬赏的事，很少能达到最高级的，能达到的便有极大的势力。宗教图腾崇拜行于新几内亚一部分及他处。但最重大最广布的信仰，是"马那"（Mana）观念。"马那"是一种虚缈的超自然的"力"，这种神秘的力，能够发生所有在人力以外或自然程序以外的现象。精灵鬼魂都有这种力，人类也可以获得而利用他。祖先崇拜也略发达，人死亦有鬼魂，被崇拜的鬼便是生时拥有"马那"的人。人鬼以外的精灵也很多。无固定的巫觋，凡能晓得对付精灵鬼魂的都有势力。死后存在的观念是普遍的，死人又常须经过危险的旅行以赴阴间，其地常在西方。通常是勇士、秘密会员、战死者的灵魂方得达到最好的世界去。魔术盛行，如收获、渔业、气候、祈雨、求子、恋爱等事都有魔术，而害人的魔术也一样多。

　　巴布亚西亚人与马来人的关系：在新几内亚以西至东经120°，巴布亚西亚人与马来人互相混杂，但两者间也有截然不同的特点，可以分辨得出。纯粹的巴布亚人体色黑,发鬈结成球,这是他们最特别的记号。心理上也和马来人不同,较富于感情和冲动性,发露于外而为哗笑呼啸与踊跃。他们喜欢美术,常雕饰其小舟住屋以及所有家具,这在马来人中便少见。但在道德情绪上便不如马来人,他们对待小孩很粗暴,马来人则很慈爱。

第三节　尼革利陀族

安达曼人(Andamanese),又称为明戈卑人(Mincopies)。发短而黑略带红,体毛稀少或至无。皮肤自青铜色至黑色。身长 1.485 米(58.5 吋)。手小,头广,指数 83。颧骨大,面阔,颚不突。鼻直,鼻根陷落。性情诚实坦白,谦恭有礼。夫妇关系贞洁,尊敬长上,厚待亲友。妇女与男子地位平等,工作亦共担。食物大都为鱼、薯蓣、鳖、猪肉、蜂蜜等。捕鱼除用网外还有枪刺箭射等法。不知耕种及畜牧。不着衣,只束带,挂项圈。腿条、臂条等,都是用骨木贝壳等物所制。妇女更有树叶制围裙。男子盛饰时在腕上和膝上带树叶的球,头上带叶圈。能制小艇,有些带边架的,但不敢远离海岸。住所常包围一块椭圆形跳舞场。又有公共的大茅屋,各家族都有特殊位置。未婚男和处女也另有居处。一家族包含夫妻及其未成年子女。在成丁以后至结婚以前男女都须另住未婚男或处女的公共宿舍。未结婚和生子的人,不能算作团体内独

图 4-22　安达曼岛土人(Andamanese)的射鱼(文化极低,只知用这种笨法取鱼,舟是独木刳成的。)

立的一员。没有有组织的政治团体。大抵优于狩猎战争的技能，或智力出众、仁爱可亲的人，常被大众倾服而成为领袖，也便是酋长。二个或多个社群间常按期举行聚会。客访主人常留住数日，交换赠品，同作狩猎宴会与跳舞。宗教无显著形式，但信有各种精灵，其最主要的，叫作"卑里古"（Biliku），是女性的，便是东北风的精灵，和西南风的精灵"达拉伊"（Tarai）为配偶。"卑里古"和"达拉伊"便是风雨雷电的司理者，而火便是由卑里古偷来的。卑里古被想像为具人格的，但不曾有人看见她，她的起源也无人晓得。安达曼语言和别种语言都不像，其标音制有可惊的丰富，有二十四母音十七子音。文法也很发达，其代名词最为繁复，如所有格的字有多至十六变式的，依其相关的名词而异，例如"我的"一语有 dia、dot、dóng、dig、dab、dar、dáka、dóto、dai、dár、ad、aden、deb 诸式。接后字的多和别种胶语一样。记数法极简单，通常只能数到二，二以上便统称为几个、多个、无数个。古时曾经过石器时代，但现在则改用鱼骨、贝壳、木料为器具。

塞茫人（Semange），还有 Udai、Pangan、Hami、Menik、Mandi 等名称。住马来半岛中央，及东部苏门答腊。体质像安达曼人，皮肤是暗朱古力棕色，发黑色，短而鬈缩。身长1.528米即六十吋及四分一。广头圆面，颚骨稍突，鼻短而扁阔，额圆凸。全身很像非洲的黑人。马来人称他们做"Orang-utan"意为"野人"，即猩猩。他们的住所还不配称为茅屋，不过是编棕树叶随便罩起来而已。衣服也几等于无。食物大都是芋薯类及其他植物根、鱼禽兽肉。盐是极珍贵的食品，因为难得。他们的生活还是在拾食与狩猎的游行状态中，其中更为野散的一地住不上三日。很少能晓得种植。只用竹筏为渡水的工具，还没小艇。各部落都有酋长，余人皆平等。男女间分工很公平。男人狩猎，女人造住所煮食物。行一夫一妻制，且都很忠心。所有的才能都锻炼为寻找食物和逃避敌人之用。当危险时便爬上树顶，用藤条渡过相隔较开的树，女人们携带饮食器等而渡，身上并带了小孩。他们常以此法逃过侵入的马来人的手。像安达曼人一样，以前曾用石器但久已不用。语言也很奇特和别族不相似。在体质上和地理上都像和安达曼人是同族，但分开已经很久，语言也不相同。

亚埃达人（Aetas），在菲律宾大岛的山地，其中有些和别族混合。发短作羊毛状，棕黑色，面及身上常多毛。皮肤也是棕黑色。身长1.465米，广头，厚唇，阔鼻。这些矮民初时是吕宋岛唯一的主人，对于后来移入的马来人，曾科收地税，犯者必受其惩创。后来因马来人移来太多，竟反客为主，亚埃达人不得已退入山内。马来人中的伊戈碌族（Igorrote），常与亚埃达人互相仇杀，两族都有"猎头"之俗，按期大举远征。青年人每以人头献于岳父表示勇敢。有些人民为避免这种凶祸，移住于六七十呎高树上的小屋，然后掷石以打攻袭的人。

答卑罗(Tapiro),住新几内亚西部山上及其他地方。身长1.449米,皮肤黄棕色,发黑而短,面及身多毛,上唇深长而凸起(凡尼革利陀皆如此)。

上述各种尼革利陀人除安达曼人外,体质都不很一律,躯干虽都是矮的,但也有差异。在文化上有几种同点:他们少有毁体的装饰如文身等事。从事狩猎及采拾,很少晓得种植。住所都很简陋。都有弓箭,但只塞茫人和亚埃达人晓得加毒。发火的方法是擦摩树枝。社会构造还极简单,社会单位是家族,酋长权力不大。一夫一妻制盛行。死人被埋葬,但也有置台上或树上的是较体面的葬法。

第四节　塔斯马尼亚人

关于塔斯马尼亚人的种族问题,意见分歧,大约这族是巴布亚和尼革利陀的混合种,在很远以前跨过澳洲,进入塔斯马尼亚,其后不再和外族接触,遂另成一种。他们的体质比之澳洲人或巴布亚人,都较为纯粹。身长中等,男子平均1.66米,女人平均1.50米。肤色黑略带棕。眼小而深凹,眉棱骨则高突。鼻短而阔,根凹陷鼻孔大张。头形长或有略近于中的,平均指数75度。齿最大,牙槽则小。脑壳容量也最小,平均1199C.C.。

塔斯马尼亚人的文化较之澳洲人更低。欧人初到时,全岛土人只有二千,分群散居,群内也无社会组织及世袭酋长。语言不统一,有数种。其无齿音与澳洲语同,但构造更粗陋,无一定规则,只以音调姿势等,补助表示语意。抽象字甚少,例如有各种树木的名,但无"树木"一字。又无硬软冷暖长短等字,如说某物硬,则说"像石头一样",圆则说"像月亮"。

发火用树枝擦槽法(Stick and Groove Method),便是将树枝在木槽内来回摩擦,使他热而生火。以石为利器,有些很简陋不像曾加人工,但也有颇为精致的,可比欧洲的旧石器时代物。武器又有木矛,其端稍锐而硬,有木棍约二呎长,一端或较大。食物除负鼠、袋熊、袋鼠、鱼、鸟、植物根茎种子及果实以外,还有蛇、蜥蜴、蛴螬昆虫,但不食人肉。像布须曼人一样食量极大。捆树枝成束为舟。但无长久住所,只将树枝缚连以桩支持而成暂时居处。在高地及海岸的则居洞穴内。男人常裸体,女人也只随便披一块遮蔽皮肤。装饰只以赭土、石墨、木炭等搽身,饰物只有贝壳的颈圈。

这种民族的文化这样低,遇到了英国的殖民,自然是不免灭亡。他们狩猎的地场逐渐被新来的英国人蚕食,引起土人的仇恨,遂发生不绝的战争。自1825至1831年的长期战争以后,剩余的土人只有二百,被移置一特殊地方。自1834年以后,英人尽力保护培养他们,要使他们生存。可是"白人的文明未必较善于白人的枪弹",在1877年最后的存留者叫作Truganini的一名竟死去,于是这一族终于灭亡了。

第八章　系统不明人种

第一节　先达罗维荼族

地域:纯粹的在印度南端森林、锡兰岛、马来半岛南部内地。和外族混合的在苏门答腊东部、西里伯西南半岛。体质特征:发作波状形。皮肤暗棕至黑色,躯干短矮,鼻阔。所谓先达罗维荼,谓其住此等地方,较达罗维荼为早。此类民族不能归入于上述各大人种中,故与独立地位为是。其分支如下:

1. 南印度森林部落(Jungle Tribes)

(1)卡第儿人(Kadir),在Anaimalai山及德拉凡哥尔境内山地。这族人去其门齿,并扩大其耳垂,自以为美观,但无文身之俗。用答密而(Tamil)方言。在森林中以游猎及拾食为生,不知耕种。无土地权,但得搜拾森林中自然产物以卖给政府,产物最多者,为蜂蜜及蜡。行一夫多妻制。死人置林木中,以树叶覆头,无记认物。宗教为原始的多神教。

(2)班尼偃人(Paniyan),在马拉巴(Malabar)等处。中有文身的,耳垂也扩大。发火用锯擦法。为农奴阶级,颇勇敢,以前曾被雇为贼。用马拉耶南(Malayalam)方言。死人土葬。行一夫一妻制。

(3)伊卢拉人(Irula),也在Nilgiri地方,身体最黑。不文身,但也扩大耳垂。不敢食牛肉。行一夫一妻制。死人葬时作坐状,墓有石为记认。

(4)古轮巴人(Kurumba),也在Nilgiris。大约是立巨石遗址的民族的后裔。从事伐木狩猎及采拾森林产物,不大耕种。以魔术著称,崇拜巨石及别神。每村有未婚男公共宿舍,及未婚女公共宿舍。

2. 吠陀人(Vedda)

在锡兰岛。躯干甚短,只有1.533米即五呎又四分之一寸,肤色暗棕,头甚长,头在人类中最小,额略退削,眉棱骨常突,面阔,鼻广唇薄。性情庄重,快乐安静,正直极喜自由,待人亲切,不知诳语及偷窃。胆小畏见外人。兵器只有弓箭,铁镞得自僧伽黎人。用俭伽黎语(Sinhalese)(僧伽黎人也住在锡兰岛,种族上近高加索种的印度阿富汗型,语言属雅利安语族)。住所为岩洞或茅屋。纯粹一夫一妻,家族独立,无氏族及头目。所注意的事件,只有狩猎蜂蜜及葬式。死人的葬埋,占宗教的全部,而跳舞也几于完全由此而生。

3. 沙盖人（Sakai）

又名塞挪伊人（Senoi），在马来半岛南部内地。发黑带红。肤色黄棕或暗棕。躯干甚短，自1.5米至1.55米。面阔，颧骨高，眉棱骨突。生活以游猎拾食为主，耕种法极幼稚。常用的器具是"挖掘杖"。有地上住屋，有时造屋树上以避猛兽。用树皮布为衣。其兵器是"吹箭铳"（blow-pipe），将小箭置筒中，用口吹射出去。食物只是森林产物，其中有多种含毒的根茎，但能设法使其无毒。结婚的仪式是男逐女绕一土丘，在三次内须获得她。婚姻颇固定。每村有一头目，权力视个人能力而定，无个人财产，只有家族财产。种植是团体公共的。信鬼神并有赏罚观念。

此外还有"Bhil"、"Gond"、"Kandh"，在印度北部中央；"Oraon"、"Kolarian"在印度中央 Chota Nagpur 地方；"Toala"在西里伯西南半岛，苏门答腊东部也有。此数种似有混血。

第二节　澳洲土人

此族也可归入先达罗维茶族中，因为体质很相类。发鬈缩，但也有波状或直状的。面上及体上多毛，但也有无毛的。皮肤暗朱古力棕色。身长中等，约1.667米。头形长，额平而削，眉棱骨突，颚也凸突，鼻形阔，鼻根凹陷。

澳洲土人文化的低陋是由于下述的原因：澳洲内部干燥，雨期短促，且不规则，使土人不能不常常迁居。且因食物不丰，使其团体不能扩大，其动物无凶猛的种类，以鞭策人类的努力。又无易驯的以供人类的畜养。其植物也缺乏可以培植的种类，这些都是天然的原因。澳洲土人的祖先进入时，带来的文化太低，而进入后，处在闭关孤立的状态中，不与外族接触，不曾接受外族的刺激。这二条又是人事的原因。

澳洲土人的起源，据 Baldwin Spencer 的意见，最初或者是尼革利陀即矮黑人，散布于马来西亚、澳洲及塔斯马尼亚岛。其时塔斯马尼亚还和澳洲接连。其后接连地带沉没，而塔斯马尼亚人又无舟，遂自此和外界隔绝，直至近世欧人发现时，他们还在石器时代。至于澳洲则其后还有一种人，大约是先达罗维茶人种移入，故与塔斯马尼亚人不同。澳洲土人的语言也自成澳大利亚语（Australian），和外族的不同。

澳洲土人的物质文化甚低。其食物无一定的供给。鸟兽鱼虫及野生植物等，无不充为食料。食人肉的风俗广布，但人肉非定规的食物。罕着衣服，只有在南部的着皮衣。男人发不剪，女人则剪使短。其茅屋最简陋。器具用贝骨木石造成。兵器有木枪及木棍，另用"掷枪器"发射标枪，有一种特殊的兵器，名"飞去来棒"（Boomerang），抛出后，按曲线进行，如不中物，能自回原处。

无弓箭。无陶器。筏用独木，或两个以上的木板。舟有只用一大片树皮的。独木舟只少数地方有之，有边架的小舟，只见于东部昆士兰海岸。

澳洲的社会组织，有许多特殊之处。其社群的种类是部落、地方集团、结婚阶级（class）、图腾氏族（totemic clan）家族。就政治制度言之，一部落包含数个地方集团，地方集团为唯一的政治组织。就纯粹社会组织言之，一部落分为两个"半族"（Moieties = Phratries）；每一半族又再分为二个或四个"结婚阶级"。两半族互相结婚，半族内男女不得自相结合。两半族的两个男女

图 4-23　澳洲土人

结婚，所生的子女不与父母同阶级，而属于别一个阶级，其子女所生的孙儿女，方再属祖父或祖母的阶级。图腾的氏族又是另一种计算法。一氏族的人自信其祖先是某种动物、植物或其他，这种物便称为"图腾"，其氏族便用其物的名为名。氏族中人虽分属各部落，也有相互的关系及义务。氏族与半族及阶级不相符合或统属，却互相错杂。社会生活中最重要的，是成丁典礼（initiation），在其时敲去门齿，或割去生殖器包皮，并表明他已脱离妇女的管束，并示以宗教上的法物，教以秘密的信仰，和社会的道德，及风俗禁忌等，又常施以严厉的训练。

各部落都有其特权地域，以供狩猎及采集，各小团体皆同享部落的特权地域。器物是个人的财产。部落间的交通及交换由中间人执行。

宗教上则魔术盛行。而图腾制度也兼有宗教的性质。图腾受氏族内人的崇拜，希望他保佑，其物若为动物，则其活在世上的全种类，也被人类加以优待，不敢杀害或吃其肉。有一种法物名为"珠灵卡"（Churinga），大都是小石块、木片等，据说是图腾祖先传下来的，能使保有的人获得幸运，极为重视。这种"图腾崇拜"也是宗教的一种。

第三节　波里尼西亚人(Polynesians)

包括太平洋中自新西兰向东北经斐济岛至夏威夷群岛一线以东的各岛土人,其主要的即新西兰的毛利人(Maori),斐济岛的斐济人(Fijians),(校者按:第七章第二节,已将斐济岛人列入美拉尼西亚群岛土人之内)。东干群岛或友群岛的东干人(Tongans),三毛亚群岛的三毛亚人(Samoans),塔希提岛的塔希提人(Tahitians),马贵沙群岛的马贵沙人(Marquesans),夏威夷群岛的夏威夷人(Hawaiians),东岛的东岛人(Easter Islanders)等。

波里尼西亚人的体质是混合的。发形直至波状。皮肤自浅棕至像南欧人的带黑的白色。躯干高平均1.72米。头形长及中;面形椭圆;颧骨大,鼻高,常直,也有弓形的。这种体质大约最初是印度尼西亚人和原马来人的混合种,其后或再加以美拉尼西亚人的成分。马来人即蒙古利亚种的特征很微。其散布的途径,是自马来西亚出发,初时先驻三毛亚群岛,然后散向各地。

波里尼西亚人的性情,快乐自尊,待人有礼,敏活伶俐,有智力,知爱美。其接受新文化颇容易,进步甚速。在可耕种的地方,便事耕种,其产物是甜薯、芋及其他芋薯类。椰子、面包果及芭蕉,在数处为主要食物。因肥沃的土地太少,可食的植物不多,故须倚靠海产物为生。波里尼西亚人的烹饪法,是掘一土穴为灶,径约三四尺,深约一尺,灶底铺石,在灶内烧火,等石炽热,然后将食物包叶置其中,再将树叶及热石覆其上,不久食物便可食了。波里尼西亚有一种"卡哇酒"(Kava),是将一种土产的胡椒属植物制成,饮时和宗教仪式相连,成为一种特殊的风俗。衣服普通用"答巴"(Tapa)做

图 4-24　新西兰毛利人(Maori),波里尼西亚人之一

成,答巴是将树皮捶成的薄布状物,以楮制成的最佳,色白。熟练的女工有能制阔 4 码、长 200 码的答巴。答巴有加彩色印纹的。波里尼西亚的这种树皮衣,是世界最好的。女人又以长树叶为裙。新西兰土人能织麻为布。夏威夷国王及酋长,有羽制衣甚美丽,装饰品除花以外很少用。波里尼西亚人多喜欢文身,如新西兰的土人在面上黥刺很多的曲线纹,其状犹如我国旧戏中的花面。又如马贵沙岛人则全身都加黥纹。黥刺时很痛苦,故不能在一时完成,常须经过很久的时间,甚至几年,方才完全。波里尼西亚人又有洁癖,无论男女老少都常作海水浴。不怕波浪,婴孩出生三日,便由产母抱入海水。

波里尼西亚人善能驶舟。以前有"双连艇"(Double Canoe)(即将二艇平行接连为一的),现在也还用"边架艇"(Outrigger Canoe)(即于艇边接连一个和艇平行的长木架的)。波里尼西亚人的工艺还有织席编物,都和制答巴一样精。但制陶、纺织、金属工及文字,除少数地方外不发达。

波里尼西亚人好战争,颇残忍,常练习掷标枪,投石,角力等技术,投石能中五十码远的小棒,掷标枪及接枪甚精,能接受六人投来的标枪,并再发射出去。夏威夷人有极长的枪、标枪、棍棒、木刀及投石器等。

波里尼西亚人的社会常分为贵族、平民及奴隶三级,由"答布"(Taboo),即禁忌维持之。妇女地位很高,男人也须从事应为的工作。一夫多妻俗普遍。

波里尼西亚人中常有食人肉的,其食人肉和宗教信仰有关。信多种神灵,有偶像,如战神的偶像极为可怖,高约四五尺,上部系编物而成,上覆赤色鸟羽,口甚大,装以鲨鱼齿或犬齿,眼睛用贝壳做成,头有盔,盔顶披人头发。又有祖先崇拜。魔术不盛。

第四节 密克罗尼西亚人

包括马利亚纳群岛(Marianne Is.)、加罗林群岛(Caroline Is.)、马绍耳群岛(Marshall Is.)、帛琉群岛(Pelew Is.)诸处的土人。他们也是混合种。其体质大约西部的倾于广头,东部的则倾于长头,西部的躯干较矮,东部的则有甚高者。肤色像波里尼西亚人,在西部的较黑,发也鬈缩,其余的则肤色较浅,发作波状或直状。民族移入的次序,最初是巴布亚人先来,继到的是印度尼西亚人,其次为马来人,或者是由菲律宾和台湾来,最后或者有日本人或中国人来。

土人总数约有五万。文化甚低,但各处还有差别。在东部的即马绍耳群岛人,在珊瑚礁的砂地上建茅屋,有极小只可容身的。但也有床及器具,服装如西洋式,这是因为美国或澳洲渔人常来,被土人模仿。盛装时常戴很多的花。西部的则与上相反,衣服极简单,家屋则颇完备。男子只以一条布围腰,女子则以叶制为腰围,除此以外无别种衣服。有文身的风俗。家屋用木造,很

图 4-25 密克罗尼西亚土人的家族（在马利亚纳群岛）

为高大，床也很高，屋的周围有庭园，还有生竹树的篱垣。村民的集会所是宏大的建筑物，木材上还有雕刻，描写神话或故事的人物，其艺术程度极幼稚而有趣。中部诸岛的土人文化最低，屋小无床，屋外不洁。家屋又不密集而散开四处。衣服只将布开一孔，贯头而穿于身上。

加罗林马绍耳诸群岛土人，至近时还用贝壳鱼骨为刀斧，其他诸岛或至今尚使用。编物工很好，能用芭蕉叶、椰子叶等，制席扇笼等物。又用椰子壳做椀、匙、水壶、香盒、烟草盒、耳环、腕环、颈饰等物。纤维质的果皮浸水可得强韧的纤维以之制绳及席。造屋少用钉，以此种椰子绳代之。椰子树干可为建筑材料，叶可葺屋顶，椰实可为食物，油则用以涂身及输出，椰子的用途这样大，故土人的生活大大倚靠它。

土人有多种娱乐方法，最感兴趣的是跳舞。无论何处或何种仪式，甚或有所感触，都集众作跳舞，有时通夜不息直到天明。跳舞的人数少则约十人，多至数十数百人，集合成队，其姿势甚活泼，舞时有全执竹木棒的，有全执长枪的；又有执舟桨的跳舞，其桨上施雕刻，复搽以黑白红的色，很为美观。

这些群岛除一小部分外，以前都属德国，大战时为日本占领，战后即归日本统治；日政府将其地分为六民政区。

参考书目录

1. A. H. Keane, *Man: Past and Present*, 自第二章以下大都取材此书，但亦略有改易处。

2. A. C. Haddon, *The Races of Man*, 体质一方面大都根据此书，高加索

种一章取材此书尤多。

3. F. Starr 原著，津田敬武译《世界人种物语》：风俗习惯由此书增益颇多。

4. 米田庄太郎著《民族心理讲话》：不列颠、日耳曼、法兰西、俄罗斯诸族的民族性取材此书。

5. A. L. Kroeber, *Anthropology*, 美洲土人及第一章参考此书。

6. A. C. Haddon, *History of Anthropology*, 第一章参考此书。

7. A. C. Haddon, *The Wanderings of People*, 供参考民族迁徙。

8. W. Z. Ripley, *The Races of Europe*. (以下供参考体质及系统)

9. L. H. D. Buxton, *The Peoples of Asia*.

10. R. B. Dixon, *The Racial History of Man*.

（商务印书馆 1932 年版）

文化人类学

序

　　文化人类学即是专门研究文化的人类学,原文为 cultural anthropology。这种科学还有其他名称,如社会人类学(social anthropology),民族学(ethnology)都是。还有许多学科或书籍,例如社会起源(social origins),社会演进(social evolution),原始文化(primitive culture),文化演进(cultural evolution),文明起源(origin of civilization)等也都是属于这种科学的。观于这些名称便可晓得文化人类学即是研究原始文化即人类文化起源及进化的科学了(详见本书第一篇)。这种科学的范围似乎太窄,其实不然,因为它是研究全人类的文化的;似乎太广,其实又不然,因为它只着重在"原始的"文化,即文化的起源而已。阅者请注意各篇名称中"原始"二字。

　　文化人类学的分科,各家大同小异,还不一律,编者兹以己意分为五部。(1)物质文化,在原始生活中最为重要,故立为一篇,一一讨论各种古代的发明及其对于人类生活的影响。(2)人对物既发生物质文化,人对人也发生了社会组织;人与人的组织使人类更能对付物质环境,故社会组织也宜成为一篇。(3)由原始人观之,物与人都是有形的,此外还有一种无形的超自然、超人类的势力,为他们所不得不对付,由此便发生宗教,故宗教也为一重要部门。(4)生活余暇,原始人也发挥其审美性而生出艺术来,故艺术也宜成为一篇。(5)人类的社会生活不能无传达意见的方法,于此便有了语言。保留语言的方法便成为文字,故语言与文字也宜有一个地位。以上五个部分似乎适可以包容文化人类学的各种材料。此外再加以人类学总论一篇,以当导言,文化人类学略史一篇,以说明各种重要原则及学派。

　　这种科学也像其他社会科学一样,有各种不同的学说,故编述者宜有一定的主旨,然后选材方不致自相矛盾。本书的主旨是依最近的趋势,综合社会进化论派、传播论派与批评派的意见,采取各家的长处,融合为一,以构成相对的观念。故如讨论一种事物的起源,常列举多种学说,然后加以批评。选材时必先悉其著者属于何派,然后选其不悖于众说的材料,以合于一处,免致发生矛盾。

本书材料是由各书取来编译的,但这些材料常错综掺杂,有时且由编译者参考众说加以修改。此外还有少数地方是编者自己的臆说(例如中国的姑舅表婚、兄弟妇婚、原始社会组织的通性等),也插入其中。每篇之末各附参考书目,以明来源,并当介绍。

第一篇　人类学总论

第一章　导言

当代人类学人家克娄伯(A. L. Kroeber)曾在其大著《人类学》(Anthropology)中下了一个题名,即:"人类学的时代"(Age of Anthropological Science)一语。自然不能说现在是人类学独霸的时代,一切学问都要让它;但却也许可以说人类学这种学问正应现代的需要,所以现在是它兴起的时代了。

学问的兴盛,大都由于时势的需要与机会的便利;机会不顺,学也难兴,需要一生,应者四起;虽有少数例外的学者,也不能与时势抗衡。像人类学这种学问发源何尝不早,然终迟至近世方才成为一种科学。这也不过是由于过去时世不要求,机会又不能便利的缘故。号称"历史之父"的希腊学者希罗多德(Herodotus)在其九卷的大著作中有一半是人类学的材料。又如罗马诗人卢克莱修(Lucretius)在其哲学诗中讨论人类起源文化发生等问题,与现代人类学的目的正相同。又如我国的《山海经》中人类学材料也很多。人类学的发源是这样的早,但因这种学问对于古代的一般人还无十分重大的关系,非他们所急于知晓,只不过当作一种趣谈而已;有一两个研究的人也因时机来到,无别种科学做根柢,又难得与异民族接触的机会,游谈无根,荒唐不经,终难成为科学。至于近代则因航海术进步,地理学上的"大发现时代"开始,世界交通大为繁盛;各民族间接触的机会甚多,种族间的关系日密;于是先进的民族希望知晓异族的状况——特别是野蛮民族的状况——以为应付。经过无数次调查探险的结果,发现世界上种族的复杂与风俗习惯的歧异;东方的与西方的不同,野蛮的与文明的更有异。对于这种现象自然生出二类问题,便是:

(1)这些种族究竟要怎样解释?他们同是"人",为什么有不同的形状?"人"究竟是什么东西?"人"的起源是怎样的?(2)各民族的文化为什么不同?

是否由于心理原素——知、情、意——根本上有差异？野蛮民族的奇怪风俗与简陋的生活如何解释？文化有高下的差异，是否文化有变动——进化？退化？文化若是进化的，文明人的祖先是否也是野蛮人？文明人的祖先的状况究竟是怎样的？

这些问题很能影响于实际的种族关系以及现代文化的进退，因此很被近代的人所注意而欲求其解答，于是人类学的研究遂应运而兴了。19世纪以来的大学者如达尔文(Darwin)，斯宾塞(Spencer)，赫胥黎(T. H. Huxley)，拉策尔(Ratzel)，普理查德(Prichard)、泰勒(E. B. Tylor)、博厄斯(F. Boas)等都尽力于此，各提出重要的学说，于是人类学遂确实成立为一种科学。至于近来学问界发生两种扩张的趋势；其一是竖的扩张，不以有史时代的几千年为限，更欲上溯荒古的原始时代；又其一是横的扩张，不以一地域一民族为限，而欲综括全世界全人类。人类学的性质本来便是这样的，所以也有人说这两种扩张的趋势便是受人类学的影响。总之，人类学是极能适合现代的趋势与需要，无怪它勃然而兴，为学问界放一异彩了。

人类学在现代几个文明国虽是兴盛，但在别的地方它的性质还常被人误会，它的目的也少有人明了；而人类学的系统也有很多种，各有同异，互相冲突，不易使外人了解。兹以综合的方法，取舍众说，参以己意，略述于下。

第二章　人类学的定义及其对象

人类学英文作 Anthropology，此外西洋诸国文都与此相同，只语尾稍有变换。这字的来源是出自希腊文 αυθρωπος＋λογος，即 Anthropos＋Logos，上一字是"人"，下一字有学问科学的意思；合言之便是指研究人的科学。

由于上述语源的缘故，人类学的定义通常都作"人的科学"（The Science of Man）。这个定义原是正确的，但因为太简了，容易使人发生误会，而以为人类学的范围是广漠无限的，凡属于人的事情都在研究之列。有很多种科学都是讨论人和人事的，如生理学、心理学以及历史、政治、社会、经济等学科都是；照上面讲来，岂非将人类学当作这些学科的总称，而它本身反没有独立的地位，反不能成为一种科学了吗？

因为恐人误会，人类学家们便再想出些较为详细明显的定义来，但他们的定义也很有不相同之处。旧派的人类学家大都把人类学当作专门研究人类躯体的科学。因为那时人类学范围极狭，只可算作动物学的附庸，还不配做一种独立的科学。例如托皮那(Topinard)在1876年著的《人类学》(AnthropoIogie)书中说："人类学是博物学的一分科，为研究人及人种的学问"，可以代表这派的定义。其后范围逐渐扩大，性质大为改变，人类学的地位竟由附庸而蔚为大国，这些旧定义自然不能适用了，新派的定义，于是代之而兴。

新派的定义也有许多种，现在把最近所定最能表现改变性质以后的人类学的定义，选列数条于下：

美国人类学大家威斯勒(Clark Wissler)说："人类学是研究人的科学，包括所有把人类当作社会的动物(Social animal)而加以讨论的问题。"在别一文中说："人类学是一群由探索人类起源而生的问题之总名。"又说："我们可以制定人类学的定义为'人类自然史'(natural history of man)，或是一种科学：努力于历史所不及的地方，期于重新发现人类的起源，及其在洪荒之世即所谓'史前时代'(prehistoric era)之繁变的境遇(varying fortune)。"

英国人类学家马雷特(R. R. Marett)说："人类学是沉浸于演进的观念之全部人类史，以在演进中的人类为主题，研究在某时代某地方的人类，肉体与灵魂二方面都加以研究。"

伦敦大学的人类学专家马林诺斯基(Bronislow Malinowski)说："人类学是研究人类及其在各种发展程度中的文化(culture)的科学，包括人类的躯体、种族的差异、文明(civilization)、社会构造，以及对于环境之心灵的反应等问题之研究。"

以上诸定义语气虽有不同，但都有一个共通之点，便是提出文化的研究：如威斯勒所谓"社会的"、"境遇"，马雷特所谓"灵魂"都是。马林诺斯基且明白说出文化这个名词，而以文明、社会构造、心灵的反应为文化的具体问题。这是和专限于体质一方面的旧派人类学不同的地方。但一面虽是注重文化，而对于体质的方面也不放弃：如威斯勒所谓"动物"、"自然史"、"人类的起源"，马雷特所谓"肉体"，马林诺斯基所谓"人类的躯体"、"种族的差异"，都是指体质方面的研究。

所以新派人类学的定义是包括人类与其文化的。

文化是什么？为什么人类学家这样注重文化的研究？据以前的人类学大家泰勒(E. B. Tylor)所下的定义，文化乃是"一团复合物(complex whole)，包含知识、信仰、艺术、道德、法律、风俗以及其他凡人类因为社会的成员而获得的能力及习惯"。威斯勒也说："文化一名词是用以指人类的习惯与思想之全部复合物(total complex)，而这些习惯与思想是由于所出生的群而得的。"威斯勒更用一个简单的名词来解释文化，这便是所谓"生活型式"(mode of life)一语。据他的意见：人类无论文野都有其"生活型式"，所以都是有文化。文化是人类活动的结果，但不是遗传的，而是积累的。

由上述的这些定义看来，文化便是人类行为的总结，是动的即用的方面，而人类的躯体乃是静的即体的方面，文化与躯体有极密切的关系，合之乃成为动静俱全，即体用兼备的全个人类。若研究人类只偏于躯体一方面而不问其文化,那里可以算是完全的呢?

克娄伯(Kroeber)在其大著《人类学》的开篇曾设一个譬喻,大意说:黑人的厚嘴唇与黑脸孔是遗传的,可以用生物学的原理来说明;但他们也会唱美国的歌,做浸礼会的教徒,雨天也懂得穿外套,这也是遗传的吗?若不是,那便不得不求之于别种解释了。据他的下文,他所谓别种解释便是指社会环境的解释即文化的解释。

威斯勒在《新国际百科全书》(New International Encyclopadia)中又说:"人类的起源有些是地质学的问题,但人类的存在与否与其说由遗骸断定,毋宁说是常由其'文化的活动'(cultural activities)的遗留物或副产物而断定。"譬如由某地层中发现了破石器、坏兽骨等物,便当由人类学家审察其物是否人为的,并推论那种人类所有的文化是怎样。关于该地层的年代及状况,应当请问地质学家;至于文化的问题和地质学家全无关系,完全属于人类学家的领域。

由这样看来,人类学的研究由体质而推广到文化是很有理由的了。

我们再转回来讨论人类学的定义。上述的定义都兼含文化与体质两方面,都是可以采用的,但还嫌各有不甚适当的地方;如威斯勒的第一条稍觉宽泛,恐被误会与社会科学同意思;第二、三两条都只提出史前时代的研究,其实现代人类学的趋势是要涉及有史时代和文明民族的研究了(解释见下文)。马雷特的定义也还嫌笼统。只有马林诺斯基的定义较为适当,但还有不完全之处。现在我们就综括众说,另外构成一个定义如下:

> 人类学是用历史的眼光研究人类及其文化之科学:包含人类的起源、种族的区分,以及物质生活、社会构造、心灵反应等的原始状况之研究。
>
> 换言之,人类学便是一部"人类自然史",包括史前时代与有史时代,以及野蛮民族与文明民族之研究;但其重点系在史前时代与野蛮民族。

这个定义里的字眼应当略加解释。所以说"用历史的眼光"是因为人类学原是有历史性质的,人类学所要考出的原是人类历史上的事实,所用的方法也是历史的方法,明其不是用玄想的方法或别种方法。"人类的起源"及"种族的区分"是体质一方面的两大问题。"物质生活"便是马林诺斯基所谓"文明",他的意思便是指物质生活,所以这里便改用了,较为明了。"心灵反应"便是指迷信、魔术、神话、宗教、知识、美的观念等,很能简括,所以便沿用了。所谓"自然史"是包括人类的体质与其行为(即文化)两方面的叙述。所谓"野蛮民族"是指现代的蛮族,"文明民族"则为有史以后的人类。所谓原始状况及"重点在于史前时代与野蛮民族",则因为:

1. 人类自发生以来至今约有50万年,而有史时代最古者不过8000年,只占人类全部历史的1/60,其余59分即49万年的长期间,无异于漫漫长夜,有史时代不过其破晓10余分钟而已。有史时代的史乘可以说是汗牛充栋了,而史前时代却全无记载留给我们后来的人类。人类学既是全部人类史,何能不着重于这未明白的59/60呢?

2.我们知道人类的文化不是突然发生的,我们又晓得文化的进步是先缓后速的,而有史之初的人类已经有了灿然可观的文化了。然则有史之初人类所有的文化必是有史以前49万年的漫漫长夜里,人类在生存竞争中经过无数次的经验逐渐发生的,我们如要探求文化的根源,若不深入于史前时代哪里可得呢?

3.现在人类因种族的不同而发生了很多问题,而种族的区分在有史之初便已定了,所以如要了解种族的起源,也不得不求之于史前时代。

4.以上三条都是说史前时代的,以下要说明人类学注重野蛮民族的原因:

人类学家对于野蛮民族的观念有两种:一是古典派演进论的,以为现存的蛮族等于文明人的史前的祖宗,他们的文化完全等于史前的文化;他们的文化也有很多种,那便是在演进中的各阶段;所以研究现存的蛮族便完全是研究文明民族的史前时代。另一种是现在的批评派的,他们以为人类的文化是有很多系统的,不是一线进来的,不能把各种不同的文化算作在一直线中的各阶段,所以现存蛮族的文化并不全是文明民族的史前文化。以上二派都有所偏,我们现在研究蛮族文化的原因:(1)是因为蛮族的文化既与文明人的不同,而我们通常所晓的不过限于文明民族的文化,如要晓得文化的全体何能不注重蛮族的一方面;(2)蛮族的文化,虽不能全部当作文明民族所曾经的阶段,但总不能不说是比较的简单,富于原始性,比较文明民族的文化易于找出人类文化的原始状态。人类学家很可以将各种蛮族文化的原素综括出一个大概;这些综括出来的通则须有伸缩性,能够容纳不很重大的例外。这些通则或原理,虽不可以武断一切,但也有相当的价值,可用以为研究人类初期文化的参考,并试为相当的说明。

至于所谓兼含有史时代与文明民族之研究,则因:

(1)人类学既然是人类的全部自然史,虽是应当偏重史前时代,但也应当略为涉及有史以后,方才算得完全。

(2)有史时代与史前时代的文化是相连的,文明民族与野蛮民族的文化也是相关的;不能硬把文化分成两截,绝对不过问有史时代及文明民族的文化。

(3)有史之初,人类的状况虽略有记载,究竟也是荒渺难稽,不很明白,与史前时代也差不很多;还需兼用人类学的方法探究它。

(4)所谓有史以来的文明民族的文化也还有与史前时代及野蛮民族无甚差异之处,他们的战争、迷信、魔术、宗教、婚姻等事,也常见有原始的色彩。所以有时也很可以由文明民族中找出低等的文化来研究,而所谓汗牛充栋的文明典籍中也尽有野蛮的原料为人类学家所欣赏。

第三章　人类学的名称

如上所说，人类学原来的意义是指人类动物学及人体比较解剖学；但久已扩张范围，改变性质了。它现在的定义，已经不是按照它的语源或历史上的原因，而是按照它的对象而定的了。

但人类学这个名词是在美国与英国方有这种扩大的意义；在欧洲大陆大都仍用狭义的解释，把人类学当作专门研究人体，特别是骨骼的科学。至于文化的研究，在欧洲大陆并不是没有，不过不把它归入人类学范围内，却另用"民族学"（Ethnology）一名词来称这种研究。所以我们应当先认清这些名词的意义。现在试将欧洲大陆与英美所用的名词的异同列一个表于下：

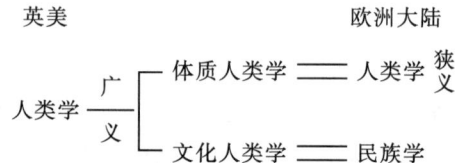

这表里的意思是说：英美所谓人类学是广义的，其中分为体质人类学（Physical Anthropology）与文化人类学（Cultural Anthropology）二部分。欧陆所谓人类学是狭义的，等于英美的体质人类学，而其民族学则等于文化人类学。但民族学一名在英美也很盛行，其意义与欧陆无别，而与文化人类学可通用，在英美，文化人类学又别称为"社会人类学"（Social Anthropology），体质人类学又别称为"人体学"（Somatology）。兹再将英美的这些别名列为一个表于下：

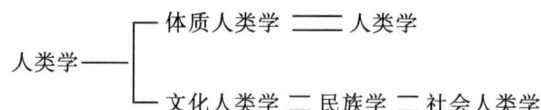

欧陆与英美的学者为什么关于人类学这个名词会有广义与狭义的差异，这也有它的历史上的原因。原来人类学的真正的研究是始自德国格丁根（Göttingen）地方的布鲁门巴赫（Blumenbach，1752—1840），他曾创用测量形状的方法来区分人的头颅。这种计划固然前此的先驱者如维萨柳斯（Vesalius），林那（Linnaeus）等人都曾想到，但人类头颅按照形状与大小的分类还是他最先想到正确的办法。其后有雷茨乌斯（Retzius）创立头幅指示数（cephalic index），坎帕（Camper）发明"面角"（facial angle），最后则法国的人类学大家

布罗卡(Broca)和托皮那(Topinard)更加以系统的整理。他们这些人都是专门研究人体的解剖学一方面的。

当上述这些人用功于人体解剖学的时候,别的学者们却开始在整理他们所得到的关于异民族的风俗习惯。这种研究常称为民族学。这种学问运动的领袖便是德国的拉策尔(Ratzel)和法国的勒克吕(Reclus)。这些人的著作专门讨论人类的社会生活,物质文化,人种的分布;显然异乎当时所谓人类学。如拉策尔的大著《人类历史》(*History of Mankind*),头一篇可以算作文化人类学,他却起一个篇名叫作《民族志原理》(*Principles of Ethnography*),并不是说他的书就是人类学。在当时人类学与民族学,由其定义而观,差不多全无共通之点,到了现在,欧陆各国还是这样。这便是人类学在欧陆常用为狭义的缘故。

至于英国则因自普里查德(Prichard,1786—1848)出了一部综合大著,始把这研究人的学问的二大部门结合起来,成为一个全体。据他的意见,人的分类应当依照各种性质,如解剖学的性质,心理学的性质,地理的分布,以及民族习惯等。他又以为动物学上的性质是人的发展之枢纽,所以便用人类学这个名词做这种综合的学科的名称。从此以后,这种意见便成为英国人类学家的共同观念;他们以为人类学的研究,应当用综合的方法,尽所有关于人类起源及其原始的行为的材料都拿来探索。在这种意见上,美国人是赞同英国的,所以英美同以人类学当作广义的,包括体质与文化二部分。

这里应当声明一句,便是上文说人类学名称的解释有欧陆与英美二种,但这不过是说名称而已;至于人类学(广义的)的内容,并无英美派与欧陆派的分别;人类学思想的分派,是用根本观念,如进化论、传播论等为标准,不是依照地方的。

第四章　人类学的分科

人类学的分科是一个不容易的问题,从来人类学家们对这问题意见纷歧,互有同异;他们都按照自己的心得建立一个系统,以此分类法至少有三四十种之多。但系统虽是不一,分科的名目总是人体相同,不过在系统中的地位有异就是了。那些分科的名目虽也有些很特别的,如"人类志"(*Antllropogra-phy*)等;但大都不外是:人类学、人体学、体质人类学、民族学、文化人类学、社会人类学、考古学(archaeology)、史前考古学(prehistoric archaeology)、史前学(prehistory)、民族志(ethnography)、工艺学(technology)、语言学、宗教学、社会学、心理学、民俗学(Folklore)、神话学(mythology)等名称,还有再加以形容词的,如一般的(general)、特殊的(special)、本体的(proper)、叙述的(descriptive)、比较的(comparative)、历史的(historical)等。它们的系统有的太宽了，把社会学、心理学都列在里面，如梅森 C. T. Mason 等；有的是门类太琐碎了，不能简括，如沃利斯(W. D. Wallis)及法国《人类学辞典》。

人类学的分类法既是这样纷杂，那么我们要采用那一种，或完全不用，而另定一种呢？据最近的意见以为人类学分科的自然趋势是倾于二分的，即体质与文化二科。此外的科目都可归入这二科里面：如语言学、宗教学、工艺学之关于起源的一部分，应当划入文化人类学内；民俗学和神话学，全部属于文化人类学；社会学与心理学是人类学以外的科学，但原始社会组织与原人心理的研究，也属于文化人类学内。至于史前考古学中，关于人类遗骸的研究可以归入体质人类学；关于原始遗器的考究，可以归入文化人类学。民族志中关于记载各民族的肤色、体格、鼻、眼、毛发等事的，可以并入体质人类学；关于叙述各民族的生活状况、风俗习惯的，可以附属于文化人类学。

所以由学理上看来，人类学是应当分为二分科的。

但为研究的便利并顾及从来的习惯起见，人类学的分科不妨扩为四种，这便是将史前考古学及民族志仍旧提出来，给它们独立做二分科。因为若把史前考古学中关于人类遗骸及其遗器的研究硬分二截，划给体质人类学及文化人类学，恐怕对于原始人类不能通盘观察而得完全的了解。如把它合在一起研究便无此弊；至于民族志原是要记载一民族的全相的，更不可把体质与文化分开。在研究的便利上固应如此，在习惯上也是很少分开的。因此这二科也应当独立起来与上二者合而为四科。

考古学范围太宽，不全属于人类学，所以另用史前考古学的名称，而史前考古学便是史前学。为求名称的简括明显便用后一个名词。

兹将人类学的四分科列表于下：

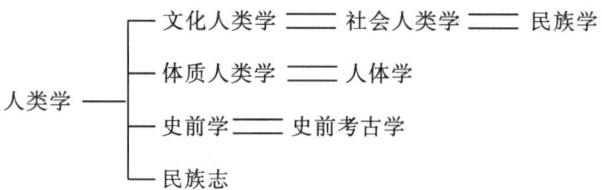

现在我们把文化人类学与体质人类学当作综括的，理论的，重在原理的研究；而史前学与民族志则为具体的，叙述的，重在事实的叙述。史前学与民族志贡献具体的材料于文化人类学与体质人类学，而文化人类学与体质人类学也贡献说明的原理于史前学与民族志，所以它们的关系是如下页图表。

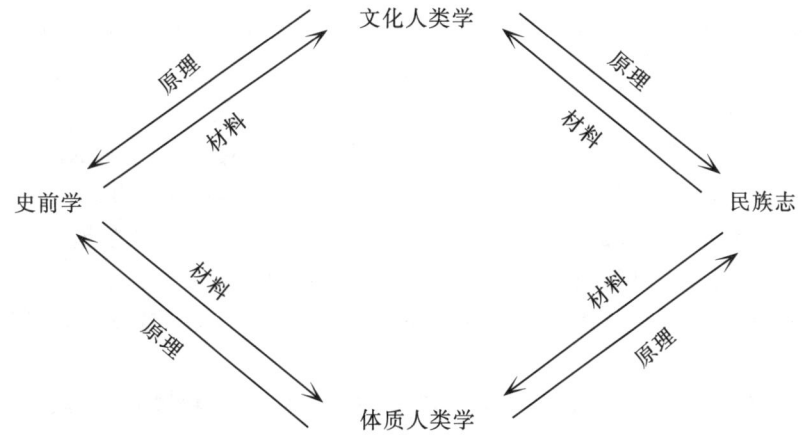

兹将这四分科的定义及其对象,略述于下:

1. 文化人类学即民族学——威斯勒在《纳尔逊百科全书》中说的定义最好,可以采用。他说:"民族学便是'社会生活的自然史'（The Natural History of Social Life）。换言之,便是关于各民族的文化的现状及其演进的研究。"详言之,便是探讨人类的生活状况、社会组织、伦理观念、宗教、魔术、语言、艺术等制度的起源、演进及传播。这种研究始自一个原始民族的探讨,终则合众民族的状况而归纳出些通则或原理来使我们得借以推测文化的起源并解释历史上的事实及现代社会状况,然后利用这种知识以促进现代的文化并开导现存的蛮族。

2. 体质人类学——这便是"种族的解剖学"（racial anatomy）,应用比较的方法研究各民族的体质特征,要寻出一定的标准,以审察各民族相互间的遗传的关系,而发现种族分合的陈迹,并据之以区分人类。所研究的体质特征,例如:头、面、眼、鼻、肤色、毛发、躯干、骨骼等的形状;又如心灵反应、遗传、适应等现象。

3. 史前学——这便是有史以前的人类及其文化的历史。一面根据化石的骸骨及别种史前的遗留物（prehistoric remains）,一面参考现代蛮族的状况而推究人类发生的地点及时代,种族的区分及散布,史前人类的体质、心理、生活状况及其年代,原始文化的发生等问题。史前学由于前此的努力已能考出数十万年以来的人类的历史,发现了六七大种数十小支在进化程序中的体质互异的史前人类,区分了三大段（始石器、旧石器、新石器）十余小段的史前文化时期。史前学所用的方法是直接观察与客观证实的方法,不是靠臆测想象的。它的材料多数是由地下寻出来,或地面上发现的,如人骨化石、兽骨化石、石器、铜器、陶器、角骨器、住所的遗迹、食余的废物、绘画雕刻的作品等,都由考古学家即史前学家亲自找寻出来。到现在,欧洲的西部发现最多,已可构成一部很详细的史前时代的历史了。什么"旧石器人"(men of old stone age)呀,"穴居人"(cave men)呀,都已经变成一般人的老生常谈了。可惜世界上的别处发现还是不多,但其将来的希望之大也就在此。威斯勒在《人类学的职业观》(Anthropology as a Career)(按:这书是美国国立研究会 National Research Council 所发刊的)中说:"人类学家们确信人类关于其本身的起源是方在踏入大发现的门阈,他们又信除此以外几乎没有更能动人的事业。"

4. 民族志——民族志是各民族的叙述(description)。详载各地方的民族的体质的特征,及其物质的与精神的文化。这种记载有由人类学家亲身调查而得的,也有由旅行家所记的;材料重在确实,而且应当注意各民族的特点。

第五章　人类学的地位及其与别种科学的关系

这个总括四科、统览人类的科学,因是后起之故,到现在它的地位还常被人误会,如上所说:有时被视为一个笼统的名词,把它当作多种科学的总称;有时又被当作范围极小而又不很重要的一种学科,不把它编入动物学内做研究最高灵长类的一个小题目,便把它派入历史学内当一种谈论荒古人类与奇怪风俗的小分科。所以会有这种误会,便是因为人类学的发生和这二种科学很有关系。现在我们先把它与各科学的关系讨论清楚,便晓得它的地位。

人类学探索人的发生的问题很与动物学有关,但其研究各种族的体质特征便非动物学所顾及。至于人类学的研究文化,更和动物学全不相关;所以把人类学算作动物学的一分科,实在是极大误谬。不过人类学获益于动物学之处也很不少,如遗传的定律、生物进化论等学说,都能帮助人类学家明了人类的本质及其在自然界的地位。

解剖学、生理学、心理学三者,曾被派入人类学范围内;其实这三者是研究个人的,人类学是研究种族的。它们不能相统属,但却互有贡献。

地质学中的历史地质学与人类学关系很大,史前人类的年代大都由地质学断定,人类学家发现了原人遗存物,常须请地质学家察看其地层以为佐证。

历史学与人类学关系极为密切,所以也很为相近,没有确切明显的界限。大体讲起来:(1)历史学是研究某个民族生活的过程的,是较为特殊的研究;人类学是研究全人类的生活的过程的,是较为普遍的研究。(2)历史注重时地与个人的记载,是较为具体的;人类学只论团体,不问个人,时地也只记大概,是较为抽象的。(3)历史的范围几于全在有史时代及文明民族;人类学则偏重史前时代及野蛮民族。以上的区分只可说是相对的,历史与人类学原有很多互相交错、互相借重的地方,以后且有愈进愈近的趋势。近来历史学家很注重史前的情状,如威尔斯的《世界史纲》便从人类学中取了很多材料来说明史前时代,补救以前历史著作的缺憾,为史学界开一新法门。至于人类学家因为宣言以文化为对象,而文化是贯穿史前与有史时代的,所以也渐趋于兼用有史时代的材料。

社会学与人类学的关系也像历史学一样密切,社会学讨论人类社会的根本原则,而人类的社会现象其实就是"超有机的现象"(superorganic phenomena),即文化的现象(cultural phenomena),而人类学所研究的也就是文化的现象。由这样看来,这二科几于全同了。所以社会学家与人类学家很多为同一人(如斯宾塞、萨姆纳、托马斯、哥登卫塞等人),而这两种著作也常相通,社会学中论"社会起源"(socal origins)之处更完全是人类学的材料,如斯宾塞(Spencer):*Principles of Sociology*;孙墨楠(Sumner):*Folkways*;孙墨楠和凯勒(Sumner & Keller):*Science of Society*;托马斯(Thomas):*Source Book for Social Origins*;托泽(Tozzer):*Social Origin and Social Continuities*;凯斯(Case):*Outlines of Introductory Soeiology*。而大学中也常将这两种科学合为一系。但这两科究竟还有差异之点。不能不分别清楚。(1)人类学的性质是历史的,社会学则为理论的。人类学是实地研究各种制度的原始状况而寻出相对的原理,社会学则就取这种原理,并广取别种社会科学所得的原理合并一处,而统论人类社会的全局。(2)社会学详究人类的"结合"(association),即社会的生活;人类学则对此问题不过考究其原始状况,此外人类的物质生活、心灵生活都要顾到;至于人类的发生与种族的区分,全属于体质方面的,更和社会学无关了。(3)社会学常就文明社会特别是现代社会而论,人类学虽也涉及文明社会,然其研究多关于史前时代及野蛮社会。

宗教学也很与人类学有关系,因为宗教在原始文化中占很重要的地位;要懂得原人及蛮人的心理,即人类心灵活动的根本状况不得不由原始宗教的探索入手。宗教并不一定是高等的才可算,野蛮人的宗教虽很简单,但也已经有了宗教的原素;要懂得高等的宗教也不得不寻求根本原素于下等的原始的宗教。人类学中关于原始宗教的研究已经有很好的成绩,人类学家专力于此的很是不少,如弗雷泽(Frazer)、泰勒(Tylor)等人都是。

语言学从前曾算作人类学的一部分,现在已经独立了;但与人类学仍是有密切的关系。人类学常利用语言学来研究民族间的关联以及民族心理的表现;语言学也借助于人类学而得悉原始的语言及其传播。

艺术的起源也是很早的,原人及蛮人都喜欢艺术;史前遗留的绘画、雕刻品以及现代蛮人的装饰与跳舞,都是艺术家与人类学家共同研究的材料。

又如伦理学如要探索道德观念的起源,以及各民族道德观念不同的原因,教育学如要查出最初的教育方法,政治学、经济学、法律学如要寻求各该种现象的原始状况,都可求之于人类学;所以都和人类学有关系。

由此观之,人类学实是一种独立的重要的科学,有它固有的对象与范围,并不附属、也不统辖其他科学,而与它们互有贡献。

第六章 人类学的目的

人类学的目的是什么?是否只要像《山海经》一样说些怪异的风俗与人种,如所谓黑人鼻孔的开展呀,某种语言中连字成句的接头语的繁复呀,某处蛮人用指甲截进木像以杀害仇人的魔术的奇异呀等不相衔接的杂事,以供普通人茶余酒后的谈资吗?这决不然。这些杂事不是不当说的,但人类学的论及它们,却是与通常的闲谈不同;是要探索其中的意义,寻出一个合理的解释来。

人类学寻出这些以及其他无数的解释来有何用处呢?对于这个问题的答案,便是人类学存在的理由,便是它的目的,也便是它的贡献。列举于下:

1. 人类历史的"还原"——所谓"还原"(reconstruction)便是把已经消灭或毁损的东西,重新构造使它回复原状;而人类历史的还原便是要把人类的已经淹没的过去的行为考证出来,使我们后来的人能够晓得原来的情状。如上文所述人类发生在最少 50 万年前,而人类能自己记录的时代最多不过 8000 年,在那其余的 49 万年间人类的情状究竟如何,我们若不靠人类学的研究,把它慢慢的发现出来,如何得知。人类学家得了原人的遗骸遗器,并不像古董家一样,拿来欣赏欣赏,当作好玩的东西,他们是要根据这些实物,推究原人躯体的形状,人类发生的地方,种族区分的陈迹,器物、制度发明的程序,原人心理的状态等问题。这便是人类历史的还原。

2. 文化原理的发现——这是要用综括的方法,探索人类文化所蕴藏的原理,使我们晓得它的性质,而用人为的方法以促进它。分析言之,例如文化以何种条件而发生?文化的发展遵何程序?文化何故有不同的形式?文化的各种要素,如社会组织、物质生活、宗教艺术、语言文字的起源演进各如何?这些问题都是人类学,特别是其中的文化人类学所希望解决的。

3. 种族偏见的消灭——种族偏见(racial prejudice)是世界和平的障碍,这种偏见的发生是由于各种族不能互相了解。一面对于外族懵无所知,或知而不完全,多生误会;一面只看见己族有文化或己族的文化特别高明,只觉得己族的身心得天独厚,与众不同,似乎造物主特别眷顾己族,而世界专为己族而设;由于这种心理自然夜郎自大起来。于是歧视异族,不讲人道;欺侮凌辱,侵略杀戮,这都是种族偏见的流毒。若要消灭种族偏见,必须散布人类学的知识。因为人类学告诉我们:人类的身体与心理在根本上是相同的,无可歧视;而人类的文化不过就是"生活的型式",各民族都是有的,并且都是适应其特殊环境而生的,对其民族都有实际的价值,外族的人不应当任意蔑视。有些风俗在外人看来是无理的,可笑的,但在那种环境中却不得不行这种风俗。又如古代的风俗在后代的人看来也很有莫名其妙的,但在当时却行了很有效。不过风俗也不是根本上绝对好的,换了环境,便失了功效,变成"遗存物"。所以文化的价值是相对的。我们如能知道别种民族的文化也有相对的价值,自然会发生相当的敬意,而偏见便因而消灭了。

4. 蛮族的开化——蛮族的文化固然也是适应其环境而生的,也有其相对的价值,似乎不必再讲什么开化。其实不然。因为现代各民族接触日繁,竞争日烈,没有一种民族能够永远闭关自守,维持其环境使不受改变。环境既会改变,旧时的文化中有不能适合新环境的,便要成为无用甚且有害的"遗存物"。现代的蛮族在这种新世界中,如还要保持旧时适应小环境的一点儿文化,恐怕不能逃过天演淘汰的公例。我们先进的民族,若有不怀种族的偏见的,便应当设法开导他们。开导的第一步便须先懂得他们的状况,方有头绪,而关于蛮族的知识却就是人类学所贡献的。

5. 文明民族中野蛮遗存物的扫除——文明民族中也有很多的野蛮"遗存物"(savage survivals),如迷信、魔术、装饰、宗教、氏族等制度中,很可看出原始时代遗下的原素。克洛德(E. Clodd)说:"我们人类做感情的动物已经有几十万年了,做理性的动物还不过是昨日才开始。"弗雷泽(J. G. Frazer)也说现代人类与原始人类的相似还多于其相异。艾克勒(Q. Eichler)更设一个譬喻说:"文明(civilization)不过是理想主义的一层薄膜罩在百万年的野蛮上面,揭开了这层薄膜人类的生活还是差不多与几千年前一样。"又说:"所谓现代的文明,其实很像'文化的白粉水'(cultural whitewash)刷的一件薄外衣,不过是一种装饰品,包着人类由长久时间的生存竞争而得的情绪、冲动、本能、迷信、恐怖等在内。这层'文化的外皮'时时都有失掉的危险。"由这样说来,现代的文明社会中还有很多野蛮的原素,我们应当继续努力,把它们逐渐扫除,而这种工作也是人类学家所应担任的。扫除的方法,便是把这些遗存物剔了出来,宣布它们的流弊,解释它们的起源并搜罗蛮族中与它们相类似的风俗来比较说明;使那些执迷的人发现他们所珍重护持的宝贝,不过和野蛮人的一样,他们如要自居为文明人,使不得不把这些遗存物废弃了。

6. 国内民族的同化——世界的民族既因体质、文化不同而生出种族偏见,由种族偏见而生出斗争,那么,要化除斗争莫如实行同化了。民族同化了以后不但文化归于齐一,便是体质的外表的差异也渐渐消灭。现在国际间虽还不易实行这种政策,但国内的民族若不止一种,便须速行同化,以免发生内乱。要实行同化政策,必须对于各该民族的体质与文化先有充分的了解,方易从事。这种知识的供给,也是人类学的任务。

人类学的目的还不止上述的六种，不过这六种是最为明显易见的，只此六种也可证明人类学使命的重大了。

参考书目录

1. Boas,F.,*Anthropology and Modern Life*.
2. Wissler,C.,*Anthropology as a Career*.
3. Marett,R. R.,*Anthropology*,chap.Ⅰ.
4. Kroeber,A. L.,*AnthropnIogy*,chap.Ⅰ.
5. Wallis,W. D.,*An Introduction to Anthropology*,chap.Ⅰ.
6. James/E. Q.,*An Introduction to Anthropology*,chap.Ⅰ.
7. Wissler,C.,*An Introduction to Social Anthropology*,chap.Ⅰ.
8. Rolt-Wheeler,*Anthropology*.
9. Haddon,A. C.,*History of Anthrolpology*.
10. Ogburn and Goldenweiser,*The Social Sciences*,Chap. II-X Anthropology.
11. Rivers,W. H. R.,*Reports upon the Present Condition and Future Needs of the Science of Anthropology*.
12. Diescrud,J.,*Science of Anthropology*.
13. Boas,F.,*Anthropology*(in Encyclopedia of Social Sciences)
14. Wissler,C.,*Anthropology*(New International Encyclopedia)
15. Wissler,C.,*Anthropology*(Encyclopedia Americana)
16. Wissler,C.,*Anthropology*(Nelson's Encyclopedia)
17. *Malinowski,B.*,Anthropology(Encyclopedia Britannica)
18. Munro,R.,*Anthropology*(Encyclopedia of Religion and Ethics)
19. Wissler,C.,*Ethnology*(New International Encyclopedia)
20. Lowie,R. H.,*Social Anthropology*(Encyclopedia Britannica)
21. Selignan,C. G.,*Applied Anthropology*(Encyclopedia Britannica)
22. Spier,L.,*Anthropology*(New International Year Book,1926)Larned History:Anthropology.
23. 西村真次：《人类学泛论》第1章。
24. 西村真次：《文化人类学》第1章。
25. 西村真次：《体质人类学》第1章。
26. 滨田耕作：《通论考古学》第1章。
27. 松村瞭：《人类学の部门に关する诸说》(《人类学杂志》)第43卷，第1号）。

第二篇　文化人类学略史

第一章　文化人类学的先锋——巴斯蒂安及拉策尔

　　文化人类学的思想虽起自上古，然真正的文化人类学家实始自近世的阿道夫·巴斯蒂安（Adolf Bastian）（1826—1905）和拉策尔（Friedrich Ratzal）（1844—1904）。两人的研究都应用当时的宏大而散漫的地理学、生物学及心理学知识，并根据一大堆的旅行家的漫谈，传教士的记载，以及其他关于异民族的零碎知识或谬说等。他们都是科学家而且又是专门家。他们在德国大学里受过多方面的训练，得了许多方法，而且又极熟悉世界及其居民之情状。他们也有不同的地方。巴斯蒂安近于哲学家，拉策尔则为自然科学家；巴斯蒂安的心理与性情倾于宗教及抽象的意识学，拉策尔则倾于物质文化及艺术的研究。但从广义言之，他们都可算是历史学家，而且都是由地理环境以讨论人类的。

　　巴斯蒂安——二人之中，巴斯蒂安尤为更大的旅行家。他曾经过 9 次的世界大旅行，其间有时远离文明世界至许多年之久。他曾游过美洲、非洲、印度、东亚、南海群岛。游了一次，以后还再来，每次的旅行都产生许多著作，记载着关于人类及其文化的事实观念及学说。

　　巴斯蒂安旅行次数愈多，愈信人类根本上是一致的，于是他便发生了所谓"根本观念"（Elementargedanken）的思想，以为人类都有相同的根本观念。但若在巴斯蒂安的著作中寻找这些根本观念的目录是没有的。因为他只提出根本观念而已，并不解释它或区分它。但这却不必责他，因为他所谓根本观念其实不过指人类的天性，即发生人类文化的心理的源泉。除过度的意义以外，我们现在也是信有一种人类的天性，但我们也像巴斯蒂安一样不能解释它或分析其内容范围与限度。换言之，根本观念是抽象的东西，只在特殊境状中方有实际的表现，这些境状便是地理区域。在地理区域中，根本观念便成为"民族观念"（Völkergedanken），这是受过地理要素的影响，以及和他部落及地理区域有历史上之接触的。

　　巴斯蒂安虽空泛地信有文化的并行现象（culture levels）和文化阶段（culture stage），但他从不曾完全赞成演进的学说，尤其是在社会现象方面。文化的传播与独立发生的问题在后来的人类学思想中很为重要，在巴斯蒂安的心中却不当作紧急或明晰的问题。他说这种问题是没有的，类同的观念及其产物会独立发生于许多地方及部落中,这些观念及其产物也会由一个部落传过一个部落,而融合于别地方的文化中。

巴斯蒂安的著作除其卷帙繁多的游记外,有下列诸种关于文化人类学理论的书:

《人类根本观念》(*Ethnische Elementargedanken*)。

《民族观念》(*Der Völkergedanken*)。

《历史上的人类》(*Der Mensch in der Geschichte*)。

拉策尔——拉策尔早年的训练是地理学的。在他的地理学著作中很早便发生一种兴趣:要研究在环境关系中的生命,这便是他的环境主义(environmentalism)的起点,他终身都守着这种主义。但若将拉策尔当作后来的意义的环境主义者是错的。他并不将生命、人类及文化当作和物质环境相对的实物,而是将他们视为环境的结果。动物界,包括人类,是地球发展的最后产物,而文化则为地理与气候的终局。

拉策尔关于文化的传播与独立发生的问题发生两歧的意见。精神方面的文化,如宗教、社会组织或者艺术,这一方面是他比较不大注意的,他承认其能独立在各地方发生;至于物质文化,这是他所专门研究的,则主张不妥协的传播论;因此他极重调查,以为可以发现各处文化在历史上的接触和地理上的移动。他曾依此意作物质文化散播的具体的研究,例如板状盾和非洲弓箭的流传等问题。他的这种意见不断地激使他从事不倦的调查。他的这种注意传播的意见和上述的视文化为环境产物的意见是不相符的,这一点很可怪。

对于社会演进的观念,拉策尔像巴斯蒂安一样也是不着意的,他的不朽的大著《人类历史》,既不是历史,也不是演进的研究,而是在各种文化阶段的许多民族的很精详的记述。

拉策尔的重要著作如下:

《人类地理学》(*Anthropogeographie*)。

《民族学》(*Völkerkunde*)即英译本《人类历史》(*History of Mankind*)。

其他学者的著作——这是专指在社会演进论发生以前的著作,他们都不专主一种学说。

1. 普里查德(J. C. Prichard)(1786—1848)著《人类自然史》(*The Natural History of Man*)。

2. 德穆兰(Antoine Desmoulins)著《人类种族自然史》(*Histoire Naturelle des Races Humaines*, 1826)。

3. 莱瑟姆(Latham)著《人类分支自然史》(*Natural History of the Varieties of Man*, 1850),又《叙述的民族学》(*Descriptive Ethnology*, 1859)。

4. 威兹(Waitz)著《自然民族的人类学》(*Anthropologie der*

Naturvölker,1859—1872)。

5. 穆勒(Friedrich Muller)著《普通民族志》(*Allge Meine Ethnographie*,1873)。

6. 彼克林(Pickering)著《人类之种族》(*Races of Man*,1848)。

7. 诺特及格利登(Nott & Gliddon)著《世界之土著种族》(*Indigenous Races of the Earth*,1857)。

第二章　社会演进论派

社会演进论的发生——自很早的时候人们便已有演进(evolution)的观念,不过那时所谓演进只指无机物及有机物,而不是指社会的事情。社会演进论(social evolutionism)是比较近时的思想。自孔德(Auguste Comte)创始以后,经黑格尔(Hegel)以辩证法发展以来,第一次在斯宾塞的手里得到精致堂皇的正式陈述。拉普拉斯(Laplace)和康德(Kant)的天文学,莱尔(Lyell)的地质学,巴尔(Baer)的胎生学,都助成斯宾塞的意见,至于达尔文的《物种起源》(*Origin of Species*)的出现正好帮他完成生物学的计划。

在社会学的方面,斯宾塞便觉得遇到困难了,那时材料还不多,尤其是能够拥护社会演进说的材料。斯宾塞于是广览记述的材料,并由于一群助手的帮助,便搜集了极多的事实,以应用于其《社会学原理》及《伦理学原理》中,反对派以为他的演进论的概念并不是由历史材料的归纳得来。在天文学、地质学、生物学,甚或心理学,其演进论至少都有一部分是根于所观察的现象。但在社会学及历史便不是这样,其演进的系统是预先成立,其后方由演进论派的学者将社会现象强塞在这系统里面。

社会演进论的原则——(1)第一条是心理一致说(theory of psychic unity),这是说人类无论何族在心理方面都是一致的。(2)物质环境也处处大同小异。心力既然相同而物质环境的刺激也无甚差异,于是无论何族便都会自己发生文化,这叫作"独立发明说"(theory of independent invention),刺激与反应相同,则其社会演进必循可以比较的甚或完全相同的路径,这叫作"并行说"(Parallelism)。路径既相同,自然可算作一条,故又称为"一线发展说"(Unilinear Development)。这三条其实是一样意思。(3)各族文化都循同一路线,而其现在程度却很不等,那便是代表一条路线上的各阶段(stage),各阶段在次序上是固定的,在时间上却不一律,有些民族进得快,有些民族进得慢,但他们总都会一段一段进前去,而其前进必是逐渐的,不会越级突进,这便叫作"逐渐进步说"(gradual progressivism)。

社会演进的阶段——由于这种意见于是有些学者便规定了社会演进阶段

的系统。摩尔根(L. H. Morgan)最先规定了野蛮(savagery)、半开化(barbarism)、文明(civilization)三大阶段,野蛮与半开化各再区分为低、中、高三期,以取火、渔猎、弓箭的发明属于野蛮阶段。以陶器、畜牧、农耕、铜铁工属于半开化阶段,而陶器的发明更被当作半开化开始的标准。以标音文字的发明为文明阶段开始的标准。以野蛮低期的人类为已绝灭,现在的人类各按其程度代表自野蛮中期以至于文明阶段的文化。摩尔根之后,再经别人将这种系统加以增补,例如萨瑟兰(Alexander Sutherland)、海斯(E. C. Hayes)、埃尔伍德(E. A. Ellwood)都有大同小异的系统,皆比摩尔根的详细,兹举萨瑟兰的系统于下以代表其余:

(甲)野蛮人(savages)——食物只赖天产物,集团极小,一生为生存而奋斗不息。

1. 下级野蛮人——体躯矮小,腹大脚细,鼻平,发卷,脑量甚小。除围腰以外无他衣服。集成10人至40人的社会,无一定的住所,徘徊求食于四处。现存者如南非的布须曼人(Bushman)及锡兰岛(斯里兰卡)的维达人(Veddahs)。

2. 中级野蛮人——身长已有相当的程度,体格颇佳。虽有衣服,然大抵裸体,寝所以屏围护之。以木石为武器,集成四五十以上200人以下的团体而转徙。无阶级,无组织,只有惯例。例如塔斯马尼亚人(Tasmanians)及霍屯都人(Hottentots)。

3. 高级野蛮人——以幕为屋,虽有衣服,然两性犹常裸体。携带石、骨、铜等所制的武器。合成200人以至500人的群而转徙。有酋长,有阶级,以严格的部落惯例维持秩序。例如爱斯基摩人。

(乙)半开化人(barbarians)——大部分的食物由人为的生产法而得,以畜牧农耕为主业,然只各家族自给自足,多人的分业协作未发达。唯因生活资料颇丰,稍有余力以从事于科学及艺术。

1. 下级半开化人——造简单的家屋,定住而成为村落。有衣服,女子裸体者少。制作土器,独木舟,以术、石、骨为器具。耕作于家的近地,行物物交换。集成1000人至5000人的部落,共戴酋长,有基于传说的法规,稍具今日的社会形态。

2. 中级半开化人——以木及草造成坚牢的住屋,集成市镇。有较美丽的衣服,然尚不禁裸体。有陶器、织物、冶金业等制造。用货币,开定期市场,营幼稚商业。多数小部落合成人口10万的小国家,有小王统治之,有基于惯例的法规。以个人或家族在战争上的功业定人民的阶级。例如荷马时代的希腊人,凯撒以前的日耳曼人。

3. 高级半开化人——能以石造屋。平时须着衣。纺织为女子的专业。铁器的使用甚普通,金属工业发达。铸货币。有舟,以桨推助之。分业颇繁。简单的法律及法庭已具。阶级世袭。文字始见。在确定的主权下合成50万人左右的小国家。例如初期共和的罗马,白人侵入时代的墨西哥土人及秘鲁人。

(丙)文明人(civilized men)——因分业繁,协作盛,生活资料的生产容易,专门技艺发达,社会组织复杂,科学艺术益进步。

1. 下级文明人——以石为城垣,造成城堡都市。有其石造的重要的建筑物。耕作用锄。战争成为特别阶级的专业。文字发达,文学发现。始有简单的成文法,设定正式法庭及裁判制度。例如西藏人、越南人、古埃及人、古巴比伦人。

2. 中级文明人——有砖石砌造的美观的寺院及富人家屋,有玻璃窗。初有帆船,商工业发达。手抄的书籍颇多。文字的教育初发现。兵士全为特别阶级的职业。成文法律完成,专门法律家出现。例如伯里克利时代的希腊、中世纪的英国。

3. 高级文明人——砖石造成的建筑物已属普通。敷设道路,有运河、水车、风车。航业已成为科学的。始用烟囱,通文为普通必要事,手抄书甚多,高等文学发达。在强固的中央政府之下集成人口千万的国家,成文法典书写而刊布。多数官吏分级任职。例如帝政时代的罗马人,15世纪的欧洲英、法、意诸国,中国(应指清以前)。

(丁)文化人(cultuled men)——此为文化发达最高的民族。

1. 下级文化人

(1)财的生产问题大致解决。

(2)因广用自然力以代人力,生产组织方法进步,使多数人有余暇余力,于是智的及美的修养发达,普通教育普及。

(3)武勇及门第的名誉减少,在财产、学术、技艺、政治及其他普通生活上个人的实力之价值,大被注重。

(4)因教育的普及、印刷术的发达,舆论的唤起及实行甚易,于是民主主义盛行,立宪代议制确立。

(5)除兵事及经济以外,国家亦甚注意于科学及艺术的普及与提高。

2. 中级文化人

(1)财的分配问题略有圆满的解决,普通人大抵不愁衣食住。

(2)高等教育普及。

(3)战争虽时或有之,然不过视同个人间的争闹而加以非难。各国并依协定限制军备而协力保持世界的和平。

(4)单纯的财富的蓄积不得为成功,经济的功业必须以发明、组织及管理等为准。

3. 高级文化人——现在的文化最高的国只进及下级文化的地位,中级文化为今日所希望的境状,至少亦须数世后方得达到;至于高级文化则为理想的境地,为今人理想中的黄金世界,其美好与快乐之状不是现在所能确实叙述的。所可悬拟的,是那时凡关于疾病及物质上的缺点大抵可望避免,而所有进步也必遍于全世界。但因地理之异,其生活状况或有不同而且采取地方分工之制而各呈其特别贡献。要达到此级至少也在一二千年以后。

以上是将整个文化区分为阶段的,还有文化的每一部分,例如宗教、经济、社会组织、艺术等方面,也各有演进的阶段。略举如下:

经济方面:生产上分为(1)狩猎阶段;(2)畜牧阶段;(3)农业阶段。器物的演进上分为(1)石器阶段;(2)铜器阶段;(3)铁器阶段。

社会组织方面:(1)乱婚与游群(horde);(2)群婚;(3)母系氏族及个人婚;(4)父系氏族;(5)家族与村落。母系氏族必在父系氏族之前,而母系又必带母权。氏族之后方有家族。结婚也必先有乱婚,中经群婚,最后方有个人结婚。

艺术方面:最先为写实体,其后方由习惯化而成为几何体。

宗教方面:例如拉伯克(J. Lubbock)所拟:(1)无神主义(atheism),其实只有魔术;(2)自然崇拜或图腾崇拜;(3)巫觋信仰(shamanism),专靠巫觋为神与人的媒介;(4)偶像崇拜或神人同形主义(anthropomorphism);(5)神成为造物主;(6)宗教方与道德结合。又如斯宾塞以为各种宗教都是源于鬼魂崇拜即祖先崇拜。

社会演进论派的方法——最主要的方法是比较法,由各时代各地方各民族搜集许多事实,来互相比较。其次应用"遗物"(survivals)的观念,以为凡是旧俗,都可以证明其以前一定盛行一时,成立一个普遍的阶段。还有对于起源,尤其是最初的起源,也被视为极重要。以为文化既是只循一条路线,则其起源必只有一个,而这一个起源一寻到,则其以后的发展都可知道了。演进论者(evolutionists)也常觉有某种要素的搅乱,这些要素之中以文化的传播(diffusion)为最重大。演进论者很晓得任何民族都曾接受外面传来的事物与观念,这种外来的东西很会破坏自然发展的演进系统,但却以为它们不过是不规则的侵入者,其价值比不上"内部发生"的事实,须把它们分别剔除开来,方能晓得进化的真相。

社会演进论者及其著作——社会演进论派的学者中和斯宾塞平分开创者之名的是泰勒(E. B. Tylor)。斯宾塞的学问是多方面的,泰勒则专精于人类学。泰勒不但在选择及提出材料上更有批判的精神,并且还有由于熟谙异文化而得的一种眼光。他不学斯宾塞的用演绎法,而专赖证据以立说,其论断也很为平允。美国有摩尔根也是演进论派的主要人物,固持进化论的原则,所著《古代社会》一书系统更为严密,更适于做这派的代表。德国方面有一位威廉

- 冯特氏(Wilhelm Wundt)著十巨册的《民族心理》一书,详论语言艺术、宗教神话、社会组织、法律等的发展,其用力不输于上二人;其意见也很有些异于上述的原则之处,不固守一线进化说,而且晓得传播的重要。

社会演进派出现后赞成者很多,在思想界中占有势力约经两世之久,不但人类学,便是社会学、政治学、经济学、法律学及其他社会科学上都有大影响。兹将可以代表这派的人类学者及其著作列举一二:

1. 斯宾塞(Herbert Spencer,1820—1903)所著关于社会演进论的为:《社会学原理》(*Principles of Sociology*,1876—1896),《伦理学原理》(*Principles of Ethics*,1879—1893),《叙述社会学》(*Descriptive Sociology*,1874—1881)。

2. 泰勒(E. B. Tylor,1832—1917)著《原始文化》(*Primitive Culture*,1871),《人类早期历史之研究》(*Researches into the Early History of Mankind*,1865),《人类学》(*Anthropology*)。

3. 摩尔根(L. H. Morgan)著《古代社会》(*Ancient Society*,1877),又《人类家庭的血亲与姻亲制度》(*Systems of Consanguinity and Affinity of the Human Family*)。

4. 威廉·冯特(Wilhelm Wundt)著《民族心理》(*Völkerpaychologie*)。

5. 巴霍芬(J. J. Bachofen)著《母权论》(*Das Mutterecht*,1865)。

6. 麦克伦南(J. F. Mclennan)著《古史研究》(*Studies of Ancient History*,1876)。

7. 波斯特(A. Post)著《古代种族联盟》(*Die Geschlechtsgenossenschaft der Urzeit*),《非洲法律》(*Afrikanische Jurisprudenz*)。

8. 勒图尔脑(C. Letourneau)著《婚姻与家族的演进》(*Evolution of Marriage and the Family*)。

9. 拉伯克(J. Lubbock)著《文明起源》(*Origins of Civilization*,1870)。

10. 弗雷泽(J. C. Frazer)著《金枝》(*The Colden Bough*),《图腾制及外婚制》(*Totemism and Exogamy*)。

11. 朗格(A. Lang)著《风俗与神话》(*Custom and Myth*),《神话仪式与宗教》(*Myth,Ritual,and Religion*)。

12. 哈特兰(E. S. Hartland)著《神话与仪式》(*Myth und Ritual*)。

13. 布克(C. Bucher)著《生业的演进》(*Industrial Evolution*)。

14. 鲍尔弗(H. Balfour)著《装饰艺术的演进》(*The Evolution of Decorative Art*)。

15. 哈登(A. C. Haddon)著《艺术的演进》(*The Evolution of Art*)。

此外还有很多,不及详举。

社会演进论的批评——古典派社会演进论经后来的批评派和传播论派的

攻击暴露了些弱点，其假说几乎全被否认。第一条原则心理一致说还是被保留，但其余的便都被摈斥了。这些反对派的意见以为物质的环境异点与同点都有，而且物质环境也不是文化的性质及发展的重要制定者，故不能根据心理与环境便说各族的文化都有并行的现象，而各族现在的文化程度也未必便是在一条路线上的阶段。假如将澳洲土人当作第一阶段，美洲印第安人当作第二阶段，非洲尼格罗人当作第三阶段，以为他们一定是照这种次序演进，美洲人的过去一定全像现在的澳洲人，将来则全像现在的非洲人。如果形情会这样，那么三处的文化必须全在一条路上；但何以知其在一条路上，则其根据又在于假定各种文化是不同的阶段。这样其实是假说与假说互相证明，正陷于循环论证的谬误。不但整个文化难以分别为阶段，便是文化的一部分也不能断定其有一定的阶段。例如母系氏族未必先于父系氏族，乱婚也不是最初的社会现象，群婚也不是以前的普遍制度，家族也不是氏族以后的产物。宗教的演进阶段都不确实，不论是拉伯克的六阶段，斯宾塞的鬼魂说，杜尔克姆（Durkheim），冯特的图腾阶级说，都不成立。艺术方面则几何体与写实体没有先后的次序。经济方面，狩猎、畜牧、农业三种生产方法，石、铜、铁三种器具的次序，都不是没有例外。

　　反对派以为文化的变迁虽不是一致的，但并行发展的现象有时确曾存在，例如美洲土人在欧人发现以前也像旧大陆一样由石器时代发展到铜器时代，这种现象似乎全由于并行发展，但批评派另提出"辏合"或"殊途同归"（Convergence）一种程序来说明文化变迁的相同，除并行发展外，有时是由于不同的历程归结到相同的结果。

　　演进论的第三条原则逐渐进步说，也被驳斥。反对派以为文化的全部自然是有进步，或者在某时间某地域或文化的某方面有进步也是实在的事。但若推拟凡文化的变迁都是进步的，而进步是普遍的事实，便太武断了。若由这两种观念以为凡现代的文化无论哪一部分都完全胜过以前的文化，便很难说。或者以欧美的文化无论在哪方面都是比较亚洲民族及非、美、澳的原始民族为进步，也极不易讲。还有一点，进步也不是一定逐渐进行的，也有由突变而进步的事实，例如外来文化的影响常生急激的变化。

　　反对派以为演进论派的原则既然不对，所用的方法自然也错了。如比较法是任意将各民族文化的事物拿来凑合为一个阶段，其根据是因为各民族都循同一条路线。一线演进既不成立，这种比较法自然也是错的。阶段既不确实，遗存物便也不能一律指为以前普遍行过的证据。各族的文化既不一定循一条路走，那么起源自然不一，而最初起源的追求更无意义。

　　反对派说文化传播的事实，也很能破坏演进的系统。演进论派以为各族的文化全由于独立发生，他们非不见到传播的事实，只是不加注意。但实际上文化的传播却是永久的无所不在的现象。外来的文化既被接受及融化起来成为自己文化的一部分，于是对于以后的变迁便也负有一部分的责任。每次的传播都能使文化现状错杂起来，使它更不易用内部的原因解释其发展。故传播之接受必能改变了演进系统原来形状。对于这种批评演进论派也有反驳。他们说："外来的文化固然有被接受融化而加入为自己文化的一部的，但这种结果却未必是一定的。外来的文化有些是被全盘承受，有些则接受较慢且融化不全，有些则全被拒绝。这种原因在哪里？这是在乎'心理的或文化的预备'（psychic or cultural preparedness）。"

"一个民族若是已有这种预备它便能接受外来的文化，若还无预备便不能接受。究竟构成文化的或心理的预备的是什么？还不是发展中的各阶段么？如已达到某种文化阶段，则一面固能接受某种外来的文化，一面也能自己独立发生和外来相同的文化。故无论自生或外来的文化所以能加入于文化全体，都须已达到相当的文化阶段。由此言之，外来的文化不能改变演进的系统，故不注意它们实不为过。"这种反驳也很有理，但反对派又再提出驳论，他们说："文化的预备确是有的，而其能决定外来文化的接受与拒绝也是真的。但预备与不预备也不过是一种宽泛的限度，在其间特殊的事物或观念的出现与不出现还有无限的可能性。一个民族虽已有某种预备，但却不一定会自己发明，即发明也有迟速。其时如适遇到外来的同种发明，必被接受而成为自己文化的一部分，甚或是极重要的贡献。如果不由外面传来，则这种发明或者永不会发生，或者发生很迟；这样对于这民族的命运以及它与别民族的关系，它的兴起或衰落，便很有关系了。"

第三章　传播论派

巴斯蒂安和拉策尔都知道文化传播的重要，泰勒虽大体上属于演进论派，但也晓得有传播的事实，常承认相似的文化有些是由于传播而致，对于传播的事实很公平地讨论。真正的传播论派又分为两派：即德国派与英国派。

德国传播论派——第一个真正的传播论者（diffusionist）是德国的格雷布内尔氏（F. Graebner）。他不但创成一条民族学的学说和方法，还成为一个学派的领袖。属于这派的有福伊（W. Foy）、安克曼（B. Ankermann）、施密特（W. Schmidt）诸人。格雷布内尔的具体的研究始自一篇论大洋洲的文章，登在1905年的《民族学杂志》上。其后又有一篇更精详的论文名《美拉尼西亚的弓文化》，此外尚有许多文章继续出现。其理论的原则成为一本书，名为《民族学方法论》（*Die Methode der Ethnologie*）。

格雷布内尔全盘反对演进论。他以为各民族文化的相似即便不是全部，也有大半可以由历史上的接触发生的传播或"借用"(borrowing)解释它，否则也是由一个共同的来源传来的。人类的创作力极不足道，发明本是很罕见的事，而不同的民族有相同的发明，尤为绝无仅有。故独力发明说不当轻信，必须在寻不到传播的痕迹后方可论及发明。因此在他看来民族学的工作便是重新发现各民族的历史上接触的事实，并寻觅文化传播的痕迹。格雷布内尔以为要寻觅传播的痕迹，当先分析文化的类似点(similarities)。分析类似点有两种标准：一是"质的标准"，例如物质的东西的形状及社会制度或观念的构造与作用。二是"量的标准"，即指质的类似点的多少。分析完毕，如发现类似是真确的，便可解释为由于传播，即是说两处的文化必是由一方传播于别一方；至于两处的距离是无关紧要的。无论是互相邻近，或远隔几个大洋，都不能为传播的妨碍。

格雷布内尔便用"文化波"(cultural wave)或"文化层"(strata)为寻觅文化传播的单位。他所研究的地方以南海群岛(South Sea Is.)和澳洲为最详，他还扩大其分析于非洲的文化。施密特氏也用格雷布内尔的方法研究南美洲的文化。北美洲还未全经他们研究过。

传播论派既以为发明不易，而各族的文化大都由传播而来，然则为文化源头的民族必定很少。这种源头的多少，德国派与英国派不同。德国派主多元，英国派主一元。据施密特说人类最初的文化像最近的矮黑人(Pygmy)的狩猎生活一样。由此在不同时间及不同地域生出三种文化：

第一种是由于妇女发明种植，其后发生母权政治，有女神，及太阴神话。

第二种是由于初步的狩猎法之完成，男子技术发生，行父系制，和图腾制相连，有男神及太阳神话。

第三种由狩猎而发生畜牧，成为游牧民族的文化。

以后的历史都不过是这三种初步文化的传播及互相影响。由第一二种的混合便发生村落生活，农业与工业的联合，再加以第三种的游牧文化便成为近东的"原文化"(proto-civilization)。

德国传播论派的重要著作如下：

1. 格雷布内尔著《大洋洲的文化圈及文化层》(Kulturkreise und Kulturschichten in Ozeanien)，在《民族学杂志》(*Zeitschrift für Ethnologie*, 1905)内；《美拉尼西亚的弓文化》(Die Melanische Bogenkultur und ihre Verwandten)，在《人类学杂志》(*Anthropos*, 1909)内；《民族学方法论》(*Die Methode der Ethnologie*)。

2. 格雷布内尔及福伊合著《民族学的意义问题及历史》(Begriff Aufgahen und Geschichteber Völkerkunde, 1908)，也是论文。

3. 安克曼著《非洲的文化圈与文化层》(Kulturkreise und Kulturschichten

in Africa,1905),论文。

4. 施密特著《南美洲的文化圈及文化层》(Kulturkreise und Kulturschichten in Südamerika,1913)。

英国传播论派——英国的传播论派以里弗斯(W. H. R. Rivers)为首,像多数英国人类学家一样,他的训练原是心理学家的,其研究人类学初时原是赞成演进论。其后转喜作特殊问题的研究,参加托雷斯海峡的剑桥人类学探险队(Cambridge Anthropological Expedition to Torres Straits),应用发生学的方法(ginealogical method)于社会组织的研究很见成功。里弗斯在其论托达人(Toda)的小册里方较有冥想的趋势,以为民族学家尽可以自由作历史的复原,只要能将原不关联的事实解释得互相连合起来便可。当其从事于美拉尼西亚的较长期调查时深有感于其处文化的复杂,同时他便倾向于格雷布内尔的方法。自此以后便很急速的变成武断的传播论者了。

里弗斯定了几条原则,如在两种文化的相对的程度上"借用"的重要,少数移入人民发生重大的文化影响的可能,在某种境状中极有用的部分,例如有用的技术,也会遗失等。他便应用这些原则要将现在的文化状态的过去背景重新复原起来。他用以研究美拉尼西亚,著成《美拉尼西亚社会历史》,其第二册纯粹是美拉尼西亚的冥想的复原,传播论被用为解释的总原则,但却不是有历史的证实的传播。

格雷布内尔与里弗斯颇有异同。里弗斯不像格雷布内尔的注意类似点的分析,而不顾地理的远近。他的那些原则在本身上都很可赞同,不过于实用时太倾于冥想。他的推理比较格雷布内尔也较有判别性,他又能应用心理学的方法,这也是格雷布内尔所不及的。他们两人的同点在乎对于传播的态度,他们都用此为解释的通则,完全不问有无历史上的实证或特殊状态的或然性,也不和相反的独立发生说平心衡量看看。

英国派还有史密斯(G. Elliot Smith)、佩里(W. J. Perry)二人也很有名。传播论的流于纯粹幻想便是由于他们。史密斯原是很成功的体质人类学家。可惜在文化人类学这一方面,全用非批判的方法泛论全世界的文化复原。传播论到此地步已经大显错误了。

英国派的假说是"全埃及论的"(Pan Egyptian)。据说在纪元前 2600 年以前,埃及便有一种"古文明"(archaic civilization),其后传播四方,重见于别处,但却都有退步,只是程度不同。世界上的较为粗朴的文化不是"原始的"而实为"退化的",即由埃及的古文明退化下来的。澳洲在未与埃及古文明接触时没有魔术及宗教的信仰和行为,而两合社会的组织若发现于世界上边鄙的地方必可证明埃及影响的存在。故这一派可称为一元论的。

英国派的著作如下:

1. 里弗斯著《美拉尼西亚社会历史》(*The History of Melanesian Society*, 2 Vols)，《亲族制度与社会组织》(*Kinship and Social Organization*)，《社会组织》(*Social Organization*)，《心理学与民族学》(*Psychology and Ethnology*)，《心理学与政治学》(*Psychology and Politics*)，以上为书本。《民族学研究之发生学的方法》(*The Genealogical Method of Ethnological Enquiry*)，《有用技术之遗失》(*The Loss of Useful Arts*)及其他论文多篇。

2. 史密斯著《早期文化之迁移》(*The Migration of Early Culture*, 1915)，《龙的演进》(*Evolution of the Dragon*)，《象与民族学家》(*Elephants and Ethnologists*)，及论文数篇。

3. 佩里著《印度尼西亚的巨石文化》(*The Megalthic Culture of Indonesia*)，《太阳之子》(*The Children of the Sun*)，《文明之生长》(*The Growth of Civilization*)等。

传播论的批评——这种批评是批评派所加的，他们对于传播也很看重，但因见传播论派越过批判的范围而武断地进行解释，故也加以指摘。

批评派对于格雷布内尔的类似标准的分类不大赞成，以为质的标准实际上永不能纯粹客观地应用，一定不能免去主观的见解。量的标准分解为最后的单位，不过仍是质的标准。还有不顾距离的解释有时也过于牵强。不顾地理的要素便也是不顾历史上的可能性。所以这一派虽自称为"文化历史派"(Culture Historical School)，其实是非历史的。反之，对于类似点的估定不固定，便是承认历史地理的要素之存在。文化也不是机械的而是心理的结合物，估定文化的真相不能专靠客观地枚举在并存上或地理分布上的文化的事物，心理的要素不能一笔抹煞。格雷布内尔又太轻视了人类的发明力，以为独立发明是极少见的，其实在各地方不常都有新的发明、新的适应环境的方法吗！

批评派对于里弗斯的学说除赞同其原则的一部分外也很有不满之处。里弗斯不谨慎地应用冥想的方法实在极不合于稳当的历史的复原。例如有用技术的遗失及少数移民的影响，在理论上很可承认，但若不管地方的及历史的实证，只靠这些理论来解释未免牵强。其次他又不肯将别地方的可比较的材料拿来解释本地的情形，这也是一个缺点。最后一点是假说繁衍太多，或然的程度减少。

第四章 批评派或历史派

批评派或历史派(Critical or Historical School)采取批评的态度，对于演进论或传播论都加以批评，自己在积极方面则提出一种历史的方法，故有这两种名称。他们的破坏方面的工作，已见于上二派的批评中，此处只述其建设的方面。

博厄斯(Franz Boas)——这一派的领袖是美国的人类学前辈博厄斯,故从属者大都为美国的学者。博厄斯早年受物理学及数学的训练,其具体研究的能力与批判的精神很适于做人类学思想的工作。他加入人类学界时,这种新科学的基础已牢固了,原始的材料已搜集许多,博物院已成立,供给研究的机会,受过科学方法训练的青年的人类学家,也已准备着出发赴原始民族的地方去实地调查,想要带回经得起批评的结果。但是在这人类学家的营盘内还没有秩序或系统。正确的方法和主观的幻想,随便地应用,其趋向易倾于泛漫的综论。而对于人类学要求供给材料,以完成社会科学的基础也逼出了未成熟的结论和匆促的终局。其实人类学还是幼稚,可以容许一个人尽览其广漠的范围。博厄斯便是这样的一个人。他提出了方法和批评。统计学的方法原是应用于优生学的,被博厄斯取来应用于神话的研究,将事件与人物做单位以发现神话的分布及其趋向,觉得很有效。根于鲍威尔(Powell)的分类基础,博厄斯又建立了美洲印第安言语的科学。这有两种效果,其一是对于比较语言学有重大的贡献,其二是成为美洲的民族学研究的不可少的工具,因为传播的问题有时须用语言的分析法。

博厄斯以为研究一种民族的文化,应当在其有限的历史地理的家乡内(historical geographical homes),并须着眼于其对于物质环境、四围文化,以及文化各方面的许多错杂的心理联结等的关系。这种意见可再分为二方面说:其一,研究原始民族的文化是只就其现在的相互关系而论,每个部落被当作一个单位,而论其与别族的关系。其二,文化的变迁被推原于以前的文化,而不是由于种族环境或普通的心理等原因,分述于下。

历史的方法(historical method)与"文化区域"(cultural area)——文化区域便是依文化的异同而区分的地域,博厄斯的产生这种观念,是由于整理美国自然史博物馆的标本的暗示。他因见各种标本依地域而自相集成为一群,遂将北美洲按照其物质文化分为几个区域,于是这种概念便发生了。这种概念是根据于物质的标本的,故差不多纯粹为客观的,虽在选择及估量上免不掉有一点主观,但却无伤于其效用。兹依据威斯勒(C. Wissler)所说的略释于下。

人类学的研究单位是一个部落的文化。一个部落的文化便是其"生活样式"(mode of life)或思想与行为的团集体。一个部落的文化包含许多单位,这便是"文化特质"(culture-trait),研究者入手时须以一个特质为单位。这些特质其实也不是简单的一件事物,它必有许多附带的东西合成为一个"文化丛"(culture complex),例如食米的文化丛必附带些培养、收获、保存、烹吃等技术以及财产权、法律、社会惯例、宗教禁忌等事结合为一团,这便可以称为"米文化丛"。此外如猎头、图腾、麦、马、外婚、杀人祭神等都是著名的文化丛。

一部落的文化丛常自成一种"型式",这便叫作"文化型式"(culture type)。同样的形式常集于同一地域,故可以文化型式为标准而区分地域为"文化区域"。例如美洲的每个区域中包含多数部落,这些部落都各有其文化,但其文化都属同一型式。在一个文化区域内的部落有的在中央,有的在边境,其文化虽大体相同,但也有差异。在边境的(marginal area)常和别区域的文化混杂,渐脱离本区文化的性质。在中央的(central area)最可为本区文化的标准,因为本区的文化原是从这里传出来的,故这里又称为"文化中心"(culture centre)。其余在中心与边境之间的,其文化也依次减少标准的性质。故一个文化区域可依其标准的文化特质的多少而分为"文化带"(culture zone)。标准的文化特质最多的地方便是中央带,也即是文化中心,中央的四围特质较少的为一个带,更少的又为一个带,最后以边境为最外面的带,其间特质必最少。这样研究起来便能明悉各地方或民族的文化真相。若是边境的,便是由于传播。若是中心的,便是由于独立发明。反之,若就文化特质的本身而说,也可以晓得它是从何处发生的,向何处传播(见《人与文化》)。

文化区域的方法用于美洲已有成效,如威斯勒分北美为9个区域,克娄伯(A. L. Kroeber)更合南北美为15区,很为明晰。非洲也已有近于文化区域的发现。其他原始民族的地方将来也可照此研究起来。至于现代文明民族的文化也有依地方而差异的情形,也很可以应用这种方法区分它。因此文化区域的观念很受社会学家的注意,将来想必盛用为研究文明民族的工具。

历史派的方法更由哥登卫塞概括如下:(1)集中探索于有限度的"地理、历史的"地域,研究其在历史上经过的深度及其地理上和别部落接触的广度。(2)应用客观的及统计的方法,以追溯文化特质及文化丛的流播,并用心理学的方法,以研究文化特质的连合、相侵与同化。(3)应用型式的概念以描述区域文化,尤其是在吸收本地的或外来的新文化特质之际。(4)扩大求异的方法,寻出部落内的区别及个体。(5)采用语言学的方法以探索精微的意义。(6)分解文化丛之历史的及心理的成分。(7)排斥粗陋的古典派的演进论与环境论。(8)应用"传播"、"独立发展"、"并行"、"辏合"等概念,但不过作帮助的工具而不是武断的假说。

文化定命论(cultural determinism)——这便是上述的第二条的意义。发挥此说最详者为克娄伯氏(A. L. Kroeber),在他的两篇著名的论文即《超有机论》和《宣言十八条》中提出。据他所说文化现象是超有机的,超个人的,及超心理的,文化是自治的,历史事件有决定以后事势的能力,且是不可免的,个人在历史上的地位无关紧要,甚或可以完全否认。他在《超有机论》中说:

"我们信有四种现象同是实在的:这便是质与力的现象,生命的现象,意识的现象,社会生活或文化的现象。这些现象又可称为'无机的'(inorganic)、

'直接有机的'或'生命的'(directly organic or vital)、'心理有机的'或'心灵的'(mentally organic or psychic)以及'文明的'或'超有机的'或'超心灵的'(civilizational or super-organic or super-psychic)。"

再录其《宣言十八条》于下：

"(1)历史的目的在乎知晓社会事实对于文明全体的关系。(2)历史所研究的材料不是人而是人的工作。(3)文明虽由人类携带并由人类而存在，但它却自成一体，与生命也不同。(4)历史家应知人有某种心理构造，但不当即用此解决社会现象。(5)真的本能存于社会现象的底面及起源，但不能由历史研究之。(6)人格或个人除用为例证外无历史的价值。(7)地理或物质环境是文明所利用的材料，而不是形成或解释文明的要素。(8)历史家应主张所有人种都绝对的同等或相同为文明的负担者。(9)遗传在历史上完全无力。(10)后得的遗传是生物学上及历史上的怪事。(11)淘汰以及其他有机的演进都不能影响文明。(12)所谓野蛮人并不是动物与受过科学教育的人的中间物。(13)没有社会的种类或标准的文化形态或阶段。(14)无所谓种族心，只有文明而已。(15)在历史上没有像理化科学的定律。(16)历史只研究为一定条件的境状，不研究原因。(17)历史的原因论便是终局论。(18)总之，生物学的、心理学的或自然科学的定命论和方法都和历史无关，就像历史的方法之无关于生物学一样。"

同派的人也不完全赞成其中论点，例如哥登卫塞说他赞成其大意而不同意其过分抹杀个人在历史上的地位，过度的历史定命论，以及混视了心理学与生物学。

总之，批评派以为演讲论和传播论都是要用一种原则泛论全世界的各民族或各地方，全不问它们在历史上及地理上的特别情形，其方法实在是演绎的主观的，而不是归纳的客观的，无怪其结果的武断与穿凿。他们有鉴于此，故不敢再做这种泛漫的论调，而只是小心谨慎缩小研究范围并注意特殊情形，而求完全了解一小单位的真相。由于他们的注意实地调查，这种调查报告也增加了很多。

此派的著作——这派的学者除博厄斯外大都是新近的人类学家如罗维、哥登卫塞、威斯勒、兑娄伯等人。最先揭起反演进论的旗帜的韦斯特马克(E. Westermarck)著《人类婚姻史》(*History of Human Marriage*)，实为批评派的前导。

1.博厄斯因注意实地调查，故多有报告的册子而少有理论的著作。除1911年出版的一本《原始人的心理》(*Mind of Primitive Man*)外，其意见散见于杂志及报告中。其报告例如《北美土人故事的散布》(Dissemination of Tales among the Natives of North America, 1891)，《印第安神话的生长》

(The Growth of Indian Mythologies, 1896)，《温哥华岛的夸扣特尔人》(The Kwakiutl of Vancouver Island)，《阿拉斯加的针匣上饰纹》(Decorative Designs of Alaskan Needlecases)等。

2. 克娄伯(A. L. Kroeber)著《阿拉帕霍人之装饰的象征》(Decorative Symbolism of Arapaho)，《加利福尼亚印第安人之宗教》(The Religion of the Indians of California)等调查报告。又《超有机论》(The Super-organic)，《宣言十八条》(Eighteen Professions)等论文。

3. 威斯勒(C. Wissler)著《黑足印第安人的物质文化》(Material Culture of the Black-foot Indians)，《平原印第安人的服饰》(Costumes of the Plains Indians)等。

4. 罗维(R. H. Lowie)著《平原印第安人的年龄结社》(Plains Indian Age Society)，《北美洲的仪式主义》(Ceremonialism in North America)，《文化与民族学》(Culture and Ethnology)。

5. 哥登卫塞(A. A. Coldenweiser)著《北美印第安人的社会组织》(The Social Organization of the Indians of North American)等报告。

其他的人也都有很多的调查报告，不复列举。

批评派最近的趋势——最近美国人类学界的趋势又略有改变，兹将哥登卫塞的话译述于下以代表这派的意见。

批评派或历史派还不是人类学思想的结局，它显然有其限度。英国及欧陆的人类学家曾批评美国的文化人类学为无生产。其故因为批评派确有几个缺点。其一，这派的贡献中几乎全没有"综论"(synthesis)的著作。从事综论的工作不但需有知识和眼光，还需有勇气和建设的想象。批评派只尽力于批评的分析，和特殊的具体的调查，怯于从事观念上的即较广阔的及较近思辨的问题，这在人类学本身固是一个缺陷，即对于别种社会科学也减少其贡献。

第二种缺点在乎对于"假说"的怀疑态度太过。批评与方法论固是重要，但同时必须有建设性的观念并存着，方才用得着批评与方法论，否则便陷于不生产了。

和上一条有关的便是漠视文化的发展方面。反对演进论为文化发展的定律，并不就是说文化没有发展。故文化人类学家仍需继续解释文字以前的历史。它当不坚执事实的整齐与呆板，而容许很多的罅隙，这种工作现在已经有人从事，其中一种可以称为"新演进论"(neo-evolutionism)。

演进历程的普遍性，整齐性，与渐进性都可否认，换言之旧演进论的并行，一线发展，独立发明，逐渐进步诸说都可排斥。但此外是否还有"演进"存在着？有的，只要研究者的目的不要存得过大，演进时间不要算得太促，不要概括文化的全体或其一大部分，而只着眼于单个文化特质，或几个相关联的文化特质(文化丛),那么,还是看得出有演进。现在是没有了不可免的定律,而却有某种发展的原则或趋势可以指出。在数学或哲学的发展上,在机械概念及物质发明上,在社会的分群上,都有颇整齐的趋势翘出于复杂的历史经过之中,可以容许某种程度的先见及预测。由此言之,这些趋势便是稍为固定的发展路线,它们凝结了错杂不定的历史经过,把它弄成较为固定的形式。

演进论的复活还有赖于"辏合"(convergence)的概念,这是历史派的人所创设的,用以代替或补助旧派的并行说。并行说以为凡相类同的事物都是由于相类同的历程演成的,但世界上像这样的事实却很少,有许多相类同的事物却是由于相异的历程演成的,这便是"辏合"或"殊途同归"。辏合虽与并行不同,但都是一种发展的历程。其实例如新大陆的陶器加釉的发明与旧大陆的结果相同,但其历程却有异,旧大陆加袖于陶器的本体,新大陆的却先加于器上的装饰部分,后来方加于全体。又如埃及的铜斧与古秘鲁的铜斧也是这样。

起源的复原或初期发展的研究也再出现,但与以前的不同。现在不像旧时把它当作历史的事实,放在演进历程的起头,以为说明全历程之用。现在明言起源是冥想的产物,根于现在的或近时的情形,而推论远古,取概略的形式而容许特殊的变态。

比较方法也有一部分复兴。破坏的热心冷却以后,批评派也觉得由比较的方法而得的眼光也很有助于研究特殊民族或地域的文化,在指导及纠正解释时是不可少的。比较法在别种科学如解剖学及语言学上已有很光荣的效果,在社会科学上安见它一定不可用。旧演进论派应用比较法的失败在于选择材料不谨慎,且要利用静的事实支持动的概念。现在如以批评的态度且用于适当的目的,则比较法必可为历史的及史前的研究的一种重要工具。

还有一种有用的观念,便是社会科学的"相对性"。如所谓偶然论或定命论,演进论与传播沦,甚或最受排斥的进步论,如应用不致太过,且有一定的范围及明了的观点,便都可以获得新意义而可以应用于历史的研究及解释。故如除去了它们的形而上学的意义,则这些曾经被斥为空泛的、不自然的或太抽象的观念,也可以再被取为整理及了解社会现象之用。

自旧演进沦失败以后,心理学的方法也被弃不用,现在却又有抬头之势。如罗维论心理学可以为民族学解释文化。又如威斯勒论人类的普遍的根本的"文化模式"和人类的天性有关。又如哥登卫塞也从心理方面解释人类原始文化的物质方面何以比精神方面为正确。还有精神分析学(psychoanalysis)对于文化人类学的贡献也很大,例如关于魔术、禁忌、乱伦、神话等的解释都是别开生面的见解。

哥登卫塞更概括那时(1921年)的趋势说:"我们所希望的是更多的综论,更深的心理学的索究,应用语言学及精神分析学的方法并持批评的及相对的态度以立论。"

自彼时以后批评派的人大都改变了态度,跑上了上述的途径;除实地调查特殊问题以外还从事范围较大的研究,各人大都出了二三册所谓"综论"的大著。其范围虽很广,但材料的去取大都根据批评派的调查报告。其方法则除历史的方法以外,语言学的方法,心理学的方法,比较的方法,统计的方法,也都被采用。其原则除少数外大都不拘一种,演进论、传播论、文化定命论都被兼容并包,但都只取其相对的意义,不像以前的极端。兹将这一类的著作略举数种于下:

1. 博厄斯(F. Boas)著《人类学及现代生活》(Anthropology and Modern Life,1928),又《原始艺术》(Primitive Art,1927)。

2. 罗维(R. H. Lowie)著《初民社会》(Primitive Society,1920),又《原始宗教》(Primitive Religion,1924),《我们是开化了吗?》(Are We Civilized?)。

3. 哥登卫塞(A. A. Goldenweiser)著《初期文化》(Early Civilization,1922)。

4. 克娄伯(A. L. Kroeber)著《人类学》(Anthropology,1923)。

5. 威斯勒(C. Wissler)著《人与文化》(Man and Culture,1923),又《社会人类学绪论》(An Introduction to Social Anthropology,1929),又《美洲印第安人:新大陆人类学绪论》(The American Indian: An Introduction to the Antropology of the New World,1922)。

6. 托泽(A. M. Tozzer)著《社会起源及社会继续》(Social Origins and Social Continuities,1925)。

7. 沃利斯(W. D. Wallis)著《人类学绪论》(An Introduction to Anthropology,1926)。

第五章　文化压力说(以上各说的总评)

以上各派的争论到现在还是不曾完全结束。但最近却又有一派异军突起,以另一种方法探察各派的背景,而找出其成立的原因,然后加以批评。这派的文字还少,兹将卡尔弗顿(V. F. Calverton)在《美国社会学杂志》发表的一篇撮择如下。

"人类学的生长和演进论的发展密切地连合在一起。两者如不曾互相帮助便不能有大进步。两者的发生都表示19世纪的一种趋势:即以现在为准,而解释前人的观念,判断以前的制度。"

"演进的理论起自希腊人,但却须到了18世纪方有长足的进展。在达尔文之前的学者如布丰(Buffon)、歌德(Goethe),圣希莱尔(Saint-Helaire)、拉马克(Lamarck)等的人的著作中演进的假说相继发生出来。达尔文和华莱士(Wallace)的同时发现自然淘汰及适者生存的学说,可以证明那时这种观念的兴盛。所有环境中的势力无论是经济的或社会的,都促成了这种学说。

"我们要了解19世纪西欧的特性是'变迁'的话,便不觉得上述的话的奇怪。人类从来不曾在这样短的时间经过了这样大的革命。工业革命尤其是西方生活急速转变的原因。它是促使时代向于新欲望新幻想的原动机。新的发明层出不穷,机器应许人类以一个可驾驭的新世界。人类以新的眼光睥睨世界。没有一物免被探察。

"人类的精力像这样由新时代的机器而解放了以后,科学至少在新知识分子,便成为新的人生哲学了。分析之后,继以精究;于是没有一物能脱出侵略者的手。甚至《圣经》,虽原是西欧文化的神秘中心,也不能免去科学的检查。近代世界的急变也表现在社会科学和历史学说里面运动和变迁的观念成为强逼的观念。这些情形便开辟了接受演进论的路。不但把它当作一种科学原理,而且当作新增加的文化。

"在1859年以前,西方文明若是根于《圣经》的教条;则1859年以后,便是演进论的世界。一种学说被采用,必是它对于人的生活,无论是感情或智慧上,能够应付某种重大需要。达尔文的演进论,正好应付新的人生哲学的需要。它不但供给了人类发展的一种新预测,还就西方文明而提出世界进步的新辩护。人类的演进被视为无限的进步,自低等以至于高等,而近代西方文明则代表演进阶段的最上级。不止这样,达尔文的适者生存的学说,使生存与上进成为同一意义。因为所有生物,都为生存而竞争,故生存的便是优胜的。西方文明既然在各种文明的竞争中,得到最成功的生存,那一定是代表人类演进的最高级的了。以此说之,西方文化中的原理与制度自然是人类'德型'(mores)史上最进步的了。故如私有财产制,一夫一妇的家族,平民主义的政体,都被当作人类道德上的大进步。个人主义被视为文明人胜过野蛮人的特征,即'分化的'胜于'未分化的'。换言之,达尔文的演进说及其推论,最能辩护19世纪的欧洲现状。它和当时的统治阶级的哲学完全相合。近代的工商业已经破坏了附于封建制度和农村习俗的意识学上的辩护,自然新的意识也需有新的辩护。达尔文的学说,正好当这种辩护。演进论使放任主义的经济学及其竞争的逻辑植根于自然的系统中。它又根据了为适者生存的必须的斗争,而批准了个人主义和阶级的区分。它甚至还充当民族主义及当时扩展中的帝国主义的支柱。一言以蔽之,这种学说的态度是'这样便是这样,因为它必定这样,因为它必须这样。'

"人类学的起源,便是在这种文化环境里头。使演进论成为新知识力的那些经济因子、社会因子也同样使人类学成为演进论的附属物。演进论于是成为人类学的基本结构。自1871年泰勒的《原始文化》出版后,19世纪人类学的历史,便是应用演进论以讨论人类的过去;应用时必牵连及于19世纪的'价值'(译者按:似指文化),而这种价值常指维多利亚时代的。换言之,那时人类学家的研究原始人类,不是要寻究他们是怎样的,而是要证明他们所推想的原始人类应有的状态。他们不自觉其错用了演进论,以为19世纪文明的'价值'既然超过其他'价值'而生存,自然是道德上进步的最高点。于是他们便要在原始生活中寻出最低等的行为来。他们在不自觉中,把自己的理智,高置于原始人类之上。在这里,是整个心理都在这样活动着,不止是科学上的一种错误。这种心理,是由于19世纪巨大的物质进步和将要完成的新意识的武器所养成的。这种心理,使那时的人类学家不能如其真相地运用事实和解释它。他们的研究原始人类像猜谜一样,多方改变事实,以求解决他们急于要寻出普遍的演进定律以解释人类怎样由粗陋的原始时代进到精美的19世纪文明。这些人类演进派的人类学家受了摩尔根的影响,便断定社会曾经过几个一定的阶段,自低等进到高等,而时代的文明矗立于其顶点。例如以为婚姻形式,始自乱婚,继为群婚,最后方为一夫一妻制。摩尔根又着重财产在原始社会的决定力。摩尔根的学说创立不久,便被急进派接受以证明马克思哲学。19世纪的急进派思想家几乎全都引用摩尔根的话以为最后的权威。恩格斯(F. Engels)的《家庭、私有制和国家的起源》、考茨基(Kautsky)的《结婚及家族起源》(Entstehung Der Eheund Familie)都根据摩尔根的书。普列汉诺夫(Plechanov)关于原始艺术与文化的著作也常引用他。甚至现在也还有许多急进派引用摩尔根的书,似乎它至今还是新书。

"虽有麦克伦南(Mclennan)以及许多思想家的攻击,摩尔根的学说还是在19世纪的人类学中大大发展。其初所引起的敌意,不过是知识上而已。因为这种学说并无违反维多利亚时代的人生观之处。里弗斯(Rivers)说得不错,他以为摩尔根的被人反对在于他描写人类的过去时代大大刺伤了文明人的感情。对野蛮人绝不应当说他们有高等的道德,因为文明是由原始时代演进来的。虽是如此,摩尔根的学说还是很适合于演进论。不过由其广被急进派的接受,并被革命思想家所应用,故使它在19世纪的心理中,忽然变成'可厌恶的'。觉其'可厌恶的'不是急进派的心理,而是保守的布尔乔亚的心理。因为他们最注意保护中等阶级的被19世纪文明所提高的'价值'(文化)。摩尔根的学说如只限于过去,而其演进历程只限于指明现代为最后阶段,那便没有什么可怕。但却因那些急进派的解释演进为相对的,而不是绝对的,于是危险便发生了。依此,19世纪的制度,便不是最后的阶段。其中如私有财产,家族等,便不是不会破坏的了。按照演进派的演进历程,这些制度,都决定会在下次的社会进展时消灭了。

当演进论表现了它除建设以外还有破坏的可能时，便需有一种新学说以辩护现有'价值'（文化）的永久性。只有如此方能答复急进派的对于演进论的解释。于是一班人便开始了寻找'绝对的事物'，即那些可以满足19世纪心理的绝对的事物。故原始共产说最受反对，私有财产被宣布为一种本能，为各种社会生活的基础。宗教亦被解释为人人都有的一种冲动，无论文明人或野蛮人都有之，而不是环境的产物。家族也被辩护为文化的柱石，社会存在的必需物。还不止此，现行的一夫一妻制，更被宣布为人类婚姻的基本形式，甚至动物都被用以证明这说，无论如何暧昧的证据都被采用。依此，一夫一妻制便不是生自某种经济生活的一种结婚形式，而是人类以及近于人类的哺乳动物的根本的结婚形式。像这样，19世纪的制度，便从变动和衰落中救出来了。无论演进是向何方向的，私有财产和家族，都是不可侵犯的。这些便是绝对的事物，不可变的事物，没有一种急进的演进或革命能够动摇它。

"阶级逻辑在这里的作用是很明显的。人类学于是便又被用作拥护中等阶级逻辑的支柱了。它为现状辩护，加以所谓最后的科学的批准。猴子有了一根树枝便是资本家的比喻，竟可以满足每个大学二年生，使知道无论何人如有无论怎样小而可用以产生财货的一物，便是一个资本家。又如一夫一妻制被'合理化'起来，以为是人类结婚的自然形式，也都是人类学所作的欺骗勾当。

"最可以证明上述话的是韦斯特马克的著作及其影响。当他的《人类婚姻史》出现于1891年时，他还是科学界的无名小卒。如华莱士（A. R. Wallace）在其序言中曾说韦斯特马克是'尚未知名的学生'、'新来者'。但其后不到10年间这个'新来者'竟成为研究结婚与道德的权威，以他的新逻辑扫倒了前辈的势力。其第二部著作《道德观念的起源与发展》不过再巩固他既得的势力而已。他的权威若只限于他的专门科学，其成绩也已经很重要了；但事实上他的影响却扩大及于其他科学，甚至于通俗的世界中，这种成功更不是寻常的事。自18世纪以来，人类学家中没有一个像他有这种势力。几乎每本书籍，讲义或论文凡讲到道德或结婚的，自以前到现在都将他的著作当作基本参考书。在人学中更立刻选它为南针。无人敢无视他的权威。这部人类婚姻史便成为社会科学的新《圣经》了，直到20世纪的20年代，他的结论方才被布里福特（Robert Briffault）在其所著《母论》（*The Mothers*）中加以攻击。

"但韦斯特马克以前的优胜，比较他现在的失败尤为重要。观于布里福特对他的正确而致命的批评，觉得他能操纵了40年的人心，实在是不可思议。在那长时期中，他的尊严不曾受人指摘，尤其是一种异事。一个人的学说，既然证据是很薄弱谬误的，何以会这样广受赞同？问题既然是很有辩论性的，何以他的结论却这样快这样完全地被人接受？他的证据既然是非权威的，何以他忽然变成为一个权威?

"这个答案须由社会逻辑内找出。韦斯特马克的学说不止反对摩尔根、麦克伦南、拉伯克(Lubbock)等人而已,他还满足了那时的'社会知识的'需要。反对摩尔根时,便是破坏急进派的逻辑,因为那是根据于摩尔根的著作的。又如主张一夫一妻制普遍于最原始的人类,家族在人类以前便存在,人类结婚是由猿类的祖先遗传下来等说,便是辩护19世纪文明中的主要制度,供给以绝对的事物。家族于是变成不可动摇的制度,非急进派所能破坏,无论何种社会演进,都不能消灭它。一夫一妻制也不可攻击,因为它根植于人类的远古的过去。

"无疑的,韦斯特马克的学说会被19世纪的中等阶级的知识分子这样地热心地接受和顽强地拥护。不赞成的知识分子只有那些急进派。大学教授们不必再依赖斯宾塞的话而说'一夫一妻制是男女关系的最后形式'以抬高19世纪的制度使驾于别时代或别种文明之上了。由于韦斯特马克之力,人类学已经给予一夫一妻说以科学的批准了。

"因为那些急进派,采用了摩尔根的学说,以为他们的革命武器,故须加以非难。韦斯特马克学说于是便被我们的社会科学家全盘接受了。这表示着什么呢?这不过表明我们的社会科学家不注意客观的事实,只喜欢那种辩护现在态度与制度的文章而已。

"现在的人类学家除极少数而无力的以外,几乎都拥护韦斯特马克的学说,例如马林诺斯基(Malinowski)、托马斯(Thomas)、罗维等人无不如此。

"现在我们应该把这关于人类趋势和制度之起源的旧学说重新加以估价。人类并不像以前所断定的那样异于其他动物。人类趋势不但远在家族发生以前,而实是始于猿类的游群。据米勒(Gerrit Miller)所说:'我们很有理由可以相信在现在的人类社会系统之前是一种猿类的乱交的游群生活。要了解人,这是人类学的工作,我们应当不规避不掩饰地注目于制驭人类行为的先人类的和原始的冲动和动机。我们如固执着以为它一定照我们意中的原始的绅士的样子行动,那便不对了'。

"由于这些批评。可见韦斯特马克的道德观念的全部上层结构,是没有事实的基础的了。那不过是满足意愿的思想,放在人类学的建筑上面而已。它的广被接受便由于此。社会科学常易于接受这种辩护的逻辑。在放任主义当权的时候,经济学家和社会学家便是其不批判的主张者;到了现在,放任主义失势了,经济学家和社会学家便反过来批评它,甚或不再拥护它。只在一种学说或制度破坏的时候方使它以前的主张者,能够客观地观察它。由于这种理由反韦斯特马克的学说也才能兴起。19世纪的伦理学和经济学,由世界大战而促成全盘破坏,致使中等阶级的美满神话动摇起来。绝对的演进概念势须抛弃，相对的概念便起而代兴。自然科学中的相对论的发生，无疑的也有影响于社会科学中的相对论。

"但这也不是说人类学家和社会学家须再回到摩尔根那里寻求材料和解释。正相反的，摩尔根的演进学说也不可以辩护，摩尔根并不是不比韦斯特马克的意见更为近真，不过我们不能依他说结婚制度在任何部落都一定是由某种阶段进到某种阶段。乱婚制的存在于几个部落中，并不能够算作充分的证据以推论全体原始人类的历史。同样一夫一妻制的存在于几个部落也不能使韦斯特马克即据以判断凡人类的祖先都是倾于一夫一妻制。我们殊无充分的证据，来正确地追溯两性关系的发展，在所有原始人群都是循行几个明确的演进阶段。换言之，可以断定为普遍于全部原始生活的事情，实在比不能断定的为少。摩尔根的错误也便在此。他发现了许多事情在特殊部分是真的，但却非普遍地是真的，他的弱点便由于要把这两者看成同一。而由于演进派的教条更使他的弱点扩大。

"现在，关于这些人类学学说的分析，可以得到什么结论呢？对于这一点我要提出一条学说来解释它。这条学说便是要说明上述两派的争论是表现那些社会力要发展成为'文化压力'（cultural compulsives）。环境的势力能影响学说的形成，但要发现这种环境却以观察对于学说的反应比较观察其起源更为容易而明显。换言之，观察对于韦斯特马克的反应是比较其起源更为重要，关于摩尔根的学说也是这样。对于这两个人的学说的反应成为活泼生动的事情。其为现代文化的一部分，不殊于一次的政治选举或一件科学发明。他们学说的正确或错误，较之对于他们专门科学及全部社会科学的影响还在其次。这种影响便是反应的结果。反应能将一种学说所蕴藏的社会意义表现出来。

"急进派握住了摩尔根的学说，不是因为它代表人类学的最后结论，而是因为它很适合他们自己的社会演进学说，可以做历史的说明。它给予无产阶级的学说以新的历史意义。韦斯特马克的学说很适合于中等阶级的道德观念，它给予中等阶级的'德型'（mores）以所谓科学的批准。韦氏学说所以被中等阶级接受，而被急进的知识分子拒绝，能盛行于大学及大学教授中，而无声于急进派的中心，便由于此。

"这两方都可以为'文化压力'的说明，阶级逻辑是明显的决定者。韦斯特马克的被中等阶级知识分子接受，是因为他辩护了中等阶级的伦理。摩尔根的被急进派的知识分子接受，也是因为他帮助巩固无产阶级的地位。一被接受以后，两人各变成所辩护的阶级的权威了。两人的著作都成为'文化压力'，他们的著作都不可以客观地考察了。像其他的文化潮流一样，情绪的方面驱逐了理智的方面。批评只发生于敌人而不见于同伴中。韦氏的势力较大，不是因为他的逻辑的优胜，而是因为中等阶级的拥护者大都和大学及其他学术机关有关系。至于拥护摩氏的人则没有这种机关。韦氏的称雄是因为所有中等阶级的教育家都拥护他,以此他的学说遂成为文化压力,即中等阶级的文化压力。

"但急进派也不能免去文化压力的束缚。摩尔根之于急进派,也像韦斯特马克之于中等阶级。如有批评摩尔根的便被号为资产阶级,在这里也有一种文化压力了。

"文化压力的被反对只有到了该种学说及制度开始衰替的时候。中等阶级的道德若不曾在世界大战之后急速的堕落,家族不曾经过一种空前的大变迁,韦斯特马克的学说便也不会于近年来受人攻击。布里福特对于韦氏的批评即曾写出来也只有少数人赞同而不能流传开来。只因为中等阶级的道德学说及经济学说一般地衰替,方才预备韦氏学说的没落。

"总之,除文化压力以外,没有别法可以说明带有社会性质的观念,如韦氏与摩氏两人所表现的。用这说我们便可以了解社会变化对于一种学说的兴衰所发的作用。观念的兴盛并不是由于其所含的真理,而是由于它适应别种意旨,特别是阶级意旨。这些别种的,更根本的意旨,方能把观念变成文化压力,赋以社会的意义。而这些意义,是比观念本身更为重要的。

"社会史中充满着这种文化压力。例如卢棕便也像韦斯特马克和摩尔根一样。文化压力代表着心理形式的群的意旨。所以谓之压力是因为它所代表的观念,依赖着群的意旨的力量。其内容是更为感情的而不是理智的。必须等到构成它的意旨变动了方能破坏它。但这些意旨必需在新的社会方才失去作用,否则它仍是存在。我们虽要力求客观,但总不免被这些意旨所左右,故我们不必否认文化压力,而只须小心不被它蒙蔽了事实便是。

"我们要郑重说明的,是说所谓社会思想,无论是急进的或反动的都带了这种压力的色彩。凡自夸能避免它的,不过是自欺而循着错误的路线而已。

"文化压力的存在使社会科学里面不能有客观性。在社会科学中自称有客观性的大都是自己辩护,是一掩饰压力要素的不自觉的企图而已。关于社会现象的解释和估价,是无人能够客观的。只有在观察或采集事实时能够客观,解释时却不能客观。因为解释需要一种心理倾向,一种意愿,一种目的。这些心理倾向、意愿、目的,都是被文化压力所制驭的。任何人住在任何社会都是由那个社会浸灌以意识、思想倾向、幻想的偏见。以此他所属的阶级,便能指导他的思想及幻想。

"但文化压力,对于社会思想是必需的。没有它,社会思想便没有统一和完成,变成无意义的了。人类学的价值不在于它汇集了关于原始人民的事实,而在那些事实有关于我们的文明。'为人类学的人类学'是比较'为艺术的艺术'更为荒谬。人类学的学说也同别种社会科学一样充满了文化压力。我们虽晓得文化压力的存在,却不能避免它。避免它无殊于说个人的心理比较发生它和制驭它的社会心理还伟大。虽是如此,我们却也可以拒绝那些较荒谬的地方。换言之,了解社会思想的压迫性便可以在文化压力的范围内发展较多的伸缩和批判。"

参考书目录(以采用多少为序,括号中即为本篇内采用之章数)

1. Goldenweiser, A. A., Four Phases of Anthropological Thought(in *Publications of American Sociological Society*, Vol. 16)(第2、3、4章)

2. Goldenweiser, A. A., Cultural Anthropology(in *The History and Prospects of the Social Sciences*)(第1、2、3、4章)

3. Goldenweiser, A. A., Diffusionism and the American School of Historical Ethnology(*American Journal Sociology*, Vol. 31 No. 1)(第3、4章)

4. Goldenweiser, A. A., *Early Civilization: Introduction*, ch. XTV(第2章)

5. Lowie, R. H., Social Anthropology(in Ency. Brit, 13th, ed. *Supplement*)(第3章)

6. Lowie, R. H., *Culture and Ethnology*(第4章)

7. Lowie, R. H., Primitive Society: *chap.* Ⅰ(第2、3章)

8. *Wissler, C., Anthropology*(*in* New International Encydopedia.)(第2章)

9. *Wissler, C.*, Ethnology(in *New International Encydopedia Sup.*)(第3、4章)

10. Wissler, C., *Man and Culture*(第4章)

11. Haddon, A. C., *History of Anthropology*(第1、2章)

12. History of Anthropology in New Larned History(第2章)

13. Smith, C. E. etc., *Culture*(第3、4章)

14. Rivers and Others, Report upon the Present Condition and Future Needs of the Science of Anthropology(第1、2、3章)

15. Dieserud, J., Science of Anthropology(第1、2章)

16. Calverton, V. F., The Making of Man, An Outline of Anthropology: lntroduction(第5章)。

第三篇　原始物质文化

第一章　绪　论

　　人类赤裸裸地进到这个世界来。他没有用具也没有武器。藏身之所只有洞穴,连洞穴都没有呢,就只有丛树;有危险的时候呢?就爬上树顶。他在地上唯一的转运的器具,就只有他的两条毛腿,要过水呢?就得涉过或泅过,但还要那种地方是可以这样做的。他不懂什么技术,他的食物是随地拾取的。他的食物大都是植物,但若有时运气好,碰着了动物的死体,那才有肉吃。"自然"对他不是常常仁爱的,而他的躯体、力量、脚力、感觉以及天生的武器,都比很多种动物为劣。

　　但是,在别方面,他却也不是没有充分的预备来和环境竞争的。他的双手自始即是最有用的器官,在他的前途有无限的用处。他有说话的能力,即在还未发展到能够充分表示及范畴思想的时候,也已经极有实际的效用,并能满足其情绪。最重要的,尤其是他的脑,他这个脑的复杂的程度是所有陆上海中的动物都无与抗衡的,以脑和躯体的比例观之,也是比任何动物为大而且灵,即如类人猿的脑量已经是很大的了,还是望尘莫及。这个奇异的器官使他能够积存他的经验以备后来的参考,并且能够把个人的经验综括起来,创出可惊的办法,以应付环境。简言之,人类进入这个世界是带了相当的探索力与创作力来的。

　　由于这样天然的预备,人类便能用两种方法解决他的生活问题。一种是"生业"(industry),另一种是"超自然主义"(supernaturalism),人类由生业而渐能适应其所在的特殊的环境。当这些适应的方法达到某种复杂及顺遂的程度,情形便固定了,结果是在自然境状与生业程序之间发生一种均势。这种均势虽不是完全不动,但大体显然是固定的,保守的,只有微细的变更,这样过了很长的时代。对于"自然"的这种生业的适应大抵可以说是满意的,结果是发生相当的平安舒服与快乐。

　　但是生业还漏了多种欲望不曾满足,多种问题不曾解答,所以"自然"究竟还不曾被制服。因此超自然主义便发生了。它使人类与自然有情绪上的符合,它给人类以一种系统使能解释各种现象,换言之,便是给人类一种世界观,他又使人类的欲望都得实现,因为在超自然主义中意愿与观念都变成客观的实体了。

我们再转论生业范围内的事。经过多少时候的苦痛以后,依照地方的情形,人类便把所有根本的生存问题一一解决了。他们发明了用具、兵器、陷阱、罗网等。于是渔猎和战斗便都是他们所会做的事了。发明了生火的方法,他们便能够取暖,驱逐野兽并烹煮食物。烹食的方法或是把热炭堆在地面小穴中,然后把食物放在炭上,或是把石子放在火内烧热了,然后投入盛水的器物内,这些盛水的器物很速的出现了许多种,有的是石头,有的是泥罐,有的是编成的篮或者还有木造的箱。所居住的,现在是天幕、茅屋、土屋、木屋或雪屋了。在水上的转运是用筏、牛皮艇、独木艇、真的小舟。在陆上则除使狗以外还不晓得利用别种动物时,已经发明橇了。狗是人类最早的伴侣,能替人类守门,拖运,并做狩猎的先锋。兽的毛皮则充为衣料、天幕以及他种用途。总之人类最初的发明,是不胜枚举的,现在不必一一提出。

  原人对于客观界的认识也应当说说。渔猎以及野生物产的采集使他们对于动植物的形状性质与习惯的认识,有不断的进步。他们的利用动植物以为衣服、食物与住所,使他们对于动物的解剖学的要素以及植物的性质如耐久性、拒水性、韧性、硬度等能有更进的知识。对于动物生活的谙熟且更进一步,而禁止屠杀乳兽的规则因之发生,狩猎时期也定在各该种动物繁殖最多的季候。后来发生的大事业,即种植与畜牧二者,不用说是人类对于自然界的这二大部分的动静两种性质在已经有了很为扩大的知识后方才发明的。

  还有一种知识的增加,便是在工业上将详细的见闻极小心地利用。材料用过了后它的性质便明了了,于是这种知识,便见之于适当地应用。如用木材建筑时,便能依其年龄与性质选择以用于特殊物件,或特殊部分。在编筐篮时较软的材料使用于应软的地方,至于底面或边缘应当稍强固的地方,便拣较为强韧的充用。皮的刮削,鞣熟与缝合,都应用很多的知识。至于烹煮自然也是这样的,例如美国人类学家博厄斯(Boas)所调查的夸扣特尔人(Kuakiutl)印第安人的烹煮法便很能表现这种现象。还有纺织、雕刻、石器的剥削、金属物的熔铸等精细的手续都是这样。

  制造毒药的技术可见之于最低的民族中,如布须曼人(Bushmen)及非洲中部的"矮民"(Pygmy)等。他们所以能够保存他们比较低等的文化经过很长的时间,便是受他们的毒箭之赐。几种植物的治疗作用也已经在原始时代发现,所以各处的"巫师"(doctor-magician)的法术常佐以真的药剂,并且巫师与药剂师也很常为同一人。

  在具体的、客观的、实用的知识及其应用上,原始人类是几乎与现代人一样,但在批判的思想与清醒的观念方面,他们是不曾有的。他们看是直的,听是直的,他们用稳当的手以造成工具,并用之以制造实用的及装饰的物件。他们很有常识、聪敏和熟练的动作,以对付动物、植物和人类。但是他们的思想不是直的，最少也可以说在解释事物拟定假说时是不直的。他们的世界观不过就是"超自然主义"。现象的解释是原始思想中极重要的一部分，为什么他们那种常识、聪明与灵敏却不应用于这方面？这个问题的解答是原始心理研究的任务，这里不必多说（见本书宗教篇）。

简言之，原始的知识系统是极为实用的系统（pragmatic system）。他是半自动的，直见之于行为；而不就本身加以思虑。绘画的技术是要根据很多互相比较的事物然后抽出抽象的概念的，所以初时还不能发生，还有证实假说的习惯也是非实用的，所以也未成立。

第二章 发明

物质文化的起源都是由于发明（invention）。例如在渔猎、转运、造屋、造舟、制陶器、编筐篮、纺织、鞣皮以及家具、兵器的制造及运用都可以证明原始心理的发明力。

所谓发明在客观方面讲，便是事物与程序的新结合，以获到所生的结果。由心理方面言之，发明便是在思想上利用已经发现的事物与程序的性质，以产生客观的新事物。

发现（discovery）及发现的利用，即发明，是齐驱并进的，但不常能觉察得出，尤是原始社会为然。要使这一点明白应当把原始工业中可称为发明的提出来说说便晓得。用摩擦的动作而生火是一种发明，摩擦是利用两块木头的相锯作用，或者用一根木棒插入一块木板的孔内旋转，而旋转是由于两手掌夹住木棒而为急速往复的转动。易洛魁印第安人（Iroquois）和其他部落的"唧筒钻"以及爱斯基摩人的"弓钻"是再进一步的发明，能使旋转得以继续而速率得以增加。小舟和独木艇有许多要素是发明，例如长而狭的形状、龙骨、桨，短桡的加宽与接柄、帆的吃风的原理等。此外的发明例如鱼钩，差不多处都晓得用以钓鱼，箭镞及长矛添一倒钩以增加效率。掷标枪的应用杠杆的原理，以增加力量和准确。爱斯基摩人的复合杈应用球窝关节的方法，上面并有分离点；他们还有复合弓附带些骨头，有的用以增加劲度，有的增加韧性。箭上附加鸟羽及螺旋形物也见于很多部落。杠杆的应用在上述夸扣特尔印第安人的便是一个例。陷阱陷机的施放法，也是一种发明。拗曲并缀合木片的方法在北美西北海岸的土人中也是常见的。用捶击、浸水、曝干等方法将树皮制成衣料，也是一种发明。所有这些发明都是很古的，至于畜养动物和栽种植物的发明等，都是后来的事。

"发明"这个名词常只用以指实物或方法，但却应当扩张意义兼指专用手的动作。例如制陶器、编篮、雕木等工作都用一定的动作方能快捷而正确。这些动作常是极为复杂,不易学习。这些复杂的动作,博厄斯(Boas)称之为"动作习惯"(motor habit),应当算作发明,是纯粹动的方面的发明。手和所作的实物若暂时假定为自动的机械,那么手的动作就是"动力原理"的运用。所做的工作若是新的,则手的动作常做得不好。工夫的进步由于动作习惯的成立。动作习惯的成立由于在工作程序中由思考或自动的逐渐发现"动的适应"的方法。这种"动的适应"(dynamic adjustment)便是发明。就使结果是纯粹"动的",也可以说是发明,例如兵器的舞弄或划桨等。

"动作习惯"像别的事物一样,也会固定成为技术,工业中的青年要学习便须由长辈教授。但各工人根于个人的经验都会发明新适应,而所谓大技师不过就是这种技术较多的人,换言之,即能将"动的发明"加入其"动作习惯"的就是了。

这些发明,不论是静的或动的,不是"发现"也是"发现"所引起的。由摩擦而生火的发明必是其先曾经偶然由摩擦而发现了火,后来方有意地利用这种方法。在偶然的发现中即已暗示了用什么方法可以发火,例如将两块木板相锯,或将木棒插入另一木板的孔内旋转。小舟发明必是很长久的、非慎虑的试行错误法的程序,在其间乃逐渐发现某种形状最能增加速率及平稳。复合的权一定是偶然并且累次由于不完好的长矛的暗示,因为权的分离节的发明,除屡次看见长矛的断折的暗示以外,还有什么可说明?此外别种发明也都是这样。别种事物的影响例如宗教的或魔术的事物或者也会发生实际的发明和发现,如冯德(Wundt)所说的:因见飞鸟而联想到飞箭,遂将鸟羽附加于箭尾,使它也能像鸟一样的善飞;这在心理上或者是可能的,但这种解释却全为冥想而不能证实。像这样用外界的事物来说明发明与发现的常趋于过度,其实实际的客观的程序已经足以解释了。

发明虽然有时不过是发现的重演,但它的本身总不能不说是有意的。在较为复杂的发明,有的是由多种发明结合的。但这多种的发明必是逐一获得,其间或各隔了长久的时期方能再起一步。虽是这样,可是原始人类能够利用及联合所发现的事物以生出发明,这一点不能不佩服他们的聪慧与创作力。

但是我们同时也很易于把原始的发明所表现的心力推崇太过。因为每种新步骤都是很微细,不过是由于错误或缺点的显露,因而稍加改良。或者由于偶然发现新方法,因而采取以增加效率。我们没有证据可以说原始时代曾有专门创出这些发明的个人,那时的人的发明力自然也有不会像现在一样,他们运用这种能力的范围是有限制的。

现代的发明家是有很充分的预备的。例如机械的发明家,他曾受了机械学的训练,使他省费许多无效的动作,他晓得机器的全部性质,他有良好的工具。像这样,现代的科学工业与社会组织使发明很易实现。至于原始时代供给发明与发现的条件便很不完备。原始的发明家对于他的工作的性质还懂得不完全。可以应用的知识还是有限,学理上的了解更可以说是没有;他所经过的试行错误的程序是不规则的,偶然的,不曾受思考的制驭。因此,现代发明家在实验室里由数星期的努力而完毕的工作,在原始时代恐怕要延长几百年,经过多数人的努力、失败、绝望与零碎的成功,然后方能获到满意的结果。

第三章 原始物质文化之地理的分布

根本上的经济上的适应,在无论哪一地方都发生了器具、武器、衣服、住所和转运具。但若指特殊的一种器物或方法,则分布的地域便缩小而不普遍了。经济的状况,器物的发明,有的是分布于极广大而连接的区域,有的刚较小或不连接,有的则只限于一个小区域内。

试看以下的实例:弓箭除澳洲以外差不多遍布于一切原始民族,但弓的特殊种类、箭镞的形状、箭上附加羽毛的方法(若是有的)、放箭的方法等,都处处不同。天幕是很多地方都有的,但如特殊的天幕如"底比"(Tipi)只见于美国平原带及其附近。如易洛魁人的树皮屋,奥马哈(Omaha)印第安人的土屋,美国西南部印第安人的用曝干的砖造成的"贝勃罗屋"(Pueblo),美国西北部印第安人的三角顶的屋,爱斯基摩人的雪屋,英属哥伦比亚土人的"半地下屋",都有其特殊的区域,但也有些重叠交错。非洲土人的茅屋,也有同样的情形。还有几种住所是很罕有的,并且都限于特殊地域,如接连的屋只见于美拉尼西亚群岛北部和新几内亚;造在树上的"树屋"只见于南洋的几个部落及非洲乍得湖(Lake Tchad)畔的土人。

水上的转运也是这样。在美洲便有加利福尼亚的"巴尔萨"筏(balsa),东部与西部的各不相同的两种树皮艇,村居的印第安人的牛皮艇,西北部的大独木艇(dugouts),爱斯基摩人的豹皮艇(kayak)和妇女用的艇。在南海(South sea)区域内则有澳洲的粗制树皮艇,美拉尼西亚的带木架的独木艇,所罗门岛(Solomon)的木板砌边的独木艇,还有波利尼西亚的巨大精巧的战斗用独木艇。

还有衣服的分布也是同样。如在非洲,皮和毛所制的衣服几乎遍布全洲(中间刚果河流域一大片地区及撒哈拉 Sahara 以北的地方等处除外)。树皮制的衣服则在刚果河流域和马达加斯加岛,棕榈纤维做的衣服则在马达加斯加岛全部及其他一二小地方,有些地方,他们的分布相重叠。又如美洲西部土人衣服的形状是大体相同的,但较细的差异却很多,各处都有特殊的形式。

以外还有很多的例可以说明原始生活状况的地理分布的。

观于这种情形,可见物质文化中的单独物件或工业技术能够单独传播,和别种文化情状甚至和别种物件都不相关联。这种单独的传播要怎样解释呢？

还有一种趋势很可以看得出，便是物件以及制造和使用那种物件的方法常合为一起，在一个地域内。例如在北美洲所定的"文化区域"（culture area）显然是由其物质的特征而定。

我们如应用"经济的适应"的原理便可以解释上述的问题。当一个部落进入新的物质环境，它就用多种的物质文化的事物与程序来适应它。适应的方法是不止一种，不是物质境状所制定的。但当一种适应的方法成功了后，均衡的即稳固的局势成立，这一种适应法便不易摇动。人们对于物质文化便生了一种厌嫌变动或改良的态度，不论那些变动是内生的或外来的。还有一层，这种适应的方法常趋于向外流传，方向是沿比较相同的环境去。但除了比较相同的区域以外，便不再扩充，只有其中的单独的事物自自由由地再向外传播去。

第四章　取火法

火与原始人类——现在世界上的民族未曾见有不晓得用火的，而据我们现在所能知道的最远古的人类也已经有了用火的痕迹。但在初时人类必定有无火的时代，在那时候人类不但不晓得生火，并且不晓得利用自发的火。

人类的认识火并知晓它的作用，必定是由于自然发生的火。自然物有时也会生起火来，例如由火山口喷出来的熔岩液飞坠于近处的树木上，而使之燃烧起来；又如有的地方夏天亢旱的时候树木枯燥自相摩擦，也会生火；而雷电轰击树木，也是生火的一个原因。这种自然发生的火当然会引起原始人类的注意，而使之惊愕骇惧。他们或者以火为一种饥饿的怪物，伸出红色的舌尖，舐它所要吞食的东西。他们或者还崇拜它而把"食料"供奉它。其后人类渐渐认识火的用处，他们由火而觉温暖，由火而免去夜间的恐怖。于是他们便很珍视火，时时供给它燃料使它长在，如因不小心而致火熄，则以为大不幸。现在世界上还有些民族，很少自己生火，只把火长燃着。如北澳洲的土人，有的自己火熄了，便跑到别部落去乞火。有的则在迁移的时候把燃着的火都带了走。在原始民族火也是一种赠品，可以表示欢迎之意。塔斯马尼亚的土人初见欧人上陆时曾燃火把以迎接他们。

火对于人类的用处非常的多。我们只要试想无火的时候人类有怎样的苦处。他们只能生吃不能熟食，没有法子弄倒大树，没有法子把独木凿成小舟，冷天不能御寒，黑夜里无法抵抗咆哮的猛兽与作祟的精灵。有了火以后，种种的不便都解决了。有人说火的最大的用处是在驱除野兽与精灵，据说澳洲土人以为黑暗的夜间最为可怕，如不燃火，精灵们便要围拢来，因此他们住屋的前面和里边都要通宵燃着火。

发火的方法——原始人类晓得看管自发的火以后,便逐渐发明生火的方法。生火的方法在现在的文明人所用的化学方法以前,有两种方法:(1)摩擦法(by friction),(2)撞击法(by percussion)。

现在的蛮人所用的还是这两法。这两法中有人说是摩擦法先发明。摩擦法便是把两块木材互相摩擦,使他发热而生火。美国华盛顿曾有一位沃尔特·霍夫(Walter Hough)实验摩擦生火,竟练成很娴熟的工夫。各民族所用的摩擦法也有精粗的差异。其间可以看出进步的次序。有一种极简单的方法行于波利尼西亚群岛中,别处不曾见。其方法是备一根小木棒,约18英寸长,一端削成略尖。又备另一块较大的木头,上开一凹沟放在地上。然后将木棒的尖端放在另一块木头沟内,两手拿木棒急速的来回摩擦,不久便生了充足的热,发出火星,而火便燃成了。和上述的方法差不多的还有一种锯擦生火的方法(sawing)行于昔时的暹罗人中。其法是将一根竹刻一个缺,又将另一根竹削成与那个缺相合的形状,然后将后一根摩擦前一根的缺上,来来往往地锯,锯到热了便生出火来。更进一步的是钻木的方法(drilling)流行更广,如澳洲、塔斯马尼亚、苏门答腊、堪察加、印度、非洲西部及南部、加那利群岛的关切人(Guanches)、爱斯基摩人、南北美印第安人、古墨西哥土人等都有这法。我

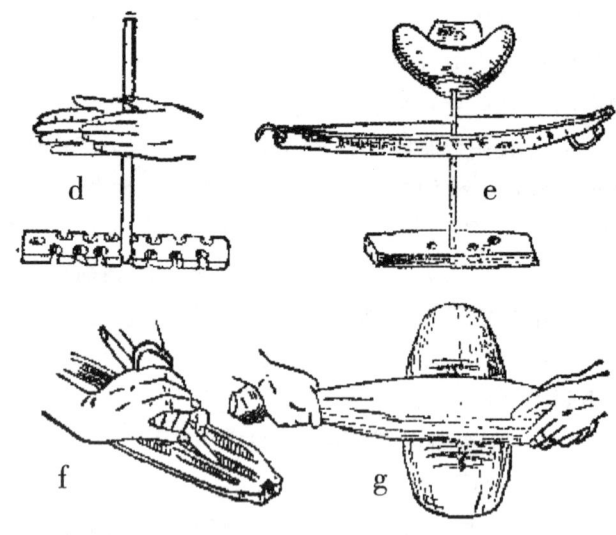

图 5-1　取火器四种
　　d 手钻(非洲)　　　　e 弓钻(爱斯基摩)
　　f 摩擦器(海洋洲)　　g 锯擦器(澳洲)
(出自 British Museum, *Hand-book to Ethnographical*)

国传说中也说燧人氏教民钻木取火。其法例如澳洲土人取两块干燥的木材，其一做木钻，约八九英寸长；又其一做平板。两掌夹住木钻，将尖端抵住平板，自上而下很急速地旋转起来，两掌落到下面又再移到上面，重新旋下，以增加压力。这样反复做去，不上两分钟，便生出火来。有些地方的民族，把上述的方法加以改良，因为用上述的方法常致手生水泡，便改用一条带子缠在木钻上，两手各执带子的一端，把带子左拖一回，右拖一回，使木钻随之旋转，另一个人则拿一块木头压在木钻上，以免木钻歪斜。这种方法能够转得更快更匀正，曾行于博罗母人、爱斯基摩人、阿留申岛人（Aleutians）中。但这法须用两个人合作，还不方便。有些爱斯基摩人便再进一步，只用一块木做的东西，用牙齿嚼着，抵住木钻的上头，便代了另一个人的职务。但这法震动牙床和头脑太厉害了，所以还不很好。别的爱斯基摩人更进步了。他们不再用两手拿带子，却把带子缚在硬弓的两端，一手拿住弓的一端，便可以很急速地旋动木钻，另一手则拿一块木头压住木钻的上端，用这法便不怕掌上生泡和牙根震动了。这便是所谓发火弓。摩擦的方法发展最高的是"唧筒钻"（pump-drill），行于北美易洛魁印第安人中。做法是将木钻通过一块有孔的狭长形木板，把带子的两端缚在木板的两端，中间则缚在木钻的上头。于是把木钻转动，则带子便缠绕其上，把本板压下则带子渐渐松脱，而木钻又再随之旋转，带子松

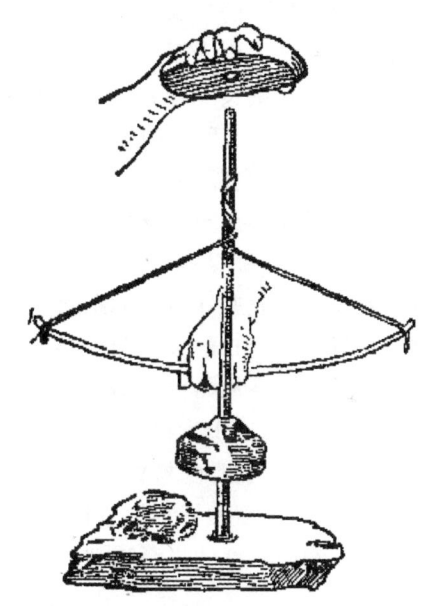

图 5-2　易洛魁人钻火器
（出自 Marshall, L. C.,
Story of Human Progress）

脱完了，木钻旋转亦即停，又把带子缠绕上去。像这样旋转不息，生火自然更快。为要使木钻的旋转更加均匀，也有附加一块厚木盘于木钻的下部以增加重量的。

　　生火的第二种方法是撞击法。斐济人用燧石和硫化矿石（pyrites）相击以生火。硫化矿石并曾用于许多北美印第安人及古希腊人中。"pyrites"一字便是源于希腊文的，其意为火石。后来有了钢，方用钢与燧石相击。这法通行于很多民族中，文明民族前此不久也还用它。

第五章 饮食

人类最初的需要便是食衣住,而三者之中,以食物为第一位。因为人类也像动物或植物一样,不进食便不能维持生命。不但如此,食物还能影响于个人的性情、品行、团体的幸福和种族的繁殖等。

食物的种类——地上的生物大至象、鲸,小至人类头发里的寄生虫,都无不为原始民族拿来吞吃。除了正当的食物如鸟兽、鱼贝、谷物、果菜等以外,文明民族所厌恶的东西,在原始民族也常把它当作珍味。澳洲土人的美味是一种由胶树内捉出的蛴螬,长自3~6英寸,厚约半英寸。塔斯马尼亚人喜吃毛虫。安达曼岛人则喜嚼一种甲虫的幼虫。蝗虫在非洲及南美是很普通的食物。澳洲土人则连一种大蝇都拿来吃,据说"妇女们把这种东西捉在手里,摘去它的翅和脚,然后把它送在口里活吞下去"。安达曼岛人也喜吃甲虫,常捉集许多只用树叶包起来慢慢地吃。尧族人(Yaos)把白蚁烤炙来吃,说是像咖啡一样。马来半岛土人吃鼠、蛇、猴、鳄鱼等物。非洲布须曼人的食物单有蚁、蝗、毛虫、蟒蛇、蜥蜴等。英属中非洲的土人喜吃牛羊胃内半消化的草。爱斯基摩人也喜欢吃驯鹿胃内的东西,他们又把血液煮滚了,当作极珍美的菜汤,有时把胃内半消化的谷物和血拌煮。英属新几内亚土人嗜狗肉,无论死的活的都拿来吃。在原始民族观之,没有一种动物是太腌臜或有毒而不可食的。植物也是这样,适于为食物的植物在原始民族不能常得,便连草根树皮等都拿来充饥,北美土人常吃松树枞树的内层皮。马来半岛的萨凯人(Sakai)和矮黑人(Negrillo)吃多种有毒的植物根和球块,能设法消灭其毒性。泥土也是原始民族的食物。自澳洲以至美洲,很多处人都有吃土的风俗。吃土大约是由于其中有盐质。

饮食的方法——其初人类的饮食的方法自然是生吃,有火以后有时也还是生吃。植物不必说,便是动物也可以生吃下去。他们捕获了动物,小的如昆虫等物便整个吞下,大的如野兽则剖腹分尸,一块一块血淋淋的塞在口里大嚼。如爱斯基摩人的名字原意便是"吃生肉者"。人类晓得熟食以后自然好得多了,不但食物较为可口,消化器官的精力也可以节省许多。

原始的熟食的方法有两种:一是烘烧(roasting),二是烹煮(boiling)。最先发生的方法自然是烘烧。把肉类放在火内烧,或埋在热灰内烘的方法,是很普通的。塔斯马尼亚人把整个袋鼠或老鼠等放在燃着的火炉上,毛烧去了,便拖出来用石刀把它削割整理,再放到火内直烧到熟,那些灰便当作盐。澳洲土人更聪明,把鸭子全身敷了泥土,然后在火内烧,烧够了便把变成坚硬的泥壳敲破,连鸭毛一起剥起来弃掉,里面的肉却正好吃。塔希提人(Tahitians)还有更妙的法子,他们先在地上开一小穴,把石头铺穴底,然后在穴内烧火,石头烧热了,便把灰烬都取出来,铺些椰子叶在石头上,将树叶包裹要烧的肉安置在石头上,然后盖以热灰及热石头,最上面再盖以土;这样烘热的肉据说味道很可口。

　　用水烹煮食物的方法是较迟的发明,南美火地人和非洲布须曼人据说不久以前还不晓得这法。但这法的发明却还在陶器之前,最早的烹煮器大都是兽皮、树皮或木制的,北美印第安人有一阿西尼本族(Assineboins),其意为"石煮者"(stone boilers),这名便是由他们烹煮食物的方法而得。他们宰了一头牛,便在地面上挖一个窟,把牛皮铺于上面,使它凹下可盛水,把水灌入其中,并置牛肉于内;另外在旁边生一个烈火将一块一块的石头烧得滚热,然后投入水内,到了水沸肉熟为止。这种石煮的方法也很通行于别族中。

　　食物保存法——人类初时的生活是盛宴与饥饿相递换的。他们猎获了动物以后,人家都拢来,生吞活剥,尽量饱吃,装得满肚,吃够了觉得胀闷,便躺下任它消化,消化完了又再起来吃,直到食物完了方才离开。像这样享了一次的盛宴以后,须能够继续获得食物,否则便要挨饿。他们不晓得,并且也没有方法储藏一次吃不尽的食物,以供后来的需要。

　　保存食物的方法后来逐渐发明,现在原始民族也多有晓得的。在北极地方的爱斯基摩人把肉悬起来使它凝冻。在热带地方的土人则常把肉切成一条一条,放在烈日下晒,晒干了变得极坚硬不易嚼,但南美洲和南非洲的土人都很喜欢它。新西兰岛人常晒海扇和龙虾,他们先用石块把它榨扁,然后放日头下晒,或给风吹干,夸扣特尔族印第安人(Kuakiutl Indians)的保存鱼蛤、乌贼也用这法。熏干的方法也是很普通的,在新南威尔士土人所捕食的蛾类常熏干以保藏它。易洛魁人把鱼和肉都熏干,用树皮包成一束一束,悬挂起来,或埋在近火炉的地下。原始民族保持食品的方法以制造干牛肉饼(pemmican)为最巧妙,这是北美产牛区域的印第安人所发明的;他们先用石槌把干牛肉捣碎,包起来,外面再淋以热油,可以保存很久。

　　食人俗(cannibalism)——如上所述,原始人类的求食真是凶得很,"上穷碧落,下及黄泉",所有动植矿物甚至至微极秽的都无不拿来尝尝它的味道,他们食物的范围是这样无限制的,所以他们同类之中也难免相食起来。食人的风俗现在还存于这个世界的一小部分,至于过去则曾广布于许多地方,后来才逐渐消灭。这种风俗固然极为可怖,但若试探它的原因却也离奇有趣。略述如下:

　　1.需要。人类在饿荒或战争时逼于需要而食人肉,这是势所必至的事情,号称文明的民族也还有这样的。如撒克逊人在三十年战争之末,曾变成食人者(cannibals);又如在西西里的墨西拿(Messina)之围,俘虏曾被杀食并发卖,其价视种族而异。现在的原始民族如斐济(Fiji)岛人、新喀里多尼亚(New Caledonia)人、新西兰人、非洲的卡菲尔人(Kaffir)、澳洲人、南美火地人(Tierra Del Fuego)、北美易洛魁印第安人、爱斯基摩人等有需要时便食人肉。

2. 饕餮。人类逼于需要而食同类的肉,这是何等不幸的事,但也有其他食人的民族他们并不是逼于需要而出此。他们的食人却是专为贪尝人肉的滋味。如非洲的祖鲁人(Zulu)、范人(Fans)、尼安尼安人(Niamniams)、夏威夷人、新西兰人等都是这样。1200年埃及大饥,发生食人的事。人们争出猎"人",特别喜欢猎小孩,以为烘炙的小孩肉特别好呢。这种风俗闹到极为猖獗,于是政府便制定严酷的法律极力禁遏,犯者加以焚毙的惨刑,但还是不能使人们惧怕,而犯者焚毙了以后其尸身也随即被人抢去煮吃。古时墨西哥的阿兹特克人(Aztecs),每把所要吃的人先养肥了,然后宰吃,他们出战的目的常有单为擒俘虏来做食物的。这种嗜吃人肉的风俗不久以前尚行于波利尼西亚全部,南美洲的一部,北美洲的西北海岸诸地。

3. 杀敌。在野蛮人中杀吃敌人的事并不为奇。这事有两种观念,一是简单的复仇,一是希望获得敌人的精气。第二种的观念许多民族都有,例如北美洲的休伦人(Hurons)如见所杀的敌人很勇敢,便把他的心取来烘烤,割成小块给男的儿童及青年吃,以为可以获得死者的勇气。许多非洲的部落和南海群岛(South Sea Islands)的土人也是因为这种动机而食人。

4. 宗教的行为。新西兰的毛利人(Maoris)把杀死的人烹煮了,祭他们的神,然后自食。马克萨斯群岛的土人(Marquesas),先将所要杀的人绞死以免出血,然后挖心生吃,眼睛给战士吃,其余的尸体用叶包起来放在波利尼西亚式的锅中煮。脚、手和肋骨呈给酋长吃,臀部和好块则保留给高等僧侣。以前塔希提(Tahiti)僧侣每次杀人祭神必先将死人眼睛呈献酋长,酋长辞却再呈献于神,他们以为神最喜欢吃人肉。人对所奉的神常以自己为标准而想象出来。塔希提人以为神嗜吃人肉或者以前的塔希提人曾有过吃人肉的风俗。古时墨西哥的阿兹特克人的吃人肉或者和宗教也有关系。

5. 孝道。在苏门答腊的巴塔人(Batta)是很为高等的民族,已经有文字及书籍了,不意却也有食人的风俗,并且可为两种特别的好例。其一是为孝道的食人。他们以隆重的仪式,恳挚的孝心,吃他们的老年父母的肉。这种盛宴的举行每择于香橼繁多而盐价便宜的时候。在择定的一天,例应被吃的老人便爬上一株树,其亲人和朋友则麇集其下。大家齐敲树干击节唱挽歌,大意说:"看呀!时候到了,果实熟了,要由树上掉下来了。"于是老人便由树上落下来,他的最近的亲人便把他宰了,大众同吃。

6. 法律手续。巴塔人吃人的第二例是为执行法律的。有数种犯人如奸淫者、强盗、谋叛者都由人们吃去。犯人缚在柱上,手足展开,像个十字架。行刑号令一下,观客一拥而前,乱刀齐下把尸体一块一块地碎割了去,血肉淋漓地放在可可香橼和盐做成的酱内蘸一下,拿起来大嚼。

上述的这六种动机可用以解释普通的食人的风俗。这种风俗还有两种奇怪的特点不可不说一说。其一是食人的民族的文化常比其邻近民族为高。如上举的非洲的尼安尼安人的文化居非洲上等的地位,而他们的食人风俗也最为可怖。在苏门答腊食人的不是下等部落,而却是有文字有书籍以及其他高等文化的巴塔族。在美洲有食人风俗的阿兹特克及墨西哥、中美的数部落也是文化较高等的民族。新西兰人的文化在波利尼西亚算是优等的,而斐济人也翘出于美拉尼西亚之中。这种怪现象有许多民族学家提出说明,但大都不很切,只有一说赞同的人较多,是以为这些民族从前或者是直接由狩猎时代进入农耕时代,中间不曾经过畜牧时代,所以发生食人肉的要求。第二种特点是食人肉的民族也必食狗肉。在以狩猎为生的民族,狗是很重要的帮手,自然不愿宰吃,若既进入农耕时代则狗的用处也减少了,所以不惜宰来充做食物。由于上述的理由我们或者可以说凡嗜吃狗肉的民族,现在虽无食人的风俗,前此或者有过也未可知。

食人肉的风俗发生了后很不容易消灭,这种凶暴的欲燄有时还会重燃起来,所以现在的野蛮人或文明人中有时还会再演这种惨剧。要想铲除这种劣根性,不可不注意于人类精神的提高。报纸近载我国某处发现食人肉的风俗。我国近来饥荒洊至,民间思想又极荒唐,正是这种可怖的风俗发生的原因;若非以提高生产、铲除蛮性为根本解决的办法,恐怕全国处处都有发生这事的可能,这是何等可怕的事呀!

第六章　衣服

衣服发生的学说——人类何故穿着衣服?对于这个问题的答案或者可以说:由于羞耻之念故把肉体遮蔽起来,这便是"礼貌说"(modesty)。我们如要求更进一层的答案,也可说是为保护身体,抵御气候的侵袭及外敌的攻击,这便是"护身说"(protection)。但我们如再推下去也可答是为要装饰外观以炫耀于众,这便是"装饰说"(adornment)。这三说都有人主张过。据常识言之,原始民族衣服虽少,然大都有遮蔽生殖器的东西。拉策尔(Ratzel)也赞成礼貌说,他说各民族中女人穿衣服常多于男子,可以为这说的证据。罗维(Lowie)则反对这说以为人类并没有一种喜欢遮盖生殖器的本能,这说根本不能成立。米勒·利尔(Muller-Lyer)也说礼貌的观念不是穿衣服的原因,而是穿衣服的结果。护身说的理由很明显,埃尔伍德(C. A. Ellwood)说:"便是热带土人也把兽皮挂在肩上以抵御日光和大雨,而考古学上最初发现衣服的时候是在旧石器时代,阿舍利(Acheulian Period)之末,彼时正当第四冰期要到,天气刚在变冷的时候。"衣服的起源有些地方确是为护身的缘故,所以这说可作为一部分的说明。装饰说的赞成者最多。米勒·利尔说:"穿衣服的最初原因是好装饰的虚荣心"。罗维说:"装饰的愿望比较其他二种动机的合并还更有力。"由事实观之,确可证明此说,如霍屯都的女子在乳房系着羊皮条带多至数百条,笨重几不能行,赫雷罗(Herero)的女子头上戴着皮冠,重约20磅,夏威夷土人的鸟羽外套也是全为美观而穿的。由此观之,以上三说中礼貌说最为肤浅,护身说与装饰说可合并以解释衣服的起源。

衣服的材料——人类一面穷索食物于自然界以充他们的口腹,一面又竭力搜括可以供他们穿戴于身体上的东西。人类的衣料真是形形色色,种类繁多。从动物界取来的有鸟皮、兽皮、鱼皮、爬虫皮、鸟羽、兽毛等,从植物界取来的则如树叶、果实、花朵、树皮、纤维等,都拿来设法利用。兽类的皮或者是人类衣服最初的原料,因为原始人类,大都以狩猎为生,故易得兽皮,不论是由于装饰或由于护身,都会引他们利用兽皮为衣服。在热带地方则多有用树叶或树皮以为衣服的,如现在非洲土人还有只晓得把树皮捣软做衣服穿,而此外没有别种衣料的。波利尼西亚土人有一种叫作"答巴"(Tapa)的衣服,是由一种树皮制成,制法也是把它捣薄,然后加以彩色的印纹。欧洲新石器时代人也曾用树皮做衣服。以树叶为衣服的也常见于原始民族中,如印度有一种人叫作"穿树叶者"(Leaf Wearer)。人类能够编筐篮以后,各种植物纤维也被利用以编织为衣料。在欧洲新石器时代早期便晓得利用麻了。此外还有几种奇怪的衣料,如爱斯基摩人将枭鸟的带羽的皮做成美丽的衣服,而虾夷人则有鱼皮所做的衣服,阿留申人(Aleuts)则用海狗的肠做成不透水的短衣。观此可以晓得原始民族衣服的奇怪,并可推想他们寻求衣服的苦心。

鸟羽常为人类所珍爱。南美洲的野人喜欢插一枝艳色的鸟羽于鼻上或颊上,而文明民族的妇女也喜欢戴一簇或一枝鸟羽于帽上。可见人类心理的相同。鸟羽也有做成全件衣服的。如旧时夏威夷岛人善能用红黄二色的鸟羽制成头盔及外套。南美洲的印第安人也有鸟羽做成的围裙、头巾等物。古秘鲁人也有这种技能。

衣服的派别——有人把衣服分为两类,一是北方式,一是南方式。北方式多半是由于保护身体的目的而发生,例如北欧民族所穿的便是。这一种衣服便是束身的短衣和紧贴的裤子或裙子。这种衣服的发生或者是由于古时缠皮于身上的风俗所变成。南方式的衣服是宽博的,包含两部分而成,一是广袖宽身的短衣,一是阔的裤子或裙子。这种衣服曾见于古埃及人、希腊人、罗马人、中国人、日本人、波斯人中。这种衣服或者是由于装饰用的颈带和腰带所变成。推想其故,或者当人类有了布以后便渐渐改用布的衣服,其式样则直接受前此皮服的影响。在欧洲中古时代两式的衣服曾竞争了一次。当北方蛮人攻进南方的罗马帝国后,那时的南方人民本来完全穿着南方式的衣服,但其中的平民们因为便于操作的缘故便采取了北方式,只有妇女和僧侣们仍旧保存旧时南方式的衣服直至于今日。

第七章　原始的住所

住所的种类——在很多地方,自然界已经为人类预备了住所,例如南非洲的布须曼人便住在天然的石洞内。洞穴自来便是人类适宜的住所。在法国史前时代有无数洞穴为人类所居住,现在只将洞口的堆积物打开便可以窥见史前人类的生活状况,像这样的洞穴已经发现不少了。

图 5-3　**非洲人的茅屋**(采自 *National Geographic Magazine* Vol. 47)

现在爱斯基摩人的坑屋(gallery huts)很像史前人类的洞穴。这种坑屋原料是土石或冰雪的坚块。其中必有一条很低很难通行的隧道,直通一个较大的房间,这种屋子虽不算好,却很与环境相合。

自然界并不永远供给住所于人类,所以人类大多数有自造的住所。不过有些极为简单,兹分述于下。

人为的屋子似乎发生于欧洲旧石器时代的后期,这是由于遗留的绘画而推知的。

茅屋有圆形的与方形的两种。方形的茅屋是由遮风的屏障发展而成,圆形的则系模仿洞穴的形状。

圆形茅屋(circular huts)以非洲土人的为最好的模范。这种茅屋是用干草、树枝、树叶及席造成，房子或多或少，或大或小，或甚粗陋，或则很精致，可以为长久的住所，也可以为一晚的临时寄宿处。其构造是用细柱为间架，然后覆以席及其他材料。不用时可以拿起来捆载搬移到别地去。霍屯都人的村落便是由这种茅屋合成，其状如环，把牛圈在里面。

圆顶屋（dome-shaped huts）也可算圆形茅屋的一种，以细柱为间架构成，如北美洲的萨克人（Sac）和福克斯人（Fox）的冬屋便是这样。其法将细柱子用绳或皮条缚住，外覆以席。

方形茅屋则以北美易洛魁印第安人的为最有名。这种屋也是先以柱为间架，然后盖以树皮，形长方，有垂直的墙壁，两头都有门，屋内分成小房屋。内住很多人，但都是同血统的。

天幕（tents）也是原始民族的巧妙的屋子，是游猎或游牧民族所发明的。在美国的平原印第安人（Plains Indians）很多用天幕，其构造法是用柱子支成圆锥形的骨架，其上覆以缝好的皮。上面开一个孔以通烟，又附以烟囱盖，可以随风向移转。全个天幕可以在几分钟内拆散捆缚给狗及驴搬运到别地方去。用皮及毡做成的天幕也通用于亚洲北部的游牧民族，不过形式与印第安人的不同就是了。

最简单的茅屋有极低的，使

图 5-4　新几内亚人的树居
（采自 Buschan, *Illustrierte Völkerkunde*）

图 5-5　印第安人夜间的天幕
（采自 *National Geographic Magazine* Vol. 47）

人不能直立,于是便有两种方法来改良它,一是提高屋盖,一是深掘地面。在色丹(Shikotan)的土人便用后一法。他们把地面掘成一坑,然后在其周围造墙,并在其上面加一个屋盖。这似乎是古代"坑居人"(pit-dwellers)的遗俗。如日本的土蜘蛛族也很像这样。日本的倭奴民族还有增加屋高的一种方法,便是先造屋盖然后将它举起放在柱上,其下用墙把它抵住。

湖居屋(lake-dwelling)也是一种奇异的住所。在史前时代瑞士的居民建造村落于湖上,其下用木桩插水中为基础。这种人便叫作"湖居人"(lake-dwellers)。他们自新石器时代经过铜器时代直至铁器时代的初期还存在。其村落常很大一个,遗址常有千万根木桩。其木桩或深插湖底,或用土石架住。木桩之上先铺以地板,然后建筑屋子。将木柱直立,用树的枝条横编柱上,并涂以很厚的泥土,屋盖用草葺成。关于其外形颇多争说,或说是圆的,或说是方的,然大抵以长方的为近似。湖居不是全属于过去的事情,现在有些地方还有。在委内瑞拉及新几内亚都有造于水上的乡镇,菲律宾摩洛人(Moro)的屋子也建于水上。

图 5-6　瑞士史前人的湖居屋
此系模型,在美国自然史博物馆内(采自 Eichler, *Customs of Mankind*)

原始人的屋有造在树上的便是所谓"树屋"(tree huts)。在马来半岛便有这种树屋。其屋离地约 35～50 英尺,筑于大树的低枝上。树干上砍成许多缺,人由此攀爬上下。但也有用梯的,人不在时便收藏起来。其屋形状像蜂窝一样。做法系将树的小枝条缚连末端然后拗曲,中间空虚能容人。屋的高约 4～6 英尺。入口是一个小孔,很不容易进出。这种树屋的发生是因为它较平地的屋为平安。有树屋的地方大都是猛兽猖獗的危地,所以土人们不得不避居树上。

现在离开茅屋,转论正式的屋宇,便是有石或砖造成的墙的。石墙的起源也很古远,很多低等民族也有这种建筑,石墙的原料或选用天然的石块,大抵是平的,或用人工击成适用的形状。其积料时或为干叠,不加粘湿之物;或则用泥土或水泥铺塞,以增加牢固的程度。石少的地方水泥便多用,所以有的墙是用水泥土混合砂石造成的。墨西哥古代的建筑便是这样。在埃及和美国西南部则有很好的细砂泥,是建筑的最好原料。如科罗拉多(Colorado)、新墨西哥、亚利桑那(Arizona)、南加利福尼亚平民的屋子都是用日晒砖造成的,在这样干燥的地方日晒砖所造的墙很能经得数年之久。

关于住所的惯习——关于原始民族的住所问题有一事很为有趣,那便是一家的人都各有一定的地位而不混占。印第安人的风俗凡进入人家的屋,不得随便坐立,每个男女甚至小孩都有其行立坐卧的特殊地位,客人也不得随便乱坐。这种风俗的发生大约是由于房屋太小的缘故。

现在大都市的文明人渐有依季候而移居的趋势,凡财力充裕的都备了两种房屋,一供冬天御寒,一供夏季避暑。但这种风俗却不是高等文明的特征。堪察加的印第安人也有冬夏二种屋子,互相毗连,但结构却绝不相同,一种是半在地下,一种则几于在天空。萨克人(Sac)与福克斯人(Fox)夏天住在长方形的大屋,上覆以树皮,两端开窗。有高高的屋盖,有地板可倒卧,离地很远。在冬天则住在盖席的、圆顶的、只有一个窗的小屋,大家拥挤在一块。

人类住所受自然环境的影响是最为明显。古迦勒底人的房屋是用木块与树枝构成,然后涂以泥土的,亚述人则用石头造成。这是因为迦勒底人住在低湿的泽地,而亚述人则住在多石的地方。美国西南部很少木材,但却有很好的泥土和干燥的天气,所以晒干的砖便为主要的材料。在格陵兰的坑屋是土石造成的,因为木少,在其西方的爱斯基摩人则更以雪块为造屋的材料。简言之,住所的材料形式与性质都受自然环境的影响。

由于人类的造屋也可看出模仿的势力。爱斯基摩人的坑屋或者是受古代穴居的影响,古

图 5-7 新几内亚人的湖居

(采自 Verneau, *Les Origines de L'humanité*)

埃及人的石柱原是模仿在湿地建屋时用芦苇等物支屋的样子。

第八章　狩猎

　　狩猎的发生——狩猎是人类最古的职业,旧石器时代马格德林期穴居人的箭镞和权头可以证明那时候的人便是狩猎民族。原始人类的食物很多出自动物界,但人类的搏斗能力却比不上许多别的动物,腿力的迅速,臂力的强大,爪牙的锐利都不及它们。以这样弱小的身体却很早便须和比他们为优的毒虫猛兽争胜,岂不危险。他们又不像我们现在的人类自觉在别方面较别种动物为优,反之,他们对于别种动物的观念只有畏惧和崇仰。他们只觉得动物较自己为强大,或狡猾。他们是迫不得已而与动物争斗的,不意后来竟渐渐制胜了它们。到现在便是非洲的矮民族都能用强弓毒箭射击巨象,而爱斯基摩人也能很勇敢地攻袭海马与巨熊。其初人类自然是以空拳赤足和动物肉搏,或者在斗时随手抬起树枝石头打去,这便是最初的武器了。后来他们一面思索,一面实验,逐渐改良他们的兵器,最后则极低等的民族都有了很充足的武备来和猛兽抗衡。他们实在把狩猎的技术发展得太完备了,只剩了很少的缺点给后来的人类改进。所以狩猎实可以称为原始民族的技术。

　　研究野蛮人的狩猎生活可以帮助我们晓得人类是怎样的适应其环境。野蛮人在现在文明的世界中怎么还能保留其土地维持其生存,这似乎是一个疑问,但如一探他们的环境便可解答这个问题。因为世界上有些地方,在文明人不适于居住的,在野蛮人却当作乐土而不觉得可厌。例如爱斯基摩人的居住于格陵兰。他们的住所、衣服、舟楫、兵器、行为、思想等等,概括言之,便是全个生活,完全与这个冰天雪地的环境相合。野蛮人事事物物都适合于他们的环境,所以便不以为苦而反以为乐,要叫他们迁居文明的地方,他们也未必能适意呢。

　　狩猎的方法——原始的狩猎方法有四种。(1)锻炼自己的感官与身手;(2)使用兵器和猎具;(3)利用助猎的家畜;(4)了解动物的性质与习惯。

　　旅行家们常说原始民族的狩猎技能极为高超。他们能认识其地每种动物的足迹、叫声和习惯。他们能够以迅雷不及掩耳的手段袭击动物使他们逃遁不及。他们能够寂无声息,偷偷走近动物身边,很容易地把它捉住。他们能够由树上的爪迹而追寻到动物的所在。他们能够潜行水中,头上顶了些草,泅近鸭群,从水中一只一只地拖下去,绝不惊觉其余的鸭。这种方法有很多处蛮族都晓得,古墨西哥人常把大葫芦放在水上,任它飘来飘去,使野鸭见惯而不怕,以后要捉野鸭时便把葫芦剖开,顶在头上泅近野鸭。阿兹特克人(Aztecs)也晓得这法。

利用动物为佅以诱其同类的方法也很常用。如暹罗土人的捕鸟机上常并置一只被获的鸟以诱引其类。毛利人藏身于密叶之中手执一只鹦鹉利用它的鸣声以诱集群鸟。萨莫耶德人(Samoyed)则用牝的长角鹿以诱引雄的,有人说长角鹿的驯养,最初是由于为佅的效用。为佅的动物尚有鸭、天鹅、鹿、野牛、象等。类此的方法还有利用动物的引导而获得其巢穴的。如澳洲人将毛羽粘于蜜蜂身上,纵使飞去,然后跟它到蜂窝以取它的蜜;布须曼人拔去"蜜鸟"的尾羽然后跟寻它的巢窝。由驱赶(drive)的方法常可以获得大群动物;其法是诱引野兽到一个特设的围坞内使它能进不能出,如拉普人之猎鹿,北美土人之猎水牛,都用这法。诱引还有穿了野兽的皮装作它们的同类的,有用火吓它们的,还有埋伏于最后地点以杀伤它们的。

原始人的狩猎器具很是不少。末端弯曲的树枝(curved stick)是下等民族最通行的兵器,古代人类也有这种物,或者这便是最早的兵器,古埃及人曾用此以打鸟,现在美国西南部的印第安人也用此以打野兔,澳洲土人也用此以打鸟兽,并钩出岩石隙内的蜥蜴。野蛮人能够使用各种树枝,不论是锐的,钝的,轻的,重的,手握的,或投掷的。野蛮人又会使用石头:圆的,尖的,独用的,接柄的,都能运用如意。他们又再进一步而发明陷阱、陷机等物。网不但广用以捞鱼,并且用以捕鸟。古代地中海边民族常使用它。在非洲的乌干达(Uganda)和葡属西非洲两处土人能以饵诱飞鸟使落地啄食,然后撒网捕它。澳洲土人则能由一道溪涧的两边树上张网以捕获鸽子、鸭子及其他水禽。西伯

图 5-8 西非洲土人射鸟

(采自 Klaatsch, *Werdegang der Menschheit*)

利亚土人并且用网以捕小兽。陷阱(pit-falls)少见于新大陆,但却通用于旧大陆。其法大都是开挖一坑,上盖草木横于野兽所必经的路上。还有置饵于陷阱内以诱野兽的,常见之于亚洲东南部和非洲。猎机(traps)有很多种,例如暗弩(cross-bow)由木块、弓箭和十字形的滑机构成,常见于虾夷人和西伯利亚土人中。陷阱(dead-fall)是最广用的猎机,其构造是用活门木头或其他重物将动物打入机内,使它受伤或致死。还有圈套(snare)也是传布很广的,大部用来捕小动物。飞绳(lasso)是猎人当场明用的武器,能够套捉野兽,拉普人、印第安人都能使用它。

图 5-9　安达曼岛人(Andamanese)射鱼
(采自 Elliot, *Romance of Savage Life*)

　　助猎的动物最常用者为鹰及狗,此外尚有雪貂、鸬鹚、豹及狮,豹及狮曾为古希伯来人及巴比伦人所用,豹又曾被用于古波斯人。
　　狩猎民族的例——虾夷民族(Ainu)极爱行猎,他们有很多巧妙的猎机。例如暗箭是猎鹿和熊的利器。其法用绳一条,一头缚于柱上或树上,横于野兽所必经的路,另一头则缚连一个发机物,扣住了硬弓利箭,野兽们一牵动了绳子,便松脱了发机物,放出暗箭正中在野兽身上。他们还有像捕鼠机的一种猎具,是一个长箱,上有活盖,用紧张的弓撑开,箱内放饵,野兽要吃饵时必须将半身探入箱内,而后半身反在上面,饵一被触,便松脱了弓弦,箱盖立刻压下,将野兽关起来了。虾夷人的猎熊很有趣味。参加猎熊的人数很多,带有半宗教的性质。在出发以前例须由老辈举一个聚会以祈神帮助。他们请求山神指引正确的兽踪。水神保佑他们平安渡过水流,泉神供给他们饮料,火神帮助他们烹煮食物,烘干衣服,保护身体等等。他们在途中每停一处也必求该地方的神灵保佑。在初春的时候大雪凝固可以行走,猎人们便带了猎狗出发。熊的穴口,因为雪稍变色,并有呼吸的气,可以辨认得出。熊穴发现了后,便先行祈祷,清去积雪,拿长杆刺进穴内。猎狗们也晓得撩拨熊要激它出来。还有火和烟也一齐用来进攻。最后如熊还不肯出来,猎人便自己进洞去,因为他们信熊在洞内必不吃人。熊见人来发怒,抓来放在背后,猎人乘机从它背后戳上一刀,熊负痛冲出洞外,外面的猎人急将毒箭一齐向它射去,熊受伤狂怒,咆哮向人,在这个时候最为危险。后来熊死了,猎人们便坐下。对熊表示敬仰之意。并行额手礼。然后剥去了皮,割去受毒的地方,剖分余肉,把熊头装饰起来,说句多谢。猎队回家后便举行一次大宴会。

爱斯基摩人也精于狩猎,这里只举他们的两种精巧的猎法。他们将利刀搽了鹿血,竖立在雪上,狼来舐血,便受伤而死。他们又将一条鲸骨约2英尺长,卷成一圈,用筋肉扎起来,在骨的两端都缚了一块金属片。将这一团物放在一块肉内,狼见了,吞食下去,筋肉消了,鲸骨便挺直刺破狼的胃。

第九章　畜牧

人类食物的供给由不定规的状况而至于固定有序的情形,是文化进步的一大征候。狩猎时代食物是不定规的。到了晓得畜牧与农耕生活便稳固得多了。人类一面由看护植物而获得食料,一面又由照顾动物而增加口福,畜牧与农耕都是起于原始时代。有很多地方畜牧生活较农耕为早,但由人类全体观之却不是一定要经过畜牧时代然后进入农耕时代。欧洲在新石器时代已经能驯畜狗、牛、猪、山羊、绵羊等物,其遗骨曾发现了很多。

畜牧发生的原因——畜牧发生的原因很多。各民族未必皆一律。约述如下:

1. 拉策尔(Ratzel)说畜牧是起于豢养稚兽的风俗。梅森(Mason)也说最初的畜牧不过是豢养幼稚动物,如小狼、小羊或小牛等物常被猎人带回家里饲养。这种功劳多半是妇女的,因为男人常须担任狩猎及其他外务,而看护小兽的慈心也以妇女们较为丰富。如在夏威夷男人们在外面捞鱼,女人们则在家筑鱼塘畜鱼;又如在亚洲南部、波利尼西亚、澳洲、虾夷人中都可以看出此事。

2. 有时猎人将受伤而未死的野兽带回家里,因不急于需食,便暂且留养不即宰杀。这种事情在野蛮人中是很常见的。这或者也是畜牧的一种起因。

3. 猎人看见某种野兽有时不即动手猎捉,却跟它的踪迹留为别日之用。

如北美西部平原的土人,有时全村的人都跟野牛移动。跟随野兽并不就是畜牧,不过由此再进一步便是围绕牲畜的游牧生活了。古埃及人似乎也有跟随野兽的事情。有人说澳洲种犬"丁戈"(Dingo)的进入澳洲,与其说是澳洲人带它进去,毋宁说是澳洲人跟它。

4. 杰文斯(Jevons)以为图腾制是畜牧的起源,因为被人所崇拜和保护的动物渐渐和人类狎熟,便成为驯养的动物了。

5. 高尔通(Francis Galton)以为畜牧是源于玩戏或宗教意义,因为现在还有许多原始民族如此。古时的帝王也常搜求多数动物以为观览游戏之资。高尔通以为各种动物都曾经过豢养或且不止一回了,但是还有许多动物终不肯驯,这是由于其性质不合畜养的缘故,

易于驯畜的动物的性质——据高尔通所列举的是:(1)生存力坚强不易致死。(2)喜欢亲近人类。(3)希望安适,这是很重大的动机,因为能使它们离开不稳的山野走近人类的住所。(4)有利于人类,这在人类一方面是很重要的,因为动物长大后失去小时可玩爱的性质,若非有实用,便要被弃而不再畜养了。(5)能随便繁殖,不因受拘束而有差异。(6)易于看护。

畜牧的效果——(1)畜牧的第一种目的便是充做食物,因为肉卵及乳都是人类所喜吃的东西。(2)供给衣服、器物的材料,如毛羽及皮可做主要衣料,而骨角也有用处。(3)负重载运也是很重要的效果。如狗、马、牛、驴、骆驼等。(4)供给动力以旋动磨盘等重物。(5)帮助狩猎是最奇异的一种功用,不但狗、马,甚至驯象都能尽心替主人捉获同类,而猛鸷的狮豹和鹰都可供人类的驱策。(6)家养动物又能够影响于人类的心理,如使鹿的民族较使狗的民族为温和,而畜马的民族也较富于勇敢的精神。

驯畜动物的限度——动物之中有很早便受驯养的,有至今还未驯服,如马在古代便成家畜,而斑马则至今还不肯受人类的羁勒。所以人类此后是否还能增加新的家畜像过去一样,也是一个疑问。有人说这似乎是不能了,因为本性易驯的野兽都已经驯养完了。德·莫尔蒂耶(De Mortillet)述圣希莱尔(Geoffrey Saint-Hilaire)的话说:"我们栏中所有的畜类,在 300 年来不曾增加一种新的。只要把现在所有的家畜列成一单,便晓得格斯纳(Gesner)、贝伦(Belon,1550—1599)在 16 世纪便能够列成同样的单,不少一个名字。"

各种动物驯养的起源——最早被驯养的野兽是狗。现在世界上的狗种类很多,究竟最初被驯养的狗是一种或多种,关于这点颇多争论。或者最初被驯的狗不止一种,驯狗的也不止一民族,其地也不止一处。据达尔文说狗的祖先有狼族的,有豹族的,还有已灭种的。养狗的风俗最为普遍,全世界各民族都有,凡有人类的地方便有这种忠诚的畜类在人身旁。在冰天雪地的地方它便为人拖橇,在狩猎的民族中它能帮助猎兽,在墨西哥的阿兹特克人(Aztecs)则养得肥胖充做食物。在美洲未发现时便有狗,爱斯基摩人、北美印第安人、墨西哥人、西印度人、南美洲人都用狗猎兽。航海家初发现波利尼西亚诸岛时便见有狗,在新西兰狗几乎是唯一的哺乳动物。在最原始的澳洲,其人民文化极低,但也已经有土产的狗。

别种动物的驯养似乎都是妇女的功劳,唯有狗是男子所驯养的。男人出猎时或者常有野狗跟在后面,因为它们也是猎食动物的肉食类。禽兽被猎人打伤时野狗追上要吃。猎人把它赶开,将所要的物拾起来,不要的则给狗吃,久之猎人与野狗便渐狎熟而发生感情,愿意互相帮助。野狗之中有特别勇敢灵敏喜欢近人的,便常于夜间跑近人的住所。最后则驯熟无猜,遂与人类同住一处而不再向四处乱跑,因而成为家畜了。考古学上也证明狗是最先驯养的畜类。丹麦的"食余遗址"(kitchen-middens)曾有狗骨及其他动物的骨,据专家的考察,别种动物都是野生捕获的,只有狗是驯养的,因为别种动物的骨小的都不见了,大的则有被狗嚼啮的痕迹。

关于马的驯养有很多人研究,在法国几千年前马曾充为人类的食物。法国棕鲁特遗址(Solutre)中马骨堆积甚多,表明马是主要的食物。但据莫尔蒂耶氏(Mortillet)的考究,那时的马还不是家畜而是野生捕获的。在古埃及则考究所及的时代便已有用马的事,在中国也很早就畜马,大约马的驯养始于亚洲西部,其后渐向东西传播。

黄牛和水牛在原始的生业上都很重要。南非洲土人畜牛甚多。印度托达人(Toda)的生活几于全靠他们的水牛,他们并不食牛的肉,但牛乳却为大宗食料。阿富汗的卡菲尔人(Koffirs)也以牧牛为业,牧牛的人能够用言语和叫号管束它们,要使它们前行、停立、榨乳等事都有其特殊叫号,牛都能应声从命。古埃及人极重视牛,且视之为神。

冰鹿的训畜不甚久,在新石器时代还没有,但最少在1500年前已经驯养了。自拉普兰(Lapland)至堪察加亘于亚洲北部有很多驯养的冰鹿。冰鹿除在冰天雪地上拖橇以外,还供给畜它的民族以皮、肉、筋等物。冰鹿也与宗教仪式有关系,有祭日便杀以为牺牲。有人说冰鹿的橇发生于狗橇之后,是用于代狗橇的。

猫被人类畜养后,到现在野性还未全驯,或者最初的畜养是始于古埃及。在埃及的纪念物及木乃伊上都有猫的图形。猪也很早便被驯养,其初的种类不一,欧洲种较大,亚洲种较小。猪、羊在原始生活中居较不重要的位置。

驴在埃及很早便被畜用,此外在巴勒斯坦、希腊、意大利等地古时便都有了。象和骆驼不是最原始民族所养的动物。猴在苏门答腊被养以服役,能上树代人摘果。

第十章 种植

种植发生的时地——种植的发生是人类生活的一个大转机,因为这是人类制服自然的好方法。但种植不是容易懂得的。澳洲土人大多还不晓得种植,自然界给他们的一点儿贫薄的食物,他们尽有尽吃,不肯留待别日,吃了便跑到别处。布须曼人及霍屯都人也不知道种植,他们只能用附加石环的一种掘挖器掘起植物的根,并不晓得栽种种子令它发生新的根。

种植的发生远在史前时代。在法国的后期旧石器时代洞穴中所留图画中据说有表现谷穗的,但农业的存在,在新石器时代以前尚未有确证。到了铜器时代农业很发达了,特别以瑞士湖居人为盛,在此遗址中曾发现三种的麦。在黄河流域,底格里斯(Tigris)与幼发拉底(Euphrates)的两河流域,和尼罗河流域,自有记载以来便已入农业时代。农业大约在纪元前1万年发生于埃及和美索不达米亚(Mesopotamia),由此西传至地中海沿岸,东行至印度、中国。印度农业起于纪元前9000年前,中国尚未能定。日本系由中国传去。在纪元前1000年前大洋洲或尚未有农业,其中波利尼西亚诸岛在纪元后500年还未有人类,农业自然更迟才有。东亚的米,地中海岸的麦,以及大洋洲的球根植物,或者都是独立发明的。

种植发明的揣测——种植的发明大抵是妇女的功劳。人类自有火以后便发生男女间的分工;男子出外从事狩猎与战争,女子则在家守火,并于近地寻觅植物的果实、根茎、皮叶等充做食物。妇女们寻觅果实根茎久了,或渐认识某种植物出产较丰,恐怕鲁莽的猎人把它毁损或鸟兽们将未熟的果实吃去,她们便略加以照顾,或在周围植立树枝以卫护它,或将旁边的植物砍去使不致遮蔽阳光。有些离家较远的嫩株或被移栽于家中,以省却别日的麻烦。后来或者渐晓得把种子种入土内使之发生新的植物,于是真的农业便发明了。

农业虽始自妇女,并且起于很早的时代,但却在很久以后男人们也参加了方能大大发展。渔猎与畜牧的民族有时也从事小规模的种植,但却不当作主要的职业。

原始的农具——最初的农具是挖土杖和锄,后来方有犁,是由锄再改成的。挖土杖是一直杖,末端尖削,原始人常用以掘掘草根等物。挖草根和挖土栽种植物是同类的工作,所以挖土杖便充为最初的农具。这种杖的末端若渐改良而成为扁平形便成为铲了。锄是由斧变成的。例如新喀里多尼亚土人的尖木锄也当武器也当农具,非洲土人的铁斧转过锋也便是锄了,我国古书也有"刀耕"的话便是指此。犁的发生的程序例如古埃及的,大略如下:起初将锄加重,一个人拖了走,把所经土壤挖成一沟,次之再加了一个手握的柄以便利拖犁的人，最后连拖犁的工作都叫牛来代替，将绳子缚连人握的柄上和牛的轭上。

种植法——原始人很少能整理土壤以便种植的，大都只择本来适用的地方而已。但也有些例外的，如英属圭亚那（Guyana）土人很能够整理土壤，晓得"火耨"即放火烧草木为肥料的方法。新西兰土人把硬土和软土相掺杂，使其便于种植。大西洋岸印第安人以鱼，特别是青鱼，为肥料，或者还用贝壳。英属中非洲土人也把灰尘、垃圾倒在田土内。灌溉只行于农业已发达的地方。灌溉最发达的地方是两河流域和尼罗河流域。

人类的改变植物——人类实在也可以说是一个造物主，有很多奇异的事物，通常归于造物主的能力的实是由于人力所做成。自然界总是吝啬的，他固然肯赐予人类，但却只给勤劳的工作者。原始人类所受于自然界的果实、根茎、皮叶、种子等，假如给我们现代的人恐怕以为不值得接受。根及其球块小而硬，味苦，有时且有毒，茎太韧，果实则纤小而味涩。这些本来不适于口腹的东西经过人类培养种植以后都随人的意变成很为完美的食物。例如甘蓝菜初时或只有叶稍可充食，经过培养以后，其头也渐渐扩大成为一种美食。薯在野生的时候球根很小，又苦又韧，古秘鲁人把它拿来用心栽培，弗吉尼亚（Virginia）土人也拿去栽种，后来又传入英国，果然终如人愿渐渐变苦为甘，并扩大其形体，如将现在的与原来的相较恐怕不易信其为同一物，又如葡萄经过栽种后真是其实累累，与野生的大不相同。人工栽成的苹果又大又甜，较之野生的相去天壤。又如培养过的醋莓也增加了几倍的重量。最可异的是桃，很远以前大约在亚洲西部，还是一种野生的植物，其肉甚薄几乎无汁，味又很苦，熟的时候自己裂开，露出中心的种子，这便是自然的恩物了。人类把它拿来改良了，遂变成肉厚汁多、异常可口的美味，由此可见达尔文进化论中所谓"人为淘汰"与种植的发明是很有关系的了。

关于农业的风俗——原始民族其初多轻视农业，据希罗多德（Herodotus）所记载，上古的色雷斯人（Thraces）以耕耘为最低贱的勾当而劫掠为最高贵的事业，凡狩猎或游牧民族大都具这种观念。印度人中也有以从事农业为厉禁的，甚至托达人（Todas）也以耕种为不屑做的事。顿河哥萨克人（Don Cossacks）完全是游牧的民族，更以死刑禁遏耕作，因为耕作有碍于狩猎和畜牧。游牧民族便是迫不得已而从事农业还是不甚愿意。

农业的地位既被认为重大以后，则又备受尊崇，因而发生出几种宗教的仪式来。如欧洲乡人信有所谓"山野及谷物的精灵"（spirits of wild and of corn），用种种仪式以祈求谷物的成长。中美的马雅人（Mayas）说农业的神名为巴南毋（Balam），是一个长头的老人，初次收获的东西应当先祭献他，否则必降祸。其他民族信有农耕的神的甚多，而供献初获物的风俗也很常见。我国为重农之国,这种风俗更为发达。

第十一章　石器

绪论——我国古时有"轩辕、神农、赫胥之时以石为兵"的话,古希腊人也推测原始人类只用石为猎兽的武器。这种臆说到了近世"史前考古学"勃兴,史前遗迹发现,遂得完全证实。

18世纪之初,德国境内发现了很多史前遗迹;到了1750年埃卡尔多斯(Eccardus)遂发表他的意见说:人类在原始时代只用石为兵器和工具,其后方有青铜器,最后方有铁器。法国、英国、瑞士、丹麦等国境内也陆续发现了很多处石器时代遗址,寻得无数的石器。这些石器时代的遗址都只有石的兵刃及器具,不见一片金属器,而且有些遗址中只见砍削而成的粗劣石器,有些则有再加琢磨的精致石器。因此丹麦的考古学家汤姆森氏(C. J. Thomsen)便确定了石、铜、铁三个时代,而其后丹麦的沃尔萨伊(J. J. A. Worsaae)与英国的拉伯克(J. Lubbock)再分为四个时代,即:

1. 旧石器时代(palaeolithic age)或粗制石器时代(rough stone age):只有击剥而成的粗制石器,不知再加琢磨。

2. 新石器时代(neolithic age)或琢磨石器时代(polished stone age):此时代方有美丽精致的石器用。为饰物的金以外还未有其他金属物。

3. 铜器时代(bronze age):青铜始用为武器及其他利器。

4. 铁器时代(iron age):铁代青铜而为刀斧等物,青铜则用为饰物及刀柄等。

拉伯克在他的大著《史前时代》(*Prehistoric Times*)中列举了各地博物馆所藏石器的浩大的数目,然后叹说在他同时的学者中还有不信"人类曾经过一个单用石器的时代"的,因此他便把怀疑派的语调倒转来,郑重地断定说:"以前确曾有一个时代,'那时人类的蒙

图 5-10　旧石器时代石器

(采自 Verneau, *Les Origines de L'humanité*)

昧程度甚至于只有石头、树枝（应当加说骨和角）为他们的器具，以维持他们的生活'。而考古家也确已'发现了这种证据。'"

人类既能砍削石头以便应用，自然也晓得利用其他易得的东西如树木、骨角、贝壳等物。不过这些东西较易毁灭，而石头较能经久，所以石器便成为主要的遗物。

人类最初如见有天然石块有适合所用的，自然便选来应用，而不耐烦加以砍削。人类所以要制造石器便是因为需要一定形式的器具，以供一定的目的。如只为捶击、压碎之用，只需随便拿一大块石头便够了；但如要做劙剖、刮削、切割、穿洞等工作，他便不能常得到适合需要的石块，于是便须用人工制造石器了。第一步自然只拣有近似所要的形状的石块，略加修改。由这种手续而成的石器形状各异，没有一定的形式，但略能表现同样的功用。这种石器初发现时有疑为自然的石块的，争论很久，到后来才信为旧石器以前的产物，名之为"始石器"（eolith），而其时代则为"始石器时代"（eolithic age）。由此在拉伯克所分的四时代以前便增加了一个更古的时代了。

人类制造石器久了，便渐晓得对称与定型的好处，一面技术也逐渐进步，最后竟产生了极优美的石器，表现了人类在这一方面的最高等的工夫，为人类历史上所仅见。

石器的原料——各种石头只要硬度适宜的便可用为石器的原料，如燧石、石英、石板石、火山石、水晶、玉、黑曜石、青砥石、黑硅石、雪花岩石、闪绿岩石等。石器的原料虽多，但多数不能有规则的破裂，不适于制造细致的石器，所以欧洲的原始人多选用其中最佳的一种即燧石为主要的原料，而其余的则当作补充的原料。燧石的佳处在其坚度与破裂的惯式。一块好燧石如由熟手施工，必可以得到随意所欲的形状。击成薄片的时候其边锋的锐利为别种石所不能及。其平滑有光泽的面也是美观可喜的，使人乐意摸握。

燧石的自然状态是一块不

图 5-11　新石器时代石器
（采自 Verneau, *Les Origines de L'humanité*）

规则形状的结壳岩球,自小沙砾状以至四五十磅的巨块。破裂之后片内的石色是黑的居多。但若受外界的影响则燧石的形状颜色便都生变化,所以燧石有种种不同的形状、体积与颜色。其色似乎无所不有,自原来的黑色、琥珀色、灰色,以至于黄色、红色、橙色、青色、蓝色甚至纯白色都有。便是一块燧石也常具不止一种的颜色。

一块燧石可以由敲击而得一片一片的薄片,这便叫作"裂片"(flake)。被敲去了很多裂片只剩中央一团多角形的石块,便名为"中心"(core)。燧石多的地方遗留的中心常很大,燧石少的地方则敲了又敲,只剩一块很小的中心;所以由中心的大小可以推测当时燧石产量的多少。燧石如被尖锐的器物敲击而成裂片时,其裂片上必发现一个凸起的贝壳状纹,名为"撞击泡纹"(bubble of percussion),而同时中心上也现一个凹陷的贝壳状纹名为"螺旋的裂面"(conchoidal fracture),以前曾以这种纹为人工的证据,现在则知道天然的破裂也有这种纹,所以便不能用为区别人为与天然的标准了。

石器的变色是由于一种化学作用,叫作"变色作用"(patination)的影响。变色作用发生的原因是暴露于空气中,或与别种矿物相接触。石器的外皮受了影响因而分解变质,所以变了颜色。变色的外皮的厚度不一律。或只一薄层,或则深入里面。小石片且有全体都变的。

变色作用不论是由于暴露或接触,其经过的时间,现在还无正确的知识,因此石器的变色不能当作断定年代的绝对标准。石器的变色最快的或者由于与白垩的接触,其所变的色是白的。燧石的变成赭色、黄色、锈色、橙色的,大抵是由于与别种矿质相混杂,慢慢地受了影响,经常是在沙砾堆积层里,且常是很久远的;至于蓝的,蓝白的,灰的,或有斑点的,大抵是由于暴露在地面上受气候的影响而成。十分确定的原理是没有的,所以我们如要推测一块石器的年代,观察其变色虽也有一点效用,但不如注意其形状较能准确。

石器的种类——各时代各地方的石器形状罕有完全相同的,但因其效用相同,或者更因传播的缘故,其形式大都很相类似。所以为研究的便利上便把相似的石器合为一类,其下再分为细目,兹把最普通的种类列述于下:

1. 旧石器

(1)旧石器时代石斧(stone axes)。石斧在石器中占极重要的位置。世界上各处的原始人类都曾有过石斧,而石器时代的遗物也以此为最普通。

在旧石器时代只有砍削而成的石斧(chipped stone axes),别名"拳斧"(caupe-de-poing),有些是将"裂片"的两边加以修削而制成,但多数是从"中心"制就。其形状通常是梨形的,一端渐狭,边缘由剥去裂片而倾斜。所以中部厚而边锋锐利。有些成椭圆形的,别名为"椭圆斧"(ovales),在莫斯特期(Mousterian)后段,还有一种心脏形的小石斧剥削很工整。

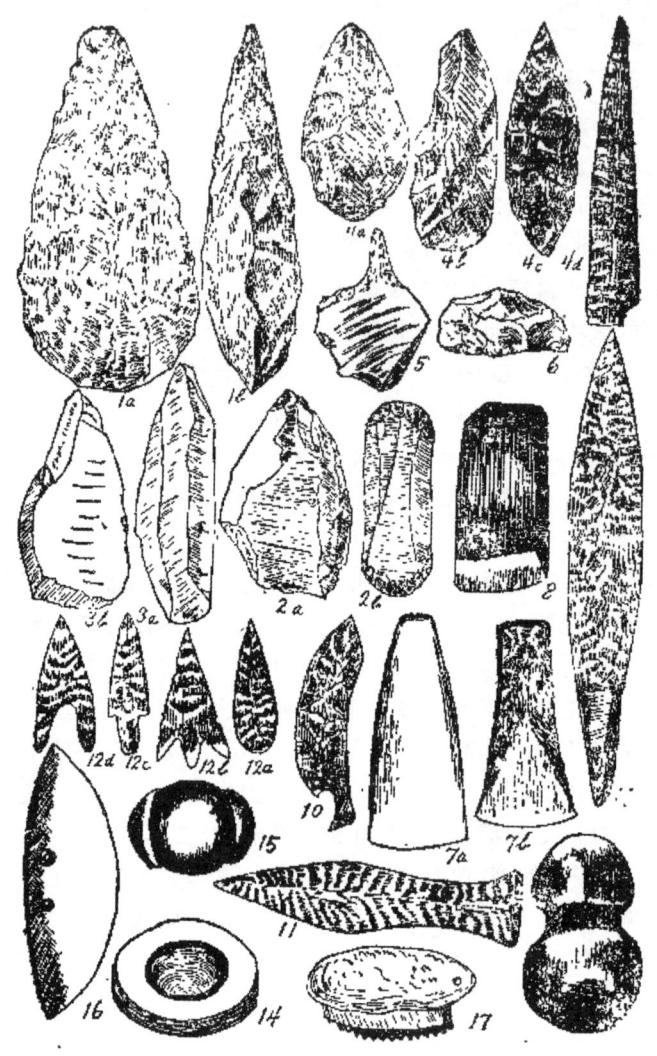

图 5-12 石器的种类

1 旧石器时代石斧，a 正面，b 旁面。2a 边锋刮刀，2b 末锋刮刀。3a 旋钉器式刻刀，3b 弯凿式刻刀。4 尖形器，a 莫斯特式，b 奥利孽式，c 桂叶形，d 柳叶形。5 锥。6 鹰嘴形石器。7 新石器时代石斧。8 锛。9 锤。10 刀。11 匕首。12 箭镞。13 枪头。14 工具石。15 沉网石。16 镰。17 锯。（1、2b、4a、4b、5、7、10、11、13、17 由 J. de Morgan, *L'humanité Préhistorique*. 2a. 3a 由 Burkitt, *Our Forerunners*. 3b 由 Burkitt, *Prehistory*. 4c、4d 由 Mac Curdy, *Human Origins*. 6 由 Wells, Outline of History. 8、10 由编者的《台湾番族之原始文化》。12 由 Vulliamy, *Our Forerunners*. 14 由 Avebury, *Prehistoric Times*. 16 由滨田耕作《通论考古学》）。

（2）刮刀（scrapers）。欧洲如英、法、丹麦、瑞士等处都曾发现，现在的蛮族如爱斯基摩人也有这种石器，其形状与欧洲史前的相象。刮刀的用处便是刮去皮上的油以便为衣料或别种用处。刮刀可以分成四式。

（甲）边锋刮刀（Mousterian side scraper），将大块的裂片择其一边琢成凸出而锋利的形状，这一种很宜于刮皮之用。

（乙）末锋的刮刀（scraper on the ends of blades），这也是由细心砍削而成，其刮锋在刀末，自后期旧石器时代以后各时代都有。

（丙）裂片的刮刀（scraper on flakes），大约如上一种，但因是由裂片改造，所以形状较不规则。

（丁）中心刮刀（core scrapers），将一块中心击成两半，便成为两个刮刀。因为击破的一面是平的而另一面是凸状，故其边缘也很锐利，可以刮物。

（3）刻刀（gravers）。刻刀端际稍尖，其特征在有一个平面，名为"刻刀平面"（graver lacets），这个平面是由于制造时从尖端击了一下全部纵裂而成。刻刀可分二式，每式中各有许多种类。

（甲）旋钉器式刻刀（screw-driver graver），这种刻刀锋平直，像螺钉扭旋器样的。

（乙）弯凿形的刻刀（gouge graver），这种刻刀锋弯曲，像弯凿的。

（4）尖形器（points）。旧石器时代的尖形器便是用为枪尖等物的，也有很多种，可以分为：

（甲）莫斯特式尖形器（Mousterian points），作杏仁形，一面平，一端尖锐，由裂片制成。

（乙）奥瑞纳式尖形器（Aurignacian points），像一把小刀，末端尖薄。

（丙）梭鲁特期桂叶形与柳叶形尖形器（Solutrean laurel-leaf and willow-leaf points），形像树叶一样很薄，两端常皆尖。桂叶式两面都修琢；柳叶式，一面只是裂面，不加修琢。

（5）石锥或钻孔器（awls or borers）。石锥常由裂片制成，其尖端大小不一。石锥虽不甚利，但却很坚硬。

（6）鹰嘴形器（rostra-carinates）。这种石器的形状，很像倒覆的船首，龙骨翻在上面。前端尖锐而且弯曲像鹰嘴。下面是平的。上面有隆起的脊。这种石器的用处是很特殊的。时代也很古，所以还不大明了。

2. 新石器

（7）新石器时代石斧. 形状较近后来的金属斧，有很狭长的，但也有短的。一端是阔的薄嘴，一端则较狭小或且甚尖锐。中部不特别加厚，两端以外厚度都颇均匀。自1英寸长的雏形小斧以至于1英尺半的沉重大斧都有。最大最佳的作品出自丹麦的遗址，拉伯克说他藏有一块是白燧石制成的，长13英寸，厚1英寸半,阔3英寸半。这种斧可以手握,但有的则是曾经装在柄上,因为斧面有被木柄摩擦的痕,而且发现时还有木柄尚在原位的。斧锋缺折了常再加修削,以致斧的长度因之渐减。这种石斧的近锋一部因常再被削磨与原来的形状不同,很可以看得出。石斧还有一种穿孔装柄的,这种有孔的石斧大都属于燧石以外的石质,因为燧石的性质不易穿孔。其他多种硬石都可以用骨锥或角锥摩擦砂和水于其上而穿成一孔。

(8)石锛(adze)。石锛形略如斧,但锋口只有一面斜削,另一面是垂直的,厚度不大,全体无甚差异。这种石器台湾及南洋群岛很多,中国也有。

(9)石锤(hummers)。各种石头只要硬度充足可以琢磨的,都可用以制石锤。石锤上常穿洞以装柄。石锤的形状有如艇子形的,有一端尖锐而别端平阔的,有一端弯曲的,有斧与锤合成的。

(10)石刀(stone knives)。石刀形式不一,通常为狭长形,一边有薄锋可割物。埃及发现的一种名"弥沙威叶"(Messawiyeh)的石刀,形狭长,且略弯,像豌豆的形状,有的且有一个刀根,这种是上等的产品。石块上敲下的裂片边缘犀利的常即用为石刀,或只略加改削。所以裂片常可归入石刀一类。

(11)石匕首(stone dagger)。石匕首或短剑常系高等技术的产品,形状很像后来的铜匕首。石匕首以丹麦出的为最佳,两边很对称,全体都很精致;在欧洲可谓无与伦比。此外只有埃及所出的能够和它抗衡。一个考古学家说:"我们只要注视这种石器的波纹的面,整齐的边锋,优美的轮廓,便不能不发生一种感想,觉得是在鉴赏一种高等技术的表现。这种技术是别个时代所没有的,而现代的文明人也不能单用石或骨的工具制成这种东西。史前时代的丹麦人与埃及人固明明是所谓野蛮民族,然则人类的一种高等技术不得不让史前的野蛮民族去专美了。"

(12)石箭镞(arrow-heads)。收藏家常特别欢迎石箭镞。最佳的产品确实很美观,形式精致又很对称。德舍勒特氏(Déchelette)分石箭镞为三种,瓦连米氏(Vulliamy)增加了一种,共四种:

(甲)箭根(tang)及倒钩(barb)都没有的。
(乙)箭根及倒钩都有的。
(丙)只有箭根,没有倒钩的。
(丁)只有倒钩,没有箭根的。

拉伯克氏则分箭镞为六类,不如四分法的清楚。其实详论起来,箭镞最少有20种以上,但过于详细的分类也无甚用处,反不如简括的好。箭根是要插在箭杆一端的孔内,而倒钩是要给绳子缠缚于杆上的。箭镞小的不过1英寸长,大的约三四英寸。大的并可做标枪头或长矛头。箭在冰鹿期即后期旧石器时代便有了。如棕鲁特期(Solutrean)的柳叶式及桂叶式尖形器便是做箭镞及标枪头的。不过效力最大的有倒钩的箭头却是在新石器时代方才发生。箭镞形式的差异自然由于造箭的民族不同,但箭的本身的功用一定也有关系。有倒钩的箭镞比较无倒钩的厉害,用时也有轻重的不同,例如战斗与狩猎所用的箭必定有不同。

(13)石枪头(spear-head)。石枪头形状大小都不一律。有的不过如大箭镞,有的却很大。有的很粗劣,有的则甚精致,拉伯克氏说他藏的一个有12英寸长,1英寸半阔;技术很可惊叹。

(14)工具石(tool-stone)。有一种椭圆形的别名 Tilhuggersteens。欧洲曾发现过其形如卵,有的在一面或两面有一个窟窿,有些考古学家说这是用食指和拇指夹住以砍凿石器的。工具石还有一种长圆形如人指的。

(15)沉网石(net-sinking stone)。是石器时代用以系于渔网上使之下沉的。编者所拾的台湾的一种形椭圆而扁,两端各有一凹沟以便系线。上举的工具石其窟窿有穿透的,故有人说恐也是沉网石。又有一种小石环也是用以沉网的。

(16)石锯。器的一边作锯齿状。

(17)石镰。有一种形略如半月状,一边薄为锋口,一边厚为镰背,北欧及高丽、中国均曾发现。又有一种由数小块集合以嵌于别物上的。此外还有石凿、石盆、石盘、石铲、石环、石锄、石轮、石杵等。

石器制造法——我们初见精致的石器常惊于其技术的巧妙,而不晓得它们用什么方法制成。其后考古学家们一面由原始石器的本身加以考究,一面复参考现代蛮人的石器制造法,因而推想出一个大略,如伯基特氏(Burkitt)在其大著《史前学》(Prehistory)里曾举出三种方法。即撞击法(percussion)、压榨法(pressure of laking)、加热法(thermal fracture)。还有梅森氏(Mason)所发表的五法更为详细。其后复有纳尔逊氏(N. C. Nelson)在1912年就北美雅希族印第安人(Yahi Indians)的一个遗民名伊西(Ishi)的石器制作法加以研究,发表三种方法,与梅森氏所说很相同。现在根据梅森氏的五法并参考上述二家所说编述如下。

1.击碎(knapping)或破裂(fracture),这两个名词实是同指一种工作,所以合在一处说。其法有二:

(甲)撞击法(percussion):用石锤或圆形石器撞击作原料的石块,击时大都一手拿器具,一手拿原料。

(乙)加热法(thermal fracture):原料中像燧石一类是不易传热的。只有温度的急激变化能使它破碎。所以如先把燧石加热,然后滴水于其上,则其处立即破裂。这法在现代蛮人中很通行,但在史前原人却很罕用。

2.剥削(chipping):用小石锤、碎石片或尖锐的角器、骨器等,把经过第一

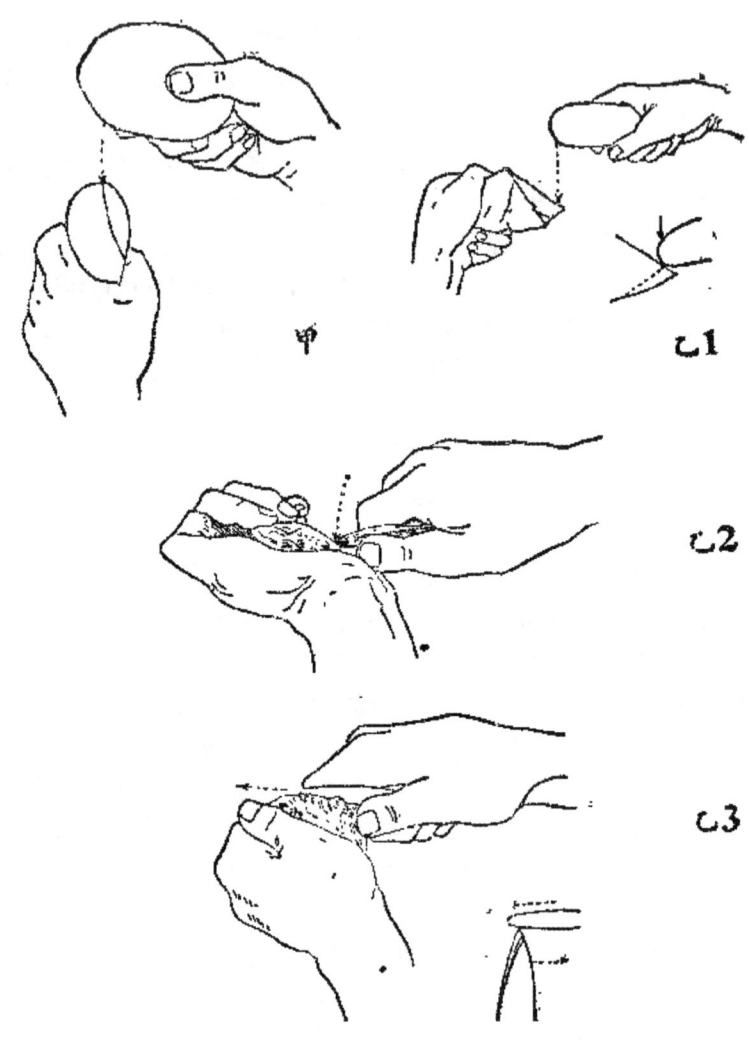

图 5-13 石器制造法
甲：撞击法　　乙：削剥法三种

种手续的石块再加砍削，把石块的边缘一片一片地剥去，直至达到所要的形状。这种工作多用压力。可以分为三种：

（甲）压力自上而下的。这是将工具靠在工作物上，用力压下以剥去裂片。

（乙）压力自下而上的。这是把在下的工作物向上挺。

（丙）压力平行向前的。工具平行将尖端抵住工作物的边际，用力向前挤去，所抵住的边际便被剥去一片。

3. 截断(cutting)，用凿形的锥在工作物两面各开一沟，直至有相当的深度。然后拿起来投掷，或加以压力便成两段。最后石器发明更易于为力了。石锥与石锯自然都是用顶坚硬的石做成的。

4. 穿孔(boring)，穿孔有二法：

（甲）砂水摩擦法。石锤上的洞大约是用砂与水摩擦而成。其法将砂和一点水放在石器上要穿孔的地方，然后用两手夹一根本棒，棒端抵住石上的砂，用力将棒急速旋转，则该处被砂摩蚀而渐凹陷，摩擦常由两面，每面各穿一半，这叫作"对穿"(counter sinking)。

（乙）石锥钻凿法。将石锥的尖端抵住要穿孔的地方来回旋转，久之也可穿成一孔。石锥穿的孔与金属锥穿的孔可以辨别得出，因为石锥的脚不很整齐，所穿的孔必有横纹，金属所穿的孔便很光滑。

5. 磋磨(polishing)，这便是将工作物在砥石上摩擦或者并用珊瑚或赭土等物置于其间以增加摩擦力。这是最后的一步。自新石器时代发明了这一法后。遂产生了无数精致美观的石器。

制造小件石器自然可以一个人独造。但如大件石器大约是要两人合作，一个按定工作物于砧上，一个则拿工具砍击。

自然物与人工物的鉴别法——天然石块形状有的很像人工做成的。使人不易鉴别。因此较为粗制的石器使人不敢轻于断定是否人为的。但实际上原始人类当需要器具时如见有适合所需的天然石块自然也乐于随手取用，而不耐烦另制石器。天然石块曾被人采用的，常略被修改，其边缘常再被磨削。这种曾被人类采用并略受改削的石块，其数必极多，但现在却不容易鉴别得出。

初学者或参观人常问人工物(artifact)（即由人类有意制成的石器）与仅由偶然的自然作用而成的石块，将如何加以鉴别？对此问只能答复如下：

由于高等人工制成的精致石器是无疑问的，即在外行的人都能够认识人工明显的石器，如新石器时代及旧石器后期的石箭镞、石斧、石匕首等物。对于早期的旧石器时代的石器须略具练习过的观察力方能无误。至于旧石器以前即原始石器的东西，或任何时代的较暧昧的石器，则须有很长久的接触与很娴熟的知识方能鉴别得来。仅只纸上的描写举出几种特征，还是不够的。总而言之，要认识石器的真特性没有别法，只能就实地研究而得，而眼看还不够，还应当用手搬弄触摸方能懂得充分。

石器型式与时代的鉴定法——粗略的鉴定法，可分石器为始石器(eolith)、旧石器(palaeolith)、新石器(neolith)三种。但即在这种宽泛的范围内还是有错误之虞。石器的较详的鉴定有两法：一是按照其时代，一是按照其功用。又有兼用两法的，如所谓"歇连期的拳斧"(Chellean hand axe)、奥瑞纳期的刮刀(scraper of Aurignacian age)等便是。

按照石器的功用而制定的名称比较按照时代的远为可靠而且较合实际。例如鉴定某个石器为属于"刮刀类",大抵不致有什么错误。但如要指出它为旧石器时代的或新石器时代的刮刀,便常生疑点。石器的功用也是由推想的,所以由此而拟定的名称也不过用以指某种特殊形状的石器是用于某种特殊的工作就是了。

人类做成的石器自然也有很多在普通专名之外,无类可归的,其数量并且很多,为考古学家们所不及料。不完全及破损的石器也很常见,但与上述的不同,其中有些可以推测其原状而可归于其类。

石器每一类中常有几式经过很长时期,并且通行于很大地域;有些则形状远为特别,只在短促的时期中为一定地方所特有,且大抵是用于特殊目的,为我们现在所不知道。这种一定时地的产物可称为那种文化的"模范石器"(type fossils),或"地方型"(local type),例如一种属弯凿式的特殊刻刀,名为"钩状刻刀"(beaked graver)的只见于奥瑞纳期(Aurignacian period)的中叶,如有新发现的遗址多藏这种石器的,便可以假定它是奥瑞纳期的遗址了。

石器的时代,虽有不易于鉴定的,但也有可以确断其属于某时代的。其鉴定的标准如下:

1. 具有某时代特有的形式而别时代所没有的,大抵是属于那时代。

2. 发现于不曾翻乱的地质的堆积层里,而其堆积层的时代知与考古学上的某时期相等的,则可以推测其属于该时期。

3. 出自不曾扰动的葬地之内,而其葬地的时代是已知的,则其石器的时代也随以知晓。

4. 埋藏于某种堆积层里与某种已经明了的遗物相接近的,也可由此已知的遗物的时代而推论未知的石器的时代。

严格言之,要断定石器的时代很难有绝对的正确。石器不同时代而形式却绝相类似的很多。所以时代的鉴定总是比形式的鉴定为难。

石器由地面拾得的应当由其本身寻出鉴定的根据。因为土壤的变易,水流的移动,地质的剥蚀,人为的影响等,都能使古物混乱错杂,不易辨认其出处。而现代的巨大工程更常把一地方的砂砾土壤运到别地去,这更为考古学的障碍。有时旧石器时代与新石器时代的产物同在一块田地内翻出;而原来易于鉴定的遗址也因恐受外界人为的影响而不敢轻于判断了。

石器分布的地方——关于石器分布的地方,并没有十分准确的标准;不过有些相对的通例可以略述于下。旧石器时代的石器分布的地方比较新石器的为小,新石器几乎随处可以发现。换言之,凡现在气候地土适于人类居住的地方,都有发现石器的希望。在产白垩的地方及其附近,燧石做的石器常很多,而且在地面上都可以找到。旧石器的遗物有时也可发现于此种地方。但燧石常被带到别处去，而本来不能有石器的地方也可以拾得到。较古的旧石器常有大批发现于古代河流堆积中及高阶段的河谷的砂砾中，又常见于砂砾坑、白垩坑、采矿坑以及别种工程上的开掘地。自莫斯特期以后人类常把石器藏于所居住的洞穴内，在那种洞穴内的下层常可发现旧石器时代的大批遗物，上面的层次则有以后时代的堆积物。有时在同一个洞内各时代的文化遗物一层一层相继堆积，中间各隔以碎石或石灰沉淀物，这种洞穴表现时代极为明了。是考古学上极好的遗址。

石器只在一种所谓"工场"（workshops or factories）的遗址和洞穴堆积层里方能得到极多数。工场遗址自早期旧石器层便有。在英国贝德福德郡（Bedfordshire）的卡丁顿（Caddington）曾发现了早期旧石器工场一处，其中有已完成的石器，未用的原料，无数的裂片等，蕴埋于砖土之下。新石器的工场常近地面，常有小而且薄的碎石片散布于外。

石器的效用——在我们惯于使用金属器的现代人看来，似乎很难了解石器的效用。但若加以考究便晓得石器不是钝器。瑞士石器时代的遗址存有许多木桩，其上尚可见石斧砍劈的痕迹。丹麦的遗址有些树木也有石斧的劈痕，而且有一二处石斧尚存于其处。在古时石斧的用于战事也是确实的，因为古代酋长的坟墓中常见有石斧和匕首并置其中。1809年在苏格兰发现一个坟，其中尸骸的一臂被石斧砍得差不多与肩脱离，尚有石斧的碎片在内，其石不像该地所出，像是外来的。此外身边还有一个燧石的球，一个燧石箭镞。这都是史前的证据，再看现存原始民族的也是这样。北美土人的石斧即所谓"Tomahawk"的，不止是战斗的利器，且可用以工作。特林吉特人（Tlingit）用石刀雕成的木响器，有些很为精致，无异用白人的工具所制成的。阿特人（Aht）制独木艇时喜欢用他们的石锛子，而不喜用白人的钢凿。美洲西北蛮族不必用火，单用石斧便能砍倒杉树，然后再用角凿与石槌开成独木艇。波里尼西亚人能够制木板，其法先将木块烘火使爆裂，用楔子塞进去敲去一片的木，然后用石锛削成平板，这些平板便可用于制造屋子和艇子。南海群岛人用石器制成的艇子，有至100英尺长的，艇底只用一块大木板，和两边密切接连，并用面包果树的胶涂塞罅隙。

原始石器中如斧、锤、箭镞、匕首、矛头等的用途尚易于明白，此外有很多种只能加以臆测。那些薄边的尖锐的或弯曲的石器大抵是各有几种用处，例如修削木棒，割剖兽肉，攻击野兽，有时用以对付同类，或于有御寒的必要时刮削兽皮以为衣服等等。

除生活上的效用以外，还有在仪式上的用处。石器之用于仪式上至少始自旧石器时代的中叶。葬埋是各种仪式中最早发生的，而冰鹿期的人类的葬埋使用了许多石器，如妆饰品和石器等以为殉葬物。死人的尸体则用大石围护。而供葬仪用的石器有时且特别制成很为怪异的形状。

石器对于人类文化之影响——人类制造石器,反之石器也能影响于人类。第一,石器使人类社群间有和平的公约。野蛮人的社群间常有敌意,个人不敢随便走到别群的地方,但因石器的原料的需要,便公认采寻石器的人可以到别群的地方不受伤害。如利伯特氏(Lippert)所说澳洲有些地方出产良好的石器原料,这些矿产似乎不属于其地的部落而公开给别地的人民,凡来采取这种石块的沿途不受伤害。

石器又引起交易的发生。需要石器原料的人不能常到别地方去采取,而原料却常被交易移转,一手过一手,一地过一地。在美洲印第安人的石器原料常由交易而得;而法国史前时代大普雷西尼(Grand Pressigny)地方所出的黄色优等燧石也被搬移而遍布于欧洲西部及中部。其石所制的石器曾发现于很多遗址。

石器又引起分工制度。因为石器的制造是一种不容易的技术,不是个个人都能有同样的程度的,有些人能够制得特别快捷与工巧,于是便成为石器制造家,他可以在家制造石器以供别人用。不曾做石器的人从事打猎而成为猎人,或从事石器及原料等物的交易而成为商人。

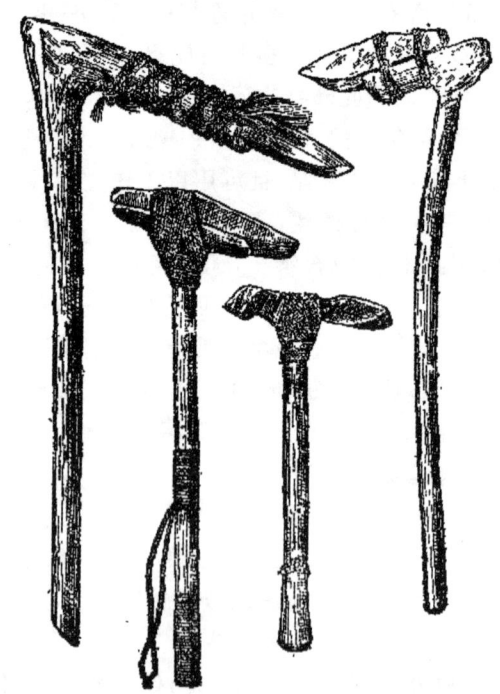

图 5-14　太平洋岛中土著所用之石器

(采自 Wallis, *Intro. to Anthropology*)

世界上很多地方的人对于史前遗留的石器常有迷信的观念。以前在欧洲西部的人偶然从土内翻出石斧，常以为是雷霆的东西由天上降下的，而获得并保存这种物的人便可受其保佑。例如德国农人叫石斧做雷凿（donner-keele），以为藏在家里可避雷击，且可荫及全村，暴风雨至时它会流汗，而获得时必在落地后的第九日。俄国农人也这样，他们造屋时将石斧埋于门限之下，以为可避暴风，如屋已先造，便收藏起来，每遇暴风雷雨将至，便拿出来放在桌上，以辟除灾害。英国康沃尔（Cornwall）的人们将石斧放在水中，将水烧沸以为可以治风湿症，布列塔尼（Brittany）的人们则把石斧置井中以为可使水清而泉不竭。德意志的人们以为石斧可治人畜的病，增加牛乳的产量，助妇女的分娩等。石箭镞也常被视为有神秘的魔力。在苏格兰、爱尔兰等地的人叫石箭镞为"妖箭"（elf darts），以为是妖怪的兵器。他们以为这种东西要寻时是寻不到的，所以可异。他们常加以银饰佩在身上，以为可以抵抗妖怪的攻击，牛如生病，便以为是被妖箭所伤，须请一个神巫来吸出妖箭。

阿拉斯加的土人在白人初到时，还正在石器时代的全盛期，他们有石斧、石锤、石锛、石刀、石凿等物。现在他们渐渐学习使用白种人的利器，渐渐舍弃旧时的利器，于是这种石器便置而不用。但如要从事重大的事项他们还仍旧拿起旧时的石器来用。其原因便是以为这种古旧石器曾经过祖先的手做过无数事业，其上有神秘的力量和幸运可以使人成功。更奇的便是当男人们在外使用这种石器时，其妻在家不敢开口说话，恐怕破了法力。

石器的应用也有存留很久的。新的金属器发生后，石器自然退让了，但还有保守性较重的人坚守旧式的石器而不肯改换。例如宗教中的僧侣，当俗人已改用金属以后也还常保留石器以用于宗教上。古时犹太教徒用石刀于割礼，即在今日犹太人犹常用燧石或玻璃片而不用金属刀。古埃及人要保存的尸体是用石刀剖开的。古代犹太人加于罪人的刑罚，最酷的宗教刑即"投石"。古阿拉伯人的血誓也是用石器的，一个人立于众人之中，用石器割剖他们的手心，将血敷上7块石头。同时宣念神名，便成盟约。

关于原始石器的知识已经叙述一个概略，我们或者可以说自有人类以来，最早和人类有关系，而且是实用的，美观的，并且神秘的人工物，不得不首推石器了。

第十二章　金属物

铜器——人类在制造石器搜索原料的时候，一定很早便发现有某种"石块"特别沉重或坚硬，或且有美丽的光泽。这种"石块"因其美观便被采用为妆饰品。人类最初晓得的金属物便是这种自然状态的金、银、铜等。这种自然状态的金属物便叫作自然金属,至于和别种物质混合的名为矿物。自然金属可以拿起来便用,所以被人类采用较早,至于矿物须经熔炼,所以要等人智大进的时候方能够应用。自然金属大都柔软可捶薄,且有美丽的色泽。最普通的便是铜,世界上有几处产生多量自然铜的地方,例如美国的苏必利尔湖区域便是。自然铜可以用石器捶成各种样式。其被采用不是由实用而是由美观。在苏必利尔湖区域的铜器多为妆饰物,很少是兵器和器具。在古代瑞士湖居人的遗址所发现的银器也是这样。

在北美洲的古印第安人中有最原始的用铜方法,库欣氏(Cushing)说明得很详细。其法是先加热于铜块;然后用石器捶击;再烧再击,渐渐成薄片,然后由薄片裁出所要的形状以制造妆饰物。还有捶得更薄的,则用以包装木、石、骨等物。立体的铜块则打成箭镞、矛头、小刀、手斧、珠子等。用角骨的工具可以雕成纹样,最后则用石器剥磨不平的面,使它光滑。由于苏必利尔湖区域的发现,还可以晓得最初采铜的方法。其法先将土掀起,然后用木铲扒开;看见岩石了便用火把它烧热,然后滴水于其上,石便爆裂了,再把石块敲碎,将自然铜扫集取出。

史前人类除捶击自然铜以外还发明熔铸的方法。最初大约是由于含有铜质的矿块偶然被火烧热,火熄后土灰飞散而铜遂出现。这样熔出的铜依其地而成形,有时或者很像某种器物;人类由于这种暗示乃渐晓熔铸的方法。其初尚不过用平面无盖的模,铸实体物,后来乃进至能以泥为模心而铸空心器。纯铜(copper)太软不适于做利器,后来人类发明了青铜(bronze)才算达到真正的铜器时代。青铜是将纯铜与锡熔化混合而成。青铜器是史前人类最满意的

图 5-15　铜器时代遗物(英国)

(采自 British Museum, *Guide to Bronze Age*)

东西,因为它较纯铜为坚硬,适于做利器,而其钝块的锋口又可再捶薄远胜于石器。青铜的发明大约是因为人类烧矿采铜时其地适有锡,偶然与铜熔合——人类把它拿来应用,觉得硬度比纯铜为高,于是遂晓得制造这种合金的方法。

铜器时代以埃及和西亚为最早,纯铜在 7000 年前,青铜则在 6000 年前,中国约在 5000 余年前,欧洲东南部在 5000 年前,欧洲北部在 4000 余年前,美洲始于 2000 余年前。

铜器时代的产品在丹麦发展得最为完全,在斯堪的纳维亚最为美丽。其物也像别处一样多为妆饰品,如平安针样的饰针、纽、指环、腕环、臂环、膝环、腿环、颈圈、圆盘等都很复杂。又有器具如钳、凿、剃刀、小刀等物。兵器则有箭镞、枪头、匕首、剑等物,其形式大都模仿以前的石器。还有大喇叭旋曲得很美观,这种东西自初造至今已有数千年,因为样式很为精巧,所以现代的人重新仿制为军乐器。

铁器——铁矿像红土一样,不易看出是金属,并且熔化比铜难,所以铁器时代比铜器时代为后,铁器时代也是以埃及和西亚为最早,约在 5000 余年前。

石、铜、铁三个时代的连续在欧洲西部是很整齐的,但在别的地方便不一律。在非洲的尼格罗人种并没有铜器时代,他们自石器时代直接进入铁器时代,但这大约是由外面传入的。现在原始民族中,尼格罗人是真正的冶金学家,他们的土地也含有很大量易于熔铸的铁矿。冶铸的方法很简单,各部落的熔炉各不相同,邦戈族(Bongos)用泥造成,高约 5 英尺,分为三层,上下层都置柴炭,中层置矿块;底有四孔以漏下熔液,并用风箱通进空气,风箱是用两块陶碗或木碗,外包以皮而制成。除此以外还有一块圆石做的锤以及小凿、木钳。用这些原始的工具他们都能够造出很可与欧洲铁器相比较的产品。其物大多是剃刀、双尖的小刀、铲、箭镞、枪头、矛头、镖刀等。非洲所出的枪头很多有艺术价值,其形有狭长的,阔的,或几于圆的,其锋有平滑简单的,或作锯齿形的,又有附加可怕的倒钩的。尖端制得很为完美,制法有将植物叶做模范的,——摹拟,至于极像。

第十三章　陶器

无陶器的民族——器皿自始便是人类所需要的东西。人类最初所用以盛水的只有自己的手,这是何等不方便的事！现在还有几种民族没有陶器或泥器。安达曼岛人,一部分的澳洲土人、毛利人(Maoris)、火地人(Fuegians)、巴塔哥尼亚人(Patagonians)、波里尼西亚人,都没有陶器。所用以代陶器的东西很多:安达曼岛人用贝壳或竹为器皿,澳洲土人以兽皮及树皮为器皿,毛利人用葫芦,塔希提人(Tahitian)有磨光的木碟,有可可实的壳刮薄做成的杯,火地岛人则用山毛榉皮。甚至不很合用的东西如卵壳或胃都被用为水瓶。布须曼妇女常用网装鸵鸟卵壳盛水,她们又用各种动物皮作器皿,自蜥蜴的小皮以至于山羊的大皮都各有用处。

陶器发明的揣测——此外有陶器的原始民族很多,有不能自制的也常得使用陶器,因为有些民族能制造很多的陶器,除自用以外,还可输出供别族用。制造陶器的民族中或家家自制,或则只有几家或一阶级以制陶为专业。据梅森(O. T. Mason)的研究,原始社会中妇女在陶业上为主要分子,而陶器的发明便是妇女的功绩。

陶器的发明或者由于下述的原因。现在南美洲的土人常将泥土涂于炊器上约一指厚,以防其烧焦。葫芦如有泥的外衣,也很能耐火。亚里桑那(Arizona)的哈瓦苏派人(Havasupai)用敷泥的编物煎炒植物种子和蟋蟀等物。这种敷泥的东西用久了,其上的泥渐被火力烧硬,后来如偶与里面的器皿脱离,这外层的泥自然也成为一个器皿了。陶器的起源或者便由于这种手续。有很多古陶器显然是由泥土涂于筐篮等编物里面,然后将泥土烧硬并将编物烧毁

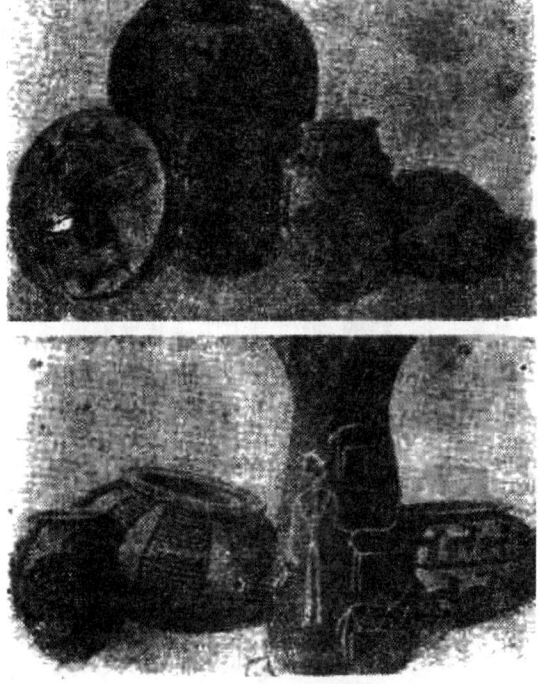

图 5-16　埃及史前陶器

(采自 Obermaier, *Der Mensch Der Vorzeit*)

而成的;有的则由钢制成,而秘鲁的坩埚则由布敷泥而成。

陶器制造法——主要的方法是:

1. 嵌型法(moulding):以陶土敷贴于模型的里或外,型或为特做的,或为别种器物如筐篮或匏器等。陶土敷于这些易于烧毁的器物上面,等到将器物烧毁,陶器便成功了。嵌型法制成的陶器,其外面或里面必印有模型的纹样,泥土在里面则其纹样必在陶器的外面。反之则在里面。史前时代的陶器常有这种纹样。

2. 手捏法(modelling):将一块泥土捏成陶器,有时或用简单工具。如爱斯基摩人、贝勃罗印第安人(Pueblo)都用此法制造陶器。

3. 螺卷法(coiling)这是将陶土搓捏为长条,然后把他旋卷垒高,成为器皿形。这种方法或者是由旋绳编物的启示而得。

初时的陶器都是很不均匀的,后来有了陶轮(potters wheel)便能把陶器施擦匀整。陶轮有很多种,有的不过为一块圆盘,有的是装辐的轮,有的是双个同辐的轮;其用法有用手的,有用足的,有用一个帮手的。

图 5-17　欧洲史前陶器(德法)

(采自 British Museum, *Guide to Iron Age*)

陶器的装饰法很多,略举如下:(1)刮磨。(2)熏烟。(3)敷搽树脂或他种植物液。(4)以手指绳索或他物捺印,或刻画花纹,又有加色素于所做纹沟内的。(5)以陶土制附加块或动物形、人形粘置其上。(6)嵌入别物。(7)上釉。(8)绘画。(9)用嵌型法及螺卷法制成的陶器表面上的纹样常即留有饰纹。

陶器在入火以前先置日光中晒干,或置风头吹干。烧法或随便在地上烧,或在地面上特设的地方烧,或置土穴中,或置陶炉内。陶器最后的颜色视乎所含的铁质和表面所搽的流质物而定,其色大都为红及黑二种。

陶器的形式及饰样——陶器的形式有三:(1)实用的(useful shapes)或兼带装饰。(2)美观的(aesthetic)或兼带实用。(3)怪异的(grotesque)或兼带实用与美观的。陶器的形式有三种起源:其一,由偶发的原因,例如泥土偶受果实,石块等的压入,或者便启示陶杯的制造。其二,由发明。这是很不常见的。其三,由摹仿。陶器初发生时常摹仿以前非陶器的器皿。匏是最常被摹仿的,此外如贝壳、椰子壳、鸵鸟卵壳、动物皮胃所做的器皿、人工做成的筐篮等,都是陶器的模型。

陶器的饰样有表意的(ideographic)和非表意的(non-ideographic)两种。表意的易于明白不必讨论。非表意的大抵由两种起源:即由偶然的启示及由天然物或人工物。由天然物是因为非陶器的器皿上常有附带的天然饰样,例如软体动物的壳大都有旋纹,匏器有瓣纹等。陶器初发明时常摹仿非陶器的器皿的形状,遂连这种附带的天然饰样都摹制于陶器上。由于人工物的是因为人工做的器物上常有边耳,柄脚等附件,也被仿制于陶器上,但却已失去原状,几于不可认识了。又如嵌网或筐囊而成的陶器上常有网或筐囊的纹样,为陶器上极常见的饰样。非表意的饰样有从表意的饰样变成的,因为表意的饰样经时久了便渐失去原意而成为纯粹装饰的,而原来写实饰样久之亦变为几何形了,如台湾少数民族陶器上的螺旋纹起初是蛇形,有首尾的分别,后来便变成简单的螺旋纹,首尾都一样大了。

第十四章 武器

武器沿革的推测——人类最初所用的武器便是随手拾起的树枝与石头。这两种粗陋的武器后来经过很多的变迁,渐渐合于一定的用处。树枝的用处有二:一是横击,一是直刺。由于横击的目的渐渐产生各种战斧及战棒;由于直刺的目的发生各种矛、箭及直刺的剑。一端有大结节因而较为沉重的棒杖特便于击破颅骨之用,这种武器在有些民族中特为发展。这种棒杖有较短的,不适于手提,则用于投掷。南非洲的土人便有这种武器。

棒杖有尖锐的末端的,特宜于直刺之用。这种棒杖如长度足可以手提而应用的，便是长矛；如较短小可以掷射的，便是标枪或箭了。野蛮民族还有用另一根棒杖投掷这种标枪的，如澳洲土人、爱斯基摩人、古墨西哥土人都会这样。还有别种掷标枪的方法便是用绳索的圈，以增加发射力。许多民族都晓得用绳与有弹性的棒杖发射小标枪，这便是所谓弓箭。以上都是棒杖发展的历史。

原始武器的第二种即石头也有很有趣的发展史。石头也有二种用处：一是握在手里，一是投掷远处。用绳装缚在柄上则所及的范围便较远，但还在用者的手中，由这种方法而成的最初是槌，砍成薄锋便成斧。投掷的石头也被砍成锐利而较有效力。其后不再用手掷而用棒或绳，或真的投掷器（sling）。现在的枪弹也不过是用较为复杂的投掷器发射金色的弹子而已。

各种武器有单由棒杖演进的，有单由石头演进的，也有由两者合演而成的。此外还有较为奇异的武器不能溯源于上述二种最原始的武器。

攻击的武器——武器可分为攻击的（offensive）与防卫的（defensive）二种。莫尔蒂耶氏（Adrien de Mortillet）依武器的效用分攻击的武器为三种，再依其用法而各分为三类。表列于下：

	撞击的 for dealing blous	直刺的 pointed	劙割的 cutting
手提的	棍棒	剑及匕首	短刀
装柄的	长槌	枪矛	斧及长刀
投掷的	飞石	标枪及箭	飞刀

这个表虽不是完全的，但却能把各种武器概括成少数种类，使读者可以将其余的类推。兹将其中几种较为特别的说明于下：

棒在上文已说了一点。棒在太平洋诸岛中发展最为完全。如波利尼西亚的马克萨斯岛人（Marquesas）、曼盖亚人（Mangaian）等的棒都做得很精美。材料是选用最坚硬最沉重的优等木质，头柄很光滑，也很长，末端特别精致，常加以很好的雕刻，其图样有些是象征的，含有意义。另有一种则很短，作长方形，也有雕刻，系南美洲的圭亚那土人的棒。还有一种有大头的短棒，则见于非洲，名为"克利"（kerry），可以手提也可以掷远。

长槌便是将石头或铜铁块装在柄上的一种武器。这种武器出现很早，在西欧新石器时代的人便曾用石头装在柄上。美洲的印第安人有很多用这种武器的，如苏人（Siouan）还用精致的石头装在长柄上。石子随便可以拿起来投掷，但人类的手不是良好的投掷器，所以在多种民族，并且很早，便发明了投掷器。最简单的投掷器是一根木棒，一端的近处有一孔，可以置石于内。用者手握别端，用力摔去，石子便脱出射向远处。古代犹太君主大卫(David)据说曾用飞石弹死一个巨人，大约便是用这种投掷器。现在巴勒斯坦的牧人还用一种较进步的投掷器，其法用二条绳索缚连一个可藏石子的东西，将石子安置其中，手握绳索的两端，急速旋转，然后弛放一端，使石子飞射出去。

关于枪矛有很多有趣的事可说。矛的尖头有很重的，有较轻的，依其效用不同而不同。尖端有和柄同一根的，有另用骨、角、石等嵌上的，有插在柄端的，绑在旁边的。尖端有简单的，有作锯齿形的，或具倒钩的，倒钩可以增加伤害力，并使伤者难于拔出。尖端有紧缚于柄上的，也有故意使刺进时易于破折，致难拔出的。尖端有单只一个的，也有数个向数方面张开的。爱斯基摩人制一种猎鸟的小枪，除一个尖端以外，还在其上附加了二三根尖叉；掷向鸟群时，前端的尖锋虽不中，矛边的边叉也会刺住一只。台湾少数民族有一种脱头猎枪，中在野兽身上时头会脱离，但还由一条绳与杆相连，因杆的拖累使野兽难以逃脱。

上文曾说标枪的投掷有加用一根短棒帮助发射力的，这种棒叫作投掷棒(throwing-stick)或掷枪器(spear-thrower)。这种短棒的长度自12英寸至20英寸不等，一端有钉或别物抵住枪柄的后端，手握棒的另一端，将标枪平靠在棒的上面，用力急速的一掷枪便飞出去了。这种掷枪器在爱斯基摩人、墨西哥的阿兹特克人(Aztecs)中都极盛行，阿兹特克人称为"押拉突"(Atlatl)。在法国史前时代的洞穴遗址内也发现这种武器。

弓箭在欧洲史前时代便发明了。西班牙阿尔珀拉(Alpera)的一个洞穴内，发现旧石器末期马格德林期(Magdalenian)遗留的壁画中，有猎人持弓箭状，可以证明彼时已经有弓箭了。弓有四种：(1)常式弓单由一根杆制成。(2)复合弓由二块以上材料制成。如鞑靼的弓，用时须倒扳以增加劲势，很多是由几块木料及角以胶汁及腱联结而成。(3)弹弓(pellet bow)不用箭而用弹丸为射出物。有一种弓，弦是双的，其中点有网状物为置弹的地方。(4)弩(cross bow)，附加横木于弓上，安箭于其上，使发射准确，这是很进步的利器了。我国西南的苗、瑶等族便常用弩。箭杆的加羽也是后来方有。箭镞在史前时代便有石制的，其状有四种。(见石器章)

有一种很奇异的原始武器叫作"波拉斯"(bolas)，可译为"流星索"，以美洲的为著。这是将二三个圆石球包一层外皮，缚连在绳索的末端，绳索的上端则连接在一起。这种东西常用以捉牛。猎者骑在马上，握住绳的上端，把其余的部分抛在空中旋转，绳索打在牛的身上，石球便转个不停，将牛腿缠了又缠，二三个石球把牛的腿都缠住，而牛便跑不动了。爱斯基摩人也有这种武器，但石子形较小，数较多，是用以捉鸟的。

飞刀(missile knives)在非洲最多。其地铁工很精，能够将一片铁打成几把小刀,柄相连在一起,刀锋分向各方。用时掷向敌人,稳有一刀中在身上。印度的锡克人(Sikh)用一种武器与此略同,是一个铁环,形宽而薄,外缘锋利,用时向敌人抛去,在空中急速地旋转,中在身上其伤非小。

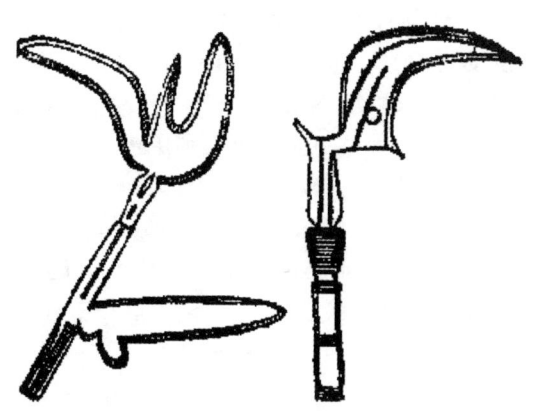

图 5-18　非洲刚果土人的飞刀
(采自 British Museum, *Handbook to Ethnographical Collections*)

鱼叉(harpoon)见于爱斯基摩人中,是一种巧妙的猎具。因为是用于水上,所以另有其他作用,为陆上器具所不必有的。叉头另附尖镞,形颇长,尖镞与叉头的接连很巧妙,一中了动物的身上尖镞便与叉头脱离,叉浮水面可以再捡起。尖镞又结连一条绳,绳末缚一个气泡或装空气的皮球。动物中了叉便泅没,但因有气球浮在水上,可以很容易的拖获,掷叉时也用投掷棒。

野蛮人还有一种精巧的武器,便是吹箭铳(blow-gun)。这是一个长而且直的空管,大都是竹或别种植物管所制成,由其中射出的物是小箭。箭的后端缚连一个软塞,软塞为绵或其他所制成,大小适宜,不松不紧,略能发生一点压力于管内。在亚洲东南部和南美洲所用的箭尖常蘸毒液。用时小箭放在管中,将管举在唇前,前端向所要射的鸟兽,快捷而不十分用力的一吹,轻轻把箭送出无声无息地飞向前去。这种吹箭铳能够在百米的距离打野兔,且能穿入其体内。

澳洲土人有一种极奇怪的兵器,可称为"飞去来棒"(boomerang)。其形不直而弯,棒面扁平。使用时,向空掷去,在空中描一曲线,如打不着目的物会再飞回掷者近处。打中时其力极大,而且进行是曲线的,更使被击者不易闪避。有人说,在古时别的地方也多有这种物,如丹麦的石器时代遗物中有类此的木棒,埃及的壁画有兵士拿此物的,埃及古墓中也发现木制的这种棒。

原始的武器中,还有利用自然物的,其种类也很多,如兽类的锐牙、利爪与长角,鱼类、介壳类的刺等,都拿来使用。如中非的土人用山羊角做长矛头。寒带人,将海马獠牙接柄做鹤嘴锄状的兵器。"锯嘴鱼"(saw-fish)的长嘴骨因两边有锯齿,常被新几内亚土人利用为武器,其用如知槊及锯。

防御的武器(defensive weapons)——著名的原始兵器研究者皮特-里弗斯(A. L. F. Pitt-Rivers)分防卫的兵器为四种如下:

1. 皮革。厚皮动物的皮革犹如人类的甲胄,如犀牛、河马都是全身披挂的壮士,所以人类在发明皮衣以后不久便晓得用更厚的皮革做甲胄。原始民族,如爱斯基摩人便用厚鹿皮为甲,中非洲土人则用水牛皮,埃及的一部分土人用鳄鱼的皮做胸甲。皮革做盾也很普通。北美印第安人多用最厚水牛皮,新赫布里底(New Hebrides)土人用鳄鱼皮,非洲一部分土人,则用象皮。

2. 固体片(solid plates)。鼋类的甲似乎是原始民族的盾,因为这种物现成合用又最易得。人工制的盾在最低等民族中常不曾见,而在多产鼋类的地方尤少,此或可为这说的反证。人工制的盾必待人工进步有了较轻较佳的材料,方能出现而代替鼋甲。

3. 有节片(jointed plates)。甲壳类动物都有有节片的护生物,这或者便是这种甲胄的胚胎。罗马人和古时法兰西人都有这种甲胄,法国人名之为"虾"(ecrevisse)便是因为他很像虾壳一样。

图 5-19　苗那卡族的武装

(采自 Buschan, *Illustrierte Volkerkunde*)

4. 鳞片甲(scale armour)。鳞片甲源于动物的鳞,这是无疑的。其制法便是将坚硬的东西缀附于甲上。如塔希提人的树皮甲上缀了一片一片的椰子壳,萨尔马特人(Sarmatians)把角片缝缀于衣服上为甲。以外如马蹄、贝壳、海狗牙等都被采用。有铜铁以后便有铜片、铁片的甲,如古埃及人、亚述人、波斯人等都有。

第十五章　交通方法

陆上交通——原始民族所居的地方多无径路,而须穿林莽斩荆棘方能前进,但人烟较盛的地方大都有小径可遵行,其径常不直,曲曲折折,蜿蜒于草树之中。宽广的人道是那种地方所罕见的。

桥的最初形状便是仅为一株树干的独木桥,其后逐渐改良而有竹桥、木板桥、石桥等。桥有很奇异的。如绳桥、悬桥。还有以他物代桥的,如筏桥、舟桥。

最简单的运输方法,便是用人的手、头、肩、背负载物件行路。这四部分的使用各民族各有所专精,并不全用。但使用人力最发达者只有中国人,能以两肩挑负很重的物件。在非洲、亚洲东南部及地中海边的人则常用头载重。美洲人负重以背。有些原始民族的妇人背负一筐,但却将其带置额上使额承其

图 5-20　新几内亚的独木舟
(采自 *National Geographic Magazine* Vol. 56)

重。如瑶族和台湾少数民族便如此。

车是很进步的交通工具,最初只在旧大陆方有之。其起源地或只有两处:一是中国,一是巴比伦。车的发明的程序,据学者揣测有两种:其一谓其初人类搬运重物时把圆木柱垫于重物下面,借其旋转的势以推动重物;后来把木柱的中部截去一段,只余两个厚圆轮,圆轮厚度渐减,最后再加以轴便成为车了。又一说以为轮的产生不是由截去木柱中部,而是由渐渐拣用粗大的大柱刳削其中段使两头大中间小,后来两头便成为轮,而中段则成为轴。初时轴与轮是同一块木的。后来乃分开而将轮凿孔以穿轴。

水上交通——最简单的船是浮木,这或为去掉枝叶的木块,或则为连枝带叶的树干。有些民族利用膨胀的皮,或可可实等的浮扬力借以渡水。北美加利福尼亚土人将芦苇捆为一束以载人过水。用这些东西时大都是以手足拍水使其前进。像这样一个人骑在浮木上,用手足拍水而行,便是船的胚胎了。

独木艇(dug-outs)是最简单的正式的船,现在还有些原始民族使用这种船。发明很早,石器时代的人也曾造过这种船。其造法是将一大块树干在横面刳成一个人空洞,刳法常先用火力烧焦所要刳去的部分,然后用石锛石凿刮去焦炭。

与独木艇差不多同其简陋的是树皮艇(bark canoe),北美土人、通古斯人及火地人都有。其法用一大块树皮,结连两头,中部成一个空地便可载人。阿尔衮瑟印第安人(Algonquin)有一种著名的桦树皮艇,其制法先做一个骨架,然后将皮覆罩于外,用线缝合,并涂以沥青使不漏水,这一种便较上述的远为进步了。

与树皮艇很相似的是皮艇(skin-canoe),如爱斯基摩人的"卡押"(kayak)

图 5-21　爱斯基摩人的皮艇
(采自 *National Geographic Magazine* Vol. 51)

或"拜大卡"(baidarka)。树皮艇和皮艇都很轻便,可以任意搬动。

皮艇有一种叫作"哥拉苦"(coracle)或圆形舟的很为奇特。古时不列颠人曾用过,北美密西西比流域的曼丹人(Mandans)中也有。这是一种圆形平底的艇子,像桶一样,中有柳条所做的骨架,外罩以水牛皮。

按照树皮艇或皮艇的方法,不用这些材料,而改用平薄的木板砌合而成的便是真正的船了,虽较重些,但却较为稳固耐久。

用数个木头平排合成的便是筏,将筏的前头修成尖形便更进一步。筏有用竿撑的,有用桡或桨荡动的,有挂帆的(如古秘鲁人),有用皮及陶器增加浮扬力的(如埃及人)。造筏的目的有二,一是为运木材的,木材可多用;一是为正式的转运具的,木头以少见水为佳,如单留在外缘的两根木头,抽去中间的木头,将平板横铺其上,而板不吃水便是更进步的筏了。

图 5-22　新几内亚人的带架艇
(采自 *National Geographic Magazine* Vol.56)

南海岛人有一种"边架艇"(outrigger canoe),又有一种"复艇"(double canoe)都是由筏演成的。边架艇是有帆的小艇,很狭窄,旁边另有一个木架与艇平行接连。"复艇"是两只小艇平行接连,但中间隔一空隙。

原始民族的艇子也有很大的效用而不可轻视。北美西北海岸土人的独木艇有很好的,能够载五六十个战士。波利尼西亚人的用木板砌就用绳扎牢,并涂抹沥青的大艇,能够运载大队的人,并作远道的航驶。有人说,这些民族由一岛航到一岛,其所经区域之广比较亚洲全部还大。

参考书目录(以采用多少为序,括号中即为本篇内采用之章数)

1. Starr, F., *First Steps in Human Progress*, chap. Ⅰ～ⅩⅥ(第 4～15

章)

2. Goldenweiser, A. A., *Early Civilization*, chap. Ⅶ、Ⅷ(第 1、2、3 章)

3. Wallis, W. D., *An Introduction to Anthropology*, Pt. Ⅲ(第 5、8、9、10、15 章)

4. Elliot, G. E. S., *Romance of Savage Life*, chap. Ⅲ、Ⅳ、Ⅵ、Ⅶ、Ⅷ、Ⅸ、Ⅹ、Ⅻ、ⅩⅥ、ⅩⅦ

5. British Association for the Advancement of Science, *Notes and Querries on Anthropology*(第 4～15 章)

6. Ellwood, C. A., *Cultural Evolution*, chap. Ⅶ、Ⅷ、Ⅹ、Ⅺ(第 5、6、7、10 章)

7. Tylor, E. B., *Anthropology*, chap. Ⅹ、ⅪV(第 4 以下各章)

8. Wissler, C., *An Introduction to Social Anthropology*, chap. Ⅳ、ⅩⅥ(第 8、9、10 章)

9. Kloatsch, H., *Evolution and Progress of Mankind*(第 4 章)

10. Mason, O. T., *Woman's Share in Primitive Culture*(第 5、6、9、10、13 章)

11. Weule, K., *Cultural Element in Mankind*(第 6、14 章)

12. Weule, K., *Culture of the Barbarians*(第 4 章)

13. Kroeber and Waterman, *Source Book in Anthropology*, chap. 22～30(第 5、6、7、9、10、11 章)

14. Thoamas, W. I, *Source Book for Social Origins*, Pt. Ⅰ、Ⅲ(第 10、14、15 章)

15. Lowie, R. H., *Are We Civilized?*(第 4 以下各章)

16. Lane-fox Pitt-Rivers, *The Evolution of Culture*(第 14 章)

17. Lubbock, J., *Prehistoric Times*(第 11、12 章)

18. Vulliamy, C. E., *Our Prehistoric Forerunners*(第 11 章)

19. De Morgan, J., *Prehistoric Man*(第 11 章)

20. Burkitt, M. C., *Prehistory*(第 11 章)

21. 西村真次:《文化人类学》第 3 篇(第 3、4、6、11 章)。

第四篇　原始社会组织

第一章　绪论

人类无论在何种程度都已有某种形式的社会组织。社会在比人类为下的动物界中已经存在,例如蜂、蚁、海狸等的社会组织都很有秩序,很为完整,虽与人类社会的性质不同,但也不能不说是社会。社会组织的根柢这样深远。故到了人类手里更为发皇光大起来,为人类文化中极重大的原素。社会组织对于别种文化原素的关系很大,语言的发达最有赖于社会,宗教信仰也须有社会的条件,经济生活须赖社会上的协作方能成功,知识技术的发明须赖社会上的传播方能改进,艺术创作的动机也不是只由于个人的自赏而有赖于社会的共鸣。

要了解全人类的社会组织单以己族的或者其他文明民族的社会为限是不够的,因为这只是"全人类"的一部分,此外还有许多所谓"野蛮人"即原始民族也各有其社会组织,不能不知道它,以完成这一门的知识。而且文明民族的祖先也有些古怪的社会组织为现在所没有的,也许可以和这些未开化的社会比较而得到了解。

原始的社会组织的性质——原始民族的社会组织很有些特异之处,略举于下:

1. 性质:原始的社会组织中有些很像不合理的甚或是野蛮的情形,例如兄弟死后必须娶其寡妇,儿童对父亲的关系不如对母舅的密切,嫁出的女儿逃走后须退回聘金或将媳妇赔女婿。这在"文明人"观之,是很为"野蛮"的。但若设身处地,就其社会组织的全体观之,便觉无甚不近情理之处。

2. 秩序:原始社会的情形,在文明人观之,常以为是混乱无秩序的,其实在原始社会中不但有秩序,而且秩序很为严整,一切事件都循规矩,很少越轨的。

3. 根据:原始的社会组织不是由《三礼》、《会典》或《六法全书》规定的,而是完全存于无形的风俗惯例之中,要知道原始的社会组织因此比较文明民族的为难。

4. 范围:幸而原始社会的范围较小,文化最低的据说只有数十人,最高的也不过约达百万人,不过等于现代的一个大城市,范围既小自然较易下手。

5. 作用:原始社会组织的作用究竟比文明人的简单,而且社会的分工不发达。社会团体不多,在文明社会有许多团体名目,在原始社会却只有很少的几个。

6. 分子：文明社会的分子大都是异质的，其结合的根据是心理或地域。原始社会则其分子大都是同质的，即根于血缘的，不过其血缘有些是真实的（如家族、亲族），有些则为虚拟的（民族、半部族）。即如部落虽不是根于血缘的，但其分子的来源也常推溯于极久远的祖先。

7. 社会与个人：文明社会有时也容许个人的自由，无视社会惯例发挥个人意见的人颇为不少。若在原始社会则重社会而轻个人，个人罕有自由行动的机会。例如结婚为团体与团体的契约，法律上全团体有"集体的责任"（collective responsibility），个人不得解脱，都是这样。

8. 性别：在文明民族中虽也受性别的影响，但原始社会的性别影响颇有不同。原始的婚姻及血缘团体常行母系，职业上男女的分工也很明显，宗教上对于妇女有许多禁忌，秘密结社禁妇女参加都是。

9. 年龄：在原始社会年龄的差别很重要，成丁者与未成丁者的权利义务差得很多，政治上有行长老政治的，只有年纪大的人方得操政权，有些地方甚至依年龄的差等而分成年龄阶级。

10. 经济影响：经济影响在原始社会和在文明社会一样重要。一妻多夫常由于经济原因，买卖、服务及交换的结婚都基于财产观念，富人在较高的原始社会上也很占优势，有成为酋长的。

11. 宗教影响：宗教信仰常表现于社会组织上，如氏族常与图腾崇拜相联，法律以宗教信仰为后盾，巫觋僧侣为社会上重要阶级，常有兼握政权的，社会习惯都常与宗教禁忌及魔术有关。

社会组织的内容——社会组织若专从原始社会着眼较为简单，但依研究者的眼光而也有不同。最初摩尔根氏只注意根于血缘的团体，例如家族、氏族。其后舒尔茨氏（H. Schurtz）及韦伯斯特（H. Webster）乃专门注意于根于血缘以外的团体即各种集会结社的研究。罗维氏（R. H. Lowie）始合并两种组织于其《初民社会》（Primitive Society）一书中。但他们都未详言社会组织的内容究竟如何。里弗斯（W. H. R. Rivers）在其《社会组织》（Social Organization）书中说了一点，他以为这种研究应包含社会构造的形式及其要素，并及其相互关系及作用。社会构造的形式便是家族的，政治的，职业的，宗教的，教育的，结社的各种。诸种可分属二类，一为随意的（voluntary），一为不随意的（involuntary）。例如家族的，政治的，宗教的，便属不随意的，而各种结社集会则属随意的。职业在原始社会也是不随意的。

哥登卫塞（A. A. Goldenweiser）在《初期文化》（Early Civilization）中分析较详，他说：社会组织由各种根据成立。第一种根据是地域，由此而成的集团是家庭（home）、乡村、市镇、部落及国家。第二种根据为血缘，由此而成集团有两种，一为真实的血缘关系的集团即家族及亲族，二为虚拟的血缘关系的集团即氏族、半部族（moiety）、结婚组（marriage classes）。第三种根据为性别，由此成立男女的群。第四种根据为年龄。第五种根据为世代。地域是空间的关系，血缘及性别是有机的关系，年龄及世代为时间的关系。这些集团都有其作用，但其作用是交错的，即一种作用不止由一种集团单有，而一种集团也不止具一种作用，例如经济的作用由家族、民族、地方集团、性别的群行之，而家族一种集团也兼行经济、宗教、教育、法律等作用。除上述的集团以外还有一种只根据作用而成的。例如生业的集团，宗教、军事、医术的结社（秘密结社属此），特权承继的阶级，职业世袭的阶级，财富的阶级等。社会区分（social divisions）永远是倾于发挥文化的作用及拟出新的作用，而作用也永远是倾于附属以已存的社会单位及创造新的单位。一个人不只属于一个社会集团，他可以兼属于家族、氏族、地方团体、结社、年龄集团、性别集团、世代集团、生业集团或世袭阶级。

里弗斯与哥登卫塞的系统名目虽不同，其实大同小异。哥登卫塞的空间的、有机的、时间的三种集团大都可以符合于里弗斯的不随意的团体，作用的集团则属于随意的团体。此外分别社会组织极为详细的有古丁斯（Giddings）在《归纳社会学》（Inductive Sociology）所列的，因他是包括文明社会与原始社会而论的，此处无需引用。

社会组织演说的争论——社会演进论派在社会组织方面与别的有关学派分歧最大。属社会演进论派的有斯宾塞、泰勒（E. B. Tylor）、巴霍芬（Bachofen）、麦克伦南（McLennan）、摩尔根（Morgan）等人；反对派则有斯旺顿（Swanton）、博厄斯（F. Boas）、罗维（Lowie）、哥登卫塞等人。罗维的《初民社会》（Primitive Society）正与摩尔根的《古代社会》（Ancient Society）针锋相对，很可代表两派的论点。他们的学说例如旧派（演进论派）主张原始时代乱婚普遍说，新派（反对派）说没有证据；旧派区分结婚形式以及结婚手续的演进阶段，新派说事实上不一样；旧派说氏族先于家族，新派说家族先于氏族；旧派说母系先于父系，新派说两者先后不一定；旧派主张母权政治在以前极普通，新派说事实太少，且母权也不完全，酋长都是男子充任。这些还是不久以前的争论，到了最近又有更新的一派拥护演进论，痛驳反演进论派，如卡尔弗顿（Calverton）、布里福特（Briffault）等人便是。因有这些争论，所以研究原始社会组织的人很应小心判断。

本篇计划——第二、三、四章分论结婚的三方面，因为结婚是原始社会成立的最重要的条件。第二章内先论乱婚制，第三章内附论特定结婚，因这种结婚也是关于范围的。第五章论母系与父系，因这是行于家族、氏族、半部族等的重要制度，故独立为一章。第六章论家族、氏族、半部族、部落等根于血缘及地域的群。第七章论集会,第八章论阶级,都是根于作用的群。第九章妇女的地位专论根于性别的群。第十章政治,十一章财产,十二章法律,十三章伦理,都是原始社会组织的重要作用。

第二章 结婚的形式

引论——在低等的人类中,性的事件的重大已经有人说得很多了。有些人甚至说野蛮人不大想别的事情,而他们的大部分时间和智力都是费于性的事件上。其实最低等的野蛮人可说不犯此咎。在较高等的原始社会方有过度的性的事件,在低等的野蛮人中越轨的性生活几乎完全没有。"男子宿舍"(men's house)的隔离两性,奇异的结婚关系的盛行,许多节日民谈的性质,某种崇拜的存在(生殖器崇拜),以及此外许多事情常被引以证明原始人民中性的事情的重大。对于性的事件及某种身体作用的自然的态度,是未开化社会的一种特性。性的事情,诚然不是被避忌的。对于我们所以为无耻的事他们常有过犯,但是我们的贞节的标准却不行于原始的社会中。野蛮人虽是犯了我们的是非的准则,其实还可以说他们的心理是很洁净的。

性欲的事件与结婚实为两事。性欲为生理上的事情,结婚则为社会上的事情。讨论结婚时应当以合法的嫁娶为限,由社会学言之,性的结合若不为风俗与法律所承认的便不算为结婚。

结婚的定义据人类结婚史专家韦斯特马克(Edward Westermarck)最后所拟是:"一个或一个以上的男人与一个或一个以上的女人的关系,这种关系是风俗或法律所承认并含有某种权利与义务于两方以及由此而生的小孩之间",所含的权利与义务自然有很大的差异。又这个定义里也不指定是一个女人绝对地占有一个或一个以上的男人,或一个男人绝对地占有一个或一个以上的女人。

结婚的社会作用有两种。(1)结婚可当作人类社会用以规定两性关系的手段。这一种意义很明显。(2)结婚又可当作个人生于社会中获得某种一定地位的手段,由此而他或她的对于社会中余人的关系方被决定。每个小孩即因其为由结婚而生的一个小孩而取得在社会结构中的地位。社群中有些人成为他的亲人,有些人则虽非亲人而却是同氏族或"半部族"(moiety)的人,有些异性的人是可结婚的,有些则不可。所有这些以及此外的关系都是由于出生而定。以上两种作用尤以第二种的更为紧严。

乱婚制(promiscuity)——古典派社会演进论学者以为结婚的形式也是有几个相连续的阶段。照摩尔根氏(L. H. Morgan)所说:最早的结婚阶段是"乱婚",即性交不受任何规则的限制。与乱婚正相反是义务性的一夫一妻制,故被当作最后的阶段,而其间则有几种中间性的制度。他们以为世界上各民族一定都曾经过乱婚的时代,其后慢慢一段一段地演进,其进到一夫一妻制的已经是文明民族了。这种学说曾盛过一时,但自从反演进论派兴起以后除极少数人外几乎凡研究这问题的人都不赞成乱婚曾为普遍实行的一种制度了。反对派以为这种学说的错误在于缺乏证据,而却有许多相反的事实。有些文化很低的民族例如非洲布须曼人(Bushmen)、安达曼人(Andamanese)、印度的维达人(Veddahs)都实在是行紧严的一夫一妻的。

乱婚普遍说也有其来源。其一是古书、旅行记和传教士的记载。

第二种的来源是文化的"遗存物"(survivals)。有些风俗或制度现在已经没有何种作用,但它们的存在可以证明它们在以前也是有作用的,这便是所谓遗存物。主张乱婚说的人举出几种风俗说它们是以前乱婚时代的遗留物,由此可以证明乱婚制的存在。但反对派以为这些风俗却另有别种意义,不能即说是乱婚制的遗留物。(1)这些风俗之中,一种是"兄弟妇婚"(levirate),依这俗,兄弟死后应娶其寡妻。据乱婚说的学者说,这便是乱婿的遗俗。反对者则以为这种风俗可以不必解释为遗存物,因为他是有现存的作用的。据韦斯特马克、泰勒(E. B. Tylor)、罗维(R. H. Lowie)等人说这风俗实是由于以结婚为家族与家族间的契约而死者的家庭应当负担其寡妻的生活。还有一种"妻姊妹婚"(sororate)也是因为是家族与家族的契约,故一个死了再续一个。(2)乱婚的又一种证据是"生殖器崇拜"(phallic worship)。反对派则说这种风俗其实并不行于最原始的民族中,而是行于文化较高的人民如希腊、罗马、印度等。在印度其发生且更迟。崇拜这种生殖的能力即生命的象征,并没有什么难解的意义。这种风俗实和农业有关,因为希望农产物的丰收常有行使魔术的仪式的,而这种风俗也确曾见于许多民族的春节。(3)还有古时巴比伦、希腊、迦太基、意大利等处所行的"神圣卖淫"(sacred prostitution),反对派也解释为宗教上的淫乱仪式,不过是特别发展的崇拜生殖的风俗。(4)还有所谓"秽恶的结婚仪式",如"初夜权"(Jus Primae Noctis)等。据巴霍芬(Bachofen)和拉伯克(Lubbock)都说这是"个人结婚的赎罪"(expiation for individual marriage)。他们说妇女由公有而转入个人之手时便是犯了团体的权利,故须先向大众赎罪,赎罪的手续便是使新妇先侍寝于酋长、僧侣等领袖以及新郎的朋友,这便谓之初夜权。还有欧洲中古时"封君的权利"(Droit du Seigneur)也是相同的。反对派如韦斯特马克则说这种风俗或者是由于"处女血恐怖",故希望由宗教人物或显要人物之交合而祛除不吉,即使是一种权利,也不过是个人的威权的结果,未必便是古代乱婚制的证据。(5)"群婚制"(见下文)在乱婚说派以为是乱婚变成,但反对派又以为此制反是一夫一妻制的变体,即起于一对夫妇而扩大其性的关系;不像是缩小范围的乱婚制。(6)还有亲族等级制度

(classificatory system of relationship)也是乱婚证据。最著名的是夏威夷的风俗,凡属同辈行的亲族便当作一个等级,除年龄及性别外只用一个名称。例如"父亲"一个名称除用于本父以外,凡父的兄弟以及母亲的兄弟都呼以此名。又如"母亲"除用于母亲以外又用于母的姊妹以及父的姊妹。"兄弟""姊妹"用于兄弟姊妹以及父之兄弟姊妹的子女及母的兄弟姊妹的子女。这种风俗据摩尔根说可以证明以前在同辈行中都有性的关系。一个人的伯叔父、舅父也称为"父亲"是因为他们可以和他们的母亲及姊妹有性的关系,而一个人的所有甥侄也便是他的子女,因为他和他的姊妹、从姊妹、表姊妹都可以有性的关系,她们都是他以及其他"兄弟"的妻。反对派以为这样以亲族名词为源于性的关系的说法,很有难处;因为照此说"父亲"的意义为"生殖者"或"或然的生殖者",但母亲便不能依此说法了,因为她们只生自己的子女,至于其他的子女却显然不是她所产生的,由此可见,以此为乱婚的证据实是不对的,因为这种制度不过是根于血缘的亲族关系,并不是根于性的关系。

主张乱婚说的前有摩尔根,后有里弗斯(W. H. R. Rivers)等,他们所提出的证据以及批评者的话已述于上,我们再看反对派如韦斯特马克、罗维等人的学说。这些学说可分为动物学的、生理学的及心理学的三种。(1)动物学的说法以为在类人猿中其幼稚期已经延长,幼儿的养育有需于父母的协作;和人类最相近的动物其性的关系已经不是乱交了。在动物界中夫的忠心已存在,父与母协力从事生活资料的营求也已有过,故许多最低等的民族所行的一夫一妻制定是直接由动物界传下来的。(2)生理学的又称生物学的说法较难证实。这说以为乱交必发生极近的近亲生殖,这或者为乱婚制流行的阻碍。(3)心理学的说法为韦斯特马克所主张,这说是根于人类以及动物界中性的妒忌的存在,特别是男性的妒忌尤为乱婚的障碍。有些民族,如行一妻多夫制或群婚制的民族,妒忌心很薄弱,是由于社会的惯习或为别的利益而渐泯其妒忌,且对于妻若生厌嫌时妒忌便也较少。

罗维说:"性的共有制若说曾完全代替了个别家族,现在无论何处都不存在,至于说它以前曾有过,其证据也不充分。"韦斯特马克也说"无数维持乱婚说之事实皆不足使吾人相信乱婚为某民族两性关系之主要形态。在人类社会发达的过程中乱婚不曾形成一般的阶段,更无从设想为人类史之出发点。"托泽(A. M. Tozzer)也说:"性的滥肆与结婚实为两事。性的混乱确曾见于有些原始社会中,像现代的社会中一样,但不能说它曾代替了个别家庭的地位。"

最近布里福特氏(Briffault)著《母论》(*The Mothers*)一书,针对韦斯特马克的《人类婚姻史》加以痛驳,重整演进论派的旗鼓,以为在人类的蒙昧时代乱婚制确曾存在过,反对派所提的证据实是错误。

群婚制(group marriage)——乱婚说的反对者只不赞成无限制的乱交状

态为任何民族所必经的主要阶段而已，至于有限制的性的共有状态的存在于某个特殊民族是并不否认的。这种有限制的性的共有状态便称为群婚制或即称为"性的共有制"（sexual communism）。这种制度便是一群的男与一群的女为夫妇。但男之子女并不是有同等的夫权，一男常有一个正妻，但容许别人和她有关系，反言之一女也有一个正夫，但她得以另找伴侣；而且一群的男通常都是有关联的，对于女人有一定关系，同样女人们也常是有关联的；或者属于同一血统；他们并不是随便凑在一起的许多男女而已。反演进论派以为此制并不曾排斥其他婚制而为唯一的主要制度，它是和别种结婚同时并行的。

这种风俗行于澳洲、西伯利亚、美拉尼西亚、波利尼西亚等处。西伯利亚东部的楚克奇人（Chukchi）中很为盛行。再从兄弟、再表兄弟或再再从表兄弟，或者无关系的人如要促成巩固的友谊便结合为一个共妻的团体。亲兄弟不加入，无妻的也不得加入，因为这是根于交互的原则的。一团体有时扩至于10对夫妇。这些会员却不住在一处。他们各住一方，不过于会员来访时使妻侍寝，故其机会不常有。同住一处的人不喜加入这种团体，其理由是因大家近在一处，恐陷于完全的乱交状态。反乱婚说派说由此可知，这种制度其实不是限制的乱婚，而是出于交互的敬客之意，不过是个人结婚有时扩大丈夫的性交权利于丈夫的同伴而已。还有澳洲的埃尔（Eyre）湖边的迪埃里（Dieri）和乌拉布那（Urabuna）两个部落的团体婚也很有名。迪埃里人的小孩例须和母亲的母亲的兄弟的女儿的女儿或者母亲的父亲的姊妹的女儿的女儿一个结婚，童年时便定了婚，故一个男孩必有一个妻，一个女孩也只有一个夫。但到了完婚以后，一个女人除为一个人的妻外却另为几个已婚或未婚的男人的妾，但这些男女须是有如上所述的亲属关系的。故兄弟可以共妻，鳏夫可以兄弟的妻为妾，客人如属于上述的亲属关系的也可以主人的妻为暂时的妾。通常妾的分配常由长老会议举行之。实际上特殊的人物妾数较多，普通的人常只以一个女子为足。在此制中有两个要点，一是妻与妾如同住一处时，妻较妾为优胜；二是正式定婚的夫权力最大。凡副夫不得引诱其妾使离开正夫，只可于正夫不在时或其允许方得享受其副夫的权利。妻若不得正夫的允许也不得擅自选择副夫。

一妻多夫制（polyandry）——行此制的民族屈指可数，只有一部分的爱斯基摩人、非洲班图族（Bantu）中的巴希马人（Bahima）、加那利岛（Canary Is.）的关切人（Guanches）、马克萨斯（Marquesas Is.）的土人、阿留申岛人（Aleuts）以及可为标准的南印度人和西藏人。

一妻多夫制有二式，其一是"兄弟共妻"（adelppogamy），即兄弟共娶一妻，行于西藏。又其一是"非兄弟共妻"又称为奈尔式（Nair type）行于印度东南部马拉巴尔（Malabar）地方的奈尔人中。在西藏的兄弟共妻制一个人结了婚,他的兄弟也同时有了妻。他们很和睦地住在一处,生小孩时诸兄弟都是父亲,但最大的哥哥行了一种仪式叫作"弓箭的给予"(giving the bow and arrow),于是他便成为法律上的父亲。在奈尔式诸夫常分住各村,妻轮流寻找他们。生了小孩则先结婚的男子也行了弓箭仪式而成为小孩的法律上的父亲。他继续做二三个小孩的父亲以后,别的丈夫方得为父亲。像这样,社会学上的父亲与生理学上的父亲是不相符的,印度的托达人(Todas)中兄弟共妻与非兄弟共妻两式都有,其行前式的像西藏一样,其行后式的妻大约与每一个丈夫住一个月,有时法律上的父亲死已久了,但因还无人行弓箭仪式故别人所生的小孩还算是死人的孩子。托达人的一妻多夫大约由于溺女,近来此风渐衰,女性渐增,但他们却不改为一夫一妻,而反变为多夫多妻,即团体婚,例如前者为三男共一妻今则改为三男共二妻了。一妻多夫俗据说古时还曾行于希腊人、英国的克尔特人(Celte)以及闪米特族人等。

　　一妻多夫俗的起因或说是由于生活环境不佳,故须由多数的丈夫赡养一个家族。又有人说溺毙女孩也是一个原因,爱斯基摩人中确有如此的,而托达人大约也一样,但行农业的西藏人与马克萨斯岛(Marquesas Is.)人却不曾溺死女孩。又有说是由于男子时常外出故需别人继续为夫以照应其妻。还有说是由于不能生育故让别个男子参加以达生子的目的。

　　一夫多妻制(polygamy)——此制与前一种不同,行于世界上大部分地

图 5-23　刚果土人的一夫多妻
(采自 National Geographic Magazine)

方。常和一夫一妻同时并行,因为两性的比例不能容许全部男人实行多妻。此制的形式视乎诸妻的同居与分居而异。盛行此制的民族首推非洲土人,一个人拥有5个、10个、20个甚至60个妻的都很常见。大酋长的妃嫔数自百人以至于数千人,如阿散蒂族(Ashanti)的法律限制王妃之数为3333人,洛安戈(Loango)及乌干达(Uganda)的国王传闻都拥有妃嫔7000人,比之中国皇帝的"三千佳丽"更多一倍。此外在现代民族中以狩猎或采集食物为生的低级民族以及初期农业民族少有行一夫多妻的,盛行此制的多属畜牧民族。在古代的民族也多有行一夫多妻的;如巴比伦人、希伯来人、阿拉伯人、斯拉夫人、斯堪的纳维亚人、爱尔兰人等都是。我国人自古以来便行此制,还有日本也曾行过。

一夫多妻制发生的原因,据韦斯特马克所举分为间接的与直接的两种。间接的原因便是女性的数比男性多。直接的原因则为男子欲得多妻的愿望,约述于下:(1)由于"周期制欲",在低等民族月经期、妊娠中男子必须禁欲,而小儿乳育期使丈夫更须制欲甚久,故须别觅妇女。(2)由于女性较易衰老而男子常喜新厌故,如摩洛哥的摩尔人以"人不能常常吃鱼"譬喻男子不能以一妻为满足。(3)由于获得子嗣的愿望。无子时希望由多娶而生子,东方各国人常以此理由而实行多妻。虽已有子也希望繁殖更多以扩大家族,增加声势。(4)多妻在物质方面能使男子安适,或由妻的劳动而增加财富。非洲的东部及中部土人妻愈多者愈富,男子为妻所维持,受妻奉养。(5)多妻又能增大男子的声誉权威,提高其社会地位,故刚果土人称述酋长伟大时必历数其妻,而旅行家也常说男子的伟大与妻的数目为正比例。

有多妻制的民族中,其实行多妻者通常只限于有财力有权势的人,余人仍是只有一妻。例如东非洲的基库尤族(Kikuyu)中一夫一妻制很常见,二三妻的也普通,只有富人方有六七妻。多妻制的限制:(1)妇女的数目不足,如上述基库尤族的多妻数并不大,但已有许多男子不易获得一妻。(2)多妻的购置力不易,例如中亚吉尔吉斯人(Kirgiz)虽改奉回教也常因无力购买第二个妻而不能行多妻制。(3)行"女家居住"(matrilocal residence),即丈夫住居妻家的因须得岳家的允许方得多娶,故也不易行多妻制。(4)妇女的妒忌也能阻碍多妻制。(5)夫妻有爱情也能使男子以一妻为满足,无论文明人、野蛮人甚至动物中如鸟类据说也有这种纯洁专一的爱情的存在。

一夫多妻虽是女性低弱的表征,但丈夫的多娶有时反是妻所主张,因为多加同伴可以分担义务,例如基库尤族、楚克奇族的妇女便有如此的。行一夫多妻制的民族又有倾向于一夫一妻制的,以最初一妻为大妇(principal wife),后娶的则呼为小妻或妾,其地位与大妇悬殊。例如西伯利亚土人中妾之于大妇不过如婢女一样。又如新几内亚卡伊族(Kai),为大妇的可使妾汲水烧饭等。非洲马赛人(Masai)也是这样。在诸妻间的相处情形,固有颇为和睦的,如西伯利亚的科里亚克人(Koryak)、楚克奇人据说便如此，还有行妻姊妹婚的轧辂也较少；但由于妇女的妒心容易发生家庭的不安，如回教国人、印度人、希伯来人、波斯人、马达加斯加人都有这种记载，如希伯来语"次妻"(Hassorah)意即为"女人之敌"，斐济人(Fijian)中据说曾有诸妻相争咬去鼻头的话，比之我国的"人彘"可谓无独有偶。

总之，一夫多妻制虽在大多数原始民族中均被承认，但实行此制的人究属一团体中的少数，其大多数人都还守一夫一妻制。

一夫一妻制(monogamy)——反乱婚说派以为在现存未开化民族中，低等阶段的狩猎者与初步的农业民族反发现严格的一夫一妻制，如南美印第安人、马来半岛土人、锡兰(斯里兰卡)的维达族(Veddas)、菲律宾的尼格利陀人(Negritos)以及非洲的矮民(pygmies)等都是。严格的一夫一妻在畜牧民族间较少，古代文明民族如巴比伦法典曾规定婚姻为一夫一妻，但妻若患病或无子夫得多娶。埃及除王族外实行多妻者亦少。希腊认一夫一妻为唯一结婚形式，但得纳妾。罗马的婚姻制为严格的一夫一妻，法家且以纳妾为非法。基督教赞成一夫一妻，但对于多妻不曾激烈非难。据韦斯特马克研究的结果以为人类结婚的基本形式是一夫一妻制，"在实行一夫多妻、一妻多夫或团体婚的地方亦必有一夫一妻制与之相并存。而且一夫一妻制在许多民族中都由习俗及法律公认为唯一的婚姻形态。此种趋势或单由于习惯力的伸张作用，或基于以一人拥有数妻致令他人鳏居为不当的观念，或因一夫多妻有伤女子的人格，或因耽于淫欲遭受非难等等"。又说："文明进步到某一阶段，一夫多妻曾为适者而存在；迨文明达到了最高的一段斯为一夫一妻的天下。……转向一夫一妻的趋势基于种种理由：文明人没有在妻的妊娠中及出产后长期分离的迷信，希求子嗣的意念渐形淡薄；多妻不复为生存竞争的帮助而反成为重荷；多子多妻不再为富与势力的原因；恋爱的感情更为细腻，因之更能持续。以前凌辱女性的情感今则改为敬意……"至于将来的社会中哪一种的结婚形式能够存在？或说是一夫一妻，或主张一夫多妻，据韦斯特马克的推想则以为："假如人类向着从来的同一方向而前进，因而在最进步的社会中促成一夫一妻的原因不断增加力量，特别是能够尊重妇人的感情，及妇人在立法上的地位，则我们可以毫不踟蹰地断言在将来的社会中不会废除一夫一妻的法律。"(韦斯特马克的话依王亚南译文)

第三章　结婚的手续

掠夺结婚(marriage by capture)——以前的学者曾主张掠夺结婚曾经普遍实行过，这种风俗确曾存在于有些民族中。依此俗，一个男子不待女子自身与其亲族的同意竟用武力夺取为妻。所掠夺的女子或属己族的，或属异族的，但在己族中施行兽性的暴力为很多民族所不许。实行此俗的现存民族有南美火地岛人、巴西土人、北美平原印第安人、亚洲北部的楚克奇人、萨莫耶德人（Samoyed）、奥斯加克人（Ostyaks）、卡尔梅克人（Kalmuck）、印度的布伊亚人（Bhuiya）以及马来群岛、美拉尼西亚、澳洲等处土人。在古时闪米特族人如希伯来人、阿拉伯人中广行此俗。印度的《摩奴法典》以掠夺为8种正当的结婚方法之一。希腊人及条顿族人古时也曾行过此制。

主张掠夺结婚普遍说的学者并在不行此俗的民族中举出某种风俗以为是古代掠夺结婚的遗迹，如假战、假被盗、藏匿女子、女家途中留难、新妇哭泣表示悲哀等都是。假战（sham-fighting）便是丈夫邀亲友假做往女家抢妻，女家

图 5-24　澳洲土人的掠夺婚
（采自 Elliot, *Romance of Savage Life*）

也假装抵抗,以此为结婚的一种仪节。这些风俗很多民族都有,即我国民间也尚存留着。但反对派以为这些风俗除解释为掠夺结婚的遗俗外也还有别种解释;或以为是由于要试验男子的勇敢与灵敏;或以为是因为羡慕真的掠夺故模仿其状;或以为由于女家惋惜失女,故发生踌躇及留难;或以为是由于女性羞涩的表现及贞洁的表示,因为不肯无抵抗而失身正为良好女子的好态度;或又以为是占有的象征,表示妻子的从属及屈服于丈夫;又有一说以为模拟斗争有净化的意义,可以使新妇祛避凶邪;更有以为模拟争斗是起于两性间的冲突,帮助女方的常为女性友人,因为她们将结婚当作妇女的受辱;还有一说以为此俗有时是由于中表结婚的改变,如南印度土人有行中表结婚的如娶以外的女子则须赔偿其表姊妹,或并举行假斗的仪式;又有一种解释,以假战为表明妻的私有的,如美拉尼西亚土人便举行这种仪式以避免"老人"的垄断妇女。

  韦斯特马克说:"没有一种民族以此类婚姻为一种普通的或常态的方式。我们似乎可以窥见掠夺婚姻大抵是由于战争的结果,或者因为依普通方法获妻的困难与不便而采取的一种非常手段。"(采王亚南译文)托泽氏(Tozzer)也说:"没有人敢说妻的掠夺不是事实,但这并不是普通的方法,而且也不曾在古代人民中普遍行过。掠夺来的妇女也像是常为妾与婢而不是妻。"

  买卖婚(marriage by purchase)——演进派的人类学家又以为掠夺婚后来退让于买卖婚。斯宾塞以为文明进步则买卖常代替暴力。反对派则以为有几式的买卖永远是常态的结婚法,而行买卖婚的民族有不曾行过掠夺婚的。故这两式的次序不一定。依此制,其代价等于女家在经济上之损失,其价格或为一定额的财货,或依所买妇女的容貌、能力、年龄、境况、生育力而定。如为自小定婚的,刚买价分次自出生时起交纳。买价有时被视为投资,其利息则为妻的工作出产及所生小孩,如无甚出息则其投资为不合算,而妻可以送还其父母家。有时妻也得由父母家赎回,例如北美夸扣特尔印第安人(Kwakiutl)买妻生了小孩则妻父可以交还原价再加利息赎回其女;如生一个小孩,则利息约为原价的二倍,小孩多则利率也高。赎后如妻不愿与夫分离可以自由居住,但如出自夫意,须再送代价于岳父。中亚的吉尔吉斯人为父的替一个约 10 岁的儿子定一个女孩为妇,其价有达 81 头牛的;分期付与,到了已经付大部分后未婚夫方得去看未婚妻,全部付清时便完婚。其妻全被当作夫的所有物,和外家断绝关系。非洲西部的霍族(Ho)甚至在女孩出生以前定婚,先送临时礼物,以后按月送子安贝(货币)于女孩,并帮助其父耕种及他事,到了成熟期便结婚。巴布亚新几内亚的卡伊族(Kai)男子要送一个野猪牙、一头猪及别种珍物为买妻的代价于妻的舅父及兄弟,对于妻父则做某种工作。买得妻后全为夫的所有物,夫死后由夫的兄弟或其他亲族承受,犯奸淫罪由夫处罚,如与人私奔则夫得要求退还买价以赔偿损失。南非洲的顿卡人(Thonga)以"罗卜拉"

(Lobola)即聘金买妻,其罗卜拉大都为牛或锄;女家卖女后有时即以该罗卜拉买媳。女儿如私奔则女婿得向岳家索回罗卜拉,但罗卜拉已为买媳用去,于是不得不将新买的媳送给女婿为妻。罗卜拉不但买得妇女并买得妇女的出产,故妻如无子而死去,则夫可要求退回罗卜拉,反之如罗卜拉不曾交完,则妻虽生子其子也属母家。

买卖婚在许多文明民族中自古通行,有继续至于近时或现在的,如巴比伦人、阿拉伯人、以色列人、希腊人、条顿人、斯拉夫人、克尔特人、印度人、中国人、日本人等都是。

买卖婚族中有时附有回赠,其额有多至与原价相等的,甚且有超过的,这种回赠常成为新娘的嫁奁。嫁奁愈多的,买卖的意义愈少。

韦斯特马克以为买卖婚的名词不很正确,据说:"亲族并未以女子当作产物变卖。在新郎方面的赠物可以表示好意或尊敬;所以证实自己具有维持妻的能力;能对付旁人所加以妻的侮辱,并得防备妻的不贞行为。在许多场合,新娘的价格系当作女子嫁出后蒙损失赔偿,或者在结婚以前为扶养彼女所费的经费的弥补。"(用王亚南译文)韦氏这话在一部分的买卖婚的事实是很合的,但对于上举的严格意义的买卖婚却不甚合。再看罗维(Lowie)所说的便可明白。他说:"买卖婚姻有很多种,无论在心理上或法律上都不相等。有些地方,妇女在所有企谋及目的上都是可转移的、可承继的一种动产;在别的地方

图 5-25　印第安人的买卖婚

(采自 Elliot, *Romance of Savage Life*)

则空存买卖的形式而已,因为新娘的代价已经为回赠或嫁奁所抵销或超过。"

服务婚(marriage by service)——掠夺婚是无赔偿的结婚方法,买卖婚和服务婚都是有赔偿的,即以财货或劳力赔偿女家的损失便是。依服务婚制男子须在一定时间内住居妻家来服劳役。其时间自不满一年,以至于十余年不等。期满携妻而去。有些民族以此为正当结婚法,有些则以此补助买卖婚,又有于服务外加付代价的。行此种结婚法的民族如印第安人、西伯利亚人、印度支那人、印度原住民、马来群岛土人、一部分非洲土人等,又古代希伯来人的传说中也常说及此俗。

服务婚除以劳力赔偿女家损失外,还有试验新郎的一种意义。女家使新郎从事种种劳苦的工作,忍受痛苦的生活,其意是要试看新郎的能力与性情能否负担一个家庭。例如西伯利亚的科里亚克人(Koryak)中便显有这种意义的服务婚,又如柬埔寨、北美太湖地方的 Naudawessies 族、南美印第安人也是这样。

斯宾塞以为服务婚是继买卖婚而兴的较进步的结婚法。韦斯特马克却说服务婚在狩猎民族即较低等的民族中间也颇为盛行,故两者未必定有先后之分。

交换婚(marriage by exchange)——这也是有偿的结婚方法。依这法,甲乙两家互相交换一个女子为妻,因为互以女相赔偿故此外无需别种赔偿。行此制的民族父母常为其子女互相交换,或男子自己以其姊妹或亲族中的女子与人交换。交换婚常有与"特定结婚"(preferential mating)相交错的,其制一个男子必须与表姊妹结婚,故两个表兄弟如各有姊妹便可交换为妻。这种婚姻行于澳洲及托雷斯海峡群岛(Torres Straits Is.)。澳洲土人的行此俗或以为是由于贫乏无买妻的代价,但也有说是由于亲族关系过于紧密结婚范围太受限制,故两方的兄弟姊妹如有可以结婚的关系的便行交换了。

私奔婚(marriage by elopement)——男女由自由意志私奔结合在原始民族中也不是少见的事,如因新娘代价太贵,幼年许婚,妇女交换,女子为长辈所专有,父母及其他亲属的阻碍,或男女有浪漫的倾向便出于此。结婚在原始社会中常只是团体间的契约,其间无爱情之可言。当事人虽已成年但主持婚事的权掌属于父母,尤其是父亲,此外还有姑母、舅父、兄弟等有时也有力量,近亲以外甚至有须取决于部落的(澳洲)。女子的结婚自由较男子尤少,而且过去在经济状况较进步的民族中较之下级的为减少。分析言之,即在狩猎、农业、畜牧三种经济状况中妇女的结婚自由都是在高级的反少于在低级的,而畜牧的较之其余二种为尤少。在最低级的文化中青年男女并不是没有恋爱的事情,他们能自行主持定婚,但其后由于财富集积,买卖婚发达,家族与氏族的重要增进,于是血缘的群便成为缔婚的必要参加者了。

私奔在许多民族都视为结婚的一种方法,或为结婚预备的手段,但在结婚手续上总不能称为完备,故其地位常比不上买卖婚、交换婚等。如在美国蒙大那(Montana)的克劳族印第安人(Crow Indians)很有机会给男女私行恋爱,且很有些成为不止一时的结合。但在部落中的意见,对于这种结婚总认为比不上买卖婚,以为后者较为尊贵,且也较会持久。这种意见是因为事实上一个男子的买妻必求最有贞洁名声的女子。因此一个克劳族的男子一生常有几个情侣和一个正式购买的妻。他们中的妇女也可以私和男子结合,只不过不能算作有理想上的完满而已。她若不常换其配偶也不会引起非难。

第四章　结婚的范围

各民族结婚的范围未有无限制的,有的限于团体内,有的限于团体外。麦克伦南氏(McLennan)于是创出二个名词:(1)凡规定个人的配偶限于自己的团体内的,称为"内婚制"(endogamy);(2)凡个人的配偶须于自己的团体外寻觅的称为"外婚制"(exogamy)。所谓团体或指家族、氏族等血缘团体,或指乡村、阶级等非血缘团体,并无一定。

内婚制——印度的阶级是行阶级内婚制的好例,其四阶级间绝不通婚;而同一阶级内通常再分为若干小阶级,其间也有不得通婚的。马达加斯加的霍瓦人(Hovas)因原是由马来群岛移去的,故也自居为贵族,行严格的内婚。波利尼西亚的贵族与平民也各行内婚。古时罗马的贵族与平民、条顿族的自由人与奴隶也曾行此制。我国六朝时门第的区别很严,高门不肯与寒门通婚。还有古埃及的皇室与秘鲁的古王朝还不屑与其他贵族结婚,而只就近亲内寻求配偶,甚至兄弟姊妹自相为婚。

种族的内婚制也很常见。如现在的美洲印第安人与白种人间还有些不肯通婚的。孟加拉的奥昂人(Oraaon)和阿萨姆(Assam)的帕丹族(Padam)都严禁与外族通婚。非洲的柏柏尔人(Berbers)也行族内结婚。古时则罗马人也不与外族通婚,阿拉伯人也行同族婚。

宗教团体也行内婚制,如犹太人不与基督教徒结婚,至今还以纯粹内婚者为多。基督教徒也不赞成与异教徒结婚。回教也只许在教徒内自相结婚。

近代文明民族已渐渐漠视阶级、种族、宗教的区别,而扩大结婚的范围,故内婚制也渐渐衰替。

外婚制——外婚制行于血缘团体、地方团体或只有共同名称而无血缘关系的团体。

行于血缘团体的外婚制最为普通。凡犯这种禁例的称为"乱伦"(incest),其罚常为死刑。在最狭的家族范围内性的关系普遍地被禁。两亲与子女的婚配绝不曾被容许,同父母的兄弟姊妹的结婚也多被禁止,故其事很为罕见,只有夏威夷、秘鲁(印卡王朝)和埃及等数处而已。西伯利亚的楚克奇人(Chukchee)有一段故事很能表出对于乱伦的畏惧。据说以前的居民曾因饥荒而死亡。只有二人存留,一个是成年的女子,一个是她的小弟弟。她养大了小兄弟后,请求和他结婚。她说若不如此便要灭种,而且这事别无他人晓得,但他却不赞成,说这是被禁止的事。于是女子另去别处造一所屋子,自己另制新衣,然后引诱兄弟到那边去,自己化装为另一个女人和兄弟结婚。其后便生传下来,成为一个民族。兄弟姊妹以外,舅父与甥女,伯叔父与侄女,姑母与侄子的结婚也有实行的,如印度、犹太、德国、秘鲁,但也常有禁止的,如法兰西、意大利、比利时、荷兰、瑞典等处。我国清初的皇帝也有娶姑母的,但汉人则视为乱伦。

  以上所说的是范围最狭的血缘团体,至于较大的血缘团体则常只选择其中的一部分,即所谓"选择的亲属"(selected kin),加以外婚的约束。除了最低等的原始社会,大多数民族都分为两个或两个以上比家族更大的团体。这些团体便叫作氏族(sibs, clans, septs)及"半部族"(moieties),常是"一面的",即其继承是只计父母二人中的一方。外婚制便为这种团体的特征。氏族的行外婚制是很普通的,也可说是普遍的情形。半部族是大于氏族而小于部落的团体,一个部落有分为两个半部族的,每一个半部族又包含几个氏族。半部族也是行外婚的。例如甲半部族的男应娶乙半部族的女为妻,乙半部族的男也娶甲半部族的女。在同一半部族中的氏族不通婚。所生的小孩如该半部族是行母系的便归母方,父系的归父方。中国古代的朱、陈二姓累世通婚也有些像半部族的关系。

  澳洲土人有一种"结婚组"(marriage classes)的风俗,即"组别制度"(classificatory system)专为规定外婚的,最为复杂。其制有的是一个半部族再分为两个结婚组,所生的小孩属于父母中的一方,但与父不同组而自属一组。表解如下:

甲半部族		乙半部族	
第一组	第二组	第三组	第四组

例如依父系计算的,则其结婚及继承的规则如下:

甲一娶乙三,小孩属于甲二
甲二娶乙四,小孩属于甲一
乙三娶甲一,小孩属于乙四
乙四娶甲二,小孩属于乙三

还有一式更为复杂。每组又再分为"小组"(sub-classes),其式如下:

$$
\text{甲半部族} \begin{cases} \text{第一组} \begin{cases} \text{第 1 小组(单)} \\ \text{第 2 小组(双)} \end{cases} \\ \text{第二组} \begin{cases} \text{第 3 小组(单)} \\ \text{第 4 小组(双)} \end{cases} \end{cases} \quad \text{乙半部族} \begin{cases} \text{第三组} \begin{cases} \text{第 5 小组(单)} \\ \text{第 6 小组(双)} \end{cases} \\ \text{第四组} \begin{cases} \text{第 7 小组(单)} \\ \text{第 8 小组(双)} \end{cases} \end{cases}
$$

每组中的二小组假定称为单与双,亲与子不但不得在同一组并不得属同性质的小组,例如父在单小组,子须属双小组,今假使依父系计算,则一个甲半部族第一组第 1 小组(单)的男人,应娶乙半部族第三组第 5 小组的女人,其子女属于甲半部族第二组第四小组(双)。上表的解释如下:

甲一 1 娶乙三 5,小孩属甲二 4
甲一 2 娶乙三 6,小孩属甲二 3
甲二 3 娶乙四 7,小孩属甲一 2
甲二 4 娶乙四 8,小孩属甲一 1

乙半部族的男娶甲半部族的女也照此计算,但实际上小孩所属的小组却反与父亲同性质,例如乙三 5(单)娶甲一 1,小孩应属乙四 8(双),实际上却属乙四 7(单)。这种矛盾之处尚无解释。结婚组还有更为繁杂的,甚至除一个有特殊关系的女子以外不能再娶别个。

组或小组都不是氏族,也不是与氏族互相统属,通常是与氏族互相交错的,即一个氏族分属于几个组成小组,而一个组或小组也包括几个一部分的氏族,兹引哥登卫塞(Goldenweiser)的图解于下:

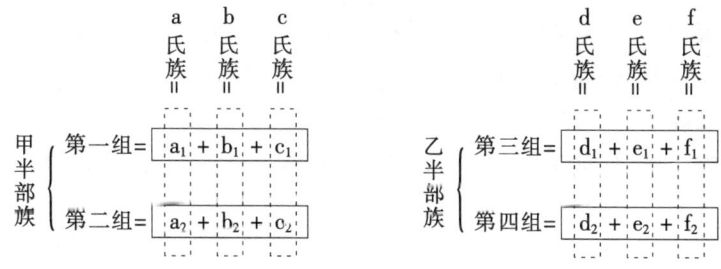

这便是说:

第一组 $= a_1$(a 氏族)$+ b_1$(b 氏族)$+ c_1$(c 氏族)
第二组 $= a_2$(a 氏族)$+ b_2$(b 氏族)$+ c_2$(c 氏族)
第三组 $= d_1$(d 氏族)$+ e_1$(e 氏族)$+ f_1$(f 氏族)

第四组＝d_2（d 氏族）＋e_2（b 氏族）＋f_2（f 氏族）
a 氏族＝a_1（第一组）＋a_2（第二组）
b 氏族＝b_1（第一组）＋b_2（第二组）
c 氏族＝c_1（第一组）＋c_2（第二组）
d 氏族＝d_1（第三组）＋d_2（第四组）

部落（tribe）是不行外婚制的。始创外婚制及内婚制的名词的麦克伦南氏误以部落为行外婚的，他以为普遍的掠夺结婚使部落内部禁止通婚而寻求配偶外。其实部落常行内婚制，其内再分的团体间方行严格的外婚。

如上所述的行外婚的"选择的亲属"的团体，其所根据的联结带大都为共同祖先的信仰，或者同属一个公名，实际的血缘关系已很渺远。或者完全没有。只有这公共名称的神秘性还很被注意。例如易洛魁族印第安人（Iroquois）中属狼族的人不得自相结婚，即使男女二人各属于很远的部落也不得通融，这两个狼族的血缘关系已很难追溯得出，但因其名称相同便须受不通婚的限制。我国人也行同姓不婚的外婚制，还有姓虽不同而因其相通故也不能结婚的，例如田与陈，庄与严。这种同姓不婚的制度与其说是根据血缘，毋宁说是根据共名。

基督教的"灵的亲族"（cognate spiritualism）也行外婚制。罗马皇帝据此制定法律禁止教父母与教子女、教父与教母等的结婚，这也是根据于名称的。

外婚制还有行于地方团体的，凡同地方的人不论血缘的有无，都不得通婚，这叫作"地方外婚制"（local exogamy），但较罕见。

外婚制发生的解释提出了很多，或以为是由于溺毙女孩的风俗；或以为由于掠夺结婚、买卖结婚、交换结婚；或以为乱婚时代一切妇女都是公有的，只有取自外面的女子方得为取得的男子所私有，因此遂发生外婚制；或又以为这是源于动物界的，因为动物群中的雄领袖独占了全群的雌，故其余的雄须求其偶于外。所有这些学说都不能使人满意。还有一说以为亲属结婚发生不良结果为原始人所察知，因而禁止内婚。但这种结果现代的科学也还未能十分清晰，原始人何能确晓而加以严禁。如果他们晓得，他们为什么只将一个团体分为二半个外婚团体，只禁亲属中一方的内婚，而别一方仍行近亲的结婚，如从或表兄弟姊妹的结婚便行于很多地方。故这说的理由也不十分充足。又一种解释可称为政治的，以为结婚的向外寻求是由于两族希望由"和亲"而结好。这说所能应用的范围恐怕太狭。还有一种"魔术宗教的解释"，以为一团体的人有很神秘的统一性，这种统一性不但根于实际的血缘，且根于虚构的血缘观念。如同属一个氏族名的便有这种神秘的统一性，在这种团体内便不得结婚。如同属一图腾的不得结婚便由于此。杜尔克姆（Durkheim）更以为原始人对血液有迷信，以血为有魔术性，尤注意于妇女的月经血，不敢与同属一种血液的人有性的关采,因之发生外婚。心理分析学家也有一种学说,如弗洛伊德(Freud)主张禁忌(tabu)与外婚说,以为人类原有乱伦的冲动,故社会制定外婚制以禁止它,尤其是对付父与女、母与子的通奸。

韦斯特马克也主张外婚根于本能说,说明外婚是由于"亲近发生冷淡"(familiarity breeds contempt),据说人和幼时一同亲密居住的人因过于相熟反没有恋爱的感情,不但没有恋爱之情且反有嫌恶恋爱之感。幼时一同居住者大都为近亲,故近亲间不会有恋爱。韦斯特马克探寻根据于动物界,以为动物常有不喜与相熟的同类交合的,又寻找些人类中的事实以证明其说。这说根本上和主张人类乱伦冲动的弗洛伊德氏对立,还有著《图腾制与外婚制》(*Totemism and Exogamy*)的弗雷泽氏(J. G. Frazer)也反对他。弗雷泽以为如果人类根本上没有乱伦的倾向,何必制定外婚制来阻止它。但实际上外婚制确与乱伦的阻止无甚关系,两分的外婚团体其效用只能禁止一方的通婚,如属母系的不能禁止父与女的结婚,如属父系的则不能禁止母与子。但事实上父女及母子的结婚从不曾见。由此可见亲子间确无乱伦的冲动,而反有厌恶乱伦的倾向。这种倾向也存于兄弟姊妹间。但近亲结婚厌恶说所能应用的范围也不大,因为在从及表兄弟姊妹间这种倾向便不明显,因为世界上有许多地方的人对于表兄弟姊妹的结婚不但不厌恶而且很赞成。人类常对于一部分亲属的结婚不愿意,但对于另一部分关系未必较疏的亲属却又愿意。由此观之,可见对于结婚的厌嫌若离开最密切的亲属即亲子及兄弟姊妹以外便不是根于本能(无论是乱伦冲动或结婚厌嫌),而是出于社会规则了。

关于乱伦的规则如在所有原始社会中都是一律的,而乱伦的意义也是一样,则外婚起源的问题也无难解决。但除开普遍缺乏的亲子结婚以外没有关于结婚禁止范围的通例。甚至于在文明民族中什么叫作乱伦也无一定的意见,例如娶亡妻的姊妹在英国很迟方承认,在我国自来便不成问题;舅父与甥女、舅母与甥男的结婚在基督教国都不禁,在我国却被排斥;基督教东教会禁止两兄弟娶两姊妹,这在我国也觉得可笑;娶兄弟的寡妇的"兄弟妇婚"在我国满洲皇室入关后行了一次,其后因恐汉人讪笑,连史迹都遮掩起来。由此可见关于结婚范围的禁制在各地方各时代是常有不符合的。

特定婚配(preferential mating)——这是一种很奇异的结婚风俗,是内婚制和外婚制以外的特别限制,又是一种特别的结婚方法。依此制一种配偶选择法优先于其他方法,当事者必须与此特定的配偶相结合。此制有三主要式,即"兄弟妇婚"、"妻姊妹婚"和"姑舅表婚"。三者在原始民族中都常实行。分述于下:

1. 姑舅表婚(cross-cousin marriage)

兄弟姊妹的子女相互的称呼在各民族很见错杂。我国以父的兄弟的子女为从兄弟姊妹,父的姊妹及母的兄弟姊妹的子女合称为中表;中表分内外,父的姊妹的子女为外,母的兄弟姊妹的子女为内,中表又简称为表。父的姊妹的子女又称为姑表,母的兄弟的子女又称为舅表,母的姊妹的子女又称为姨表。英文"cousin"一字为兄弟姊妹的子女相互的通称,"cousin"也分为二类,但不是从与表,而是"横贯的"(cross-cousin)与"并行的"(parallel cousin)。两兄弟的子女互称为并行的 cousin(即从兄弟姊妹),而姊妹的子女也称为并行的 cousin(即姨表),至于兄弟的子女与姊妹的子女则互称的横贯的 cousin(即姑表及舅表)。若借用生物学上"同胞"(siblings)一语以包括同父母所生的兄弟姊妹,则可以概括说:同性的"同胞"的子女互为并行的 cousin,异性的同胞的子女则互为横贯的 cousin。在原始民族中,并行的 cousin 常不得结婚,至于横贯的 cousin 即姑表、舅表不但可以结婚,并且在有些地方还是特定的,不得不结婚。姑舅表婚在理论上有两式,一为舅表婚,一为姑表婚。实际上两式有合并为一的,因为舅与姑也常由习惯而结婚。除此例外,两式之中以舅表的结婚为较普通。

姑舅表婚有很有趣的分布。虽不是普遍的,却在各大地方都存在。在澳洲西部埃尔湖(Eyre)旁近的部落行舅表婚,美拉尼西亚群岛中有盛行此制的,例如斐济岛(Fiji)。亚洲南部似乎是此制的中心点,在这里发达最高,如托达人(Toda)、维达人(Vedda)及印度、缅甸等处部落如阿萨姆(Assam)的米基尔人(Mikiris),还有苏门答腊土人,都行此俗。西伯利亚也有,如吉利亚克人(Cilyak)、堪察达尔人(Kamchadals)、通古斯人等都是。美洲较少,但也不是没有,如英属哥伦比亚、中部加利福尼亚、尼加拉瓜、南美奇布查人(Chibcha)。非洲的苏丹尼格罗人未明,但在南部及东部如霍屯都人、赫雷罗人(Herero)、巴须陀人(Basuto)和马孔德人(Makonde)中却是正式的婚俗。

在行此俗的民族中,假使一个人没有姑舅表,则以较疏而同属一辈的亲戚代之。例如在西澳洲的卡列拉人(Kariera)中原是以舅表为正当的配偶,但如无亲的舅表则以母的从兄弟的子女代之,甚或求之于更远的亲戚,只要称为舅表的便是了。但行此俗的民族大都竭力求其紧严,只要是亲的舅表便好,年龄不论,因此有二十岁的女子嫁两岁的男孩的。

罗维说:这种风俗可以证明乱伦的畏惧不是本能的而是风俗的,若是本能的何以并行的 cousin 不得结婚,而横贯的 cousin 却得结婚?又何以有些部落奖励此俗而其邻近的部落却不赞成?又何以有些部落只行舅表的结婚而不行姑表的结婚。

这种风俗的宽严大有差异,卡列拉人是行强逼的,斐济人容许个人的例外,托达人和加利福尼亚的米沃克人(Miwok)尚认其他结婚同为正式的。

这种风俗的起源有几种解释。(1)泰勒(Tylor)以为这是起于两半外婚团体的发生和固定的世系规则;在这种情形之下并行的cousin(从兄弟姊妹、姨表)必在同一方,且不得结婚,至于横贯的cousin(姑表、舅表)则分属两方,而可以结婚。今假定世系从父,则发生下述情形:一个人及其兄弟姊妹都属父的一方即甲方,这个人的子女及其兄弟的子女也都属甲方,故不得结婚。但他的姊妹因嫁出于乙方,其子女都属乙方,故与甲方可以通婚。这条解释似乎很对,但也有几个难点。其一是亲戚程度之差,这种风俗只承认亲的姑舅表为正当的配偶,至于较疏的姑舅表只不过有时代替而已,两半外婚团体间无论是谁都可结婚,何以生这样的区别? 其次是行姑舅表婚的人们未必有两半外婚团体的组织,这又是一个难点。(2)里弗斯(Rivers)提出一条假说,明言只应用于海洋洲。据说初时是有权的老人霸占妇女,其后让其结婚权于姊妹的子,最后却将自己的女儿给他们。还有吉福德氏(Gifford)也提出相似的学说,以为米沃克人的姑舅表婚之前是男人对于妻的兄弟的女儿(内侄女)有结婚权,这种权利由儿子继承,故发生舅表的结婚。这两种解释都须在有这种继承制的民族中方可用。(3)还有斯旺顿氏(Swanton)说财产观念发达的民族或者由保存财产于家族范围内的愿望便发生姑舅表婚,例如英属哥伦比亚人便如此。又有阶级的感情也促成这种结婚,姑舅表既不犯外婚制而可以结婚,且又可以保存财产于家族范围中,故很被奖励。罗维氏说这些学说都是根据特殊状态的,姑舅表婚不是起于一种原因,而是由几种不同的原因,发生于几个地点。

　　姑舅表婚对于亲属称呼发生了影响,一个人若娶其母舅的女或姑母的女,则其母舅也就是岳父,姑母也就是岳母。因此在很多行姑舅表婚的民族中母舅与岳父,姑母与岳母,常为同一个字。例如在斐济人及维达人都这样。还有一点因为一个人的姑舅表便是他的配偶,故常有合表兄弟与夫或表姊妹与妻为一个名称的。更有妻的兄弟称呼和表兄弟一样,而夫的姊妹也与表姊妹同称的。但这种情形如在混有别种结婚制度的便不明显。

　　编者以为我国以前,至少在一部分地方,或者曾盛行姑舅表婚,因为由亲属称呼上很可以看出。我国人妻称夫的父也为舅,夫的母为姑,夫称妻的父母也为外舅及外姑(《尔雅》),舅姑二字与上述行姑舅表婚的风俗很相符合。还有甥字现在只用以称姊妹的子女,在古时则"姑之子为甥,舅之子为甥,妻之昆(兄)弟为甥,姊妹之夫为甥"(《尔雅》),可见姑表舅表与妻兄弟及姊妹夫都称为甥,姑表舅表原是母方及父方的亲属,妻兄弟及姊妹夫则为己身及同胞由结婚而有的亲属,其名称相同可见两方即是一方;这与上述的风俗同同。还有甥字也用以指婿,如所谓"馆甥"便是馆婿(《孟子》)。婿何以谓之甥? 这只可照上述古训以甥称姑表及舅表的例推论其由于姑舅表的结婚而致。以上三种名称都是两方相同的,即妻父与母的兄弟,妻母与父的姊妹(舅姑),姑舅表与妻兄弟及姊妹夫(甥),姑舅表与婿(甥)。这种混淆必不是偶然的而有其原因,但据《尔雅》的注以及其他的说明都不能使人满意:例如《尔雅》释甥下注"四人体敌故更相为甥"。又《释名》"妻之晜弟曰外甥。其姊妹女也,来归己内为妻,故其男为外姓之甥。甥者生也,不得如其女来在己内也"。汪尧峰说:"男子谓妻父曰外舅,母曰外姑。盖彼以我父为舅,我亦从而舅之。惧其同于母党也,故别曰外舅。彼以我母为姑,我亦从而姑之,惧其同于父党也,故别曰外姑。"像这样的解释并不曾解释出什么。若由姑舅表婚的风俗来说明便可以完全明了,反之由此也可以证明我国古代有这种风俗。

2. 兄弟妇婚(levirate)及姊妹夫婚(sororate)

兄弟妇婚或袭嫂制是在兄弟死后娶其寡妇,姊妹夫婚或续姊制是姊妹续嫁一个丈夫。这两种风俗常相合,但也有分离独立的。

兄弟妇婚的分布地方很大。泰勒在其时所知晓的蛮族部落中竟发现有2/3行此俗,现在所知一定更多,故其民族枚举不尽,反不如指出缺乏此俗的民族。例如在北美洲不行此俗的只有西南部的贝勃罗人(Pueblo)而已。此俗之中有限制只有弟方有娶寡嫂的权利的,最为常见,如西伯利亚的科里亚克(Koryak)、安达曼岛人(Andaman)。虽是在亚洲最多,但别洲也不是没有,如美拉尼西亚的圣克鲁斯群岛(Santa Cruz)及澳洲西部都有。此制的宽严也不等,有些部落中男子对于兄弟的寡妇有很大的权利,有些则寡妇可以任意选一个夫家的族人,还有并不视此为义务性的。

兄弟妇婚发生的理由据泰勒所说一是由于以结婚为团体间的契约而不是个人间的事件,由于这种意见,故一个配偶死了其团体须再供给一个。除这条通则以外须再探究特殊情形。二是由于以妻为一种财产,如妻是由严格的买卖来的则其妻自然成为可继承的动产,如在吉尔吉斯人(Kirgiz)、卡伊族(Kai)都这样。妻何以常限于为夫的弟所得,这或者由于兄常较弟先娶,兄死时弟尚未娶,故将妻给弟,后来遂成为定例。妻姊妹婚也可由泰勒氏的话而得解释。男家的兄弟同负对于妻的义务,兄死则由弟代,故女家的姊妹也同负对于一个夫的义务;一个姊妹义务未尽,则女家再送一个来,妻若不生育则其姊妹须再嫁来,妻死也须送一个来补。这种情形在夫家也不止是权利,而还是义务,因为夫若不得妻家的允许不能别娶。妻姊妹婚有二式,一是可于妻的生时娶妻的姊妹,又其一则须于妻死后方得续娶。这与须待兄弟死后方得娶其妇的兄弟妇婚不同。妻姊妹婚有一种差不多普遍的情形,便是只能娶妻的妹,这与兄弟妇婚限于弟娶寡嫂一样。

依泰勒的学说兄弟妇婚和妻姊妹婚应当并存,事实上也确常如此,反之没有兄弟妇婚的也没有妻姊妹婚。兄弟妇婚和妻姊妹婚也发生对于亲属名称的影响。由于这种结婚于是伯叔便是后父,姨母便是后母,故其名称在行这种风俗的民族中是一样的,又如侄儿成为妻的前夫的子,甥儿也成为夫的前妻的子。还有伯叔也便是父,姨母也便是母,男人将兄弟的子当作自己的子,女人也将姊妹的子当作自己的子。还有男人因妻的姊妹也便是自己的妻,故呼以同一的名称,女人因夫的兄弟也便是她的未来的丈夫,故也呼以同名。

特定婚配除上述三种外还有另种。例如米沃克人(Miwok)有娶妻兄弟的女儿即内侄女为妻的风俗。又如顿卡人(Thonga)如一人有五妻,则其人死后三个妻嫁给兄弟,其第四个嫁给姊妹的子(甥),第五个嫁别妻所出的儿子。儿子承父的妻的风俗也行于古代的匈奴,如昭君所遇便如此。还有一种是和母亲的母亲的兄弟的女儿(即外祖母的内侄女)结婚的,这只行于澳洲的中部和西部,和姑舅表婚同在一处。

第五章 母系 母权 父系 父权

父权说及母权说的争论——希腊哲人柏拉图和亚里士多德都说古时有一种家族即荷马的 Cyelopes,每个男人统治其妻子,此外没有公共的会议,这便是父权说的起源。其后在 1680 年菲尔默氏(Filmer)在伦敦出版一本《父权论》(Patriarcha)。但父权制(patriachate)的观念通常和梅因氏(Henry Maine)连在一起,在他的 1861 年出版的《古代法》(Ancient Law)一书中提出"父权家族"为社会发展的原始胚胎之说。他以为人类的社会其初都是根据于父权的家族,他发现父权家族于罗马人、希腊人、印度人、克尔特人、条顿人、斯拉夫人中。梅因实在很熟悉罗马的家族,罗马家族中的家长(Pater familias)是一家的首领,对于妻子及奴隶操有生杀之权。梅因却太漠视了关于野蛮民族的许多材料,父权家族其实不是一个简单的团体,而且也不是家族所从出的原始的细胞。

巴霍芬(Bachofen)在梅因的书出版时也出了一本《母权论》(Das Mutterrecht),对于父权家族为家族最初形式之说加以攻击。梅因的学说也被斯宾塞所驳。此外的演进论派(evolutionary school)的学者如波斯特(Post)、麦克伦南(McLennan)、摩尔根(Morgan)、拉伯克(Lubbock)等人都反对梅因的话。这些学者间虽细则各有不同,但他们都一致承认家族演进有一定的阶段,以为最原始的性关系是乱婚的,乱婚的结果必为母权制(matriarchate),因为父不可辨认,家族中自然以母为领袖,而社会也由她们统治。(我国古书也主张乱婚及母权说,如《白虎通》说"古之时未有三纲六纪,民人但知其母不知其父……伏羲因夫妇正五行,始定人道"。)但真的母权即女性统治却从不曾在任何社会中发现过。"母系"(matrilineal family metronymy)即女性世系非不普通,但这应当和母权分别。麦克伦南以为溺女是普通的甚或即为普遍的风俗,其结果使女性太少,因而发生一妻多夫的家族。其后一夫多妻的家族代一妻多夫而兴起,"产翁"或"男人坐蓐"(couvade)的风俗(妇女生产后男人代为坐蓐,假装生产之状)便是这两者交递间的遗俗,一夫多妻自然成父权的制度。最后一夫一妻的家族方发生。其后社会演进论派的家族进化说又被别人驳难,这些反对派的学者便是韦斯特马克、罗维等人,他们不信乱婚普遍说,和乱婚相连的母系先于父系说也被反对,家族进化的阶段也被推翻,氏族先于家族也被否认。但到了最近演进派的学说却又再抬头起来了。乱婚说和家族进化的阶段已述于上文,本章当详述其余的问题。

首领地位——讨论父权制与母权制、父系制(patronymy)与母系制(matronymy)时,可分为首领地位(leadership)、世系及继承(descent and succession)、遗产(inheritance)、居住(residence)等问题而详论之。

非演进派人类学家说首领地位的承袭与首领地位的本身应加分别。首领地位的承袭常由女系计算,但实际的首领地位却不在女性的手中。换言之,一个男人可以由母方而承袭首领地位。女性握有统治权的真母权制度从来不曾见过。有几个少数的例,其妇女在其人民的生活上颇有影响,且享有特别的财产权,例如易洛魁族的印第安人(Iroquois)妇女可处理结婚,拥有财产,选举官吏,黜退不职酋长,但从不曾有一个妇女曾任过酋长或列席部落会议。又如印度的卡西族(Khasi),其世系、遗产及继位都是从母系。酋长是由兄弟相继,或者由最长的姊的儿子承袭。这后一种叫作"舅父统治制"(avun-culate),家族中的首领是舅父。在卡西人中夫妻同居30年或40年便举行第二次结婚式,其后便不得离婚及续配,而且丈夫也成为妻族的一员,用妻族的姓,死后和妻的骨葬于妻族的墓。

世系及继承——上文已说及一点,但还须详说。演进派以为凡行父系制的民族其前必行过母系制。反对派则以为世系的计算并没有一定的次序,通常在北美洲的发展较高的部落中是行母系制的,至于父系制反行于最低等的部落中。故母权未必是最原始的民族的特征,而父权也未必只行于文明民族。古希腊人虽行父系,但其中的爱奥尼族(Ionian Gnuks)却行母系。罗马的王没有一个是直接传于儿子的,有三个传于女婿,这些女婿都是外地人。童话中常说某王子到外地游行,经过许多磨难,终于获得与一个公主结婚,而继承了王位,这很可以反映这种古俗。照弗雷泽(Frazer)所说古代的王位不过是和一个王族的女人结婚的附属物而已。除了这种女婿继袭的风俗外,还有一种外甥继袭的例,王位不传于自己的儿子却传于姊妹的儿子。这两种都是循女系计算的。贝奥伍尔夫的史诗(Beowulf Epic)说贝奥伍尔夫的母舅国王虽有儿子,但却要使贝奥伍尔夫嗣位。罗兰(Roland)也是查理曼(Charlemagne)的外甥。还有和王后结婚便也可以继承王位,故有许多弑君以图篡位的,如莎士比亚的《哈姆雷特》(Hamlet)一剧中所说的便是这样。罗马的凯撒且选其姊妹的女儿的儿子为嗣。

遗产——母系制关于财产的遗继有一种弱点,拥有地位及财产的常是男人,但因行母系的缘故不得传于自己的儿子。在这种情形之中便发生改为父系的趋势。在父系社会中遗产继承便容易解释。长子继承(primogeniture)是普通的情形,尤其是在旧世界为然。其反对式少子继承(junior right)在文明民族中少见,但在原始民族中却不是罕有。这种风俗行于印度的许多部落。在非洲的巴干达(Baganda)也有此俗,据说是因为大的儿子长大成婚后都离开父母,造屋别处。至于最少的子有和父母同居及奉养的义务.故得了父母的遗物。这种风俗直至近时还行于英国。

居住(residence)——这便是一对夫妇的居住何方的问题,在原始社会中是很重要的事。妻或者一时的或永久的居住于夫家,夫或者随妻住于妻家,否则夫妻都离开己家同居别处。居住的地方视乎几种要素,但最重要的是世系的计算。行母系制的常行"女方居住"(matrilocal residence)即男子住于妻家,只有少数行"男方居住"(patrilocal residence)即妻居夫家。行父系制的必行男方居住,没有行女方居住的。女方居住的最好的例可看北美西南部的霍皮族(Hopi)与祖尼族(Zuni)。其世系是依母方的,其家屋是家中女人的财产,即属于外祖母、母亲及已嫁的女儿等。丈夫不过被认为有特权的寄宿者。家中的首领不是丈夫而是妻的兄弟。丈夫的首领地位不在妻的家而是在姊妹的家,在此方有他个人的所有物。有一个要点应当注意,便是在这种世系及居住都依女方的家族中,家族的首领还不是女子而是妻的兄弟。儿童们都在舅父手下而不是在父亲手下生长。

岳婿、翁媳禁忌——居住与世系发生一种散布于很多地方的风俗,即"岳婿、翁媳禁忌"(parent-in-law taboo)。男人常与岳父母相避,或完全互相隔绝,或只能在制限以内相接触。妻对于夫家的人也是一样,但比较为少。例如西伯利亚的尤卡吉尔族(Yukagir)女婿不敢见岳母及岳父的面,媳妇也不敢见翁及大伯的面。亚洲中部吉尔吉斯人(Kirgiz)的妇女不敢看丈夫的父亲及其他长辈男人,又不敢叫他们的名;据说曾有一个女人因丈夫家的人有名为狼羊草水的,她有一回要告诉丈夫有一头狼捉去一头羊,经过水流到对岸的草丛去,她却说:"看罢,那咆哮的东西捉了那咩咩的小东西,经过那闪闪的东西到另一边的沙沙的东西去了。"锡兰的维达人也有这种风俗,一个男人如在林中遇见到他的岳母,他须跑向边去,他不敢进入岳母独自一个所在的岩荫,不敢直接由她取食物,除非另有一个居间人,若无别人在时他也不敢和她说话。翁对于媳妇也这样。新几内亚的布卡瓦人(Bukaua)为岳父的在女婿前食时须遮面,如给女婿看见他的张开的嘴,他便觉得羞耻而跑向森林内去。澳洲土人几乎全部有此俗,岳母与女婿互相避忌,岳母甚至不敢闻女婿的名,两方间若偶然发生接触,或者会致女儿和女婿离婚,或者女婿被逐,甚或被处死刑。非洲人也这样,祖鲁族(Zulu)人看见岳母时须以盾遮面,如逢岳母过时便将口中食物唾出,又不敢称她的名。美洲土人也有此俗,岳母与女婿不敢对淡,不敢称名,说名时常用隐语,如名为"刀"的便说是"利的东西",名"马"的便称为"我们骑的东西"。岳婿、翁媳禁忌分布的地方这样广,似乎可以说是普遍于全世界,但却有些地方确不曾有此俗。这种风俗的分布情形,在相近的地域必是由于传播,但远隔的异地也有此俗,可见有些是由于独立发生的。至于这种风俗发生的原因也有几条解释。如弗雷泽说这是由于"不当结婚的人们间防止性交诱惑的一种慎虑"。但同性间何以也须避忌,据他说这是由于异性间避忌的扩张。弗洛伊德(Sigmund Freud)根据精神分析学以为这是由于"精神的冲突"(ambivaience)即爱与憎的冲突;岳母对于女婿爱的方面很有性交的诱惑,恨的方面是因他原是别人却夺了她的女儿去,两种精神冲突的结果遂发生了禁忌以阻止乱伦的冲动,还有泰勒(Tylor)以为这种风俗是由于同居的规则,他说在女方居住的风俗,丈夫在妻家是一个外来的侵入者,在男方居住的家族中,妻也是这样,因此发生禁忌。他用统计的方法发现女方居住与岳母禁忌的连合在一处,故知其有因果关系。三说之中以泰勒的学说为较近理,但这种风俗的原因恐不止一个,故别说也不能抹杀。

第六章 家族 氏族 半部族 部落

本章所述的是不随意的团体,除特殊情形以外,个人生来便属于其中,不是自由加入的。

家族——里弗斯(Rivers)说家族(family)有广狭二义,广义的家族包括所有亲属而言,狭义的家族只是"包含两亲与子女的简单的社会团体"。在他的《社会组织》(*Social Organization*)中只用后一种的意义。此外如罗维、哥登卫塞(Goldenweiser)、托泽以及许多人类学家也是如此。

家族是根据血缘关系的社会团体之一种,是最为普遍而且一致的。演进派人类学家以为家族是后来方发生的,在早期文化中没有家族。反对派则以为在人类以前的动物如类人猿中便已存在,故人类中无处无家族。无论是多妻、多夫,结合的期间即使不久,或也括更多的亲属,家族总是一个明显的单位。无论以外有无别种社会单位和它并存,它总是存在,而且较它们为先,别种社会单位未发生时家族已经出现了。在最原始的民族中的家族又常是一夫一妻制的。

在原始社会中家族有很大的作用。在个人的幼年是教育的机关,在较后又是学习产业的地方。对于结婚又常代替个人而订立家族与家族的契约。家族又是种种重要仪式如出生、成丁、死丧等的单位。家族的最重要的作用是担任传达文化,一代传过一代。总之家族的基础虽是有机的即生物学的,但却也有心理学上及社会学上的要素。

氏族——氏族在英语及法语都为"clan",郎格氏(Long)与弗雷泽氏喜欢用"kin"字,里弗斯(Rivers)拟用"sept"字,罗维氏提议用盎格鲁—撒克逊的古字"Sib"。许多人类学家将"clan"专用为母系氏族,另用"gens"称父系氏族。

氏族是较大于家族的团体,有四种特性:(1)所包含的个人一部分由于真的血缘,一部分由于假定的血缘。(2)是遗传的,个人生而属于氏族。(3)是单面的(unilateral),即只计一方的世系,如在母系氏族便只计母方。(4)有氏族名称。

氏族与家族的先后据摩尔根所说是氏族先,但反对派又以为是家族在先。在澳洲土人中虽有氏族,但在许多其他最低等的蛮族中却不曾有,例如北部加利福尼亚部落、英属哥伦比亚内地土人、东北亚洲土人、南美火地人(Fuegians)、安达曼岛人(Andamanese)、非洲霍屯都人(Hottentats)、布须曼(Bushmen)等都如此。而家族却是无处没有的。至于氏族与部落(tribe)的先后也成问题。假定社会发展的次序有两种,一是先合并有关系的家族为氏族,然后再结合氏族为部落,一是先有一个包含多数家族的混杂团体成为一个多少有点固定的部落单位,后来方分裂成为几个氏族。这两种次序或说是以后者即部落先于氏族说为近真。因为部落很少是完全纯粹的,在部落中蕴有分裂的倾向,反之这些分部的独立发生却无证据。

许多文明民族似乎都曾经过一个氏族时代,如希腊人、罗马人、中国人等都有。氏族在原始民族中散布很广,但在各地方其大小、数量与作用却很有不同。如在北美的莫霍克部落(Mohawk)及奥内达部落(Oneida)各只有 3 个氏族。在非洲的如巴干达部落(Baganda)有 30 个氏族。其余或稍多或稍少。在澳洲中央及东部的部落常有 100 个以上的氏族。氏族人数与氏族个数相反,个数多的其中人数必少。非洲的有数千人成一个氏族的。氏族的作用也大有差异,如北美的特林吉特部落(Tlingit)及海达部落(Haida)中的氏族对于群中的文化多半都有关系,在易洛魁各部落(Iroquois)中氏族担负所有重大的、社会的与政治的作用;反之如祖尼人(Zuni)的氏族则除世系的计算以外无他事;非洲的氏族除产业上的专门以外关系也松;澳洲的氏族尤其是中央的,几乎成为纯粹仪式上的团体,此外没有别种作用。还有氏族与家族的关系也不同;家族有受氏族的影响很大的,其氏族的力量更大于家族;反之家族也有不甚受氏族影响的。由以上种种不一致的情形观之,可见氏族不过是空泛的东西,不过是一个名称,自古代传下来,为见闻不确的人民所保留的东西而已。

氏族在地理的分布上常和四种风俗相联结,这便是血属复仇(blood revenge)、继嗣（adoption）、外婚制、图腾制。其联结并不是一定的。但以血属复仇为氏族的作用，以及用仪式继嗣外人入族，这两种风俗却是除社会心理上的联结外还有历史上的联结。氏族和外婚制的联结差不多是普遍的，同氏族的男女不得结婚，须于氏族外寻求配偶。这在上文外婚制中已述及，此处从略。

图腾制（totemism）一面是一种信仰，一面又是一种社会制度。在信仰一方面的分述于原始宗教篇内，这里只述其社会制度一方面。所谓图腾制便是一个社群的多少有固定性的一套行为，这些行为是由于信有一种超自然的（supernatural）关系存于群中的各个人与一类动植物或无生物之间。图腾信仰的骨架便是社会制度，通常即是氏族组织。图腾制含有许多特征，这些特征便成为"图腾文化丛"（totemic-complex）。这些特征如下：行外婚制，图腾团体内不得结婚；以做图腾的动物或植物等的名为族名；信其族由动物或植物等传下，或与之有密切的关系；以杀或食该种动物为禁忌（taboo），将图腾的形状为徽志。由这些观念而生许多宗教仪式。对于这些特征有的注意这种，有的注意别种，并无一定。如中部澳洲的图腾特征是用魔术方法增加食物，在非洲着重禁忌，在北美洲氏族图腾特别和个人图腾即"保护神"（guardian spirit）有关系，在美洲西北海岸根于图腾观念的艺术很发达；在易洛魁人中氏族外婚及鸟兽名是唯一的特征。现代的文明人的姓也常有为动物植物等的，究竟是否即为以前的图腾，这却不易断定。

半部族（moieties）或分族（phratries）——这是较大于氏族而小于部落的团体，一个部落分成两半的便名为半部族，分为更多的名为分族，但以半部族为常见，故这种组织称为"两合组织"（dual organization）。一个半部族包含几个氏族。性质是遗传的和一面的，或为父系或为母系。常有一个名称，但不是一定的。半部族内部不得自相结婚。半部族内的氏族分子相视为亲属，但不如氏族内部的密切。

半部族的作用也不一致。在美洲有为执行仪式的，有为狩猎的，有为选举的，有为结婚的，有为竞争的。在美拉尼西亚两半部族间常有实在的敌意。在澳洲中部则为规定外婚，结婚行于两半部族间。

半部族间除相互的作用以外似乎还有竞争的意义。一个半部族被当作土著的，另一个则为外来的，或者被拟为体质上有不同，或者名称有异，例如澳洲的半部族名有鹰（白）与鸦（黑）的相对。土人的这种意见颇有被民族学家采取的。

半部族并不是广布于各地的，在非洲差不多完全没有，在美洲及亚洲也有许多处不曾见。

兹将半部族与氏族及部落的关系表解于下：

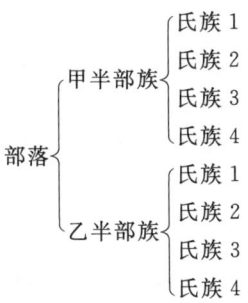

部落（tribe）、部落联邦（confederacy）——部落是比半部族更大的团体。部落的定义也很难确定，因为其性质很不一致。最常见的共同性质是有共同的语言，共同的风俗，占据多少有点固定的土地，并有一种政治形式。部落常行内婚制，但非强逼性质。游牧部落虽无十分固定的土地，但总有惯常屯驻的地方。部落的性质与半部族、氏族、家族显有不同，半部族以上都是根于真实的或虚构的血缘关系，部落则为政治的及文化的团体。部落的构成分子也不一致，有由村落团体构成，没有氏族及半部族的；有由氏族构成没有半部族的；有由半部族构成没有氏族的；也有包括氏族与半部族两种的。关于部落的构成没有一定的规则，也没有唯一的演进路线。部落的意识强弱不一。狩猎民族不大需要部落组织，但在农耕民族中部落团结的形式却很重要，故常存在。

部落的统一常附带一种对外的嫉视态度，而有"我族"（we group）与"异族"（others group）之分。故"己族中心主义"（ethnocentrism）为部落的共同精神。团结氏族或半部族的血缘联结带虽不见于部落，但这种心理的联结带也很坚强。这是原始社会的特别情形，在现代国家便较懈松。

部落与部落有时因对付特殊的事件——战争的或和平的——便产生宽松而非正式的联结，这便是所谓"部落联邦"。这种联邦很少是固定紧密的。只有北美易洛魁联邦（Iroquois Confederacy）是很著名的例外。这个联邦自 16 世纪到现在还存一点形式，经过了 300 年之久。部落联邦再进一步便成为现代的"民族"（nation）了。

第七章　结社

原始社会中的团体除上述的不随意的以外，还有自由结合的随意团体，通常谓之结社（association）。以前的学者如摩尔根等只注意前一种的团体，其后有库诺（Herr Cunaw）、舒尔茨（Schurz）、韦伯斯特（H. Webster）等人方注意到结社，罗维、里弗斯继之也都有贡献。略述于下。

秘密社会（secret society）——在各种结社中这一种最为重要。各地方秘密社会的性质不很一致。入会的分子很多只限于一性,尤以限于男性者为多,这可称为性的区分或性的结社(sex dichotomy or association),但此外也不是绝对无兼容两性的。男性的秘密结社多于女性,这在野蛮社会与文明社会都一样,女性的结社常是模仿男性的。一部落中的结社不限于一个,常包含几个互相对抗的结社。

秘密结社的作用也很有差等。有担负政治、宗教、教育上的大作用的,也有只不过为一个社交俱乐部的。甚且还有更堕落而成为无赖团体专以恐吓社外人为务的。现代文明人的秘密结社常只属于上述的末一种。革命团体自当

图 5-26 巴布亚人的集会所
(采自 *National Geographic Magazine* Vol. 51)

别论。至于具大作用的结社多见于野蛮社会中。例如美拉尼西亚土人中结社盛行的地方政治上的酋长由结社的首领兼任,其任职不是由世袭而是由升级,因须升多级方得为首领故其人大都已老,而其政治也成为长老政治。美拉尼西亚的结社还有宗教的作用,会员于开会时戴假面具假拟为鬼,吹"牛吼器"(bull-roarer)作鬼声,新会员入会时假拟为死了再活。至于教育的作用在美拉尼西亚的结社也有,其入会式便是施行一次的教育,还有特殊技能的学习,例如制造家具、兵器等也可由结社学得。

秘密结社所以为秘密是因其拒绝会外的人,但结社的秘密性也不是绝对存在的,有些结社并不秘密。

入会式(initiation)是秘密结社的要点,新会员常须经过神断(ordeal),其仪式常觉可怖或滑稽,还有象征符号、神圣物品繁缛的徽章等都在入会式给新会员看见。结社中常分等级(hierarchy),会员渐次自下级升至上级。如美拉尼西亚的结社除初次入会式外每次升级都须再行仪式,等级愈高则其仪式愈繁,费时愈久,同级的方同在一处吃,会所也依等级而分区,下级者不得入上级的区。男性的结社常和男人公共宿舍(Men's House)的制度连合起来。男人公共宿舍便是一社会中的男人或会员食宿的地方。有些地方男人全体都宿在那里,有的则只有独身者在那里,有妻的回家去睡。友爱与社会联结的原则以及纯粹由于虚构的血缘关系的称呼都为结社的要素。还有图腾主义禁忌厌胜等也常合于结社之内。有些地方的结社且以动物的名为号,如水牛、鹰、鹿等;仪式的重要部分或者便以这动物为中心,动物的牙齿及别物或者象征物也被当作重要的东西。

秘密结社行于很多民族,如美拉尼西亚、新几内亚、印度尼西亚东部、非洲西部、北美洲、澳洲等处都有。文明民族如美国、欧洲、中国也都有。

秘密结社发生的原因其说

图 5-27 巴布亚人的人头架
猎头所得尽列于此以表示其勇武
(采自 *National Geographic Magazine* Vol. 51)

不一。(1)舒尔茨以为妇女们是非社交的,只专心于家庭的范围内而不喜与外人结合,男人则不大注意家庭而喜欢与社会上志同道合的人结集起来。男女因志趣的不同,于是男人多喜结社而女人不愿参加,且自己结成的也少。(2)默里(M. O. Murray)以为秘密结社由于某种宗教仪式的举行被政府所禁,故另用这种组织以举行之,例如欧洲的巫觋结社以及中国的宗教结社便是如此。(3)里弗斯(Rivers)以为美拉尼西亚的结社是因为外来的移民因要秘密举行其原来的宗教,不许土人参加,故发生这种组织。他又以为非洲的或者也这样。(4)梅克林氏(J. M. Mecklin)在《三K党》(Ku Klux Klan)一书中说秘密结社是"自己扩大的方法",因为结社可以使个人获得寻常所没有的奇怪事物,例如荣号、衣饰等,以炫耀于人,而在原始社会中是男人较女人更喜盛饰。(5)喜欢神秘和仪式的心理也可说是一种原因,秘密结社很有这种要素,故为人所喜,有人说结社的内容有许多出自宗教,故会所如满者教堂便空。以上各说对于结社的起因都能说明一方面,可以合起来看。

年龄级别(age-grade)——这一种和秘密结社有关。其构成的分子是由于出生的时候相同,或者行某种仪式,尤其是行割礼的时候相同。在新几内亚的巴特尔湾(Bartle Bay)地方有这种风俗可以为例。其地凡在每2年内出生的男孩便合成一个团体,名为"钦塔"(Kinta)。加入"钦塔"不行仪式,自出生时便定了。全社会中有很多的这种年龄团体,若其中最老的达70岁,则"钦塔"的数有35个。妇女也有这种组织。"钦塔"的会员有互相扶助的义务,在打猎造屋及他事情上互相帮助,并在宴会上共食。一个"钦塔"便广布于很大地方,但在同一处的又再分为较小的团体名为"厄廉"(Eriam)。"厄廉"据说是共财的,而妻也可以相通。

非洲的马赛人(Masai)及其他闪米特族及半闪米特族也有年龄级别。但这里所用为级别的标准的是行割礼的时候。南迪(Nandi)的男孩同时行割礼的便属同一个"伊宾达"(Ipinda)。行割礼的时候相隔7年半。在每个"伊宾达"中有三个分级,也是依年龄而分。马赛人以4年为一期,2期为一辈(generation)。在北美也有这种风俗,如在希达察人(Hidatsa)中便有,且与上述的秘密结社很有关系,像是前者的特殊发展。

第八章　阶级

无阶级的最原始社会——阶级又是另一种的社会区分法。是根据于财产、职业和地位的。阶级在最低级的原始社会中还不曾发生。只有在波利尼西亚和非洲以及此外一二处较为发达而已。阶级和权力的继承很少连合在一起,只有波利尼西亚是显著的例外。在低等文化的社会中,个人的差异只是名望而已,而名望又是视乎个人的能力与品性的。野蛮人的受同伴批评也像文明人一样。对于猎人、战士、会议的议员、技术工人、巫觋等都有社会的评价。社会对于个人的好评视乎社会的性质以及所需要能人的性质而定。而且一个好猎人未必便是好战士,一个勇敢的战士或者反是不称职的执政者。所以每个人都在其环境中被评为好的或坏的。

阶级发生的原因——阶级的发生由于战争、种族、财产、职业和宗教等。战争使免死的俘虏成为奴隶。但也有入嗣部落内的。战争的频繁也会发生战士阶级。财富的获得也使社会上发生贫富之差。但在原始民族中,土地、家屋及食物通常是全氏族或其他团体共有的,故富人阶级的发展颇受阻碍。由于职业上的分工也会发生阶级的区别。印度的"喀斯特"(Caste)(即阶级)在北方的便是根于职业的,在南部因土著与外来的雅利安人杂居故以种族的区别为根据。在波利尼西亚对于造船者特别崇敬,在非洲则铜铁匠人另成一个内婚制的团体,在美洲北海岸捕鲸为酋长专业,而捕鳕鱼与鲑鱼的也成为阶级。宗教也发生了巫觋或僧侣的阶级,这一阶级也很少是世袭的,个人的能力、暗示性神经病质是更重要的条件。

武勇阶级——北美的平原印第安人追求战争上的名誉不殊于现代拜金者的追求黄金,社会上的武勇的标准各部落略有不同。如在克劳族(Crow)中以四事为条件,能达到的大家送以"酋长"称号,但这酋长是没有政治上的意义的。这四事便是:一能由敌营内偷一匹马来,二能于对敌时夺得敌人的弓箭,三能用兵器或空手击中敌人,四能主持一回胜仗。能完全达到的自然只有少数人,但不能完全达到的也各依其成绩而获得社会上的荣誉。他在部落集会时得自述其经过,有人代他绘画衣服或屋子,人家请他代小孩起名,青年人买他的战争用药,在有公事时请他为首;在仪式中也推他任荣誉的职务。反之怯弱的人极为众所轻侮,被当作行月经的女人。好战的民族有时也发生一种根于个人功绩的贵族制度。例如新西兰的毛利人(Maori)便是好战民族的好例,而其中的"喀斯特"也很为深固。非洲马赛人(Masai)的未婚男子宿舍中名义上虽是平等的,但其中以勇敢著名的被称为"雄牛",以慷慨著名的称为"慷慨者",都得佩戴特别的饰物。又如菲律宾棉兰老岛(Mindanao)的巴戈博人(Bagoho)一生的希望在于获得一种特殊的装饰,那是用以奖励曾杀过2个人以上的勇士的。第二次杀人以后可用一条朱古力色的颈带,第四次则可穿血红的裤,达到了第六次则可穿全套血红色的衣服,并带一个红色袋。勇士的地位和衣饰是不能世袭的。

巫觋阶级——巫觋用为广义,包括一切根于宗教、魔术作用的人,在原始社会中巫觋的势力很大,北美的北部迈杜人(Maidu)的"萨满"(Shaman)即神巫为一个好例。在这族中其酋长是选富有而慷慨的人充任的,但实际上是神巫，尤其是秘密社会的首领，完全压倒酋长。酋长的被选其实也是由于神巫宣布了神意，其废黜也是如此。神巫的地位并不是承继来的，而是由于神灵的莅临，并通过老神巫的考试。简言之，即以宗教经验的特别才能为获得社会上高等地位的基础。无论在哪一方面，为秘密结社首领的神巫总是社会中最重要的人物。他能规定人民的仪式生活，判决争讼，保证收获，防止疫病，施魔术以加害敌人，而且也常带战士临阵。除此以外，他是部落的神话和古俗的权威，将这些高等学问教给人民的也是他。

财富阶级——北美胡帕族（Hupa）的酋长便以最富裕的人充任，人民在穷困的时候希望倚他为生，在有争端时也望他以财力帮助。他的地位由于财产的遗传而传于其子，但若遇到更富而且能干的人便被夺去。北美夸扣特尔土族人（Kwakiutl）以拥有财产为尊荣，每个人都想发财。但使他们欲得财产的原因与其说是财产的拥有，毋宁说是财产的挥霍。他们有一种"送礼俗"称为"Patlatch"，凡送礼给人愈多、宴会所费愈大的其社会地位愈高。送礼大都在小孩起名、青年成丁、结婚、造屋子、承父在会议中的地位、出军前等举行。所送的物常是毡毯，主人于宴会之际将毡毯分送给来客，来客不得不受，而且将来又必须加上一倍利息送还。一个人如要打败他的敌人，只须送他过多的礼物，使他将来不能送还，便可得胜。酋长间或氏族间的争胜有用毁物的方法的。一个酋长或者烧毁许多毡毯和一双小舟以向对方挑战，如对方不能毁坏同样多的财产，他的名便"破"，势力便减少了。故一个人于竞争之前必尽掷其财产以求胜。这些事情都是获得社会地位的奇法。

喀斯特（Caste）即世袭阶级或门第——以上三种阶级都是根据个人差异而无关于家世。但还有一种是根据于家世即承袭的。这便是所谓喀斯特或门第。喀斯特原是指印度的阶级制度，其制分人为四级：首为婆罗门（Brahmins），即僧侣；次为刹帝利（Kshattriyas），为统治者及战士；三为吠舍（Vaisyas）即商人及农人；末为首陀（Sudras），即奴隶及劳动者。印度的喀斯特比较非洲的更为紧严和有组织。有四种特质，即行阶级内婚制，循世袭的职业，具教会阶级性，行阶级间的避忌。其避忌有关于食物的，如不敢食别阶级所预备的食物，这不但在高等阶级，便在低等阶级也这样。又一种的避忌是个人的接触，例如在马拉巴尔（Malabar）地方的风俗，下级人都不能与婆罗门接触，须站在一定距离的远处，一个纳亚尔人（Nayar）须在 6 步外，理发匠须在 12 步外，木匠或金属匠须在 24 步外，一个蒂扬人（Tiyyan）在 36 步外，马亚扬人（Mayayan）在 64 步外，波拉扬人（Polayan）在 96 步外。婆罗门阶级其实还再分为许多异地方异职业的小阶级，而还是行内婚制。婆罗门阶级的人现在并不限于一种职业，很多种职业内均被加入。别阶级人也是这样，但舍弃本阶级的职业殊非容易。印度喀斯特发生的原因有几说：或以为是由于职业的区分；或以为是由于古时婆罗门的握权,他们利用其宗教上的知识而成为上等的阶级;又一说以为是由于民族接触的结果,侵入的民族带入本来的宗教,只许土著的人在下等地位参加;为保存血统的纯洁故与土著的妇女混婚所生的人也被派做较下的各阶级。

波利尼西亚人对于世系很讲究。毛利人中的大酋长们据说是神的后裔,地位最高。有一个毛利人自推其世系自始祖天和地至他共65代。小头目次之,再下为专业阶级即技术家和巫觋,再次为平民,最下为奴隶,大都为战争所获的俘虏。萨摩亚人(Samoan)的自由人阶级有五,即酋长、僧侣、有地贵族、大地主、平民,各级之中还有差别。

非洲人像波利尼西亚一样也具有社会区别,但是其性质却不同。在非洲并没有根于世系的贵族阶级,在这里的上等阶级不是由于世袭的,他们是国王的官吏。除王位以外无论何种地位谁都可以充当。

北美洲是平民主义的地方,在印第安人中无论在社会上或政治上都富有平民主义的精神,所以世袭阶级不发达,摩尔根(Morgan)因此说自由平等与博爱为印第安人氏族组织的原则。但这里也不是全无例外,如密西西比河的那切斯族(Natchez)、英属哥伦比亚北海岸部落以及南部阿拉斯加人都有阶级制度。例如海达族(Haida)和特林吉特族(Tlingit)中分为贵族、平民及奴隶三级,其奴隶大都为俘虏或买来的人。上述的送礼风俗也行于这些民族中。

第九章　妇女的地位

关于原始的妇女地位的误解——通常关于妇女在原始社会中的地位有两种不同的意见。其一以为妇女的地位不能胜过奴隶或负重的家畜,她须从事极苦的劳动,被人买卖如货物,无力抵抗她的主人的横暴。例如一个世纪以前麦考莱(Macaulay)在文中说:"在地球上的大部分,妇女自来便是,而现在也还是卑贱的伴侣、玩物、囚房、奴隶和负重的家畜。除了少数在快乐的高等文化的社会以外,其余的都是在奴隶的境遇中。"另一派的意见则因见有些社会行女系制,于是便说妇女在原始社会中地位都是很高的。据事实看,这两说都错了,因为一则说得太可怜,一则又说得太高兴。

还有妇女地位与文化程度相关,而由妇女地位的高低可以测度文化程度的高低之说也是错误的。实际上在最简陋的狩猎民族如安达曼人(Andaman Islanders)及锡兰的维达人(Vedda)中无论在何方面妇女都可与男人匹敌。在更高等的原始社会例如普通的非洲班图人(Bantu)乡村中妇人虽不只是奴隶,但也不能和男人平等。在更高等的社会例如中亚细亚及以前的中国社会妇女确实是较下等的人,即在西洋女权较大的国家妇女的地位也还比不上易洛魁人（Iroquois）的女家长（matron）。

经济方面的妇女——在初步的经济事业男女的分工实为普遍的情形。例如易洛魁人中，清理林中地方以为耕地的工作大半由男人担任，至于耕种的事则全为女人的任务。造树皮屋是由男女合作。平原印第安人中妇女鞣牛皮，制天幕，并做张幕的工作。制衣服的工作在全北美洲都是妇女担任，伐木及雕木的工作则在西北海岸以及有木的地方都属于男子。木工为男人的工作可说是世界上原始民族的通例。妇女在北美加利福尼亚及高原区编筐篮，在西南区则制陶器。在非洲及印度凡用手工制陶器的地方通常都是妇女为陶器匠，只有用陶轮的地方是男人。原始的农业通常也是在妇女手中，这种重要的工作转入男人的手是在利用家畜于耕种以后。

由此观之，原始社会中男女间经济的分工是很公平的了。但这是工作的方面，至于妇女所得的报酬却比不上男人。只要看财产所有的情形便晓得妇女权利的少。有些地方妇女的财产权和男人一样，例如北美的易洛魁族及祖尼（Zuni）、阿萨姆（Assam）的卡西（Khasi）便是，但这是例外。虽有许多民族，世系是照母方计算，但财产的承继却不全照母系，例如澳洲便这样。还有在北美西北海岸，世系以及财产和特权的继承都照母系，但许多物质的及精神的财产却不是真的由妇女享用及管理，而是归于妇女的兄弟（即母舅）或其他女方男亲属。这种财产的男性中心倾向（androcentric trend）在史前时代及有史时代都很有重要影响。

艺术方面的妇女——艺术方面男女的分工也是普遍的。雕塑艺术和工业有密切的关系，故工作的艺术的加工，似乎即是制造者兼任。实际上也确是这样。故如爱斯基摩人及东北西伯利亚人中的妇女担任绣品上的装饰以及皮服上的加花纹，至于男子则从事骨的雕刻。在北美洲英属哥伦比亚和南阿拉斯加所出著名的毡毯是妇女所织成，但其上的纹样却是模仿男人的雕木艺术。加利福尼亚的筐篮和贝勃罗（Pueblo）的陶器则全为妇女的想象与技巧的产物。在北美平原的用豪猪刺的刺绣、衣服上的珠饰、鹿皮鞋、袋子、鞘都是妇女所制。妇女所制物件的纹样是几何形的，男人的绘画则为写实形的，很有不同。在易洛魁人中男子从事木及骨的雕刻，编贝壳珠带，雕绘假面；妇女的艺术则完全不同，她们的贝壳珠饰于衬衣裙及鹿皮鞋上，其纹样全仿植物界的花与叶。上述北美洲的情形也可代表各处原始民族，例如美拉尼西亚及波利尼西亚，凡木石贝壳的艺术都属男人，至于"答巴"（tapa，一种植物制的布状物）的制造及装饰，树皮布的制造，都是妇女的专业。

由上述情形观之，可见在艺术中妇女的地位不低。

宗教上的妇女——在宗教界妇女便罕能与男子平等。有些宗教的风俗例如北美的"保护神"的崇拜，在男女是一样的；但是有点差异，超自然的经验在男子中较多于妇女;妇女所行的崇拜不如男子的盛;而且妇女的经验常模仿男子。参加神秘性的秘密结社为男子的特权。虽也偶有专收妇女的宗教团体,但甚罕见。女巫虽不是完全没有,但为巫的大都是男子。以上的北美洲的情形也见于美拉尼西亚和澳洲。在美拉尼西亚秘密结社全为男子的团体,举行结社的会场也在"男人宿舍"内。僧侣在美拉尼西亚很为重要,也都是男人充的,没有一个女人。在澳洲行魔术的虽不限于男人,但女人在宗教上也还是无力,在中央地方每个妇女都有其"珠灵卡"(Churinga)即神碑,但她们有不曾亲见其物的,有些连藏匿的地方也不晓。图腾仪式为土人的宗教生活的要点,全部对于妇女都是禁忌。她们不但不得参加,连旁观也不可能。妇女所可参加的仪式只有成丁礼和一部分丧仪。成丁礼的意义便是指青年脱离了妇女的保护,故在行礼时由老人教以妇女们所不知的许多秘密的话。在马来群岛土人和非洲尼格罗人妇女的参加宗教较常见,尤其是为神人的媒介和为女僧侣,他们的权利也远不及男人。

若说妇女全被排斥于宗教生活以外自然也是错的。妇女们在宗教上的限制是在于权利、正式的代表、独创性,以及新宗教的创设。妇女在宗教上的消极部分无论如何是至少都和男子相等,若可由有史时代以推测史前时代则她们必永远是宗教的接受者与工具,或者较男人尤甚。

政治上的妇女——妇女的最为见绌之处在于政治。除一二例外在北美洲妇女从不曾为酋长,在东北部西伯利亚也是这样。在澳洲能处理青年人的命运的只有老翁不是老妇。波利尼西亚的酋长也是男的,美拉尼西亚也这样。在非洲情形稍有不同。国王的母与妻有极大威力;但妇女本身却不能为最高的统治者,而且有些妇女做王后也不能代表全部妇女的地位。在政治的职位与作用上其余的妇女完全无权,做官的只有男人没有妇女。

妇女无力的原因——1.经济说:(1)以为经济的变迁能使妇女的生活跟它改变,至少妇女担任的工作必因而改变。(2)和上说相关的又有一说以为在畜牧的民族中妇女的地位差不多一致的低微。例如霍布豪斯(Hobhouse)调查妇女的地位低下的实例在农业民族中有73%,在畜牧民族则升至87.5%。这种情形是因为畜牧为男子的职业,故妇女地位输于男子。还有除园艺而外的农业也是这样。有人说不但畜牧,便是犁耕在文明史上都和男性的努力相连。这说的证据似乎很多。

2.战争说:这说以为妇女在政治及经济上的褫权主要的原因是在于男子垄断了武器及战争。所以妇女的悲剧便是和平的势力被制于战争的势力的象征,这说是哥登卫塞(Goldeneweiser)所提出的。

3.宗教说:原始人由于迷信的心理对于妇女的月经是很觉恐怖的,由此又再生出对于秽亵的恐惧,因之妇女对于凡有圣洁性质的举动不得参加,对于神圣的物件不得接触。这种心理对于妇女在社会上的地位自然不能无影响。她们的被排于某种活动之外以及由此而减少其自由，实在是由于妇女的生理上所引起的一种迷信的恐怖。

妇女地位低微的原因有很多种解释，有从生物学即生理方面解释的，有从心理学方面解释的，这里所举的是从文化方面即人事上解释，余两种因另有专书，此处从略。

据罗维所说，对于材料的无偏颇的观察便有下述的普遍的结论，即：在原始社会中妇女虽是在理论上被当作低下或不净，但她们却通常是被待遇得很不错，能左右男人的决意；而且在最粗朴的民族中她们实际上和男人是平等的。

第十章 政治

原始政治的性质——原始政治的最普通形式是民主政治。其权力由元老或一个民选议会执掌。一人独裁的政治在最原始的社会中差不多完全没有。摩尔根（Morgan）因此断言君主政治不合于氏族团体，必须在有标音文字和记载的文明民族方能发生。

各地原始民族的政治有种种不同的形式。美洲土人除一二例外其余都行民主政治，酋长权力有限。非洲的像古代亚洲国家一样，都倾于君主政治。在波利尼西亚却行专制政体，且有封建制度；其主权者极是神圣，为平民所不得接触，故另有一军事酋长代为执行政事。美拉尼西亚则酋长制及政治的统一不发达，另有秘密社会代为执行属于政治的事件。澳洲行的是"老人政治"（gerontocracy），老人最有权力。

政府的立法、司法、行政三大部分权力常合而不分。一个部落议会可以创立法律，自己执行，并自加惩罚于犯法的人。罗维说原始社会的执政不过惩罚违犯习惯法的人而已，并不创立新律，这话在非洲及海洋洲便不尽然。

政治组织的活动，始自一部落与他部落间关系以至于联合部落为更高的政治团体。但政治的作用不论在地域团体或血缘团体中都存在，就是在血缘关系最重的团体内，除血缘联结带以外也已有另一种统治的形式。

原始社会的握权者最普通的是长老议会，这个议会的最重要职能是讨论与审虑。在美洲除少数例外这个议会也便是政府。在澳洲行"老人政治"的地方也是这样。这些地方没有中央政府。

原始政府的形式可以依其权力的大小而分为有一个人的专制政治，有一二个元首而权力为议会所限的政治，由一个议会统治，此外无中央政府的政治，总之为由长老或有财产地位的人所组成的非正式执政团体的政治。世袭的阶级即有，也常没有酋长的权力，这个阶级或为军事领袖，或为宗教领袖，或者只有纯粹社会上的作用如参加宴会等事。

普通人常以为蛮族必是酋长统治，这种错误的意见是由于误将文明人的情形推拟蛮族。在发现新大陆及其他新地时，欧洲人只晓得皇帝、国王、皇后、太子等是统治者，对于蛮族的平民主义的政治和选举的议会实在不能了解。

低级的蛮族何以盛行平民主义的政治？这是因为经济上大都相同，因之社会上也相同，而个人创作也不发达，才能也尽平等，因此自然发生平民主义的原则。

易洛魁联邦(Iroquois Confederacy)——严格的平民主义的政治可以北美易洛魁联邦为最好的例。这原是几个部落的联盟，其部落用同属一种语系的方言，有相同的风俗。其地域在美国的东部，四周被其敌人阿尔衮琴人(Algonkin)所围住。各部落原是独立的，成立联邦后渐失去部落的独立性。部落的议会由各氏族所举的领袖组成之。每一部落分为二个半族，每半族再分为四个或以上的氏族。氏族用母系制，行外婚俗，以鸟兽名为氏族名。每一氏族再分为二个以上的母系家族(maternal family)。每家有一女家长(matron)，家内包含男女性亲属。

这个联邦的发生不能早于1570年。土人传说最初是由5部落的贤人和酋长会议而成立。其成立的原因是由于四围阿尔衮琴人所加的共同的危险。创议联合的人据说是一个传说中的人物名希亚瓦塔(Hiawatha)。创议之后，他便乘一只白色小艇而没去了。

最初是5个部落联合，这5部落名Mohawks, Oneidas, Onondagas, Cayugas, Senecas，境地毗连，语言可通，且在各部落内有几个氏族名称相同，因而相认为同一氏族。到了18世纪之初又有个Tuscaroras部落也加入联邦，于是成为6个部落的联邦。

各部落仍独立处理境内的事。由各氏族选出50个"沙监"(Sachem)，即酋长，但毋宁译为代表。由诸"沙监"组织联邦议会。每个部落为一个单位，于会议时必须全场一致方得通过议案。各部落于投票前必自己举行会议一次。因须一致通过，故多数派常强逼少数派。

50个酋长的作用并不甚多。其中有决定和平与战争的权力以及关于部落间及对别部落的事件等权力。酋长死则其家的女家长提出候补人，大都为外甥或兄弟而不是儿子。再召集氏族会议以决定之。如通过，再请问半族的酋长。再通过，最后方提议于联邦的酋长会议。如再通过，方可实补酋长的缺。酋长的地位是家族世袭的，且为终身职。但也会被黜退，假如他有不称其职的行为，如不尽责任，坏脾气，不自节制，和敌人即苏族(Sioun)或阿尔衮琴族人交好。黜退可以由女家长提议。先警告二次，第三次伴以别一个酋长，最后由大会通过。女家长的权力便在于此,议会也可以自动黜退酋长。任何个人都有权提出意见请议会注意。

联邦政府缺乏一个执行的官吏,尤其是在战时更觉需要。这个职任其后便由两个官吏担任,名为二"大战士"。其选举法同于酋长,指定在 Senecas 部落中两个氏族选出,因这部落最有危险。

在这个效果很好的联邦有下述几种特点:(1)和平的希望制服部落间的妒忌。(2)议会成为人民的公仆。(3)议会确实由普遍选举成立。(4)以功绩决定议会的议员资格。(5)黜退权确实存在。(6)创议权和复决权也有一部分。

印加帝国(Inca)——这便是古秘鲁人所建的国家,其性质适与易洛魁的相反,是行专制政体的。在发现美洲以前 400 年便成立这个国家,其后被西班牙人所灭。国内原有许多独立的部落,印加也是一个部落,其后联合起来成为一个国家,奉印加为主,后完成为帝国。印加皇帝的势力日张,压服诸部落。印加的政治主干涉,凡境内任何个人的任何行为都受政府干涉。人民都依其工作能力而被分类。初生的称为"Mosoc Caparic",即"怀中婴儿",其后称为"能站立的",再后为"6 岁以下的",6~8 岁为"受面包的",8~16 岁为"作轻工的",16~20 岁为"采椰子的",20~50 岁为"好身体的",这时为一家之长,并为纳税者,50~60 岁为"半老人",60 岁以后为"睡的老人"。这种父性的督察便发生所谓"卡马约"的制度(Camayoc system)。10 家便有一个官吏管理它们,再上每 50、100、1000 都各有一个官,这些官吏的职责之一是察看有人缺乏什么,有无不工作的人,有无不纳赋——常为劳役——的人。这种官吏的职务很为繁多。他们须管理人民的所有公私生活的一切事件。例如司通路的,司桥梁的,司旅店的,司沟洫的,司畜牧的,司结绳记事的(quipus),都有专员。此外还有司宗教仪式的僧侣。

其后渐渐形成世袭的贵族阶级,近亲的结婚遂由阶级意识的增进而发生。像古埃及一样,统治阶级太高贵了(印加皇帝自称为太阳神之子),不能和下层的相混,于是便须行兄弟姊妹结婚。

这种国家可以说是行"君主的社会主义"(monarchical socialism),国家供给人民以食物、住居、娱乐及宗教,又每年一次分给田地于各家。

非洲乌干达国(Uganda)——地域在维多利亚湖北及西北。全国分为 33 个父系氏族,行外婚。每一氏族再分为几个地方团体称为 Siga,每一 Siga 再分为几个 Enda。氏族、Siga、Enda 都有世袭的头目。各氏族对于王室都有其特别责任,如豹氏族须供给膳食并一个王妃,獭氏族供给树皮布和一个王妃,象氏族为王的牧人,并供给鱼。国王集中全国的权力。王位只许男系承袭,故以王子和王孙为嗣。王以下握权者为王的姊妹及母。公主都不准嫁,不得有儿子。王崩后拥护嗣君的酋长对众宣言"某人当为王,有不服者请出来决战"。

于是别的王子及其拥护者便出来竞争，立刻刀枪交加起来。最后战胜的便成为王。王的姊妹之一也在此时被选为王后。

乌干达全国分为10区，由10个酋长统治之。区的分界常为自然界线如山河等。此外有两个最大的酋长，一个称为Katikiro，即首相兼最高司法官，又一个称为Kimbugwe，管理王的脐带。首相兼最高法官判断别的酋长所不能解决的案，但还须待国王批准方为定谳。首相的居处也很尊严，平民不能接近他。酋长们常住在京师，无王的允许不得回所管的区。他们不在区时政务由临时的官代理。所有的土地都属国王，只有一小部分除外。国王有任意迁革酋长之权，每一区的酋长都须修治一条大路，约4米宽，自其区达京都；每区分部的小酋长也须修治一条路自其分部达区酋长的官廨。在京都的路有20米宽。京都建筑宫室、城垣、道路的工由全国供给。每户除出人工外还须纳25个子安贝（货币）。工作当进行时凡过路的都被逼暂时参加。凡人民都须纳税以供国用。收税有定期，国王派一收税吏于各区，两个大臣和王后、王太后又各派一人，区酋长也加入一个，共6个人。他们到了一区便分派手下赴各小区。纳税的物是牛、羊、树皮、布、子安贝、锄等。所得的财物，小区酋长分得一小部分，其余为国王、王后、王太后及二大臣所得；此外他们又各有自己的采邑，采邑内全属自己。国内有很多数的人倚各酋长的采邑为生活，并为酋长们工作，有时或为他们战斗，各小区的小酋长统治境内也很为专制。

澳洲的长老政治（gerontocracy）——澳洲在政治上有势力的是年长的甚或是老年的男人，妇女不得参加公事，少年人也不见尊重。兹举迪埃里（Dieri）部落为例。在一个图腾氏族中最老的人称为Pinnaru或首领。至于地方区域或部落的首领则除老年的资格以外还须兼为勇士或医巫师或演说家。部落会议的分子为各地方区域的首领、医巫师、有势力的老人及战士。时时开会，所讨论的事件不得泄露于外，违者必处死刑，故属秘密社会的性质。所讨论的事例如魔术杀人及其他杀人罪，违犯道德规范，尤其是奸淫，以及泄漏会议的秘密于外人。不行投票，如大众同意便散会，否则他日再开。议决后派一武装队去惩罚犯人。澳洲又有一种"使者"（messengers）的制度，使者是首领会议或其他所用以传达消息的，例如报告某时要举行某种仪式，某地要作墟场行物物交换等。

使者有临时选派的，有固定任职的。使者在路上无被侵犯的危险。使者常携带"通信棒'（message stick），上有刻缺以助记忆（见艺术篇）。

波利尼西亚的贵族政治——在波利尼西亚例如新西兰与萨摩亚，世系与门第极为重要，阶级的观念发达，有贵族、平民及奴隶之分。但最大的贵族未必就为君主。君主若不合贵族的意便有被废黜或杀死的危险。这种政治其实是一群贵族选择中意的人立以为君，但却对他没有忠心，而且仍保留最后的权力于自己手中。

第十一章　财产及交易

原始共产说——财产对于社会的各方面都有关系,故应加讨论。这里所讨论的不是财产的本身而是占有及享用财产的权。关于财产权也像结婚制一样有一个演进学说,即财产权是由共产制进到私产制,而各民族一律都是这样,这可称为原始共产普遍说。这说也是摩尔根(Morgan)一派人所主张的。其后反对派的学者如罗维(Lowie)等人则以为原始社会中共产制与私产制并行存在在同一民族中,以某种财产为公有,但同时又承认别种财产为私有。

兹将摩尔根氏的话撮述于下:

"最早的财产观念密切地与生活资料的获得联结起来。所占有的物自然地随各时代生活技术的增加而增加。故财产之增加实与发明及发现的进步同一步骤。"

"野蛮人的财产实在难以拟想。他们对于财产的价值,财产的可欲,及其继承等观念很微弱。野蛮生活中的所谓财产不过是粗陋的兵器、织物、家具、衣服、石器、骨器、饰物而已。占有这些物件的欲望在他们心中殆还未形成,占有的事情还不曾有过。这还要等到很远以后的文明时代才发展为所谓'获得的欲望'。土地在那时几乎不能算作一种财产,是由全部落公有的。至于共同家屋(tenement houses)则由居住者共有之。纯粹的动产随发明的进步而增加,而占有的欲望则由于动产而逐渐养成其力量。最珍贵的物件常置于其所有者的墓内而殉葬,还有其余的物件便引起了继承的问题了。在氏族制度以前这些遗产怎样的分配我们不很知道。自有了氏族制度以后便有了第一条的继承法,那便是将遗产分配于其所属的氏族。实际上常归于最近的亲属;但其原则是很普遍的,凡遗产必须留于死者的氏族中。

"在半开化中期,动产大为增加,而人与土地的关系也发生变化,疆土的所有权还是属于全部落,但其中一部分却专划给政府之用,另一部分则拨充宗教用途,另一更重要的部分人民所借以获取生活资料的,则分给各氏族,或住居一处的团体。在这时个人占有土地、家屋及自由买卖,它的风俗不但未形成而且也不可能。他们的共有土地、居住及占有共同家屋,都阻碍了个人的私有。

"在半开化的末期,多种的财产由个人私有的事情便渐成通常的了,其原因是由于定居的农耕、制造、地方贸易,外族通商等事。只有土地除一部分外还不曾变成私有。奴隶制度也是起于此时,这是全为生产财富的。

"土地最初是部落公有的,到了耕种发生以后一部分的土地便分给各氏族,在氏族内也还是公有的;其后再分配给个人耕种,结果成为个人的私产。

未占据的地或荒地还是属于氏族、部落和民族公有。

"当田耕明示了全部土地都可以为个人的私产,而家族中的领袖成为积财的自然中心以后,于是人类的另一种财产行为便即开始,而这些事情是半开化末期结束时便已完成了。"①

兹将现存野蛮民族财产制度分为土地、动产及无形财产叙述于下。但这些野蛮民族,到了现在,多少都有了一点历史了,不能即代表人类的原始状况,不过可以当作研究原始状况的参考而已。

土地——狩猎民族对于土地常是公有的,例如北美平原印第安人以及加利福尼亚的迈杜人(Maidu)、英属哥伦比亚的汤普逊河(Thompson River)印第安人都是。其土地为全部落的所有物,部落内人可以利用,但外人便不得染指。公共的土地如由部落中个人加工经营则其使用权为个人独占,例如一个汤普逊河土人或迈杜人如做成了一个鹿围或渔场他便享有其劳力的所获,并可遗继其权利于后嗣。澳洲土人则由地方团体占有一块土地而且和这块土地固结不可分开,这种地方团体不一定是全部落,或者为一个父系氏族的男性部分所集成,例如卡列拉人(Kariera)便是这样。此外有一种狩猎的民族即锡兰(斯里兰卡)的维达人(Vedda)却以土地为私人的所有物,界限很严。

在畜牧民族对于牲畜的私有权很发达,但对于土地却常是行完全的或几于完全的公有制。例如非洲的马赛人(Masai)同在一地的便公有其牧地,直到草已吃尽便一同向外移出。印度的托达人(Toda),其地方团体即氏族也共有牧地。非洲霍屯都人(Hottentot)也行土地的部落共有制,但有一种土地所出的动产是附于各个家族的,这便是生产 Mara 葫芦的一种草丛,闯过其草丛的若是本部落的人必被控于首领,若是外人则直被殴倒。

农耕民族对于土地情形不一。例如美洲土人之中有行团体公有的,特别是在南部,至少也可说是行氏族共有制;又有行母系近亲共有的,例如希达察人(Hidatsa)。此外还有行个人私有制的,如祖尼人(Zuni)。南美秘鲁的古印加国(Inca)是行国家社会主义的,个人自然不得私有土地,土地由父系氏族所有,其中的家族各分得一份的土地以耕种。在祖尼人则只有不用的荒地属公有,还有街道及井也公有,但是田园、畜栏、家屋和地产却属个人或亲属团体。在非洲则情形又不同,土人的观念常以土地为国王或酋长的财产;土地的买卖自然也不可能,但领得土地的人对于其土地却也是绝对的主人。例如聪加族(Thonga)的头目由国王领得一大片的土地后便分给村人耕种,新来的人也可领得未垦的地,但他后来如离开,其土地便再归还头目,不得卖出。若无变故,

---

① 这几段引文有的地方与原文有出入,有的地方有漏句。——商务印书馆 1991 年再版编辑

则领地者死后还可将权利传于后嗣。在美拉尼西亚凡荒地都是部落所有物,凡部落内人都可占有、清除并耕种一块地。土地的让与不常见。在密克罗尼西亚的马绍尔群岛(Marshall Is.)则贵族权力极大,占有土地,役使农奴为他们耕种。在新西兰的毛利人(Maori)情形又不同,大多数的人民都有土地,个人与团体的所有权并存着;部落公有的土地大约是未被个人占有的,个人如指定某树为其造小舟的材料也没有人争论。萨摩亚岛(Samoa)的情形也和新西兰相近。托雷斯海峡(Torres Strait)群岛人则私有财产观念最发达,每块岩石或水池都有其主人,公有的只有街道。

由以上的实际情况观之,可见在"现存"蛮族中土地的所有很不一律。其中行公有制的很多,但此外也有公有与私有并行的,还有专行私有制的,公有的团体大小不一,或为全社会或为社会中的小团体。

动产——关于动产的蛮族法律简单得多了。概括言之,纯粹个人的所有权比较土地为确定。土地的公有制同时和动产的私有制并行。非洲的埃维族(Ewe)妇女如系由丈夫买来的便不能承袭土地,但她却可以拥有动产如山羊、家禽等。佩带的饰物(除具有仪式性的以外)、器具和兵器通常是为个人所有。这种东西的所有权是由于两种原则:一是个人劳力的产物归个人所有,例如陶器因常为女人所制,故常为女人所有。又一条原则可说是"有效的应用",个人所需用的物为个人所有,如西伯利亚的科里亚克人(Koryak)和尤卡吉尔人(Yukaghir)虽很有公产的风俗,但衣服和饰物也是私有的,又其猎人必有其枪,妇女必有其缝纫的器具。

另一种的动产是牲畜。在畜牧民族中牲畜为唯一的,至少也是最重要的财产,为结婚及声誉的工具。因此其私有权很为发达,观于西伯利亚的楚克奇人(Chukchi)、中亚的吉尔吉斯人(Kirgiz)、非洲的马赛人等民族盛行烙印为号的风俗,便可知晓。凡畜牧民族大都注重牲畜的私人所有权,甚至有和家族冲突的。马赛人有分派其于诸妻使享其用益权的,这些牛还算是她们丈夫的财产。

无形的财产——哥登卫塞说在蛮族生活中财产权的观念不限于物质的东西,而却是扩大以包括精神上的或机能上的无形的东西。像文明人的专利权或版权一样,他们也有这种无形的财产。例如神话、祷词、歌词、医术、魔术、仪式、纹样、呼声等与物质的东西一样都被"所有"。科里亚克人以为各种治病祛邪的符号都是创造主所制成的,懂得这些东西的老妇人可以之为珍物,凡请她念诵一篇咒语的须送她几片茶、饼,几包烟叶或一头冰鹿。妇女出卖一篇咒语时,她应声明完全卖断,而买者便是这神秘力的所有者了。安达曼岛人(Andaman Islanders)如有自编一首歌在大会中经大众称誉的,或者以后便常被人邀请在会中再唱,虽是这样著名,但别人也不敢学唱。又如卡伊族人(Kai)对于自己所作的诗歌有所有权,别人不得其准许不敢唱念;而得其准许,常须纳费。其雕刻也有所有权,别人不得任意模仿。甚或人名也成为所有物,少年人取用和别人相同的名须送礼给他。英属哥伦比亚的努特卡人(Nootka)有很多无形财产,其权可以世袭,例如人、家屋、小艇、鱼叉的名,雕刻于图腾柱、墓碑上的图形,唱某支歌的权利,跳某种舞的权利等。

遗产继承——财产观念发达以后,一个人拥有珍贵的物品或特权即使不能全部留给他的亲人,他总愿意留一部分给他们,而他的亲人也一定会垂涎那些珍贵的财产与特权,希望至少能得一部分。由于这种心理便发生了承继财产与特权的倾向。粗略的承继的方式各处都有,而较为复杂与固定的方式也行于很多原始民族中。财产与特权不但由个人承继,便是团体如家族、氏族、宗教团体等也可承继。个人的分拨遗产的自由,因财产的公有私有而有不同;例如托雷斯海峡岛人可以任意夺去自己儿子的承继权,至于卡伊族人则一个人的遗产须机械地按照习惯法分派,猪须宰杀以为丧宴之用,野猪牙与狗齿的袋应交于其兄弟或母舅,他本人手栽的果树则归于其子。梅因氏(Maine)说古代的法律常分财产为承继的及自置的,二者之中以自置的为较可自由处置。遗产也有被毁坏而免去承继的手续的,例如迈杜人便这样,又如阿西尼本人(Assineboin)将死人的兵器、衣服、器具都殉葬。因为结婚有时是群与群的契约,故夫或妇的财产死后有仍归己群的。

承袭遗产的人也不一律,有由长子承袭的,便是"嫡长继承"(primogeniture),这在原始社会中不常见。如吕宋伊富高人(Ifugao)给长子以大部分的遗产,西伯利亚海岸的楚克奇人中为长子的得他父亲的兵器器物的最多的一份。嫡长继承在多妻子的家庭有以嫡妻的长子承产的,儿子的年龄不论,如马赛人中便这样。和嫡长继承正反对的为"少子继承"(junior right),其制以最少的子承继最大份遗产或特权。印度为此俗的中心地方。如巴达加族(Badaga)儿子成婚后便离父母独立家庭,只留少子与父母同居奉养其老年,父母死后得其遗产。缅甸的那加人(Nagas)中也有行少子继承的。托达人的遗产也分较多于长子及少子。卡西人(Khasi)且合女子承继与少子承继为一,最少的女子遵行祭祖的仪式承继了家屋及物件。白令海峡的阿拉斯加土人将父亲的最好的枪及祖传珍物给少子。除上二种继承外也有将财产平均分派于诸子的,如维达人便这样,女儿的一份则名义上交给其夫。除传子以外还有传于兄弟的"旁支继承"(collateral inheritance)。依这种风俗,遗产只传于兄弟而不传于子,如顿卡人(Thonga)便行此俗,酋长死后其兄弟相继嗣位,都死完了方归于最大的哥哥的嫡长子继承。墨西哥的阿兹特克(Aztec)族的酋长的承袭也是这样。毛利人的风俗,酋长的地位必由最长的儿子或最长的孙儿继嗣,但土地的继承却用旁支制,行母系制的团体地位与财产有由男人承袭执掌,而死后不传己子而照例传于姊妹的子的,这便是"舅父统治"(avunculate)的继承法。

遗产的各种类有分照各种方式继承的,如神圣的物件或者传于儿子,马则分给兄弟;或则酋长的职由男系继袭,而财产却传于姊妹的子;或地位传于长男,而遗产却传给少子。

原始的交易——交易的发生很早,在欧洲的旧石器时代便有了。旧石器时代的奥瑞纳期便有贝壳制饰物的交易。制石器的燧石残块常发现于本来不产燧石的地方,可以证明在石器时代燧石也为交易品。在新石器时代欧洲的亚得里亚海岸是交易的中心地点。交易在现在的原始民族中也很盛,如非洲的一部分土人至有"本能的商人"(trader by instinct)之称,海洋洲诸岛土人也从事交易,甚至澳洲土人都能交换各部落所制的不同样式的枪头等物。

原始的交易范围有两种:一是集团内的,例如一村内的,个人以自己的东西和同村的别个人交换。这种集团内的交易,与集团内的分工很有关系,分工愈盛则交易愈繁。二是集团外的,例如两村或两部落的人互相交换。

原始的交易有几种形式:

1. 无言的交易(silent trade),两方的人不相接近,一方先把货物拿出来放在一个中间地方便即退去原处等待,以后别一方才出来收起那些货物,并将自己的放在其处以为偿品便即离开,前一方便再来收去换得的物。自始至终两方不交一句话,行这种风俗的必是不相熟识而互相猜忌的两民族。

2. 物物交换(barter),这是两方的人集合一处的交易。与上述无言的不同,其方法仍是直接以物换物。这是最通行的风俗。

3. 馈赠的交易(gift exchange),这是以馈赠的形式行交易的实际的。例如易洛魁印第安人如见内地土人到苏必利尔湖来便把东西赠送他们,名为修好,其实是希望他们回送以内地的毛皮。易洛魁人又常把东西送到别人的家,如回送的礼物不能满意便把原物讨回去。新西兰土人把物送人常微示他希望某物为回礼。

4. 贸易(trade),各集团间,例如乡村与乡村,或部落与部落,如有定规的交易便可算是贸易了。贸易常行于许多部落间,各部落所需的东西通常是由贸易得来的。贸易能扩大经济生活的范围,因为各部落的特殊货物都由以流转,使得交换享用。贸易又使各部落的文化互相接触,因而促进文化的发展,因为交换货物时常于不知不觉中交换了观念,这种无意中的观念的交换有时或且比货物的交换更有价值。

物与物的直接交换是很笨的。于是便生出"易中"的制度。易中便是各人都易于接受的东西,以此为交易品的媒介自然便利多了。易中同时也便是货物价值的量度。原始的易中通常如果实、谷物、种子、鱼贝、盐、药、石、木、畜类等自然物,或如糖、酒、干鱼、石器、皮革、家具、符咒、妆饰品等人工物。这种易中本身价格的高下视乎其物的大小、数量、制造的技术、劳力获得的难易以及在风俗上的地位等而定。

第十二章 法律

原始法律的性质——原始的法律不过是由舆论所裁定的风俗而已,故可以释为"任何社会规则,犯之者由惯习加以刑罚"。但这种不成文的法律其标准化与拘束力并不比创法者所立的法为差。现代文明国的由统治者的意见制定的法令在蛮族中很不发达。梅因(Maine)以为原始法律中最发达的是刑法而非民法。或以为这是由于蛮族中比较文明人多有暴乱的事,但这种解释颇肤浅;据梅因说这是由于应用民法的事件太少,故民法不发达。在原始社会中,个人间的关系的规定由于个人的地位,家庭中财产的继承是依照惯习,个人间的事件又不用契约,以此民法的应用遂少。

司法的中心权力常觉缺乏,没有一定的机关以司理、裁判及执行刑罚。举行裁判常为忽然发生的举动。法律的后盾常为非人的神灵。蛮人自小便受教训而晓得违背风俗便会遇到灾祸,犯了神灵的意必被神灵施罚。原始法律有许多方面都是根于求神息怒的意。还有大众的舆论,社会的贬斥(social ostracism),个人的自顾地位的考虑,以及惧怕讥笑的心理都能帮助法律的实行。例如北美克劳族(Crows)的人很怕由小过而成为朋友的笑柄,或由大罪而受大众的贬斥,故很谨守法律。

原始人对于犯罪的观念——法律的起源可以由"血属复仇"(blood revenge)的观念而看出。一个人被害了,于是不但其氏族的人,便是祖先的鬼也要求一条命来赔偿,由此便发生血属复仇,故血属复仇是由于"集体的责任"(collective responsibility)一条原则。凶手本人不一定须寻到,只要加害于凶手所属的团体的任何一人便可以算是复仇了。在一方面因团体的受损害不殊于个人,故团体应为个人复仇。另一方面则个人的被害无殊于团体的主权为别团体所侵犯,故应被罚的是凶手所属的团体,而不一定须加于凶手本人。由于集体的责任故被害者的团体必为被害者复仇,而凶手的团体也必袒护凶手;因此便常发生"血属仇斗"(blood feuds)。其顽强的态度常有不同,如西伯利亚的楚克奇人(Chukchi)当于得偿一次之后便讲和,但如吕宋岛的伊富高人(Ifugao)便纠缠不清,最后常须用和亲的方法方得了事。我国乡村间的械斗,也便是这种原始的仇斗。

决斗(duel)的风俗也行于许多未开化民族中,这是较进步的复仇方法。其初还是根于集体责任的观念,或由被害者的兄弟向凶手所属的团体的任何人挑战。其后凶手本人或便被逼而应战。

偿命金或罚金(wergild)的方法有时也被采用,因为复仇的结果得不到直接的赔偿。财产的发达也促成以罚金代替仇斗。在古代盎格鲁—撒克逊人中便有此俗,称为wergild wer,意谓人命的价格。偿命金的额数按照犯罪的情形与被害者的重要与否,有一定的规则。这种规则在原始社会中很为普通。

在原始社会中对于团体内(例如部落内)的犯罪和对于团体外的犯罪大有分别。行为的构成犯罪与非犯罪视乎这种区别。盗窃如行于团体内,刑罚常甚严酷,但若行于团体外则反被称誉。乱伦和奸淫因是在团体内的事,故其刑罚常最重。

审判——原始的审判常具有魔术及宗教的性质。有罪或无罪的证据常求之于超人的权力。谳定的权委于神灵,而以占卜及神断(ordeal)的方法探神的意。问神的话是一句率直的问题,要求"是"或"非"的一句答案。非洲土人审判一个人有无毒死其妻的罪的方法是叫他也服毒,他若呕出来便是无罪,他若中毒便是有罪而被处死刑。步行于热炭之上是一种普通的神断方法,神会使无罪者无事,而有罪者受伤。相扑的方法行于楚克奇人中,以为无罪者必得胜。相似的方法也见于吕宋的伊富高人,他们使原被告两方人互相掷卵。还有探汤的神断法也见于伊富高人,当事者探手滚汤中摸取小石,如举动太快或烫伤甚重的便是有罪的证据。神断也行于欧洲的中古时代,不过以基督教的神代异教的神为审判者而已。

立誓(oath)实即神断的一种,用以审察嫌疑犯者的有罪或无罪。其后用以为证实见证人的诚实,以为话若不实神必降罪。在北美平原印第安人中常用誓于竞争勇敢的名号之时。例如克劳族人如有2人争论谁先动手杀死敌人时,便于众战士面前举行庄严的立誓。最通行的法有二:其一是由二人各执一把小刀先放进口内,然后指向太阳,口念誓言,请太阳为见证,并加罚于说谎的人。还有一法是将一支箭贯穿一块肉,放在一个水牛头壳上,于是两人都拿起箭,尝一尝肉,并念诵誓言。还有更奇的是萨莫耶德人(Samoyed)或奥斯加克人(Ostyak)的风俗,被告须以熊鼻为誓,用刀将熊鼻割起,并宣誓:"我如诬誓便被熊吞食!"土人都信诬誓者必会被罚,故敢行这种誓的便是无罪的。他以后如果被熊咬噬或别样凶死,这便证明他是诬誓。立誓为旧世界的特点,在美洲较少。

戈伊坦(Goitein)以为自神断至真的审判,中间须经过立誓,伴以心理方面的由情绪至理智的发展,而人的法官也渐代替了超自然的权威而行判决。但这种由法官审判的方法在原始社会中也不是不晓得。

第十三章 伦理观念

关于原始的伦理观念之误解——有一个旅行家自一个野蛮民族中回来后写一本书,在"风俗与礼貌"一段,只有一句断语:"风俗,如野兽;礼貌,没有。"(customs, beastly; manners, none)这种话可以证明这位著作者是大错了此外许多著作物也同有这种意见。哲学家霍布斯(Hobbes)论原始生活说那是"孤独,困苦,邪僻,凶暴,而且短促的"。斯宾塞曾详论原始人的心理也有这样的错误,据说:"他们的感情是爆发性和混沌性的,不谨慎,爱笑乐如小儿,不能节制,博爱心淡薄。"

普通的意见常以为野蛮人等于小孩。雪莱(Shelley)说:"野蛮人之于年代上,就像小孩之于年龄上一样。"原始人的儿童性常有人讲过。在原始人头脑内像文明人一样,有一部分儿童性,但这并不是说由观察文明人的儿童便可以解释野蛮人的行为。这样的类比法是不确的。有人将原始人的诗歌比拟婴孩的苦乐的呼叫,这便是不确的类比之一。一个大人种族的婴孩和一个婴孩种族的大人是根本上不同的。在情绪上,性格上,道德上,野蛮人都是一个"人",而不是小孩或其他。

上述的错误据哲学家杜威(Dewey)说是:"以文明人的心理为标准以测量原始人的心理;其结果必然是负的(negative),故叙述原始心理的话常是'缺乏''不见',其特征是'无能力'。"

讨论原始人的道德时我们可以置直觉说于不论,这说以为人有一种特别的神赐的良心,即内在的道德之感,能指示人什么是善,什么是恶。詹姆斯(James)说持伦理学上的直觉说的人就像障蔽了眼睛在暗室里瞎摸一只不在室中的黑猫。还有可谓合于良心的"道德义务"也可以不必管它。这些主观的道德的问题太觉错杂和混乱。这里可以不必论它,只须从客观方面讨论野蛮人的道德律以及他们生活于这种道德律上的功效就是了。

原始的道德律——道德无论在野蛮人或文明人都不过是对于风俗和传说的符合而已。道德的实施不是普通的,而是部分的。原始人也各有其行为的规律,由社会制定以约束其中的个人。这种规律是很详密的,无蹰躇的可能,因为在原始社会中风俗与法律是合而为一的。在文明人,法律不过是将一部分最重要而不得不强逼服从的风俗规定起来,至于其余的风俗则略能容许个人的自由,这在原始社会是不同的。

在文明社会中如批评某人违背惯习,不顾礼法,便说他是"像一个野蛮人"。其实这话对于野蛮人很为冤屈。野蛮人对于其社会所定的极严厉的礼法很能遵从。他们在性的事件、饮食、行动等都受节制。

如上所述，外人对于一个原始民族的道德观念常不易正确。例如马里纳氏(Mariner)叙述汤加岛人(Tongans)一面说他们是"忠诚，敬虔，是服从的儿童，是慈爱的父母，是义夫贞妇，是真实的朋友"，一面又说："他们似乎少有道德的感情。他们没有正义及非正义、人道及残忍的字。盗窃，复仇，强劫，杀害，在许多情状中都不算作罪恶。其人残暴无信义，喜复仇。"这种前后矛盾的话很可代表外人观察蛮族道德的错误。

野蛮人的风俗在外人观之常有很可厌恶之处，但他们却也有其伦理的准则在其背后。一个民族所以为罪恶的在别民族或者反是美德。如要了解这种道理只要看我们自己的社会道德标准在数代内甚或一代内便有重大的变迁，由此可知蛮族的道德与我们的何能完全符合呢？

蛮族的食人肉，杀婴孩，杀老人及病人，这些风俗都很激动文明人的感情，但这些事情都有其理由，或由于宗教，或由于经济需要，或由于社会标准，使这些风俗都有道德的背景。我们所听到的蛮族风俗，像这样使我们厌恶的较多，至于和我们的观念相合的风俗却因其平平无奇传得不多，因此很易于将这些不好的风俗代表蛮族风俗的全部。食人肉的风俗不常见。且其实行者常不是最低等的野蛮人，而是很有一点文化的民族。由此可见这种风俗必是合于他们的道德规律而不是非道德的了。例如有些民族的食人肉是为要祭神及散福，有的是为报仇，有的是由于一时的经济需要，有的甚至于杀食父母的肉却是为行孝道，这都不能说是非道德的，不过他们的道德标准与我们不同就是了。

原始人确有一种固定的是与非的标准，这是无可疑的。他们的这种行为的规则很有秩序地包括个人一切的行动。"风俗是国王"这句话还不够，风俗实是神圣的国王。他不容许个人有自己判断行为的地步或考虑的机会。对于这种道德律的遵从，为社会的惯例或宗教的规则所要求。违犯一条"答布"——即宗教上的禁忌——不殊于违犯了高等宗教的规律。所谓"正直是神的人"(god-fearing man)这个名称可以表示宗教上的畏惧的久存，以及视正直与畏神为一事的倾向。原始人在各方面都是畏神的人，这使他不敢不服从风俗。还有一种拥护道德律的东西便是舆论。个人要想在众人面前站得住，便须畏惧舆论。舆论是一致的势力，而社会对于个人的安排是无可避免的。社会的称奖为个人所希望，而社会对于不合习俗的个人加以讥嘲或斥逐等刑罚，这又为个人所惧。

道德不过是一些通行的规则，使人守自己的地位而不侵犯别人的地位，故如在结社的风俗不入会的与入会的分开，在外婚制则近亲与近亲相避，人民不接近酋长与僧侣，而死人也退让了活人。

据马雷特(Marett)所说，原始民族的一种缺点是缺乏私人意见(lack of

privacy),"由道德上言之,私人判断机会的缺乏便等于没有道德上的自由。……故野蛮人的道德不是理智的,而是印象的(impressionistic)"。行为的审核不过视其合于道德律与否而已。虽是如此,蛮人生活于他们的道德律的成功比较文明人的求合于现代道德律,即不是较大,至少也可以说没有逊色。

原始道德的种类——先就"家庭德行"(domestic virtue)言之。关于结婚的手续、世系继承、居住及其他都有紧严的规则,构成为很为整饬的系统。父与母合作以养育儿女,使人类脱离了兽的世界而进入人的世界,少年人对于老人的服从与尊敬普遍地为一切原始社会的情形。长辈也教少年人以生活的技术,像师徒制度一样。少年人的伦理上与宗教上的训练则行于成丁礼时,其仪式虽是严酷,却很有社会的功效。亲属的关系比之文明人为广。在感情上和社会上,他们结合为一个兄弟团体,例如在氏族内便是。亲属复仇的风俗更巩固这种团体的连带。

又有一种"政治的德行"(political virtue),是家庭德行的扩大以合于部落的连带及各群间的合作。战争很少是某民族的特有病。最常见的政体是民主的,而权威与领袖地位常为心力的报酬,而非体力。

杀人偷盗及无待客礼都是当作罪恶,奸淫的意义常不一律,但必被责罚。

原始道德的二重标准——据萨姆纳氏(Sumner)所说,原始民族对于"我群"(we-group)与"他群"(others-group)的分别很明,在我群内的道德标准与对于他群道德标准不同。我群内的相互关系是和平、秩序、法律、政治等;对于他群除为媾和所改变以外,常是战争与劫掠。在群内的感情是忠诚、牺牲,对群外则为仇恨与欺侮;对内为友爱,对外则好战。同一种行为对群内人则视为罪恶而被处死刑,若对群外人则或者反被奖励为美德。在己群内不可偷盗,不可杀人,若对群外人则或者反被奖为勇敢。这种感情并为宗教所赞成,我群的祖先的鬼也和他群的祖先的鬼为仇敌而喜欢子孙们仇外,且加以冥佑。这两种标准并不相反对,因为对外的仇恨更能促成对内的和平,对内的友爱更能增加对外的横暴。

由于上述的心理遂发生"种族中心主义"(ethnocentrism),这便是以自己的群为中心,只爱我群而排斥他群。各群的人都养成自大与虚骄,夸张我群的长处,抬高我群的神灵,对于他群则加以轻蔑,各群都自以为我群的风俗是正当的,而他群的风俗则为谬误的。对他群所加的名称如所谓"吃猪肉的"、"吃牛肉的"、"不行割礼的"、"缺舌之人"、"索房"、"蛮子"等都是由于风俗不同而起的恶称。格陵兰的爱斯基摩人以为欧洲人的到那边是要去学习他们的德行与礼貌的;他们对一个欧人最好的评语是说"他现在或不久将像格陵兰人一样好了"。各民族常有自称己族为"人"的,其意以为只有己族方是人,至少也只有己族方是真正的人。南美加勒比人(Carib)明说"只有我们是人"。拉普人

(Lapps)自称为"人",通古斯人也自称为"人",基奥瓦人(Kiowa)也称己族为"真正的或主要的人",台湾少数民族的泰雅、布农、曹等部落的名也是"人"的意思。各族的神话常自述其为真正或唯一的人种。自述己族为神的后裔。

语言与神话所表现的道德观念——对于别民族的道德律要得到充分的知识很不容易。直接的问话常发生不良的结果。研究神话与传说有时可以帮助对于伦理观念的了解。神话中有时说及可怖的行为,这些行为在我们是认为罪恶的,但如神话中的善神赞成这种行为,或这种行为反受奖励,则这种行为在这民族中可知不是当作罪恶的。反之如有和我们的伦理观念符合的行为,在神话或故事中反被责罚,便可知在这民族中是当作不合伦理的了。

神话传说而外还有语言也是正确的材料。一个民族根于其道德观念必有批评个人行为的话,除这种简单的评语以外还有较为复杂的俗语(proverbs)也能表现意见。兹引北美平原区的奥马哈人(Omaha)的批评行为的话于下以见一斑:

"无私的人。能自节制,不使言语和行为引起别人不喜欢的人。直率而其话可信的人。喜欢帮助别人的人。肯听人话的人。善待客人。谦逊退让"。以上是褒语。

"说谎的。贼。爱争闹的人。无耻莽撞的人。竭力营求想和女人乱来的人。馋嘴的人。喜欢干涉别人的人。搬弄是非的人。顽固的人。悭吝鬼。食客。乞丐。用眼睛求乞的人。睁着眼睛看的人。不晓得用正当称呼,不晓说多谢,无礼貌的人。淫妇。"以上是贬语。

兹再引些表示道德观念的俗语于下:

奥马哈人说:"偷来的东西不能充饥"。"穷人善骑"。"借物的人大家嫌"。"奢侈的人无人哀挽"。"懒惰的路通到耻辱"。"人应当自己造箭"。"漂亮的面孔不会造成好丈夫"。

非洲人说:"饱的小孩对饿的小孩说'宽宽心罢'"(这是说人对于别人的痛苦是淡漠的)。"灰飞回到撒灰人的面上"(害人必自害)。"地猪说我恨杀我的人不及践踏我的人"(侮辱甚于伤害)。"没有人汲井里的水去添河"(不应削少益多)。

菲律宾土人也说:"树靠那一面便倒在那一面"。"尔今天笑,我明天笑"(报复)。"尔可以不爱,但不可轻蔑"。"寻人错处的人自己便有最大的错处"。"善忘的人必快乐"。"仁爱是大资本"。"仁爱用仁爱偿还,不是用金钱"。"破你的头不要破你的话"。"屋子虽小,我的心却大"(待客)。"金的好坏在石上摩擦方知"。"不走正路的必致迷路"。"说谎的爱立誓"。

参考书目录(以采用多少为序,括号中即为本篇内采用章数)

1. Tozzer, A. M., *Social Origins and Social Continuities*, chap. Ⅳ~Ⅵ(第 2、3、4、5、6、7、10、12、13 章)
2. Lowie, R. H., *Primitive Society*(第 2 章至 13 章)
3. Goldenweiser, A. A., *Early Civilization*, chap. Ⅻ, XIII(第 1、6、9、10 章)
4. Rivers, W. H. R., *Social Organization*(第 1、5、6、7、8、10、11 章)
5. Rivers, W. H. R., *Kinship and Social Organization*(第 5、6 章)
6. Westermarck, E., *A Short History of Marriage*(第 2、3、4 章)
7. Westermarck, E., *The History of Marriage*(第 2、3、4 章)
8. Westermavck, E., *The Origin and Development of Moral Ideas*(第 13 章)
9. Wallis, W. D., *An Introduction to Anthropology*, chap. 26, 38(第 6、7、9、10 章)
10. Wissler, C., *An Introduction to Social Anthropology*, chap. Ⅶ, Ⅺ(第 2、3、4、5、6 章)
11. Sumner, W. G., *Folkways*, chap. Ⅸ~XIII(第 2、3、4、5、6 章)
12. Sumner and Keller, *The Science of Society*, Pt. Ⅱ, Ⅲ, V(第 2、3、4、5、6、11 章)
13. Marett, R. R., *Anthropology*, chap. Ⅵ(第 1 章)
14. Ellwood, C. A., *Cultural Evolution*, chap. XIII~XVI(第 2、3、4、5、6、10、11、13 章)
15. Spencer, H., *Principles of Sociology*. Pt. Ⅲ, V, Ⅷ(第 2、3、4、5、6、10、11 章)
16. Morgan, L. H., *Ancient Society*(第 2、3、4、5、6、10、11 章)
17. Thomas, W. I., *Source Book for Social Origins*, Pt. Ⅳ, Ⅷ(第 2、3、4、5、6、10 章)
18. Frazer, J. G., *Totemism and Exogamy*(第 4 章)
19. Chapin, F. S., *An Introduction to the Study of Social Evolution*(第 1 章)
20. Lang and Atkinson, *Social Origins and Primal Law*(第 1、12 章)
21. Mains, H. J., *Ancient Law*(第 12 章)
22. Roheim, G., *Social Anthropology*(第 6 章)
23. Hartland, E S., *Primitive Paternity*(第 5 章)
24. Webster, H., *Primitive Secret Societies*(第 7 章)

25. Eichler, L., *Customs of Mankind*, chap. Ⅵ～Ⅷ(第2、3、4章)
26. Calverton, V. F., *The Making of Man：An Outline of Anthropology*(第1、2、3、4、5、6、11章)
27. Zenks 著,严译:《社会通诠》(第5、6、10章)
28. 蔡和森编:《社会进化史》(第2、3、4、5、6、10、11章)

第五篇　原始宗教

第一章　绪论

宗教的新研究法——最初研究宗教的大都是宗教家。他们所成就的如基督教的神学、佛教的佛学等,对于各人自己所信仰的一种宗教的道理阐扬发挥都很详尽,但其缺点也就在此。因为:(1)他们所研究的只是一种宗教,研究的结果何能概括世界各种宗教。(2)他们的立足点既是一种宗教的信徒,则其意见自然是倾于左袒自己的宗教,自己所奉的方是神,别教所奉的则斥于神的范围以外;自己的宗教行为是真正的,别教的宗教行为则斥为魔术与迷信。所以严格言之,宗教家的研究宗教,不是真的研究"宗教",而是阐扬其所信的"一种宗教"。因为这种研究的不合宜,于是哲学家便出来担任这种工作。他们以无偏无颇的眼光综览各种宗教的内容,统论各种教理的哲学意义;这是他们的大贡献。但这种工作却只能解决宗教研究的一部分,还有一部分未能解决,因为:其一,哲学上所研究的,只是含有哲学意义的教理。其二,其范围只限于发展已高的宗教。对于各种高等宗教如佛、回、基督等教的研究固已显著成效,但对于"宗教"全体的性质及起源还是不能全晓。这个原因便在于还有各种未有哲学意义的低等宗教即通常所指为迷信及魔术等还未经人注意的缘故。这种低等的或原始的宗教是存于文化比较落后的人民,即通常所谓野蛮民族以及文明民族中的无知识的阶级中;而这种材料是文化人类学家所熟悉的,于是便由人类学家来担负这种工作了。人类学的研究宗教是先拟定一种假说,他们以为宗教的要素及起源还可以在低等宗教中去寻,因为低等宗教离起源较近而其内容比较简单,易于发现其要素。所谓要素与起源自然不能说是极端的即绝对性的,因为物质科学尚不能根究具体的物质之极点的要素与起源,精神科学更不能怀这种奢望,只要在可能范围内找到有相对价值的解释便足,若离却事实只在玄想上推求,便脱离了科学的性质了。人类学的研究原始宗教恐怕永远不能找到"最原始的"起源与"最简单的"要素；但普通意义的起源与要素，总有希望可以知道一点。这便可说是研究宗教的一种新方法。

但人类学家的研究原始宗教与其说是为要完成宗教学，毋宁说是为要完成原始文化的研究。因为人类文化的根源在于人类的心灵；而心灵的表现在文明社会有很多方面，除宗教外尚有哲学及科学，在原始社会则只有宗教一方面最为显著，哲学与科学的思想尚在萌芽，且尚在宗教的范围内。所以如要了解原始的心理只有探索原始的宗教。我们如要晓得人类初时的宇宙观，只要探索他们的宗教，我们如要晓得他们对于自然界的解释，也只要查问他们的信仰；我们如要了解社会上各种事件如神权政治、宗法制度、生产、死亡、婚姻、战斗的仪式、耕猎、畜牧、衣食、住所等的习惯，都可以参考原始的宗教而得解释。

由于上述两种目的，原始宗教的研究遂成为文化人类学中极重要的一部门。人类学家中有不少专力于这一门的工作。人类学著作中也产生了许多这一类的巨著。原始宗教的事实搜集了很多，说明的学说也发生了不少。这种知识虽不能说是完全无误，但对于人类的求知欲也可说是有了一点安慰了。

宗教的定义——宗教的定义很多，各研究者都根据于自己意中的宗教的要素而定。其中最常被采用者为泰勒氏(E. B. Tylor)及弗雷泽氏(Frazer)之说。泰勒说，宗教的最小限度的定义是"精灵的存在物之信仰"(the belief in spiritual beings)。这说的优点在于把宗教的态度和宗教的对象都提出来。其缺点则是：(1)只举信仰一方面而漏了宗教行为(practices)。因为在原始宗教中，宗教行为，即仪式(ritual)也极重要。(2)精灵的存在物范围还狭，不能完全概括信仰的对象。弗雷泽氏的定义说：宗教是"对于统驭自然及人类生活的超人的权威(powers)之和解的手续"。他所谓"权威"是指有意识的或有人格的物(conscious or personal agents)。这说的优点在乎改进上说而提出崇拜为宗教态度的要素。其缺点则在：第一，以宗教对象为具人格的物，因之凡非人格的而亦为原人所信为具有神秘的力者，都被摈于此定义之外。第二，以对于具有超人的力者之崇拜方为宗教现象，而实际上原人对于一部分精灵却有只用平等对待的缔约或甚且用高压的吓威手段的，这些事实都被排于宗教范围之外，而派入于魔术之中，未免过于含混。上述两种定义在下文中还要详述，不必赘论，兹举一种较为适当的定义于下。

马雷特氏(Marett, R. R.)以为宗教的对象最好莫如用"神圣的"(the sacred)一语，而宗教的态度便是信这种"神圣的事物"能影响于团体或个人的幸福，因而表现此种感情思想及行为于外。"神圣的"一语的范围很广，能够将所有超人的非超人的，精灵或非精灵，宗教或魔术等现象，都包括在内，所谓"神圣的"性质是：(1)神圣的便是禁忌的(forbidden)，在原始社会常有所谓"答布"或"禁忌"(taboo)。附于宗教的事物，这字的意义与神圣略同。其意谓对于某种神秘事物须避忌,犯者将会遇到不幸。(2)神圣的便是神异的(mysterious)。在原始民族观之,凡奇异的意外的不可思议的现象常有神圣的意义。(3)神圣的便是秘密的(secret)。凡神圣的事物当守秘密,例如对于未成年者、妇女等常加限制,不准闻见或参加。(4)神圣的便是有能力的(potent)。凡神圣的事物大都有奇异的能力,不但精灵,便是仅只一种神秘力即所谓"马那"(Mana)也能发生不可思议的现象。(5)神圣的便是灵活的(aninate)。神圣的物都是有意识或具人格的,犹如有生命一样。(6)神圣的便是古旧的(ancient)。古代传袭来的事物常有神圣的意义,如宗教仪式、神物等都有古旧性,又如古人的鬼也易于成为崇拜的对象。

宗教发生的外在条件——在宗教魔术的神秘世界之外还有自然的物质的世界,在后者中只须用物质的知识机械地对付事物,所以生活是很平常的,可意料到的。在我们文明人如此,在原始人类自然也不是全无这种境状;不过原始人的这种自然的平常的世界比较我们的为狭就是了。原始人在这种境状时是很从容的,无思虑的,就像一个小孩。可惜原始的生活太乏保障,危机(crises)时时发生,使他们的生活真有寝不安席的苦。饥饿、疾病、战争都是危机,生与死也是危机,便是结婚和成丁因是生活的转变,所以也有危险的要素。由心理状态言之,危机便是一个人智穷力竭的时候,便是由平常习熟的境状,突然进入了不能了解的世界的情况;在那种不能了解的世界中,人类不能用平常的方法应付,很觉得骇惧与痛苦。人类并不找寻危机,他们还尽力地避开它。危机自己来找人,弱者见之便屈服,强者则设法对付它,而宗教就由于对付危机而发生,所以危机便是宗教的第一个条件。宗教又有社会性,非社会不能成立,它是由社会构成,同时满足社会中多数人的需要。它又是传承的,能够一代一代地传下去。在原始社会中宗教的思想与行为全包在风俗之内。而不是个人的事件。原始人的宗教思想,例如,"大家都听见雷鸣了,他必是活的","我梦中游行于别处,别人说我的身体却在此睡卧,所以我必是有一个灵魂","人说我的面貌和水中的影相象,然则影必是另一个复生",这些思想必定不是一个人独创,而是多数人同构想同证明出来的,并且必定是经过很长的时代方能演成。所以宗教是社会的产物,而他的第二个条件便是社会。由别一种观点也可证明这说。社群的态度对于个人的影响极大,个人在群众中受社群态度的影响,感情极易兴奋,常于不知不觉之中接受了神秘的感想,因而合力做出宗教的行为。这说虽奇特,却不是没有理由,有一派学者且竭力主张这说,以为是宗教发生的唯一原因,无论如何至少也可证明社会是宗教发生的一种条件。

宗教发生的内在条件——内在条件便是指人类心灵的一方面。宗教行为由于信仰。信仰的发生必是由于某种特殊的心理状态。究竟这种特殊的心理状态是怎样的？这个问题便是宗教起源的问题。对于这个问题提出的答案很多，各说都自以为是唯一的正确的道理，其实都是片面的观察，各有一点贡献。综合各说的结论，对于宗教的起源虽还不能说是最后的解决，至少也可以说已经说明一个大概了。现在便把各说的内容略提于下：

宗教源于对自然势力的恐惧（fear）的学说，很早便发生，如罗马的卢克莱修（Lucretius）便说"恐惧造成最初的神"，他以为人类对于周围强大的势力觉得很为害怕，由于害怕而生出崇拜。又如近代的休谟（Hume）也赞成这说，以为人类由于畏惧自然界的势力，又以自然现象归于神的权力，因而发生对神的崇拜，希望求其援助。这说是很普通的意见，虽不甚精密，但恐惧自然界的势力确实是宗教发生的一部分理由。

以"神秘力"（mysterious power）的观念为宗教发生的原因是金格氏（King）所主张的学说。这说以为原始人心中最初只是仿佛觉得有"某种物"（something）即神秘力的存在，不能了解究竟是何物，只是觉得害怕。后来方逐渐将神秘力附合于自然界，因而把自然界拟人化起来而成为崇拜对象。

与上说相近的有吉丁斯（Giddings）的"大可怖物"（great dreadful）之说，他以为最初的宗教观念只是一团不清楚的观念，后来方逐渐分化明晰。原始人类起初只信有一种"大可怖物"，即非人的物或力，后来方把他具体化为精灵或别物。

上述的马雷特氏以为宗教的发生由于事物的神圣（sacredness）的观念，凡反常的不可思议的现象都有神圣的性质，易于引起崇拜。

鲍德温（Baldwin）以为宗教是依人格的生长（personal growth）的程序而发生的。小孩在其心理的发展中每觉得大人的人格为他所不能捉摸，因之生出依赖心及神秘性的观念。人类对于自然界也这样，他们觉得自然界的不可思议，因之也生出依赖心及神秘性的观念，把自然界视为奇异的人格，因而对它崇拜。

马克斯·穆勒（Max Muller）说宗教的起源在于"无限"的观念（perception of the infinite）。这种观念是由于人类对付四围的世界而生的，他们觉得自然界的恒固远胜于人寿的短促，而自然的势力也远非人的能力所能比拟其万一，所以便生出自然界是"无限"的观念，因之对它崇拜。

杜尔克姆氏（Durkheim）从另一方面着想，他以为宗教是由于"社群的态度"（group attitude）而发生。社群对于某种事物有特殊的态度，用仪式以表现它，因之而生出神秘的性质，其事物遂成为崇拜的对象。

弗雷泽（Frazer）的意见也很奇特，以为宗教是由魔术转变而成，在宗教之前先有一个魔术的时代即无宗教的时代。在无宗教时代人类以为各种神秘的物或力都可以用魔术来抵抗、制服它们，后来觉得失败了方改用祈祷、崇拜来和解他们,这才算作宗教。拉伯克(Lubbock)的意见也与此相近。他以为宗教时代之前只有魔术和迷信,其时人类只晓得利用"灵物"(fetish),后来方进而崇拜偶像及生人、死人等。

斯宾塞(Spencer)主张"鬼魂说"(ghost theory),以为宗教的起点在对于鬼魂即死人的畏惧和崇拜。他很详细地推测鬼魂观念发生的程序,并推论各种崇拜都是由鬼魂崇拜演成。

泰勒(Tylor)提出"生气主义"(animism),以为人最初的信仰对象是"精灵"(spirits),精灵便是"生气"或灵魂。万物都有精灵,人类死后的鬼魂也是精灵的一种,自然界的各种奇异现象都是精灵所作成的。

马雷特(Marett)改进生气主义而提出"生气遍在主义"(animatism)或"马那主义"(Manaism)或"先生气主义"(pre-animism)。这说以为在信仰精灵以前还有只信一种超人的神秘的力的时代。如美拉尼西亚人所谓"马那"(Mana)便是这种力。这种力遍在于宇宙间,凡物之所以有超人的神秘性都是因有马那,便是精灵、鬼魂都是如此。所以马那的观念可以说是早于精灵的观念。

以上诸说以后面的四家尤为重要,在本书的后段还要详述,此处不赘。

本书的计划——本章讨论原始宗教的通性既毕,以下自自然崇拜至一神教为一段,列举各种宗教形式。牺牲、祈祷、魔术、占卜、巫觋为一段,前四项为宗教行为,巫觋为专门执行宗教行为的人。魔术说,至超自然主义为一段,详论宗教的起源,末章便是全书的总结。

第二章 自然崇拜(Nature Worship)

人类感觉他的周围有种种势力(powers)为他所不能制驭,对之很为害怕,于是设法和他们修好,甚且希望获得其帮助。人类对于这种种势力的观念自然也依环境而异;平坦的原野自然无山神,乏水的地方自然无水神,离海很远的内地自然也无所谓海神。

地的崇拜——在野蛮人看起来地是一个生物,土壤是它的筋肉,岩石是它的骨骼。在很多种神话里头,它有一个美丽而妥切的名称便是"地母"(earth-mother),因为她能生养万物。有一种很古而又传播很远的神话说:以前有一个时候,地母与天父(heaven father)连接一块,万物都在黑暗中,直至后来有某个"英雄"出来才把他们劈开,世界方才明亮,地的为母的资格,不单是一种幻想而确曾见诸事实;美洲的土人以及别处的蛮人都以为地确实是一个生物;在300年前有一个著名的天文学家且以为地的呼吸器官肺脏和鳃有一天可以由海底发现出来。

"地母"的观念或者发生于人类脱离狩猎进入农耕的时代。有些很美丽的神话系起于植物的春生而冬凋,还有各种仪式与风俗,常举行于春季,其宗旨便是祈求收获的丰厚。其中的祭献有时是流血的,因为人类以为非有这样惨酷的牺牲不足以邀神的保佑。人类常以为当锄的掘入土内,牛的践踏土上,或建筑物的基础插入土内时,地神必因而动怒。所以在菲律宾群岛当播粟以前须杀一个奴隶为牺牲,在几年前印度孟加拉的某部落把一个做牺牲的人乱刀砍死,以为流了这个人的血便可以使他们所种的郁金根(染料用的植物)得成深红色。在世界上许多地方,直至今日,人类常把一个活的牺牲(常为动物)埋于新建筑的基础下,或墙的里面,其意以为这样方可以平地神的怒。在别的地人或别个时候这些可怕的牺牲改换为游行与祝典。僧侣们引导人民绕田而行,口唱歌词,祝植物的生长。春天渐渐变成快乐与希望的季节,由此发生了各种优美的地神崇拜的仪式,如欧洲的五朔节(Mayday)与收获感恩节(Harvest Thanksgiving)等。

  水的崇拜——水这种奇异的物质是生物所不可少的东西,所以在原始的人类看来是极有生命和精灵的;因此它的崇拜也广布于各处。原始的人类看见河流的冲决奔驰以及漩涡的吞噬生物,便以为是水的精灵的作祟。后来更以为每条流水都有一个水神管理它,司理水流的平静与掀动;而溺水的人也不必救他,因为恐怕他的溺死是水神的意思。

  圣泉,神井,各处都有,这很可以证明水的崇拜的根深蒂固。这种水大约是因含矿质的常能医病,所以自古至今病人和残疾人常麇聚于圣泉、神井而求其医疗。还有洗礼仪式的举行也由于相似的信仰,以为凡小孩如不由僧侣撒过一点水,将来便不会得救。又以为这种"圣水"可以祛除鬼魔与妖巫。世界的河流如尼罗(Nile)、台伯(Tiber)、泰晤士(Thames)都有"父亲"的称呼,在艺术上则被雕刻为人形。又如更富神圣意味的恒河,则有美丽的故事记在印度古书中,说它是从天上流下来保佑这个世界并洗涤人类的罪恶的。在西非洲,常由巫术师致供献于海神以平它的怒潮。又如古希腊人和罗马人也曾投生物于海中,以祭海神,又如古秘鲁人呼海为"海母亲"(mother),当它做食物的供给者而崇拜之。

  石与山的崇拜——石的崇拜遍布于全世界,其崇拜的理由有很多种。欧洲人以前信石箭镞是仙的枪头,而新石器时代的石斧为雷神所遗下。还有天上降下的陨石更增加神圣的意味,这种石便是通常所谓流星,例如麦加(Makkah)城的"黑石"(Black Stone),回教徒常不远千里来参拜它;又如墨西哥和印度也都有这种石。具怪状的石常被信为有魔力。野蛮人看见一块石头像面包树,他们把它埋在面包树的旁边,以为由此可以获得丰盛的果实。或者看见一块大石头,它的下面还有几块小的,他便崇拜它们,希望所养的猪因此而得繁殖。非洲尼日利亚(Nigeria)的土人生病的时候,便抽签并以饮食的物供献于神石，希望为他治疗。

　　石的崇拜自古至今都无间断。古代希腊、罗马、犹太、墨西哥及其他民族的历史都记载石的信仰，如以石为活的，或信石有魔力等。纪元前200年的罗马人曾很虔诚的欢迎由小亚细亚来的一块小而粗的黑石，以为是"圣母西比利"(Mother Goddess Cybele)的化身。秘鲁人有一个故事说有些石头是人变的，因为它们触犯了造物主的缘故。古犹太人信石为活的物，在《圣经》里《约书亚书》(Book of Joshua)中说有一块石头曾听见上帝所说的话。欧洲古书中也常记载基督教会直至17世纪犹常颁布教令禁止各种野蛮的崇拜，如崇拜石、树、泉水及天体等。人们常对石头而发誓。病人抚摩石头而希望治疗，帝王们，即如现在英国的王，都在石头上面加冕，至于以石头为携带运气的信仰更为普遍了。

　　史前时代所遗的石，如架成桌子形的，排成圆环形的，在世界上已经发现了几千个。这些东西常为葬处的记号，由于敬畏死者的缘故，渐致对这些石头也加以崇拜。有很多故事由于这些东西而发生，而石的圆环犹常为举行宗教仪式的地方，如印度等处尚如此。

　　高大插天的山也有神圣的意义。人类常以之为神灵所栖的地方，如罗马的朱庇特(Jupiter)，犹太的耶和华，北欧人(Norsemen)的奥丁(Odin)都在山上。山的崇拜中国也有。又如美洲土人以为所有山岭和高地差不多全是神灵的住所。

　　火的崇拜——活跃飞舞嘶嘶作势的火焰，无论遇到什么东西它都会吞食下去，然后在烟雾中把烬余的东西喷出来——这岂不是活的吗？自从人类晓得生火以后，他们便用心守护它。无论到什么地方野蛮人总带了火去，如巴布亚人(Papuans)入森林时必定带了一根烟熏熏的树枝，又在他们的小艇中也必定长燃一个火。马来人不敢跨过炉火，印度的托达人(Toda)当燃灯的时候必定对之礼拜。在古希腊人每家必守一长明的火以崇祀火炉女神赫斯提(Hestia)。罗马人也这样做，以崇祀维斯姐(Vesta)，又有6个童女在神庙中看护神火。在秘鲁也有这种风俗，这些女子还称为"太阳之妻"(wives of the sun)。在今日非洲巴干达人(Bagandas)中尚有派女孩子另居守护神火的事。耶路撒冷庙中的长明灯永不曾熄。在波斯神庙中火是神圣的象征，僧侣的面须用面幕遮起来；印度的"婆罗门"不敢用口气吹灭火。印度的最高的神阿耆尼(Agni)便是火的神又为太阳的神，印度信火是从它来的。

　　火又被推为祓除不祥和疗治疾病的神物。在古罗马小孩初生时房中须燃烛。在苏格兰小孩受洗礼以前须长燃一个火于其身旁。在新赫布里底(Hebrides)中有一成语说"自火来的无恶物"。不列颠的古风俗如逢着恶病流行便燃了所谓"需要的火"(need-fire)，无论人畜都须对他冲过，以为可以祛除邪崇。

日月星的崇拜——原始时代最引人类惊愕的恐怕无过于昼夜的递嬗。有些时候他们能够看得见周围的物,黑暗一到忽变成一无所见,使他们不得不瞎摸或睡歇。每早太阳将出便有万道光芒为它前驱,不久便渐升高放出光明照耀大地,日暮它渐沉落,而光亮也跟它渐减少以至于全灭。以此人类的感情自然而倾向于这光明的王,发生崇拜的方法,如供献以牺牲等。

天体的崇拜不但很为广布并且继续至于后来,由古时的各大国的神名和遗留的庙宇便可证明。在大不列颠曾有大石柱植立以祀太阳,又有祭坛以祀月神及地的女神。还有星期中的日名日曜日（Sun-day）、月曜日（Mon-or Moon-day）也都保存这种信仰。

日与月各有其崇拜的地方,但也有时同为一地方所拜。在旱燥的地方太阳成为可畏的物,居民只崇拜月神,因为在夜间月亮底下才有露水下降以滋润人畜并使人畜得以行动。而中非洲的土人怕见太阳的升起而只崇拜月神,又如南美洲古时的土人也崇拜月神并供祭献,以为唯有月亮能使动植物生长。初生的月亮在很多地方都受欢迎,如古以色列人每见新月便举烽火于山头以传播这种可喜的消息。

但太阳的崇拜在其余广大的地方自古至今都是很盛,人类对于这个温暖光明与生命的供给者自然更是五体投地,供献牺牲与祷告。在古秘鲁的人民信他们的王是太阳的儿子,在墨西哥则更有杀人祭日的故事;又如现在的黑足印第安人（Blackfoot Indian）每年都有太阳舞（Sun-Dance）的祝日。中国人也拜日神。印度婆罗门经中说日是"诸神中有光耀的神"。古波斯的故事中有日神密特拉（Mithra）,其崇拜直传至罗马及英格兰。希腊与罗马人都有日神,前者名赫利俄斯（Helios）,后者名索尔（Sol）,都为之立庙及祭献。在埃及日神名拉赫（Rah）,是最高的神,对它的祈祷和赞美歌比对别的神为多。日神的崇拜在现代多种民族中都有痕迹可寻。

星的崇拜也很常见。星在原始时代或被视为人类所变,其在生的时候或为猎人或为舞女等。农夫与舟人常极注意某种星的出没,以为他们是管理气候的。如金牛宫的七曜星"Pleiades"一字是由希腊字"Plein"来的,原意为"航驶",因为希腊的舟人每等这星出现方敢开船。在南非洲的祖鲁人（Zulus）又呼这星为"掘星",待它出现人们方才掘地。星又被信为能制定人类一生的命运。当一个人出生时天上有某星升起,他将来的命运便为这星所影响。英语"祸患"disaster一字,其下半 aster 是希腊语"星"的意思,所以这字的原意便是"不幸的星的打击"。还有评人的命运为"遭坏星的"（ill-starred）或"生于吉星之下的"（born-under a lucky star）。中国人也有"命宫魔蝎"的话,便是以魔蝎宫的星为凶星能使人一生不幸。人类中有自称能由星的运行而预言吉凶的,中国谓之"星士",英文称为 astrologer,即星学家,字源出自希腊文 astron,便是星的意思。希望前知的心使愚人都上了星士的当。在古迦勒底人与希伯来人中占星术与星的崇拜合为一起。星球被视为神灵所在的地方。陨星在各处的士人观之都是可怖的东西,并为灾祸的前兆。黑人以为陨星是已故神巫的灵魂回来作祟;威尔士农人以为这是其所经过的下面的人将死的先兆。法国普罗旺斯(Provencal)牧人们则以为它们是上帝所摈斥不要和他们同在一块的灵魂。

第三章 动物崇拜及植物崇拜

动物崇拜(animal worship)及植物崇拜(plant worship)——在野蛮人观之,凡能动的物都是活的;无生物还会活动,动植物岂不更是活跃的东西吗?水能洄卷与喷沫,火山能嘶嘶作声,风能怒吼,雷能轰击,但还不见它们有闪烁的眼睛和突出抓人的巨爪。至于动物有很多方面像人类,躯体又常有比人类为大的自然更逼得人类害怕,而对他们崇拜。动物一方面是人类的仇敌,一方面又是人类的同伴,在畜牧时代两者的关系尤为密切。动物崇拜在宗教史上占了很大部分。各民族所奉的神灵常因环境而异,所以所崇拜动物的种类也视地方而不同。在北方的大抵是熊与狼,南方的则为狮、虎与鳄鱼。古埃及是动物崇拜的大本营,所拜的有牛、蛇、猫、鹰、鳄鱼以及其他动物。印度人对很多种动物无论鸟、兽、爬虫都加以崇拜,只有虔敬的态度略有差等而已,牛、猿、鹰、蛇受最高的敬礼。此外虎、象、马、鹿、羊、刺猬、狗、猫、鼠、孔雀、雄鸡、蜥蜴、龟、鱼甚至虫豸也都是崇拜的对象。公牛在印度和锡兰岛(斯里兰卡)被视为特别神圣的东西。美洲的印第安人敬奉熊、野牛、野兔、狼及几种飞鸟。在南美洲鸟类和美洲虎(jaguar)似乎特别受崇拜。墨西哥人视枭鸟为恶灵。马达加斯加岛人以为鳄鱼有超自然的能力,只可用祈祷请其宥恕,用符咒求其保佑,而不可攻袭它;只要把枪尖搅一搅水面便对于这司理洪水的大王犯了亵渎的罪,此后犯者如要过水便有生命的危险。

动物崇拜之中最为常见者莫如蛇的崇拜。不但野蛮人,便是已经开化的民族也有这种风俗,而且不止一两个地方,几乎世界的各处都曾有过。这种蜿蜒修长,无足能走,且有致人死命的毒牙以及闪烁可怖的凶睛,在心灵上又狡诈非常的东西,自然能引起人类畏惧的观念。古时所罗门曾说他所不能理解的四种事物,其一便是蛇的爬行于石上。《创世记》中以蛇为人类的仇敌,可以想见古时人类对蛇的观念。在达科他族(Dacotah)与肖尼族(Shawnee)印第安人那里蛇与精灵同为一名词。在海地的沃多人(Vodo)拜蛇更有可怕的形式。马拉巴尔(Marabar)人的屋中另拨一小房以居蛇。台湾少数民族的排湾人也有这种风俗,他们以蛇为祖先的化身,器物上常雕蛇形。摩陀罗(Madras)有一个蛇庙,崇拜的人很多。在印度的别处则以蛇为圣者或为半神(Demi-god)的化身。北美洲的奥日贝人(Ojibways)和切罗基人(Cherokees)视响尾蛇为神而贡以飨祭。秘鲁人则崇拜蝮蛇。墨西哥的特纳尤科(Tenayuco)地方因为拜蛇的缘故麇聚了很多的蛇,遂有蛇的市镇(town of serpents)之称。在古希腊与罗马,蛇被奉为医药的神。雅典的城寨闻系由一大蟒担任保护,当时雅典城内街上曾举行蛇的跳舞,犹如现在的莫基印第安人(Moqui Indian)和兴都斯坦的那葛斯人(Nagas)一样。在古代蛇的崇拜又曾行于腓尼基、巴比伦等处。在现代则除上述以外又见之于波斯、克什米尔、柬埔寨、中国西藏、锡兰(斯里兰卡)及非洲数处。中国常有蟒的传说,又有以蛇为水神的,也都是蛇的崇拜。

野蛮人每杀动物常对之谢罪,这便是由于视动物为有精灵的缘故。西伯利亚的沃古尔人(Vogulitzi)如杀死了一头熊便正式地对它表明这罪是在于兵器而这些兵器是俄罗斯人所造的。同样风俗也见之于虾夷及苏门答腊土人等。北美土人对他们所杀的熊常以很大的敬意对它谢罪,诉说他们是迫于不幸的需要,请其原谅。奇佩瓦人(Chippeways)每要出猎便先举行药的跳舞(medicine dance),以见好于禽兽的精灵。英属哥伦比亚的印第安人当渔季捞鱼开始的时候,便先对鱼儿行了礼,然后对它们说:"你们鱼儿,你们都是酋长。你们是,你们都是酋长"。柬埔寨的斯丁人(Steins)以为动物也有灵魂,死后能够游行别处,所以如杀了一个动物,怕它灵魂回来报仇,便对它谢罪,并供奉祭献,其牺牲的多少视乎所杀动物大小及力量而定。中国人宰杀动物也有念往生咒的,希望它从速投胎再生,这都是由于对动物的信仰。

植物崇拜(plant worship)——在隆冬时锢闭的生命一到春来便能苗叶开花结果,而且微风吹来枝叶间似乎都会发出叫声,"这岂不是也有精灵的征验吗"？在原始民族观之,植物和动物都有同人类相似的感情与意志;树木也能够说话,又能和人类结婚;有些植物具有醉人或毒人的液汁的特别为人所敬畏。庄严伟大的树木常被视为具有神圣的性质而在其下开重大的部落会议。森林中的居民以林木与他们的生活有密切的关系尤常以树木为崇拜的对象。奥日贝人(Ojibway Indian)不喜砍伐方在生长的树木,因为恐怕树木觉痛,婆罗洲的迪亚卡人(Dyaks)和菲律宾土人不敢砍伐几种树,因为他们信有死人的灵魂栖于树身。奥夸(Oko)的土人不敢用几种树木做独木艇,因恐树木的精灵会杀害他们。暹罗人在砍伐"答健"木(takhien)以前必先祭以饼和米。奥国的乡人当纵斧之前必先向树木求恕。古罗马的农夫在清理地面砍伐树木时,恐精灵动怒每先用祭祀和祈祷献媚于它们。现在希腊的樵夫当他砍了几斧使树木摇摇欲倒的时候,自己就赶急躺下,埋面地上,因为恐怕"突里押"

(Dryads)从树中走出来发现他而加以惩罚,所谓"突里押"便是树木的神。人的幸运与其收获和植物极有关系,所以发生了许多媚求植物精灵的风俗,自杀人以祭植物并撒弃其尸于田内的蛮俗以至于较合人道的祀祭,世界各处常有。

野蛮人中常有自信为植物的后裔的,犹如别的民族自信为诞自动物祖先一样。在北欧人(Norse)的神话中博尔大神(Bor)的儿子曾由两株树木造出人类来。在墨西哥历史上有一朝君主传闻是两株树的后裔。有些大神如墨西哥的托他(Tota)、罗马的朱庇特·费利特利亚士(Jupiter Feretrius)(即橡树的神)、希腊的狄奥尼修斯(Dionysius)被供奉的像都作树木形。此外有所谓"世界生命树"(world life trees)的,例如北欧神话中的"伊格德拉西"(Yggdrasil)被崇奉为司理命运与智慧的神树。又如基督教《圣经·创世记》所说的"智慧树"(tree of knowledge)也属此类,《创世记》的智慧树的神话是源于巴比伦的。

在未有人造庙宇之时,人类有用森林当作庙宇来祀神的,英文庙宇(temple)一字原意便是树木。人类常在森林内寻访神灵,并携带牺牲来供奉它们。在波斯有些神树,上面并且挂了衣服、破布和法物等。德国和美国都有所谓"神林"(sacred groves)。在斯凯岛(Is. of Skye)有一株橡树,土人不敢动它的一枝,橡树似乎特别有神圣的性质,常被崇祀。

在现代树的崇拜盛于中非洲、南埃及和撒哈拉。刚果的黑人崇拜一种树名为"弥耳仑"(Mirrone),常把它栽种在家的旁边,似乎把它当作护家的神。沿几内亚海岸几乎每村都有他们的神林。在阿达(Adda)有一株大树被奉为神,上边插了几枝箭,挂上些家禽、野鸟和别物以供献于树神。在北美洲克里人(Crees)曾崇拜一株神树,在上面挂了些牛肉和布条,据他们说有一回被"斯托诺印第安"人(Stone Indians)把这神树的"子孙"偷砍了很多去。在墨西哥曾有一株很巨的古柏,在它的枝上挂满了印第安人所供献的祭物,如黑发、牙齿、有色的布、破布条等物。在尼加拉瓜(Nicaragua)不但大树,便是玉蜀黍和豆都被崇拜。玉蜀黍在秘鲁的万卡(Huanca)省也被崇拜。

第四章　图腾崇拜

弗雷泽(J. G. Frazer)说"图腾(totem)便是一种类的自然物,野蛮人以为其物的每一个都与他有密切而特殊的关系,因而加以迷信的崇敬"。赖纳茨(Reinach)更具体的说这个名称便是指一氏族人所奉为祖先、保护者及团结的标志的某种动物、植物或无生物。这种崇拜盛行于北美印第安人及澳洲土人中,在别处也常有遗留的痕迹。澳洲的图腾崇拜较之美洲的更为复杂。图腾一语原是美洲奥日贝印第安人的土语;澳洲则有"科旁"(Kobong)一名与图腾同义。图腾崇拜与普通的生物或无生物崇拜不同的地方在其性质较为特殊而复杂，出于上述诸种崇拜的范围以外。做图腾的物并无限制，但实际上以动植物为多。例如澳洲东南部土人的500个图腾之中非动植物的不过40个，此40个大都如云、雨、霜、霞、日、月、风、秋、夏、冬、星、雷、火、烟、水、海等，有时为物的一部分如尾、胃等。图腾不是个体而是指全种类，如以袋鼠为图腾，便指袋鼠全部，如以牛为图腾，便指牛全部，不是单指某只袋鼠，或某头牛。以某物为图腾的便不杀害其物，只有在特殊的情形，例如举行宗教仪式之际，或其图腾为危险的动物，或除图腾以外别无食料的时候，方宰食它。为自己的缘故杀它虽不对，但如为别氏族的人而杀他便无关碍，但这是特殊的事，通常总是不敢杀害自己的图腾。别族的图腾可以拿来当食物，但对于自己的图腾，也应当培养它使它繁殖，以供别族的需要。

　　澳洲土人的主要社会组织为氏族（clan），同属一个氏族的互认有血族关系，其实不一定真的同血统，不过同用一个图腾的名而已。同氏族者共认为同出于图腾一类的祖先，互认为亲属，有密切的关系，不得互相婚配。图腾与属其图腾的人有这种血缘上的关系，所以特别受优待。关于这种制度，他们有神话说明它。他们说在以前"亚尔哲灵卡"（Alcheringa）时代，即远古的梦幻的时代（dream period），他们的祖先曾存在于世间，他们的祖先是人、神、动物三者的混合体，其能力比现在的人类为优。它们能自由游行于地上、地下及空中以创造万物，他们的血管一开便成为大洪水，能使高原变为平野，山岳裂成深谷。它们各有棒片或石片等物，称为"珠灵卡"（Churinga），这种物和他们有极密切的关系。其后这些祖先在各地方各自降入地下去，其地方便生出岩、树等自然物并遗留其"珠灵卡"于其处。所以图腾便是祖先的化身，而"珠灵卡"是极重要的标记。各氏族都有其"珠灵卡"，其上画些图腾的象征。"珠灵卡"极为神圣，有宗教的意义。其物或为木制，穿孔而系以头发，常于举行仪式时执之作奇异的声音。藏"珠灵卡"的地方也是神圣不可侵犯的，妇女或未经入会式的男子都不得行近其处，逃入其地的动物不得捕捉，人类不得于其地争闹。"球灵卡"有神秘的能力，人如触它可以疗病患，愈创伤，生须髯，获勇力。战斗时有"珠灵卡"的一方必胜。但"珠灵卡"对于属其图腾的人有利，对于以外的人仅有害。"珠灵卡"对于氏族的人有重要的关系，所以如失了它便恐有灾祸降临，全氏族的人都陷于愁叹，2周日中全族人皆体涂白色粘土表示悲恸。可以取动"珠灵卡"的只有长老或得其允许的人。对"珠灵卡"的态度极为严肃，移动时须行仪式。

　　以上所说的都是澳洲的图腾崇拜，至于美洲的则稍为简单。美洲的图腾与崇拜者的关系多数是保护者而非祖先。美洲的图腾标记为图腾柱（totem pole），长三四十尺，其上雕刻图腾的形，植立于各家族的入口。

图 5-28　图腾柱
（采自 Eichler, *Customs of Mankind*）

此外别地方也时见这种风俗，或其痕迹，如南非洲的贝专纳人（Bechuanas）分为鳄族人、鱼族人、猴族人、水牛族人、象族人、豪猪族人、狮族人、藤族人等；凡属某物的族便不敢吃那种物或穿其皮，对于其物有特别畏敬的心。秘鲁的印第安人有许多家族自信系出自动物的祖先。印度的孔德人（Khond）也以动物为族名，而分为熊的部落、枭的部落、鹿的部落等。蔡子民先生说我国上古有鸟官、龙官、虫种、犬种等，也是这种风俗的痕迹。又如瑶族的奉狗为祖，突厥的自认狼种也很近似。

第五章　灵物崇拜

灵物崇拜（fetish worship, fetishism）的原名"fetish"一字原系葡萄牙语，意为法物。这种崇拜的对象常系琐屑的无生物，信者以为其物有不可思议的灵力，可由以获得吉利或避去灾祸，因而加以虔敬。其物例如奇形的小石，掀起的树干，甚或一顶旧帽，一条红色的破布等物，只要看见的人直觉的以为是有灵的，便对之祭献和祈祷了。所求能如愿则神物便受酬谢，否则常被舍弃，惩罚或毁坏。各人都可以有他自己的灵物，全部落也可以有公共的灵物；但两者都须有神明的帮助。美洲祖尼人（Zuni）的灵物崇拜很可以做这种信仰的一个好例。祖尼人把宇宙分为6大部分，便是北、西、南、东、上、下。各部分都有其特殊颜色；北是黄色，西是蓝色，南是红色，东是白色，上是各色都有，下是黑色。各部分又都有其特殊的动物；北是山狮，西是熊，南是獾，东是狼，上是鹫，下是鼹鼠。用石当作这6种动物的代表，并将箭镞和羽附加于上面。这些灵物便是狩猎的神了。人们对这些灵物祈祷，供献以插鸟羽的棒，举行以它们为中心的仪式。这些灵物各有权力以管理属于它一色的地方。当出猎时，猎人带了兵器走到"鹿医"的家，在那里便可找到一个柳条编成的篮，内贮这些灵物。他须面向所要出发的方向，手撒"圣谷粉"于篮的内外。然后用左手握了一小撮的圣谷粉举手当心，一面口里祈祷。祷毕把"圣谷粉"向所要出发的方向撒去，然后拣选所需要的灵物。把灵物举到唇边，呼气于上，向他道谢。在行猎中的各段都要举行这种仪式。当杀死了禽兽时，便把它抱在胸前，一面取出灵物，对它呼一口气，告诉它要和它同享，然后把它略浸血里。其次他自己也用手掬一点血，啜饮下去。然后撕出肝脏，生嚼了一部分，并说"谢谢"。在剥皮及剖割的时候特地剥出了耳轮的内部并拾起心血的凝块和一簇毛发。此外再加以黑色颜料、麦粉、贝壳灰，作成一个圆球，和一袋谷粉同埋于该动物被杀的地方，并再作祈祷。回家时送还灵物于其原处，敬申谢意，并祈求它下次的帮助，又申说这次确曾供过它饮食了。

一个聪明的尼格罗人说："我们中的无论哪个如要从事什么事件，先必找寻一个神灵来帮佐。跑出门外最先看见的东西便可以当作我们的神。否则如见有适在我们路中的任何物件如石头、木块等物,也可把它拿来,供以祭献,然后对它宣誓,说它如肯帮助我们,我们便崇拜它为神灵。这种方法如成功,我们便造出了一个新的神灵来帮助我们了,以后便每日供献它新鲜的牺牲。如这神灵不肯允许相助,便把它送还原处。我们是这样的日日在创造及破坏神灵,所以我们反是神灵的主人和创造者呢。"

在才坡(Jeypore),麝鼠的死体被当作很有效的灵物,这种死体干了,便把它装入一个盒子内,盒子或为铜的,或为银的,或为金的,依人而异。这种盒子挂在颈上或缚在臂上都可以。据说这物能够辟邪祟,并且能使人不受兵器的伤害。北美洲的印第安人有一种灵物名为"药袋"(medicine bags),带在身上,可以受其保佑而得平安。这种"药袋"的获得很不容易。一个人当十四五岁的时候,须独自跑到大草原中,倒在那里,断绝食物,并用心冥想 2 日以至 5 日,竭力提神不睡,愈久愈好,后来睡去的时候,梦中最先看见的动物便是他的"药"了。他醒后立刻便去打一只梦中所见的动物,愈快愈好,打获了后把皮剥下来做一个袋,这便是所谓"药袋"。以后便供以祭献,求它保护。

马达加斯加岛土人每一家中都悬挂一个篮子于北房的屋梁上,篮子里边放一个灵物,或为一块石头,或为一枚树叶,或一朵花,或一块木。这种物是家庭的灵物,一家的人都信赖它,对它祈祷,希望得它保护而免受邪祟。

灵物虽受崇拜,但如不能应崇拜者的请求时必常被虐待。例如奥斯加克人(Ostyaks)对于不听命的灵物常加以侮辱,捶击,甚或残毁它。黑人们也常有这样风俗。

蛮人们所以信灵物为有超自然的能力的缘故有两种解释,一是以为有精灵附托在其上,一是以为有神秘的超自然的"力"(power)注入于物体;前一说是根据泰勒(Tylor)的生气主义的,后一说则根据马雷特等的生气遍在主义。依编者的意见,世界各处蛮族的灵物信仰并不是完全同样的,或信精灵,或信神秘的力;所以这所说都各有适用的地方。

灵物崇拜或说不能算作宗教,如拉伯克(Lubbock)便持此说,他以为宗教是人附服于神的,而灵物崇拜则是要使神附服于人,所以两者不但不同而且极端相反;偶像崇拜才可以算作宗教,因为那是人对神的崇拜。拉伯克的意见是不对的,因为他是根据于他的无宗教时代的假说,而这些假说把宗教的定义定得太高了,因而遗漏了所有和他的定义不合而实际上也是宗教的东西。

第六章 偶像崇拜及活人崇拜

偶像崇拜(idolatry)——偶像与灵物不同的地方便是必须经过雕刻或捏

塑以成某种形状,其像精粗不同,或为一束的草,或为略加涂抹的石头,或者如东亚人民所祀的精细镂刻的神像。有极大威力的神灵常有巨大的像,多数有上下肢,或狮子的头,鹿的腿,或并且背生羽翅。偶像也有中空的,使僧侣们可以藏在里面,然后讲话出来假做神像能自己讲话的样子,使人民增加虔信的心。有把偶像本身当作神灵的,也有只把偶像当作神灵所寄托的。但野蛮人大都信偶像即为神灵,能直接听悉祈祷,接受祭献,并有权力造作祸福,所以性质很同于灵物。

偶像如不能应崇拜者的希望,常有被责罚的事。黑人如得不到幸运便鞭打他所奉的偶像;奥斯加克人(Ostyak)出猎不获时也击打他的偶像;我国人曾把偶像抬放泥中,直至所请如愿方才为它洗濯及镀金。

俄罗斯的农人要做坏事的时候,便把神圣的图像遮蔽起来,使它看不见。意大利的强盗祈祷于圣母玛利亚的像前请保佑他们成功,许把赃物分些做祭献。

偶像崇拜不是普遍于全世界的,它的发生是较为后来的事。在回教、犹太教、基督新教中都被禁止。

有一种奇异的事可以证明偶像不只是神灵的代表而即是神灵的本身。印度的"婆罗门"僧侣当人民的供献不甚丰厚时,常用铁链把偶像的手足锁起来,然后纵人民观看;并对大众说这是神灵的债主所干的,因为神灵当穷乏时,曾借过债主的钱,现在无钱还它。他们又说债主很凶,如神灵不能把本利全清,决不能得自由。于是善男信女们听了以为这是行善的大好机会,便尽力布施交给"婆罗门"请代为神偿债,以赎回神的自由。古代蒂尔城(Tyre)曾崇祀有名的赫拉克勒斯(Hercules),把神的像当作神的本身;所以后来这城被围于亚历山大时,城中人便用链把神像锁起来,以预防它叛走入敌人方面去。

生人崇拜(man worship)——在新西兰曾有一个大酋长名 Hougi,自称为神,他的部民也这样称他。在社会岛(Society Island)一个名为 Tamatoa 的王也被人民奉为神灵。在马克萨斯岛(Marquesas)的土人中有数人号为 Atua 即神灵,人民崇拜他们,并信他们也有法力像别的神灵一样。塔希提(Tahiti)土人的王与后被人民曾奉为神,所有他们用过的东西,都不准常人拿去用,甚至和他们名字相同的声音都不许提及。朝廷上所用的语言都极稀奇可笑;王的宫室称为"天上的云",艇子称为"虹霓",王的声音称为"雷声",王的室中的灯火称为"电光"。百姓们夜里在王的屋子旁近经过的时候如看见灯火的光,他们便说是"电光在天上的云中发亮了"。

野蛮人对于动物植物都加以崇拜,自然对于生人的崇拜不觉得有什么误谬。他们的酋长,在他们看来即使不比神灵们更有能力,也可说没有逊色。神灵与活人之间在他们并不觉得有什么明确的界限。因此酋长和巫觋们常被当作神灵,而他们自己也竟以神灵自居,自以为有神权了。

白种人有时也被蛮人们当作神灵。如船长库克(Cook)在太平洋,兰德(Lander)在西非洲都曾如此。又如汤姆森(Thomson)夫人曾在北澳洲住了几年,也被土人当作神灵。在安达曼岛白种人也曾被当作神灵。汤姆森和莫法特(Moffat)两人被非洲贝专纳(Bechuana)的女人当作神。布须曼黑人以为白人是神的子孙。萨摩亚土人对本地神灵的祷词中常说:"请把这些'航海的神'赶去罢,不然恐怕他们要降给我们疾病和死亡。"在印度旁遮普的土人,崇拜尼科尔森 Nicholson 将军为神,称为 Nikal Sen。Rajah Brooke 在婆罗洲的一部分曾被土人们疑为具有超自然的法力。

在托达人(Toda)中有一种人叫作"巴拉"(Balal),也不是酋长,也不是巫觋,他的特殊的职务是看顾神牛,在他的任中是一个神,离职后又成为一个常人。刚果的巫觋曾被奉为地神,巫觋的领袖则称为"全地的神",人民信这最大的神巫是不会像常人有自然的死(natural death)的。为要符合人民的这种信仰,他到了自觉生命不久的时候,便选择一个弟子承继他的位置,并把法力传给他;最后便当众叫他的弟子用绳索把他缢死,或用棍打死。这样做是要使人民相信这继位者确曾在前任的临绝的时候受了遗命,因而也得有呼风唤雨等能力。如继承的时候不这样做,人们便说土地就要干燥不毛,人类要因而灭亡了。西藏的喇嘛首领被人民叫作活佛,

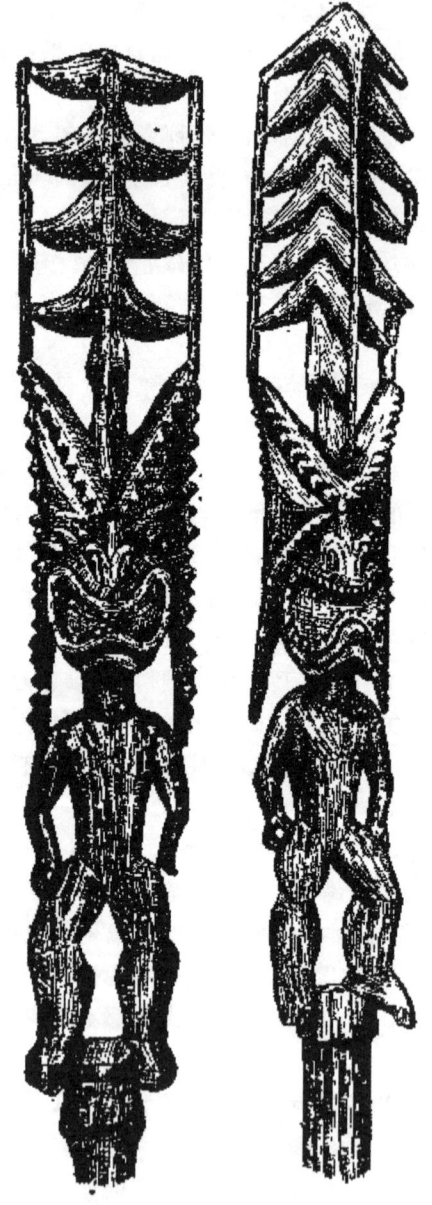

图 5-29　夏威夷木雕神像

(采自 Wallis, *Intro. to Anthropology*)

这也是活人崇拜的一种。据说活佛是长生不死的，虽是他的灵魂时时由一个肉体移到别个肉体，但却不是死而是"轮回"。

第七章 鬼魂崇拜及祖先崇拜

人类常觉得暗中似乎有无数的鬼魂从坟墓内爬出来，在他们的门外呼喊，或且潜入屋内作祟，有时偶然现出可怖的形状，有时发出慑人的怪声。即在文明的都市中也常传说某处有鬼，有很多人不敢在凶宅内居住。我们祖先的这种畏惧鬼魂的感情至今尚存于我们现代人的心里，一遇机会便发露了。

鬼魂观念发生的原因——人类何以有鬼魂（ghost）的观念？据斯宾塞等人的研究，大抵由于下述的原因。原始民族对于生命的观念，首先，是以活动的能力为准，所以常把无生物当作有生命。其次，是物体变化的观念（metamorphosis），例如云的集散，日月星的出没，白昼与黑夜的递换等。其中尤以风的现象最觉得奇异，他们不知风为实体的物质却日日见它的变化。又如植物的生长与枯萎，卵变为雏，雏变为长大的鸟，蛹变为蛾，生贝变为死壳，某种昆虫变像树枝，蝴蝶变树木叶。凡此种种证据都可使原始民族信为物体能自己变化。以上是身外的即客观的现象，此外还有身内的即主观的现象。一方面晓得外界的物体都能变成数种形状，一方面觉得人类自身也是能变化的。例如做梦、昏厥、迷乱、癫痫及死亡，便都是人身的变化。人身既是会变化的，自然不是限于这个可见的简单的肉体，于是对于回响、阴影及映像的解释便加入，而促成了第三个观念，即"复身"（the double）或"双重人格"（double personality）的观念。原始人以阴影为另一个身体，而回响也是另一身体所发的声音，又如水中反映的像更的确是另一个身体。因为旁人告诉他水中的像绝类他的身体，而他自己也观察别人的像而得到同样的断语，于是遂以为凡人都有另一个身体，即"复身"，而阴影与映像都是复身的表现。他们更推论梦的现象，梦中所经历的事本来不疑为虚而信为实，一面又由各种证据而知梦时其身体实系倒卧，不曾离开所在地，于是便断定梦中的经历是复身在别地活动。又如昏厥的时候患者失去知觉，安静不动，但苏醒后，回忆未醒时似曾经历多少动作，这也使他们疑心是复身离开肉体，经过多少时候方回原处。迷乱癫痫也同样促成这种观念，至于死亡则可解释为复身不再回归原体了，这个复身便是所谓"灵魂"（soul），人类死后的灵魂别称为"鬼魂"（ghost）。各民族的灵魂一语几乎全是借用气息、阴影这一类字，例如塔斯马尼亚的阴影一语便兼指灵魂，印第安的阿尔衮琴人（Algonquins）称人的灵魂为"otahchup"，意思就是"他的影"。阿维波内人（Abipone）以"Loakal"一语兼指阴影、灵魂、回声、映像四者；加利福尼亚的涅特拉（Netela）语"piuts"一词也兼有"生命、灵魂、气息"

三意。由此可知灵魂便是"无实质的他我",换言之,便是无形无质而凭附于身体的一种东西。

野蛮人很怕照相,以为会摄取他们的灵魂。以前有一个法国的医生到马达加斯加岛照了几个土人的像,土人们便说他是要偷人的灵魂去卖,遂逼使这个医生将灵魂取出来放在一个篮子内,交给所照的人。人的得病有时是因为他的灵魂离开肉体太久,如我国人所谓"魂不守舍"便是,于是寻回灵魂便成为巫觋们的一种职业。婆罗洲的土人如见有人病重便派一个"捉魂的"(soul-catcher)去捉回他,捉回来时将盛魂的一个小物件在病人头顶摩擦,说这样做,灵魂便会重入身体。病人如果死了,他的亲人便伏在尸身的耳朵上叫道:"回来罢!这里有吃的东西预备给你哟!"

鬼魂的去处——灵魂在梦中大都在另一地方做事,死后究竟去何处呢?这问题的答案便是"来世"(future life),即死后的世界的信仰。死后灵魂的去处有两种,一是转附于世界的另一物体,二是独立存在,不附物体。

第一种便是轮回或转生(transmigration)。即一个人的灵魂转移到别个人体、动物、植物或无生物。这种信仰尚保存在较为高等的宗教中,如印度教(Hinduism)和佛教。这种信仰以为一个人的今生的行为能够确定来生的命运。印度人以为今生做贼的人来世转生为鼠,恶人会变为野兽。非洲人以为善人的魂会变为蛇,恶人的魂却变为胡狼。

在第二种的情形,鬼魂也有两个去处,一是杂居人世,一是到别个世界(The Other World),即阴间去。各民族常有鬼魂旅行的神话。这别个世界的所在,各民族所见不同,或以为在地下,或以为在天上,或以为在日没的地方,或以为在远处的孤岛。鬼魂世界的情形各民族所说也不一律,但却同为人世界的反映,在那边的生活犹如人世。鬼魂不一定都到鬼世界去,有时也杂居人世,大都滞留于其生时所住地的近处,或尸体所在的地方。杂居人世的鬼魂常为人所惧怕而恐其作祟。返回人世作祟的恶鬼大都是因为死后生活未能快乐。蛮人常以为鬼魂能够在呼吸中进入人体,而呵欠和喷嚏便是鬼魂附身的征兆。

鬼魂崇拜——人类既以为死人还能存在,而且因为他们已经脱离躯壳能自由来往各处,比较生时更有能力以作祸福,所以对于死人的崇拜是自然会发生的。一部落中的个人有特别势力或有神秘性的,在生时尚被崇拜,死后自然是有加无已。所以各民族中都有其英雄受后人崇拜,据后来的传说这种人在生时或曾建筑城堡,或传入农业,或始创金属器,又如普罗米修斯(Prometheus)从天上偷下火来给人类用,卡德默斯(Cadmus)创造字母以教人类。

当日俄战争时,日本的东乡大将曾祭告鬼魂们,申其谢意,似乎以为由于他们的暗中帮助方能打胜仗。即在高等的宗教中也还有崇拜死人的遗习。在罗马加特力教和回教中所崇奉的圣徒(saints)都受人民的祭献与祈祷,他们的坟墓成为教堂或寺庙,他们在生时据说都具有魔术的能力,如《圣经》中说圣保罗在生时曾以手巾给病人,病立刻便愈,邪鬼立刻便逃走。在罗马加特力教的教堂中,每个祭坛下都须埋有圣徒的遗骸、遗物,因此在几百年中他们不绝地搜求这种东西,特别是殉道者的更为重视。我国则有孔圣、关帝,也都是死人而被崇拜。这种文化的英雄都是善的鬼,此外恶鬼也很多,由于畏惧的念头也不敢不崇拜他们,以消弭其恶意。印度人常建小社以祀有危险性的"Bhut",我国民间也有许多"淫祀"即属此类。

祖先崇拜——祖先崇拜是鬼魂崇拜中特别发达的一种,凡人对于子孙的关系都极密切,所以死后其鬼魂还是想在冥冥中视察子孙的行为,或加以保佑,或予以惩罚。其人在生虽不是什么伟大的或凶恶的人物,他的子孙也不敢不崇奉他。祖先崇拜(ancestor-worship)遂由此而发生。行祖先崇拜的民族很多,如维达人(Vedahs)、非洲尼格罗人、新喀里多尼亚人(New Caledonians)、古代的罗马人、闪族人、日本人、中国人都很著称。

新喀里多尼亚人以为每隔5个月鬼魂必自丛树中出来,届时须预备食物,众人于午后齐集坟旁,在日落时举行宴会,为首的人须对墓内老人的灵魂祝说:"鬼魂们,我们很喜欢恭听你们的甜美的声音,可以请你们唱一个歌给我们听吗!"祝毕,他们便自己唱起歌跳起舞来。在桑塔尔人(Satals)中每村的旁近必有一簇神林,据说这是村中的鬼魂所住的地方,他们在这暗中视察他们子孙的行动,他们不乐时也会降病于人,所以村人须于一定期间穿了顶好看的衣服去神林边祭献及饮宴。非洲达荷美(Dahomey)的酋长常差遣使者传报重要的事件于已故的祖宗。遣人时把报信的物递给在旁的任何一个人,然后砍他的头,如还有别的事忘记报去,便立刻遣第二个使者去。

祖先崇拜在中国最为繁细,而且也很特别。对于祖先的崇敬可谓达于极点。食物、冥钞及别物的祭献,木主的供奉,忌辰的举行,祠堂的设立,每年的扫墓,春秋的大祭,以及此外许多事件合成一个中国式的祖先崇拜的系统,其中有些与野蛮人相同的,但其繁细的程度终非别地方所能及。

丧仪及葬式——由于崇拜死人之故,对于其尸体的处置便生出许多仪式来。家有死人必定改变平时的形状,如断发、绘身,或穿着特别衣服等,其初大约不是为纪念,而实是由于惧怕的心理。将冥器纳入墓内的风俗很普遍。兵器是供他去阴间争斗,器物则给他生活。甚或奴仆从人都殉葬以侍他于幽冥。葬法有很多种,列表于下:

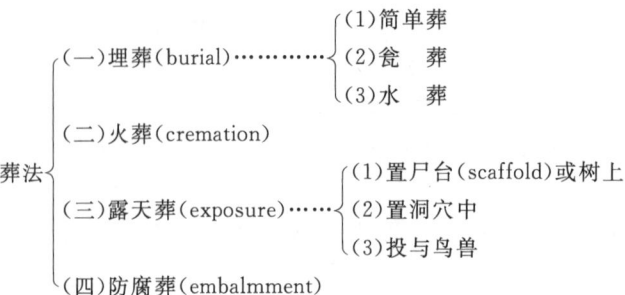

第八章　多神教 二神教 一神教

多神教（polytheism）——在较为高等的民族中，混乱无序的信仰常变为有系统的各种较大的神灵的信仰，而这些较大的神灵是各有作用各自统治宇宙的一部的，例如风、雨、雷、电、气候的神，森林、江河、海洋的神，播种与收获的神，战争、疾病、死亡、冥界的神等，名号甚多。在古埃及各区域都有其特别的神。在希伯来人耶和华原是诸神之一，后来方成为唯一的神。在罗马也有一个万神庙（pantheon），他们的神也很多。这种宗教常称为多神教。

多神教中的神常由人类的袒护而互争雄长，本来诸神中谁真谁伪无可分别，但是人们却要苦苦争论，硬说那一个是真的而其余是伪的。甚至于把信奉别神的人焚毙，说他们是异端。

多种教中所奉的多为"非自然物"（non-natural beings）而是人形的神。人类想象出来的神自然会与自己具有相同的形状，这种"神人同形主义"（anthropomorphism）在各种高等宗教中都曾有过。希腊学者色诺芬尼（Xenophanes）曾说"人们以为神的出生犹如人的出生，而他们的形状容貌与智慧也和世人一样。黑人造出来的神是黑的，白人造出来的神则是白的。如果动物同人一样有手可以造像，那么他们造出来的神一定是动物形的，马的神成马形，牛的神则像牛形"。在《荷马史诗》及印度史诗《摩诃婆罗多》（Mahabharata）中的神都是神人同形的，他们不但具人形，还有重量，可加以枷锁，能感觉身体的痛苦，即不致会死也会感觉创伤。其差异是无血液而只有一种神液，虽会吃牺牲但却不需照定规的进餐。他们有同人类一样的感情与意志，他们也有恐惧、怨恨、忌妒、虚荣的心理，且较人类为强。他们也会忧愁失望，他们不是全知全能的，他们的社会也像人一样的不固定，常起战争，神与人类分别的要点只在其能力的强大，他们的体力远过于人类，至于魔术的力更不必说是超过无数倍的了。

二神教（dualism）——各民族中有信宇宙间只有二位最有力的大神的，这二位大神斗争不息，各要占做宇宙的统理者，这便是所谓二神教。这二神一个是居于平静无云的地方，具有慈悲的心肠，专施恩惠于人类；别一个则极为残暴凶恶，能使海水怒腾，天地晦暗，作严寒苦人的身，纵猛兽吃人的肉，降暴风雨以扫荡人类的屋宇及产物。一个是光明的神，他在日光里微笑；一个是黑暗的神，惯在雷雨里吼叫。一个是专用善良及温和的精灵为助手，一个则专差残暴凶恶的精灵为帮凶。

有多种宗教都有二神教的痕迹：如古埃及有善神奥西里斯（Osiris），恶神萨特（Sat），对于恶神的供献较善神为多，因为人民很怕他。马达加斯加有善神赞和尔（Zamhor）和恶神尼扬（Nyang）。斯堪的纳维亚人有光明的神巴尔迪（Baldur），黑暗的神洛基（Loki）。古印度宗教中有昼间的神因陀罗（Indra）和夜间及邪恶的神弗里特拉（Vritra）竞争。古波斯的琐罗亚斯德教（Zoroastrianism）即祆教以为光明的神阿胡拉·玛兹达（Ahura-Mazda）或称为奥尔姆兹特（Ormuzd）永远和黑暗的神安格拉·曼纽（Angra Mainya）或阿里曼（Ahriman）斗争。这种宗教生出了高尚的道理能使人行善而拒恶。当犹太人在巴比伦做俘虏的时候，那里正盛行无数恶魔的信仰，他们便也采取了最高恶魔的观念，把这最高的恶魔名为撒旦（Satan），以前他们以为他们的神耶和华兼有善恶二性，以后乃渐以撒旦负担恶的一方面，以为他有极大的威力，能够上下游行，"像一头吼叫的狮择人而噬"，并且差遣了许多小魔鬼诱人作恶，拖人入地狱。

一神教（monotheism）——野蛮民族中似乎也有一个最高的神的观念，但究竟是基督教或回教的传教师传入或是本来自己发生的，不易论断。

波利尼西亚人据说有很高等的一神教。土人自述其信仰如下："塔罗亚（Taaroa）便是。塔罗亚是他的名，他住在空中，没有地，没有天，没有人。塔罗亚呼叫，没有应他的，他独自存在而成为宇宙。梁柱便是塔罗亚，岩石便是塔罗亚，沙土便是塔罗亚，他把各物都号他自己的名。他创造了这坚硬石头的世界，这世界便为他的妻，是万物的基础，产生了地与海。"

一神教说神是独一的（unity of god），其实并不十分纯粹。最

图 5-30　美拉尼西亚的海神
（采自 Elliot, *Prehistoric Man and His Story*）

高的神之下常有许多天使,天使岂不是小的神吗?神与天使都是善的,不做恶事,于是宇宙间所有的恶事不得不归于一个极有能力的恶魔及其下许多小恶魔。如上面所说的犹太教便是这样。回教也信有一个恶魔的领袖。

在回教、基督教、犹太教以前,世界上曾有过一神教,可惜昙花一现,随即消灭无踪,后来的人很少知道就是了。约在耶稣纪元前1400年,埃及有一个极为"圣洁"的王名阿赫那顿(Akhnaton)很为人民所爱戴,号他为"清气的王"(lord of the breath of sweetness)。他因为舍弃了对于动物、太阳、气候的神的信仰,见恶于僧侣们,于是逃出了僧侣的范围,另建一个城,在那里创立了一个新教,只奉阿顿(Aton)为唯一的神。他教百姓们只向这一个神祈祷和唱歌,以这一个神为他们在天的"父亲",并为"仁爱与和平的主宰"。他叫百姓不要做阿顿的像,而这神的象征物"太阳盘"(sun disc)也不是被崇拜的。但因为他痛恨战争和罪恶,不肯和人开战,后来遂致失了他的国,而这种较为高尚的精神也随之而消灭了。于是百姓们便再回复到以前的信仰去。

高等的宗教中除夹杂二神对立的观念外,还常有"三位一体"(trinity)即三神合一(three gods in one)的意思。如基督教有圣父(Father)、圣子(Son)、圣灵(Holy Ghost)三位合一位。此外如巴比伦、埃及、印度等处的宗教都有"三位一体"的观念。兹举一个表于下:

三位一体

巴比伦:	阿努(Anu)	贝尔(Bel)	雅(Ea)
	(天的神)	(地的神)	(地下的神)
基督教:	圣父	圣子	圣灵
埃及:	奥西里斯(Osiris)	伊希斯(Isis)	奥鲁斯(Horus)
	(谷神或日神)	(其妻)	(妻的子)
希腊:	宙斯(Zeus)	波赛顿(Poseidon)	哈德斯(Hades)
	(天神)	(海神)	(地下神)
又:	薛乌斯	雅典娜(Athênêl)	阿波罗(Apollo)
		(智慧女神)	(日神)
印度及吠陀的:	梵天(Brahma)	毗湿奴(Vishnu)	湿婆(Siva)
	(创造神)	(保守神)	(破坏神)
又:	因陀罗(Indra)	苏维耶(Sueya)	亚格尼(Agni)
	(天空神)	(日神)	(火神)
罗马:	朱庇特(Jupiter)	朱诺(Juno)	密涅瓦(Minerva)
	(天上之主)	(天上之后)	(智慧女神)
斯堪的纳维亚:	奥丁(Odin)	托尔(Thor)	洛基(Loki)
	(大众的父亲)	(雷神)	(恶神)

埃及的神很多为三个一组或九个一组的。奥鲁斯在伊希斯膝上的雕像后来生出天主教的圣母玛利亚同耶稣的图像，所以有人说："伊希斯和奥鲁斯换了名字仍然是欧洲人的崇拜对象。"

第九章　魔术、禁忌及占卜

魔术的定律——蒙昧的人民，常以为宇宙间各种现象，可以用神秘的方法影响它，这种方法便是所谓魔术或法术(magic)。神鬼精灵所以有能力，都是因有魔术，人类也可利用魔术而产生超自然的现象。魔术的根据是两条定律：

其一，类似律(law of similarity)或象征律(symbolism)，由此律而生的魔术，叫作"模仿的魔术"(imitative magic)。这条定律说，凡相类似而可互为象征的事物，能够在冥冥中互相影响。有两条细则：(1)同类相生(like causes like)类似的事物能引起真的事物，只须模仿真的事物，便能得到真的结果。例如针刺一个当作仇敌的偶人，则仇敌也真的受伤，倒转物件则命运也因而改变。(2)同类相治(like cures like)相类似的假事物，能制止真的事物，故利用凶物可以辟除邪怪。

其二，接触律(law of contact)或传染律(law of contagion)，由此而生的魔术名为"传染的魔术"(contagious magic)，也有两条细则：(1)凡由一全体分开的各部分，仍于暗中互相感应，例如发虽离身，仍能影响于身体。(2)凡曾一度接触过的两物间仍有神秘的关系，例如衣服与人身。

模仿的魔术——这类魔术最普通的，是假造敌人的形象，然后残毁他以暗害敌人，其意以为形象既与真的人相类似，像如受毁损，真的人自然也于冥冥中受害。这种魔术通行于古今许多民族中。如北美印第安人，如要加害于敌人，便画了一个人形于沙灰或泥土上面，或假定一个物件为敌人的身体，然后用尖锐的物刺它，或用别法伤它，以为这样便会发生同样的创伤于仇人的身上。如其中的奥吉布瓦族如要害人，便做成一个小木偶当作那个人，然后将一根针刺贯它的头部或心部，或者用箭射它，以为这样会使那个真的人，同时也发生剧痛于头或心；假如还要致他于死地，只要把木像焚毁或埋葬，并念诵几句咒语就会使那人无病而死。马来人的魔术，也有这一种。他们将所要加害的人的指甲、头发、眉毛、唾沫等物备好，酌量可以代表那人身体的各部分，然后一一安上蜂蜡所做的偶像。每晚把蜡人放在灯上烘烤，并诵念以下的咒语：

　　我所烘烤的不是蜡啊！

　　我所烘烤的是某某人的心肝和脾脏啊！

照这样烘了7晚，然后把它烧掉，于是这可怜的被害者便被活活弄死了！马来人处置蜡人的方法也有像奥日贝人的，他们将尖锐的物刺它的眼睛，活人的眼睛便瞎，刺它的胃胃就病了，刺它的头头就痛了，刺它的胸胸就受伤了。如要立即杀害它，只需从蜡人的它一直刺贯下来，替它穿上寿衣，然后把它埋在仇人所必经的路中。还有更妙的是谢罪的方法，只需诵念以下的咒语：

    这不是我埋葬他，

    这是加伯利尔（Gabriel）埋葬他啊！

于是这杀人的罪便轻轻地透到最高天使加伯利尔身上去了。这类魔术我国民间的传说及小说中也常说及，虽未必是真的，但总有这种观念。如《封神榜》里姜子牙拜死赵公明，《杨文广平南蛮十八洞》中金精娘娘射草人都是，而后一种更与上述的相似：金精娘娘将草人当作杨怀恩，把草人拜了7昼夜，最后一夜用3枝箭射他。先射左目，同时在远处的杨怀恩左目便瞎了，再射右目，右目也瞎，第三射直贯草人的心部，而真的人也大叫一声痛死了！汉朝盛行的巫蛊常用偶像，现在我国民间的魔术还多用纸人做替身，写上仇人的姓名八字拿来施术。

  模仿的魔术也可用于善意的事件，如催生、求胎、渔猎等事。巴巴尔群岛（Babar Is.）的妇人如要求胎，便请一个多子的男人为他向日神厄普利若（Upulero）祈祷。方法是用红色的棉做成一个偶人给她抱在怀里，装作吮乳的样子。那个多子的爸爸拿一只鸡高擎在这妇人的头上，口里念道：

    啊！厄普利若，请享用这一只鸡罢。

    给"他"降落，给一个小孩降生；

    ——我求你——

    给一个小孩降落，并降生于我的手中和膝上。

说完便转问这妇人：

    "小孩来了吗？"

    "来了，他已经在吮乳了。"她这样答。

于是这男子再举这鸡于妇人的丈夫头上，又再念一遍，最后便把鸡宰了飨神。仪式既完，这个妇人便得胎了！

  用于渔猎的如下面所举的两例。英属哥伦比亚的土人以渔为生，若渔季到而鱼不来，便请一个神巫做了一个鱼的模型投在平时鱼儿出没的地方，再念些催鱼的咒语，鱼儿便会来了。柬埔寨的猎人如张网落了空捉不到野兽时，便裸了全身跑了开去，再缓步回来，假做野兽误投网内的样子，口里并喊道："吓！这是什么？我恐怕是被擒了。"这样做了以后，那些野兽们便真要被擒了！

  我国人的风水的迷信便是应用模仿的魔术的原理，因为风水便是观察地形所像的物状，如所像的是好的物，那块地便是好风水，反之则为恶地，一条长岭可以拟为一条龙。一个小冈可以拟为一颗珠，如开一个坑于岭中则龙便被斩断。

传染的魔术的例——最普通的例,便是从一个人身上取下来的东西,如指甲、头发等物拿来施术,以加害于其人的本身。如毛利人以为如取人的头发、指甲、唾液等埋在土内,则其人必死。又如上述的例,马来人以人的指甲、头发等加于偶人之上以代表其本人。沃多(Vodo)的神巫对白人说:"我若得到你身上的一根睫毛或一片斑屑,你的生命便在我手里。"

我国人关于发、须、爪的魔术也很多。(江绍原先生曾著一书名《发须爪》,关于他们的迷信举了很多的例。)原始民族常将自己的指甲、头发、牙齿收藏不使人知,便是因为恐怕被别人拿去施术。脱落的牙齿又常投于老鼠出没的地方,以为若被老鼠所啮,则人口里存余的牙齿便会变成鼠牙一样的坚利。关于婴孩出生后处置脐带和胞衣的方法也很普遍。这种迷信以为脐带和胞衣如保存得法,婴孩一生便会快乐,否则一生都会受苦。以上是指本为一体后来分开的一部分物,至于原非同体而只经一次接触的两物也会互相影响,其例也不少。如衣服便可利用以施术。维多利亚的沃乔巴卢克部落(Wotjo-Baluk)的神巫,能够烘炙一个人的毡衣,而使其人生病,解救的法只需将那毡衣浸于水中,以为这样便可"洗出火气",而病人便会觉得凉爽。普鲁士人的旧俗以为如拿不到窃贼,只需将贼所遗下的衣服或他物痛打一顿,那贼自然会生病。人行过后与土地接触而成的足印,也会影响于其人,如梅克伦堡(Mecklenburger)的人,以为如用指甲戳入一个人的足印,那人的腿便会跛。人与人同就一个器皿内饮食也会使食者间发生密切的关系。如班克斯群岛(Banks Is.)有一种秘密会社,集会时会员同就一个椰子壳饮酒,以为这样可以发生密切的结合。台湾少数民族也有同饮一杯的风俗,又有木雕的双连杯,备两个人同饮。结婚时的合卺或同牢的礼很多民族都有,这也是有同上的意义的。

"答布"即禁忌(taboo)——答布也可以说是广义的魔术之一种,但如以魔术为狭义的专指积极的方法,则答布即为与它相对的消极方法。魔术是教人应当怎样做,以达到所要的结果,答布则教人不应当怎样做,以避免所不要的结果。答布所根据的原理,也是象征律与接触律二种,和魔术一样。信答布的人以为若触犯了这种神秘的禁令,则由于象征或接触的缘故,不幸的结果自然会降临。答布原系波利尼西亚的土语,但世界各民族都有这种信仰,所以便被人类学家采用为通用的名词,我国本有"禁忌"一语,便是指此。

人类应用魔术的范围极广,而答布也有很多种类,在原始的生活中几乎事事都有答布。兹举几条实例于下:答布之中最多而且最重要的莫如"饮食的答布"(food-taboo),澳洲土人不敢吃做图腾的动物,因为同他们有血缘上的关系。塔斯马尼亚岛人不敢吃一种小袋鼠及有鳞的鱼。澳洲土人禁吃的食物甚多,依人的年龄、性别和时间而定。美拉尼西亚人也有同样多的食物答布。马达加斯加岛人不敢吃箭猪,恐怕传染了胆小的毛病,又如不敢吃牛的膝,恐怕膝像牛一样的不会跑路。"作业的答布"（industrial-taboo）也很多，例如新几内亚土人编网时不敢在未毕时出屋，不敢同妇女有关系，食物须由别的男人供给，食时手指不敢触及食物，不敢多食，不敢高声说话。他们狩猎时也有许多答布，而领袖更不得沐浴、睡眠及说话，发令须用拟势。狩猎用的小艇不得和别个相触。迪亚克人（Dyaka）出猎时，家中的人不敢使手触及油或水，恐怕猎者手滑而禽兽们便会漏走。台湾少数民族出外砍人头时，家中的火不得熄，家人不敢借物与人，不敢说鄙猥的话。此外关于社会组织也有很多答布如血统的答布、阶级的答布等。又关于个人一生的事件也有答布，如妊娠的答布，生产的答布，成丁的答布，结婚的答布，死亡、疾病的答布等。答布有人人都须服从的，有限于阶级、职业、性别、年龄的，其中以加于妇女的禁忌为最多。在澳洲及波利尼西亚妇女不得和男人在一起吃。在新赫布里底岛（New Hebrides）不得看见初成丁而未洗浴的人。安哥拉（Angora）的风俗，女人在场必致铸铁不成。在法属西非洲女人不得看男人饮食，不得见祖宗的像，制油时不得被人看见。印度的阿萨姆人（Asam）在出战前后不敢和女人同宿或吃女人所煮的食物，

占卜（divination）——占卜是魔术的一分支，大都根据象征的原理，以期发现人类智力所不能晓得的神秘事件。占卜在原始民族中极盛，重要事件都要经过占卜方敢动手。我国商代的人凡国家大事都要先行龟卜。婆罗洲的沿海迪亚克人（Sea Dyaks）凡造屋，耕种都要请问7种"预言的鸟"，有猜详的方法，听鸟声时有前后左右的分别。台湾少数民族出门取人头时也听一种鸟名"丝主丝里"（Sitsusiri）的鸣声以验吉凶，如鸣声悲惨便不敢向前。占卜也有用于审判罪人的，别名为"神断"（ordeal），如欧洲中古时的日耳曼蛮族便有此俗。

占卜的主要方法是：(1)猜详偶发的事件；(2)猜详梦中所见；(3)观察星象；(4)用人为的方法占卜。

凡意外的偶发的现象无不可视为预兆，而应用象征的原理以猜详其结果。例如无生物的偶然的异状，如兵器的断折；大纛的倒地；动物的怪异的举动；人类自己的偶发的动作，如颠跌、眼跳、心跳；反常的自然程序，如不按时令的花果，陡发的怪风，日月蚀，地震等，在迷信者观之都是吉凶的预兆。梦中所见也是出于意外的，极富于预兆的性质，故梦的猜详遂成为重要的占卜法。各处民族都有这种风俗，而我国古代且特设详梦的官，可见其重要。观察星象的占卜即西洋古时的占星术（astrology）以及我国的星命。这一种较为复杂，蛮族中似乎不甚发达，人为的占卜法甚多，在蛮族中极盛，文明民族也不能免。例如新西兰的土人出战前插两行的树枝于地，一行当作己方，一行当作敌方。风来如把一方吹向后，那一方便败。如把一方吹向前便胜。如吹斜便是胜负不决。

西非洲的土人满握一把坚果然后任其坠下,看看坠下的是奇数还是偶数,便由奇偶数而定吉凶。原始民族常有宰杀动物而观察其内脏以断吉凶的。野蛮人及古代人常以为肝脏最能示人征兆,因为肝脏是灵魂所宿的地方。在一本巴比伦的古书中说:"如能懂得动物肝脏上面的纹样便可晓得神的意见,能晓得神的意见便晓得未来的事情。"《云南通志》说彝族人"取雏鸡雄者生剖两髀束之,细剖其皮,骨有细窍,刺以竹签,相多寡向背顺逆之形,以占吉凶"。有很多民族用兽类的肩胛骨占卜,把这种骨放在火上烘,然后看它上面的裂纹,以猜详未来的事。如拉普人、蒙古人、通古斯人、阿富汗人,贝都因人(Bedouins)、英国人都有此俗。我国商代也用龟甲烘出裂纹以为占卜,其法在《史记·龟策列传》中说得很详。

(参看拙编《民俗学》中魔术与占卜二节)

第十章 牺牲与祈祷

牺牲(sacrifice)——人类对其所崇拜之物供献牺牲的缘故,可由人与人的交际而解释之。

凡人如得罪于他人或知人之怨己,则其初念常愿以赠遗潜消其嫌隙;又如关于曾受恩惠之人,亦愿以馈献表示其谢忱;又如有求于人,也常用馈赠以生其欢心。同理,对于死者及神灵贡献牺牲或别物,也是要用馈赠的方法引起其欢心。如人与人的馈赠一样,牺牲有属于感谢的,也有为和解神灵的愤恨的,也有为要求神灵的帮助的三种动机。但牺牲的供献却大都为要求神灵的帮助;所求的例如收获的丰穰、家畜的蕃殖等事。做牺牲的东西自然是拣最好的,如最可口的果实,最美丽的花卉,或最肥美的家畜。有时则请神灵和人类同吃一顿,以为食物的原素能够在蒸气中为神灵吸去。

牺牲的供献有两种仪式,或者可说是先后相继发生的。初时以为神灵和人类一样,确实把牺牲吃去,故把牺牲完全弃掉,如祭河神则抛掷河内;后来看见牺牲仍不失去,于是自然解释为神灵只取去牺牲的精气,便将牺牲保留,祭毕由人类自吃。在非洲几内亚偶像只搽牺牲的血液,肉则归祭祀者所吃。西伯利亚奥斯加克人(Ostyaks)每杀动物,便把血搽擦偶像的嘴;后来且代以红色颜料。印度的神石常搽红点于其顶部。刚果的灵物也每在新月出现的时候被土人搽红。

还有些地方,吃牺牲竟变成崇拜者必行的仪式。例如印度,每至祭毕,僧侣便把牺牲分给人民;这种牺牲很被珍视,以为是神圣的东西,立刻便吃完了。在别的地方,则牺牲并不是人人都可以吃的,如斐济(Fiji)人中只有老人和僧侣可以吃,女人和少年人都无份。有些地方僧侣竟渐渐垄断吃牺牲的权利。

有一种很奇特的事实便是神灵与牺牲的混合，先被崇拜为神灵，其后竟被当作牺牲而宰吃。这或者由于信所吃的物的神圣的性质能够影响于吃者。

被崇拜的动物，不论自死或被杀，常被崇拜的人所吃。新西兰的大酋长战死常被敌人屠吃，希望获得他的勇气与智慧。在墨西哥每年的某期间必由僧侣用谷粉混合小孩的血液做一个神像，行了多种崇拜的仪式，然后用箭射他，捞出心来献给国王吃，其余的部分则分散与人民，虽是很小的一块他们都很切望。为要使神灵欢喜，人类也有自残及挨饿或做各种发狂的举动的。亚洲人民的祀神，当热度极高的时候有用锥子刺贯舌头的，有用钩子钉入背上的，在昏狂之中与冬冬的鼓声应和而跳舞。还有以为牺牲了最亲爱的人更能平神的怒，或得其保佑，于是以其最亲爱的人的生命贡献于神，这便是"人体牺牲"的一种。

人体牺牲（human sacrifice）即杀人祭神的风俗，在很多地方很多时代都曾有过。这种可怖的风俗不是人类残忍的感情的偶现，而却是根于极深固极诚切的宗教心而发生。上古史中常载有人体牺牲的事迹。迦太基人在阿加索尼西翁（Agathonision）战败以后曾烧死一部分的俘虏以为牺牲。亚述人则杀人以祭他们的神内尔各勒（Nergal）。杀人祭神在希腊神话中似不曾有，大约和希腊人的气质很不合。这种风俗和恳挚的忧郁的神学较有关系。在罗马历史中便很为常见：在纪元前46年凯撒曾用两个兵士为牺牲以祭神；奥古斯都曾以一女子名Gregoria 的为牺牲；其后在图拉真、君士坦丁诸帝时都曾有过，

图 5-31　塔希提岛的杀人祭神

（采自 Avebury, *Origin of Civilization*）

并且更盛于前,直至纪元 95 年方被禁遏。在北欧这种风俗也很常见:纪元后 893 年挪威王子曾被杀以祭奥丁大神(Odin)。瑞典王唐纳德(Danald)因为饥荒不息,也被他的人民焚死以祭奥丁。在俄罗斯同斯堪的纳维亚一样,杀人祭神的风俗直行至基督教传入的时候。在墨西哥和秘鲁古时特别盛行,穆勒(Muller)说这或者是因为在这地方家畜较少的缘故。穆勒曾统计每年在墨西哥庙宇内被杀祭神的人数约得 2500 人,其中有一年多至 10 万人。在印度也常有这种风俗,而以 1865—1866 年为尤盛,闻是因为要遏止饥荒而举行的;直至现在,真的人体牺牲被禁止,印度人却用面粉、襁糊或泥土捏成人形,然后砍去头颅以祭神,这就如罗马人以偶人代替真的人投入台伯河以祭神一样。中国史上如宋襄公用鄫子于次雎之社,华元杀楚使衅鼓,都是用人为牺牲。

图 5-32　古墨西哥印第安人的杀人祭神图
(系土人自己所绘)

(采自 Kroeber and Waterman, *Source Book in Anthropology*)

在南非洲的马林巴部落(Marimba),在一种仪式中曾以人为牺牲,这种仪式他们自称为 Meseletso-oa-mabele,意为"谷粒的滚沸"。牺牲是选一个壮健而躯体不大的青年充当。擒获他时或是用武力或是用一种麻醉药名 Yoala 的把他麻醉。大众们把他带到田的正中把他杀死,这在他们叫作"培种"。他的血待到被日光晒得凝结了,便弄来和前额骨连其上的肉,并头脑一并烧化,烧毕的灰,则撒布于田内以为肥料,其余的尸体则由大众分吃了。还有一条很奇怪的例可以说明杀人祭神和崇拜牺牲为神的事。在古墨西哥土人每年必举行大祭一次于所奉的神"Tezcatlipoca"之前。其前一年必选一个美秀的青年，通常为战时的俘虏，充当牺牲。在一年中这个将来的牺牲同时被崇拜为一个神，供奉甚盛。他出游时必随以多数的侍者，人民看见他必俯伏为礼。他所要求的各物都必遵命给他。在最后一个月的开始时，并且拨4个美丽的女子为他的夫人。最后一日把他排在庄严的行列之首，进入庙内，经过许多仪式和敬礼以后，乃把他当作牺牲而宰杀了，他的肉则由僧侣和尊长割去吃。

祈祷（prayer）——人当危险时呼号求救是自然的动作，对于力所能及的人望其帮助也是理所当然的。所以人类便祈祷了，而且至今还在祈祷，人类的最初对树木、石头或不可见的神灵的深而且长的叫声，还延长至于现在。神灵虽是可怕，但可怜的野蛮人也不得不对之陈诉其所需要及所苦恼；于此可以想见精神与肉体方面需要的迫切。

最低等的祈祷大都是为肉体的需要，例如北美印第安人求他们的神俄康达（Wohkonda）保佑他们能够掳得野马或杀死敌人，非洲黄金海岸（Gold Coast）的黑人则求神赐他们多量的米芋薯与黄金，又如各处僧侣的祈雨祈求战胜等都是。高等的祈祷则为满足其精神方面的需要。大抵如请神灵帮助自己消灭罪愆、增加善行等。

印度托达人（Toda）每晚回归家里，必环顾周围喃喃祈祷说："愿男孩子、男人、母牛、牝犊儿，以及其他各物都平安!"在这祷词之中，妇女及女孩子都被包括在其他各物一语中不另提出，而母牛、牝犊反郑重提出，可见这种祈祷完全是由于实际的生存的需要。

美洲曼丹人（Mandans）对神的祷词说："我已做过了仪式，并且吃了很多的苦了。我希望尔帮助我以我所不能自做的事情。"又克劳族人（Crows）祝说："呵！老人！我是穷的！你看，给我些好物，给我长寿，保佑我得一头马，或一管枪，或击中了敌人。"又克里族人（Cree）在架立了茅屋的柱后便对柱祝说："今天是我造屋的日子。我将你交给四面的风。今天你开始来我的屋内，你可以随你的便，我们不能告诉你做什么，因为我们是人"，"只有'你''我们的创造者'，能够指导我们做好做坏。请你帮助我们日日在这屋里时会念起你，在我们的梦中保护我们，使我们每天起来有清醒的心，使我们无灾无害。"

祈祷的发生有两种意见，一便是上面所说的，以为祈祷是自始即有的，因为祈祷是人类自然的动作，这是克洛特（Clodd, E.）在《世界幼稚时代》（*Childhood of the World*）里所说的。又其一是拉伯克（Lubbock, J.）在所著《文明的起源》（*Origin of Civilization*）所说的；他以为祈祷是后来发生的，在下等宗教中不曾有过，因为祈祷是由于信神是善的，而这种信仰在初时尚未确立。这两说之中似乎以前一说较有道理，后一说根于他所倡宗教进化阶段的成见，把祈祷解为高等的意思，似乎专指对于高等的神的吁请，而不包含对于下等精灵的简单要求。

第十一章 巫觋

人类所行的各种宗教仪式和典礼，都是为要和解神灵的忿怒或引起其欢心。在一部落之中能够做酋长的人，大抵是因他具有英武勇健的身体，是无畏的猎人，勇敢的战士；至于具有最灵敏、最狡猾的头脑，自称能通神秘之奥者则成为神巫，即运用魔术的人。原始的民族信这种人有能力以对付冥冥中的可怖的东西。有时这种人也自信确能这样。这种人的名称有很多种，依地而异，或称巫（wizard）、觋（witch），或称禁厌师（sorcerer），或称医巫（medicine man），或称萨满（shaman），或称僧侣（priest），或称术士（magician），名称虽不一，实际的性质则全同，所以这里把他们概称为巫觋。巫觋们常自称能呼风唤雨，能使人生病并为人疗病，能预知吉凶，能变化自身为动植物等，能够与神灵接触或邀神灵附身，能够用符咒、法物等做各种人力所不及的事。其中最使人怕的是能魇魅别人，使人生病和致死，在野蛮人的生活中没有一事不在巫觋的支配中，因为他的工作正当他们的希望和恐惧之点。所谓"白的魔术"（white magic）便是巫觋所用于善意的，"黑的魔术"（black magic）则为用于恶意的。

巫觋各地都有，在野蛮社会中势力特别大，而在文明人中也不是没有，但也曾受排斥。欧洲人曾因畏怕"妖术"（witchcraft）即恶的魔术的缘故，有许多人被指为作祟的巫觋而被焚毙。100年前在英国的最后一个被害者是一个穷人，被群众把他抛下水里，然后看他浮或是沉，若浮，便证明他是有罪的。"妖术"所以被排斥的缘故是因为大众信这是出于妖怪的，而那种妖怪专和人类做对，

图 5-33 史前人所绘巫的化装施术
在法国 Trois-Freres 洞穴绘于壁上
（采自 MacCurdy, *Human Origins*, Vol. 1）

所有灾祸都是它们所致。它们或直接作祟,或由人类代理;人类也有自卖于妖怪的,而妖怪也许他们得受充足的供给,并有法力以施祸于人类和动物,这便是所谓妖巫。人类如有感觉异样的痛苦受了伤心的损失的,便都指为妖巫的作祟。暴风雨的发生,谷物的损失,家畜的骤毙,都是妖巫所致。甚至无论何人的生病都是因为一个妖巫贬了他一眼,或是用蜡做他的像放在火上烘烧。这种和妖怪联合作祟的罪名大都加在穷苦的老妇人身上。如有多皱的、生毛的唇,歪斜的眼睛,蹒跚的姿势,尖锐的声音,呶叫的语调,加之以独居寂处,便是充足的证据。如上所述对于这种可怜的被告者刑罚极为酷虐,且常置之死地。

西伯利亚和北亚洲其他部分及阿拉斯加等处的巫觋叫作萨满(shamans)。萨满的能力是能够呼请精灵,他的骏马便是升天的脚力。在阿拉斯加的特林吉特人(Tlingit)中萨满的服饰也很有用,他的假面具,上面刻了些动物,是具有神秘力的;他的木枕两端雕了地獭的头,能够在他睡觉时告诉他神秘的话;木雕的小偶像叫作"yeks"的,能够在他的睡时替他抵御坏的精灵,并增加他的知识;象牙的小饰物挂在裙上嘎嘎地响,能够辟除邪祟;雕刻的小棒上面雕了些图样,能够帮他和精灵打架。

在北美洲奥吉布瓦人(Ojibway)中有三种巫觋,第一种名为"密底"(Midi),人数最多,结成秘密社会,外人要入会须先从会员受戒;密底便是普通的巫觋,具有普通法力。第二种名为"节沙歧"(Jessakkid),人数较少,无组织,他们的法力是从少时由阿尼米基(Animiki)受来的。他们有先见,能预言,能降祸祟,能解绳缚,能驱除鬼魅。他们还有一桩本领,便是用骨头除去病魔。他们有4根以上的空心骨,是由大鸟腿上取来的,粗如指头,长约四五英寸。医病时先行了些仪式,然后把四根骨头拿近患处,吸去作祟的精灵,于是病就好了。最高等的一种名为"瓦宾瑙"(Wabeno),有极奇幻的法力,传说有一回一个瓦宾瑙自关在一个草屋中,然后令人放火于屋的周围,少停,大众却看见他正从很远的一个草屋中爬出来,身体完全无伤。

兹举一书记载的斐济(Fiji)的巫觋降神的状况于下:"其时众声齐息,寂静如死,神巫正在深思默想中,众目都不瞬地齐向他注视。在几分钟后他的全身便渐颤动,面皮稍稍扭动,手足渐起痉挛,这种状态渐加剧烈,直至全身搐搦战栗,犹如病人发热一样。有时或兼发呻吟呜咽之声,血管涨大,血液的循环急激。此时这种巫已经被神附身,以后的言语和动作都不是他自己的而是神所发的了。神巫口里时时发出尖锐的叫声:'咯咦嗷,咯咦嗷……'意思说'那是我,那是我!'这是神灵自己报到的话。当应答大众问话的时候,神巫的眼珠前突,旋转不定,他的声音很不自然,脸色死白,唇色青黑,呼吸迫促,全身的状态像个疯癫的人。其后汗流满身,眼泪夺眶而出,兴奋的状态乃渐减。最后神巫叫声'我去了',同时突然倒地,或用棒摔击地面。神巫兴奋的状态过了些时,方才完全消失。"

图 5-34　新几内亚神像
（采自 National Geographic Magazine Vol.51）

在克伦人(Karens)中的"预言家"能自致于一种状态以发预言。方法便是自己扭转身子和四肢,倒在地上打滚,口里吐出白沫,这种兴奋的状态发足了,他便渐渐平静,然后说出预言的话。

巫觋们的神通,固然很多是假托骗人的,但也有连自己也信以为真的,这种"自骗"(self-deception)的举动实是心理的现象。在美洲西北部的阿特人(Ahts)中多数巫觋都完全自信他们的超自然的能力,在预备和实行的时候能够忍受过度疲劳,饮食的缺乏,以及强烈的延长的状况。阿维波内人(Abipone)中的巫觋想象自己确曾受有超越的智慧,人类学家穆勒(Muller)也说他们确有自信的心。养成这种自欺的观念有很多原因,但预备成巫觋者的实行断食也是一种很重要的条件。格陵兰人如有希望成为巫觋的,须离开俗人独

401

自隐居于僻静的地方,用心于玄想,并默祷"Korngarsuk"派一个"Torngak"来帮助他。因为断绝谈话,断食憔悴,思想过度,想象错乱,于是混杂的人形、动物、怪物都现在眼前。因为他本来信仰精灵,故立刻便想这是真的精灵了,于是身体四肢便搐搦起来,变成反常的状态。以后他更因常常演习而成为习惯。

第十二章 神话

神话与宗教——人类为要探究宇宙万物的奥秘,便由离奇的思想形成了所谓神话(myth),所以神话便是由于实在的事物而生之幻想的故事。例如野蛮人看见火焰的飞舞,便以为它是一个活物,他的头可以砍掉;饿时觉得腹内受啮刺,便以为是由于肚内有蛇或鸟作怪;见回响的由山发出,以为是由于有怪物住于山内;听见雷声发于空中,则以为是由于天神车轮的轰转。这都是很自然的心理作用。

神话的内容虽不全具宗教性质,但却有大部分和宗教混合;因为神话是原始心理的表现,而原始心理又极富于宗教观念。神话和仪式同是宗教的工具或辅助品。神话能替各种信仰寻出解释的理由来,并构成一个系统以满足人类的求知的愿望。

神话的性质——(1)神话是传袭的(traditional),它们发生于很古的时代或即所谓"神话时代"(mythopoeic age),其后在民众中一代一代地传下来,以至于忘记了它们的起源。(2)是叙述的(narrative)神话像历史或故事一样,叙述一件事情的始末。(3)是实在的(substantially true),在民众中神话是被信为确实的记事,不像寓言或小说的属于假托。以上是表面的通性。(4)说明性(aetiological),神话的发生都是要说明宇宙间各种事物的起因与性质。(5)人格化(personification),神话中的主人翁不论是神灵或动植等物,都是有人性的,其心理与行为都像人类一样,这是由于生气主义的观念,因信万物皆有精灵,故拟想其性格如人类一样。(6)野蛮的要素(savage element),神话是原始心理的产物,其所含性质在文明人观之常觉不合理。其实,它们都是原始社会生活的反映,不是没有理由的。以上是内容的通性。

神话的分类——神话的分类有很多标准,兹举以内容为标准的一种于下:(出自 Hastings: *Encyclopaedia of Religion and Ethics*)

1. 定期的自然变迁及季候:有些神话的发生是因要说明昼夜的递嬗与冬夏的变换。如日月星的神话便是如此。日与月的神话很为普遍。它们常被拟人化,日常是男性,月是女性,但有时也反转来。星的神话在占星术发达的地方尤多。年节的变迁也引起司年或季候的神的神话,如我国的太岁便是这种。

2. 自然物的神话:动物、植物、无生物等的形状与性质常有神话说明它。

在神话中常把自然物拟人化起来,把它们当作人类一样。例如关于河海、山岳、神树、图腾等都有奇异的神话。

  3. 反常的自然现象:这一种最能引起人类惊异之感而产生神话,如地震常被猜为地下某种动物的作祟,暴风雨则疑为空中神灵的降祸。大洪水的神话很多民族都有。日月蚀也是神话的好题目。

  4. 宇宙起源神话:这又可以叫作开辟的神话,这也是很普遍的神话,几乎各处民族都有。宇宙的起源常被拟为混沌的状态,后来方由一个或多个神或人开创,成为现在的状况。

  5. 神的起源的神话:在蛮人观之,神也是有起源的,他们也有诞生、家族、先世、一生事迹、成神原因等。古代荷马史诗、印度古经、我国《山海经》中都有神的起源的神话。

  6. 人类及动物起源的神话:人的起源有出自动物的,但也有无这种关系,而是同由超自然的第三者造成的。这种神话常与宇宙起源的神话相连。

  7. 变化(metamorphosis)的神话:人类与动物或他物的互相变化也常有神话说明它。如云某处的石头原来是人,由于某项原因而化成的。

  8. 死后存在及冥界的神话:这是由于鬼魂崇拜而发生的。其中常叙述死人赴冥界的旅行,冥界的状况,有些民族还有死后裁判,天堂地狱的神话。

  9. 妖怪的神话:人类心中常充满可怖的怪物的信仰,所以这一类神话也很多。所谓妖怪大都是由动、植等物的崇拜中发生,其物都是很凶恶而对人类不利的。神与妖怪的战争常成为神话中的好材料。

  10. 英雄、家族与民族的神话:各家族或民族都常推溯其起源,这也是神话中的普通题目。各民族的初祖大都是有神秘性的英雄,他一生干了许多奇迹,创了许多事业,留给后来的子孙。

  11. 社会制度及物质发明的神话:各民族的社会制度、风俗仪式常溯源于神灵,以为是由神意制定的,而各种初步的物质的发明也常归于有神秘性的"文化英雄",如神农、伏羲等。关于这两类都各有其神话。

  12. 历史事件的神话:历史的事件经过久远了也常掺杂些神话,这种神话在民众中是被信为真的事迹,有时且被历史家采为史料,文明民族的古史中常有这种神话。

  神话举例——关于日与月的神话,常以它们为夫妻或兄妹。如爱斯基摩人说:最初日月同是人,月是兄日是妹,兄对妹求爱,妹误掌兄的颊因而逃走,兄便追去,两人走到了地的尽头,跳入空中,便成为日月,仍然飞跑不停;月的一边有时黑了。那便是它的被打黑了的嘴巴转向地面,被人类看见。马来人有一段神话说:日与月都是女人,星是月的小孩。其初日也有同样多的小孩,但因为恐怕人类当不起太多的光热,她们相约各人都把自己的小孩吃净。月背约把自己的小孩藏起来,日则照约把自己的吞食了。月等日这样做过了,然后叫自己的小孩现出来。日一看见,大怒,要杀死月。月向前飞逃,日便紧追赶。至今还是不息。有时月几乎被日追到而咬噬,这便是月蚀的缘故。每天当日要追到的时候,月把星们藏起来,到了夜间日离开远了,方叫他们出来。

我国人以为日月的蚀,是由于被龙或其他怪物所噬,所以打鼓敲锣,要把怪物逐走;美洲的印第安人也以为月蚀是由于月被天上大狗所啮,因为血流出来所以月也变成红色。印度人和其他亚洲人也都有这一种的神话。

在神话中海上的龙卷风常说是一个巨人,或是海蛇上天,我国人则以为是龙在吸水。虹是妖魔下来吸饮雨水,或以为是升天的阶或桥,为死人的灵魂升天之用;又或以为是神的弓。云则为天上的牛,为牧童赶到蓝色的牧场去。潮水的起落则是海洋心脏的跳动。地震刚由于"地龟"在地下转动。电光是暴风雨的妖魔所露出的分叉舌尖,雷声则为它的吼声。火山则为地下妖魔的住所,它因怒而喷吐熔解的石出来。

人类对于怪异的信仰极为强烈,所以巨人、矮人、仙人、妖魔等的神话各处皆有,而且很被信仰。古代大动物的化石遗骸常被猜为巨人的骨头;零块的石头则说是巨人从大岩石上取下来相掷的。欧洲的矮人神话或者源于从前住在北欧的一种极短小的民族。新石器时代的石箭镞则以为是精怪们的武器,磨光的石斧则以为是雷的遗物。如我国古人时也以这种石斧为雷神的凿。

开辟的神话即天、地、人类及动植物等的起源的神话,起初大约是由蛮族中的"智者"想象出来,然后散播流传下去。这种神话除著名的犹太人的一种即记在《创世记》的以外,各民族也都常有。我国的盘古开天女娲造人,在以前且采入古史内。美洲的明内塔里印第安人(Minnetarrees)说最初只有茫茫大水没有陆地,其后有一个最初的人叫作"长生者"(never-dying one),又叫作"生命的主宰"(lord of life),差一只红眼睛的鸟入水内喙起陆地上来。波里尼西亚人说最初天和地是合在一起的,它们是父母,它们生了许多儿子,一个儿子便是一种自然物的始祖。儿子们因为天地闭塞,闷得不耐,便商议要把父母拆散。初时几个都不成功,最后一个儿子,即森林的神,便竖起蜻蜓,头抵住母亲的腹,脚撑住父亲的身,硬将他们分开,于是才见光明,而成为现在的世界。关于人类的发生,在古希腊人以为是由普罗米修斯(Prometheus)用泥捏成人身,并由天上偷下火来送入人身,为他们的生命。曼丹印第安人(Mandan)也说最初是由"大精灵"用泥造两个人身,吹一口气使他们有生命,一个叫作"第一个人"(first man),另一个则叫作"伴侣"(companion)。南美阿维波内人(Abipone)以为他们是由一个印第安人造成,这个人叫作"祖父",他现在还在曜星上。北美印第安人常以为他们的祖宗最初是住在地下,有时是人形,但却常为动物,例如兔、龟、土拨鼠等,后来方钻上地面来。

第十三章　宗教的起源一：魔术说
(Theory of Magic)

弗雷泽的主张——英国学者弗雷泽氏(Sir James George Frazer)以研究魔术及宗教著名，关于这一类的著作甚多，尤以《金枝》(*The Golden Bough*)，一书最为宏博，多至12巨册，例证繁多，见解精奇，真是学问界中不可多得的名著。他即在此书中提出他所创的"宗教之魔术的起源说"即所谓"层次说"(stratification theory)。

弗雷泽以为宗教的发生是较为后来的事，在人类历史的初期必有无宗教的一时期，在那一个时期里并没有崇拜鬼魂或他种精灵的事情，只有魔术的盛行是那个时代的特征。后来原人心理进步，魔术衰了，方渐转入宗教。所以宗教时期之前还有一个魔术时期，而宗教的起源却须追溯到魔术去。现在根据《金枝》一书撮述此说于下：

"魔术的最大疵点不在于其假定宇宙间现象的连续有自然律为之制定，而在于其完全误会这些自然律的性质。魔术便是两条重要的思想定律的错误的应用，这两条定律就是：(1)以类同为准的观念之联合；(2)以时间或空间的接近为准的观念之联合。类同的观念的错误的联合生出模仿的魔术，接近的观念的错误的联合生出传染的魔术。观念的联合本来是重要的，正确的运用会生出科学，但不正确的运用却生出魔术来。所以魔术实在是科学的假姊妹。"

"魔术和宗教的异点便在它的假定自然界中一件事与别件事确定不变地相继发生，全无何种精灵或人为的干涉。它的重要概念是和现代科学一样的，它的基础就是对于自然界的秩序及统一性的信仰。术士们从不疑心同样的原因会发生同样的结果；他们以为履行适当的仪式，再加以相应的符咒，决不会达不到所望的目的，除非他们的魔术被别个术士所破。他们决不乞怜于更高权力，不求助于反复无常而复自有意见的物。他们在任何可怖的精灵之前也不稍自贬损。他们以为只要遵照自然的定律而行，决没有做不到的事，全无需乎崇拜与祈求超人的'物'而受其帮助。

"至于宗教则不然，宗教实在是对于超人的权力的乞怜，这种权力是被信为指导及管理自然界与人生的。在原理上宗教实和魔术与科学相反对。申说一句，宗教是以宇宙为被有意识的'物'所指挥，而这些'物'是可以用劝诱的方法转移其意向的；这是根本上和魔术与科学正相反，因为后二者都以为自然现象不是由有人格的'物'的反复无常的意志所制定的，而是由于不变的定律机械式地运行所发生的，不过此意在魔术是含蓄的，而在科学是直白的罢了。固然魔也常涉及某种精灵，那便是宗教所拟为有人格的世界司理者了；但魔术的对待它们是全与对待无生物一样,便是用限制的或强逼的手段,而不用宗教上的和解及乞怜的方法。

"虽然魔术确曾在许多地方和宗教混合,但却有理由可以推想这种混合不是原始的,而且有一个时期人类单用魔术以解决他们的物质的需要。只要根究魔术和宗教的根本思想,便会猜想在人类历史上魔术的发生是早于宗教。在一方面魔术不过是最简单最粗浅的心理程序的错误的应用,即根据类同性与接近性的观念联结;而他方面宗教却承认在现实的自然现象的幕后有优于人类的有意识的或有人格的司理者在那里主持。'有人格的司理者'(personal agents)的概念固显然较复杂于仅仅认识观念之类同与接近。而假定自然界为有意识的司理者所制定,比较以事物的相继发生仅仅由于其相接近或相类似的意见,也更为深奥,而需有较高度的智慧方能了解。野兽们也能够将相类似的或一齐发现的事物的观念联合起来。他们如不能够这样做,恐怕一日也不能够生存。但有谁赋予动物们以一种信仰,使信自然现象是由无数不可见的动物,或一个异常强大的动物,隐于幕后而作怪?

"由此观之,在人类演进中魔术的发生早于宗教,很有可能性;这就是说最初人类只试用符咒法术以鞭驱自然,使从己意,到后来方才转用祈祷、祭祀等柔和的手段以揖和及献媚于反复不测严重易怒的精灵。

"上面用演绎法考究宗教和魔术的根本观念所得的结论,还可以用归纳法将我们所知的现在世界上最低等的民族的状况来证实它。澳洲的动植物至今尚存有极古的甚至世界上他处久已绝迹的种类,而其土人的心灵与社会的发展,也比之现在任何种族为低下。在这种蛮人之中魔术很为普遍,而以求和并乞怜于更高的权力为主旨的宗教差不多几于不曾有过。简言之,所有澳洲的土人都是术士,但没有一个是僧侣;人人都自以为能够用魔术影响于别人及自然界,但没有一个梦想到用祈祷及祭祝献媚于神。

"由上面的证据我们可不可以假定文明的种族在他们历史上也曾经过这样的一个时期;这就是说他们在用祈祷祭祀以乞怜于自然界的强有力者之前,曾试用方法强逼他们就范?概括一句,在人类文化的物质方面,各地都有过石器时代,然则在精神的这一方面,有没有一个'魔术的时代'(age of magic)?"

弗雷泽讲到这里,郑重地下一句判断说:"我以为很有理由地作一个肯定的答案。"

此说的批评——我们转述弗雷泽的话完了,现在试批评他一两句。

弗雷泽说宗教不是最原始的,宗教时代之前还有一个魔术时代,所以宗教的起源是有层次的。他所用为证据的是澳洲土人的风俗。但据别人的发现,澳洲土人也承认"最高物"(supreme being)的存在,并向之执行神圣的仪式;而且他们因为有这种观念,所以基督教的传教师告他们以神的概念时很易接受。由这种事实观之,弗雷泽的层次说便无证据了。

弗雷泽也承认在很多地方,很多时代,魔术与宗教互相混合不可分解,但他还坚持魔术有纯粹独存的一个时代,这便是他错误的所在。托马斯氏(W. I. Thomas)说:"宗教和魔术同是对于抽象的力之表示,都是要指导人生,推究因果的,他们都是原始的哲学。理论上魔术与宗教虽可分别,其实凡有人心的存在,这两者也无不都存在。当一个心灵想要解释非人力所能统驭的、神秘的及意外的事物时,势必臆想有不可见的具人格的物或精灵之存在。即使没有睡梦与死亡,也会有这种观念。不但魔术与宗教,还有鬼魂的信仰,精灵的信仰等,虽是在理论上分得开,但在实际上都混合得不可分解。哪一种是优先的,也懒得去判断他。"

詹姆斯氏(E. O. James)、马雷特氏(R. R. Marett)、哥登卫塞氏(A. A. Goldenweiser)一派更以为魔术与宗教同是承认超自然主义(supernaturalism),同是自始即有的。初时互相混合,不可分解,后来乃渐渐分离。宗教一方变成较为社会化并合于法律,魔术一方则渐失其声势,不甚为法律及社会所承认。由此言之,魔术与宗教的起源并不是层次的,而是由同一水平线出发,即同时发生的;所以詹姆斯创了一个复合的形容词即"魔术宗教的"(magical-religious)以形容一切宗教与魔术相混合的事物。这一派的学说,便叫作"等时说"(synchronization theory),以下所述的三说,关于魔术与宗教的起源,都是赞成等时的。

弗雷泽的层次说虽失败,但关于魔术的研究还是有很大的贡献,研究魔术的书还是以这部《金枝》为"巨擘"。

第十四章　宗教的起源二:鬼魂说
(Ghost Theory)

斯宾塞的主张——斯宾塞(H. Spencer)所提出的"鬼魂说"又名"祖先崇拜说"最为离奇有趣,但受人非难也最烈。其说能够把复杂的宗教现象构成为一个有条理的系统,又搜集了极多的事实来证明他的话,这是以前的学者所不曾做到的。他自己很重视这说,在他的广博的大著《社会学原理》第一篇便述这说,篇名"社会学基础"(Data of Sociology),意思似乎以这说为他的社会学系统的基础,因为他也像其他学者一样,以为研究原人及蛮人心理的捷径莫如宗教一路为最有望。

斯宾塞的学说有三要素:第一,以恐惧(fear)为宗教的情绪的根本;第二,以鬼魂的观念为宗教发生的原因;第三,以祖先崇拜(ancestor worship)为最原始的宗教,以为各种宗教都是从它变来的。

斯宾塞推测鬼魂观念发生的程序很为有趣,在前面鬼魂崇拜一章内已引过了,此处不赘,只述鬼魂的观念的影响于下:

死后存在的观念影响于生人很大。第一他们以为这些鬼魂,即不灭的复身者,既然住近于其生时所住的地方,或且时常回其故处,那么,地上处处都有这些不可见的无量数的鬼魂了。这些鬼魂大抵都被视为顽恶的,于是活人每有不幸的事便都归咎于他们的作祟。这种道理并可为原人及蛮人解释自然现象之用。他们不懂得自然力运行的原理,自始便视无生物的运动为有别物在内,现在既经知道宇宙间满布这种死人的复身,那么他们便有材料来把万物都弄活起来了。斯宾塞以为这便是灵物崇拜的起源,因为树枝、石头所以能够活动,就是由于死人的精魂凭附其中而作怪。

还有更重大的便是酋长或伟大的统治者的死亡所生之影响。这种人的鬼魂自然也存在不灭。他们自然也徘徊于生时住所的附近,并且在冥冥中视察其臣下及子孙的行为。由于这种信仰所生的影响是很大的。其初盛大的葬仪便因而发生。酋长的兵器常置于尸旁以备他在死后的世界里征服不庭之用,多量的宝物并置其墓内以备死后的享用。奴仆从者甚或妻妾也都殉葬以侍他于幽冥。经时渐久则其在生的功绩愈益张大。只有最动人的事迹流传不绝,而每经复述便愈增加其奇伟的性质。最后的结果,这个死酋长自然而成为神灵,其初尚不过被尊为神的子孙,到后来他的本身也就是一位神灵了。成神(apotheosis)的程序是缓进的,死人的鬼魂和神灵之间原无显明的界线,所以崇拜之举早行于成神之前。这种最初的崇拜就是所谓祖先崇拜。最初的神就是祖先的英灵,而所有神灵都是死人变成的。祖先崇拜不但差不多普遍于蛮人和半开化的民族中,便在古时的闪族和雅利安族中也有的。

在祖先崇拜中可以发现所有后来发生的宗教的种子,而由于研究鬼魂的信仰便可洞悉所有宗教的迷信之基础。灵物崇拜是由于信物体为人的鬼魂所凭附,偶像崇拜则由人工制成一物像以便鬼魂栖居,轮回之说(metempsychosis)乃是信人的鬼魂转生为较下等的动物;这些信仰都是以鬼魂的观念为基础的。

还有动物崇拜生于对某种动物的尊敬,是因为相信人的祖先曾经做过那种动物。又有一种解释则更和祖先崇拜有直接关系。这说以为蛮人生小孩时如有过特异的事物发生,常即以其事物做小孩的名,尤普通的是采用最能影响于其父母的东西的名。这种东西大抵是兽类,因为这类物和蛮人最有关系。蛮人的儿童常名为狗、狼、牛、马、熊、狮、虎、鹰等。酋长们也常有这种名称,死后被尊为英雄并再变为神灵,也仍只用这种动物名。这些有动物名的酋长或且被追认为部落的开祖,则其部落的人初时原晓得他们的开祖是人类不过带动物名就是了,但后来逐渐忘记了开祖的人的性质,而只记得他的动物名,甚且更和实际的动物相混淆,于是竟自信是该动物的后裔,尊这种动物为祖先,并以繁琐的仪式崇拜他。

植物崇拜也像动物崇拜一样,可以鬼魂观念解释它,而断其起于祖先崇拜。植物之有激刺性药料的作用的,如"苏马"(soma,印度祭神用的麻醉草)、葡萄藤等常成为崇拜的对象。野蛮人说这些东西所以能够有刺激人体的作用,实因有鬼魂凭附其中,这些鬼魂就是祖先的英灵,他们死后能力比生时更大,所以能够这样。

还有一说,蛮人的部落有曾由森林中移出的,常纪念此事而成为传说。因为语言不足、概念不切的缘故,常使后来的子孙把传说混乱了,以为从森林中移出便是由林木而开族。他们既自以为是某种树木的后裔,那么对于该种树木的崇拜是自然会发生的。

至如儿童以植物为名的,死后因而发生对于该种植物的崇拜,也像动物崇拜一样。

此外别种自然物的崇拜也都可以这种理由解释它,而事实也很够做证据,甚至星的崇拜、太阳的崇拜都可以推断其出自祖先崇拜。斯宾塞说:"半由于种族的来源与其出生地的特殊事物相混淆,半由于乳名及绰号的拘于字面的解释,以讹传讹,致使蛮人自信其种族是出自山、海、曙光、星宿、日、月等物。"

神的起源是这样的解释了。成神的祖先,渐与人类失其关联,后来方成为神。由希腊与罗马的神话可以寻出这种渐进的步骤——即由常人以至英雄,由英雄以至神灵。其他开化国的神话也都是这样。多神教最先发生,因为有伟大的名称而成为神的很是不少。神界逐渐完成,结果遂有阶级职务的分别。最高的神遂渐获得优越地位,最后则其余的神都被他所合并。一神教的主要派还保留了无数地位较低的神灵,而称之为天使。有的一神教则常承认二元主义,其中恶神的势力不稍逊于善神,这便不称一神教的名了。希伯来的《圣经》中还有一段表现耶和华的祖先的起源很为明显。由此观之,可见所有宗教都出自鬼魂的崇拜无疑了。

批评——以上都是斯宾塞的话,现在试讨论他对不对。

斯宾塞的学说最受人非难的,就是推论过于牵强,判断过于大胆,所以哥登卫塞(A. A. Goldenweiser)说他是"片面的及人工的",而托马斯(W. I. Thomas)也说:"斯宾塞只能使人佩服他的可惊羡的巧妙而已。"试举他的纰漏的例于下:

斯宾塞说祖先崇拜是最早的崇拜形式,证以实际情形殊属错误。因为最原始的部落中还不曾有祖先崇拜,而其较为发达的一式也必在较高等的文明中方才发现,如波利尼西亚所有的便是。至于最完备的祖先崇拜必需有某种社会的基础方会发生,如中国、日本的即如此。

斯宾塞又说各种宗教都起于鬼魂观念,其实人类对于无生物、植物、动物等发生宗教关系,并不等到相信死人的复身凭附于这些东西上面以后,他们老早就以为一块石头或一只鸟儿的自身便是不可思议的神物,而对它们崇拜了。

第十五章 宗教的起源三:生气主义
(Animism)

泰勒的主张——这条学说是英国人类学家泰勒氏(Edward B. Tylor)所创,在论魔术与宗教的发生主张等时说,在讨论最初的崇拜对象主张较斯宾塞所说的鬼魂更为广义的"精灵"(spirits)。斯宾塞说万物的活动在原人都以为是由于死人的鬼魂凭附其上,所以崇拜的样式虽有多种,其实都只是鬼魂崇拜而已。泰勒则以为原人所崇拜的除鬼魂以外还有别物的精灵,而鬼魂也就是一种精灵。精灵是宇宙万物都有的,不过在人的特别名为鬼魂而已。人有这种精灵,所以能够活动,别物也因为各有他们的精灵所以也都会活动。精灵便是能够生活灵动的气,所以这种观念便称为"生气主义"。生气主义的原文 animism 是由拉丁文 anima 一词来的,这字有风、呼吸、心、灵魂等意义,很像指这种生活灵动的气,所以就由这字生出生气主义这个名词来。

现在根据泰勒的大著《原始文化》(*Primitive Pulture*)一书将这说撮述于下:

"现在或者以前有没有一种民族,其文化之低至于没有宗教观念?这便是宗教有没有普遍性的问题。经过很多世纪,议论纷纷还是没有决定。有一派学者以为从前或者有过无宗教的一时期,后来方进而有宗教。这种境状或者也有可能性,但事实上这样的民族却从未见过。所以若说这世界上曾有无宗教的民族,在理论上虽是可能,在事实上纵系实在,但现在却还未有充分的证据。"

"断定某民族没有宗教的学者即在他的同一著作中便常露出有宗教的证据。这种例很不少,如郎格博士(Dr. Lang)不但宣称澳洲土人没有最高神灵、造物主、死后审判、崇拜对象、偶像、寺庙、祭祀等观念,并且断定他们完全没有带宗教性质的事物。但在他的同一书中却说'土人常患一种像天花的病,以为是由于一个喜欢作祟的精灵名布迪亚(Budyah)的为患',又说'土人如偷取野蜂窝的蜜,常留一点给布大伊(Buddai)',又说'昆士兰的部落于二年一次的集会中,曾杀少女以祭恶神'。此外他又记载里德利(Rev. W. Ridley)的亲身经历说:他每次和土人谈话都发现他们有很深固的关于'超自然的物'(supernatural beings)的传说。如信巴亚迈(Baiame)创造万物,他的声便是雷声,又信图拉姆伦(Turramullum)为魔鬼的领袖,它会降生疾病、灾祸及智慧,又于土人盛会的时候变成毒蛇的形状而出现。一大群的调查人都说澳洲人自初被发现以至现在,都是浸淫于灵魂、鬼怪及神祇的信仰之民族。

"至于非洲则莫法特(Moffat)君关于贝专纳人(Bechuanas)的论断也很奇特。他说死后存在的观念为这种人所不曾有,但在上文他却说:'他们叫死人的灵魂做"利里蒂"(liriti)。'在南美洲则阿扎拉(Don Fex de Azara)批评教士说土人有宗教为不对,但在他的著作中却说帕亚瓜人(Payagua)将兵器、衣服和死人同埋,并有关于来世的观念,又说瓜纳人(Guana)信有一种神物能够赏善罚恶。

"这些言论都自相矛盾。推其错误的缘故,便是因为将广义的字误解为狭义。朗格、莫法特、阿扎拉都是有贡献的著作家,关于所亲历的部落都得有很多可贵的知识以增益民族志。只可惜他们对于没有组织及神学而也是宗教的一种东西,似乎还不大晓得。他们把信条和自己不同的民族都算作无宗教,正如神学家把那些所奉的神和他们不同的人都派做无神主义者一样。这种情形是自古已然的,如古时雅利安人攻入印度,把印度人叫作'亚提发'(adeva)即'无神者'的意思。

"由是言之,对于下等民族的宗教如要做有系统的研究,第一先须替宗教定一个最根本的定义。在这定义中如须包含最高神祇及死后裁判的信仰,崇拜偶像及祭祀的实行,以及其他仪式等,那么就有许多民族被摈于宗教之门外。但是这样狭窄的定义却把宗教的范围缩小,不与宗教的根本的动机相等,却反把它当作其特别发达的一支流。现在似乎应当立刻赶回来,注重这种根源,简单地宣称宗教的最小限度的定义是:'精神的存在物(spiritual beings)的信仰。我们不敢断定所有现在的蛮人都有这种信仰,但据现有一大堆的证据,不得不承认在所有为我们所熟知的现存下等民族都是有的。

"现在拟用生气主义这个名词来称这种根深蒂固的'精神的存在物的'信仰。这种信仰完全是精神的,和物质的不同。生气主义并不是新的名词,不过现在很罕用就是了。因为这名词对于精魂的信仰有特别的关系,所以最适宜于我们所持的这种意见。还有'精神主义'(spiritualism)一名词,虽也可用,且曾被用于普通意义,但现在系用以指现代的一种特殊教派,不宜用来代表这种全人类的思想。所以现在就用生气主义来指广义的精神主义,即精神的存在物之普遍的信仰。

"生气主义为极低等的人类之特性,后来渐渐升高,在流传时很受改变,但自始至终都保持不断的连续,直贯入现代文化的中心。生气主义实在是宗教哲学的基础,由野蛮人以至于文明人都是这样。初见虽觉得似乎只是最低限度的宗教的贫薄素朴的定义,其实在实际上已经很充足,因为无论何处,只要有这根基,自然会生出枝叶来。

"生气主义通常分为两部,其一关于生物的灵魂,以为肉体死后仍能继续存在;其二关于他种灵魂以至于有大力的神祇。这种主义以为精灵能够影响或管理此物质世界的现象,及人类在生与死后的生活,他们又和人类有交通,由人类的行为而生喜怒的感情。由于这种信仰自然而生敬畏的念头与乞怜的举动,或者竟可说是不可免的结果。所以生气主义在其发达最完满的程度包含灵魂的信仰,来世的信仰,支配神祇抵制精灵的信仰,这些信条的结果便是某种崇拜的发生。

"研究生气主义,首先便须考虑关于人类的和别物的灵魂之信仰。会思想的人类即在低等文化的时候也深有感于二种生物学的问题。第一就是什么使活的身体异于死的身体?什么能致醒、睡、昏迷、生病与死亡?第二是现于梦中及偶然闪现的人形又是什么?观于此二种观象,古代野蛮的哲学家或将为第一步的推论,而以为每个人都有二物属他,其一是生命,其二是幻象(phantom)。这二物显然密接于其身体,生命使他能够感觉思想及动作,幻象则为其第二'自我'(second self)。二者都会离开身体,生命能够跑开而使其身体不再能作感觉等事,幻象则能够离开而出现于别地。第二步的推论也是野蛮人容易想得到的,便是文明人也极难祛除这种想法。这就是结合生命与幻象。因为二者既然都属于身体,为什么不是相同的,不是同一物所表现的?二者如果统一,结果便生出一个著名的概念,那便是灵魂的概念。无论如何,这是很符合于下等民族之具人格的灵魂,即精灵的概念,他们所谓灵魂可以形容如下:稀薄的无实质的人形,像烟雾或阴影,又如一层薄膜,能使其所附着的有形的物体生活及思想。无论生前死后都具有独立的意识,能够离开其所附的有形物,一闪而至异地。通常是无形而不可见,然能发生物质的势力,尤能以幻象的状态出现于人的梦中或醒时。其所附的物体死后,他能继续存在,并偶一出现,能够凭附于别人、动物以及他物身上而活动。

"这个定义虽不是可以普通应用的,然而已经有充分的通性可以当作一个标准,在各民族间因分歧而略有不同就是了。这些信条都是原始哲学由于感觉所得的证据不得不生的结论。原始的生气主义这样的便于解释自然,所以能保持其地位直至于文明时代。虽是曾经古代及中世的哲学大加改削,而被近代哲学更加以绝不容情的驳斥,但它还继续流传,保留其原来的性质,而为现代文明世界所受于原始时代的'传家宝'。

"兹由得各民族的一大堆证据中选出较可为标准的事实,以证明此原始的精灵学说的成立。

"要懂得蛮人对于人的灵魂之普通概念,最好注意他们所用以表明灵魂的字。梦中或幻觉中所见的灵魂或幻象是没有实体的,犹如阴影或反映的像,所以蛮人便用'影'(shade)字来表明灵魂。例如塔斯马尼亚人(Tasmanians)的影字又指灵魂。阿尔衮琴人（Algonquins）称一个人的灵魂为'奥他术'（otahchuk），意谓'他的影'。基切人（Quiche）的语言以'那突不'（natub）一字兼指影与灵魂，阿拉瓦克人（Arawak）的'卫喳'（ueja）一字可释为影、魂、像三者，阿维波内人（Abipones）更讲经济，只用"骆亚卡尔"（loakal）一字兼指影、魂、像、回响四者。非洲祖鲁人（Zulus）不但用'顿奇'（tunzi）一字表明影、精灵与鬼魂，并且以为人死后他的影便离身去而成为鬼魂。巴须陀人（Basutos）不但叫死后存在的精灵做'塞里第'（seriti）即影，他们并以为人如行近河边给鳄鱼抓了他的影，便要被他拖落水去。在旧卡拉巴尔（Old carabar）的地方，一个人如失了他的影便怕有极大的危险发生，因为影和灵魂是同一的。

"其次还有关于灵魂或精灵为生命的原因的说法。加勒比人（Caribs）以脉搏和精灵为有关联，特别以心脏为人的第一灵魂所在处，与来世有关系，所以用'伊奥安尼'（eoaanni）一字兼指灵魂、生命与心脏。汤加人（Tongans）以为灵魂是满布全身的，但在心脏特别多。有一回一个土人对欧洲人说葬了几个月的人也还是不会死。又一个土人并且握住这欧洲人的手，使劲挟一挟，说：'这手是会死的，但汝身上的生命永远不会死。'说时并用他的另一手指这欧洲人的心部。所以巴须陀人如说'他的心没有了'，便是说某人死了；如说'他的心回来了'，便是说他的病好了。旧世界人以心为生命思想和情感的源泉，与此正相类似。克伦人（Karen）及巴布亚人（Papua）的灵魂与血液相关联之说，也见于犹太及阿拉伯的哲学中。圭亚那（Guiana）的马库西印第安人（Macusi Indians）以为一个人的身体纵已经腐坏了，在眼睛中的小人儿也不会死，他不过是在漫游四处。这种观念给现代受过教育的人看起来，岂不奇特，但是欧洲的民话中也常把人的生命和眼睛中的瞳子联系起来，而以为病人的失去瞳子，是被勾去精魂或将近死亡的征兆。"

批评——以上撮述泰勒的话完了，现在再把他的大意综括起来，约有三端，也就是他的贡献：

（1）以精魂的信仰为宗教之根本性质。（2）打破狭窄的旧宗教定义，把它扩大，使能包含较为广漠的实际的宗教现象。（3）根据其定义推论宗教系自始即有，非难无宗教时代的假说。

他的学说比较斯宾塞和弗雷泽更进一步，不像他们那样狭窄。但他还有一点不能令人完全满意，便是他所谓精灵还是侧重于生物，尤其是人类一方面，还是具人格的，程度还不十分低下，此外有没有"非人格的"更下等的超人的存在物（impersonal supernatural being），他并不说及了。这还待后来发生的新说为之补足。

第十六章　宗教的起源四：生气遍在主义
（Animatism）

马那（Mana）——宗教起源的问题到了泰勒的生气主义发表后大为学者们所赞同，似乎至此已经是"叹为观止"了；不意近来再发生一条新说，比较生气主义更进一步，把宗教的起源推到更简单更原始的根柢去。这便是"生气遍在主义"，也可以叫作"马那说"（Manaism）。

"马那"这个名词原是美拉尼西亚（Melanesia）的土话，民族学家科德林顿（R. H. Codrington）在其 1891 年所出版之《美拉尼西亚人》（*The Melanesians*）一书内最先介绍过。后来复有琼斯（William Jones）、休伊特（J. N. B. Hewitt）等人都发现与马那相似的观念于其他民族中。到了 1908 年马雷特（R. R. Marett）乃正式定"生气遍在主义"一名词为其学说之名，并于是年在牛津举行的第三届国际宗教会议（Third International Congress of Religion）上提出。到现在新派人类学家如哥登卫塞（A. A. Goldenweiser）、罗维（R. H. Lowie）等人大都采用此说并再加以修改。

现在先将这说的大意略述于下：

科德林顿最先发现在美拉尼西亚各蛮族所通行的"马那"一名词显然与其他宗教概念迥不相同。马那是一种超自然的而且非人格的"力"（impersonal supernatural power），不是动物，不是人，也不是鬼魂与精灵，他不过是一种力，不可思议的魔力。它的本身虽不是具有人格的，它却能由自然物、人类精灵或鬼魂而表现自己。

由此观之，此说与生气主义不同之点便在"力"与精灵的分别，生气主义以精灵为原人最初崇拜的对象，以为万物的活动是因为万物都各有其精灵，而这种精灵又是像人一样的有独立的人格。至于这新说是以"力"为最初崇拜的对象，以为万物的活动都是由于这种魔力注入其中，即精灵的本身也是因为这种魔力附于其上方能灵动。这种魔力像一种混混沌沌的气，弥漫于宇宙之间，无论何物，得之便能灵动，不得便不能；他只能凭附于万物以自表现，自己本身是非人格的。由这样比较起来可见魔力的观念较之精灵的观念，尤为简单而低下，所以说生气遍在主义较之生气主义是更为原始的，这种理由显而易见。

兹将科德林顿所著《美拉尼西亚人》书中第七章撮译于下：

"美拉尼西亚人的心完全为一种信仰所占据，这便是对于一种超自然的'力'或'势力'（influence）的信仰。这种'力'差不多普遍称为'马那'。'马那'便是发生人力以外及普通自然程序以外的事件之主动者；它存在于生命的空气中，凭附于人或物的身上，而由它所发生的结果以表现自己，那些结果是除它以外无可推诿的。如有人获得一点马那,他便可以利用它,指挥它,但有时也会决裂。马那的凭附是可以由征候看出的。例如一个人偶然看见一块石头,便引起他的幻想,以为这石头的形状是稀奇唯一的,很像某物,谅不是普通石头,一定有马那在里面。他独自思维,并且征诸实验。方法便是把这块石头埋在一株果树的根下,那株果树的果实便是石头的形状;或者当垦植花园的时候把它埋在土中;是后如那株果树多生果实,或那座花园中花木茂盛,便是他猜得对了;这石头便是确有马那在里面的。一块有马那的石头又能够媒介马那于别块石头。"

"这种魔力虽是非人格的,却常依附于指挥他的具人格的物。凡精灵都有马那,鬼魂也有,有些活人也能够有它,一块石头如有超自然的力量,那便是因为有精灵和马那混在里面;死人的骨头也有马那,因为鬼魂附在骨头上,而鬼魂是带马那的。活人如和精灵或鬼魂接触得很近,也能获得马那以供利用,而得到随心所欲的效果。符咒的有效力是因为精灵或鬼魂的名被述于符咒内,致将它们所有的魔力——即马那——传到符咒上。所以凡一个人的成功,便可证明他有马那;他的势力很有赖于这种消息之感动人心,他便由此种声势而得为首领。一个人在政治上或社会上的势力便是他的马那。战斗的得胜不是由于膂力的强大、眼光的明快或他种根据的充分,而是由于获得马那于精灵或已故的战士,使他忽然变成勇武有力。获得马那的方法是用一块石头挂于颈上,或把一簇树叶佩于腰带,或把一个牙齿挂于拿弓的手的一指上,或用一套语句以引这种超自然的魔力拜助他。又如所养的猪能够繁殖或园圃所产能够获利,那也不是由于主人的勤劳,而是由于他所有的满贮马那的石头发生影响于猪及植物。自然芋薯栽后是自己会生长的,但若无马那的影响却不会长得很大。若无马那,艇子也不会驶得快,网也不会捕得多数的鱼,箭也不会中得重伤。

"美拉尼西亚人又信有一种具人格的物:有智慧,满具马那,有可见的身体,但不像人类的肉体。他们以为这些怪物很与人类生活有关系,因之遂向他们献媚,与之接近。这些怪物可以称为精灵(spirits),但在这里应当辨别两种精灵:一种是人类以外的东西变成的;一种是人类死后变成,通常称为鬼魂的便是。所有美拉尼西亚人都信这两种怪物的存在。为求名目清楚起见,这种不是人类变成的超自然的怪物现在把它叫作精灵,而由人类死后变成的则名为鬼魂。

"在班克斯岛(Banks Island)的土人称精灵做'委'(vui)。土人说'委'能够生活,思想,比人类更有智慧;能知秘密的事而不必亲见;有马那,故有超自然的权力;没有形状可见,没有灵魂,因为它自身就像灵魂一样。"

科德林顿又曾在一封信中将马耶的概念加以概括的说明,这一段话曾被马克斯·穆勒(Max Muller)引用于1878年的讲义中。现在把这段话也撮译于下：

"美拉尼西亚人的宗教，在信仰一方面，便是信有一种超自然的力在几于不可见的境界中；在实行的这一方面便是设法获取这种魔力以供己用。所谓'最高的存在'之概念，完全为他们所不懂；甚至一个稍为高等的任何物，也非他们意中所有。他们只信有一种力，全异于自然力，而能活动以生种种吉凶的事；如能占有或统驭它，便可获莫大利益；这便是'马那'。这个名词我信是通行于全太平洋之中。马那是一种力或势，不是物质的而是超自然的；但它却显露于物质力之中，或表现为一个人的权力或才干。马那并不固定于任何物体，它可以传布于无论何物；但精灵们无论是死人的灵魂或超自然的怪物都有马那，并且能够传布它，马那虽是须由水、石、骨头等物的媒介，根本上却属于具人格的物。美拉尼西亚的宗教，其实就是马那的获取与利用；所有宗教行为都不过是祈祷与祭祀。"

马尼突，奥仑达，瓦干——科德林顿发现马那的概念于太平洋群岛中，此外更有发现与马那相同的概念于北美洲的，这便是上述的琼斯及休伊特二人。琼斯的论文为《阿尔衮琴的马尼突》(The Algonquin Manitou)，休伊特的名《奥仑达或宗教的一个定义》(Orenda, or a Definition of Religion)。琼斯说阿尔衮琴印第安人的土语中的马尼突一名词便是指一种非人格的超自然的力，可以由人物或自然现象而表现自己。休伊特刚由语言学的方法推论古代易洛魁印第安人有一种基于奥仑达的观念的宗教，而奥仑达便是非人格的超自然的力。休伊特的研究，在理论上虽还不是全无瑕疵；但民族学家已经渐渐承认阿尔衮琴的马尼突，易洛魁的奥仑达以及苏族的"瓦干"(Siouan Wakan)都是同样的，而且这些观念都和美拉尼西亚的马那相同而无可怀疑。

现在便把琼斯的论文撮译于下：

"马尼突一名词通行于阿尔衮琴印第安人中的素克(Sauk)、福克斯(Fox)、基卡普(Kickapoo)三族。这三族用同一的语言，有同一的社会形式及同样的宗教，所以把它们统括起来研究。

"马尼突是宗教的名词，带有虔肃的性质，能使人发生严肃的态度，并引起神秘的情绪。

"阿尔衮琴宗教的根本性质不过是一种纯粹坦率的自然崇拜。人的观念有时或集聚于一物，视为有某种潜在的价值在其中，因而对它起了崇拜的心。崇拜的程度视乎对于该物的信仰，以及人所拟想的该物的降祸作福的权力而定。在人的一方面，最要者为对于该物而发生的情绪的结果。这结果能使他的心里恍惚觉得某种稀奇神秘不可捉摸的物之存在。他觉得这是实在的，而他自己的态度却是完全被动的。

"他们以为经过这样的'震激'(thrill)便足证明该物的实质的存在了。它的真实是由于某事件的发生而知。如究问一个阿尔衮琴人以这种实质物(substance)的定义必定无效；因为第一，他对于该物或者非所亲历无甚关联，第二，他心里只要有一种恍恍惚惚的情绪，觉得该物的存在便很满足了。他觉得这种物是无所不在的。因为无所不在，所以凭注于宇宙间的无论何物，而为凡事的动因。人应当处处注意它的表现。所见的表现是不一律的，依人而异。

"在这三族的土语中关于生物及无生物的分别是很明显的。说石头时便用无生物的字样，说狗时便用生物的字样。所以说马尼突时，如仅视它为一种物质或元素，则用无生物类的语法；如马尼突与一个物体结合，则语类的用法便不一定了。由此可见马尼突原为非人格的，但有时也会变成人格的。

"当马尼突凭附于一物时，自然与该物被混为一，但这物也不一定是具体的自然物。

"据土人说：人可以自割其臂上或腿上的皮，划成一条一条的痕，以便为马尼突注入的通道。马尼突如栖在石头里，则石头被火灼并受水洒的时候，马尼突便从石头里出来。出到蒸气中，即就蒸气中寻觅门路进入人体，在人体内横冲直撞，把所有致病痛的物都赶出去。最后并分些马尼突留于体内，方才回到石头里。

"马尼突可以由一物移过别物。在两物中的原来的马尼突是同样的，不过程度和价值相差而已。移过后两边的马尼突相合而更有力。兹举一例于下：

有一回，一队索克人到平原中找寻水牛。当遇到一大群水牛时，忽然发见一队科曼奇人(Comanche)也在偷偷地跑近水牛，但他们人数较少。索克人冲向前来，科曼奇人立即逃走。但在追逐时，索克人却被一个科曼奇人缠住了。原来这个人是要牺牲性命以救他的同伴出险。他果然如愿以偿，他的同伴逃脱了。同时他的义勇大大引起敌人的钦佩。为敬重这义士的缘故，索克人不愿割他的头皮，也不殴打他，他们却割取他的心分给众人，各吃一块。

"阿尔衮琴人以为马尼突是非人格的超自然的一种元素，而心脏里却贮有马尼突，所以吃了心脏便可以获得马尼突。阿尔衮琴人以为这个科曼奇人所以这样义勇是由于他心脏里的马尼突的缘故，所以吃他的心，分得他的马尼突便能够像他一样的勇敢，而且这些新马尼突和他们心里原有的马尼突混合起来，效力更大。

"马尼突和含有它的物体常被混视为一，这是很自然的。这种混淆常见于表现马尼突的媒介物。阿尔衮琴人有一段故事可以说明这事。这段故事说：一个'宇宙英雄'(cosmic hero)变形为一个美女，走来下界，受一个老媪款留。这个老媪将两颗粟粒和一颗豆放在小碗内请这美女吃。这些谷粒很奇异，吃完一颗碗内又生一颗，但这美人却能够把它吃尽，把空碗交还老媪。老媪看见碗空了,大为惊异道:'你必定是一个马尼突!'现在这段故事里有二要点:其一,谷粒的续出不绝是由于非人格的神秘物,即马尼突的作怪;其二,这种奇幻的变化竟为美女所阻止,故这美女必就是马尼突所凭附的无疑了。因为认马尼突所凭附的生物也就是马尼突,所以老媪便叫这美女做马尼突。阿尔衮琴人的辨别力这样薄弱,所以很易于把马尼突所凭附的物也混称为马尼突。晓得这种心理,便无怪于阿尔衮琴人把马尼突分为无数种类和程度,充塞于他们的世界中;又可以说明神话中的怪物种类之繁多,那些怪物也有人,也有兽,也有鱼鸟以及别种自然物,所有这些怪物都有马尼突,而它们的马尼突都是同样的。它们不同之点只在机能的差异以及所含马尼突数量的不齐,因为它们都禀赋这种共同的神秘的元素,所以便给它们一个共同的名,便是'马尼突'。

"概括言之,阿尔衮琴人的马尼突的信仰是一种无系统的信仰:他们信有一种神秘的元素弥漫于宇宙之间;这种元素是非人格的,但如和物体相合时便不一定是非人格的;它会表现为各种形状,它的效果会引起神秘之感。人类对它的奇幻的能力很知注重,但关于它的解释是没有一定的,基于各人的感情,而不基于知识。"

此外还有皮切尔—洛奇(Pechuel-Loeche)研究非洲西海岸的土人,也发现和马那相同的概念。这一带原是灵物崇拜的地方。自舒尔茨(Schurtz)研究后便把灵物崇拜解释为对于微小的大抵为人工作成的物件崇拜,因为人们信有精灵凭附在里面,所以会灵动。皮切尔—洛奇用功深索的结果,却反对舒尔茨之说,以为在这地方的灵物崇拜并不是有精灵在内。依他的意见,一个物灵乃是依照某种固定的方法由人工作成的物件,它拥有数种或者一种固定的"势力"。设使这物件的形状改变了,或者制作的方法被乱了,那么它的力就会失掉或改变。根本概念力是非人格的"力",其性质及数量,在特殊条件之下是可以获取的。由这样看起来,这种观念又和马那是一类了,非洲的灵物崇拜固然普通是信有精灵凭附于灵物;但在西海岸一带的,却不能怀疑皮切尔—洛奇的判断。

马雷特的主张——像这样,马那一类的概念竟散布于很广大的地域。于是民族学家和宗教学家便多采取以为原始宗教的一种根本概念。但是能够利用这种新发现以创成新学说的不得不推马雷特氏。他发表一篇论文于1900年的《民俗学杂志》(Folklore)讨论"生气主义以前的宗教"(Pre-animistic Religion)。他说在生气主义发生之前,已经有一种以马那观念为根据的世界观,可名为"生气遍在主义",他以为猜想宇宙间有非人格的超自然的魔力之存在,比较想象有一种掌握魔力的具人格的精灵之存在,这两个观念是前者较为简单,所以也是较为原始的。土垒人祭河的沿革便可证明这说:其初以为马那是在河中,祭时便把做牺牲的牛投入水中;后来有了精灵的观念,便在河岸立庙,把牺牲供在庙里,以为河里的精灵会出来到庙里歆享。马雷特的文章发表后竟成为讨论原始宗教的结晶点,在第三届世界宗教会议中为一个主要的论题。

现在有一派学者甚至把马那看作和魔术一样,杜尔克姆(Durkheim)的学生休伯特(Hubert)和莫斯(Mouss)二人竟应用马那的概念于其讨论魔术的论文中。普罗伊斯(Preuss)论宗教与艺术的起源时,也把马那的概念加进去。杜尔克姆在其大著《宗教生活的根本形式》(*Elementary Forms of Religious Life*)中也把马那当作图腾崇拜的中心点。

由此观之,相信世界为精灵所据的生气主义,竟退让于相信世界为非人格的魔力即马那所充塞的生气遍在主义了。

第十七章 结论:原始宗教的要素

宗教起源学说的总评——魔术说以魔术为早于宗教,而宗教时代之前还有一个魔术时代;把两者硬分两截,说得太不近事实,因为宗教和魔术是自始即相结合,理论上虽可以区别得出,实际上却混作一团,所以只有用"魔术宗教的"一语来形容这些兼含魔术与宗教两种性质的事物,最为适合原始宗教的情形。但是原始宗教既然是魔术与宗教混合的,那么,弗雷泽的魔术说也还能说明一部分,所以也还是有贡献的。

斯宾塞的鬼魂说以为各种宗教都是源于鬼魂的崇拜,这自然太说不过去。原人所崇拜的超自然的神秘物不止鬼魂一种,此外还有别物的精灵,斯宾塞把它们一概硬派做鬼魂,未免过于牵强了。但是鬼魂的观念为原始宗教的一要素也是真的,魂鬼说中讨论鬼魂本身的地方也很有精彩。

泰勒的生气主义较之鬼魂说自然精辟多了,他所谓精灵是广义的,包含人的鬼魂以及他物的精灵,很可以说明原始宗教的种种事物了;但被后来发生的生气遍在主义一排挤,竟有被取而代之之势;似乎生气主义也归失败,而生气主义之前真的还有一个纯粹的生气遍在主义的时代;这种新的层次说也还不甚切于事实。

美国批评派人类学家哥登卫塞(A. A. Goldenweiser)说:"平心论之,马那观念应当被欢迎以说明原始宗教。但马那与精灵先后的问题并不就是两者冲突的意思,因为精灵的观念是原始宗教的根本观念的一部分,其余一部分则为马那,即"力"的观念。马那是动的原素,精灵的本身却是一种型体。要说明宗教,便应当把这种非人格的无形的超自然的"力"的观念和精灵的观念联合起来方可。"(见所著《初期文明》,*Early Civilization*)

哥登卫塞的意思是倾于把马那和精灵连合起来的,并不确断马那观念与精灵观念有先后独立存在的事。因为马那观念之中也常混有精灵在内,硬要把精灵拖在后面,说他一定发生在马那之后,恐怕也很牵强,不免和魔术说的硬把宗教和魔术隔做两个时代犯同一错误。

编者的结论以为:原人的心理本来是杂乱混沌、混作一团的,所以我们也不要以为他们是有很清楚很系统的思想,而替他们想出一个很整齐的宗教观念,如斯宾塞、弗雷泽便是犯了这种错误。原始宗教自始即包含种种观念,因为单用一种观念来解释种种复杂的现象非他们原始人类的脑力所能及;一种观念解释不来时,自然会生出别种观念。主张等时说的说魔术和宗教是自始相混合的,然则在这种混杂的心理之中恐怕各种观念都会有:鬼魂啊,精灵啊,马那啊,错杂并出。不过因环境的不同,各观念的分量因之有异:有的地方鬼魂的观念特盛,有的则精灵为主,有的则马那称强就是了。

超自然主义的要素——上述各说既然都有一方面的发明,然则能够综合众说熔成一个系统,便可以了解原始宗教的真相了。这种综合的学说以哥登卫塞提出的为最佳,略述于下以当结论。

原始的超自然主义(supernaturalism)的第一要素便是生气主义的信仰(animistic faith),这种信仰以为和这个物质世界相对的,还有一个精灵的世界。精灵的种类非常多,而它们的作用也因之互异。精灵的形状或得自自然物,不论生物或无生物;或由自然物转变混合而成。无动物形和植物形的精灵不很常见,动物形的精灵在无论何处都极盛。至于人形的精灵很早便有势力,在许多仅次于最低等的原始社会中人形的精灵为超自然界中的主要分子。此外各种奇怪的精灵则或由梦、幻觉,或想象而成。人工物和艺术也常能影响于精灵的形状,如易洛魁印第安人的"假面精灵"(false face spirit)大抵是由奇形的木假面拟成。又如楚克奇(Chukchee)和科里亚克(Koryak)两种西伯利亚人的小形的精灵,一定是由他们的小形的粗陋的雕刻物转化来的。总之,精灵是包含死人的鬼魂和由别物成立的二种,所谓神鬼、妖怪、仙人等都不过是精灵的别名而已。精灵的性质与作用或为自然界生物的拟化及自然力的表现,或由人类的恐惧与希望的心理而构成。

原始的超自然主义的第二要素为魔术的信仰(magical faith)。有些魔术不能和实际的事项分开。例如原始的"医巫师"(medicine-men)的治疗法兼含魔术与知识二要素,不能分别得清楚。但标准的魔术可以说是根据于一种信仰,以为用某种固定的手续、仪式与符咒便可以获得希望的结果,或免除所畏惧的事项。这些动作虽不过是人类所行的魔术的程序,但都被信为可以通于全自然界。魔术的最明显的作用便是"变化"(transformation),例如无生物与生物的互化,植物与动物的互化,又这些物类都会化为人,人也会化为别物,精灵也会化为物或人。

魔术的动作的目的便是人类所希望与恐惧的事物。不论为善意的或恶意的,术士所要达到的事都是用实际的自然的手续所不能成功的,或者在时间上与空间上暂时不可能的。魔术所做到的有些事项如食物、生育、杀敌,有时候可以用世俗的方法获到,但如护身的法力、起死回生、千里眼、顺风耳的感觉,便全属于魔术的范围了。

在生气主义与魔术之中都含有超自然的力之信仰(faith in supernatural power)这便是原始的超自然主义的第三种而却是最重大的要素。所谓精灵不过因其有作威作福的能力。魔术便是能力的系统,不论是积极的或消极的,实际的或拟想的。精灵的行为或人类利用魔术所做的事,有一部分也可用自然的世俗方法做到,但却有些是做不到的,这便是超自然力的特点。这种超自然力便是上文所说的马那。马那一名词应当扩大而为普通的名称,无论美拉尼西亚的马那,或"马尼突"、"奥仑达"、"瓦干",或其他超自然的力,都可纳入这一类。

原始宗教的第四种要素便是"灵感"或"宗教的震激"(religious thrill),宗教在主观的即情绪方面的根据便是灵感,而马那观念便是灵感的客观的表现。人类的参加这个超自然的世界便是由于灵感,在各种宗教或魔术中都有这种要素。人类在生活的历程中突然遇到危机,于是心理上,特别是感情上起了一大骚动;一面是恐惧,一面是希望。因为危机的对付出于自己自然的能力以外,所以便想到超自然的势力去。

超自然主义永远受两种附属物的辅助,这便是神话与仪式。神话便是原始的神学;它能将由超自然主义而生的各种观念组成系统并促其发展。有时还于叙述中搬弄那些超自然的东西,并参插以人世的意外的事件与冒险的奇谈,于是使超自然主义加上了文学的色彩。神话在超自然主义之智慧的或观念的方面尽了它的职责,至于仪式则在其情绪方面显它的作用。由于仪式的影响使人类对于超自然物的应付成为固定的形式,接受社会的制驭,且由群众心理的影响而散布及扩张。仪式之不绝的节奏永远维持超自然主义的火焰。只有仪式方能永远不使魔术及精灵的幻象消灭,因为若在清醒平静的境状中超自然主义便要被理智与经验所克服。在此后的世界,超自然主义或将真的被理智与经验所克服,但必须等到人类能由索究与评判而脱出神话与仪式的陷阱,窥破僧侣与术士狡猾,并放弃对于不可能的事件之追求之后,方能成功。

参考书目录(以采用多少为序,括号中即为本篇内采用之章数)

1. Clodd, E., *Childhood of the World*, Pt. II (第 2、3、5、6、7、8、10 章)
2. Avebury, *Origin of Civilization*, chap. VI～X (第 2、3、4、5、6、7、9、11 章)
3. Goldenweiser, A. A., *Early Civilization*, chap. X, XI (第 16、17 章)
4. Spencer, H., *Principles of Sociology*, Pt. I, Chap. IX～XXV (第 7、14

章)

5. Tylor, E. B. , *Primitive Culture*, Vol. 1, pp. 417～31(第 15 章)

6. Thomas, W. I. , *Source Book for Social Origins*, Pt. Ⅳ(第 1、13、14、15、16 章)

7. Kroeber and Watermen, *Source Book in Anthropology*, chap. 44～51 (第 9、10、11、12、16 章)

8. Marett, R. R. , *The Threshold of Religion*(第 16 章)

9. Lowie, R. H. , *Primitive Religion*(第 1、17 章)

10. Le Roy , *The Religion of the Primitives*(第 1、13 至 17 章)

11. Durkheim , *Elementary Forms of Religious Life*(第 1、4、17 章)

12. Lang, A. , *The Making of Religion*(第 1 章)

13. Lang, A. , *Magic and Religion*(第 9 章)

14. Hopkins, E. W. , *Origin and Evolution of Religion*(第 1 章)

15. Read, C. , *Man and His Superstitions*(第 1 章)

16. Frazer, J. G. , *The Belief in Immortality*(第 7 章)

17. Frazer, J. G. , *Golden Bough*, Abr. ed. chap. Ⅲ, Ⅳ(第 9、13 章)

18. Frazer, J. G. , *The Worship of Nature*(第 2、3、4 章)

19. Frazer, J. G. , *Psyche's Task*(第 1 章)

20. Maddox, J. L. , *The Medicine Man*(第 11 章)

21. James, E. O. , *Primitive Ritual and Belief*(第 1、10 章)

22. Summers, M. , *History of Witchcraft and Demonology*(第 9、11 章)

23. Sumner and Keller , *Science of Society*, Pt. Ⅳ(各章)

24. Hastings , *Encyclopaedia of Religion and Ethics*(各章)

25. 西村真次:《文化人类学》第六篇(第 1、13 章至 17 章)

26. 宇野圆空:《宗教民族学》(第 1 章)

27. 河面仙四郎:《宗教学概论》(第 1 章)

28. 佐野胜也:《宗教学概论》(第 1、4 章)

29. ヘートラント著,中井龙瑞译:《原始民族の宗教と咒术》(第 9 章)

30. ハトン著,植木谦莫译:《咒法と咒物崇拜》(第 5、9 章)

31. Jevons 著,严既澄译:《比较宗教学》(第 1、7 章)

32. Moore 著,江绍原译:《宗教的出生与成长》(第 1 章)

第六篇　原始艺术

第一章　绪论

艺术在原始生活中的地位——出于普通的意见之外,在实用的技术与科学还极幼稚的原始生活中,审美的艺术却大为发达,其重要与普遍非文明民族所可比。可以说没有一个蛮族无审美的感情,没有一个不晓得妆饰和音乐的。艺术的活动(artistic activities)在蛮族中实在比文明人较盛,它影响了较多的个人,并构成了较大部分的文化内容。在野蛮生活中,每个人其实便是一个艺术家。

史前的艺术——艺术是与人类同其范围的(co-extensive with man)。它的发生的古远,不但可由其普遍存在于现代的蛮族而知之,还可以由文明民族的史前时代遗物的发现而得证明。早期旧石器时代的石器除实用以外还有形式美的性质,后期旧石器时代的马格德林(Magdalerian period)更有很进步的艺术,那时的画家所绘的野牛、马、鹿、猛犸等的壁画,很为现代的文明人所叹服。西班牙发现的阿尔塔美拉(Altamira)洞穴遗址的野兽壁画,且以四种彩色(红、黄、黑、白)绘成,其状很像真的。除绘画外,骨与象牙的雕刻也很精。在这时期的作品多数是动物形象,而其中尤以狩猎动物为多,如马多于豺狼,冰鹿多于狮,这都可以证明是狩猎生活的影响。动物又常是牝的,这或者是有禁魇的意义。人类的像也有,且也常是女性的。人像的艺术较之动物的颇有逊色。新石器时代的绘画雕刻反不如前,但石器的琢磨修饰大为进步,其石器一面是实用品,一面又是美术品。此外陶器上的装饰也富有几何形的纹样,铜器时代几何形的纹样更发达,铁器时代沿用以前的纹样直至后来。

艺术发生的原因——艺术发生的原因学说很多,兹举根于原始艺术的研究的两说于下:

赫恩(Yrjö Hirn)在其《艺术的起源——心理学的及社会学的索究》(*The Origins of Arts, a Psychological and Sociological Inquiry*)一书中说艺术是由于艺术的冲动(art-impulse)。而艺术的冲动是由于每种感情状态的向外表现的倾向,表现的结果能增加快乐,减少苦恼,由此可见艺术的起源是个人的冲动。但表现的第二结果还能够引起别人的同样感情,而他们的同情心又再影响了原来表现感情的本人,增加原来的感情。由此可知艺术的起源同时又是社会的。

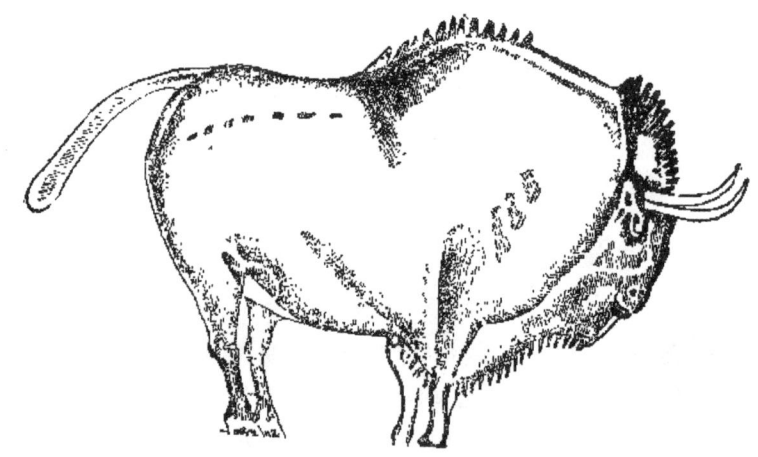

图 5-35　欧洲史前人所画牛
在欧洲阿尔塔美拉洞穴的壁上
（采自 Osborn, *Men of Old Stone Age*）

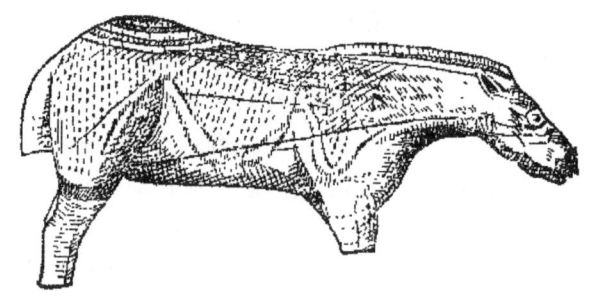

图 5-36　欧洲史前人所雕马
（采自 Osborn, *Men of Old Stone Age*）

哈登(A. C. Haddon)在其《艺术的演进》(*Evolution in Art*)书中说促使人类趋向艺术工作的，有四种需要。(1)艺术：这是纯粹由于审美性，专为欣赏形状色彩等快感的，即所谓"为艺术而艺术"。(2)传报(information)：人类的传达意见如用语言及拟势还不够时便用绘画来补助它。(3)财富：除审美性以外，人类为喜爱财物并要增加其价值的缘故，也会制造妆饰品。(4)宗教：人类为要和神灵发生同情的关系，常表现于外而为艺术。

以上两家所说虽是不同，但却不相冲突，因为两说各阐明一方面，前说阐明内部的冲动，即是内的原因；后说注重外界的需要，可谓为外的原因。

原始艺术的解释——有几条普通的原则可以帮助解释。(1)各民族对于各种美术都有"适切的观念"(appropriateness)。他们以为对某种事物是美的，对于别种事物未必是美，例如适于男性的未必适于女性，宜于小孩的未必合于大人；如衣服与器物也各有其特殊的饰纹而不能移用。(2)除审美观念外原始艺术又常带有象征主义(symbolism)。一个简单的几何形纹样在原始人或者当作闪电或鸟。一个万字纹样卍或者代表幸运或一个逃人或十字路。象征主义常依民族而不同，各民族的观念常有异。(3)艺术的解释视乎民族文化而不同，同一种艺术在一个民族有宗教的意义，在别的则有历史的性质，在另一个却只有纯粹审美性。(4)在一个民族中个人的解释也不是完全一律，个人有时也有特殊的见解。

艺术的两大形式及艺术进化论——形象艺术可分为两种形式：(1)写实体(realistic type)以表现实在形象为目的。如麦达棱尼安期的动物画属此体，现在则美拉尼西亚及波利尼西亚各岛土人的作品也多如此，美洲则较少。(2)几何体(geometrical)或简略体(conventional)，其形象不求逼真，只稍类似或只可意会，象几何形的图案或写实体的简略，故称以此名。这一种常见于编物、陶器等上。

以前研究原始艺术的人推求艺术的进化，以为这两种体的发生必有先后，其次序在各民族都一律，如哈登(A. C. Haddon)说艺术的最初形式或是写实的，但后来由于技术及别种原因的影响逐渐倾于成为几何形，最后遂完全失去写实的性质而变成几何体。几何体的象征的意义，都可以说是以前写实体的原意的遗留。哈登引了许多实物为证据，例如鳄鱼的雕刻品，有些是写实的，有些是简略的，有些则是纯粹的几何形却还是被称为鳄鱼。又如鲍尔弗(H. Balfour)也倡此说，以为艺术的起源是美的认识，凡能类似实物的便是一种的美，所以表现实物时必力求其近似。其后才能较逊的人不能独创，只好摹仿已成的作品，摹仿的结果发生两种改变，一种是有意的，一种是无意的，无意的改变大大失去原形，于是遂由不正确的摹仿发生了新的形式。鲍尔弗更由史前时代的艺术证明其说，以为雕刻是最早发生的艺术，而其形式都是写实的，至于几何体的发生是很晚以后的事。

上述的进化说很为有趣，且曾被认为定论。但近来研究更精，此说已被批驳不能再维持。其失败的原因由于没有实在的有力的证据以证明写实体的必定先于几何体，反之在某些地方，几何体却有先发生的证据。如美洲平原印第安人的编珠术，其几何形的图样先发生，而其类似某物的意义，却是后来才由各部落各加以不同的解释。

现在的意见，据哥登卫塞(A. A. Goldenweiser)所说，写实体与几何体常是各由不同的原因和技术独立发生的。自然界的写实体与几何体的形式都能供给快感于人类，因而暗示人类创成这两种艺术。两种艺术发生后也会互相影响，互相改变，写实的形式如给人以几何形的暗示，或者便被改变为一半或完全的简略体即几何体；又几何体如近似实物的形象时，或者也便被加以实物的名,最后或且变为半写实半几何形的形式。

艺术的种类——艺术常分为两大类:(1)静的艺术(arts of rest),即由静止的状态表现美观的。(2)动的艺术(arts of motion),即由运动或变迁的状态表现美感的。有人说静的艺术之中,妆饰的发生先于独立的绘画及雕刻,妆饰最先应用于人体而形成人体妆饰(personal decoration),其次方应用于器物而成为器物装饰(ornamentation of implements)。最后独立的即脱离妆饰的绘画与雕划方才发生。以上三种都属于静的艺术。跳舞可以说是活动的雕刻,是由静转向动的艺术。原始社会中跳舞常和唱歌相连,故动的艺术的第二种可说是歌谣。最后还有音乐一种,加入动的艺术之内,成而为三种。本书不是专论原始艺术的,关于这些种类都只讨论初民文化所表现的原始形式,如原始的绘画、原始的音乐等。

第二章 人体妆饰

达尔文曾送给一个南美火地人(Fuegians 亦译佛伊哥人)一块红布,却见他不拿来做衣服而反把它撕成一片一片,和同伴们束在四肢上做妆饰品,达尔文对此很为惊讶。这种情形不止此族为然。除住在北极的民族不能不有全套的衣服以外,原始民族大都是妆饰多于衣服。库克(Cook)曾说火地人,"他们宁愿裸体,却渴望美观",这种爱美的观念别民族都有。

原始的人体妆饰有两大类:(1)固定的:即各种的永久性的戕贼身体的妆饰,如瘢纹(scarification)、黥涅(tattooing)及安置耳鼻唇饰等。(2)不固定的:即以物暂时附系于身体上的妆饰,如悬挂繸带条环等。另有"绘身"(painting the body),一种似乎介于两者的中间,且像是最早的妆饰。

绘身——绘画身体以为妆饰的风俗很为常见。澳洲土人旅行,袋中常备有白、红、黄等色的土块。平时只在颊、肩、胸等处点几点,但遇节日或要事便搽抹全身。他们在成丁时始行绘身,出战时常绘红色,服丧绘白,最注意的尤其是跳舞节的盛饰。此外如塔斯马尼亚人、安达曼岛人,非洲布须曼人、美洲火地人等都有著名的绘身俗。绘身所用的颜色不多,最多不过4种,常见者也只有红色一种。红色,特别是橙红,为原始民族所爱,或者可以说凡人类都如此,文明人的小孩喜欢红的东西可以为证。哲学家哥德说橙红色对于人的情绪有极大的威力,古罗马的风俗,凯旋的将军身上搽红,欧洲人的军服也常是红色的。红色似乎特别是男性的妆饰。红色的效力不但在于有急速的印象,并且与情绪有关系,因为他是血的色,更易激动人类的心理。最初的红色颜料大约便是血液,其后则多用赭土,这是各地都有的。黄色的性质近于红色,故也常被采用,安达曼岛人最常用之。白色的应用与肤色有关。在黑色的民族,如澳洲人、安达曼岛人中很常用。在肤色较浅的民族如火地人用之次于别色，此外或全不用。黑色的应用很奇，黑色的民族似乎还不满意于其肤色的程度，如白种的美女不满于其白肤一样，白人用白粉增加其白，黑人也用炭末和油增加其黑。

瘢纹——身体的绘画易于褪落，因此便生出两种方法使纹样能够留于身上耐久不灭，这便是瘢纹与黥涅。两者的采用视乎肤色的深浅，黄色的布须曼人与红铜色的爱斯基摩人行黥涅之法，黑色的澳

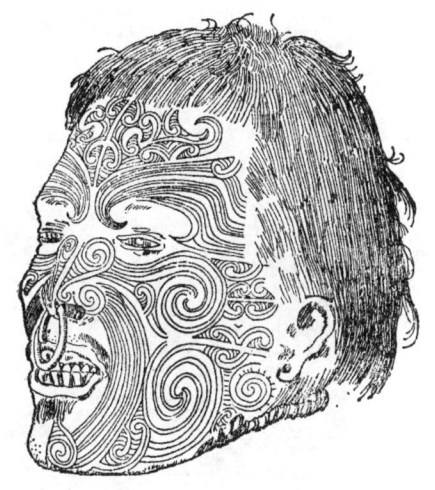

图 5-37　新西兰人的黥面
（采自 Wallis, *Intro. to Anthropology*）

洲人和安达曼岛人只作瘢纹。瘢纹是故意做成以妆饰身体的，其法是用石片、贝壳或小刀割破皮肉，使其创口愈后还留了一道较为浅色的瘢纹。有些澳洲人还故意用土将创口塞住，经过长时间以使瘢纹扩大。又有用植物液汁搽抹伤处的。澳洲人的瘢纹施于身体的各部，有在背的，有在臂的，有在胸腹或腿的。瘢纹男女皆有，但男人较多。其形有点，有直线，有曲线。其长有横亘全腹部的。瘢纹的创作是成丁典礼的一部分，但不是一时所能完成的。瘢纹在非洲刚果河边的黑人如巴卢巴（Baluba）等族的比较优美。澳洲人的还很粗陋，但也已经很为对称和齐整，合于美学的原理了。

黥涅——黥涅多行于肤色较浅的民族，其法是用尖锋刺皮作连续的点，然后将有色的物质大都是炭末一类渲染点内，待发炎过后便现出蓝色的纹样不再褪落。黥涅比较瘢纹为美观，文明人也还有行此俗的，如日本人便是。布须曼人的黥涅还简单，爱斯基摩人的方较精妙。在别族大都是男人黥涅，在爱斯基摩人却以妇女为多。他们自 8 岁便施黥涅，其地位大都是面、臂、手、股及胸。其纹样大都是在眉上加以二条斜形曲线，自鼻翼起作二条曲线亘于两颊，又自嘴的下端引出扇形的纹样到下颏，其形似乎摹仿男人的须髯。此外新西兰土人的黥涅也很精，能够将一个平常的人而做成雄伟的状态。台湾少数民族也有黥涅之俗，男子自额至颏作数点，妇女自两耳亘两颊作成两条斜阔的纹交会于嘴，使嘴的形似有突出之势，故称为"乌鸦嘴"。我国古代东夷有文身之俗，今已失传。海南岛黎族一部分还有黥涅之俗，但只行于妇女。瘢纹和黥涅有时兼有部落标志或宗教意义，但还是以妆饰之意为重。

耳鼻等穿塞物（plugs）（Botoque）——南美洲博托库多人（Botocudo）和火

图 5-38 新西兰人的文身工作
（采自 Elliot, *Romance of Savage Life*）

地人不晓瘢纹和文身，但却有这一类饰物，如博托库多人便因有此种饰物的土名（Botoque）而得名。小孩自七八岁便带此等物。其法在下唇及耳轮穿孔，塞以木块，木块逐渐换大的，直至有 4 英寸的大。爱斯基摩的男人也在下唇的两口角穿孔，塞以骨、牙、贝、石、木、玻璃等所做的钮形饰物。布须曼人悬挂铁及铜的环于耳上。澳洲人穿破鼻孔中隔，横贯一根竹木或骨，在节日则代以两枝羽毛。

不固定的妆饰——原始人身体的各部凡可以附带物件的无不加以妆饰品。略述于下：

图 5-39　非洲土人的唇饰

土人自小用圆木板两片撑于上下唇，敲去前齿以容纳它，因有这种装置，故其人所发的声极为可怖。（采自 *National Geographic Magazine*）

发饰：澳洲土人的发饰最发达。但和我们的风俗相反，女人的发任其长成不规则的形状，男人的却费很多的功夫修整它，特别以节日为甚。他们用红色的泥土涂抹头发，有时多加赭土和脂肪，将头发弄成硬块，像饼一样，还有将鸟羽、蟹爪插在上面的。须也不被漠视，有将一个白贝壳或一条野狗尾系在须的末端的。

头饰：最普通的是头带，安达曼岛人有树叶做的，澳洲人则有皮条、袋鼠筋、植物纤维等做成的，上搽红白色泥土。头带有时用为首领的标志，但其主要的效用是安置饰物。澳洲人常将两个袋鼠牙插于其上，又将野狗尾置于头后，垂于背上。鸟羽常为头饰的材料，更奇的是布须曼人将全个的鸟头安在头上。台湾少数民族也将鹿的头皮连耳及角制为妆饰用的冠。

颈饰：颈是最可以安置饰物的地方，所以这里的饰物也最多。火地人的颈饰很多，有海狗皮的颈带，牙骨、贝壳的长串，骆马筋的织物，鸟羽的领等。布须曼人也将筋做绳，染以赭土，串上牙齿、贝壳、布、蟹壳、羚羊角及别物。安达曼岛人还有编树叶及植物纤维的带，又有将人指骨作颈串的。

腰饰：腰间系带是较普遍的妆饰。这种饰物并不多，它的重要在于与衣服起源说有关。主张衣服源于羞耻说的人，以为蛮人衣服虽缺乏也必于腰间系带，令其下垂的带端遮蔽生殖器。但事实却不是这样。如安达曼人用叶或植物纤维编成的带围腰，但却不能遮盖生殖器；又如布须曼人的妇女用皮做裙，并饰以珠及卵壳，但前面却裂为狭长的条，故也不能遮蔽生殖器。蛮人的腰带下垂部分大多不像是要遮盖生殖器而像要引人注意到这一部分。故腰带实是为妆饰的而不是做衣服的。

四肢饰：臂与腿的饰物大都和颈饰相类，所系的环带等物常很多。腕指及胫上特别丰富。

原始妆饰的美学价值——原始人的选择饰物也有美学的标准：(1)光泽。金属物、宝石、贝壳、牙齿、毛羽等所以被珍视，都因其有光泽。(2)色彩。蛮人选择饰物的颜色也和绘身一样，大都以红、黄、白色为多，蓝色和绿的极少。但肤色较浅的布须曼人也喜用暗色的珠子。(3)形状。鸟羽的采用不但由其光泽，也由其形状的美观，布须曼人甚且有将整个鸟头放在头上的。贝壳的形状也很受赏识，故常被取为饰物。

原始民族不但能取自然物以为饰，还能加以人工将它整理配置，其技术都很合美学的原则，如对称律(symmetry)及节奏律(rhythm)。对称律系受身体

图 5-40　中非洲妇女的艳妆：发饰、耳饰、鼻饰、颈串等
（采自 *National Geographic Magazine*）

形状的影响,节奏律则由于饰物的性质。因为人的身体原是对称的,故加于其上的妆饰也跟他对称,不论是固定的或不固定的妆饰都安置得两边对称。有时虽偶然有不对称的,那是故意违反常状,使其发生滑稽或吓人的效用。又如瘢纹与黥涅有时单在一面,这是因为这两种妆饰都很痛苦,不能于一时做完,须分次加上,其半面的是还未做完的妆饰。节奏律便是将纹样或饰物排列齐整,如黑白相间,或大小相配,例如博托库多人的颈圈上,黑的果实与白的牙齿相间得很有规则。

原始妆饰的效用——文明人的妆饰远不如蛮人的丰盛,如将蛮人的饰物与其全部所有物相较,更觉其特别繁多。蛮族的生活是那样的简陋,为什么妆饰却特别的发达,这似乎是很不称的事情。这种事实的原因是由于妆饰在满足审美的欲望以外,还有实际生活上的价值。这种价值第一在引人羡慕,第二在使人畏惧,这两点都是生活竞争上不可少的利器。故所有身体妆饰都可以分属引人的及拒人的两类。但一种妆饰常兼有二种效用,因为凡能使同性畏惧的,同时也能使异性欣慕。在文明社会里头,从事妆饰的以女人为多,但在原始社会却反是男人多事妆饰。原始人类的妆饰和高等动物一样,都是雄的多于雌的,这是因为雄的是求爱的,而雌的是被求的。在原始社会中女人不怕无夫,而男人却须费力方能得妻。在文明社会中情形便有异,表面上虽是男人求爱于女人,其实是女人求爱于男人,因此女人当为悦己者容,而男人却不必涂脂抹粉。妆饰的效用第一是为吸引异性,这是无可疑的。曾有人问一个澳洲土人为何要妆饰,他便答说"为要使我们的女人欢喜"。塔斯马尼亚土人因政府禁其用赭土和脂肪绘身,几乎发生革命,"因为男人们恐怕女人不再爱他们"。绘身的始于成丁时,也因为那时是性欲才发动的时候。

男人一面是女人的爱人,一面又是战士,这便是妆饰身体的第二个原因。如上所说,凡能引人欣慕的也能使人害怕。红色不但是喜事的色,而且也是战争的色;鸟羽的头饰似乎能增加人身的高度,故不但于跳舞时用之,即在战争时也用之;胸前的瘢纹能使妇女敬慕,又能使敌人畏惧。专供吓人的妆饰很少见,只有某种绘身的纹样很能使人害怕。

在文明社会身体的妆饰没有在原始社会的效用,但另有一种新效用,这便是表现身份与阶级。在原始社会较富平等的精神,阶级差别极少,故也少妆饰上的差别。文明社会中有规定各阶级的衣服与饰物的,没有规定的则上级的也自然会作超越于众的妆饰,如下级的要摹仿上级的妆饰,则上级的便改变其式样,风尚的变迁便由于此。妆饰的差别近来远比以前为少,其故因战争的利器日精,战士渐弃掉以前耀眼的服饰;又平民精神渐盛,阶级渐归消灭。但妆饰的存在又是另一事,以后无论社会变成何种状况,人类如还有两性的差别,恐怕还是有人体的妆饰。

第三章　器物装饰

在原始社会中器物的装饰远不及人体装饰。所谓器物装饰如照严格的狭义讲，专指另加装饰于器物上的，便有些民族不曾有过，如布须曼人的挖掘杖或弓上都没有装饰。在这里应当从广义讲，不但另加装饰是装饰，便是器物本身的刮磨平滑和修治整齐也可算是装饰。器物的平滑整齐一面有美学上的价值，一面又有实际上的效用，例如不匀称的兵器使用时不能如匀称的顺手，平滑整齐的石镞或石枪头较之粗糙的中的伤大。因此原始的器物都常加修整，如新石器时代的石器又匀称又平滑，实可视为一种美术品。

装饰的纹样（designs）——装饰的纹样大都是有来源的，纯粹自由构成的很少，在文明人的装饰尚如此，在原始人更是不易找到。纹样的来源大都由于受自然物、自然现象或人工物的启示。因而摹仿其形状。文明人的纹样常是摹仿植物的，如花、叶、藤、蔓形的很多。反之，原始人的却常是摹仿动物的，这种情形或者是由于原始生活中的动物对人类的关系较植物为密切的缘故。这种摹仿自然物的纹样，有具备全体且属写实体的，很像真物；有只取物体的最特殊的部分以代表全体的，便较难认识；又有被器物的形状所拘束，故意曲变其物的纹样以适合器物的，更不易辨认。以上三种都还可解释其所摹仿者为何物，且可溯源于写实体或其变体。此外另有一种常见且简单的几何形纹样，殊难断定其出于何物，若能一一推测得出，固甚有趣，但若流于穿凿，反不如不加解释；不过它们总不是无中生有的东西，大约也由于自然界的启示或技术的影响而成。兹将这几种纹样举例解释于下：

图 A1 及 A2 是表现实物全体的。A1 是爱斯基摩人的骨制针囊，作整个鱼形。A2 是四川西南边境彝族铜手环上的刻纹，作全体鸟形。

图 B 是只取物体的一部分的。这一种是爱斯基摩人的骨刀，上刻鸟头，其长纹或系鸟羽。

图 C 是曲变实物的形状的。这一种是北美特林吉特印第安人（Tlingit Indian）的鱼棒，所雕的是"杀戮鲸"（killer-whale）的变体。

图 D 四种都是来源不明的几何形。D1 是美洲卡拉尼亚人（Karanya）的饰纹，据埃伦雷奇（Ehrenreich）的研究以为是响尾蛇的简体。但这种纹样很普通，在别民族的便不能说都是源于响尾蛇，或者源于别种蛇，或者由于蛇以外的物也不一定。因为自然物或自然现象中凡有这种形状的都可以启示这种纹样，不一定是单由一物。D2、D3 是安达曼人的饰纹。D4、D5 是霍姆斯（W. H. Holmes）所集的普通陶器饰纹，都如上述的一样，和数种实物都相近，但却不能确定究竟是由于哪一种。

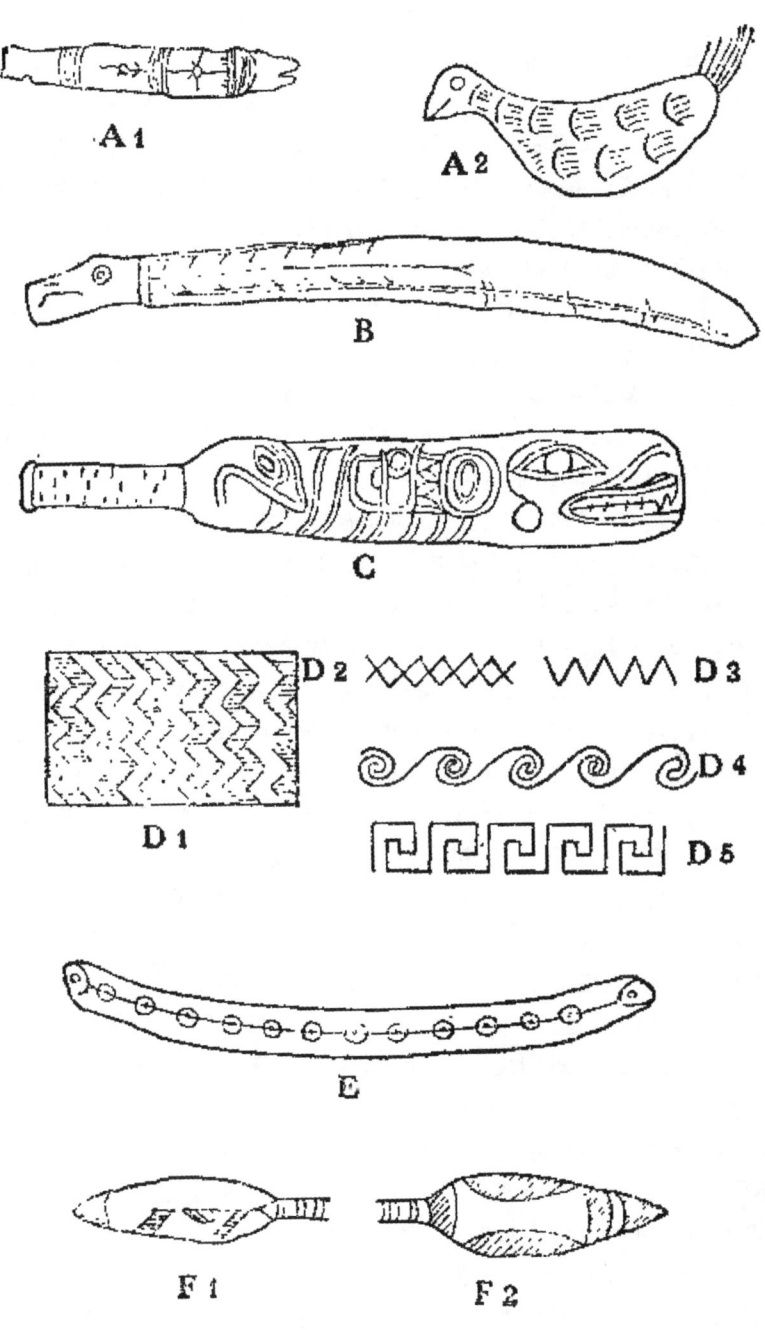

图 5-41 器物装饰的纹样

工作的技术和所用的材料都极有关于纹样。陶器表面不便作圆形纹,故常用直纹或之字纹。又陶器上也不便作写实的动物形,故常用几何纹。陶器的制法有贴土于筐篮上而烧成的,这种制法使陶器上留了筐篮的纹,因而也成为一种几何体的纹样。编织的技术也能决定纹样的体式,如要将写实体的纹样施于编织物上,必致将曲线形的改为直线形的,这便是写实体变为几何体的一种原因。凡筐篮织带及布上面的动物花草形常为简单的写实形,便是由此。

与装饰相似的各种记号——这便是铭志(inscription)财产记号、部落标志等,其状与装饰的纹样很相似,若不加解释便不易分别。

铭志:文明人做铭志的文字与装饰的纹样完全不同,但无文字的原始民族记事的符号和装饰的纹样几乎无别。如澳洲人的通信杖(message stick)上而雕刻的几何纹和普通的饰纹很相似,但土人们都借以传达消息,读得出各种符号的意义。澳洲人除通信杖外如投掷棒(throw stick)、飞去来棒(boomerang)上面都常刻号以记载要事。要区别铭志与饰纹很不容易,因为并无一定的标准。不但澳洲人如此,北极民族也是这样。例如一件兵器上雕6只鹿形,这大约便是记载这猎人所杀的鹿数。又如E图所示是爱斯基摩人的一件钻火弓,上雕多个圆圈,贯以一条直线,其意义不明,但考印第安人的绘画文字也有这样的,其圆圈是代表日或月,连以一线,便是表示时间的逝去。

财产记号:这一种便较容易和饰纹区别。狩猎民族中各个人的兵器常有记认的符号。其故由于箭或标枪所中的野兽常不即倒而带伤逃走,死于别处。在这种情形之下,死兽的所有权便有赖于死兽身上的兵器,但兵器上也需有记号方可为证。澳洲人如发现野蜂窝时也做一个符号于旁边树上,以为所有权的证明。澳洲土人的财产记号常是几个刻缺和饰文。爱斯基摩人的常是直线或曲线。安达曼人的兵器记号则为扎缚的特别形状。F图是阿留申人(Aleut)的桨上的财产记号。

团体标志:家族或部落的财产记号比较个人的为多,至少以澳洲土人为然。澳洲各部落的所有物都用记号为饰纹,一看便晓得属于何地何族。这种饰纹常即为其图腾,土语谓之"kobong",其物大都为袋鼠、鹰、蜥蜴、鱼等,土人常将这些动物的形状加于器物上以为记号。

宗教的象征:宗教的象征物或魔术用品也常施纹样如装饰一样。澳洲的图腾不但是社会的标志,还兼有宗教的意义。此外澳洲人还有一种魔术牌,上面也满雕纹样,其纹有像人形的,有像兽形的,很为奇怪。

器物装饰与美学原则——原始的器物装饰也和人体装饰一样,合于二条美学的原则,即节奏及对称。人类无论文化的高低都晓得节奏的美。所谓节奏便是事物中间某种"单位"的有规则的重复,这种单位或为一个音调,或为一种动作,在装饰上则为一种纹样。如安达曼岛人的一种带,上有两种纹样,一是之字形,一是一排直线,两种相间很为整齐,澳洲土人绘于盾上的圆圈也是如此。爱斯基摩人的动物形饰纹也照这样排列。节奏有很复杂的,如之字形本身便是由两种直线相间连接而成的复合纹样。之字形在原始艺术中很为重要,如澳洲土人的棒与盾常以此为饰纹,又如爱斯基摩人、安达曼人都喜做此形。节奏的排列法似乎不是发明的而是由技术影响的,如编物工似乎很能启示节奏的排列。这种排列法的摹仿初时大都是由于习惯,其后方渐认识其美的性质。这种机械性的摹仿和审美的认识中间无明晰的界限。节奏律由于摹仿技术,对称律却大都是由于摹仿自然,原始的装饰常喜摹仿动物及人类的形状。动物和人类都是对称的,所以摹仿他们的纹样也是对称的。除动物以外也还有别种原因,器物的形状若是对称的,其实际的功用也较大;又如器物的本身原是对称的,加于其上的饰纹自然也倾于对称。

第四章 绘画雕刻

　　史前时代的绘画雕刻——在第一章里已曾叙及,兹再补述一二事。在后期旧石器时代(即冰鹿时代)的麦达棱尼安期艺术很为发达,雕刻绘画都很精。其雕刻物是在法国的多尔多涅(Dordogne)洞穴内发现的。所用材料有兽类的角和骨,所雕多属动物形,如野马、冰鹿、野山羊、野牛、熊、野猪等。最多者为冰鹿,其状很为正确明晰,可以一见便知其为何物。其杰作,例如鹿角做的匕首一件,柄雕一只冰鹿作跳跃之状,很见精彩。洞穴里壁画的精美已述于上,不再赘述。这种有壁画的洞穴多在法国及西班牙境内,初发现时是1879年。发现者却是一个考古家的小女孩;考古家在阿尔塔美拉(Altamira)的洞穴内寻找土内的遗物时,他的女孩却昂头发现了洞顶的壁画。这种发现宣布后,初时还被怀疑,其后在别处洞穴也发现同样的壁画,而有些洞穴还堆积了较后的石器时代的遗物,或被土壤封掩不露,因此第一次的发现乃得被证明为旧石器时代物。

　　现代原始民族的绘画雕刻——现代野蛮民族也有和史前人类相似的绘画雕刻,如澳洲土人文化虽低,其艺术的才能却颇显著。在1871年韦克氏(Wake)在伦敦人类学会还宣布说"澳洲土人不能辨别人形与动物形,除非将一部分(例如头部)特别扩大",这话很为失实。在澳洲北部Glenelg地方的洞穴内也发现有壁画,所绘的有人像,并且其发饰、文身或衣服都表现出来,色彩且有数种。在北方的一个小岛Depuch Is.上还有绘在岩石上的图像。在图像范围内的石皮都先被剥下,然后雕于其青色的平面上。所作的多为动物形,如鲨鱼、狗、甲虫、蟹、袋鼠等都是影像体(silhouettes),只画轮廓,但都很像真的。人像有战士持枪携盾的,但远不及动物画之精。所画甚多,似乎经过很长

图 5-42 澳洲人之树皮画
（采自 Grosse, *Beginnings of Art*）

的时代,由许多人逐渐增加而成。澳洲土人还有一种"皮画",便是在黑色的皮上用利石、牙齿或即用指甲刮成图像。壁画与岩刻都只作单个物形,皮画则常合多数人、动物及山水而成。有一张原为盖屋顶的皮,上面绘了很多事物,有一池、一屋、一群人跳舞、二人打蛇、一人在独木舟上追一水禽、二只鸟在一个水池内、一人持枪、一人吸烟、一群鸟兽在一块平原,池边都有树,平原也有树,各物都表现很好。澳洲人的绘画有一小部分是彩色的,其色和绘身一样有红、黄、白三种,都是矿物质做的。黑色是木炭的,又有蓝色原料不明。颜料混合脂肪,画上又盖一层胶,其画不易褪色。澳洲人绘画的取材都是日常经验的事物,没有虚幻的性质,他们竭力要把真的事物正确地表现出来,以他们工具的粗笨,其造就颇为可观。澳洲人的绘画的才能不限于个别人,而是广布于全社会,多数人都知晓这种艺术,其中自然也有高低的不同,但就全体言之,艺术空气似乎较文明人为盛。南非洲的布须曼人也以绘画著称,和他们的别种文化很不相配。他们的岩画的作品极多,自好望角散播至橘河(Orange R.)地方。其技术和澳洲人相同,在暗色的岩石上用坚石块刮刻,在浅色的石上则用彩色颜料绘画,其色有红、棕、黄、黑、青,都是泥土做的,混合脂肪或血,以鸟羽蘸绘。题材也是日常所见的事物,以动物及人类为多,如象、河马、长颈鹿、水牛、羚羊、鸵鸟、豺、猿等野兽,以及狗、牛、马等家畜,都绘得很像,人形则能分别短小的布须曼人,长大的卡菲尔人(Kaffirs),和用火器的博亚尔人(Boar)。其大幅作品有布须曼人和卡菲尔人战争图,很为生动。

住在亚、美二洲寒带地方的民族如西伯利亚的楚克奇人(Tchuktchi)、阿留申人(Aleuts)、爱斯基摩人等都喜作绘画,其技术与澳洲人布须曼人一样,但作品较小,无岩画,他们只雕于海马牙上,或绘于海马皮上。其题材也是日常的事物,如爱斯基摩人的是雪屋、天幕与海马,或猎人投叉状,渔人鼓桨状,使狗拖橇状等。楚克奇人则喜作冰鹿拖橇图。雕刻在澳洲人及布须曼人都没有,只有这些北极民族精于此道,能将小片牙骨雕为人兽的形,其人形不甚佳,兽形都很好,其物有海马、海狗、熊、狗、鱼、鸟、鲸鱼等都很像,可以说这种艺术在现代原始民族中当推他们为首。

原始的绘画雕刻的特征——原始的绘画雕刻不论材料和形式都是自然的。除开少数的例外,其题材都常取自环境,尽其能力以表现正确的形状为目的。其材料很少,透视方法也缺乏。虽是如此,他们却很能以其粗陋的作品表现出实际的生活。有人将原始人类的绘画拟于文明人的儿童的,这说似乎不确,因为原始绘画所具的锐利观察力绝不能求之于儿童的涂鸦;而且儿童的绘画常是象征的而非自然的,与原始绘画不同。原始绘画与儿童绘画相同的地方只有一事,便是两者都不大晓得透视法。原始绘画又常被当作游戏画,因为画中人物身体的一部分常有畸形的扩大,近于滑稽,但这说是错的。一部分扩

图 5-43 布须曼人所绘偷牛图
（采自 Grosse, *Beginnings of Art*）

大的缘故有时是由于作者把这一部分当作特点，故特别加工使人认识，不是出于游戏的意思。至于真的游戏画自然也不是没有，但不应当把所有畸形的都解释为游戏画。

原始的绘画雕刻发达的原因——石器时代的惊人的壁画和雕刻久为现代人的哑谜，但由于现代蛮族的同样艺术的发现，我们得借以明了前者发生的原因。现在蛮族的文化那样的低，何以能发生这样高的艺术，这个问题若能解答，则史前艺术也同样得了答案了。这种艺术有两项条件，其一是对于实物的锐利的观察力和正确的印象；其二是工作时运动与感觉器官的完备。这些原始民族具有这两种条件是无疑问的，否则他们早已绝迹于这个世界了。澳洲人、布须曼人和北极民族若不是靠他们的锐利的眼，伶俐的手和良好的兵器，何能存在于今日。自然界使他们以猎获的食物为生，但野兽是不多的，若非有优越观察力以追踪野兽并认识其性质和习惯，是不易拿获的。据说澳洲人能够追寻一只袋鼠的踪迹于深林密箐之中，能够辨别树皮上的负鼠爪迹，且能断定它是新痕或旧痕，是升树的或落树的。他们的感觉印象的保留长久，也很可异，据说白人和他们会面一次后，过十几年还有能认识的。布须曼人感觉的敏锐也超越于其他土人而为白人所叹服。北极民族也这样。除眼以外原始人氏还须有伶俐的手，因为要捉动物必须制造精良的器具。原始的武器虽比较的

图 5-44 表意的几何体纹样
此图系印第安人所作,表现一只熊
(采自 Kroebei and Waterman, *Souree Book of Anthropology*)

似乎粗笨,其实愈加细察便愈觉其制造的精致。如澳洲投枪器,布须曼人的毒箭,北极民族的复合叉,都不能说是简陋的东西。他们既能造成这些精致的兵器,岂不能移其伶俐的手以从事雕刻及绘画。由此观之,原始的绘画雕刻发达的原因便是由于生存竞争上两种特殊能力的移用于艺术的方面。所以凡是精巧的猎夫与制造者便也可以成为雕刻及绘画的艺术家,因此狩猎民族便多有善于这一门艺术的。反之,农业的及畜牧的民族所以比较的拙于这种艺术,便也可由此得到解释,因为在他们生活上并不绝对依赖眼力的锐利与手腕的灵敏了。同在南非洲的班图人(Bantu)文化比布须曼人为高,但其勉强雕画出来的动物形象呆滞、怪特,远不及布须曼人作品的翔实如生。这种情形和上述的理论是很能符合的。我们由此以推论旧石器时代艺术发达的原因,也可说便是由此,因为其时的人类还在狩猎的时代。至于其后的时代,艺术退步却正与农业及畜牧的发生有关。

原始的绘画雕刻与宗教及文字的关系——上述的作品是否都由于审美的动机而生,或是由于以外的原因,这是应当探究的。有一种很早而又很有力的学说,以为雕绘的艺术原是宗教的"奴隶",是附属于宗教的,其后方慢慢地独立。这种学说其实和事实不合。澳洲的绘画中壁画与岩刻其中或者有些神秘意义,但不能断定。至于皮画上的人物、风景、跳舞、狩猎的图确知其与宗教无关。布须曼人的,据调查者说,"他们的从事艺术纯粹是由于喜欢表现事物"。北极民族的,则其雕刻至少有一部分有宗教意义,有些是做厌胜物的,有些和死人有关的,其绘画则不能断定。由此观之,可见绘画与雕刻大都是独立在下等文化中发生,不是附属于宗教的。

另一说则以为原始的绘画便是绘画文字(picture writing)，是为传达意见的。由广义言之，凡属图画都能表现事物，自然也可说是和文字一样，如澳洲的皮画上有跳舞图，布须曼人的壁画有布须曼和卡菲耳人战争图，这自然都可说和文字同有记载的效用，但它们却不就是绘画文字。绘画的目的在发生印象，文字的目的在传达意见。真的绘画如变为绘画文字时，其性质便不在忠于自然，不复详细描摹，只求稍可辨认便足。所以这两种可以一看便区别得出。澳洲土人与布须曼人的绘画中不见有文字的性质。反之，它们都是在竭力表现真实的事物。至于北极民族的刻于木及骨上的图画则有一部分较近于文字。概括论之，原始绘画和雕刻虽有些是有宗教和文字的性质的，但大都是纯粹由于审美的感情，专以表现自然为目的，其起源可以说是独立的而非附属的。

图 5-45　印第安人的面具
（采自 Chapin, *Social Evolution*）

原始的绘画雕刻对于原始社会的影响——绘画与雕刻在高等民族势力很大，例如希腊的与罗马的作品在当时社会上都很有影响，现在的文明国家中也是如此。这种效力在原始社会中却差得多。如布须曼人与外族的战争图，自然也能对于同族的人有引起团体意识的效用，但就大体言之，原始的绘画雕刻范围太小，工具太粗，不能发生宏大的社会结果。这种作品虽也有些可佩服的地方，但对于原始社会无甚大关系，原始社会虽没有这种艺术也不甚要紧。

第五章　跳舞

跳舞的重要——跳舞可称为活动的图画，它在原始社会中地位的重要远非文明社会所可比，现代的跳舞不啻为艺术上及社会上的退步的遗留物。原始的跳舞实在是原始民族审美的感情的最完美最有效的表现。原始的跳舞可分为二种，即"模拟式的跳舞"与"操练式的跳舞"。模拟式的跳舞是按节奏模拟动物及人类的动作；操练式的跳舞则不模拟什么自然事物，而只是像体操一样的舞动肢体。这两种都同时存在于原始民族的生活中。

操练式的跳舞(gymnastic dance)——最有名的是澳洲的称为"科罗薄利"

图 5-46　史前人所绘舞女图
发现于西班牙的莱里达(Lerida)地方 Cogul 岩荫壁上
（采自 MacCurdy, *Human Origins* Vol. 1）

(corroborry)的一种跳舞，它遍行于全大陆。科罗薄利常于夜间在月光下举行。跳舞的是男人，至于妇女则充乐队。在大会时常合数个部落的人一同参加，有时达 400 人之众。最大的会是媾和时所开的，此外凡重大的事件如果实成熟时，捞获牡蛎时，少年成丁时，邻部修好时，战士出发时，狩猎大获时，都有跳舞会以庆祝它。各种事件及各异部落所行的科罗薄利都差不多一样。兹举托马斯氏(Thomas)在澳洲维多利亚所见的一种于下以概其余。

"地点是林中一片清理过的地方。在中央生一个火，红色的火焰与青色的月光相辉映。舞人还未出现，他们还躲在林中暗处从事妆饰，在场中的一边有司音乐的一群妇女。忽然间一阵毕剥撺擦的声发生，同时舞人都出现在中央火的周围。30 个舞人都将白土绘身，眼的周围画圆圈，身与四肢则画长条。此外踝上饰以树叶，腰间又系皮裙。这时司乐的妇女则列成马蹄形的队，她们完全裸体，在两膝间绷一张负鼠皮。另有一个指导者立在她们和火的中间，两手各执一根树枝。指导者做一个暗号，舞人便开始跳舞，女人则一面唱歌，一面敲皮作声。跳时很合节奏，歌声与动作极相吻合。舞人忽进忽退，忽又旁跳，屈伸身体，摇手顿足，作种种姿势。指导者也很忙，一面击手中的树枝做拍子，一面发出一种鼻音；有时行近舞人，有时又步近妇女。舞人越跳越兴奋，动作愈变愈速，且愈剧烈，拍子也越击越急。有时舞人竟奋身跳跃得很高，最后齐发一声狂叫，随后便突然没入林中的暗处。场中静了一刻，指导者再发暗号，舞人便再出现，如前一样的跳舞，这样有重演四五次的。末一次全场的兴奋达到极点，舞人狂呼狂跳，妇女声嘶力竭地唱歌并按拍，几乎都像疯狂一样。"

图 5-47　澳洲土人的科罗薄利舞（Corroborry）
（采自 Klaatsch,*Werdegang der Menschheit*）

图 5-48　澳洲土人的袋鼠舞
（采自 Klaatsch,*Werdegang der Menschheit*）

澳洲的女人有时也从事跳舞，但比男子为罕。跳舞的性质也有异。有时数人合跳，有时一人独跳。安达曼岛人的跳舞和澳洲土人很为近似，其跳舞的事件也相同，凡带有喜意的事如朋友的会晤，季节的开始，疾病的复元，丧期的终止，都行跳舞；大节日则举行大跳舞会，合各部落的人同舞。布须曼人的跳舞更为剧烈，舞人跳跃不已，至于大汗淋漓，呼声和动作都很吃力，故常有力竭倒地、鼻孔衄血的。这种跳舞叫作"摩科马"(mokoma)，即"血舞"。

模拟式的跳舞(mimetic dance)——澳洲人的模拟式跳舞种类繁多，和操练式的纯一不同。其中最多的是模拟动物的"动物舞"，如鸵鸟舞、狗舞、蛙舞、蝴蝶舞等，最著名的还推袋鼠舞。旅行家见者都称赞其模拟的酷肖，有的还说这种表演如见于欧洲的戏院必能博得四座的掌声。又有模拟人事的人事舞，其题材常出于人生的二大要事，即恋爱与战争。澳洲的战争舞是由二队的舞人各持兵器假作战斗之状，一面跳跃呼喊，一面击刺架格，鼓声渐敲渐急，动作也愈变愈剧，无殊于真的战争。恋爱的跳舞却很可笑，据霍奇金森(Hodgkinson)说，"这种跳舞的姿势极为猥亵，我虽是独自在暗中观看也很觉得惭愧"。兹举澳洲的叫作"卡亚罗"(Kaaro)的一种恋爱舞以为例。开这种跳舞会的时期是在芋薯成熟后新月初出之际。男人们宴会后便在月光下一个土穴的周围举行。土穴的四周有草丛，这是故意做成以为女性生殖器的象征的，至于跳舞者手中所执的枪则为男性生殖器的象征。跳舞者绕土穴而跳，将枪尖乱捅土穴，尽量做出极淫猥的姿势，发泄

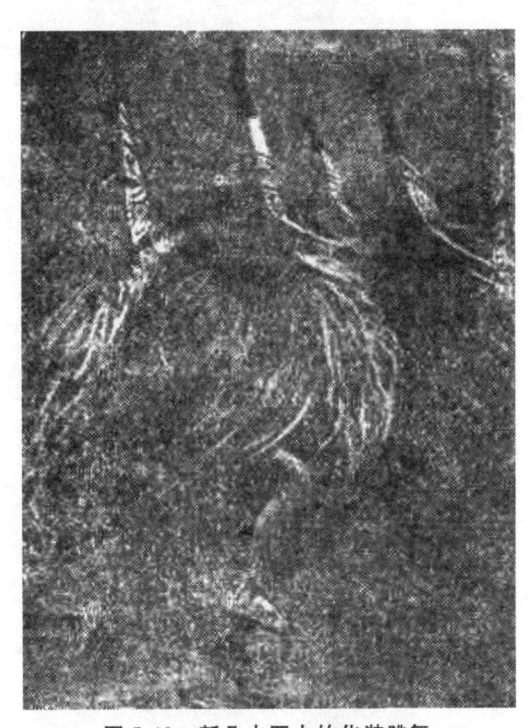

图 5-49　新几内亚人的化装跳舞
（采自 Hugo Obermaier-der Mensch der Vorzeit）

其性的冲动。战争与恋爱的跳舞而外还有其他较不重要的人事舞。如"小艇舞"(canoe dance)，舞者手执木枝以为桨，排成两列，将木枝前后摇动作荡桨之状。又如死人复活的象征舞，舞者跳了一会便倒地假做死去，少停又突然起来，活泼地快乐地大跳，以为是死去再活了。

原始跳舞发达的原因——原始艺术中最能使人兴奋快乐的莫如跳舞。活泼的动作能使人发生快感，便是文明民族的小孩对于奋力而急速的动作都觉得有乐趣，跳舞的快乐便在于此。还有一层，人类内心扰动若不给他向外发出是很苦的事，如得发泄自然感觉快乐。故原始民族如遇有激动感情的事件便举行跳舞，以活泼的动作发泄内心的蕴积。跳舞如只是活动而已，则活动到疲

图 5-50　安达曼岛人的跳舞
（采自 Elliot, *Romance of Savage Life*）

乏时恐反有不快之感。动作的有序，即节奏，较之兴奋性似更重要。故跳舞的特性在于动作的有节奏，凡跳舞未有无节奏的。原始民族也很晓得节奏对于跳舞的重要，舞时都能严守节奏。艾尔（Eyre）说澳洲人的跳舞很能按照拍子，而且动作与乐音都极为符合。此外的原始民族的跳舞也都这样。对于节奏的快感似乎是根于人类的心理。人类的动作似乎有大部分是自然合于节奏，这尤以移易地点的动作为然。而且人类的情绪的激动似乎也倾向于以有节奏的动作发泄出来。故跳舞的动作之合于节奏似乎是自然的趋势。而且节奏能发生快感,是更为重要的原因。上述的三种快感在模拟的与操练的两种跳舞都有;但还有一种模拟的快感却只存于模拟的跳舞。原始人类原有好模拟的癖,他们的模拟的技能也很好。如布须曼人喜欢模拟某个人或动物的动作,做得很为正确。澳洲人、火地人也有模拟的天才。模拟原是人类的普遍的能力,但其程度在原始社会为高而在文明社会反退步,而只存于儿童之中。模拟在跳舞中更为扩大。模拟的跳舞之中自当以模拟人类情欲的表现,如战争与恋爱,为最能发生快感,因为这是直接与人生有关的。模拟人事的跳舞已经近于戏剧,而戏剧便是由跳舞变成的。跳舞与戏剧的差异,其外表便在于节奏的有无,但两者的性质很有相同的地方。

总括言之,原始跳舞所以兴盛的原因便在于:(1)活动的快感;(2)发泄情绪的快感;(3)节奏的快感;(4)模拟的快感四项。因有这些快感,故原始民族大大嗜好它。

跳舞者本身固能直接感受快乐,但旁观者也能获得观舞的快感。旁观者不但由跳舞的快乐而感染快乐,他们还得享受跳舞者所不能得的一种快乐。跳舞者不能看见自己的状态,那种美观的舞态只有旁观者得饱眼福。跳舞者只能感觉,而不能观看,旁观者虽不能感觉却能观看。这便是旁观者喜欢观看跳舞的缘故。但跳舞者因晓得观众在赞美欣赏着他们,故也不以自己看不见为嫌而觉得极为高兴。以此两方面的感情都兴奋起来,都为动作与音调所陶醉,愈趋愈剧,终之达到极为狂热的状态。

跳舞与宗教——跳舞之中有带有宗教的意义的。其原因便是因为跳舞可

图 5-51　夏威夷人吹鼻箫及跳舞

(采自 *National Geographic Magazine* Vol. 51)

以使旁观者获得快感,故欲以此献于神灵之前以媚悦他们。例如澳洲人有一种跳舞是献给恶神明蒂(Mindi)的,其跳舞的地场有严厉的禁忌,一边置有偶像,跳舞者渐渐跳近像前,很畏怯地以所执的棒轻轻触着像身。又如考古学家也发现史前的壁画有像祭神的跳舞的,因称之为"祭式跳舞"(dance rituelle)(据 J. de Morgan 所说)。原始民族大都有宗教的跳舞,可见跳舞与宗教的关系颇为密切,因此有一派学者竟主张跳舞的起源全是由于宗教,如 Gerland 说"一切跳舞,其起源都是宗教的"。这种意见还无充足的证据。就实际的状况言之,原始的跳舞有宗教意义的只有少数,如澳洲的便可为证。至于大多数的跳舞却都是艺术性的表现,与宗教无关。

图 5-52　南非洲女人的草裙舞
(采自 *National Geographic Magazine* Vol. 47)

跳舞的社会作用——跳舞虽常是出于艺术的目的,但它的作用却出于艺术的范围之外。在原始艺术之中没有一种能如跳舞有这样高的实际的及文化的作用。其作用之一便是两性的联结,这一种作用还传留到现代的跳舞。但原始跳舞与现代的跳舞不同。现代的跳舞的一种特性,即一对男女的密切接近,是现代跳舞所以为现代男女所喜欢的原因,这种情形却罕见于原始的跳舞,因为原始民族的跳舞常只由男子从事,妇女则为乐队。但原始的跳舞仍是富有性的作用。有时也有男女合跳的,这便是专为引诱性欲的。甚至纯粹男人的跳舞也是为要引起两性的联结,因为一个伶俐而健壮的跳舞者自然能够感动旁观的女人,而且在原始社会一个伶俐而健壮的跳舞者便是一个伶俐而健壮的猎人和战士,故跳舞对于性的淘汰很有关系,且对于种族的改进也有贡献。跳舞的这种作用,却还不是最大而唯一的,不能说别种原始艺术都无这种作用。

跳舞的又一种或者是更重大的作用便是社会的团结（social unification）。原始的跳舞常是群众舞。一个部落的人甚或几个部落的人合在一处同舞,全体的人员在一段时间内都同守一种规则。曾见过原始跳舞的人都惊于其动作的一致,凡参加跳舞的人都觉得在完满的社会团结的境状之中,似乎合而为一体,其感觉与动作像一个有机体一样。这一群跳舞者在平时是泛散地各营其相异的生活,而跳舞却能把他们团结在一起,在一种冲动之下为一样的动作,故跳舞实能发生秩序和联结于泛散的原始生活。除战争以外只有跳舞最能使原始社会得以团结,而且跳舞又是战争的最好的预备,因为操练式的跳舞很像军事训练。原始民族的协作能力至少有一部分是由跳舞训练而成,而协作的能力实为高等文化的基础,故原始跳舞在人类文化的发展上很有贡献。原始民族似乎也晓得跳舞的社会效用。如澳洲的"科罗薄利"常由两个盟好的部落一同举行,这便是用以促进友谊的。

图 5-53　西藏族的骷髅舞
（采自 National Geographc Magazine）

跳舞的衰落——跳舞在原始社会兴盛在文明社会衰落的缘故,便在于其效用在原始社会大而在文明社会小。跳舞的人数不能过多,原始跳舞虽有合数社群的人同舞的,但其社群的人数原不为多。随文化进步原始社群逐渐扩大后,其人数太多不能合舞,于是跳舞也渐渐失去社会团结的作用。所以在原始社会跳舞是公共大事的仪式,在文明社会却不过是剧场或跳舞室里的一种娱乐而已。在文明社会所存留的不过促进两性的接近一种效用而已,但即在这方面其价值还是有疑问。在原始社会跳舞可供为性的淘汰的方法以改进种族,因为善舞的同时便是良好的猎人和战士。但在文明社会个人的心力较体力更为重要,而舞场的英雄却不一定就是世路上的英雄。而且文明社会的跳舞以其可厌的散漫状态和矫改自然的性质，决不能谓其于艺术方面有进步而足以抵补社会作用的消失。现代的跳舞实已由于生活境状的改变而退化，它以前的重大作用早已转移于别种艺术，可以说诗歌之于文明社会便如跳舞之于原始社会。

第六章　诗歌

　　诗歌的性质及种类——诗歌是为审美的目的，以有效为美丽的形式，将外部的或内部的现象变为口语的表现（verbal representation）。这个定义包括两种的诗歌，其一是主观的诗歌，即抒情诗（lyric），表现内部的现象，即主观的感情与观念；其二是客观的诗歌，即叙事诗（epic）与戏剧（drama），表现外界的现象即客观的事件。在两者中都具审美的目的，其所刺激的不是动作而只是感情。这个定义在一方面分别抒情诗与感情的非诗歌的表现，在另一方面又分别叙事诗及戏剧与别种叙述的作品。凡诗歌都发自感情归于感情，它的起源和影响的神秘便在于此。

　　斯宾塞在他的《第一原理》中说，低级文化的民族的诗歌是未分化的（undifferentiated），意谓还没有抒情诗、叙事诗的分别。这话与事实不合，因为原始民族的诗歌实际上都是分别清楚的，像文明人的诗歌一样。

　　抒情诗——最切近于人类的诗材莫如感情，故抒情诗为最自然的诗歌。最切近于人类的表示法莫如语言，故抒情诗也是最自然的艺术。以口语发泄感情只需用有效的审美的形式，例如按节奏的重复便可。蔡子民先生说："《尚书》说'歌永言'，《礼记》说'言之不足故长言之，长言之不足故咏叹之'就是这个意思。"原始民族咏叹他们的悲喜之情的诗歌常即是这种简单的形式，即将语句按节奏重复念唱起来。如南美博托库多人（Botocudos）常在晚间念唱"今天我们打猎打得好，我们杀了一只野兽，我们现在有得吃，肉是好的，喝是好的"。又赞美其首领说"首领是不怕什么的"。

　　澳洲土人的诗歌和上述的差不多，大都只包含一句或二句的短语，反复诵念起来。他们很爱念诗，有事便念。怒也念，喜也念，饥饿也念，酒醉也念。如猎人夜间追思日间打猎的快感，便唱道：

　　　　这袋鼠跑得真快，
　　　　但我却比他更快。
　　　　这袋鼠真肥，
　　　　我吃了它。
　　　　袋鼠呵！袋鼠呵！

　　另一个土人却垂涎文明人的食物，他也唱道：

白人们吃的那些豆——
　　我也要些,
　　我也要些。

勇士们预备出战时唱一支歌以鼓起勇气,歌辞中预想对于可恨的敌人的攻击道：

　　刺他的额,Spear his forehead,
　　刺他的胸,Spear his breast,
　　刺他的肝,Spear his liver,
　　刺他的心,Spear his heart,
　　刺他的腰,Spear his loins,
　　刺他的肩,Spear his shoulder,
　　刺他的腹,Spear his belly,
　　刺他的肋,Spear his ribs.

另一首则枚举自己的武器以鼓励自己道：

　　蒲卢(burru)的盾、棒和枪,
　　贝拉儿(berar)的投枪器,
　　瓦罗耳(waroll)的阔的飞去来棒,
　　布丹(boodan)的带縼和蔽胸,
　　向前,跳上,描得准哟,
　　把这匀直的鸵鸟枪。

澳洲人又喜欢讽刺歌,如嘲笑跛足的道：

　　喂喂,什么腿,Oh, what a leg,
　　喂喂,什么腿,Oh what a leg,
　　汝这袋鼠腿的贱东西 You kangaroo-fortel churll.

人死后其部落的女人唱挽歌如下：

　　青年的女人唱：我的兄弟,
　　老年的女人唱：我的儿子,
　　同唱：我不能再见他了,
　　　　　我不能再见他了！

爱斯基摩人几乎都有其自己的诗歌,其题材如夏天的美丽,等待一只海狗,和别人生气等琐事。诗歌的形式有一定,由长短不一的句相间合成。其程度较之上述二种民族的为进步。例如有赞美山巅的云的一首,在原始文化中很为难得：(录蔡子民先生的译文于下)

　　这很大的库纳克山(Koonak)在南方——
　　　我看见它;

>   这很大的库纳克山在南方——
>   我眺望它；
>   这很亮的闪光在南方
>   我很惊讶；
>   在库纳克山的那面——
>   他扩充开来——
>   仍是库纳克山,
>   但被海包围起来了。
>   看呵！它们(云)在南方什么样——
>   滚动而且变化——
>   看呵！他们在南方什么样——
>   交互的演成美观,
>   它(山顶)所受包围的海
>   是变化的云,包围的海,
>   交互的演成美观。

  原始的抒情诗意旨不高,常只囿于下等的感觉,多述物质上的快乐,如饮食等事。文明民族的抒情诗大半抒写爱情,原始的抒情诗则罕说爱情,有之也很粗鄙。Rinks 说爱斯基摩人的诗中没有余地可及此事,而澳洲人、安达曼人、博托库多人的诗中也很难找到这一类诗歌。这事似乎很怪,但若把爱情与性欲分开讨论便可明白。原始民族少有像文明人的精神上的爱情,他们大都只有体质上的性欲,性欲比较的容易满足与冷却,不像爱情的使人缠绵怀想。而且浪漫的恋爱在原始社会中比较为少,至于夫妇的恋爱已在满足之境更无需乎发泄于诗歌。韦斯特马克(Westermarck)说"在低等文化的社会中两性的爱较之亲子的爱为弱"。原始的挽歌中大都是哀挽同血统的亲人或部落人的,至于哀挽情人的却很罕见。

  自然景色的欣赏为文明人的最好诗材,但在原始的诗歌中也极少见,这也有其原因。原始人类是自然的奴隶,他们只能在自然的压迫之下求生活,没有余裕或心情以欣赏自然的美丽与伟大。按之实例,除上举的爱斯基摩人的一首以外,在澳洲人、安达曼人、博托库多人等的诗歌中都没有这类的作品,这很可以证明此说。

  原始的诗歌常表现自私的性情。诗人只咏叹他自己的苦乐,对于别人的命运很少涉及。澳洲人的唯一的表现同情的诗歌只有挽歌,但也只限于同血统或同部落的人。原始人类的同情心很少扩大至部落以外。其诗歌中如有涉及外人的大都有仇视之意。他们特别喜欢讥讽诗,其所讥讽的又常是身体上的残疾,可见其同情心的缺乏。

原始民族以其粗鄙的诗歌抒发其粗鄙的感情,其效用或价值却也不输于文明人以优雅的诗歌抒发其优雅的感情。诗歌无论是原始人的或文明人的,都能宣泄其郁积的感情而获得快感。

原始人类对于别人的同情心既是缺少,那么,诗人咏叹其一己的苦乐的诗歌,似乎很难引起别人的注意;但实际上却不然。原始民族的诗歌常有为众口所脍炙而传播甚广、保存甚久的。传播的范围不但及于语言相同的人民,有时且传至语言不同的异族。这种现象的原因是在于原始的民众不注意诗歌的意义,而只喜欢诗歌的形式。原始诗歌中的字句常因要适合音调而曲折改变,致其意义晦涩,不加解释便不能明了;至于音调则因加工调整的缘故,使别人听了都觉得好听而喜欢诵念,

叙事诗——西洋人常说最先发生的诗体是叙事诗。这是因为欧洲文明民族的诗歌起自荷马的叙事诗。其实荷马的叙事诗也与荷马时代的铜器同非原始的事物。

叙事诗的特质在于影响感情,至于节奏或韵律并非一定的条件。原始的叙事诗,如澳洲人、安达曼人、布须曼人的,除其中数段有节奏外,余皆是散文。唯有爱斯基摩人的多合节奏。有人说叙事诗的特征是"幻想性",但这也不确,因为尽有许多具幻想性的作品却非叙事诗。原始民族的故事中常有叙事诗。如爱斯基摩人的作品中有很多是叙事诗。

原始的叙事诗范围很小。如印度、希腊、日耳曼人的长篇巨著,像金字塔一样,还不曾见于原始文化中,但其零片的材料却已经存在。狩猎民族的叙事诗常丛集于几个题目,如布须曼人常以蝗虫为题材,但这些故事却不曾结合而成为统一的巨篇。

原始的叙事诗常取材于其周围的事物,如人与动物的动作等,这种范围是原始艺术所不易逾越的。关于动物的叙事诗盛于澳洲与南非洲,至于人事的叙事诗则常见于北极民族。爱斯基摩人的叙事诗详细描写他们最费想象的,或能使他们喜欢的,或使他们憎恨畏惧的事物。诗中常表现生存竞争的困难。但对于恋爱也少涉及。以材料的贫乏和情欲的简单,致使他们的诗歌单调而无味。

文明民族的叙事诗若比做汪洋的大海,则原始的叙事诗可比为狭小的溪流。原始的叙事诗中只述动作而不及其他。在文明人的佳作中动作是用以表现人格的,而在原始的作品中,人格不过用以引起动作。故在原始的叙事诗中并不描写而只有直述,其叙述也是肤浅的,在爱斯基摩人的诗中绝少描写人的性格,除分别其为"好人""坏人"以外,不再详描其个性;一个老鳏夫总是怪诞而可笑的,一个女人总是孳孳于家事和私蓄的。

自然景物的描写更为缺乏,有时述及也不过因其有关于动作而已。一棵

树只说是一棵树,一座山只说是一座山,以外不说什么了。

甚至诗中所述的动作,虽是原始的诗人和听者所最注意的,也叙得鲜有精彩,不能引起文明人的兴趣。关于动物的叙事诗,特别是澳洲的与布须曼人的,只包括些混杂而泛散的怪异的事件,不甚连接。

戏剧——普通都说戏剧是诗歌中最后出的一种,其实不然,它的出现也是很早的。戏剧的特性便是同时并用语言与拟势表现一种事件。按照这种意义,几乎所有原始的故事都是戏剧,因为讲述故事的人必兼用拟势以帮助口语。原始人类的叙述一事也如文明人的小孩一样,若不借助于拟势便不能完全清楚。由此言之似乎反是纯粹的叙事诗发生最后。征之事实,如格陵兰土人、澳洲土人都有一种二人合唱的诗歌,其唱者各模拟所唱的意义。这种附属于诗歌的拟势便是戏剧的第一个来源。其第二个来源在于模拟式的跳舞。模拟式的跳舞如加以口语便也成为戏剧。原始的戏剧和模拟式跳舞的差异,外表上在于戏剧不按节奏,且兼用口语,其内部则在于不只是一种动作而是连续一串的动作。但实际上两者的界限不分明。原始的戏剧中口语也不十分重要,其中常有哑剧(pantomime)一种,只用拟势表出剧情。这种哑剧在澳洲土人、阿留申人(Aleuts)、爱斯基摩人、佛伊哥人中都有。兹述澳洲人的一种于下:

"有一个全剧指挥人,于每幕中助以很高的歌声。第一幕是群牛从林中出来,在草地上游戏。这些牛都是土人扮演的,画出相当的花纹。每一牛的姿态都很合自然。第二幕是一群人向这群牛冲来,用枪刺两牛,剥皮切肉都做得很详细。第三幕是听着林中有马蹄声起来了,不多时现出白人的马队,放了枪把黑人打退了,不多时黑人又集合来,冲向白人一面来,把白人打退了,逐出了。"(采用蔡子民先生所译)

诗歌在原始社会的作用——诗歌在文明社会中势力很大,在欧洲的希腊、罗马及文艺复兴以后的近代,特别著名的诗人的名为民众所崇仰。在中华则历史上竟有一个时代政府且以诗歌取士。诗歌的社会作用,第一在于团结个人。诗歌虽只表现诗人自己的感情,但也能引起别人的同样感情,使其发生共鸣,而在精神上结合为一。各个人的生活志趣把人们分开孤立,但诗歌却用同一的感情去激动他们,而将他们联合起来。诗歌的第二种作用是提高人类的精神。诗人自身如有高尚的精神,他便能将民众也提高起来。

诗歌在原始社会是否也有这二种效用,应当另加考察。原始社会中还无文字,诗歌的传播全凭口语,但其语言却常囿于少数的人口,这实在是诗歌传播的大障碍。因此在原始社会中诗歌虽也有团结力,但其范围不大。至于提高人类精神的作用也比不上文明人的诗歌,这是因为原始社会中的人们因同在一种生活的压逼之下,虽有一二优秀的分子也不能大有发展而远出于群众之上。如澳洲的土人中各个人都有其自制的诗歌，其程度无大差异。原始的诗歌中较能表现个人的天才的是叙事诗，这种叙事诗的作者也很被民众所注意，其名有传至很久的。故原始的诗歌虽一时的团结力不很大，但还能够影响于后代的人而使他们有团体的观念。

第七章 音乐

音乐与诗歌、跳舞的关系——在低等文化中音乐与诗歌、跳舞有密切的关系。不带音乐的跳舞在原始民族中罕曾见过。如博托库多人唱时必舞，舞时也必唱。爱斯基摩人跳舞时必附以唱歌及打鼓，而其跳舞屋便叫作唱歌屋。安达曼人的跳舞节也便是音乐节。欧洲男人举行科罗薄利舞时女人们则为其乐队。原始的戏剧也必附带音乐。原始的抒情诗是可唱的，如欧洲人、安达曼人、北极民族等的诗歌都有谱调，其歌词常因要附合谱调而曲变至于失去原意。便是叙事诗也常是可唱的。故音乐与诗歌、跳舞常混合为一，其分开讨论是为便利起见。

音乐的实质与形式——音乐也像别种艺术有实质与形式之分。音乐的实质便是音(tone)，音所附丽的形式则由两条定律即节奏律与和声律(harmony)规定它。音乐的最简单的节奏便是一个音或一小群的音有规则地相间发生。和声则由一定程度的音与别个一定的音相结合。节奏是量的调整，和声是质的调整，节奏与和声合而为谐音(melody)。

原始音乐的实况——人类的最初的音乐工具，自然是人类自己的声音，在低等文化中人声比较乐器为重要。博托库多人的唱歌据说很粗陋，男人的歌声像不清楚的吼叫，三四音便转一调，有时高，有时低，由胸中鼓出气来，口张得很大，女人的唱歌没有这样高声，也没有这样吃苦。安达曼人稍进步，但调子也短，很为单纯，对于节奏很注意。澳洲人也严守节奏。其歌声严肃沉郁，但也不坏；他们对欧洲音乐不感兴趣，但也学得来。爱斯基摩人的音乐也属同一程度，节奏较和声为重要，调子有限。程度最高的是布须曼人，他们可说有音乐的天才。欧人传教士唱给他们听的荷兰文歌词，他们很快的便学会了。他们自己的歌声还是单调，悲哀缓和，但也不一定使人不快。

原始音乐中口音的音乐，即唱歌，比较乐器的音乐为重要。两种都只有一部分的音，"多音"和"协音"都没有。节奏太偏重，而和声又太缺乏。音的范围既少，而高度也不清楚。

原始的乐器——原始民族的乐器大都是为按拍的，最常见的是鼓，只有博托库多人似乎没有这物，此外的狩猎民族都有，但粗细不等。最原始的鼓在于澳洲，这也便是最原始的乐器的一种。澳洲男人跳舞时女人们所打的鼓，不过是紧绷在两膝间的一张负鼠皮,这张皮是披于肩上以为外套的。美拉尼西亚人则有木架绷皮的鼓,也传于澳洲。澳洲人还有一种按拍的乐器也是很富原始性,是一根楔形的厚木棒,敲时发出一种特殊的高音,这叫作"声棒"(sounding-stick)。安达曼人则有一种"声板"(sounding-board),是一片穹形的坚木板,一面凸,一面凹,长5英尺,阔2英尺;用时复在地上,凸面向上,跳舞的指挥者以足在上顿踏。爱斯基摩人有一种连柄的扁鼓,鼓沿与柄是木或鲸骨制的,皮是海狗皮或冰鹿皮。鼓面直径3英尺,敲鼓的木长10英寸,厚3英寸。布须曼人则绷皮于陶器或木皿的口部,用指头敲它。原始民族有一部分除鼓以外别无其他的乐器,如爱斯基摩人、安达曼人与一部分澳洲人都是这样。

澳洲 Port Essington 地方的土人另有一种竹箫,长二三英尺,是用鼻子吹的。博托库多人虽没有鼓却有两吹的乐器,一是 taquara 管制的箫,下部有二孔,是女人所用的;又其一是喇叭,用大兽的尾皮制成。箫的发明很古,在世界上的传布很广,有两种,一是用口吹的,一是用鼻吹的。鼻箫(nose-flute)在菲律宾和台湾的少数民族中便有。喇叭在欧洲铜器时代已经有铜制的了,其初想是利用兽角制成,此外还有木制的,如南非洲和我国西南的彝人都有。合几个长短不一的竹管或芦管而成的乐器便是笙了(panspipe)。有舌的高等乐器大约源于古人的芦笛,芦笛的声便是由于切口的颤动而发。

布须曼人有弦线乐器,但不是自己发明的。一种三面的琴是得自正尼格罗人的,鲍琴大约是得自霍屯都人的。鲍琴是一个木弓加一个鲍以增加反响,

图 5-54　台湾少数民族所用的音乐杵
（采自台湾明信片）

图 5-55　中非洲土人的骷髅琴
（采自 Eichler, *Customs of Mankind*）

只有一条弦,弦上附带一个滑动的环,以便任意增减颤动的部分。只有程度最劣的"哥拉"(gora)是他们自创的,这是由弓改变而成的,在弦的一端与弓木之间夹插一片扁平如叶状的羽茎,奏乐者将唇压榨这羽茎,用呼吸使它颤动发声。这种声音很弱,故奏乐者常将持弓的右手的食指插在耳孔内以传进声音。奏乐者有能奏全一小时的,而且音调都很正确。

音乐起源的学说——叔本华(Schopenhauer)以为音乐和别种艺术不同,别种艺术都由自然界获得其材料与模范,都是模仿的表现艺术,只有音乐不然,它完全不模仿自然现象。与此相反的一派则以为音乐也是模仿自然界的,和别种艺术一样。如迪博斯(Abbé Dubos)说"像画家的模仿自然的形状与色彩一样,音乐家也模仿自然的音调"。其后斯宾塞更提出语言说(The Speech Theory)以为音乐源于感情兴奋时所发语言的声调,音乐不过使这种声调更加繁复更有表现性。唱歌与平常语言的差异在于表现感情的声调,唱歌不过是表现感情的声调更为加重而已。故斯宾塞以为唱歌以及其他音乐都是模仿情绪激动时的语言。

达尔文以为人类的音乐天才是由其动物祖先而得，因为雌雄淘汰使动物须利用其声音以引诱异性。动物中有很多雄的在孳尾期间常用声音以发泄自己的感情，并促起雌者的注意。这种声音除引起注意而外，如还能使雌者获得快感，则这种声音自必为雌雄淘汰所保存及改进而成为音乐。音乐能引起仁慈、恋爱、优胜之感及好战的心，便是由此。我们人类为音乐所动宛如回复于久远以前的感情和思想状态一样。这些感情思想原系潜伏的，为我们自己所不觉且不明其意义。

格尼氏（Curney）以为音乐确实能激发剧烈的感情，而这种感情是很特殊的，和别种不同，似乎是几种强烈的感情的混合。

音乐在原始社会的效用——(1)音乐对于两性的联合或以为全无关系，但原始民族中确有以音乐促进性的交际的，如苗人的跳月便是一个好例。(2)音乐在战争上的价值便被普遍认识，原始民族常利用音乐以辅助战争，如澳洲土人在出战的前夜唱歌以激起勇气。(3)音乐对于跳舞很有关系，原始民族常以鼓声和歌声做跳舞的拍子。(4)音乐与宗教也有关联，宗教仪式中常附有音乐。(5)音乐最重大的效用是在发生音乐本身的快感。布须曼人独奏弓琴时意不旁注，只以听那些连续的音为乐，有至数小时不倦的。澳洲人的唱歌通常只以自娱。像这样除为音乐本身的娱乐以外别无他事。

原始民族中有文化还低而音乐的程度却颇不劣的，如布须曼人在音乐方面高出于原始民族之中，但别种文化却还是很低。音乐对于文化全体，除直接供给音乐的快感以外，其间接的影响也似乎不很大。总之，音乐和别种艺术颇有不同，他的性质是较为特殊的。

第八章　结论

原始艺术的目的——原始民族的艺术作品，很多不是单由于纯粹审美的动机，而是并由于实用的目的。实用的目的且常是最切的动机，至于审美的目的反是次要的。例如器物的装饰，其初常不为美观而是为记号或象征等实际的效用。此外也有专为审美的目标的例如音乐。

原始艺术与高等艺术的比较——原始艺术的种类也和文明时代的艺术约略相等，只有建筑的艺术未曾发生，这是由于生活的影响，原始的住所不过只供遮蔽风雨的目的而已，还未受艺术的洗礼，此外各种艺术在原始民族都已晓得了。便是诗歌也已经不是"未分化的"，而有分别清楚的三体了。

原始艺术与高等艺术的同点不但在宽度而且在深度。原始的艺术初看似乎很怪异而不像艺术；但细察之，便知其成立的原则都和高等艺术一样。不但澳洲人或爱斯基摩人也像雅典人，意大利人一样，能应用对称、对比、和谐等原则；便是细节上，例如在身体妆饰上，通常以为是随意乱搽的，其实也常有和高等艺术相同之处。

两者的异点也是量的问题而非质的问题。原始艺术所表现的情绪比较窄而粗，其材料窭乏，形式也朴陋，但其根本的动机、方法和目的与高等艺术无异。

原始艺术的一致——各原始民族的艺术在大端上都很一致。他们在种族上原是不同的，但在艺术上都相同，可见艺术不受种族的影响。澳洲人与爱斯基摩人在种族上差异很多，但其装饰却极相似。又如布须曼人与澳洲人的岩雕也是这样。

原始艺术的一致性是由于其原因的一致，而其原因的一致是由于其原始生活的相同。各种艺术除音乐以外，都受原始生活的直接或间接的影响。例如绘画与雕刻的人形或兽形的作品所以都能够那样神似，便是由于狩猎生活都会养成锐利观察力与伶俐的手腕的缘故。以上是就远隔而无接触的民族而言，若在相近的民族，则其相似的原因一部分是由于传播。

地理气候对于原始艺术的影响——原始艺术也与高等艺术一样，都受地理、气候的影响。赫德(Herder)与泰恩(Taine)说，气候影响于人类的精神及艺术的性质，但这是以文明民族的艺术为然，至于原始艺术所受的影响却是物质方面的。气候影响了产物，产物再影响艺术。原始民族的生活为地理及气候所拘束，供给艺术材料的产物也比较窭乏；至于文明民族在物质上多少已经能够脱离自然的束缚，其艺术材料比较的丰富，故其艺术上也渐减少自然的影响。

原始艺术的社会效用——世界上的民族未有无艺术的，甚至生活最苦、文化最低的民族都常以大部分的时间和精力用于艺术上。艺术对于人类团体的维持和发展上，如没有关系而只是一种玩戏，则由于自然淘汰的缘故，这种浪费精力于艺术的民族也已经不能存在，而人类的艺术也不能发达至于现代的程度了。故艺术对于人类社会必有很大的效用。他除纯粹审美的效用以外还有实际的效用。例如器物装饰能增加工艺的技巧，人体装饰和跳舞影响于性的淘汰，或且间接影响于种族；人体装饰又可用以威吓敌人，诗歌、跳舞和音乐都会激起战士的勇气以保护社群。还有最大的效用是在于巩固并扩大社会的联结，各种艺术的这种效用是不等的，其中以诗歌和跳舞为最大。各种艺术的社会功效易时易地而递变，例如跳舞在原始的小社群极有势力，但在人口较多的文明社会便退让于诗歌了。

参考书目录(以采用多少为序,括号中即为本篇内采用之章数)

1. Grosse, E, *The Beginnings of Art*(第2章至8章大都据此)
2. Wallis, W. D. *An Introduction to Anthropology*, chap. XXXVII(第1章)
3. Goldenweiser, A. A., *Early Civilization*, chap. IX(第1、3章)
4. Ellwood, C. A., *Cultural Evolution*(第1、2章)
5. Elliot Scott, *Romance of Savage Life*, chap. XIV, XV(第2、5、7章)
6. Tylor, E. B., *Anthropology*, chap. XV(第1、2、4、5、6、7章)
7. Case, C. M., *Outlines of Introductory Sociology*, chap. XIX(第1章)
8. Thomas, W. I., *Source Book for Social Origins*, pt. V(第1、2、3、5、7章)
9. Kroeber and Waterman, *Source Book in Anthropology*, chap. 42(第3章)
10. 蔡子民:《美术的起源》(第6章)

第七篇　原始语言文字

第一章　绪论

原始的传意法的种类——人类的可惊的成绩之一便是传达思想感情的方法。这种方法有很多形式,用于近距离的有拟势(gesture language)及口语(oral language),较远的则有信号(signals),超越时间与空间的则有记号(mnemonic objects)及文字。这种种形式的达意法也可称为广义的语言与文字,因为拟势与信号都是口语的补助,而记号是文字的先驱。语言与文字其实也是一物,可总括于最广义的"语言"(language)之下,因为文字也不过是写下的语言,其发生为语言发展的最后一段。

语言与文化全体的关系——据爱尔伍德(Ellwood)的意见,语言或者是人类文化中最先发生的一部分,因为它的功效能使各个人的经验得借以互相参证,而各个人的协作程度也借以提高。语言实是"心理模式"(mental pattern)(即存在心里的活动法式)传播之媒介,也便是其他各种文化的媒介。由语言的媒介,各个人的知识观念方得传播于别人,例如制造器物组织团体的"心理模式"都由此而广播于社会。特殊的个人所发明的行为模式,起初只存于一个人的心里，必须由语言传播于大众方能成为团体行动的模式，因而成为文化的一部分。人类所以会有文化，而其他动物不能有文化，其原因除脑力的差异以外，其次便是语言的能力，故语言对于文化全体的关系极为重大。

人类学与语言的研究——语言的纯粹的研究属于语言学的范围，人类学的讨论语言是另有目的，且另从别方面努力的，其注意的要点是：(1)从文化全体而讨论语言的效用。(2)特别注重语言文字中的未成熟状态，如拟势语、记号、文字、图画文字、数目语等，因为这也是原始文化的一部分。(3)利用语言以讨论民族关系。语言虽不能做判别体质上的种族的标准，却可以做文化上的民族的标准，因为凡使用同一语言的民族其文化也大都相同，语言有异的其文化也异。语言又可用以推论民族的接触及文化的传播。(4)借语言文字的证据以推论过去民族的状况。欧人曾由语言以推出古代雅利安民族的文化，因其语言中无农耕的字样，故知其未有农业；又由"女子"(daughter)一字也可证明其有畜牛饮乳的风俗，因为这字原意为"榨乳者"(milker)。我国学者从文字学以推测古代状况的也很有所得。

第二章　拟势语

天然的传意法——有人说有些民族在天黑以后便不能互相传达意见。这种话常被人非难，大约不是真的了；不过这句话所含的意义很可玩味。人类的拟势(gesture)及其脸上的表情(expression)有时极为真切明显，确可借以传达思想。不管世上有没有一种民族在天黑以后便不能交换意见，却实在有些民族常用拟势以补助口语，甚为著称。研究这种拟势语(gesturelanguage)的人很多，泰勒(E. B. Tylor)在其《远古人类史》(Early History of Mankind)中有一部分考究这个问题，马勒里(Colonel Mellery)研究更精，而尤详于印第安人的拟势语。

要研究简单纯粹的拟势语可以参观聋哑院，或入蛮族的地方，或到戏院去看名角的表演。真正的拟势语全世界都相同，曾有一个夏威夷土人被带到美国聋哑院里，他立刻便会与聋哑的小孩们用拟势语对谈，描述他来的地方及其旅行等事。又有一回，一个很奇怪的部落派使者到华盛顿，没有人能替他做翻译官，后来请几个聋哑学校的学生去担任，他们一到立刻便和他用拟势语大谈起来。

拟势语的实例——据马勒里所说印第安人盛行拟势语，其内容很为丰富，如普通名词、固有名词、动词、代名词、冠词等都可以表现出来，联合头臂身体的拟势，不但能做普通的会话还可以成为一篇故事或演说。例如达科他(dakota)印第安人如要说"我要回家"一句话，只要屈臂以食指指胸，便是说"我"，次伸臂向前,表示向前去;最后握拳急向下落,这便是说到家。

最有趣的是"瘦狼的怨语"(Lean Wolf's complaint)。瘦狼是美国西部印第安人派来华盛顿的一个使者,马勒里去请教他拟势语的例,他便用6个拟势说出一篇话。第一个拟势是用右手握拳举近额际,伸拇指横于额前;这是指白人,因为白人戴帽,帽遮额际,凡印第安人都以此指白人。第二个拟势是伸两手在腹前方约18英寸,手掌向腹,缓缓收向身来;这是说"和我们"。第三个拟势是将右手伸出向前,像要握手之状;这是说"要好"。第四个拟势将右手举近面前,手掌向面,屈拇指伸其余四指;这是说"四年前",这数为四是明显的,在这事件中又应当解释为四年前。第五

图 5-56　印第安人作拟势语

（采自 Klaatsch, *Werdegang der Menschheit*）

个拟势右手只伸食指及中指二指相贴举至唇际,然后向前伸出,二指也分离;这是说"他们有二个舌",便是指说谎。第六个拟势两手握拳举近胸的两旁,然后同时用力放下,这是表示失望之意。六个拟势合起来是说"四年前白人和我们要好,他们说了谎,我们真大失所望了"!

还有叫作羊皮脚绊(Sheepskin Leggings)的一个印第安人曾用66个拟势说了下面的一篇语:"在很远的西方过一条河,有暖春族的阿帕切人(Warm Spring Apaches)。他们杀死很多墨西哥人和兵士,并偷了他们的马。他们(指阿帕切人)是又坏又愚的人。一个高级将军带马队来了,他却是愚人,要来捉梅斯卡莱罗人(Mescalero)。梅斯卡莱罗人希望这位使者长住这里,并受他们的口粮(意谓倾向和平)。我们(说者即此族人)的乡村便在那边。我看见这将军带军兵和山卡尔洛斯(San Carlos)的侦缉队,人数很多。我看见我的人民害怕了,一半逃走。第二天早晨梅斯卡莱罗人不再射击了(不抵抗)。别人杀了很多梅斯卡莱罗人。马兵和步兵带我们(梅斯卡莱罗人)到这个营里做俘虏。山卡尔洛斯侦缉队有很充足的枪和弹药,射死了很多阿帕切人和梅斯卡莱罗人。山卡尔洛斯侦缉队是勇敢的。"

拟势语的性质——拟势语有二种,一是指实在的事物,一是在空中描画。拟势语有习惯化(conventionizing)的倾向。自然的拟势其初是很明显的,但其后常被习惯化而至于失去原意。例如上述的印第安人指白人的拟势便是习惯化的。平原印第安人指狗的拟势是用二指沿地面上横画,这也是习惯化而失去原意了,其实以前狗是用以拖物的,在背后拖二根木,上载物件,故以二指表示它。拟势语又有一定的构造法(syntax)。其字的次序和口语不同。例如"黑马"在拟势语要改为"马黑"。"我饿了,给我面包",要改为"饿,我,面包,给"。最重要的事物常置在先,不关紧要的字便删去。例如"我的父亲给我一个苹果",变为"苹果,父亲,我"。主语在叙述语之后,客语在动词之前,形容语在被形容语之后。例如不说

图 5-57　印第安人的拟势语:瘦狼的怨语
(采自 Marshall, *Readings to the Story of Human Progress*)

"我打结"而说"打结,我"。疑问句是先作肯定语,然后用疑问的态度表示它。问"谁人"及"什么"时,常用很多事物衬出来。如问"你有何事",便说"你哭,你被打? 你被射中?"等语。连续句用递换或对比表出它,例如说"我如懒惰顽皮,必被责罚"。则改为"懒惰,顽皮,不,懒惰,顽皮,我被罚,是"。说明原因与结果的话,例如说一人因吃酒而死,则说"死,吃酒,吃酒,吃酒"。"做"的一字太抽象了,故拟势语如说裁缝做衣,木匠做棹,便须模仿缝线和锯木的状;如说"雨使土能生物",则改为"雨落,草木生长"。

第三章　口语

口语发生的古远——据德吕蒙(Drumond)说人类曾经过无言的时代,其

时的人类,称为"无言人类"(homo alalus),以别于现在的"真人"(homo sapiens)。但这里所谓"无言"应当指为无狭义的语言,即完备的口语,若广义的不完备的语言则自有人类便有了,因为人类是由动物进化而来的,动物中的群栖动物已经有传达意见的方法了。人类在最远古的时代至少也应当有极原始的传意法,沃辛顿·斯密斯氏(Worthington Smith)曾推拟这种原始的传意法说:"他们是用嘀嘶噪叫、呐喊呼号、杂嚷单音字,有时并用半音乐式的音调等交换意见。同时还有一法便是以脸相(grimace)拟势辅助表示意见。他们有很充足的声音与拟势以供需要。例如报告有险,则以手指或摹仿狮子的吼声或熊声等。"

据考古学的发现,爪哇猿人(Pithecanthropus Erectus)及其他的化石原人的颅骨,明示其脑中的语言中心(speech centre)已经发达,所以有些人类学家说,史前的原人都是会说话的。由化石颅骨的证明虽还不是十分靠得住的;但由别方面的证明,却晓得在旧石器时代至少在马格德林期(Magdalenian period)也已有口语。因为遗迹中的图画雕刻都表示他们已经有了审美心和知识,这便是口语的征候;而且他们的制作这些东西或者是要记载事实以示其同辈。人类的口语已经发生了很久,口语的普遍便可证明其发生的久远。有文化的地方无不有口语,极富原始性的蛮族虽曾经孤立甚久者,也已经有了发达的口语。至于代表古文化的中国、埃及、巴比伦、希伯来、波斯等都是在有史以前荒古的时代,便已发生口语了。

口语发生的学说——人类的口语既然发生很早,现在的最原始的民族别种文化虽很简单,也已经有了复杂的语言,而考古学上也不曾发现无言的人类,故研究语言的起源最难见功,只可以臆测其或然的大概而已,兹举这类学说数条于下:

 咙咙说——(bow-wow theory)或牟牟说(moo-moo theory),即模拟说(imitation);这说以为人类的语言有由于模拟各物的声而得的,就各物所发的声即用以为其物或其事的名。如咙咙(bow-wow)是狗的声,故即用以称狗,牟牟(moo-moo)是牛的声也即用以称牛。印第安人称鸦为 kaw-kaw,称一种夜啼的鸟为 pono-ponu。英人称雄鸡为 cockadoodledoo 及 okoko,鸦为 kaka 或 caw-caw,猫为 miau 或 mau。又我国人以"错错而鸣"者谓之鹊,亚亚者谓之鸦,苗苗者谓之猫,咙咙者谓之龙。又如水像水渐的声,火像火炽的声。此外如银、铜、鸠、鸽、笙、竽、江、河等字都由声而得。世界上各民族也都有这类字。这类字称为拟声语(onomatope),这类字形成了以后常常使用,有时且被转借以指别种有关系的事物,如 taucan 一语原指一种鸟,其后竟用以称南美洲的一种印第安人,因为他们的鼻甚大,像这种鸟的大啄一样。又如英文里的 pipa 或 peep 是一种管乐器,其名由声而得,其后竟用以指其他的管呸呸说(pooh-pooh theory)即感叹说：这说以为语言有源于感叹的声的。因为动物便已经有叫声以表示心理，故人类的叫声想也有成为语言的。如呸呸(pooh-pooh)是表示鄙视的叫声，其后竟成为一字。此外英文中如 tut oh，ouch，hi，ho 等都是。国语中这种感叹字也很多，如唉、呵便是。这种感叹字在低级民族中更常用。这类字后来或者被借用，或和别字合并而渐失去原意。

亥唷说(yo-he-ho theory)或社会说：这说以为人类合做一种工作时所发的声，后来或者便成为那种工作的名称；例如合力举一重物时所喊的 yo, he, ho，后来便成为 yo(唷)、heave(抬)、hawl(拖)诸字。

语根说(root theory)：上面所举的三说还不能说明一切的语词，因为最简单的语言中也不止包含这三种来源的字，而且这三种字也还居少数。大多数的字其实都是由所谓"语根"(roots)构成。例如梵语、希伯来语、汉语等语词虽多至数十万，除开小部分的自然语(即上述三种来源的语词)外，其余都可以追溯于少数简单的语根。语言学家穆勒氏(Max Muller)说这种语根在梵语中有 1706 个，希伯来语中有 500 个，汉语中有 450 个。语根犹如木枝与石头，同是最初的东西，由木枝与石头发展为各种各样的器物，由语根也构成了无数复杂的语词。欧洲的语言都源于古雅利安语的语根，如 wa 意为去，构成英文的 going。ma 为量，构成英文的 measure，rag 成为 ruling，都是。语根原无品词、动词等词性的分别，但有一种意义。我国的语根例如 m 语根有不明之意，故如暮、昧、盲、迷、梦、雾等字都从这个语根演成，又如 Dee 语根有"下"的意，故低、底、地、弟等语词都从这音。这些语根究竟从何而来？是否为人类的天赋，而人类自然晓得用这种语根表示意见？对于这种问题现在还不能有答案，或者永不能有答案。拉伯克氏详究各民族的"父""母"二个语词，集成一张详表，发现其语很多数是 pa 与 ma，如英文的 father, mother，马来语 bapa, ma，非洲 wadai 语 abba, omma，澳洲语 marmook, barbook，汉语的父母爸妈，都是如此。以 pa 为父以 ma 为母的很多，但也有反过来的。又这二个语根且被引申以指有关系的事物，如梵语 pa 意为保护，便是由此来的。拉伯克氏断定这二个语根是婴孩最易发的声，即自然的声。由此观之，或者别种语也有出于自然的。

综合以上所述的模拟声、感叹声、合力工作所发声以及最重要的语根，便成为语言的基础了。

语词的构成——基础已经有了，进一步便是把它们构成为语词，即字，以表示种种事物。这种构成法在各民族的语言中颇有相同的，但所注重的有异，有的多用此法，有的多用彼法。

1. 语音的抑扬(intonation)：亚洲东南部的民族多用之。其法以同一语根念作高下长短不等的数音，以代表数种不同的事物。如暹罗语 há 意为寻访，

hǎ 为疫疾,hà 为美丽。汉语中也盛用此法,通常各为四声,即平、上、去、入四种,其实还不止此数。

2. 字母的改变:雅利安语中常用这法。例如表时的改变则 meet 变为 met,表数的改变则 man 变为 men。这法别族也常用它,如非洲土人的言语便如此。

3. 重叠(reduplication):这法很多民族都用它。表多数的话常重叠一字中的一部分或全部。例如马来语 raya 是一个王,raya-raya 则为多数的王;orang 为一个人,orang-orang 则为众人或人民。美洲西北民族如 Tsimshians 族也常用此法以表多数。希腊文也用此构成不定格过去动词。汉语中这种叠字极多,或者因为是孤立语,一字当须与别字合,或自己重叠,又因不是音标字不能如上一法改变字母。

4. 复合(compounding):这是最简单而且也最普通的方法,各种语言中都有。其法即联合旧有的字以成新字。如印第安人中 Sacs 及 Foxes 族的话,kicus 是太阳,tepek 是夜间,合为 tepekicus 则为"夜间的太阳"即"月"。又如 conia 是银,而 sǎ 是黄,合成 sǎ-conia 意为"黄银"即"金"。美洲印第安人又常用这法制造新字,以称欧人的舶来品。

此外如语言的发展,语词的分类变化,文法的组织等都属于语言学范围。这里所述的不过要表明语言也是人类一种发明,并略供民族研究的参考而已。

民族的语言差异——世界上各民族的语言虽根本上的原则是一样的,但其形式却千差万别,其原因便在于几个要点的不同,略举几条于下:

1. 声的不同:各民族有不惯或不能发某种声音的。世界各种语言的声约有三四百种,而一个民族只用其中一小部分,如英语中的声不上 50 种。各民族对于自己的语言中的声发得很熟,觉得很自然,但对别种的语言的声便常有几种觉得很奇异,甚且很难发得来。古代希伯来人常以 shibboleth 一语试人,因为这语的发音很难。德国人也不易读 thistlethwaite 一字。l,n,r,三字母的声,在有些民族是分别清楚的(如英语),但在别的民族便有混淆不清的,如美洲印第安人有念英文的 Cedar rapids 为 Cedal lapids 或 Cedan napids 的。最为奇怪的音则如霍屯都人的"格磔"(clicks)声,印第安人 tl 声。美国白人采用印第安人的 chocolotl 和 tomatl 二字,却因其音难发而改为 chocolate(朱古力)和 tomato(番茄)。

2. 音轻重的不同:字音的着重点各族不同,例如法语的重点多在字末,德语的重点多在字首。

3. 语根的不同:例如雅利安语的语根是单字母的,闪米特语(Semitic language)是三字母的,马来波利尼西亚语则倾于双字母的。

4. 文法的不同:文法上的相应(agreement)发生繁复的变化,有时连字母都改变。如土耳其语的不定格(infinitive)无一定的字,加于 sěv 则为 měk,加于 bäk 则为 mäk,都是由相应而变化。

语言的分类:——语言的构造可分之为三种,即曲折语、胶着语及孤立语,有更加结合语一种而成为四种的。

1.孤立语(isolating language)即单音语(monosyllabic language):以单一音且孤立的单字表现一种观念,其字都是语根,无接头语(prefix)及接尾语(suffix),字中也无变化。字与字的关系视乎在句中的位置而定。又同音异义语(homophonaus words)甚多,其意义以说话时的音调分别之。汉语即属于此种。但如属曲折语的英语中也有这种孤立字,如 heart of man 便是三个孤立字,等于汉语的"人的心"三字。

2.曲折语(inflective language):这一类的字中有一种,其字的内部可曲折改变,以表示不同的意义,如英语 write,wrote,written 便是。但也有不变内部而只用附加语(affix)以表示不同的意的,这种附加的接头语(prefix)或接尾语(suffix)不能独立,独立便无意义。如英语 kill 加 ing 或 ed 意义便改变,ing 及 ed 便是附加语。

3.胶着语(agglutinative language):这种字由几个要素合成,其要素原各有意义,但都胶结为一,不可分离。例如土耳其语 arkan 意为"绳";与 la 合为 arkanla,意为"结绳";与 lyk 合为 arkanlyk"上等绳"。

4.结合语(incorporating)或多缀语(polysynthetic language):这一种原是胶着语演成的,结合多数单字而成为一个等于一句的长字。结合后其各单字的原形由于约音(syncope)、省文(ellipsis)、名词的动词化等而改变。例如印第安人中阿尔衮琴族(Algonkin)的语言:Nadoholi niu 意为"拿我们的船来",由以下诸字合成:naten(拿来)、amochol(船)、i(音便,无意义)、niu(给我们)。印第安语多有此种。

以前的学者将各民族的语言分属于这三四类,如以汉语、印度支那语、西藏语为属于孤立语,雅利安语、含米特语、闪米特语为属于曲折语,其他语言属于胶着语或结合语。这样分法也有很合的,但也有不甚确的,因为一种语言常不止属一类,如英语中也有可入孤立语的,也有属胶着语的,印度支那及西藏的语言中也有带胶着的性质的。故以此为各民族语言的分类标准不十分正确,但若只当它做语言的形式,拿来分析语言是很有用的。

以前的语言学家又有推想语言进化的阶段的,以为各民族的语言最初必是孤立语,其次进为胶着语,最后方变为曲折语。但实际上却不然,曲折语中(如英语)反有趋于孤立语的倾向,而胶着语也有似乎比孤立语为早的,故进化的次序很难明。

原始民族的语言——原始民族的语言颇有几点异于文明民族的语言,但这种差异却未必便是优劣之分。语言与文化是互相表里的,原始民族的语言与原始的物质生活、心理状态有密切的关系,其语言的特征大都是文化的反映,不是语言本身的劣点。

数量:原始民族语言的数量通常都以为是极少,其实不然。征诸实际,美洲印第安人的一个粗朴的部落也约有7000字,非洲祖鲁人(Zulu)有17000字,达科他(Dakota)印第安人有19000字,中美马雅人(Maya)有20000字,中美纳瓦特尔人(Nahuatl)有27000字,而文化极低的南美火地人(Fuegians)也有很多的字。原始民族的语言据说最少的也有5000字。他们的字数较之文明民族的自然还不及,但也不算少了。文明民族的字数之多,是因为事物繁多,原始文化中事物很少,何以字数却不很少?这种原因便在于下述的另外二种性质。

事物的区别:原始民族的语言常把一种事物细加区别,因而生出许多字来。例如火地人的"他"字有20个以上,太阳有2个,月有2个,圆月另有2个。易洛魁语关于人类的名词和人类以外的名词不同,而后者还再分为固定的与不定的二种。夸扣特尔土人(Kwakiutl)说及一屋时必须区别它是近我的不近我的,近你的不近你的,近他的不近他的。又如"坐"字有各种不同的字,如坐屋内地板上,坐地上,坐海滩,坐一堆物上,坐圆物上等。爱斯基摩人的语法中"地位"很重要,例如 adliru 是在屋内地上的一盏灯,qudliru 是在上面的灯,kidluliru 是屋后的灯。事物的区别有些是显然由于实际效用的,如澳洲新南威尔士(New South Wales)土人的枪有8种名称,因为各有一种用途;印度托达人(Todas)的神牛也有几个名称,依其仪式而不同。爱斯基摩人分别海狗为晒日的海狗,浮在冰上的海狗,还有雄的海狗,雌的海狗,各种年龄的海狗。又如 aput 是地上的雪,qana 是下降时的雪,piqsirpoq 是漂流的雪,qininqsuq 是积雪。风则有带雪的风,入谷的风,海面的风,陆地的风,海岸的风,还有八方的风,都各有一个名称。因为风雪对于爱斯基摩人的生活很有关系,故特于分别。

概括字:由区别而生的字都是特殊的字,至于总合各种特殊的字而成为一个概括的字虽不是没有,但却很少见。例如各种"割"的字虽发生了不少,但一个无特殊意义的"割"字却不易找到。塔斯马尼亚人(Tasmanians)有各种树的名称,但却无一个总称的"树"字。

抽象字:如精神、灵魂、希望、恐惧、物质、地方、数量,程度、色彩、音调、两性、种类等字都缺乏。有时抽象字由具体字变成,如非洲齐语(Tshi)的 kai(记忆)一字由 ka(触)变成。

无别的字:和上述相反的是有些事物在文明人语言中已有分别,在原始民族语言中却还没有,塔斯马尼亚人无硬、软、冷、暖、长、短、圆等字。颜色的字在原始民族也少,如非洲西部阿散蒂人(Ashantis)只有红、白、黑三字,黑字用以总称各种暗色,如蓝、紫、棕等色,红则包括赤、橙、黄诸色。

数目语——原始民族的数目语很有趣。南美博托库多人,只有一个"1"字,此外都是"多"。澳洲 Cape Yorkers 土人的数目字只用"1"、"2"二字,构成如下:

1. netat
2. naes
3. naes-netat
4. naes-naes
5. naes-naes-netat
6. naes-naes-naes

以手指计算是很普遍的风俗。故原始民族的数目语常即用于手指的字样,非洲齐人(Tshi)说"1"是拇指,"2"是食指,"3"是中指。拉布拉多(Labrador)人称"5"为"1手",称 20 为"2手2足合"。穆伊斯卡(Muysca)印第安人称 5 为"1手完",6 为"别手1",10 为"2手完"或"足",11 是"足1",12 为"足2",20 是"足完",或"1人",因为 1 人有两手足,合为 20 指。中美加勒比人(Caribs)称 10 为 chonnoucabo raim,意为"2手的指",称 20 为 chonnougouciraim,意为"手指和足趾"。马来人的 5 字 lima 意也是"手"。非洲约鲁巴语(Yoruba)5 是 arun,意为"完",即数完 1 手之意;10 是 ewa,意为"合在一起",即指 2 手合在一处。

原始民族的数目字大都如上。其数字既少,数目也有限。有人说布须曼人只能算到 2,阿维波内人(Abipones)只能数到 3 无误。这话或者太过,但原始民族的数目字少有达到百千却是实在的。

原始民族的数目字不发达的缘故或说是由于智力未充足,或又以为是由于无需要故不注意。博厄斯(Boas)主张后一说,以为计算的需要在于事物失去个性而只有通性以后。如畜牧的人,家畜虽多他若能一一认识其特征便无需乎计算,出阵的战士也是呼名查点而不是计算人数的,故数目字因无需要而不发达了。这话确有证据,例如非洲卡菲尔人(Kaffirs)能算至 10 以上的很少,但一群数百头的家畜失去 1 只也能立刻察出,因为他们觉得不见了一个熟识的面。

第四章　信号

信号是用于长距离的。其号为大众所公认,可以一望或一闻而知其意义。分别为二种,每种再分为数类,列举于下:

（甲）视觉的信号（optic signals）

1. 用于远处的拟势。印第安人以臂及身的动作为远距离的信号。如将二指伸直,他指屈合,举臂向上,便是说"你是谁"?

2. 摇动手中所执之物,如旗、毯、带叶的树枝、火把,或扬尘土于空中。

3. 步行或骑行作倏进倏退的动作,或作圆圈。

4. 用烽火（signal-fire）或狼烟（smoke）,其次数、位置和数量,都有意义。狼烟的分次发作是用皮或湿毯把火盖了又开,开了又盖而致。烽火的意义大都是报告远客的来访,朋友的归家,或警告侵略者的前进。烽火与常火的异点是一现即灭不再延续。

5. 照耀镜光,放火箭,敲燧石使发火星。

6. 饰树,束草,排石阵,插树枝于地上。这些方法一面作通告,一面又是疆界的记号,是用于警告越界的,旅行者应当特别注意它,否则常有危险。

7. 作画图或符号于地上、岩上、树皮上,或一块的皮上。这种信号是布告某一群人的去向,他们做过的事,并说明他们的目的是友谊的或是敌对的。

（乙）听觉的信号（acoustic signals）

1. 特殊的叫喊,吹哨,吹角,吹喇叭等。吹哨者谓之哨语（whistle language）,哨即口笛,吹时有一定的次序。故可表示意义。

2. 敲锣鼓或敲木、舟、盾等。打鼓者谓之鼓语（drum language）,最为发达。非洲土人常有鼓语。其所表示的语言有至二三百语的。欧洲人赴非洲内地的常雇"鼓手"（drummer）为翻译人,每到一地便打鼓宣布来意。据说鼓声愈急则意义愈明。

第五章　记号

无文字的民族常用种种物件,做成符号,以帮助记忆,这便是"记号"（mnemonic mark）,故记号可算作文字的先驱。略举著名的数种于下：

结绳记事（knotting cord）——这是一种常见的原始记事法,上古时的埃及、中国、日本、秘鲁都曾行过。在波利尼西亚及其附近各群岛也曾盛行。其中以古秘鲁印第安人的最为发达。在欧人初到美洲时,秘鲁土人使用一种打结的绳名为"魁普"（quipus）,意即为"结"。其物系由一条具一种颜色的主要的绳,以及多数次要的及又次要的各种颜色的绳而结成。各种颜色代表各种意思或事物,打成各式各样的结或环,便能表示各种复杂的意见。魁普如用以记载人口,则色绳的结使用以代表人数,于代表男人的绳上另加以小绳,以表示鳏夫之数,代表女人的绳上所加的小绳则表示寡妇和老处女。结所表的数以1单结为10,复结为100,2单结相连为20,2复结为200。结在绳上的位置及其形状也有重要的意义,各种事物在绳上都有其特殊的位置和形状。每种魁普送到登录所时都有辨认的记号以辨别它是记载人口调查的,或财赋收入的,或战事的。如辨认的记号不明了时,则遣人执之以请问能记忆者。魁普的表示数目很为完备易解,实是很足用的记数法。除秘鲁的魁普以外,还有夏威夷的"税入簿"(revenue-book)也很有趣,这是一条长约 2400 英尺的绳,全部分为多数段节,其数等于地方区域。收租吏用种种形状及颜色的环结,把一地方的人民、财赋都详详细细地记载在每段的绳上,但它的缺点便是除收租吏以外不能索解,收租吏本人须跟绳而走,以解释它。

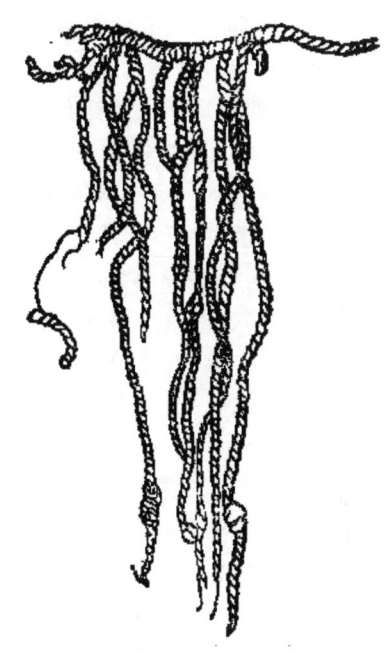

图 5-58　古秘鲁人的结绳记事
(采自 Marshall,*Story of Human Progress*)

刻木(notched plank)——锡兰(斯里兰卡)的僧迦罗人(sinhalese)使用两种通信木条(message sticks)。其一是一根蔓藤,其上有 1~3 个刻缺,用布包起来,用此送交受者,他便晓得是唤请他的意思。如事属紧急,则刻缺的数便加多。有时还把从死人头上割下来的头发缠于枝上,用叶或布包起来,以当作讣告。另一种通信物则系刻画简号的树叶或木片,这是用以送给维达人(Vedda),告诉他们要鹿肉和蜂蜜了。澳洲土人也用一种通信木条,由使者携之以行于各部落间,除了传达消息而外,还带有出使凭证之意。通信木条之外必附以口头的报告,因为木上的刻缺不过

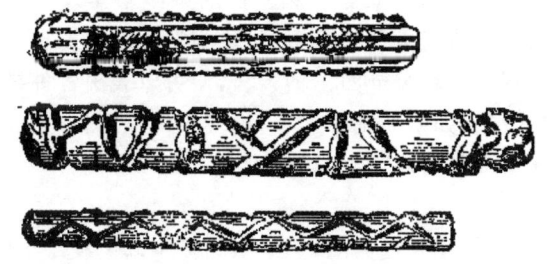

图 5-59　澳洲人的通信棒
(采自 British Museum,*Handbook to Ethnographical Collections*)

是帮助记忆而已,只有使者本人能晓其意义。

阿尔衮琴印第安人保存他们的神话和历史的方法是用 6 英寸长的木条,上有绘纹,捆扎成束。后来他们的技术进步了,不用简单的木条而改用木牌,上有烧痕绘纹及刻缺,其上并加以刻画而成的象征符号,其名为 walam olum。

其他方法——东部阿尔衮琴人有掘地成穴以记载部落大事的。熟悉旧事的老人有时携带小孩到其处告诉他们每穴的意义。萨科人(Sacs)和福克斯人(Faxes)有一种神物称为"弥甘"(micams),是一个箱子,内藏各种奇异的物件,每一种都表示一件部落史实或仪式。在宗教节日时,老僧侣由箱内一件一件取出来给大众看,并说"这些物件是要使我们记得威疏卡(Wisuka)在世时教我们应做的事"。由于这些助记忆物,于是威疏卡的教训和部落的法律便一条一条的传述下来。易洛魁人(Iroquois)的贝壳珠带(wampum)也用于讲和等公事。其珠分白紫二色,组成纹样,以帮助记忆二族的条约,或部落的历史。保守这些珠带的人便能知晓其意义。欧洲旧石器时代有一种小石,其石上有 1 至 9 的赤色点,似乎也是为助记忆的。

第六章　文字

图画文字——绘图以表现思想,记载事实,是文字发生的第一步工作。这种图画与真的图画不同,因其目的不在美感的抒写,而在观念的表现,故绘法也较为简单。这种图画实是介乎图画与文字之间,故称为"图画文字"(picture-writing or pictography)。

绘完全的图要有时间、耐性和技能三种条件,颇为麻烦,故常有用经济的手段只绘一部分而代表全体的。例如一个战士曾杀死 4 个敌人,如要记载它,固可以绘一幅详细的图画文字,但也可以用简法,只绘 4 个头颅,在颈际绘一横线,表示被刀砍断,这样便也可以表出同样的意思了。

但有些事物,无论用完全的或部分的图都不能充分表现得来,那便须另用可为象征的图形,以暗示那种观念。例如祖尼族印第安人(Zuni)画一个蝌蚪以表示夏天,因为在那边夏天蝌蚪极多,足可为夏天的象征。

合上述全图、部分图和象征图三种方法,便可以表出各种事物了。

用图画文字的民族如爱斯基摩人、印第安人都是,其中尤以印第安人的更为发达,他们以此供多种的用途,略述如下:

1. 纪年史

达科他人(Dakota)用牛皮为纸,上绘图画文字以记载每年的大事,每年只记一件事。如记 1800 年的,画一个人形,遍身加以红黑二色的点,这是记载那一年的痘疫。1813 年也是一个人形,从口际起画 3 条横线,这是记载那年有百日咳。1840年画二手相向,这是记载那年二族讲和。1851年的图,中间的是一方毡毯,周围是环坐的人,记载那年初次接受政府送毡毯。

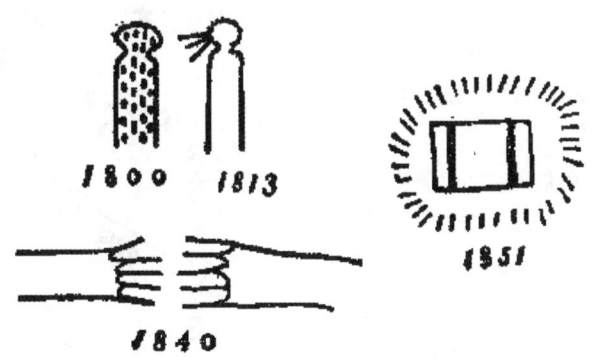

图5-60　图画文字一:纪年史
（采自 Starr, *First Steps in Human Progress*）

2. 请愿书

1849年奇佩瓦族(Chippewa)向美国大总统呈上一张请愿书,请求给予在一个小湖的渔业权,该湖在苏必利尔湖附近。图中7个动物是7个部落的图腾,用以便代表7个部落。第一是鹤;第二、三、四,都是貂鼠;第五是熊;第六是"人鱼"(man-fish);第七是鲶鱼。

图5-61　图画文字二:请愿书
（采自 Avebury, *Origin of Civilizations*）

由各动物的眼及心分别都牵了一条线和鹤的眼及心相联结,这是表明他们是一心的;又从鹤的眼牵一条线到湖8,表明他们要这个湖;还有从鹤的眼牵向前一条,表明向国会请求。10是苏必利尔湖,11是路。

3. 传记

右图记载 Delaware 部落一个著名酋长名 Wing-emund 的一生事迹。

1 是龟,即他的部落的符号,表明他属于这个部落的一支。

2 是他的图腾或符号。

3 是日,其下的 10 画表明他曾参加 10 次的战争。

4、5、6、7 都是人,即他每次出战所获的俘虏,男和女都有分别;活的上面有一个头,死的则无头。

8、9、10 表明他曾攻过 3 个堡垒。8 是在 Erie 河的,9 是在 Detroit 的,10 是 Fant pitt。

11 无说明。

12 是他的部下的人数,计 23 人。

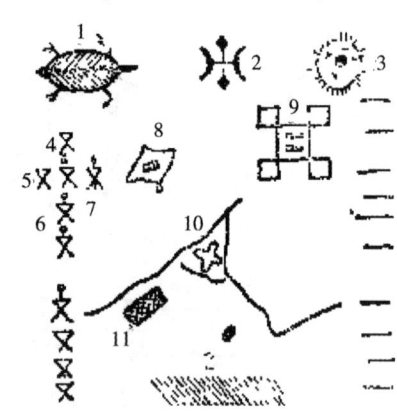

图 5-62　图画文字三:传记

(采自 Avebury, *Origin of Civilizations*)

4. 墓志铭

下图是一个著名的酋长的记功墓碑。他属于圣马利队(St. Mary's Band),名 Shinga-Ba-Was-Sin,1828 年死于苏必利尔湖。他的图腾是鹤,在这里倒转过来,表明死的意思;左边 3 粗画,表明他曾 3 次参预和平大会;右边六画或者表他的 6 次战功;底下的烟斗是和平的象征,斧头则为战争的象征。

左图是一个著名的战酋名 Wabojeeg 的。他属于鹿族。左边 7 画,表明他 7 次统领战士;鹿下面的 3 横,表明在战阵上受了 3 伤;1 个麋的头,表明有

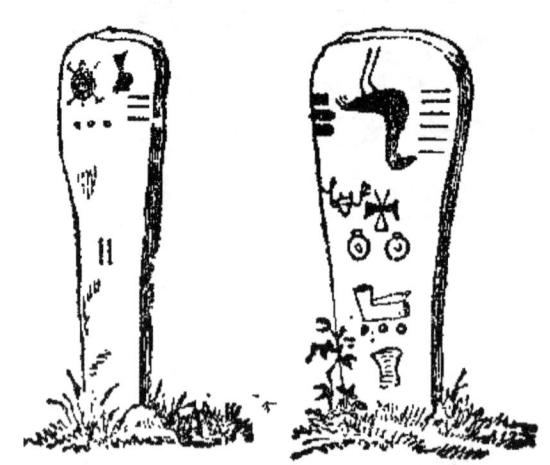

图 5-63　图画文字四:墓志

(采自 Avebury, *Origin of Civilizations*)

一次曾与1个发怒的糜恶斗。

5. 战歌

图意如下：

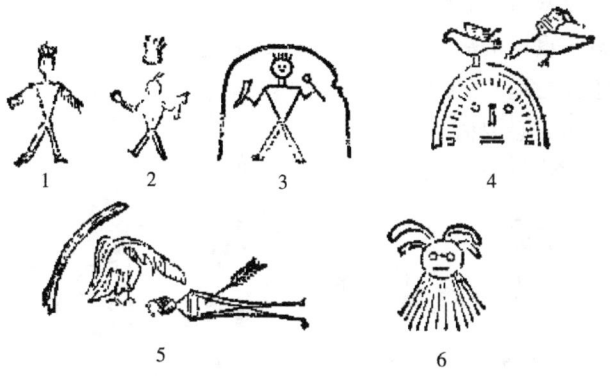

图 5-64　图画文字五：战歌

（采自 Clodd, *Childhood of the World*）

1 战士带翼，表明他的迅速。2 他在晨星之下。3 他在天的中央的下面，手里拿了战棒和响器。4 吃肉的鹫回翔于空中。5 战士授命于疆场。6 飞升天空成为神灵。

其歌如下：

1 我希望身如最快的鸟。

2 每日我都看见你，其余的半日唱我的歌。

3 我投身向前。

4 鸟儿们飞翔于空中。

5 我何等欣幸能加入于战死者之列。

6 高处的神灵重叫我的名字。

6. 恋歌

图意如下：

1 恋人。

2 他在唱歌并打魔术的鼓。

3 他在秘密的场所内，表明他的魔术的效力。

4 他和他的女人两臂连成一臂，表明他俩是一个人。

5 她在一个岛内。

6 他在睡眠中，他唱歌的魔术力直抵她的心。

7 她的心。

关于各图都有一句歌词：

1 我的图画使我成为神灵。
2 请听我的声音,我的歌,那是我的声。
3 我将我自己隐形起来,当我坐在她身边的时候。
4 我能够使她害羞,因为我听见了她说我的话。
5 即使她在很远的岛上,我也能够使她泅过来。
6 不论怎样的远,甚至在别一半的世界。
7 我直对你的心说话。

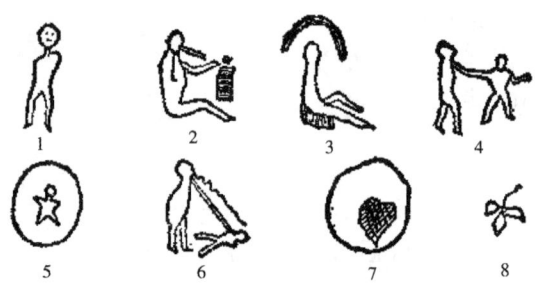

图 5-65　图画文字六:恋歌

(采自 Clodd, *Childhood of the World*)

　　真文字的发生——文字的构成法有两种,一是表意法(ideography),一是标音法(phonography)。图画文字便是用表意法的。但其后竟逐渐演进而生出标音法。所谓标音便是不以图形代表意义,而视它为音的符号。

　　墨西哥印第安人的图画文字发展最高,其字大都是表意的,但似乎已知晓标音法。例如他们中有一个古酋长名 Itzcoatl,其名的文字有两种写法,一是画一条蛇,蛇身插一列的小刀,因为 Itzcoatl 意义为"刀蛇",这一种便是用表意法的。另一种写法是画一刀一盆和水,刀音为 itz,盆意为 co,水音为 atl。三图若不管它们的意义而只当作音的符号,则三音合起来便也是 Itzcoatl。故墨西哥的图画文字是刚在由表意法进到标音法的阶段。它们在美洲初发现时已达到这种程度,已有很多的书籍,可惜这种古文化竟被侵入的西班牙人破坏了。

　　古埃及的文字最初也是图画文字,例如鹰便画一只鹰,鹤便画一只鹤。其后图画字中有几个竟被用以代表声音,于是遂进入标音的阶段,如鹰字不用以代表鹰的意,而是用以代表鹰字的声,把这些标音的图画文字错综结合起来便可代表许多话语了。但因为这种文字只能代表声音,在意义上便不很明,每字中故再加以"定意号"(determinative)以明其意。定意号也是一个图画字,但这是表意的,看字的意义是属于何类事物的,便用何类事物的定意号加入其中，以明其意义。如属人的事便加一个人形，属木的加一个叶形，属花的加一个花形，故埃及的文字实是包含二种要素而成，一是标音的，一是表意的。每个标音的字其初是全部的音都用，其后则改为只用头一音，这叫作"首音法"(anology)。例如枭字 ，原音为 mulok，其后只用其头音 mu。埃及文字的形状，初时虽都是图画文字，其后形状也渐变简单而失去原形，如鹰字后来变为 v，枭字变为 з。

腓尼基人方创立纯粹标音的文字，他们采用埃及的字母，但却弃去其表意的部分而只取其标音的部分，用这些纯粹代表一音的字母，以拼成话语。其后希腊文、拉丁文及近代欧洲文字都源于此。如埃及文的鹰字便成为 A 字，鹤字便为 B 字，枭字成为 M 字。

我国的文字构造法有 6 种，即所谓六书，其方法极为巧妙。通常以为我国的文字属于表意法的，其实还兼用标音法，如埃及文一样。六书中象形是纯粹的图画文字，如鸟写 ，鱼字 。指事、会意都是用象征法，也属图画文字的范围内，这都是表意的。形声便是兼用标音与表意二法的，每字由二部分构成，表形的一部即"定意号"(determinative)，我国谓之偏旁。另一部便是标音的，如铜字由表意的金字与标音的同字合成，江字由工及水合成，即是照此法则。埃及字即盛用这法。转注与假借也都兼用标音法。故我国的文字实兼表意和标音二法，但音的方面不曾形成字母就是了。

参考书目录(以采用多少为序，括号中即为本篇内采用之章数)

1. Starr, F., *First Steps in Human Progress*, chap. XVII～XXI(第 2、3、6 章)

2. Avebury, *Origin of Civilization*, chap. XII(第 3、5、6 章)

3. Kroeber, A. L., *Anthropology*, chap. V, XI(第 3、6 章)

4. Wallis, W. D., *An Introduction to Anthropology*, chap. XXXV(第 3、5 章)

5. British Association for the Advancement of Science, *Notes and Queries on Anthropology*(第 4 章)

6. Mason, W. A., *A History of Writing*(第 5、6 章)

7. Elliot, G. F. S., *Romance of Savage Life*, chap. XVIII(第 3、4 章)

8. Marshall, L. C., *Story of Human Progress*, chap. VII(第 2、3、5、6 章)

9. Marshall, L. C., *Readings in the Story of Human Progress*, chap. Ⅶ(第 2 章)

10. Ellwood, C. A., *Cultural Evolution*(第 1 章)

11. Klaatsch, H., *Evolution and Progress of Mankind*(第 6 章)

12. Drummond, H., *Ascent of Man*(第 1、3 章)

13. Marett, R. R., *Anthropology*, chap. Ⅴ(第 1、3 章)

14. 西村真次:《文化人类学》第五篇(第 1、2、3、4、5、6 章)

15. 田崎仁义:《绘文字及原始文字》(第 6 章)

16. 梁任公:《从发音上研究中国文字之起源》(在近著中)(第 6 章)

(商务印书馆 1934 年版)

神 话 论

第一章　神话的性质及解释

　　神话的界说——神话的意义或说是"关于宇宙起源、神灵英雄等的故事"（A. Lang），或再详释为"关于自然界的历程或宇宙起源、宗教、风俗等的史谈"（H. Hopkins, R. H. Lowie）。神话学便是研究神话的科学，不论是专门讨论一个民族的神话，或综合世界各民族的神话，而探索其共同的原理，都可称为神话学。但这个名称有时被用以指一民族的神话的全体，这是错的。只有叙述没有理论的只可称为神话，不应称为神话学。神话学原名在拉丁文为 Mythologia，源于希腊文 υνθολογια，系由 υῡθos＝mythos＝myths（神话）＋λεγια＝logia（学）合成。

　　神话的通性——各民族都有神话，故神话极为浩繁而且复杂，但他们都有共同的性质，约述如下：

　　（甲）表面的通性

　　1. 神话是传承的（traditional），他们发生于很古的时代，即所谓"神话时代"（Mythopoeic Age），其后在民众中一代一代地传下来，至于遗失了他们的起源。

　　2. 是叙述的（narrative），神话像历史或故事一样叙述一件事情的始末。

　　3. 是实在的（substantially true），在民众中神话是被信为确实的纪事，不像寓言或小说的属于假托。

　　（乙）内部的通性

　　1. 说明性（aetiological），神话的发生是要说明宇宙间各种事物的起因与性质。

　　2. 人格化（personification），神话中的主人翁不论是神灵或植、动、无生物，都是当作有人性的，其心理与行为都像人一样，这是由于"生气主义"（Animism）的信仰，因信万物皆有精灵故拟想其性格如人类。

　　3. 野蛮的要素（savage element），神话是原始心理的产物，其所含性质在文明人观之常觉不合理；其实他们都是原始社会生活的反映，不是没有理由的。以上只概括的将神话的性质先提一过，以下拟按解释的学说发明的次序再加说明。

古人对于神话的观念：隐喻说、历史说——神话的意义，有易于理解的，即"合理的"；有不易理解的，即"不合理的"。这种不合理的非自然的要素，便是马克斯·穆勒（Max Muller）所谓"愚蠢野蛮而无理的要素"，神话所以使人眩迷便由于此。古时的人由于求智的愿望对于神话便觉得有解释的必要。

对于神话的最初的努力便是要设法调和神话与人们对于神灵及英雄的信心。人类所奉的神灵英雄，据神话所述常很古怪，其种类或为鸟兽及虫鱼。其性质或为盗窃及淫杀。其崇拜的仪式又常有残酷不合理之处。例如非洲布须曼人（Bushmen），对于他们的神卡隐（Cagn），非常虔敬，他们自承是卡隐的子孙，而卡隐能赐他们食物。但据他们的神话，赫赫的大神卡隐却不过是一种蚱蜢。热烈的宗教心使人类设法要解说这种不称的神话，如埃及人和曼卡人（Mangaians），都怀惑于所奉的神何以为兽形的因而加以说明。埃及人说他们的神有时因遇到危险故化为兽形。曼卡人说神是栖身在这些动物的身上。

优秀的希腊民族自然对于荷马史诗中的神话，更粗的赫西奥（Hesiod）的传说，以及各地方僧侣们所保存的更古的神话发生疑问。公元前6世纪芝诺芬（Xenophanes），便切咎诗人们不应做这些"不成样子的"传说。并且大胆地宣称有些神话为"古人的寓言"。德亚更（Theagenes）（公元前520年）也说神战的神话是隐喻宇宙间各种元素的竞争，如阿波罗（Appolo）、赫利奥（Helios）、赫费斯图（Hephaestus）是火，赫拉（Hera）是空气，坡赛顿（Poseidon）是水，亚典米（Artemis）是月。从另一方面言，诸神又可说是各种道德上或智慧上的性质之表现。还有赫拉克里图（Heraclitus）也赞成隐喻说。麦托罗陀鲁（Metrodorus）且把英雄们如亚卡棉农（Agamemnon）、赫克拖（Hector）、亚岂利（Achilles）都当作元素的混合和自然界的司理者。基督教兴盛以后，异教的哲学家更多采用隐喻以解释其神灵，而避免基督教徒的攻击。以上所述以隐喻解释神话的，便名为"隐喻说"（Allegery）。这派虽比迷信者为优，但也有其短处：(1)这种解释纯粹是造作的，由于解释者个人的拟想，而非有实际的证据。(2)神话发生的时代的人们的道德观念和物质的智识，何以能为后来的解释者所知晓，而说他们是用隐喻制成神话？

另一说叫作"友赫麦鲁说"（Euhemerism），也可谓"历史说"，这是友赫麦鲁氏（Euhemerus）（公元前316年）所主张的。这说以为神话原是化装的历史。凡神话里的神都是古时的人，他们在生的事迹被后人把他铺扬改变因而变成奇谈。这说很为圣奥古士丁（St. Augustine）及其他初期基督教徒所赞成。他们所喜欢者在此说以为古时的神都是人而不是真神。希腊大神薛乌斯

(Zeus)的墓据说还存在于克里地岛(Crete Is.),又如南非洲霍屯督人(Hottentot)也能指出许多神灵的葬地并述其死时的事迹,这似乎可以为此说的佐证。但若真以为薛乌斯和霍屯督人的神 Tsui-goab 为实有其人也是不对。死人的鬼自然有受崇拜而成为神的,而其在生的事迹也变成为神话,但这种情形不过居神话中的一部分而已。故此说不能应用过度。

古时学者的解释神话大都不出于上述二说,如德亚更以为荷马(Homer)史诗中含有自然的哲学。波耳弗利(Porphyry)则以为神话中一半是出于道德的观念,一半是宗教的信仰。有的专重道德说,如亚里士多德(Aristotle)以为神话是立法者所创,以劝人为善而辅助法律的。

中古的神学家颇有赞同友赫麦鲁主义的。17 世纪的学者以神话和《圣经》有相似的地方,便以为二者同出一源。《圣经》所载是纯粹真确的,而神话则为改变形式的。巴尼耳(Abbé Banier)且把希腊的神话分析为寻常的历史。勃利安(Bryant)在 1774 年出版一本《新神话论》(*A New System, or an Analysis of Ancient Mythology*),以为古神话中处处有诺亚(Noah)避洪水的痕迹和方舟(Ark)的象征。德勃洛司(De Brosses)在 1760 年在其小书《物神崇拜论》(*Du Culte des dieux Fetiches*)中推论埃及的动物崇拜是野蛮状况的遗留物,而这种野蛮状况现在还存于尼革罗人中。这便已近于科学的见解了。

近代的神话学:以前的神话学者都阻于正统的学说,而且也困于不谙古代的文字和人类的历史。直到晚近古代的文字如梵文、埃及文、巴比伦文,方渐可通晓,古书方不再封闭,而人类文化的演进史,也由于人类学的发达而显露。新的神话学是根于下述的观念,以为人的思想及其语言是自然的,而且必定会产生出这些奇怪的古谈来。近代的神话学虽根于这个共通点,但也生出不同的派别来。一派以为神话是由于"语言的毛病"(a disease of language)而生,意谓古时的语言失去了原意后被误解而生出神话。又一派以为误解的语言不过为一小部分的原因,神话中不合理的要素实由于一种思想,这种思想在古时是很普通的,而现在则只存于蛮族和小孩中。前一派以为神话生于语言,故以语言学为工具;后一派则以神话为思想的反映,故以研究原始观念和文化人类学(cultural anthropology)为根据,以此前者可称为"语言学派"(philological school),而后者则称为"人类学派"(anthropological school)。语言学派的神话学说:语言学派的领袖是麦克斯·穆勒,其学说在其《文存》(*Selected Essays*)及《语言学讲义》(*Lectures on Language*)中发表。穆勒以为神话中有一种"愚昧的野蛮的无理的要素"。如希腊的诗人有不喜怪异及过度的性情,但他们的叙述神祇时却与此相反而使人听了都害怕,例如地米提(Demeter)的食人,乌兰奴(Uranus)的支解,克罗奴(Cronus)的食子等事,便在非洲和美洲的蛮族都罕见到。这种要素便是由语言的疾病发生的。

穆勒的神话学说起于发见雅利安系各种语言的联合,如克耳特语(Celt)、日耳曼语、梵语、波斯语(Zend)、拉丁语、希腊语都可推溯其起于一源。希腊语中一个无意义的字,在其同属雅利安系的别支语言,如梵语、波斯语中,也有其同样的字,而且可藉以推寻其意义。故如要明了踩希腊神名的起源及意义并推知其神话发生的原因,可以参考拉丁语、日耳曼语、梵语、波斯语而得解决。在希腊文中无意义的或者在梵文中有意义,例如雅典尼(Athene),是一个无意义的神名,穆勒却以为这字等于梵文里的"Ahana",意为"曙"。故雅典尼也必是曙,而所有关于雅典尼的神话,都可以解释为曙的神话。又如亚格尼(Agni)语意为火,故其神话便是火的神话。总之穆勒以为神名的原意,可由比较语言学而发见,其名常是指宇宙的现象,而神话中的愚昧野蛮及无理的要素,原是表现自然的性质。如天、地、风、雨、水、火、曙、夕等的现象。这样的解释和古时德亚更的隐喻说结果似乎相同,但其方法却大异。穆勒是根据科学的语言学方法推论神话由语言演进的各种历程,因而得到结论,不是像隐喻派只用无根据的猜想。

这说虽很巧妙,但其结果却不甚佳,其缺点如下:

1.穆勒学说的根据,在于雅利安语系的统一,属于此系的语言可用以互相参证而推究神话的原意。但这种方法应用的范围只限于雅利安语系,此外的民族,如东亚人、澳洲人、南洋群岛人、爱斯基摩人、非洲布须曼人、易洛魁印第安人(Iroquois)等的神话也有很像雅利安人的,但其语言却不相同,究竟要怎样解释?

2.即能寻到神名的原意也不能即据以说明神话,因为古时的神话常附丽于后来的神或英雄。换言之,一个神或英雄所附带的神话常有得自本身以外的。或虽知薛乌斯是天,亚格尼是火,也不能即断定凡关于薛乌斯的神话都是指天,而关于亚格尼的都是指火。这些神灵著名了以后,常承袭以前的神话,这便是所谓箭垛式的人物。故单由神名而断定神话未免太简单了。穆勒虽可以说"凡关于天的神话无不可以归于薛乌斯",但却不能说"凡关于薛乌斯的神话无不可以归于天"。野蛮民族如巴西土人奥日贝印第安人(Ojibwéy)、澳洲人等族的个人名字,常有用天体的名如天、日、云、曙等。有这种名称的个人,死后其人的传说难保不与真的天、日、云、曙相混淆,故由神名以解释神话不甚靠得住。

3.古代的人及现代蛮族对于天地日月等的观念,与文明人不同。如果寻得神名的原意,恐其意义不像我们由其字所推想的。

4.最后一条是语言学派的人对于神名的意义也不一律,例如穆勒以克罗瑙(Kronos)为"时间",但拍列勒(Preller)以为是"履行",究竟无所适从。

穆勒以为神话时代(Mythopoeic Age)的人因语言的毛病而生出神话,如由文法上的性别而生出神话中人物的性别便是如此。但这种文法上的性别，却是原始思想的遗物，因为蒙昧人对于外物都视为有人格，因有人格，故有性别，因而影响于文字。这种心理还存在于蛮族之中，故语言毛病说似乎无根据，且与语言和文化的关系不合。

  （附）斯宾塞的学说：斯宾塞（Herbert Spenser）虽不是语言学家但他的神话学说却也以语言解释神话，不过不像穆勒只根据语言一种。斯宾塞以为古人将宇宙万物拟人化（personify）是由于名字即语言的误解（mis conception）。古代的传说后来失了原意而被误解，或者古人的名也被同样误解，于是发生了拟人化的神话。他说语言的缺点，容易引起自然物的拟人化。古人的名字常就取其出生时的事物，尤常用时候及天象的名，例如澳洲土人、南美亚毕奔人（Abipoals）、北美奥日贝人多有取名为"天亮"、"日间"、"黑云"、"太阳"等。这种个人的事迹，后来如被遗忘了真相发生了误解，或者便成为真的天象的神话。譬如一个男人名为暴风雨，一个女人名为阳光，后来或者便变成真的暴风雨与太阳的神话了。如此，纯粹的自然物便成为拟人化，有人类的起源且有人类的事情。还有一种误解是起于民族来源的传说，各民族常自以为是出自某山某水，或由某处过海而来。这种传说或者传闻失实而生误解，以为由某山某水或他物来便是说其民族生自某山某水或某物。例如荷马史诗中的英雄们有自信其为某河或某山的后裔的，在这种观念中某山某水自然是具有人格的物。由于这样的遗忘及误解于是山河湖海等都变成拟人化了。斯宾塞又以为祖先崇拜是最早的宗教，而取名为日月等自然物的人，死后自然也被崇拜，故其结果关于自然的神话便由此而发生。总之，斯宾塞说："一部分由于种族发源地与种族开祖的混淆，一部分由于出生时所起的人名，又一部分则由于绰号的拘牵字面的解释，并由于对于祖先事迹的妄信，于是遂以为其族是生自山海等自然物、动植物，以及死后化成日月的古人等。例如图腾崇拜（totemism）的神话常说某民族是生自某种动物，或动物形的神。"斯宾塞说蛮族的祖先的名常有用动物名的，如熊狼山犬（美洲）等，他们的子孙忘记了真意或者便误解其祖先为真的熊狼山犬等，因之而发生对于该种动物的崇拜。

  这说的缺点在乎说蛮族一面有很大的遗忘性，一面又有很好的记忆性。斯宾塞的"神话时代"的人应当有很好的记忆性，方能记得始祖的名字及事迹。其实蛮族所记常限于近代而已，他们既无很大的记忆性，也没有过度的遗忘性。蛮族通常并不会误解人类的动物名或天象名，他们叫他们的小孩做"天亮"或"云"，他们自己取名为"坐的牛""跑的狼"，在他们心里是不会混淆的，故对于他们的祖宗之称为"太阳"或"熊"，不见得会发生误解。总之这种合并遗忘性与记忆性的说法很为怪特，而且假定人类初时头脑清楚后来由于名字（即语言）的曲解方退化而发生万物拟人化的信仰（穆勒与斯宾塞都如此）也不见得合理。

人类学派的神话学说：人类学派中如安德鲁兰格（Andrew Lang）、泰勒（E. B. Tylor）等都很著名，兹述兰氏之说于下：（泰勒说见第三章）

神话学的困难在于解释不合理的要素。例如关于宇宙天体人类动物生死等的粗野无理的起源。又如神祇的怪诞的邪恶的行为，如奸淫、盗窃、凶暴、残忍等事，诸神何故变为动物形且也会死亡，还有动植物的变化，死亡境况的可怕。这些神话都混合在一起，不易分开，其性质都是连贯的。

第一个问题便是说人类过去是否有一个时期将这些怪异不合理的事情，当作日常生活中的事件。任尼（E. W. Lane）在其所译《天方夜谭》的序文中说阿拉伯人比较我们为适于讲述故事，他们说及一个人变为马，一个妇女变为狗时，不觉有何种的不自然，较之我们的小说家构想二个人的决斗或一个人的藏匿遗嘱还少其犹豫。阿拉伯人的视魔术和精灵的动作，至少可说与欧人的视决斗或藏匿遗嘱，同为普通或可能的事。阿拉伯人的神话中的奇异的超自然的性质，便是由于这种心理。现在我们试用这说以讨论神话学的全体。文明人的神话如希腊、埃及、罗马等的神话中所述的神的事迹、人与动物植物、星辰的变化等怪诞的事，固为古代哲学家所怀疑，但以前有没有一个时代其时的人却把这些事情当作老生常谈因而造出神话？从另一方面看，文明人的神话中的不合理的事情，在现代蛮族中却常被视为合理的，在古时的野蛮人想也是一样。故文明人神话中的野蛮怪诞的要素可以说是古时野蛮祖先的遗物，而这种祖先的智识程度是和现代的澳洲人、布须曼人、印第安人、安达曼岛人（Andaman Is.）等相近的。古时希腊人、印度人、埃及人的祖先在野蛮时代发生的神话流传下来，为僧侣们所保存或集成为史诗，如荷马史诗及《婆罗门经》（Brahmanas）、《吠陀经》（Vedas）等。近代罗伯（Lobeck）曾说："古人照自己的行为和经历以构成神灵。隐喻的意义不过后人用以解释古时的神话而已，他们的神灵观念已较纯粹，但又不敢显斥其祖先的宗教，故出于此。"故神话中的无理的原素实为"遗存物"（survival），其发生时人类的思想和后来文明人不同，而是在野蛮状态中。

这说和语言说不同的地方，在乎语言说单就语言说明神话，以为神话是语言毛病的产物。这说则以为神话是某种思想状态的产物，这种思想状态是各民族都曾经过的，至于语言不过为神话发展的次因而已。

上述的人类的某种思想状态可以观察蛮族而知晓。这些蛮族便是海洋洲各岛土人、非洲土人、美洲印第安人等中间较粗野的部落。穆勒氏曾问"是否真有一个'一时的疯狂时代'（a period of temporary madness），人类都曾经过，而其疯狂的状态是南部的印度人和北部的冰岛人都相同的"？对于这问，可以答说人类都曾经过这种野蛮状态，这种状态是各处相同的，而由文明人观之确实是"疯狂状态"。有些民族还在这种疯狂状态中,有的虽已脱离,但也还未净尽。蛮族的心理状态可由于直接探究并观察其表现于风俗制度法律等而知晓。

蛮族也和文明人一样富于好奇心而喜欢知晓事物的原因,可惜他们的注意力却不足,他们急于要知晓现象的原因,只要有一条说明便满意了。他们的知识基础既薄弱,所发生的意见自然常是错误的。申言之好奇心与轻信心便是野蛮的心理状态。由于这二种心理便对于事物的现象生出解释,那便成为神话。故神话固是古代的宗教思想却也是古代的胡猜的科学。神话的基础,便是野蛮人的自己的经历。人类的求智的希望老早已存于野蛮人的心中,甚至在文化极低的澳洲人中也已经有了科学思索的胚胎。他们观于各种奇异的现象都发生疑问,因要解答疑问遂造出神话来。他们的疑问是:世界、人类及动物的起源如何?星辰何以如此排列和运动?日与月的运行怎样解释?某树何故有红花?某鸟何故尾上有黑点?部落的跳舞,或某种风俗礼式因何而起?像这样的问题甚多,蛮人的神话便是蛮人的科学。对这些问题都一一加以解答,一种解答便成为一条故事。

蛮人的构成神话一定是根据他们对于事物的观念,这便是所谓"野蛮的形而上学"(savage metaphysics)。如穆勒所说:"古人的思想不但不像我们的思想,并且也不像我们所猜拟的他们的思想。"他们的思想和我们的最大差异在于人格观的扩大。在野蛮人观之,自然界便是许多活动的具人格的物所合成的。蛮人的人格观念直推及于自然界的种种事物。一个北美洲的传教师说:"蛮人不但以人类及动物为活的,便是其他各物也都是活的。"南美安地斯(Andes)的土人以为野兽中也像人类有"卑爱斯"(piays),即巫觋。这种观念可名为"人格主义"(personalism),这是神话的一个重要条件。基督教牧师不晓得圆球形的日和月怎样被当作人类,土人们却教他说那是因为日月张起弓来故其体圆。风原是一个人,据非洲布须曼人说,后来变成一只鸟,曾有一个人看见他。史家希罗多德(Herodotus)说,古埃及人信火原是一只活的野兽。印度的宾尼亚示人(Bhinyas)自以为是风的后裔。而风以前原是人,风是最有异于人类的尚被拟人化起来。还有天空,也是极不像人的,也被当作有人格。如萨瞒伊人(Samoyeds)、印第安人、非洲祖鲁人(Zulu),都有这种神话。又如希腊、罗马和中国也还有痕迹。

在蛮人意中,天、日、海、风等不但是人,而且是野蛮人。他们的行为不像文明人所想的,而是像蛮人所拟的和自己相同的样子。

蛮人们将动物都当作有人格。一个教土说北美印第安人以为便是鱼和鹿,都是有理性的。澳洲人以为野狗也有说话的能力。不列顿(Breton)的农人以为各种鸟都会说话,并且可以解释。古英国人与阿拉伯人都有动物会说话的迷信,这可以证明这种观念的遗留于文明人中。挪威的熊被当作人一样,而萨瞒伊人和印第安人且对死熊讲话赔罪。维多利(Victoria)土人有疑难事便和土产的熊"Kur-bo-roo"商议。要从事危险的远征,便先求助于这笨大的动物,但怎样的传达意见却不传于外。印第安人有一则神话,说明熊所以不死的原因。伊奥瓦印第安人(Iowas)又有和蛇讲话的。这都可以证明蛮人信别种动物有人的智慧。他们以为人和别种动物是同等的,可以互相交换意见。不但这样,人和动物还是有关联的。爪哇土人以为妇女生了一个小孩,同时常并生一头鳄鱼。欧洲人的故事中常说皇后生一只小狗。这可以说是一种古信仰的遗留。中美阿兹特克人(Aztecs)说女人在某种境状时看见月便会生产老鼠。最能证明人与动物有密切关系的还是图腾制度(totemism),这种信仰以为某民族与某种生物或无生物,大都是动物,有密切的关系,或为其后裔,或由他们变来,或另有别种关系。这种信仰,确实见诸实际生活,如凡属同图腾的不得结婚,因为是有血统关系。凡属某图腾的便不敢杀吃为其图腾的物。蛮人又常信人类能变成动物,而死人也常有回复动物形的。

任尼在《天方夜谭》序中说,他曾在开罗(Cairo)看见土人很信这种变化的观念。墨西哥土人也以为若在行仪式或祭祀时有了失误,则怀孕的妇女会变为畜类,而睡眠的小孩会变为老鼠。苏格兰的传说中说有一回一个老巫婆变成一只兔子而被击,兔子身上某处被击,巫婆身上该处便有伤。印第安人也常有这种信仰,但不是变成兔子而却是鸟。鸟身上中了箭,但箭镞却发现在人的身上。日本人以为人会变成獾。洪都拉斯(Honduras)人能够使人变为野兽。拉柏兰(Lapland)的巫觋能变人为猫,并能自变为天鹅、鸦、鹰、鹅。布须曼人的巫觋能变为兽形如豺等。巴拉圭(Paraguay)人的巫觋据说能变为虎。在非洲近罗安达(Loanda)地方,据说有一个巫觋能变为狮,搏杀所要加害的人,然后回复人身。中美马耶人(Maya)的巫师也能变为狗猪等动物,其眼光能致人于死。婆罗洲沙劳越(Sarawak)的一根竹,据说是一个人变成的。人变为石,除希腊神话外还见于印第安人及澳洲人中。祖鲁人(Zulu)、印第安人、阿兹特克人、安达曼岛人及他族都信人死后会变为蛇或别物,很常是回复于为其始祖的动物的形状。古埃及的人常祝死人能任意变形为别物以便游行如意。(我国人说人死后回煞会变为所属的一种生相的动物。)

蛮人还有一种重大的观念便是"精灵"或"精魂"(spirits)的存在以及活人与死人的交通。在蛮人观之自然的死不是普遍的不可免的事情。"凡人都会死"这个断语,他们不大想到,照他们的意见是"凡死者都是由于意外"。自然的死常被解为术士的魔魅或恶灵的作祟。人死后还存在为"精灵",有时变为动物形,有时无形迹,有时现形如生时。蛮族的酋长及巫师最能够和精灵交通往来。如澳洲新加列顿尼亚岛(New Caledonia Is.)、新西兰、北美洲、非洲祖鲁兰(Zululand)各地的特为著称。凡有这种能力的也便是能够变化自己或别人为动物的人。他们又能驾驭天气,呼风唤雨,制造良恶的季候。

神话还有一个来源便是魔术,特别是致植物和畜产丰盛的魔术。各民族都用魔术以催促畜类的繁殖及刺激植物的生长。据佛累则(J. G. Frager)说,在仪式中用人或动物以代表植物的精灵及变迁的季候,常因而成立各种神祇并发生各种神话以解释他。像这类由魔术而发生神话的事情在弗雷泽的大著《金枝》(Golden Bough)内叙述很多。

现在我们可以将野蛮人的"人与世界的关系"这个观念总括一下。野蛮人是把天地风日等自然物都当作"人",但这些"人"究竟是怎么样的人?有怎么样的能力?由于上文所述可知其性质和能力便是:(1)和动物有关系,能变自己或别人为动物或其他。(2)有魔术能够(a)赴死人处,或致死人来;(b)其他魔术如驾驭天气,催促自然产物繁盛等事。不但如此,自然势力、人类、动物、植物、无生物既都是有人格的,便都混合错杂难以分析。以上便是蛮人的哲学。他们便根据于这些原理而造成神话,而其神话也便是他们解释宇宙万象的初步科学思想。

第二章　神话的种类

神话的种类之多,等于自然界对无智识的人类所呈献的问题。他们对于不可思议的现象,自发疑问,自己解答;所问的例如世界的起源如何?人类起源如何?生活的技术何自而生?何以有日月及星?何故有死亡?人类何以有火?每一问题的解答便成一则神话。

神话分类的标准有很多种,或依文野状态而分为文明神话、野蛮神话;或以民族为标准而分为希腊神话、埃及神话等;或依地域为标准而分为美洲神话、澳洲神话等。最好的标准还是按照上述的神话的性质而分,但这一种的分类也有几式,大都大同小异,各有短长。兹将各式融合起来另定一种于下:

1. 开辟神话(myths of creation):这一种包括天地自然物人类的起源等神话。

天地起源的问题,是各处人类同要解决的,故这种神话很为常见。各民族所说的,自然各有不同,但其根本概念颇有相似之处。大抵文化最低的民族常假定地球是先已存在的,如美洲那哇鹤族(Navaho)便这样想。其次有说的是由神人,或动物创造的,如澳洲维多利北方的土人说的是本浙耳(Pund-jel)所造的,他是"鸟形的创造者",能将小刀划开了山谷。别一族的澳洲人说的是以前先住的人类,即"古时人"(Nooralie)所造的。非洲布须曼人说创造者名卡隐(Cagn),是一只蚱蜢神,能发出命令使万物出现。有些民族说最初只有水,地是从水中出来的。如新西兰人便说地是由水中钓起来的,印第安人说地原是水中的一个小岛,其后扩大而成。卑西(Britist-Columbia)土人说,最初只有大水和一只麝鼠存在,这只麝鼠在水底觅食常将口中的泥吐弃出来,久之便成为陆地。又有说地及万物是由神或动物的身体或一个卵化成的。如埃及的神奥息里斯(Osiris)被巨人所撕裂,其尸体的各部分便成为世界的各物。斯堪的纳维亚人说最初有巨人伊麦(Ymir),被神杀死,其血成为海水,骨化为山,齿牙变为岩石,毛发变为草木。我国人也说"盘古氏死也,头为四岳,目为日月,脂膏为江海,毛发为草木"。美洲易洛魁人(Iroquois)说地是由一只鳖变成的。丁尼族人(Tinnehs)说最初由一只狗的尸体而变成万物。神话有较进一步推论,最初是黑暗或混沌的状态,其后方由无物而有物,如新西兰人便这样想。新西兰人说最初天和地是一双男女性的巨物合在一起,混沌不分,其后被其子女强为分开,于是方才开朗,而其子女便成为万物之祖。南洋群岛也常有剖分天地的神话,我国民间也说天地初时混沌不分,后被盘古氏用斧头开成。

人类的发生即在天地开辟的时候或其后。人类由泥土变成的话很常见。如新西兰人说人是由滴奇(Tiki)用红土合自己的血制成。美拉尼西亚人(Melanesians)也这样说。希腊人也说人是普罗米修斯(Prometheus),用泥土制成然后加以精气。我国人也说人是女娲氏用黄土造成的。又有说人是由其他动物变成的:如澳洲人说人是由蜥蜴变的,美洲人则说是由山犬、海狸、猿猴等变成,希腊人也说某族人是天鹅的子孙、牛的子孙等。又有说人也可以由树木岩石等变成:如澳洲人说一种产树胶树变成了人。祖鲁人说芦苇变成人。美拉尼西亚群岛人说男子是泥土做的,女人是柳条做的。中非洲土人常说人由石变成。

天地开辟以后,常有大洪水的降临及世界的重造,故这种洪水神话也可算为开辟神话的一部分。这种神话大都说神因人类犯罪,故降洪水来罚他们。这种神话见于很多民族,如希伯来人、海洋洲各岛人等。中国的夏禹王治水也是这种神话。有人说这种神话的发生是由于古时很多地方都有过大洪水。

2. 自然神话(myths of nature):这一种包含各种自然物及自然现象的神话。

这一类中最常见者为日和月的神话。日和月的神话常连在一起,大都被拟为人,日为男月为女,其关系为夫妇或兄妹。但也有反过来的。又有两者同为男或同为女的。爱斯基摩人说月是女人被日(男人)将灰撒在她面上。安达曼人说日是月的妻,印度人说月是日的妻,因她不忠实故被她的丈夫劈为两半,但有时也使她得圆满而吐艳。安达曼人说月的白色是将白土涂身,这是因为他们土人有这种风俗。印第安人说日与月都是人。其形所以会圆是因为他们张满了弓。蛮族又有说日月是别种动物的,如新西兰人及北美洲人便说日是野兽可以用陷机猎获。我国人也有金乌玉兔的想象。日月还有各种现象如日月蚀,日的出没,月的盈亏,月面的斑点等都引起了许多神话来说明它。月面上的兔形斑纹曾引起了许多民族的想象,如日耳曼人、墨西哥人、非洲霍屯督人、锡兰僧伽黎人(Singhalese)、中国人等都有这种神话。

  星的神话也很常见,有独立的,也有和日月的神话相连的。特别在有占星术或以星纪时的民族中尤为发达。星也是被拟为人类或动物。澳洲人说金牛宫的七曜星是女子,双子座的二星在古希腊人和澳洲人都说是二个青年人。大熊星在美洲土人看来便是真的熊。爱斯基摩人说有许多星是他们的祖先。埃及人也指某星为他们的神奥息里斯(Osiris)和伊息斯(Isis)。希腊的亚里斯多芬(Aristophanes)在其书中也说其时的希腊人还信人会变为星,现在非洲的布须曼人也这样想。印度神话也说人有变为星的,我国人以二十八宿为二十八种动物,又是二十八个古时的人。此外还有天罡星、地煞星等都是关于星的神话。星的神话和日月相连的常以星为月或日的儿子,因某种缘故常随月而不随日云。

  此外关于风、雨、雷、电、霜、雪、虹、霓,都有神话,还有地上的河、海、山岳、岩石等,也都有说明,便是自然的原素,和水、火等的来源,也在这一类神话的范围内。

  季候或时间也有神话,如寒暑二季常被拟为司气候的神灵,游行别处经半年方回来。又如关于年节,也常有其司理的神,这种"司年的神"(year spirit)的神话,又常和仪式风俗连合起来。

  3. 神怪神话:这一类包含神祇与妖怪二种,因为他们同是超自然的东西,性质相近无确切的界限。

  (1)神祇神话(myths of gods):神的出生,或别种起源,家族关系,神的朝代的禅递都有神话说明它。至于神的行事如管理世界,赏罚人类,以及神与神的战争交际等事,更为神话的好题材。

  (2)妖怪神话(myths of demons and monsters):人类除信奉威力强大的神外,还信有些威力较小的超自然物(supernatural beings)。他们常拟想山林或僻静的地方,有可怖的妖怪,因而生出许多神话来叙述它。这种妖怪的身体,有动物、人形种种,变化不定,很有魔力。例如河水池塘中常说有水怪,山中有山魈,人家有狐妖、夜猩子、五通等。妖怪常能发生灾祸于人类,故诛斩或制服妖怪为神或英雄们的重大功绩,因之又有许多神话来铺述它。

  4. 死亡灵魂及冥界神话:这一类所包括的三者是一串的:

  (1)死亡神话(myths of death):原始人类很少将死亡当作自然的事情,他们以为人类本来是不死的;后来因特别的事故,人类方变成会死的。这种说明死的起源的神话很多。神话中所说死亡的原因,有说是某种禁忌的破坏的;如新西兰人说古英雄马威(Maui)不曾正式受洗,故会致死,而后来的人,便跟了他的例了,又澳洲人说古时一株树上有一只蝙蝠人不敢近,其后有一个女人犯了这个禁忌,于是人类便会死了。古希腊人说,人本来无病故不会死,其后因误开了一个神秘的盒,故变成会死。

(2)灵魂神话(myths of soul):人死以后,其灵魂的行事,也成了很多神话。人的灵魂便是所谓鬼(Ghost)。鬼对于人据说有很大的影响,他们能祸福人,故很被人类崇奉。至于祖宗的鬼,更为祖先崇拜的原因。

(3)冥界神话(myths of the other-world):鬼魂虽有些是杂居人世的,但据说他们也有一个世界,即所谓阴间。阴间的所在,各民族或以为是在地下,或以为是在天上,或说在日没的地方,或说在远处的孤岛。阴间的情形,各民族所说也不同,但却同为人世的反映,某族所说的阴间情形便像某族的现状。各民族常有阴间旅行的神话,叙述灵魂在阴间的旅行,又有再加以死后裁判赏善罚恶等话头的,便更为繁复了。

5.动植物神话(myths of animals and plants):动植物全体的起源,常在开辟神话中述及。例如印度神话说初时有大神普鲁沙(Purusha)独自存在,他分了自己的身成为一对男女传了人类,女的自己以为是乱伦,故变为别种雌的动物,但男的也跟他而变为那种雄的动物,又生育了那种动物;照这样变了很多回的动物,便传了现在世界上所有的动物了。某一种动物的来源或其身体的形状、色彩、声音、习惯的原因等,也常有神话解释它,又动植物常有被拟为人类的祖先或亲属的,这便是所谓图腾崇拜。这一种的神话,和人类起源的神话,也常合而为一。还有以某个动植物为神而叙述其行事的,如非洲的蚱蜢神便是;这一种和神的神话也混淆。此外还有以某个动植物为主人公把它当作有人类的性情及思想,而叙述一件故事的,这一种是较为纯粹的动植物神话。在文明人观之,虽近于寓言,但在原始人观之,却未必不以为是真确的事迹。

6.风俗神话(myths of customs):这一类包括社会制度与生活技术二种,前者是精神方面的风俗,后者是物质方面的风俗。

(1)社会制度神话(myths of social institution):社会的各种制度,如婚姻、法典、族制、仪式等,常有神话说明其出自神祇或英雄,并有其他神话叙述破坏风俗者的受罚以禁人犯它。

(2)生活技术神话(myths of the arts of life):人类的生活技术,常归于神或古时的几个"文化英雄"(culture-hero)的发明。例如希腊人说火是普罗米修斯(Prometheus)由天上偷下来的,我国人说燧人氏教民钻木取火,有巢氏教民构木为巢等话都是。

7.历史神话(myths of historical events):历史和神话的界限,常不很分明。有些神话,实是根于历史的事实,不过加上神话的色彩,以致惝恍迷离、疑真疑假。例如希腊神话中特洛伊城(Troy)之围攻,现在已被承认为史实;又如亚历山大王(Alexander the Great)与查理曼大帝(Charles the Great)后来也成为神话中的中心人物。我国的古史如三皇、五帝,以至三代的故实,不知包含多少神话的要素,甚至后世一二千年来,也常有神话附会于历史上的事实。例如每朝开基的皇帝常有诞生或来历的神话,特出的人物如武将僧道们,死后也常有神话附于他们的名字上。

8.英雄或传奇神话(myths of romances and heroes):属这一类的是比较有传奇性的一篇故事,叙述某个英雄的行为,这种英雄大都无历史的根据,但在民众中也常被信为实有的人物。希腊、印度的史诗中,便常有这种神话。

据哈恩氏(Von Hahn)的研究这类神话,可分为十二种如下:

(1)禁忌式:一个新妇或新郎因犯了某种禁忌而致死,这一种和死的起源神话有关。

(2)贞妇式(penelope formula):丈夫出门多年归家后妻还守节在家。

(3)防灾式:一个人因欲避免预知的灾难而行某事。

(4)逃难式:逃避食人肉俗,杀人祭神,或奸淫等事,常借助于动物。

(5)脱离魔怪式:男或女脱离为妖魔或妖巫的父亲或丈夫。

(6)诛斩怪物式:一个男士杀死了某个怪物。

(7)最幼成功式:一群兄弟中最小者冒险成功为一家之主。

(8)竞赛得妻式:冒险成功者获得赌赛的妻。

(9)动物报恩式:某只动物因受了某人的恩,其后设法帮助其人以报其恩。

(10)勇士历险式:一个勇士带了"千里眼"、"顺风耳"一类的奇异从人经历险事。

(11)鬼怪受骗式:鬼怪被人的双关语所骗跟了他走。

(12)英雄游地府式:英雄降入冥界游历。

兰格氏再增二种如下。

(13)假新妇式(the false bride):假新妇有为动物者。

(14)怪胎式:女人产生禽兽等别物。

第三章 神话的比较研究(以自然神话为例)

泰勒说:科学的神话解释,有赖于类似点的比较(comparison of similar cases)。神话的例多,则证据也充实。解释神话所根据的原则,其实不多而且简单。整理各地方的相类似的神话,将他们排列为比较的群,便可由神话中寻出有规则的想象历程之运行。孤立的一件故事虽是很为奇异,其实也是出自人类的一致的心理。故神话实是比历史更为一致。

  古代及现代都有些民族,他们的思想还属于神话发展的状态,不但保存他们古来神话的意识,还存留着制造神话的习惯。这种蛮族自远古以至于现在,都生活于"神话制造"的心理状态中。自来解释神话者每不注意这点,故把这种蛮族的简陋的哲学都埋没了。申说一句,神话是起于远古以前的野蛮状态中,现在还保留于比较粗野离开原始状态不很远的民族,至于较为高等的民族,也将他当作祖先的遗物,而承袭下来。我们若比较各民族的神话的幻想以寻出他们的共同思想,将见我们高等民族的幼稚时代也是同样在神话的世界中。低等民族的神话实是最初步最粗陋的,故也可将他们代表人类的幼稚状态。由此言之,民族学与比较神话学在此正好合作。蛮族的神话如果是初步的神话,而高等民族的神话,也是同出一源,不过其技术较为进步,然则研究神话自当始自蛮族的神话了。

  总之,泰勒以为:

  1. 神话的研究,当比较各民族的类似的神话以发现其根本思想,单只一条孤立的神话是不易发现什么的。

  2. 神话的根本思想在蛮族神话中比较高等的神话易于寻出,因为蛮族的神话比较简单,技术未进,离开原始状态不远。以此高等的神话的意义可以由比较蛮族的相类的神话而知晓。这种比较研究法是人类学派所主张的,而人类学派又是神话解释家中最盛的一派,故详举于此以为研究的例。

  以下便以自然神话为例,应用上述的比较研究法,推求神话的意义。

  第一,先论天地的神话。这个穹窿在上的天和产生万物的地,很久以来在人类的心里便似乎是世界的父母,而人类、动植物等,都是他俩的子孙。各民族神话中表现这种意见最明显有趣的莫过于新西兰毛利人(Maori)的开辟神话(详见下文神话实例章)。毛利人这条神话虽是不久以前还流行的,但其性质却与同时存在的石器及麻纤维衣服同其古旧,比起古埃及的铜斧和绢衣还古旧一层。所以这种造神话的毛利人的心理至少和二千五百年前的希腊诗人或更古的巴比伦人、埃及人是在相等的状态。神话制造者既以天地为产生万物的父母,自然想到他俩以前是合居一处后来方离开。除毛利人的神话外,如我国的神话也说:"元气濛鸿,萌芽兹始,遂分天地,肇立乾坤,启阴感阳,分布元气,乃孕中和,是为人也……"(五运历年记)"天地混沌如鸡子,盘古生其中,万八千岁天地开辟,阳清为天,阴浊为地……"(三五历记)民间更有盘古氏用斧头开辟天地的传说,这更和毛利人所说的树林的神倒栽身子硬将天地撑开之说相似了。

  地为母亲的观念更为简显,所以也比天为父亲的观念更为普通。在美洲土人中,地母(Earth-Mother)是神话中的一个重要人物。秘鲁土人称他为妈妈巴查(Mama-Pacha),意为母亲地。巴西的卡立勃人(Caribs),当地震时便说是他们的母亲地跳舞,叫人们也要跟她跳舞作乐,土人们便真的照此做。北美的戈曼折族(Comanches)叫地为母亲,叫大精灵(Great Spirit)为父亲。萧泥族(Shawnee)虽不是以天而是以日为父,但也同样以地为母,以坐在地上为休息在她的怀中。墨西哥阿兹特克族(Aztecs)也祈祷说战士们死后得被可爱的父母日与地欢迎接引。除这些美洲人以外,如芬人、拉伯人、爱沙尼亚人都以地母为尊崇的人格。英国人在盎格鲁撒克逊民族时代对地说"嚎,尔地,人的母亲";又英国人又以为亚当的母亲便是地。印度的《吠陀经》说人"有二大父母",一位是 Dyaushpitar(＝Jupiter),即天父,一位是 Prthivi Mātar,即地母。在婆罗门教的结婚仪式中新郎须对新妇说:"我是天,尔是地,我们来结婚罢。"古希腊人称薛乌斯(Zeus)与狄米特(Demeter)为夫妇,也便是指天地为配偶。我国人也有天父地母之说,以天为乾为阳,以地为坤为阴,都是此意。由于以上的比较,可见天地的神话大都是出于很自然的思想,这种思想是各民族大都相同的。

　　其次论到日月的神话。在原始的思想中日与月大都是活的东西而且有人性。他俩又常是一男一女,不过谁男谁女以及他俩的关系却不一定。有时又是同性的二男或二女。爱斯基摩人说初时日与月同是人,月是兄日是妹,兄对妹求爱,妹误掌兄的嘴巴因而逃走,兄便追去,两人走到了地的尽头跳入空中便成为日月,仍然飞跑不停。月的一边有时黑了,那便是他的被打黑了的嘴巴转向地面被人类看见。北美亚耳贡钦族人(Algonquin)曾告诉一位传教师说,日是夫月是妇。日在日间跑路,月则在夜间。月蚀是因为她抱她的孩子,被孩子遮蔽了她的身体,日蚀也是因为有时抱了孩子的缘故。日月既会抱孩子,为什么不见他俩的手,据说那是因为他俩常时都拿了开满的弓,故人们只见到他俩是圆形的东西。奥塔瓦族印第安人(Otta wa)说,曾有二个人到天上去,看见月出来,月是一个老女人,有白色的面貌和温和的态度,月对他们很好意地讲话,又引他们见她的兄弟日,日带他们行走,又送他们回家,并允给他们快乐的命运。古埃及神话中的大神奥息里斯(Osiris)和伊息斯(Isis)同时是兄妹,又是夫妻。又如秘鲁印卡族(Inca)的日与月,即 Ynti 与 Quilla 也是兄妹结婚的,为印卡人的祖宗。以上是以日月为一男一女的。此外也有说是同性的,如马来半岛人有一段日月神话说日与月都是女人,星是月的小孩。其初,日也有同样多的小孩,因为恐怕人类当不起太多的光热,她们相约各人都把自己的小孩吃净。月背约把自己的小孩藏起来,日则照约把自己的吞食了。日一看见,大怒,要杀死月,月向前飞逃,日便紧紧追赶,至今还是不息。有时月几乎被日追到而吞噬,这便是月蚀的缘故。每天当日要追到的时候,月把星们藏起来,到了夜间日离开远了，方叫他们出来。又如墨西哥土人说，日原是一个英雄，他因见世界黑暗便跳入火内自焚成了神道，飞升起来，便变为太阳，其名是 Tonatiuh。继之有别位英雄也跳入火里，但因火焰已衰，故成为不甚光亮的月，其名为 Metztli。以上两则虽不是以日月为有性的关系，但也把他们当作有人格的东西。可见这种人格化的原则在日月神话中很为普通。

此外有些神话将日当作一个更大的神物的身上一部分。在爪哇和苏门答腊日的名是 Mata-ari，在马达加斯加称为 Maso-andro，其意都是"昼的眼"。我们如要懂得这个名词的意义，可以参考新西兰人的神话。据他们说英雄马威（Maui）曾将他的眼放在天空成为太阳，而他的两个儿子的眼则成为晨星与夕星。欧洲 Orphic 的诗，也说约弗（Jove）是世界的统治者，也即是世界本身，他的头成为天，眼成为日。印度《吠陀经》中说，日是米突拉（Mitra）的眼。波斯祆教人说日是大神阿胡拉马兹达（Ahura-Mazda）的眼。古希腊赫西奥（Hesiod）的神话说日是薛乌斯的无所不见的眼。古日耳曼人说日是大神沃旦（Wuotan）的眼。我国古书也说"昔盘古氏之死也，头为四岳，目为日月……"

日月蚀在不明天文学的民族看来，常当作奇异的灾祸，故有许多神话说明它。如南美奇岐托人（Chiquitos）说月蚀是因为月被大狗所咬噬，其红光便是流出的血，人们须大声喊叫射箭天空方能赶走大狗。同洲的卡立勃人（Caribs）和秘鲁土人都有相类的神话。又如图毕族（Tupi）的语言称日蚀为"日被虎吃"，并用叫喊射箭以赶走这美洲虎。印度人说有两个怪物名 Rahu 和 Ketu，一个吞日，一个吞月，一个是黑的，一个是红的。天神因陀罗（Indra）曾用雷击破 Rhu 的腹，故他虽能吞噬日却每被漏脱。蒙古人也用粗大的乐器声以驱走吞噬日月的怪物 Aracho。我国人也以为日月蚀是因被怪物所噬，故用锣鼓声吓走他。暹罗人说能够预测日月蚀的时期及分量是因为晓得怪物的食时以及它饥饿的程度。以上所举的都是以"蚀的怪物"（eclipse-monster）为蚀的原因。其次有一种以日月蚀为由于自身的状态者，如卡立勃人说，月蚀是由于饥饿害病，甚或要死。秘鲁人说日蚀是由于太阳发怒自掩其面，而月蚀是由于害病变黑。胡仑人（Hurons）也说月会害病，而人与狗的叫喊能使他复元。还有一种稍近于科学的解释，这便是说日月蚀是由于日月的交互影响，如苦马拿（Cumana）土人说日和月两夫妇反目，一个受伤了。而奥贝贝人（Ojibwas）也这样说，故要用喧叫的声以解散他俩；阿兹特克人（Aztecs）颇精于天文学，晓得日月相影响，但也保存旧思想，而以神话解释日月蚀。苏门答腊人也说日月蚀是互相影响的，故用喧呼声和乐器声以阻止他俩的互相吞噬。非洲人也以为日蚀是由于日被月吞。

太阳的西落即昼夜的递嬗，或光明与黑暗的竞争常被解为昼被夜吞噬了又再逃出。这与夏被冬所幽囚，日月被怪物吞吃是同样的见解。这种观念常构成为神话,叙述某英雄或女人被怪物吞噬了又被吐出或漏出。例如毛利人说英雄马威一生行了许多伟迹,最后要去克服夜的大女儿 Hine-nui-te-po,不意反被吞噬;马威的性质很像太阳,故这段英雄故事便是昼夜的神话。缅甸的喀连人(Karen)说,达伊哇(Ta-Ywa)的身体被太阳吹到极大,头抵天上,他漫游世界时曾被一只大蛇吞吃下去。又再脱逃出来。北美洲亚尔贡钦族的神话中曼那薄左(Manabozhe),是一个有太阳性质的英雄,他的兄弟是西方的神 Ning-gah-be-ar-noug Manito,便是西方日落地方,死人之国的神曼那薄左曾追逐他的父亲西方,越山过水直至世界的尽头,终不曾追上。他又有一回钓鱼王,反被鱼王将他连小艇等物都吞了,他在鱼腹内敲打鱼的心脏使他呕吐,又将小艇梗在鱼的喉口,将它弄死了,然后走出来。南非洲人也常有相类的神话说全世界都被怪物夜囚了后来方被曙日释放。祖鲁人(Zulu)说一个肥胀有须而蹲踞的怪物吞了国王、人民以及牛狗等,只有一个战士不曾被吞,他反杀死了这怪物放出人及动物等。当这些囚虏被释放出来脱离黑暗重见光明时,他们叫起来了,最初是鸡啼道:"咯咯鲁咯(Kuku-luku),我看见世界了!"鸡出来后,一个人出来道:"哈!我终究看见世界了!"这样一个一个的出来。这种情形岂不很像天亮时人畜的情状吗?吞噬白昼的怪物有时又即是阴间,例如斯堪的纳维亚的神话说埃勒(EÏrek)向乐园旅行去,经过一条石桥,有一只龙守住,他进入龙的胃内,发见里面原来是一个世界。又如上面所说的毛利人神话中吞吃马威的夜的大女儿也便是阴间的死神,故马威死了便判定了人类必死的命运。昼夜的神话又有更为拟人化的,将昼夜全当作人。如俄罗斯的民间神话说美丽的华丝利沙(Vasilissa)被继母和两个姊妹用计差遣她到神巫巴巴耶卡(Bāba Yagā)处讨取光明。她路上经过森林,行时害怕,颤慄起来,忽见有一个骑马的人过去,人是白的,甲胄也是白的,坐骑也是白的,连马具也是白的。天也亮了,她再前行,忽又见一个人骑马过去,人和马全是红的。太阳升起来了,她跑了一天,傍晚到了神巫的所在,忽然看见一个全体黑色的人骑在黑马上,跑到神巫的门前,突然不见,像沉入地下一样,那时便入夜了。她便叩问神巫所遇三人是谁,神巫说:"那白色的是我的白昼,红色的是我的太阳,黑色的是我的黑夜;他们都是我的好友。"我国有夸父追日的神话,这个夸父恐怕也是昼的拟人化。夜与阴间既然拟人化,而太阳每日必西落,人类死后也必进入阴间,然则夜与阴间的入口自然也成为特别的东西而发生神话。故如梵文中"日夕"一字称为"夜的口"(Rajanimukha)。斯堪的纳维亚人说死神 Hel,有一个大张的口,像他的兄弟吞月的狼一样。非洲金海岸(Gold Coast)的黑人说,天上有门,每日开给太阳通过。希腊人说阴间有门。犹太人也说有一个 Sheol 的门。缅甸的喀连人说在西方有二层大岩石,按时开闭,太阳西落时便通过这岩隙。我国人说日入崦嵫,似乎也是这种交界的地方。

月的盈亏也构成了许多神话。喜马拉雅山的喀谢人(Khasias)说,月亮每个月一次和他的岳母通奸,她每次都将灰撒在他面上。斯拉夫人的神话也说月是夜间的王,又是日的丈夫,他很不忠实的和晨星通奸,故被裂为两半。野蛮的思想家更将月的圆缺与人的命运相比,例如南非那马瓜土人(Namaqua)说月曾差兔子告诉人类说:"像我一样的死了再活。"但这兔子却说错了,道:"像我一样的死,不要再活。"兔子回去复命,月大怒将石斧击破它的唇,兔子抓了月的面,故疤纹至今还在。而那马瓜的土人也不敢吃兔子的肉,因为它是凶物。与此相似的有斐济岛(Fiji)的神话,据说以前月和鼠二神争论人类的命运,月说人应当像他一样死了再活;鼠神却反对说:"人应当像鼠一样死了便完了。"鼠神争胜,故人类的死的命运也定了。

星的神话常有与日月联在一起的已见上文。此外还有些独立的神话。蛮人常把单颗的星或星的群当作天上的活物,或者原来是地上的人。澳洲土人以为猎户座的群里是一队跳舞的青年,他们叫木星为"昼的足"(Ginaboug-Bearp),以为是"古精灵"的领袖,他们在人类之前曾住过地球,后来方升上天空。爱斯基摩人也称猎户座的群星为"失去的人"(lost ones),说他们以前是猎海狗的,失道不得归家,故变为星。北美印第安人叫昴宿为"跳舞者",晨星为"引昼者"。印度孟加尔的喀谢人(Kasia)也说星以前都是人,他们爬到树顶上,树干被下面的人砍断了,故他们永远留在上面。由于这样的比较很可明了文明民族的关于星的古迷信。如欧洲中古时和占星术混合的迷信有所谓"星鬼魂"(Star-Souls)、"星天使"(Star-Angels)。又如我国也有二十八宿等神话。天上星群合成的一条长带,常被想象为天上的道路。如巴须陀人(Basutos)说是"神的路"。奥即人(Ojis)说是"精魂的路"。北美土人也说是"生命主宰的路"(path of the master of life)、"精灵的路"、"灵魂的路"。欧洲立陶宛人又说是"鸟的路"。据说善人的灵魂变化为鸟,过了此路便到快乐的地方去住。西班牙人说是"山爹哥的路"(Road of Santiago)。土耳其人称为"参拜者的路"(Pilgrinis Road)。我国人称之为银河,也是将他当作道路一类。

风虽不是显然具体的东西,在神话中也常被拟人化起来。新西兰土人说马威能够驾取别种的风或将他们封闭在他们的洞穴内,只有西风,不曾给他捉到,且也寻不出他的洞穴。欧洲古时也有这种囚风于洞穴内的神话。人类常把方向分为四处,故也自然将风分为四种,而在神话中便将他们当作四个人或四个活物。如美洲人便有这种神话,据说西风名为 Kabeyun,是诸风之父,Malbun 是东风,Shawondasee 是南风,Kabibonokka 是北风。此外还有一个风,名 Manabo zho,是西北风,为西风的私生子。凶暴的北风空费气力赶不掉在温暖的冬窠内的潜水鸟,懒惰的南风也叹息草场姑娘满头映日的发变成了白色。印度《吠陀经》史诗曾叙述暴风马律(Maruts)撕毁森林的王并使岩石战栗。

雷在神话中常被当作鸟一类的东西。如美洲有"雷鸟"(Thunder-bird)的传说,据说它是大神马尼突(Manitu)的鸟,或者便是他的化身。如亚辛尼奔人(Assiniboins)便晓得它的住所又曾看见它。又如凡古哇岛(Vancouver)的土人也说有一种巨鸟名Tootooch,住在远地高处,其拍翅的声便是雷声,其舌便是闪电。古时曾有四只这种雷鸟,它们是吃鲸的,其后有大神Quawteaht凭附在一只鲸的身上引诱雷鸟,抓住了他,便向水底沉下,将三只雷鸟淹死了,只有一只逃脱,存留至今。这段神话大约是说雷是由四方的一方发生的。又有大科达族(Dakota)也说雷是一种鸟,故极迅速。每次雷声的头一声是老鸟所发,其后的延续的音是许多小鸟所发的。恶作剧的雷都是小鸟所发,像年轻的人不听老人的话一样。老雷鸟善良聪明不作恶事。在中美也说有一种鸟名霍克(Voc),是暴风的神胡拉干(Hurakan)的使者。此外在南美的卡立勃人、巴西人,非洲的贝川那人(Bechuanas)、巴须陀人(Basutos)、缅甸的喀连人都有雷鸟一类的神话。又如我国人也以雷公的形为具鸟嘴鸟爪和双翅。雷和鸟的发生关系大约因为雷是空中所发,而空中又是鸟的世界或被人类联想为一起。

虹常被想象为活的怪物。新西兰的神话说暴风雨与森林战争时,虹咬住森林的神以毁灭他。喀连人说虹是鬼怪,以为虹能吞人,人被他吞便暴毙了。凡人如暴死、跌死、淹死,或被野兽咬死的都是因为虹已经吃了他的灵魂。虹吃了人他便口渴须奔到地面喝水。故土人如看见了虹便叫道:"虹下来喝水了,大家小心恐怕有人要丧命呀!"小孩在外面游戏的便须停止。而虹出现后,如有人暴毙,大家便说虹吃了人了。非洲祖鲁人(Zulu)也说虹和蛇在一起,有虹便有蛇。他如近地面便是要喝池塘内的水,人不敢在池塘内浴身,因为恐怕有虹在内而被他捉去。虹会伤害人,他如触着了人,人便有凶事。又如非洲西部达荷美(Dahome)人说天上的蛇名旦(Danh),便是虹。

海上的龙卷也被解释为巨人或海怪。我国人及日本人都说它是龙,故称为龙卷。欧洲古时也以为是龙,阿拉伯人在神话中也说:"海水汹涌起来,一条大黑柱从海中出来直上到天空,原来是一只巨大的怪物。"非洲东部土人信有一种海蛇,其实便是指龙卷,他们说:"这种海蛇有时出现,上升于天,特别在大雨的时候出现。"

沙漠中的沙柱(sand pillar)与海上的龙卷性质相近,故也被想象为怪物,如阿拉伯人说那是妖怪在逃走之状,东非洲的土人也称它为怪物(P'hepo)。

地震的神话常说地是由巨大的怪人或怪物负住,他们有时因失慎或嬉戏或发怒等事而致地摇动起来。这种"负地者"(earthbearer)的神话很不为少。如太平洋中东干岛(Tongan)人说地是由马威(Maui)伏身负住,他有时要稍为转换姿势便发生了地震。故地震时,人们便以杖叩地,并大声叫喊以使他静伏。南美洲乞勃茶人(Chibchas)也说,地震是由于负地的神 Chibchacum 要换肩,故致摇动。以上的负地者都是人。此外如西里伯(Celebes 人)以为,负地的是一只猪,它有时靠树身摩擦去痒故致地震。北美的印第安人以为地震是由于负地的龟转动身子。此外还有印度人所说的负地的象,蒙古喇嘛的负地的蛙,回教徒的负地的牛。他们身子的摇动都能发生地震。日本人也说负地的是鲸,我国人也有负地的牛或鼍的传说。这种神话有时却得有实物的证据,可惜解错了。这便是地下发现出来的古时大动物的骨骼,例如西伯利亚土人常得有猛犸的骨骼,使他们更信地下有巨大的动物,而担心于这些动物的摇动。

第四章　各民族神话概略

1. 海洋洲

（1）坡里尼西亚群岛神话：坡里尼西亚各岛大都有简单的神话,叙述天、地、日、月、植、动等物,由某神创造而成。如萨摩亚岛(Samoa)土人说:"初时神们住在天上,其下只有茫茫的大海。一个神投下一块石头,这石头便变为世界。有些天神落下来住。以后便也生出人来。"这些神话之中最常被人征引的是半神的英雄马威的事迹。各岛土人几乎都有一则马威神话,其内容略有差异。

（2）美拉尼西亚群岛神话：美拉尼西亚与坡里尼西亚不同,几乎全无开辟神话。除了少数的例外,美拉尼西亚人只以土地为从来便是如此的。其例外的一条说最初只有大海,其后一条海蛇由海中唤出陆地来。但这条神话也见于坡里尼亚、密克罗尼西亚和印度尼西亚。其他的起源神话则说人类是直接或间接由鸟、血液或甘蔗变成。美拉尼西亚神话的一种特点是在一条神话中叙述二个英雄,其一聪明而仁爱,又其一则愚蠢而邪恶。美拉尼西亚的神话中有两种要素,一是巴布亚(Papuan)的,一是美拉尼西亚本系的。

（3）印度尼西亚群岛神话：印度尼西亚的神话要素更为复杂,因为这里的人种有尼革利陀人(Negrito)、印度尼西亚人、马来人,还有阿拉伯人、印度人等。这里最普遍最特殊的神话是以"鼠鹿"(Moure-Deer)、眼镜猿及龟为中心的"欺骗神话"。以"鼠鹿"为主的盛于婆罗洲、爪哇、苏门答腊、马来半岛,在西里伯及哈马赫拉(Halmahera),则同样的事迹改归于猿,又有归于龟的。这种神话大抵先述一种欺骗的事,其后引起仇恨和追逐,其事件依地方而有异。

（4）澳洲神话：澳洲神话和美拉尼西亚神话相像,这尤以澳洲东南部为然。

这里有"天鹅处女"及"箭链"的神话,而且动物神话也最多,开辟神话也有。澳洲神话的特点在乎叙述个人习惯记号、动物叫声等的起源。

2. 非洲土人的神话

(1)布须曼人(Bushman):住在非洲南部。他们神话中最大的神是一种昆虫名为"曼的"(Mantis),其神号为卡隐(Cagnor Ikagen),有时被尊为善神。他有一个妻,一个义女,义女的本父是吞食者,义女有一个儿子名伊支纽蒙(I Chneumon)。曼的由他的鞋创成月亮。曼的曾和一只猫打仗,被战败了。曼的又曾被一个怪物吞下,但又被呕出来。曼的又曾被象吞入腹内,他却践破了象的喉把它弄死。天上的东西都是神,曼的又是创造者,曾发令使万物出现。他用杖打死了蛇,然后将它们变化为人。布须曼人的神虽是动物形,但都有人性和魔力。

(2)霍屯督人(Hottentot)、那马人(Namas):也住在非洲南部。神话中最大的神是珠伊瓜姆(Tsui-Goam),据说是一个已死的巫师,又是这族人的开祖。他常和另一个大神高纳(Gaunab)战争。珠伊瓜姆住"红天",高纳住"黑天"。邻近的那马族另有一个大神名为黑支埃毕(Heitsi Eibib),其墓还存在,过者必致敬。他和许多动物有关系,这些动物的习惯据说是由他的诅咒而发生的。黑支埃毕由牛而生,一说其母是一个处女,因尝某种特殊的植物而有孕。上述的三神不论其来源是自然物或已故的巫师,他们都已被崇拜为非自然的人物,具有巫师的能力。

(3)祖鲁人:也住在南部。祖鲁人崇拜祖先,其祖先现形则为蛇。他们说温古仑古鲁(Unkulunkulu)是始祖,又是创造者,至少也是造人的。他们说有一种"雷鸟"(thunder bird),能发雷,有时会现形,也会被人打死,有红嘴红脚和短的红尾。这鸟被天上的巫师烹煮取油以搽身并擦"电棒"。祖鲁人太崇敬其祖先的鬼,故反少有神话,其鬼虽是蛇形却有人性。

(4)尼革罗人:住非洲大部分地方。信灵物崇拜(fetishism)。"灵物"(fetish)是一件自然物或人工物,保护全族的祖先的魂有凭附其上的。这种信仰很为深固,故基督教或回教的传教师所教给他们的教理,也被附会于这种信仰中。这种信仰特别盛行于西部。住在东部大湖旁的班图族(Bantu)信图腾崇拜(totemism),行图腾氏族制,各族的人自信出于某种动物,不敢杀食该动物,不敢和同图腾的人结婚。东非洲和马达加斯加也是这样。

3. 北美洲印第安人的神话

印第安人的神话比较别族特富于开辟及洪水的神话。讲人类起源的神话非常的多,有些很像亚洲和欧洲的,有些则很特殊。各族的开辟神话有很相异的。有些说神创造天地,有些则说神不过发现了他,有些又说神从地下带领人类上来。有一部分的神话说"众人的父"(All Father),即太阳,创造了天地,使云变成雨,因而有海。在北美神话中蛇和鸟有时很神秘的连合为一,鹰很被崇敬,蛇有时被视为电光的象征,因其迅速蜿蜒倏发倏止的动作很为相类。蛇的闪烁的眼光与其聪慧的习惯也使他以智慧见称,并被拟为有魔力。亚尔贡钦族信电光为创造者马尼突(Manito)吐出来的蛇,其所击死的树上必留有其蟠缠的迹云。波尼(Pawnees)族说电光是蛇的吞吐的舌尖,因为夏天的雨能润湿田土,故放电的蛇被崇拜为收获的神,但因他又是暴雨及大水的前驱,故也很被畏惧。美洲神话中也常有教人以生活技术等的"英雄神",也不晓得他们究竟是历史的人物或神话的人物。亚尔贡钦族有一个大兔神是风的管理者,图画字的发明人,甚且是世界的创造者及保护者。在秋天还未冬眠的时候,他装满了烟管,吸起烟来,烟气腾起而成为云雾。克里克族(Creeks)的大神名Esangetuh Emissee,意为"呼吸的主者",这名的音便是出气的声;他又是风神,因为呼吸的气与风是一样的,而蛮人也很常以风为呼吸及生命的根源。北美洲又富于雷神的神话。大科达族(Dakota)崇奉一个神称为Waukheon,即"雷鸟",这神常和水神Unktahe争斗,水神是一个狡猾的术士,兼司睡梦与巫术。

4. 拉丁美洲神话

中美的文化由于马耶人(Maya)发展而成。墨西哥的大神圭察戈突(Quetzalcoatl),原意为"有羽的蛇",他不但是"太阳的人",并且是风的神。这个神源于马耶人的Kukulcan,本来还有雷神之意。在中美热带地方中午的太阳引云绕其周围很像蛇形,由此而发生雷电及雨,故构成如上的信仰。此外还有Itgamna,是月神,又是诸神及人类的父,他是衰亡与复活的象征。Chac是雨神,有长鼻,常见于记载中。黑暗的神是"蝙蝠神"Zotzilaha Chimalman,住在"蝙蝠屋"内,"蝙蝠屋"是一个可怖的洞窟,在黑暗及死亡的路上。墨西哥土人用小孩为牺牲以祭雨神,小孩如流了很多眼泪,便主有多量的雨。

秘鲁的印卡人和墨西哥的马耶人一样,同是美洲最高等的民族。他们的神话说"地母"Pachamama,便是地的神,能生万物,至于万物的精魂却是另由一个神名Pachacamac所赋予。Pachamama是母神,Pachacamac是父神,在有些地方被奉为一对的神偶。

5. 阿拉伯波斯犹太神话

阿拉伯人信有三种有智慧的人物,一是天使(Angels),是由"光"创成的;二是魔鬼(Genii or Jinn),是由火创成的;三是人类,是由土创成的。人类中只有大辟的子苏罗门(Suleyman Ibn Daood),方能制服魔鬼,因他有一件法物,是天赐给他的。这法物便是一个有印的指环,上镌最高的神的名,而且是一半由铜,一半由铁制成。魔鬼所住的地方据说是在Kaf山上。

波斯的神话和阿拉伯相似。据说在光明的地方有Ormazd在位统治,在其左右有六位 Amshaspands，二十八位 Izeds 及无数的 Ferohers。在相反的黑暗之国则有 Aherman（Ahriman）为首，他的座旁有六个大 Deev 和许多小 Deev，这善恶二派的神们争斗不息，但最后善神必能克服恶神。而在善神 Ormazd 统治之下，必有和平及幸福。阿拉伯、波斯及犹太人的神话很相象，但阿拉伯的由波斯、犹太传去，波斯则与犹太的似乎互有影响。

犹太神话载于《创世纪》中，包含开辟神话，洪水神话，神的神话等，传播最广几乎及于全世界。

6. 印度神话

印度神话见于印度古书，《吠陀经》（*Vedas*）及《婆罗门经》（*Brahmanas*）中。其性质是多神教的，在其神号及性情上又是宇宙现象的拟人化。其神虽多属人形的，但也有兽形的痕迹。关于神的观念无一定的意见，故可谓无正统的教义。各族的人常以己族的神为最高的。神话中的诸神大略如下：因陀罗（Indra）和雷及其他天象有关，是一个白色的人骑在白象上，其右方诸手之一执雷凿。须利耶（Surya）是红色的人，坐在车中的莲花上，用七个头的马驾车。阿耆尼（Agni）是火神，骑在公羊上，右手之一执矛，或战斧，有三个美丽的面，七只手臂，三只腿，有一条神圣的带围在颈颔上。发游（Vayu）是风的化身，是一个白色的人，穿蓝袍，坐在羚羊上，或莲花上。天水（Varuna）也是白色的，骑在一匹像鳄鱼的水怪上。阎摩（Yama）是青色或蓝色的人，穿红或黄的袍，骑在蓝色的水牛上。此外还有许多神灵。在神话之中诸神的性情不像崇拜者意中所想象的高，他们是冒险的战士，奸淫及乱伦者，杀人的凶手，化动物形的，卑怯的，罪恶甚多，但却有大魔力。神们也有战争，因陀罗的敌人是 Vrittra 和 Ahi，他们是能吞尽海水的大蛇。诸神的公敌是阿输罗（Asuras），阿输罗很多，神数反少，神们也会死亡，但能用法，故得不死。

7. 埃及神话

在古代民族观之，埃及也是他们的古代，故希腊人每推求他们所以为神秘的现象于埃及的宗教。观于埃及的万神庙必能引起人们关于信仰起源的好奇心。埃及人的最高的神固是抽象的，但他们的神庙里却还祀有鳄鱼、猫、蛇等动物。其神数甚多，各地所最崇拜的神常有不同。还有以一种动物附属于一位神灵的，在崇拜该神的地方便不敢吃那种动物。埃及宗教中最特殊的地方便是动物崇拜，但其形式不一。有崇拜一只野兽，一只鸟或一只鱼的，这一种最早。其后有半人形的，如人身鸟头或兽头的，这一点是埃及神话中最使人迷惑的地方。

开辟以前混沌状态的化身是弩（Nu），便是"原始的水"的神。在他的化身上浮起了日神拉（Ra）。拉也是主要的神之一。因为太阳在埃及人是当作生命和光明的根源，而夜间是死亡与黑暗的象征。拉称为"生命之主"，也没有侍从,他的行动都是独做的。他的化身又分为三种,初起时被视为各种恩惠的施给者,这时的拉名为 Harmakhis,或 Horus,其象征物是鹰。他在早晨又称为 Khepera,其像的头上有一只蜣螂,又有张开的翅膀。到了中午方称为拉,其时是力量最强热力最大的时候。将落时则称为 Atum 或 Tûm。拉每日都和黑暗的神 Set 争斗,每到夜间拉便消灭了。但次早拉再出现便是表示善克服了恶。拉的崇拜遍于各地,但其主要的寺却在 Heliopolis 或 On,方尖碑(obelisk)便是为拉而建的,因为方尖碑高矗指天,象形文字中指 Heliopolis,城的字也便是一个方尖碑形的字。拉的像常是人身鹰头,上有太阳圆光,一手执表示权威的豺头的杖,又一手执生命的象征物。凡埃及君主的号都称为 Sa、Ra,意为"太阳的子",表示君主的起源是神圣的。输(Shu)是"水的剖分者"或"空间的维持者"。奴得(Nut)是天的化身。格勃(Geb)是地的化身。在画图中输跪下,头戴太阳的圆盘,两手伸开承住了女神奴得,她的身常作青色还有加星点的,横亘于上面,手足分向两端下垂成为穹形,至于地神格勃则倒于输的下面,作欲起之状,但被输压下故不得起,故输便是剖分天地的神。输是格勃的父亲,而奴得是他的母亲。格勃又名雪勃(Seb),其象征物是一只鹅,而世界便是由这只鹅所生的卵变成的。塔(Pta),又称为"众父之父",即"开创者",他造成自己,又是"真理的主",螳螂便是他的象征。亚门(Amen),意为"秘密者",也是拉的一个化身,他还有其他名号如"帝位的统治者"、"诸神之首"、"诸王之主"、"人的创造者"、"牲畜的饲养者"、"青草的创造者"、"使牛生活者"、"永久之主"、"创造主"等。亚门拉的形是一个人,头上的帽有二根长羽及美角,手执一个圭及生命的象征物。在 Thebes 寺中,有一只牡羊被崇拜为他的化身。女神穆特(Mut)是拉的女儿,亚门拉的妻,号为天女或拉的眼。雪克(Sekhet)是塔的妻,是太阳的破坏力的象征,手执一把刀,以杀死恶人,其像有母狮或猫的头。巴斯忒(Bast)是雪克的姊妹,号为"生命的姑娘",代表太阳的温和的光线,手里执一件乐器,也有狮或猫的头。Philai 的寺中曾有刻文说"仁爱如巴斯忒,可怕如雪克"云。尼费都姆(Nefer-Tum)是上述二姊妹之一的子,头上戴莲花,主持再生的事。女神哈拖(Hathor)号称"大母亲",美丽善良,仁爱温柔,发恋爱及快乐的神,其像有牛角的头饰,因为其象征便是神牛。她又常在墓门的西边以保护死人。尼特(Neith)是艺术和学问的女神,又是拉的母亲,身形长大而优雅,头上带一个梭,因她是发明纺织的人,手中又执弓箭。她又被崇拜为空气及春夏冬三季的神。马押(Ma-at)是真理及正义的女神,她头上插一根驼鸟羽,那是真理的象征。雪(Set)或殊德(Sutekh)或飓风,是最恶的神。凡坏天气,恶季候,不良的食物,日月蚀以及其他恶事都归于他身上。埃及人常祭献他以求其宽佑,但后来竟停止了崇拜。他的身是红色的,驴是他的象征物,但他的头却是一种理想的动物形。拖耳(Taur)是恶的女神,形是一个肥女人,有河马或鳄鱼的头及尾。贝斯(Bes)是一只非常的怪物,腿弯曲,有一条尾,身上着衣,有大耳和浓须,舌伸出,头戴有羽毛的帽,他有时执一大刀和盾,号为死亡及战争之神。豺头的神亚纽毕(Anubis),是坟墓的保护者,又称为"开路者"。他司理尸身的搽油,并在"审判堂"管理称死人的善恶的秤。他又是指导南北的方向的。雪迫(Sebek)是鳄鱼神,代表太阳的破坏力。尼罗河的神哈毕(Hapi)是一只肥胖的怪物,半男半女,体色青,头上有莲花,手里拿水草,又拿一个水瓶,河水的泛滥便是由水瓶倾出水来所致。大胡地(Tahuti or Thoth)是文字的神,又常拿一条棒以量地,故又称为"测量者"。他又发明数字,并记载时间,一年的第一个月便用他的名。凡埃及的圣经、符咒、魔术、医药的书、对诸神的信札都是他写的。他也在冥间的门口和亚纽毕同引死人进入审判堂,并记载他们的善恶行为,猿是他的象征。更苏(Khensu)是一个很像大胡地的神,号为传达者。音赫铁(Ymhetep)主持医药及魔术符咒。奥息里斯(Osiris)是地下的君主及死人的审判官,是一个重要的神,和他的妻伊息斯(Isis)同受很长久的崇拜。他是格勃的儿子。他的名号极多,如"善的表现者"、"仁慈的权威"、"生命之主"等,在埃及古书《死者之书》(*Book of the Dead*)中有四十九个名号。据说他生而为王,在二十八岁时游历各地,广行善事,教民耕种并颁给法律。他的行为被尊为人民的模范。人民死后受他的裁判,如行善的则来生还可享快乐的报。狮身人头的怪物(Sphinx)常在庙门口以阻挡恶物,他是早晨的太阳拉哈马乞(Ra Harmakhis)即"夜雾的驱逐者"的化身云。

8. 巴比伦及亚述神话

巴比伦神话中有三位最高神灵即亚努(Anu)、贝耳(Bel)和耶(Ea),他们成为三位一体(Triad),其势力包括全宇宙。亚弩是天的神,贝耳是地及人的神,耶是地下的水的神。此外还有别个三位一体,即二位光明的神辛(Sin)和沙马示(Shamash),一位空间的神蓝曼(Rammān)。辛是月神,又名兰那(Nannar),沙马示则为日神。另一个神名马杜克(Marduk),原是巴比伦城的本地神,故其地位也甚高。和马杜克接近的是那部(Nabu)。涅耳卡(Nergal)是战争的神,弩示古(Nusku)是火神,都很重要。巴比伦的女神大都不很出色,大约是和巴比伦女人的地位有关。但却有一位例外的女神名伊士塔(Ishtar),这位女神的权力和影响似乎是吸收别位女神的。她是贝耳的妻,但在亚述(Asyria)的神话中又是他们的民族神亚述耳(Ashur)的妻。在巴比伦她的名号有两个,其性质也随之而异。一个是 Anunitu,其性质是战争女神,是月神辛及其妻 Ningal 的女儿;又一个是那那(Nanā),是亚弩的女儿,其性质是恋爱的神。即因其为恋爱的女神故发生了与杜穆志(Dumazi)恋爱的神话,她的爱人夭死了后她为要救他再生而进入冥界。

亚述是军士的国家,故其神话中的神灵也比巴比伦的为有固定的组织。主要的神是亚述耳,其他诸神大都当作他的化身。他的像是人身鸟头,背有二翅。次于亚述耳的是女神伊士塔,性质和在巴比伦人中是一样。她常现于好战的亚述王的梦中鼓励他们战争。她为战争女神时状很可怕,以火为她的衣服,她曾用火消灭了 Assur-Banipal 城的人民。但在另一方面她却又是自然界的温和的母亲。达干(Da-Gan)原是鱼神,地位也升高起来,他所管的是地,至于亚弩则是管天的。蓝曼的地位在亚述神话中也提高起来,次于亚述耳,为破坏的象征。他的兵器便是电光、洪水、饥饿与死亡,他能降祸于所怒的民族。耶的地位也被亚述人承认,还被奉为智慧的神,保护艺术,特别是建筑,其像是牛形。

9. 希腊神话

希腊神话中的神是人形的(anthropomorphic),和埃及、巴比伦、亚述的有异。诸神所在的地方也不在天上而是在帖撒利(Thessaly)的奥林布(Olympus)山;有云做的门,由女神季候(Seasons)把守。诸神各有其住处,但若受召集便会齐在朱庇特(Jupiter)的王宫,其他原住在各处山水或地下的神也这样。诸神每日在奥林布的王宫里宴会。朱庇特即薛乌斯(Zeus),虽是诸神之父,但也有其来源。他的父亲是刹坦(Saturn),母亲是黎亚(Rhea),刹坦与黎亚,都属于铁丹族(Titan),他们是天地的子女,是由混沌中生出来的。此外还有许多铁丹族人如奥栖阿那斯(Oceanus)、Hyperion、Iapetus、Ophiom(以上是男的),提密斯(Themis)、Mnemosyne、Eurynome(以上是女的)等。这些神都是旧神,后来退让于新神。最初是 Ophiom 和 Eurynome,统治奥林布山,其后被刹坦和黎亚夺了位。刹坦据说是一只怪物,每吞食自己之子,只有朱庇特幸免。长大后和麦的斯(Metss)结婚,麦的斯用法使刹坦口渴,因而吐出了所吞食的子女。朱庇特和其兄弟姊妹们于是起而反抗其父和其他铁丹族人,杀死了许多,其余则被禁被罚。如押拉司(Atlas)便被罚负天于肩上。刹坦死后,朱庇特便和其兄弟涅不桩(Neptune),又名波赛顿(Poseidon)及拍鲁陀(Pluto)分统了宇宙。朱庇特管的是天,涅不桩是海,拍鲁陀是冥界。地与奥林布山是公共的。朱庇特最大,是诸神和人类之父。他的兵器便是雷,又有一个盾叫作 Aegis,是扶耳干(Vulcan)替他做的。他有一匹鹰持他的雷。朱诺(Juno)即赫拉(Hera),是朱庇特的妻,并为诸神的女王。伊丽斯(Iris)是虹的女神,即朱诺的侍女。朱诺还有一只心爱的鸟即孔雀。扶耳干即赫费斯陀(Hephaestos),是天上的艺术家,即朱庇特和朱诺的儿子。他生而跛足,故为母亲所不喜而被逐于外。又有一说以为他曾帮助母亲和父亲争论故被父亲踢伤了。马尔(Mars)是战争的神,也是朱庇特和朱诺的儿子。斐勃·阿波罗(Phoebus Apollo)是射箭术、预言术和音乐的神,是朱庇特和拉顿那(Latona)

的儿子。有一个姊妹,名狄安那(Diana)或亚典米(Artemis)。阿波罗又是日神,狄安那是月神。维纽斯(Venus)是恋爱和美的女神,是朱庇特和狄翁尼(Dione)的女儿。一说她是海沫中生出来的,她有一条绣带,能引起恋爱。她所爱的鸟是天鹅和鸽,属她的花是玫瑰与桃金娘。库辟(Cupids)即厄罗斯(Eros),是恋爱的神,即维纽斯的儿子。常伴随母亲,手携弓箭,能射入神或人的胸中而使他发生爱欲。明涅华(Minerva),又名帕拉斯(Pallas)及雅典娜(Athene),是智慧女神,也是朱庇特的女儿,但无母亲,她由父亲的头上生出来,其心爱的鸟是枭,其植物是洋橄榄(Olive)。麦库利(Mercury)是朱庇特和Maia的子,管理商业及运动,甚至偷窃等事。他又是朱庇特的使者,戴一个有翅的帽,穿一双有翅的鞋,手执一棒,上绕二蛇。雪黎斯(Ceres)是刹坦和黎亚的女儿,司农事,她有一个女儿名拍罗塞苹(Proserpine),为拍鲁陀的妻,做冥界的女王。巴朱斯(Barchus)是酒神,并司法律及和平等事。穆雪斯(Muses)是学术的女神,其数有九位,各管一种文学或科学。潘(Pan)是畜牧的神。几位刹退(Satyrs)们是森林的神,其头有角,其足如羊足。摩穆斯(Momus)是笑的神。拍鲁都(Plutus)是财的神。希腊的神话据赫西奥(Hesiod)和荷马(Homer)所记载的都已经很有人性,其形也是人形,但其原始性质也还留一点形迹。

10. 罗马神话

罗马神话中的神是传自希腊的,但也有些本地特有的神。如刹坦(Satusn),原是意大利古代的神,但却被当作和希腊的刹坦是同一个神,他因被朱庇特打败故逃到意大利来,现在每年冬季还举行宴会以纪念他。浮奴斯(Faunus)是刹坦的孙,被崇拜为田地牧场的神又司预言。桂里奴斯(Quirmus)是战神,或说他便是罗马的开创者罗穆鲁斯(Romulus)死后升而为神。贝仑那(Bellona)是女的战神。特明奴斯(Terminus)是地界的神,他的像便是一块粗石矗立地上以记地界。巴利斯(Pales)是管理牛及牧场的女神。波蒙那(Pomona)也是女神,管理花木果树。微斯达(Vesta)管理公家或私人的炉灶,在她的庙内有六个处女僧侣称为昧斯塔(Veatals)看守神火。耶奴斯(Janus)是负天的神,司开新年的职务,又是守城门的神,有两个头,因为城门有两端的通路。宾纳德斯(Penates)有多位,是人家的福神,每家都有一位,其家长便是这神的僧侣。家中又有拉耳(Lars)神,便是祖宗所成的,在家中监督及保护子孙。此外有勒姆耳(Lemur)及拉尔华(Larva),则为人死的鬼。罗马神话的想象力不及希腊,有很多是承自希腊的。

11. 北欧神话

北欧即指斯堪的纳维亚的挪威、瑞典。其神话说有一个霜巨人(Frost-Giant),名为伊麦(Ymir),他身上生出一株大麻栗树,称为伊得拉西(Ygdrasill),支撑了宇宙;其三大根扩大而成为三个世界,即亚示卡(Asgard)为神世界,佐屯亨(Jotunheim)为巨人世界,尼佛亨(Niffeheim)为黑暗及寒冷的世界。在引向亚示卡的根头有三个命运之神名挪恩(Norns)坐在那里。要进入亚示卡须经过虹的桥。亚示卡内有金银的宫殿,都是神的住所,最华美的是神的领袖奥丁(Odin)的宫。他坐在宝座上时能洞观天地。在他的肩上有两只神鸦即 Hugin 与 Munin,他们每日飞遍全世界,回来时将闻见的事一一报告奥丁。在奥丁的足旁还有两匹狼,名为 Geri 与 Freki,奥丁将所有贡献于他的食物都给狼吃,他自己不需食物,只需蜜水。他发明了北欧古文(Rune),而司命的神挪恩便将这种字记载命运于盾上。华哈拉(Valhalla),便是奥丁的大殿,他和英雄们聚宴于此。凡奋勇而战死的都得来此,至于和平善终的便不得入。他的使者称为华克里(Valkyrie),其意为"被杀者的选择人",当他们奉命出发时其盔甲发出闪烁的光,耀于北方的天上,这便是所谓"北光",即"极光"。这些使者都是好勇的童男,都顶盔贯甲,手执长枪,骑在马上,很为威武。奥丁很想聚集多数的英雄于华哈拉大殿内,以备有一天最后决斗,到时和巨人们战斗。叨尔(Thar)是奥丁的长子,最为勇猛,用一把大槌为武器。现在英文的星期四"Thursday",便由这个神名得来。佛赖(Frey)司理雨及阳光以及地上的产物,最受崇拜。他的姊妹佛赖耶(Freya)是最慈祥的女神,她喜欢春天花草和音乐。勃拉机(Bragi)是诗歌的神,他的诗歌记载战士的事迹。其妻伊都纳(Iduna)有一个盒子,盒内藏柑,诸神到了老年只需尝一尝这柑便能返老还童。亨达耳(Heimdall)是看守天界的神,他在天界的边境防备巨人们的偷渡虹桥进入天界。他比较鸟儿还不需睡眠,又能在夜里看见 100 哩的远,耳朵也极灵,能听得见草的生长。此外有一个恶神,叫作罗歧(Loki),专门做坏事,他生得很俊,但性情不善。

12. 日耳曼神话

日耳曼神话很多受北欧神话及罗马神话的影响,无甚特殊的地方。凯撒(Jnlius Caesar)所记高卢人(Gauls)的最高的神是麦库利(Mereury),即水星,其次是阿波罗、马耳(火星)、朱庇特、明涅华(Minerva)等。其职务麦库利是发明艺术,及指导行人,以及司理财富与商业。阿波罗驱逐疾病。明涅华教授技艺。朱庇特管理天界。马耳为战神。

13. 中国神话

中国神话数量不多,散漫不整,且又与历史、寓言、神怪小说等混在一起。不像希腊、北欧、巴比伦等族神话的有系统,也不像野蛮民族神话的纯粹。中国的古史常采自神话,很难分别得清楚。诸子中常引寓言,也不易判断哪一则是实在民间流行的神话,哪一则是作者自己造成的寓言。还有许多方士的妄语和文人写成的神怪小说都不是神话。但其中难保无采入以前民间的零碎信仰之处,且其中也有一部分后来竟为民众所确信而具有神话的性质(例如义和团所奉的神大都是《封神演义》《西游记》等神怪小说中的人物)。由于这样的混淆,故讨论中国神话时范围不得太滥又不得太紧。就可承认的而言,中国的神话也有上述的各种类。如盘古及女娲氏的传说便是开辟神话。夸父追日、羿射九日、参商二星、牛郎织女便是自然神话。又如飞廉、箕伯、丰隆、阿香(天神)、封狐山鬼(妖怪)等传说便是古时的神怪神话,这类神话后来被道教佛教增加很多。鬼魂阴间的神话,也极多,但其中混有印度传来的材料如阎罗地狱等说。动植物神话很少,子书中的动物寓言或者有一部分是采取古代的民间神话,但很难证明。至于说动植物会变化为妖怪的很多,但这一种不是纯粹的动植物神话,而应归于神怪神话。历史神话则上古史所载大都属此。风俗神话则有有巢氏构木为巢,神农教民耕种的传说。英雄及传奇神话和后来的小说相混,不易找出纯粹的东西,例如《搜神记》《太平广记》中便常有这种神话。

14. 日本神话

日本神话中有些是由中国、朝鲜传入的,其纯粹为本民族的多存于《古事记》中。这部书便是日本的神代史,所记有开辟神话、自然神话等。例如说伊奘诺尊、伊奘册尊二大神创造天地万物,这便是开辟神话,又如天照大神(太阳女神)的统治宇宙,素盏鸣尊(暴风雨神)的作恶行暴,这便是自然神话。此外如神怪神话,除原来的神道教的原素以外,多有佛教及道教的色彩。鬼魂及冥界的神话也很受佛教的影响。动植物神话很多,有报恩的动物、报仇作恶的动物、动物的恋爱、花木的精灵等神话。传奇及英雄神话也很为丰富,如神女恋爱(龙宫神女)与勇士斩妖(桃太郎)的传说结构都很优美。

第五章　神话实例

一、开辟神话

1. 下举的新西兰毛利人(Maori)的　则可为良好的代表,因为很详且系按照土人语气直述的。其话如下:

照我族相传的话,阑歧(Rangi)和巴巴(Papa)即天和地,是万物的源头。那时天地还未分开,四下漆黑。天地所生的儿子们很望得到光明,因为物类越生越多,都挤在黑暗之中。黑暗连续下去,经过很久很久的时候,还不见一线的光亮。最后天地所生的儿子们不能再耐了,他们便商议说:"我们来设法对付阑歧和巴巴罢,我们不如把他俩杀死或把他俩分开。"都马陶允卡(Tumatauenga）是天地诸子中最凶的，他便说："好，把他俩杀死。"典马胡达（Tanemahuta）是树林以及住在树林内诸物之祖，出来说："不可，我们不如把他俩分开，使天高悬于我们之上，地却在我们的足下。天成为生疏的人，地却仍和我们接近做我们的母亲。"兄弟们都赞成，只有滔希利马提亚（Tawhiri-ma-tea）不肯，他是暴风雨的祖宗，很不愿天地分开。共是五个兄弟赞成，一个不赞成。我们的祷词中说："黑暗，黑暗，光明，光明，探求，寻找，在混沌，在混沌。"这便是说古时天地的儿子们在黑暗中的寻求光明。

最后决定了计划。呵！仑哥马典（Rongo-ma-tane），耕种的食物的祖宗或神，便起来要把天地分开。他用力地挣，却失败了。呵！旦卡罗亚（Tanga-roa），鱼和爬虫的神或祖宗，也起来用力，又失败了。呵！护米亚的基的基（Haumia-tikitiki），不需耕种自然发生的食物的神或祖宗，也起来用力，又失败了。呵！都马陶允卡，凶恶的人的神或祖宗也起来用力，又失败了。末了典马胡达，树林虫鸟的神，慢慢地起来，和父母挣持，因单用手也是不胜。呵！他停一刻，现在改用他的头栽在母亲地的身上，他的足竖起来撑住父亲天的身，用力伸直起来，终于把天和地分开了。阑歧和巴巴大喊起来道："为什么杀尔的两亲？为什么犯这样大罪把尔的父母分开？"典马胡达不睬他们，停也不停，将地压在下面，将天越推越远。天地分开后黑暗便消，光明出现了。

天地分开后，人类便发现了，他们原也是天地所生，一向藏在黑暗之中。

暴风雨的神滔希利马提亚恨兄弟们将天地分开了，立意要同他们开战。他又怕世界变成太美丽了，他便跟他父亲跑上高处居住。他生育了很多子孙，派四个到东西南北四方去，其名字都叫作风。其次他又派出飓风、旋风、密云、巨云、黑云、阴晦的云、灼热的云、暴风前的云、发红光的云、由各方面发起的云、雷雨的云、急飞的云。他自己也在这些风云之中大大地翻滚起来。嗳哟！典马胡达和他的树林不料遇到这些暴风雨的侵攻，巨大的树连根被拔起来倒在地上，枝叶尽被摧折扫荡，林中的禽鸟昆虫的住所都被破坏。滔希利马提亚再转而侵攻海水。嗳哟！真厉害，波浪被风掀动起来像山一样的高，少停又掉下来化为翻滚的漩涡。海神旦卡罗亚和海中各物的祖宗走投无路，最后和他的一个孙子鱼类的祖宗逃到海内去，还有一个孙子爬虫的祖宗却逃到陆地上，这便是这两类动物住居不同的缘故。海神旦卡罗亚恨他的一个孙子背了他而逃到陆上托庇于树林的神，自此便和树林的神不和。其后树林的神便供给他的兄弟都马陶允卡的子孙以独木舟、木制的枪、矛、鱼钩、植物纤维制的网，以伤害旦卡罗亚的子孙。旦卡罗亚也时常吞吃树林的神典马胡达的子孙，用波浪掀翻独木舟，发大水淹没陆地树林和家屋，又常常用波浪侵蚀海岸要渐渐侵犯到地上的树林及其中的生物。暴风雨的神再转而攻击二位别的兄弟，即耕种的食物的神和自然发生的食物的神，但地母亲却保护他们使他们避免攻击。

暴风雨的神滔希利马提亚征服了各位兄弟，最后便攻击人类的祖宗都马陶允卡，用尽力量，但终不能制服他。都马陶允卡是最先提议分离天地的，他在战争中最勇敢，他不理暴风雨的愤怒。其他兄弟都已屈服了，他还是直立不动在地母亲的胸怀上。最后天和暴风雨神的怒也终于平静下来。

都马陶允卡，凶恶的人类的祖，已经抵抗过暴风雨神的攻击，恨各兄弟的不加助力袖手旁观，想要报复他们。其时人类又还不曾有死的命运，这是到后来方发生的。都马陶允卡先设法要加害于典马胡达，因为他不曾相助，又其子孙繁殖很快，恐怕妨碍人类，他便做些陷机放在树林内，从此典马胡达的子孙便不得过平安的日子了。其次他想报海神旦卡罗亚的恨，便做些网用来捞海里的鱼。其次，他想加害于耕种的食物的神和自然发生的食物的神，他做成一个木锄，编一个篮子，掘起各种可吃的植物。像这样，都马陶允卡便克服了四位兄弟并吞吃了他们了。此外还有一位暴风雨的神滔希利马提亚始终不曾被征服，且极力侵犯人类。

当暴风雨神攻击众兄弟时，地母亲的身体有大部分沉没，到后来只剩一小部分伸出在海面上。

自天地分开后，光明逐渐增加，万物繁殖很快。都马陶允卡的子孙一直生传下来。

直到现在，天还是永远和他的配偶地分开着，但他们的爱情还是存在。地的胸中发出温柔亲热的叹气，时常由多树的山上及谷中上腾起来以达于天，这便是人类所称为雾。而天在长夜里思念他的爱人，常掉下眼泪坠在地的胸前，这便是人类所谓露了。

2. 美洲加利福尼亚迈都族印第安人(Maidu)有开辟神话一则与上述的很有不同。其说如下：

初时没有日，没有月，没有星，完全是黑暗。四处都没有水，一只筏浮在水面上，那是由北方来的。在其中有两个人物，一是鳖，又其一是秘密社会的祖宗。水流很快，由天上垂下一条羽毛制的绳子，地开创者(Earth-Initiate)便由此降下。他落到绳子尽头，便将绳子缚连筏上，进入筏里。他的面是盖住的，永远看不见，他的身像太阳一样的发光。他坐下，很久都不说话。末了，鳖说："尔从那里来？"地开创者说："我从上面来。"鳖又说："兄弟，尔能不能替我造些陆地，给我有时可以由水里出来？"他又问："世界上是不是要有些人吗？"地开创者想一想答道："是的，"鳖又问："好久以后尔才动手造人呢？"地开创者说："我不知道。尔要我造地，我要怎样取得一块土来制造呢？"鳖说："尔若缚一块石头在我的右臂，我便没下水里去找寻。"地开创者依鳖的话，又寻一根绳子来缚连鳖的身上。鳖说："绳子如太短我便摇一下，尔快将我拖上来，如长得够我便摇二下。"鳖便下海去，秘密社会的祖宗高声喊叫起来。

鳖去很久。它去了六年，回来时满身罩满青泥，因为它在海里太久了。它所带上来的土却很少，只有一点在指爪内，其余都被水冲去了。地开创者用右手拿一把石刀刮出鳖爪内的土，他将土放在掌心慢慢搓成一个小圆球。他把土球放在筏的后部，他屡次去看它。初时还无动静，第三回已经变成有合抱的大。第四回已经变成世界的大，筏反在地上，周围都是大山。这筏上陆的地便是 Tadoiko，现在还可寻得其处。

筏上陆以后，鳖说："我不耐永远在暗中。尔不能做出一点光给我看得见吗？"地开创者说："我们跑出这筏便可以设法。"他们三个便都出来。地开创者说："向东看！我要叫我的姊妹起来。"说完天渐光了，太阳出来了，秘密社会的祖宗大叫起来。鳖说："太阳朝哪里行呢？"地开创者说："我要叫她这样走，向那边下去。"太阳下去后天又暗了，秘密社会的祖宗又叫起来。地开创者说："我要叫我的兄弟出来。"于是月亮出现了。地开创者问鳖和秘密社会的祖宗道："尔们欢喜这样吗？"两个同声应说："很好。"鳖问说："尔做给我们的便只这样吗？"地开创者答："我还要再做些。"他便呼叫各种星辰的名，他们便应声出现。鳖说："我们还要怎样做？"地开创者说："等一下，我给尔看。"他便变出一棵树来，这树名为 Hukimtsa，三个便都坐在树阴下，过了两天。树很大，生了十二种橡实。

两天以后，他们便出发探看这新造的世界。他们早晨动身，日落回来。地开创者跑得很快，像一颗火球在地下及水底飞滚。他们不在的时候，山犬（Coyate）和它的响尾蛇自地下上来。据说山犬方能看见地开创者的面。地开创者等回来后五个都盖起茅屋居住。别人都不能进地开创者的屋里。地开创者呼鸟儿来，又造出野兽和树木。他用些泥土造成各种动物。鳖有时插嘴说："这个不大好看，尔不能造成别的样子吗？"

其后地开创者说："我要造人了。"他在午后的中间动手，他取些暗红色的泥土渗些水，做成两个人像，一个是男的，一个是女的。他将人像放在屋里，男的在右，女的在左，他自己向天倒在中间，两臂伸开。这样到了一个午后和夜间，流汗不息。在次早，那女的却活起来在身边搔他，他忍住不笑。停刻他起来，用一块脂木烧起火来。两个泥人都变成白色了，现在的人没有那样白的，他们的眼睛是红的，头发是黑的，牙齿有光彩，容貌很美丽。地开创者还未替他们造手，因为不晓得怎样做好。山犬说像它的手好。地开创者说："不，他们的手要像我的才好。"说完便照此做了。山犬问为什么要这样的才好，地开创者说："这样，他们若被熊追赶时才能爬树。"这第一个男人名为古克苏（Kuk-su)，女人名为晨星女人（Laidamlulum kule）。

山犬看见了这两人后，他想："那也不难，我也来造人。"他便依地开创者告诉他的法子制造，可惜第二天早晨那泥的女人起来，撩刺他的肋骨时，他忍不住笑了,因此便失败了。他所造的人的眼睛却是玻璃眼的。地开创者说:"我曾告诉尔不要笑。"山犬分辩说他不曾笑,这便是最初的撒谎。

以后渐渐有了很多的人。地开创者便不像以前常来,他只在夜间来看古克苏。

3. 美洲印第安人的开辟神话很多,兹再举一则于下,这一则的内容和上一则也有不同之处。南阿拉斯加突邻吉族(Tlingit)说:在起初没有阳光,世界都是黑暗。其时在那斯河(Nass)头有座屋子,其中有一位神灵,叫作那斯哈基耶(Nasshakiyel),其意是那斯河头的鸦,在他的屋里有各种东西,如日、月、星、阳光等。和他同住的有两个老人,一个名为预见各事的老人,一个叫作无所不知的老人。在地下还有第三个老人称为地下的老人,是那斯哈基耶所派的。那斯哈基耶不曾娶妻,和这二个老人同居,但他却有一个女儿,这是谁都不能了解的事。这两个老人像奴仆一样地照顾她,特别是常在她喝水的时候察看水是否干净。

那斯哈基耶先造成了苍鹭,是一个很高大很聪明的人。其次造了乌鸦,也是聪明善良的人。乌鸦的母亲曾生过多个儿子,但都不曾大便死了。她常为此哭泣。有一回苍鹭来教她向海边去拾一块细滑的小石块来放在火里烧,等烧到红热了把它吞下去。她依言做去,果然便生下乌鸦。故乌鸦的名原是Ichak,即一块坚硬的石。这便是乌鸦所以极勇壮不容易被害的原因。苍鹭和乌鸦都是那斯哈基耶的奴隶,但那斯哈基耶更宠遇乌鸦使他成为世界的第一个人。以后那斯哈基耶更造了些人。但他所造的人这时都还住在黑暗之中,经过很久的时间,乌鸦很以此事为忧,末了他自思道:"我若是那斯哈基耶的儿子,我必能依我所欲的做。"他便想了一法。他将自身缩为极小,变成一种松树的叶,浮在那斯哈基耶的女儿所喝的水的上面。她吞了这叶下去便有娠了。这些事情其实都出自那斯哈基耶的意,但他却假装不晓得,问他的女儿,女儿告诉了他,他命取些苔来给她倒下,于是便分娩了。他们将这生下的小孩也叫作那斯哈基耶。

那斯哈基耶试用大石和树叶变人,大石变得慢,树叶却变得快。因此便专用树叶变成人。那斯哈基耶指一片树叶告诉人说:"你们看这叶,你们也要像它。当它从枝上掉落后便腐烂消灭了。"这便是人类所以会死的原因。人若由大石变成便不会死。所以老人们常说:"我们很不幸由树叶变成,所以会死。"

那斯哈基耶的孙儿乌鸦不久会爬了。他的祖父对他很有希望,任他将屋中的东西拿来玩耍。屋中无论何物都是他的了。乌鸦最先哭着要月亮,等到人家给了他,他便将月亮丢在天空去。他获得了各物以后,便哭着要拿装着日光的盒子。他哭闹不休,经过很久,直到似乎生病了。他的祖父说:"抱给我。"大家将小孩交给他;他对小孩说:"我的孙儿,我将我最后所有的这件东西给你了。"说完将盒子交给乌鸦。乌鸦接了盒子，跑到那斯河岸，看见有些人在黑暗中捞鱼。在那时世界上的人只住在那斯河口一处，他们刚在喧闹着，乌鸦对他们说："你们不要再闹，你们再闹，我要放出日光了。"但是他们却说："你不是那斯哈基耶，哪里会有日光？"他们再闹下去，乌鸦将盒子开一小缝，日光立刻射出。人们还是闹，乌鸦将盒子完全打开，日光迸出，遍处都是。人们看见日光大惊，有些人跑到水里去，有些跑到树林里，他们便变成为海狗貂鼠熊等动物了。

那斯哈基耶所造的第一个人名为贝脱勒（Petrel），他管理一道清水。乌鸦去偷了满口的水沿路散滴各处，这便是世界各大河，如 Nass、Sheena、Stikine、Chilkat 等的来源。他说："我滴下的这些东西会永远流动着，不会涨起淹没世界。"乌鸦本来的颜色是白的，这次因为通过贝脱勒的烟洞竟致变成黑色了。

4. 再举洪水神话一则于下：海洋洲卡罗邻群岛（Caroline Is.）土人说：一个男人名基底弥（Kitimil），有一个奇异的妻名马寄寄（Magigi），还有一个妻父名不满足的（Insatiable），也是有神灵的性质。两夫妇供给这老人的食物终不能满足他的食量，因为他的身体大到塞满他所住的集会厅，将全岛椰子实全都吃光了。有一天丈夫出去看看甘蔗园，发现有一只老鼠在那边吃甘蔗。他回来告诉他的妻。妻说："我的爸爸恐怕是饿了，所以去吃甘蔗。"丈夫不信，但她却坚持是真的，因为她的父亲会变化为老鼠呢。基底弥还是不信，张了一个猎机在园里，夜间听见老鼠在内跳的声，他快活得大叫起来。他的妻问他何事，他说他捉到老鼠了。他的妻大惊叫道。"啊！你真的伤了我的父亲了，去罢，快把他带来我看。"丈夫依言将老鼠的死尸提来，再到他岳父所住的集会所看看，他的岳父果然不见，他方信妻的话是真的。马寄寄告诉丈夫说："明天早上我们便要决定怎样处理这件事。"次日，她叫丈夫去取起老鼠的四个牙齿和它的血，然后将它葬了。

丈夫做完了这事，他的妻便告诉他说："现在大洪水要来了，海要涨起来，这耶族（Yap）的人都要淹死了。我们应当爬上顶高的山，在山顶上盖一座七层的楼。"他们便拿些树叶和油并老鼠的牙齿和血，到了一座极高的山上，盖了一座七层的楼。七天后果然起了暴风雨，海水涨起来淹死了全耶族的人。直涨到最高的山顶，基底弥两夫妇便逃到第一层楼，水还是升上来，他们再一层一层地逃到第七层，水还是汹汹而上。马寄寄便将油倾一点在一片树叶上，放在水面，水势立刻便退，大风雨便停了。最后地也干了，他们便再下山来，道："没有别一个耶族人了。"但此外却还有一个人也活着，他是附在小艇的边架（outrigger，船的旁边另加的平行木架）上方得不死。基底弥和马寄寄两夫妇再回家里，其后马寄寄生了七个小孩，再传了满岛的人。

二、自然神话

1. 新西兰人有一则太阳神话,说明太阳何以缓缓而行的缘故。据说:少年英雄马威(Maui)嫌太阳出没得太快,刚才升起便即下去,一天的时间太短了。有一回对他的兄弟说:"我们何不用套索把太阳捉住,逼他跑得慢些,给人们有更长的日间来营求生活?"他们应道:"没有人能够近得太阳,因为他太热了。"马威便说他有神秘的本事能够变化,他的兄弟们便答应帮助他。

他们便动手搓绳子做活套,搓成了方形的、圆形的、扁形的各种绳子,马威便带了兵器,他的兄弟带了绳子食物等出发。他们跑了一晚,到天亮时在沙漠中躲藏起来,不敢给太阳看见,晚间再动身跑路。如此夜行晓宿一直向东跑了很远的路,末了便到了太阳升起的地方。他们便在这地方的两边造了一道墙和茅屋以便躲藏。他们便在其中打起活套。马威自己在一边,叫兄弟们在另一边静候。马威拿定魔法的兵器,那便是他的女祖宗 Muri-Ran-gawhenua 的腭骨。马威告诉兄弟说:"你们注意躲在那边,不要惊动太阳,要静等他的头和前腿进入套内,我便大喊一声,你们便快将活套抽紧,我便出来打他,直到他要死了方才放他去。但是,我的兄弟,你们不要听他的哀叫便可怜了他。"

最后太阳果然出来了,像火一样照耀大山和树林。他的头进入套内,慢慢的前爪也通过了,活套突然地缩紧,这巨物极力地挣扎,绳索摆动起来。啊!他岂不是被敌人捉住了吗?于是这大胆的英雄马威便冲出来,用他的魔术兵器攻击太阳,打得他喊叫不停。他们听太阳叫道:"为什么打我?喂!人们!你们晓得在做什么吗?你们为什么要杀害塔曼奴伊特拉(Tamanui-te-Ra)呢?"于是晓得了太阳的第二个名字。打了很久方把他放起。太阳因受伤很重,有气无力地慢慢地爬去。自此太阳便行得慢了。

2. 美洲黑足族(Blackfoot)印第安人有一段关于日月星的神话。据说以前有一个羽女人在她的天幕旁草里睡觉,晨星爱上了她,她因此得孕。她自此以后很受族人的讥笑,直至有一日她到河边汲水,遇到一个少年男子自称他是她的丈夫晨星。他的头上有一枝黄色羽毛,手里有杜松树枝,枝上有蛛网。他的身高而直,头发又长又亮。他的美丽的衣服是软的皮,有松及香草的气息。晨星将羽毛插在她发上,并给她杜松枝,叫她闭上眼睛。她的手拿定蛛网的上部,足踏在蛛网的下部,一瞬间便被带上天去。晨星带她到他父母的住处,他的父母便是太阳和月亮。她不久生下一个小孩名为星童(Star-Boy)(便是木星)。婆婆月亮给媳妇一根挖掘杖说:"这是只能给清洁的女人用的,你可将此挖掘各种可吃的草木根;但是我警告你不要挖近在蜘蛛人(Spider-man)屋旁的芜菁。"羽女人的小心不能克服好奇的念头,由两只鹤的助力,终竟挖起了被禁阻的芜菁,发见其处原来是一个窟窿,由其处望得见地上。她看见了本部族人的住处不禁生了思乡的病,于是她的公公太阳便命令她回家去。晨星引她到蜘蛛人的屋子——前次带她到天上的蛛网便是这蜘蛛人的,将一个魔法帽子给她戴,并将她的小孩星童放在她的手臂上,用一张麋皮将她送下地上。她因为想念她的丈夫并悲悼失去的天国,不久便死了。她未死之时曾将始末告诉她的部人,所以大家都知道。她的孩子星童在穷苦中生长,又因为面上有一个疤纹,故绰号为波伊亚(Poia),即疤面的。他成为青年时爱上了一个酋长的女儿,但她拒绝他,因为他是疤面。有一个女巫告诉他疤纹只有太阳神方能除掉他,星童便动身向西方去寻访太阳神。到了海岸,他在那边断食祈祷了三天三夜。到第四天他见有一道光明的路在海上,他便遵由这条路直到太阳神的住处。在天上时星童杀死了七只威吓晨星的大鸟,太阳神为要酬他的劳不但替他除去了疤纹,并且教他太阳舞(sun-dance,印第安人的一种盛大的宗教舞)的仪式,又给他插戴鸦的毛羽,以为见过太阳神的证据。此外,还赐他一根恋爱的笛和一支恋爱的歌,这是能勾引所爱女子的心的。太阳神便遣他再回地上,这次却另由一条捷径,即所谓"狼路"(即银河便是)。太阳神又嘱他要把太阳舞教给本部落的人。星童果然获得他所爱的女子,后来他俩同到天上去。

讲神话的土人再解释说:晨星是太阳的先驱,他使我们晓得太阳要到了。至于另外的一颗固定的星(指北辰)和别的星不同,他是永远不动的,他实是天上的一个窟窿,那便是羽女人上天和下来的门路。她掘起芜菁时,便由这个窟窿看见地上。他的光实在是太阳神屋里射出来的光线,由这个窟窿漏出来的。在其东边成为半圆的一群星便是蜘蛛人的屋子,其外五个明星便是他的手指。蛛网便是这些手指织的。

三、神怪神话

1. 神祇神话

北美平原印第安人说天界的诸神依其座位的不同而分等级。最大的是"天父亲",他的座位在这个穹形的天界的最高处,他的名是狄拉瓦亚筹(Tirawa-atius),所有天上地上的神都是由他而生,他是所有有形与无形的物的父亲,又是人类的父亲,他使人类能够生育因而得以长存不灭。狄拉瓦的象征是白羽,因为白羽像天上的白云一样。(土人们绘面的图样是在面上画一条穹形的蓝色横纹,两端在颊,中经额上,这是表示天的,又由额上画一条下垂的直线到鼻上,这是表示生命由天上下降。)狄拉瓦虽称为"天父亲",其实不像白人们将神当作人。狄拉瓦不是一个人,狄拉瓦无所不在,但他的形状究竟怎样没有人晓得,因为没有人在他那里过。世界初开时,原不要有许多的神,因为最大的神狄拉瓦不能接近人们,故需用较小的神,他们是做人与狄拉瓦中间的媒介的。日父与地母是两个最先出的较小的神,由他们二位的协力方生出各种生物。晨星是太阳的前驱,地位不很重要。还有从四方来的风神,供给生命的种植神,水神、炉火神都是被崇奉的权威。在半天即日月之下人类之上,还有各种"鸟使者",以鹰为首领,它们都各有其特殊的智慧以指示人。在这里还有幻像的神,在人的梦中出现,以宣示神意。还有可怕的雷也在这里。

神祇神话很多已举于《各民族神话》一章中,此处从略。

2. 妖怪神话

(1)非洲巴须陀人(Basuto)说,有一种妖怪只有一手一足一耳一目,名为马铁贝耳(Matebele)。有一回一个酋长的女儿夏天在野外牧牛,忽然被一阵旋风刮去,到马铁贝耳的地方,他们将这个女子给他们酋长的儿子为妻。为防备她的私逃,便埋了一对魔角在她的屋中。有一晚她要逃走,角便喊叫起来道:

"乌——乌——乌——唉!那是隐陶夺查娜(Ntotwatsana),她是在牧场里被旋风带来的,当她看守着她父亲的牛,雪贵(Sekwae)的牛!"

马铁贝耳人闻声便跑来将她捉住了。经过有些时候,她养了二个小孩,是孪生的女孩,身体却像母亲一样。小孩长大后有一回出去吸水,遇着一个战士,原来是她们的舅舅。她们的舅舅教她们回去将芦草暗放在母亲坐处,给母亲压坏,然后哭求母亲到外面找些给她们。她们果然照样引母亲出来,她出来便认得兄弟。他问她要回家吗,她说因为被魔角所看守不能脱身。她兄弟说:"你可以将开水倒在角里,用酒糟塞在角嘴,并放些石头在上面,半夜里带你的小孩走出来。"她照样做,带了小孩走出来,她们并带走一匹黑羊。魔角要报告,但因被塞住了只能发出"乌——乌——乌——"的声而已,妖怪们以为是狗吠的声不理它。直到魔角自己去了所塞的物,方能大叫出来道:

"乌——乌——乌!那是隐陶夺查娜,她是在牧场里被旋风带来的,当她看守她父亲的牛,雪贵的牛!"

马铁贝耳听了大惊,立刻追赶。将要追上逃走的人了,那只羊忽然发声喝道:

"你们还是回去罢,因为你们和我们无关系。"

马铁贝耳听了愕然,眼睛钉在羊身上,羊更跳起舞来。女人们一行人乘机急走,少刻羊忽然不见,再用些魔术的方法追上他的同伴。马铁贝耳再追进去,到将近了,又被羊儿的歌舞迷住,被逃走的人脱离了。马铁贝耳决心道:"我们一定要向前,便是追到他们的地方也不妨,这只小羊,我们也不再理它了,不管它唱歌和跳舞到怎样好。"话虽这样说,同样的事情却再发生了几回,他们都疲乏到不能再追,退回去了。女人及其孩子安稳到家,才知道家里的人都以为她死去了呢。

(2)海洋洲中新赫布里地岛(New Hebrides)人说:以前有一个食人妖名塔索(Taso),有一次他来杀死了卡图(Katu)的姊妹,但不食她的尸身,因为她有孕;便将她的尸身丢在树丛里。母亲虽已死了,却生出一对孪生的男孩。他们饥吃草木的芽,渴饮积在枯叶上的雨水,因此得生活下来。直到能跑路了,他们常在林中逛。有一回发现他们舅舅卡图的母猪,自此便偷吃母猪的食料,更得长大起来。卡图疑心母猪为何会吃却不会肥大,便留心侦察,发现了两个小孩,便把他们捉住。但听了小孩说出根源,他大欢喜,便带他们到家去。他们渐渐大了,他便给他们小弓箭玩,到他们能够射蜥蜴了,他便给他们大的弓箭使他们射猎。他这样的把他们训练到大,无论何物他们都能射中。到他们成为青年了,舅舅卡图便告诉他们塔索怎样杀害他们的母亲,警告他们要小心,不要被捉去。两兄弟听了却决意要杀死这吃人妖,他们施法于一株芭蕉树,告诉他们的舅舅说:"若是芭蕉的实自上头的先熟下来,那便是报告我们被妖杀死;要是自下面先熟,那便是我们杀死了妖怪。"说完他们便动身去找塔索,到了它的家时,妖怪刚出门去磨他的牙,只有妖怪的母在内。他们便进入妖怪屋里等它,在炉内生一个火,烘烧薯芋,并将些石头投在火里烧。妖怪的母唱歌告诉妖怪有两个人在屋里可以捉来做食料,妖怪听了赶急回来。妖怪在路上将头晃荡晃荡地摆来摆去,将两旁的树都触折了。到家时他刚在要进内,早被二兄弟将烧到滚热的石头抛出来打倒了它,再将棍子把它打死,把妖怪的母也结果了,放起火来将屋子也烧毁了。舅舅卡图在远处听见烧屋时竹的爆裂声,想道:"啊!两兄弟被妖烧死了!"赶快跑出去看,正逢着两兄弟回来,告诉舅舅已经杀死了妖怪报了母亲的仇了。

四、死亡灵魂及冥界神话

1. 死亡起源神话

(1)北美平原黑足族印第安人(Blackfeet Indian)说:古时老头子和老太婆争论人应当死不应当死?老头子说"人不应当死"。老太婆说:"那不行!人要是不死以后岂不要塞满了地面吗?"老头子说:"我们就是死也不要永远死,我们只要死四天就再活了。""不对",老婆子说,"还是永远死好,叫我们也觉得相疼惜"。他们说不拢来,便用一个法子解决。老头子把一块干牛粪搁在水中,说他要是沉了人便会死。不料老太婆法力更大,她暗将牛粪变做石头,便沉下去了。自此以后人死便永远是死,不会再活。

(2)北美太平洋海岸印第安人说:奥勒毕(Olelbis)造人时派哈斯氏(Hus)

两兄弟下界来造一条上天的石梯,在半途要有一个池塘可以喝水,一个地方可以歇息,在末了的高头还有两个井,一个是喝水的,一个是洗澡的。人们老了便给他们爬上天去,洗了澡喝了水便返老还童了。两兄弟刚在作工时,山犬(Coyote)来了,他说:"我是聪明的,让我们来想想看。"他便批评奥勒毕所给的命运说:"一个人老了独自上去,独自下来,永远是这样的做,有什么趣味呢?他独自一个人,老了又小,小了又老,没有小孩和朋友,在地上有甚快乐?只不过永远独自做爬梯子的把戏罢了。据我想人还是生时乐死时苦好,有苦有乐,这才是有感情。"两兄弟听了觉得不错,便坏了所做的工,但小的兄弟也对山犬说:"我们死,你也要死,你也不要永远缠了獭皮带挂了漂亮的箭筒在地上逛。"山犬吃了一惊,心想:"糟了!只怪我多嘴,自己惹了祸来,怎样干呢?"他忧闷极了,化成为向日葵的翅试飞起来,不料萎坏了,倒坠下来撞在地上死了。奥勒毕知道了说:"这个家伙被自己的话害死了。以后他的属下也都是要死的。"

(3)非洲祖鲁人(Zulu)说:神差石龙子神和蜥蜴神(Msalulu)下界来。神说:"你石龙子去告诉人们'你们死了会再活'。"神又对蜥蜴神说:"你告诉人们'你们死便永远是死了'。"石龙子先动身,蜥蜴随后跟他。石龙子这东西进一步退一步,要走不走地缓缓而行。蜥蜴却走得很快,先到了人的地方告诉他们说:"你们死便永远是死了。"讲过后石龙子方到,说:"你们死了会再活。"人们听了道"我们已经永远是死了,那里会再活,好无道理!"人们的命运便这样的定了。所以他们极恨石龙子,见了它便把烟草塞在它嘴内弄死它,他们骂它"你这东西不赶紧跑来告诉我们好消息,却在路上逛。"祖鲁人将石龙子当作不吉的东西便是由此。

(4)非洲巴干达族(Baganda)说:钦都(Kintu)和南比(Namhi)(一对男女)离开古鲁(Gulu,即天),降下人世的时候,尽带了所有的家畜和植物,以便做人世的食料。古鲁警诫他们说,如发觉忘记了什么,切不要再回来取,因为这时瓦伦贝(Walumbe)(死)不在。他若回来了,看见钦都们一定要跟他们同去。他们到了半途,果然发见忘记带了饲养家禽的食物。钦都要回身去取,南比说:"不要去罢,死恐怕已经回来了。他是很坏的家伙,他看见了你一定要跟来,我不高兴他,他会害人的。"但是钦都不听,回身去取,果然不出他们所料,这个讨人厌的舅子(他和南比是兄妹,同是古鲁的儿女)真的跟下人世来。初时死还不做什么,直到了钦都的儿女长大了,他便来要讨一个女孩去替他烧火。钦都不答应,死便威吓着说要杀死他们的儿女,但钦都还不理他。以后果然儿女们渐渐生病死了,钦都夫妇大惊去告诉古鲁求他解救。古鲁派他的另一个儿子凯库志(Kaikuzi)去把死抓回来,但死却溜出了凯库志的手,躲藏在地下,抓到了两次却被他溜走了两次。死似乎很疲乏了躲着不出来。凯库志告诉钦都传谕人们,都要关在家里两天不要出来,如有人看见死要钻出地面来也不要惊喊。虽有这样禁令,却有些小孩带家畜到旦达(Tanda)吃草,当他们在草地玩耍时候,忽然看见死从地下上来,他们大惊叫喊起来。凯库志闻声赶来已经不及,又被他逃了去。凯库志说他懒得再追捉,要去复命了。钦都听了却很为泰然,他说:"好,既然你不能胜他,你只管回去。他要杀死人不打紧,我钦都便也不断地生育,使他永远不能灭绝我的子孙。"于是凯库志便回去天上报告他的失败。在这一篇里竟将死拟人化起来成为一个具人格的神,而名字还称为死,这是很明显的人格化的例。

2. 鬼魂神话

新几内亚土人的一则神话说,有一日,一群兄弟出外寻找制臂带的材料,他们爬上树去,一个最小的兄弟失足掉下来跌死了。其他的兄弟还不晓得,问道:"是什么?"死人的鬼还在树上答道:"没有什么。我踏折了一条枯枝。"他们便一同回家。但在路中其余的人发觉了他是鬼。大家都逃走回家,并叫喊道"有鬼有鬼,快关门"!听见的人都关了门,只有一个老太婆和她的一个孙儿因没有听到便不关了。少停鬼来了,他还背了他的尸体来。他将尸体丢向第一个屋子,门关了不能入,他再拿起来丢入第二个屋子又不能进。他一一试过了所有的屋子,到了最后一家即老太婆家,因为门是开的,鬼便将尸身丢入去。老太婆接住急将他抛出来,鬼又再抛入去。这样的抛入抛出很多回,老太婆心慌,误将她的孙儿抛出来,鬼接住了大乐叫道:"好极!你给我东西吃了。"老太婆求他抛回孙儿,鬼骗她道:"你先抛回我的尸身,我便抛回你的孙儿。"他们争持到了天要亮了,老太婆说:"天要亮了,这是和你有关系还是和我?"鬼道:"和我。"老太婆便故意捱延,直到日出。鬼见日光照来觉得心慌,便将老太婆的孙儿抛回,接去自己的尸身。但现在不能再隐身了,便变成为野芋,他的尸体变为芋的皮。

3. 冥界神话

西伯利亚布利雅人(Buriat)有一段冥界旅行和死后赏罚的神话。据说:有一个英雄名穆蒙陀(Mumont)到冥界旅行去要讨回他父亲的一匹殉葬的马。到冥界去须一直向北,在路上有一块大黑石,旅行人若拿起了石头并叫说:"来!"便有一只狐在石底下的洞内跳出来说:"捏紧我的尾巴。"这人若依它的话,狐便引他到死人的地方去。穆蒙陀便靠了这只狐的帮助行过了很多地方,看了很多奇事。他见过有些马栖在岩石上,但却很肥,又有些牛在多草的牧场上却是很瘦。有些妇人,口是缝住的。在一个大釜里面有滚沸的土沥青,却有些官人和巫师在其中挣扎。有些人手和足绑缚一处,有些女人全身裸露却抱住荆棘。有一个女人虽像穷人却享用很厚,又有一个虽是富的却饿得很苦。穆蒙陀便问得了这些事情的来由。原来穷的女人在生时虽是穷苦却还能乐善好施,故死后得以享乐;另一个则富而不仁,故死后罚她受饿。裸体抱棘刺的女人因在生时轻薄,不忠于她们的丈夫。捆缚手足的人在生是盗贼。在锅里受苦的是坏官与邪巫。缝口的女人是因为在生时说谎生话。在草地上的瘦牛是因生时食料不足故死后还不能肥。在岩石上的肥马是因为生时养料充足,故死后虽在无草之地还是很肥。

五、动植物神话

1.海洋洲新几内亚土人说:有一天鳖与小袋鼠饿了同到犀鸟的园内去吃他的芭蕉实和甘蔗。它们刚在偷吃时,鸟儿们开了大宴会,犀鸟叫一个到海边去取些咸水来调和食物。大家你推我诿,因为恐被敌人抓去,只有鹈鸽自告奋勇愿担任这个工作。鹈鸽在路上经过犀鸟的园发见了鳖和小袋鼠的勾当,鳖吃了一惊对他说谎道:"你的主子叫我们吃他的香蕉呢,因为我们饿了。"鹈鸽也不说破,取了海水另从别路回去,叫道:"朋友们,鳖和小袋鼠刚在我们主人的园里偷吃呢。"他们听了都大怒,拿了枪,杀奔园子来将他围住了。小袋鼠看见势头不对跳走了,只有鳖无法可施被捉到犀鸟的屋里,缚连柱上。到了天明犀鸟们到外面寻找食物预备开宴然后杀死它。其时只有犀鸟的孩子在家,鳖便对它们哀求道:"我的好孩子,解了我的缚,我们一同玩耍罢。"小孩依言放了它。鳖再诱骗小孩叫他们将父亲的最好的饰物都拿出来给鳖装饰,鳖将一大串的珠颈串挂在颈项上,贝壳的手镯束在腕上,又将一个木碗盖在背上,满地乱爬,小孩们看了大乐,大叫起来。外边的人们(鸟)听见了回来看,鳖晓得了,赶快跑向海边去。小孩大叫道:"快来哟,鳖跑走了!"人们都跟后追来,鳖却已到了海边,没在海里了。人们大喊:"出来罢!抬起头来!"鳖真的伸头在水面上,却被众人掷大石打破了手镯,又打坏了颈串,最后再呼鳖出来,又丢一大块石头中在他的木碗上,却不能打破木碗,鳖便逃开去了。自此以后所有的鳖都带了一个木碗在他们的背上,这便是他们的壳。这一则很可以做说明动物特征的神话的例。

2.海洋洲新不列颠岛人也有一则神话说明袋鼠的前腿何以会短。他们说:有一回一只袋鼠吃了一颗黄色的果实,被狗看见了,问他吃什么,为什么嘴变黄。袋鼠指一堆秽物说:"在那边,还有些。"狗信以为真,赶急跑去吃了一口,袋鼠大笑道:"朋友,听罢,我吃的是一颗黄色的果实,你却吃的是一口的秽物。"狗大恨想要报复。他跑到海岸,便屈起前足跪在沙里,等到袋鼠追到了,他便道:"好极了,可惜你的前腿太长,你何不砍去一段呢?你看,我砍去了一段,现在变成美丽极了。你何不照我样做,像我一样好看呢?"袋鼠信以为实,便依言砍短了前腿。狗看见他中计了,很开心地跳起来道:"哈哈!我仍旧有长的前腿,你的却短了。你会骗我吃秽物哟。"说完便把袋鼠咬死了。自此以后袋鼠的前腿便短了。

　　3. 龟兔竞走的寓言也见于原始民族中,但他们却把他当作神话。非洲尼革罗人有龟和鹰赛跑的一则说:龟和鱼鹰同向一个甘巴(Kamba)的女子求婚,女子的父亲对他们说,谁能够由破晓动身到海岸,未晚便带了一撮海盐回来的,便得娶他的女儿。鹰是正中下怀的,立即答应。龟却很不愿意,但说若缓期十个月方举行竞赛,他便愿意。鹰自以为必胜,便答应他。第二日龟暗自启程到海边去抓一把盐,这一趟费了他十个月。他在路上又沿途和别的龟商量请他们分段驻在由乌甘巴(Ukamba)到海岸的路上,注意鹰的飞过,而且鹰若叫道"龟你在那里"? 在那一段的龟便要应说"我在这里"。在比赛的那一天可怜的鹰还在梦里,奋力飞向海边去,每段他都问道"龟,你在那里"? 底下的龟便应道:"我在这里。"鹰很以为奇。当他飞到海边时看见龟已经在那里取盐,尤觉得怪异。幸亏他手足敏捷抓起一把盐回头便奔,满腹欢喜,想龟还在后头呢。本来的龟在动身处躲了一天到午后未晚时看见远处鹰的一点微影,他便出来,缓缓地跑到村里报告他已经海岸回来,并交上一把海盐于女子的父亲。少刻鹰飞到了,发现他被骗,大怒飞去了。女子的父亲对龟说:"你是得胜了,但是我将女儿嫁给你后,你要住在那里呢? 因为鹰这样的恨你,一定要杀害你哟。"龟道:"不错,但这也不妨,我将来可以住在水里,鹰便不能近我了。"

　　4. 植物的神话比较的少。海洋洲新赫布里底岛人(New Hebrides)有一则说明芋薯何以有好有坏的神话如下:有一次一只母鸡和她的十只小鸡遇到一个野薯,野薯起来吞吃了一只小鸡。母鸡和其余的逃开,告诉一只鹞子,鹞子说:"将小鸡交我看管。"野薯追到了,问鹞子小鸡那里去了,鹞子道:"我不知道。"野薯便骂鹞,鹞把它抓起飞到半空丢了下来,另一只鹞又把它抓起丢下,野薯便破成两半,两个鹞各把它分吃一半。自此以后,有些野薯是好的有些成为坏的。

六、风俗神话

1. 社会制度神话

　　非洲顿卡人(Thonga)有一则图腾神话说人与其图腾有极密切的关系。据说:有一个男人娶了一个妻子名狄狄沙娜(Titishana),当他要带她回自己的家时,她的父母对女儿说:"你带一只象同去罢!"(大约是因为女儿向父母讨本族的图腾,父母不肯给她)她不肯道:"我要把一只象放在那里呢? 我丈夫的乡村旁近并没有树林啊。"父母又道:"带一只羚羊去!"她又不肯,道:"不! 将你们的猫儿给我罢!"父母不允,道:"你晓得我们的生命在这只猫哟!"这狠心的女儿道:"我不管,你们不给我,我以后怕要碰到灾祸。"父母听她这样说,终究给了她。次日,女儿密将猫儿带回夫家不给丈夫知道。到家后她暗造了一个栏,将猫儿养在那里。她天天到田园耕种的时候便嘱咐猫儿出来吃锅里的玉蜀黍。猫儿依嘱出来吃,吃完,将女人丈夫的短裙围在身上并执了他的响器,跳起舞来,并唱道:

"呵荷!狄狄沙娜——你到那里去呢,狄狄沙娜?

你去了——哗!哗!哗!"

少停,自己恐怕被人捉住,便把各物归还原处,再躲入栏内。他天天早上在狄狄沙娜出门后便这样做,有一次被小孩听见了赶去告知这屋的主人。这男人不信,但却隐身在屋旁试看,果见猫儿穿了他的围裙和饰物跳舞,他便把它杀死了。不料同时女主人狄狄沙娜方在田里工作忽然倒地,叫道:"他们在村里杀死我了!"她便回家去,沿途痛哭。她坐在家里门边,告诉丈夫用席子把猫的死尸包起来,因为她如看见猫的死尸她便会死,这样她方可以带到父母家去。她便动身回去,她的丈夫跟在后头,到家时将包裹放在厅堂的中央。很奇怪,不待说明,他们都晓得了,一个女人对她说:"我们要给你一匹象,你不要;给你一匹羊,你也不要;现在不伤了我们众人的命了吗?"全村的人都集拢来,道:"我们猫族(Cat Clan)的人都完了!"

于是他们便解开了席子,狄狄沙娜一看见了猫的尸身便死去了,其余的人一个一个也看了便死。这个女婿跑了出来,将进村的大门用一堆荆棘塞住了,任那些尸骸腐烂不葬,自己走回家去。他告诉他的朋友说因为杀死了一只猫想不到杀死了一村的人,那些人的生命原来和猫有关系。

这只猫便是那村人的图腾。所谓"图腾"(Totem)便是某一类物,大部是动植物,它被信为和一族的人有很神秘的密切关系,例如和人是同出一源的,甚或即为人的祖先。一族的人都很敬虔地崇奉它,不敢宰吃它,用它的名为族名。这种风俗一面是宗教信仰,一面又是社会制度,故称为图腾制度(Totemism)。

2. 生活技术神话

北美洲亚尔贡钦人(Algonguins)有一段取火的神话说:马那布须(Manabush)还小的时候,有一回对他的祖母挪科美斯(Nokomis)说:"祖母,这里很冷,我们又没有火,让我去取火来。"祖母不允他,但这个少年英雄却驾了小艇向东而去,渡过大海,到了一个岛。在这岛上有一个老人,他便有火。这老人有两个女儿,他们出来看见一只小兔子,又湿又怕冷,便把它带回茅屋里,放在火炉边烘火。当他们做别的事时,这只兔子忽然跳起来,取一块烧着的木头,跑上小艇便逃。老人和女儿从后追赶却追不上。因为小艇走得很快,生起风来,使木头燃烧更烈。于是火便取到挪科美斯的家里,自此便有火了。

七、历史神话

1. 北美克里克族(Creek)有一条记述其祖先迁徙事迹的神话,大意说:库西陶人(Cussitaw,克里克人自称)由很远的西方陆地来,他们曾渡过一道血河,经过一座会唱歌的山,他们在那边学得用火的方法并接受神秘的事项及法律。他们和相近的诸族争论大小,因他们库西陶人最先割得敌人头皮放在"头皮柱"上,所以便取得优越地位。有一回一只大蓝色鸟吞噬部人,他们便做一个泥的女人来供奉它以止其强暴。这只怪鸟由于这女人便成为一只红鼠的父亲,这红鼠能啮坏其父母的弓弦,于是这怪鸟便不能自卫,而被人类杀死了。这怪鸟是鸟类的王,像鹰一样。库西陶人有一次经过一条白色的路,进到库苏镇(Coosaw),他们在那边住四年。有一匹吃人的狮吞吃镇上的人。库西陶人设法要杀死这匹狮,他们掘一个陷阱,在上面张一个胡桃树皮制的网。他们掷一个响器于狮的穴中,狮大怒冲出追人。他们想死多人不如死一个,便将一个无母的孤儿掷在近陷阱的地方。狮向小孩扑去,不料正落在陷阱内,被人们用火烧死。它的骨头还保存到现在,一面红色一面蓝色。因为狮常是七天来吃人一次,故人们杀死狮后也留在那边七天。其后他们为纪念这狮,每于出战之前斋戒六天,到了第七天方出发。他们杀死了狮以后继续迁移,要寻找造这白色的道路的人。他们经过几条的河,到了几个市镇,但当他们射出白色的箭于这些市镇,以表示和平之意时,那些市镇的人却常射出红色的箭。库西陶人有时不战而过,有时战败了敌人方过。最后他们又看见一条白色的路,并发现一个市镇发出的烟,他们想这或者便是他们所要寻访的了。这个市镇便是现在巴拉朱科拉部落(Palachucolas)所住的地方。巴拉朱科拉人送他们黑的饮料以表示友谊,并对他们说:"我们的心是白的,你们的也应当是白的,你们应当放下血污的石斧,显露你们的身体以表示你们的心将变为白的。"这两个部落,便联合为一共戴一个酋长。但库西陶人因为最先看见红的烟红的火并弄成了血的市镇,故还不能丢去红的心,所以他们的心是半红半白的,他们现在晓得白的路是最好的了。

八、英雄及传奇神话

1. 非洲班图族(Bantu)黑人说:古时人类都被一个怪物名科鲁磨鲁磨(Kholumolumo)所吞,不但人类便是牛狗家禽都被它吃在腹内。能够幸免而逃脱的是一个怀孕的妇人,她将灰尘搽污了自己,跑去坐在牛栏里。怪物找到牛栏,看见了她,却把她错认做石头,便舍了她。其后,这女人产生了小孩,她将小孩放在家里,自己出门去找寻食物,回来时看见屋子内有一个大人坐在那里,身穿衣服,手里握一管枪。她问道:"汉子,我的小孩在那里?"这个男人应道:"母亲!我便是。"他便问人们为什么不在,她告诉他被怪物吞了。他便问怪物在那里,她说:"跟我来看,我的孩子。"她引他到屋顶,指谷口说:"塞在那谷口,形大如山的便是那怪物了。"他拿了枪,不听母亲的阻拦,便去寻怪物;在半途将枪在石头上磨得锋利。怪物见他来,张开大口舞动巨爪便要抓他,他跳到怪物身后,把他戳了二次,怪物便死了。他便拿出刀来。忽然有人叫道:"不要割我!"他便换一处,又有一只牛鸣道:"牟!"他又转向别处,一只狗吠道:"癸!"又要割别处,"阁阁鹿阁鲁!"(Koko lokoloo)一只鸡又叫起来。他终于把怪物的腹割开,人和牛都走了出来。人们便奉他做王,他名为摩沙尼耶那(Moshanyana)。但有些人妒忌他,搬弄众人不满他。他们暗计要杀害他,说:"我们拿住了他,起一个火在公堂上把他丢在火里。"不料他们却捉他不到反误捉了别个人丢在火里;他本人却站在一旁说:"你们为什么将那个人这样弄呢?"他们又在他常坐的地方开一个陷阱,但他又逃脱他并不是不坐在那里,他却是用法术使身体不坠下去。他们又要将他投下峭壁,他又脱了他们的手,使他们误投了别人下去,他再救他重活。最后,他不再逃了,他情愿束手被害。据说他的心走出来,变成一只鸟逃了去。

2. 婆罗洲土人说:有一回一个男子名拉奇安(Rakian)出门找寻蜂蜡。在一株曼机树(Mangis)上有很多蜂窝,其中有一窝的蜂是白色的,他觉得奇怪,便把它轻轻地取下来带回家去。第二天全日在园内工作,到晚方回家,踏进门来发现饭和鱼都已煮好放在食物的架上。他想道:"谁替我煮呢?我只有单身一个人,米虽是我的,鱼却不是,饭已冷必是煮好已久了。"他想不出是谁,便说:"好,有人替我烧饭便好了,管他怎的。"次日他又去园内,到晚回家,又见食物已经煮好了。这样一连几天,最后他决意看看是谁做的。他假做要到园里去,却再折回来躲在可以偷看的地方。等了些时一个美女开门出来到河里去汲水。拉奇安趁她未回急入屋内探看蜂窝内蜂已不在。他便将蜂窝藏起来,自己也躲在屋里静候。少停美女回来看见蜂窝不见,便哭起来道:"谁拿去了我的箱子?不是拉奇安吧,他到园里去了。我恐怕他再回来看见了我。"到晚,拉奇安从躲藏处出来,假做从外面回来的样子。看见女人静坐在屋里,他故意问道:"你为什么在这里?你是要偷我的蜂吗?"女人应道:"我不知道你的蜂。"拉奇安假意探看蜂窝说,蜂窝没有了,一定是女人偷他的,女人力辩不知道。"也罢。"他说:"你要替我煮饭吗,我刚好肚子空了。"女人说她不肯煮饭,因为她在苦恼。她说她的箱子是被拉奇安偷了去,箱子内有她的衣服。拉奇安说他不敢还她,因为怕她再进去。女人说:"我不再进去。你若是爱我,你可以娶我为妻。我的母亲要把我给你,因为你还没有妻子,我也没有丈夫。"拉奇安便将蜂窝交还她,女人又说:"你要我做你的妻,你以后一定不要说我是蜂女人,你若说了我很怕羞。"拉奇安应许了她。他们结婚后生了一个小孩。有一天邻家开宴,拉奇安也被请去做客。在座的人问他的妻哪里来的,因为他们不曾见过这样美丽的女人,他不肯实说。少停,大家都吃醉了,再追问拉奇安,拉奇安也大醉不能再守秘密,说了出来。拉奇安回家时他的妻默不作声,少停她方对拉奇安道:"我以前告诉你什么话?你果然说出来,给我丢脸。"她的丈夫不认曾说什么话,她道:"你撒谎,你虽在远处我也听得见你说的话。"她的丈夫听了默然无话。女人道:"我应当回我家去了,但这个小孩我要留下给你。七天内我的父亲便来这里带我去。"拉奇安流下泪来,但也不能留得她。七天后果然一只白蜂飞来,女人从屋里出来说:"那便是我的父亲。"于是她便化做蜂飞去了。拉奇安急入内抱起小孩向前追赶。追了七天,方不见了蜂的踪迹,看看所在的地方是一条水流的岸边,他便和小孩倒在那里睡。忽有一个女人来唤醒了他说:"拉奇安,你为什么不追到你妻的屋子去,她的屋子离这里不远呀!"拉奇安请她引路,她便引他到其处。并指示他说:"她的房是在正中,那里有十一个房,屋子顶梁上有很多蜂但不会螫人,你进去时不要怕。"拉奇安依言进去,果然看见屋内都是蜂,但中间的房子却没有。小孩哭起来了,中间的房子内忽然有人说:"你为什么还不出来?你不疼你的孩子吗?他在那边哭呢。"过一刻,拉奇安的妻果然出来,小孩便跑向她去,拉奇安大乐。他的妻对他说:"我不曾自始便告诉你不要泄露我的来历吗?这回你若是不曾跟我来,你一定要吃苦。"她方说完,屋梁上的蜂都飞下来变成了人。拉奇安和他的孩子便长住在蜂的乡村不再出来。

参考书目(括弧中的数字示本文取材最多的各章)

1. Lang, A., Mythology(in *Encyclopaedia Britannica*)(一、二、四)

2. Gardner, E. A., Mythology(in *Encyclopaedia of Religion and Ethics*)(一、二)

3. Muller, M., *Lectures on the Science of Language* Vol. II

4. Spencer, H., *Principles of Sociology* Vol. I

5. Tylor, E. B., *Primitive Culture* Vol. I

6. Burne, C. S., *Handbook of Folklore*

7. Gayley, C. M., *Classic Myths*

8. *Larned's History—Mythology*(四)

9. Gray, L. H., *The Mythology of All Races*(五)

10. Kroeber and Waterman, *Source Book in Anthropology*(五)

11. Wilson, G. L., *Myths of the Red Children*

12. Olcott, W. T., *Sun Lore of All Ages*
13. Olcott, W. T., *Star Lore of All Ages*
14. Edwards and Spence, *A Dictionary of Non-Classical Mythology*
15. Werner, E. T. C., *Myths and Legends of China*
16. Dare, S. J. H., *Researches into Chinese Supe-rstition Pt. Ⅱ Chinese Pantheon*
17. 西村真次:《神话学概论》
18. 谢六逸:《神话学 ABC》
19. 黄石:《神话研究》
20. 茅盾:《神话杂论》

(商务印书馆 1933 年版)

民　俗　学

第一章　绪论

一、定义与范围

"民俗",英文原字为 folklore,意为"民众智识"(the learning of the people)。这字是 1846 年英国学者顿姆斯(W. J. Thomas)氏所创造,用以代替旧名"民间旧俗"(popular antiquities)的。这个名词很为适当,所以有很多国采用他。folklore 这个名词又用以兼指研究民俗的科学,所以又可译为"民俗学"。"民俗"的内容初时是指文明民族中无学问阶级的传袭的智识,但现存蒙昧民族的文化也常与文明民族的无学问阶级相类似,其性质颇难分别,所以后来渐渐扩充范围而兼取材料于蒙昧民族了。

民俗学的定义与范围,以英国彭尼(C. S. Burne)女士所说的最为详尽而易于了解,节述于下:

"民俗学"是一个概括的名词,其内容包含传袭的信仰(beliefs)、惯习(customs)、故事(stories)、歌谣(songs)、俚语(sayings)等流行于文化较低的民族或保留于文明民族中的无学问阶级里面的东西。析言之,例如关于宇宙、生物、无生物、人性、人造物、灵界、巫术、符咒(spells)、厌胜(charms)、命运(luck)、预兆(omens)、疾病、死亡等事的原始的信仰;又如关于婚姻、继承、童年、成丁、祝祭、战争、渔猎、畜牧等事的惯习与仪式;以及神话(myths)、传说(legends)、民谭(folk-tales)、故事歌(ballads)、歌谣(songs)、谚语(proverbs)、谜语(riddles)、儿歌(nursey rhymes)等。简言之"民俗"包括民众的心理方面的事物,与工艺上的技术无关。例如民俗学家所注意的不是犁的形状,而是用犁耕田的仪式;不是渔具的制造,而是渔夫捞鱼时所遵行的禁忌(taboo);不是桥梁屋宇的建筑术,而是建筑时所行的祭献等事。"民俗"实是蒙昧人心理的表现,其表现方面极多,自哲学、宗教、科学、医术、社会组织、民间仪式,以至于更为严密的智识区域中的历史、文学等都有。

"不论在野蛮或文明社会中,都有古旧的信仰、惯习和故事,这都是以前无记载时代的遗物。这些遗留的言语或行为,不论存于何地,都有其共通的性质,这便是:他们的被承认及其继续存在,不是由于实验的智识或科学的确证,也不是由实证的法则或真确的历史,也不是由文字的记载,不过是由习惯与传袭而已。民俗的科学的研究,便是要用现代的科学方法,将这些传袭的东西加以正确的观察及归纳的推论。"

"研究这种传袭的事物,一方面应观察现代文明民族中无学问阶级所保存的奇异的信仰、惯习与故事等,这些事物是由口头一代一代的传袭下来,实为无学问阶级的唯一的心灵上财产。又一方面,则在未开化民族中也可获得很多与上述相同的材料。由于这两者的相同,发生了一种假说,以为文明民族的这些事物必是由野蛮时代传下来的,因此便可称之为'遗存物'(survivals)。"

二、民俗的分类

民俗的分类有数种,略举如下:

英国著名民俗学家哥麦(G. L. Gomme)氏说:民俗学应分为传袭的(traditional)与心理的(psychological)两种。传袭的民俗较多。所谓传袭,便是说继承祖先的行事不愿加以改变,因而将古代陈迹一代一代流传下来。其所以致此的原因,一部分由于近代的文明不是民众所创造,文明只浮在民众的头上,民众大都不在文明的范围内;一部分则由于一部分人民处在孤陋荒僻的地方中,不曾与思想及文化的中心接触。心理的民俗很少,其成立的原因是由于有些人心理发育不完全,不能了解自然现象及人类文明的结果。这两类再分如下:

(甲)传袭的民俗

(一)惯习(customs):家族地方或种族所存留自古相传的种种行事,与仪式信仰不相联合的。

(二)仪式(rites):大都与宗教有关。

(三)信仰(beliefs):具宗教性。民间的故事也属此类。

(乙)心理的民俗:只有信仰一种。

这种分类太简单了,不便应用。

兹再举法国的塞比约(Paul Sébillot)氏在其大著《法兰西民俗》(Le Folk-lore de France)中的分类如下:

(甲)天与地

(A)天:(1)星,(2)天象。

(B)夜与空中的精灵:(1)夜,(2)空中的迹象或声音。
(C)地:(1)地,(2)山岳,(3)森林,(4)岩与石,(5)地上各种奇异迹象。
(D)地下世界:(1)地下,(2)洞穴。
(乙)海洋与江湖等
(A)海洋:(1)海面与海底,(2)海洋的侵灌,(3)岛屿,(4)海岸,(5)海洞,(6)水滨,(7)传说中的船,(8)海洋崇拜。
(B)江湖等:(1)泉,(2)泉的威权,(3)井,(4)河流,(5)滞水。
(丙)动物与植物
(A)动物:(1)哺乳类野兽,(2)哺乳类家畜,(3)野鸟,(4)家禽,(5)爬虫,(6)昆虫,(7)鱼类。
(B)植物:(1)树木,(2)花草。
(丁)人类与史实
(A)史前时代:(1)立石,(2)石坟,(3)古冢,(4)石器,(5)巨石崇拜。
(B)纪念物:(1)建筑的仪式,(2)古迹,(3)教堂,(4)古堡,(5)城市。
(C)人民与历史:(1)教会中人,(2)贵族及第三阶级,(3)战争,(4)民间传说中的法国历史。

各类中还有细目,极为详细,但这一种是按外表而分类的,以供记载一地方的民俗为佳,且也须按地方情形而修改,要做民俗学的原理上的分类殊不足。

尚有《大英百科全书》的分类法,便是按照性质而分的,且又比较第一种详细:

(甲)信仰及惯习
(A)迷信的信仰与行为:(1)关于自然现象及无生物的迷信,(2)关于草木的迷信,(3)关于动物的迷信,(4)鬼魂与妖怪,(5)巫术,(6)医术,(7)普通魔术与占卜,(8)死亡学(eschatology),(9)琐碎的迷信。
(B)传袭的惯习:(1)节目,(2)重要事件的仪式如生、死、结婚,(3)游戏,(4)琐碎的地方惯习,(5)跳舞。
(乙)传说(narratives)与俗语(sayings)
(A)(1)真实的故事,(2)儿语,(3)童话,(4)愚人故事、寓言、层积体的故事等,(5)神话,(6)地方传说。
(B)故事歌及歌谣
(C)(1)儿歌,(2)谜语,(3)"流行歌",(4)谚语,(5)绰号,(6)"地方谣"。
(丙)艺术
(A)带歌曲的民间音乐。
(B)民间戏剧。

信仰与惯习内容都很广，还是分开的好。而艺术范围不大，可与传说合并。所以还是以彭尼女士所定的最为适宜。但我国人如采用它，在细节及名辞上都可以稍加改变以适合地方情形，本书虽采用此一种，但也略加修改，兹举其原来的分类法于下：

（甲）信仰及其行为（beliefs and practices）

（一）天地。

（二）植物。

（三）动物。

（四）人类。

（五）人工物。

（六）灵魂及冥世。

（七）超人的存在物（superhuman beings）——神（gods）、小神（godlings）及其他。

（八）预兆及占卜。

（九）魔术。

（十）疾病与医药。

（乙）惯习（customs）

（一）社会的及政治的制度。

（二）个人生活上的仪式。

（三）职业与工艺。

（四）历、斋日、节日。

（五）竞技、运动及游戏。

（丙）故事、歌谣及成语

（一）故事（stories）。

（a）神话（myths）。

（b）传说（legends），上二者系作纪实的。

（c）民谭（folk tales），此一种系为娱乐的。

（二）歌谣（songs）与故事歌（ballads）。

（三）谚语（proverbs）与谜语（riddles）。

（四）习惯的韵语（proverbial rhymes）与地方的俗语（local sayings）。

三、民俗学的效用

彭尼女士说："研究传袭的信仰、惯习与故事的各种形式及其与环境的关系，可以晓得他们的特性有多少是普遍于人类全体，有多少是由于种族及环境的,这很可以帮助民族学(ethnology)的研究。次之,可观察有何种事件或境状影响了各族的民俗,文化不相等的民族相接触后所生的结果是怎样,由于传袭的成分有多少等事。最后则可衡量其环境与特性,而寻出各民族的文化何以或致停滞不前,或则发达直上的原因,所以对于历史学也有极大的贡献。还有经济的与政治的根本形式之探究,也可追溯得文明民族发展的径路,这又是对于社会学的一大助力。在心理学一方面,则可明了人类初期的心理,晓得天真未凿的人类对于生命及自然的观念,并探索宗教、道德、哲学、科学美学、文学等的起源。由于研究民俗而生的对于人类过去历史的观念已经大大影响了现代的思想,这种研究的继续进行对于人类的智识必能大有增益,这是无疑问的。除了上述的纯粹学问上的功效以外,还有实际应用的功效,那便是统治的民族对于所属民族的治理方法的改进,因为密切的接近与正确的了解能够生出同情,而同情便能生出好政治。"

彭尼女士已经把民俗学在各方面的效用说得很清楚了。此外,哥麦氏尤着重于历史的方面,特为著了一部书,叫作《历史科学的民俗学》(Folklore as an Historical Science)。他以为民俗的特性是传袭的,即自古相传的,所以最能证明过去的状况,其价值不在历史的记载之下。历史从来不曾详述某地某时所发生某事件之所有全相,而且历史的记载有时错误,还须赖传说以纠正他。例如神话,表面虽似荒唐,但他的发生都不是无因的。非民俗学家的人口中所谓神话,几乎全和幻想或小说一样,这是大大的谬误。神话是确定而且明显的,与幻想及小说不同,他是包含"真理的核"的外壳。要了解里面的真理,有时或者很难,一个这样解释,一个又那样解释,但这却无损于神话的价值,猜不透时不妨暂且置之,后来或者慢慢可以发见。

四、民俗学的研究法

研究民俗学第一先须采集材料,其次则进而行理论的研究。理论的研究可分为二种:一比较的研究法,即横的方法。二历史的研究法,即纵的方法。略述于下:

比较的研究法:民俗学的材料即信仰、惯习与故事等,很多是一个民俗从原始时代传留下来的,所以第一可把他和同类的别民族的民俗相比较。如英国的与法国、德国、俄国等相比较,我国则和日本、朝鲜、越南、暹罗等比较;或和不同类的别民族相比较,如我国与西洋各国比较。第二可以和现存原始民族中所通行的类似的民俗相比较。第二种比较似乎很奇,而且是侮辱文明民族。其实所谓文明民族的民众间所风行的民俗与原始民俗的风俗同点很多。克洛特(E. Clodd)氏说:"我们人类做感情的动物已经有几十万年,做理性的动物还不过是昨日才开始。"佛拉萨(J. G. Frazer)也说:"现代人类与原始人类的相似还多于其相异。"埃次勒(L. Eichler)更设一个譬喻说:"文明不过是理想主义的一层薄膜,罩在百万年的野蛮上面。揭开了这层薄膜,人类的生活还是差不多与几千几万年前一样。"由此可见第二种的比较法不是没有理由的了。

历史的研究法:民俗既是历史的材料,民俗学的研究自然当用历史的研究法。对于各种事物的发生时地及有关系的人当有确实的探究,方能成为正确的史材。如我国的汉学家的考据便是很好的历史研究法可以采用。

在上述二种理论的研究之前,须先从事采集材料。民俗学家的采集民俗像古董家的采集古董一样,越多越好。只要材料无误,不必一定要加以意见。这种材料多一份,民俗学的基础便增一份,就像建筑屋子一样,砖石砌高屋子也成了。所以凡能采集材料的便是对于民俗学有贡献。但采集也须有方法,略述于下:

不论在什么地方工作,调查人先须与本地人发生友谊的关系。他的态度应当温厚和易,听人陈述应当有耐性,对于地方的风俗和礼法应当遵守。对于本地人的同情心是成功的秘诀,所以对于他们的信仰与意见应当表示敬意,这样方能诱他们尽量把所有蕴藏陈述给采集人。下等文化的民族的风俗在我们观之虽似乎怪诞无理,但在他们自视却都是有理由的,所以应当力求了解他们的心理。调查时也应当有点常识,在某种时间、地点、或对某种人物,可以调查某事,都略有一定。例如男人有男人的惯习,女人有女人的惯习,各种职业的人有各种职业的智识,问时都应当视人而定其问题或由问题以择人。询问时最好多听,不要多说,待讲述者谈锋已尽,然后一一提出"什么""怎样""何时""何地""何故"等问题,再引起他的说明。"何故"的答语常只是"因为我们的祖先便是这样","古来便是如此"。这类的问题是最重要的,但很不容易得到正确的答案,除非由调查人自己观察出来。要验看所得材料的真假,可隔数日再问原讲述人一回看有无差异,最好是另问别人以同样的题目。询得的材料不能无错误,因为凡无智识的人若受了惊便会说谎,或假做不懂;但有时不懂也是真的,"我们的祖宗方才晓得"这句话是很常听到的。土人中也有智力的差异,有些很能懂得过去的史实和事物的意义,有些却全不知道。不懂的而却很老实的土人常会自动地介绍别个懂得的人,有时调查人也可自己寻访这种"聪慧的土人"。被询人如还未明了调查人的来意便不可当他面前记录,恐怕他怀疑而不敢详说或实说。记录应当照讲述者原来的语气,勿加修饰及改换。调查人如不很精于民俗学的问题时,应先备问题格(queries)的书,以便按题发问。调查用具除活页簿和红黑铅笔外,应当有摄影机,以节省描写的工夫,又能保留真象;再有一个录音机以收进歌谣就更完备了。

五、民俗学的历史

民俗的科学研究始自 19 世纪之初,但民俗的采集在很远以前便有了。希腊的荷马史诗包含了许多古代民谭。坡山尼亚斯(Pausanias)也详细调查了希腊本国的民俗。而"历史之父"的希罗多德(Herodotus)还记载了很多异民族的状况,印度有《阇陀伽诞生谈》(*Jataka*),阿拉伯有《一千零一夜》(即《天方夜谭》),欧洲有《伊索寓言》,在我国则古代的《诗经》便是民间的歌谣。周秦诸子中也载有很多的寓言,历朝的史书中都记着民间惯习和信仰。还有私人的杂著笔记一类的书中,民俗的材料非常的多。欧洲近古则有帝尔斯(J. B. Thiers)的《迷信论》(*Traite des Superstitions*,1679),渡纳(H. Bourne)的《僿陋的旧俗》(*Antiquitates Vulgares*,1725)等。

近代用科学方法研究民俗的先锋是格林氏兄弟(Grimms),著有《儿童及家庭故事》(*Kinder-und Hausmärchen*,1812—1815)及《德意志神话学》(*Deutsche Mythologie*,1835)。他们是最先以忠实态度记录民谭的。其后民俗学发达了,先后成立两大派:

1. 语言学派:以穆勒(Max Muller)氏为首,欲以语言学的方法说明古代传说。

2. 人类学派:以泰勒(E. B. Tylor)、兰格(Andrew Lang)、佛拉萨(J. G. Frazer)等人为首,此派以民俗中的野蛮原素为原始时代的遗物,而文明民族的民俗与蛮族风俗的比较能使前者易于了解。

现在民俗学的著作可分为两类:即综合研究的论著,和民俗的记录。综合研究卓有见解的论著,有佛拉萨的《金枝》(*Golden Bough*),成十二巨册,详论各种信仰、魔术及仪式,还有《灵魂不灭的信仰》(*Belief in Immortality*)及《图腾制与族外婚》(*Totemism and Exogamy*),都是三四册的巨著。此外兰格有《惯习与神话》(*Customs and Myth*)、《神话仪式与宗教》(*Myth,Ritual and Religion*),泰勒有《原始文化》(*Primitive Culture*),韦士特马克有《人类婚姻史》(Westermarck,E:*History of Human Marriage*)等,都是不朽的名著。最近还有哈斯丁(J. Hastings)氏主编者的《宗教伦理百科全书》(*Encyclopædia of Religion and Ethics*),材料之多无与伦比。讨论民俗学本身的性质的书,则有如本书末页所记的参考书数种。专门记录民俗的著作,则吾国大都有自记其民俗的书,因发生较理论的书为早故其数尤为浩繁。

第二章 信仰

一、天地植物动物

天地——由于史前考古学的发见,我们知道原始人类生活的进步是很缓慢的。最初只有空拳赤手,后来方渐渐的有了粗陋的兵器和甲胄。他们时常徘徊于河边以拾取食物。他们所居四面都被山岭森林毒虫巨兽所包围,暴露于严寒酷暑之中,宛转于狂风暴雨之下。种种不可抵抗的外来势力极能影响于他们的苦乐,逼使他们不得不流徙各处以求维持其生命。以后他们自然而然的不但把活动不息的日月星辰风雨河海,以至不变不动的山岭岩石沙砾石子,都视为有神秘的生命和威力。他们以为这些东西或是赋有意志和意识的,否则也必有比较人类为强的灵物凭附或居住其内。这种信仰的存在可以由蛮族的神话而证明,并且也可由文明民族的民俗中找出这种信仰的痕迹。

北美洲的奥日贝印第安人(Ojibway Indians)以为日、月、星都是神。每当太阳初出时,老酋长和战士们便唱赞美的歌以欢迎他,太阳下去时,则敬谢他在一日中赐给光与热的恩惠。日蚀发生则大起惊慌,说是太阳要死了,救他的方法是将燃着的炭插在箭头向太阳射去,以为可以使他重燃而回复光明。其他蛮族大都有对于天体的崇拜,不必详举。文明民族的民众中间也常存留这种信仰。如现在的希腊人看见月蚀便大喊"我看见你",以为这是救月蚀的最好方法。英国人对新月则躬身为礼,而小孩们不敢以指指月或数星,恐致不吉。

新赫布里底岛(New Hebrides)的土人崇拜大岩石,有很多神话说明有些岩石的来源,有些岩石还有特殊的称号。据他们的说明,有些岩石是"委"(vui),即精灵变成的。有些在海中的,是古时的人变成的;有些只是岩石,但却有"委"凭附其上。新几内亚(Now Guinea)有一种"神石"(charm stones),土人们以为这种石里面有"精"(virtus),可以流通而影响于别物,例如把这种石放在园圃内,则能使收获增加。圭亚那(Guiana)的土人信各种无生物如石头、河涧、瀑布等,都有体与灵两重生命,像人一样。地是产生万物的,所以常被崇拜为女性的神,即所谓"地母"(earth mother)。

植物:人类自始即倚赖植物以充饥、住宿、蔽体及取火。在找寻可食的植物时,渐渐认识各种有毒的,有刺激性的,及有治疗性的植物。由于需要、畏惧和神秘之感,渐生出关于植物的神话及仪式。所以在低等文化中植物也是极重要的崇拜对象。被崇拜的植物都被认为有意识、感觉和人格,有的甚且有内在的魔力或超自然的威力。在民俗中常闻有"树神"(tree gods),"神树"(sacred tree),"树木崇拜"(tree-worship),人化为树的故事,人出于树的神话等。

马来人说椰子树有眼睛,所以不会坠在人头上。英国人以山枨为有神秘的能力,所以用为驱牛马的鞭,以为能使牛马肥壮;他们又以为用金雀枝或柳枝打小孩,则小孩便不易长大,因为金雀枝不会成大树,而柳枝则衰凋很早。我国人也以桃枝为有神秘性,能辟除鬼魅。草木的栽种也有用威吓或殴打的方法叫他长大的。近雪兰峨(Selangor)的朱格拉(Jugra)土人栽种"榴莲"(dorian)时,必选出一根,用斧削他,对他说:"你要不要生实,不生实便要砍你。"另有一个人则代树应说:"我要生实,请你不要砍我。"印度旁遮普(Punjab)的土人不敢砍伐某株树木,以为其中有"特征"(devi),如斫他便会流血叫喊。不止单个的草木被崇拜,有时全类都被信为有精灵在里面。威尔士人以为接骨木被斫会流血,所以英国民间禁烧接骨木。孟加拉(Bengal)的樵夫入森林砍树时,必带一个神巫去执行仪式,对树神请求许可。孟加拉有住森林中的一部落名马格斯族(Maghs)极不愿意砍树。马来半岛有一种生树胶的树名达巴克(tabak),据说时有"汉都"(hantu),即树神保护他,不行仪式便不能找得树胶。有些民族信人类是出自植物的。斯堪的纳维亚人的神话说有三个神看见海岸上有枨木或榆木,便把他变成了最初的人。苏罗门岛(Solomon Is.)土人说人类是从一种特殊的甘蔗名陶胡奴奴(tohununu)的生出来的。安达曼岛(Andaman Is.)人则以为人类是由竹传下的。又行图腾制(totemism)的氏族常有以一种植物为名的,其族的人自以为是由这种植物传下来,因而对他特别崇敬。

动物:存于植物的民俗中种种神秘的观念如"互倚性"、"互变性"、"根本的统一性"等,也可见于动物的民俗中。例如欧洲民间信有一种半人半狼的物(werwolf),其物日间为人,夜间为狼;在印度及马来半岛则有"半人半虎"(wer-tiger),同时是人又是虎。动物的变化是民俗中很常见的,如"美女野兽"(beauty & the beast),"蛙王子"(frog-prince)等都是说动物化人的神话。低等文化的民间故事里多以动物为角色,把他们当作能够说话动作如人类,讲述时忽而把他当作人,忽而又当作兽,这可证明低等文化的民族对于动物与人的区别是不甚清楚的。以动物为祖先的也很多,欧洲的故事中常有这种话。又如斐济群岛(Fiji Is.)的土人说,他们的祖宗在第八或第九级是一尾鳗等。上述的图腾制与动物崇拜极有关系。图腾(totem)一语出自美洲印第安人,但这种制度也行于澳洲及别处。此制便是一氏族的人,与一种动物植物或无生物等,有连带关系;这一种物,便是该氏族的图腾。其族的名,便用图腾的名,如"袋鼠族"等。一族的人,都信与其图腾有血统上的关系,甚或以为是由该图腾传下来的。他们不但不敢杀食为其图腾的动物,而且对它极为崇拜,希望得其保佑。动物神(animal gods)或神变的动物也很常见,例如印度的拜蛇,拜虎,古埃及的拜牛,以及我国的拜狐仙、青蛙、黄龙大王(蛇)等都是。此外又有一个动物与一位神有密切关系的如古希腊的巴拉斯(Pallas)与枭,阿波罗(Apollo)与鼠都是。动物具有超人的能力与智慧,也是一种很普遍的信仰,如美洲印第安人以为动物也有像人类一样的社会组织,像人类一样的行为,但能力还比人类为大;以这种态度看动物,其实便等于视它们为神了。被崇拜的动物,兽类固多,鸟类也不少;鸟类因为能飞,所以常被当作这个世界与别个世界的使者,如送灵魂的,送火的,或送小孩的。昆虫爬虫或鱼类的崇拜也有,例如蛇的崇拜便有很多,事实,可写一大本书。

二、人类及人工物

人类:低级文化的人民,对于人类本身也有许多离奇的观念,如人类自己的"人格"及能力,保护人格及能力的方法,以及受衣服饮食交际等的影响等事,由此生出许多行为,有的颇为野蛮,有的又很平凡。有些殊殊的"魔术元素"(magic property)据说是存在人身的某一部分,例如血液常被视为这种原素的所在,涎沫也是如此。把两个人的血液混合一起,或合食一种食物,据说便可以使他们联合为一,至少都能成立密切的关系。被吃的动物的性质也被信为可以传给吃者。

施魔术时,无论是伤害的或解救的,都须有媒介的方法,如接触、吹气、唾涎或注视等,以传导魔力。人名也是"人格"的一部分,所以呼人的名而施术,便能影响及其身体。还有阴影、映影、写真、造像等也是一样。还有身体的一部分如毛发指甲都与本人有神秘的关系,所以若被人得去,便有危险。一个务都(Voodoo)的神巫对一个白人说:"我若得到你身上的一根睫毛或一片雀斑屑,你的生命便在我手里。"食物的影响于食者,也有很多证据,如陶列斯海峡(Torres Strait)的人,常把所杀敌人身体的一部分如眼睛、耳朵、嘴巴或血带回家给小孩吃,以为可以使小孩们得敌人的勇力;他们说:"心脏是小孩的,不要怕。"在朋克斯岛(Banks Is.)有一种秘密社会,集会时,会员同就一个椰子壳饮酒,以为这样便可使大家有密切的神秘关系。结婚时的合卺或同牢的礼很多民族都有,这也是有同上的意义的。血液的混合比食物的同食更能发生耐久的结合。非洲的马赛族人(Massay)举行会盟仪式时,两方的人各刺其股使流血,两股合在一处,以为血液便因此而在冥冥中混合了;这样的血盟(blood covenant)也是很普遍的,我国古代的歃血也有此意。对于血的观念常很神秘。埃斯妥尼亚人(Esthonians)像犹太人一样,不敢把血做食物,他们说血内有动物的灵魂,吃了恐怕动物的魂进入人身;威尔士人古时信血液为灵魂栖宿处,所以出血如不速止,是很危险的,恐怕灵魂跟他出来。头部也极重要,很多民族以头为神圣不可侵犯的东西,如波里尼西亚群岛(Polynesia)人都不喜欢别人的身体在自己的头上。又如缅甸人和柬埔寨人不敢造有楼的屋。而毛利人(Maoris)的酋长不愿入船舱内,都是由于这种心理。眼睛也常被认为有魔力。辛哈利人(Sinhalese)的石头或泥土的像上,只要画了眼睛,便成为一个神,而现在的伦敦人还有信男人的注目可以使女人怀孕的。有些人的眼睛,特别厉害,据说三毛亚的酋长都拜(Tupai)的眼睛很毒,"他的一瞥能使椰树枯死而面包树萎谢"。一个辛哈利的酋长见塞利曼夫人(Mrs. Seligman)在大众中饮牛乳,替她很为着急,他说恐怕众人中有恶眼射在牛乳中。这种恶眼(evil eye)的信仰极为普通。恶眼不是由魔术得来的,有些人天生有这种眼,有这种眼的只要一瞥,便有不利于人或物。占卜或预言的能力,有些是天生的,有些是学得的。个人的内在神秘性(innate virtue)常由于出生时的状况。西非洲土人以为孪生儿是不吉利的,有时还把他们置之死地。旁遮普(Punjab)人则以为头胎儿有御狂风的能力。个人的魔力,据说是依阶级家世及个人性质而不同,而巫觋与国君的魔力则极大,几乎等于神灵,这便是崇拜活人为神的原因。

  人工物:人所造的物也不能免去神秘性。日用的简单物件常被当作能报告预兆,如小刀的落地,环的破缺,钟的停止,陶器的戛鸣,家具的轧响,都是预兆。家具又有能作祟的,据说是因为已死的主人凭附其上。珍美的器具兵器的制造者或所有者若是特出的人,则其物件亦必因之而传得其神秘性;例如神巫所做的法器,圣徒所用的珠串,或国王的勋章等,都是这样。平常的器物,虽不曾经著名的人物制造或使用过的,有时也有神秘性,例如关于镜的信仰很多。人们常以为玻璃或水晶做的东西有预言性,能使人看见幻象。制造或改变一种物件或物质以为别物,在蒙昧人看来,便是神秘怪异的事,这尤以化学的制造为然,例如发酵作用,便很能引起惊奇之感。因为制造的手续能引起神秘的观念,所以关于各种平常工作,如烹煮、烧炙、酿酒,制酪等。又如初期工艺如制网、纺织、冶铸等,都发生奇异的信仰。发火术(fire making)最能激刺人类心理,并发生宗教的观念。古罗马人曾维持长燃的火,把它视为神圣;波斯拜火教人,且以火为善神的代表,加以无量的崇敬。平常的工具,也常被使用者所崇拜,如孟加拉人在一定的日子,木匠崇奉他的斧凿和锯子;剃发匠敬奉他的剃刀剪刀和镜子;读书人则敬拜他的书笔与墨壶;孟买的舞女虔拜她的乐器;皮匠则敬奉他的刀斧;制油者则以他的磨盘为保护神。神物崇拜(fetishism)(旧译拜物教)所崇拜的神物(fetish)也多数是人工制成的小物件,如护符、厌胜物等,常带在身上以辟邪。这种物的被崇拜不是因为本身的价值,乃是因为信有精灵或鬼物凭附其内,其凭附或系自动的,或由施术而成。神物的作用,能保护人的生命、财产,预告凶兆,惩罚伪誓者、侵害者、盗贼、淫人及无形的仇敌等。其精力须时时补充之,补充的法是用血液灌奠它。

三、灵魂及冥世

信有一个灵魂,能够独立存在于肉体之外的思想,便在文化极低的民族都是有的,这便是鬼及前生来世等观念的根据。并且还进而成立祖先崇拜(ancester worship)与禳祓的仪式(exorcism),由各民族的语言便可证明灵魂观念的存在,并知灵魂便是指"无实质的他我"(other self)。各民族指灵魂的字几乎全是借用"气息"、"阴影"这一类字。塔斯马尼亚(Tasmania)的"阴影"一语便兼指精灵,印第安人中的亚尔贡昆人(Algonquins)称人的灵魂为 otahchup,意义就是"他的影"。亚拉瓦克人(Arawak)的 ueja 一字兼有"影、魂、像"三意。亚毕奔人(Abipones)以 loáakal 一字兼指"影、魂、回声、映像"四项。加利福尼亚的涅特拉(Netela)语,piuts 一语也兼有"生命、灵魂、气息"三意。还有希伯来语、罗马语、希腊语中也有这一类字。由此可知所谓灵魂是指一种无形无质而凭附于身体的一种东西。灵魂有时也会表现于外,那便是影、像、呼吸、回声等物。又有信眼睛中的瞳子便是灵魂的,所以几内亚土人说瞳人若失去便是灵魂离身。有信灵魂是分成几部的,如古埃及人以为人活时灵魂各部相合,死后则灵魂分离;最主要的灵魂名为"卡"(ka),即"生魂",是肉体之主动者;其次是心,即灵魂本体。埃及人棺上所雕的一只鸟便是他的象征。此外有在死后有时出现的幻形(phantom),还有阴影、精力,最后则是直赴阴间而长存不灭的一部分灵魂。各民族信灵魂为多数的很多。即如我国民间,也有三魂七魄之说。不但人类和动物有灵魂,便是植物和无生物也常被信为有灵魂。这种信仰是以灵魂为固有的,与信精灵外来凭附的不同。失神昏厥和失去意识,甚至平常的睡眠,常被解释为灵魂离体。例如威尔士有一个农人,据说曾昏睡在田里,而他的灵魂变成一个黑色小人,四处乱跑;像这种传说很为不少。"灵魂出窍"自然是很危险的,有时恐致迷路不能归,或被妖巫擒去。坡里尼西亚有一种"捉魂机"(soul trap),为妖巫所用以擒捉犯他的人。为解救灵魂的离体,遂发生许多招魂的方法,这是很普遍的。文化低浅的人民,常以为梦是生魂离体游行他处做事,关于梦的信仰也很多。

死后的灵魂有两个下落:(1)仍栖于此世界的另一个物体;(2)到别个世界去。在第一种,死人或者便直接化为动物或其他,如台湾高山族便说他们的祖宗死后变为蛇。或者再生而为另一个人或动物,这便是所谓轮回。非洲西部的约鲁巴人(Yorubus),当小孩出世时,便对他说:"汝来了吗?"并叩问家族神,是那一位祖宗降世的,便用他原来的名呼他。轮回的思想很为普通,许多民族都有。照第二种的说法,则灵魂便旅行别个世界去,各民族常有灵魂旅行谭这一类的神话。灵魄所赴的别个世界,各民族的意见不同,海滨的人民常以为是一个孤岛。此外,有的以为是日没的地方;有的以为是在太阳或太阴之中;有的以为是在天上;有的以为是在地下。这别个世界所在地的意见虽有不同,但都有一个共通点,便是那边生活都像人世。例如卡连人(Karen)死了,据说他的灵魂还是带着他的斧头和镰刀,从事造屋和割稻。亚尔贡昆猎人的灵魂,还是追逐海狸或麋鹿的灵魂,穿了雪鞋的灵魂,行走于雪的灵魂上面。南美洲的土人死后,还是继续人世一样生活,壮健的仍是壮健,老病的仍是老病,家人也同在一处,但不能再生小孩,因为是灵魂的缘故。死人的命运也有变动的,依其人品、阶级或死的状况而有异。通常恶人或变为动物,或成为奴隶,善人则得住乐国。阵亡的壮士常得升于神班,而享祭祀。死于非命者则常受痛苦。印度人说死于难产的女人特别可怕,足是向后转的。我国人也说缢死鬼和溺死鬼不得替身便不得超生。欧洲人说自杀者、杀人犯及被害者,以及在世义务未尽的人常成为无一定住所的游魂。葬式自然是由于灵魂信仰。明器或殉葬物如装饰品、兵器、食物、食具,甚至妻妾奴仆都是要使死者在别个世界得快乐。返回人世作祟的恶鬼大都是因为死后生活未能快乐。对付这种恶鬼,或用禳祷,或用祓除。需禳祷的大都已成小神,印度人常建小社以祀有危险性的 bhūt,我国所谓淫祀也即指此。用祓除法者则如下:刚果土人以焚尸为杀灭恶鬼的方法,又如我国的桃符爆竹也是辟除鬼魅的法物。祓除需专门的技术,为巫觋的专业。祓除的方法常是逼使鬼魅现形,逼他做不可能的事,驱逐他到远地,或把他囚在小容器中,如瓶壶里面,加以密封抛弃水中。最奇的是冰岛土人不用宗教仪式,却用法律手续。把作祟之恶鬼魂召到特别法庭审判。

  鬼魂不一定都是恶的。新几内亚土人以为祖先的鬼魂如不肯再住屋内,便是大不幸的事。又如印度人也常祭奠死人,饮食或收获时常分一部分给他们,或举行一年一次的宴会,祈其来飨。这一种鬼魂是被视为和平可亲,能力强大,而能庇佑生人的,因之一面对他祭献,一面对他祈祷。以这种程序,灵魂的信仰遂发展成为死人的崇拜(cult of the dead)。被崇拜的死人以祖先为多,故又有祖先崇拜之称。祖先之被崇拜也不一律,似乎以已死的家主即父亲的崇拜为最多,因为父亲与儿子的关系比较以前的祖先为亲切,例如黑人的祖先崇拜便是这样。行祖先崇拜的民族很多。文化极低的吠陀人(Vedda)以至于文明古国的中国都是。此外如古罗马、日本也是很著名的。

四、神及妖怪

文化低下的民族常只晓得少数"守护神"(guardian deities)。文化渐复杂渐趋于多神教(polytheism)。种种不同的职业生出种种不同的神灵。因男女事业的不同，女子也有其特殊的女神。一个人因从事多方面的事业，便也崇拜多方面的神。例如罗马人一方面系战士故奉战神(mass)，一方面为家长故又拜家神。政治与贸易的发展引起文化的接触，因而促成多神教，而出嫁外族的公主常为最有效的传教师。

下级民族所奉的神，不论是拟人的自然物，或不可见的精灵，都很少为绝对精气性的(spiritual)，即非物质的。他们具有人或动物的形状，并有人性。他们的能力自然超越普通人类，但却不易胜过术士。神怪的种类可分为下述各种：

1. 人格化的自然物或自然力：自然物的本身被视为神的也有，被视为神所凭附的也有。例如太阳本身可以被崇拜，太阳神也可以被崇拜。有直接对河祭献的，也有对河的神祭献的。被崇拜物的起源，例如风神、雨神或雷神等，除其名称以外不可追溯，但他们却永远继续发挥其威力，以影响人类的实际生活，而引起恐怖、敬畏、尊仰、感激的感情。除天上的神、原素的神、（水火风）地神、海神以外，还有各司一事的"机能的神"(functional deities)，如收获神、战神、爱神等。文化渐复杂，则这种机能的神也渐增加。这种神中的凶神，如火灾的神、饥荒的神和疫神为数很多，其受崇拜还胜过善神，所以古时的旅行家常说某某民族所崇拜的都是恶神。这种偏重一方的崇拜，只是出于欺善怕恶的心理。他们以为怠慢善神还不十分要紧，惹了恶神便立有危险了。地位最高的神也不一定是最受崇拜的。例如约鲁巴人(Yorubas)的天神(Olorun)是神中最高的，但并无庙宇与祭司，也无偶像或其他象征物。他是被视为太高远而不切于人事的，所以不必对他祈祷与献祭。只有情势极危急诸神皆束手的时候方去求他。

2. 人类所成的神：活人有被尊视为神的，如西藏的活佛，古埃及的君主以及许多蛮族的酋长神巫都是。行祖先崇拜的民族也各把其祖先的鬼抬升于神位。还有一民族中已死的"圣者"与英雄，由于生时的行事与死后的威灵也成为普通的崇拜对象的。这种非祖先的神是有地方性的，崇拜者不限于一族的人，有时还传播于远处。

3. 精灵(spirits)：这一种也不是神也不是人，杂居人世隐显不定。无一定的形状，小则能隐藏于罅隙之中，大则膨胀至于极巨的状形；倏忽无定，能力甚大，而性颇凶险，颇类鬼魂，仅其来源不同而已。婆罗洲土人的 umot，马来人的 hantus,缅甸人的 nats,阿拉伯人的 jinn 都是。

4.怪物(goblins):这是较为具体化而有定状的,例如埃及人信有一种怪物名"亚夫里特"(afrêt),是由被杀害者溅在地上的血堆长出来的怪物,有时像人,有时像兽,但不能离开其发生的地方。英国人也信有 barghaist、bogzart 等妖怪,常占据黑暗的地方恐吓行人。陶列斯海峡(Torres Straits)土人说有一种女怪名 dozai,能摄去啼哭的小孩,她们的耳朵甚大,睡时可以一边当床,一边当被。怪物虽能变成人形,但其形状必是畸形的。如欧洲的常为半个头或倒足趾的,我国人则说狐狸精变人还拖一条尾巴。怪物有更为具体化的,也有出生、成长、结婚与死亡等事,并能结成社会。例如南欧的食人魅(ogre)、北欧的小妖精(elfin)、英国的仙人(fairies)、妖魔(pixies,cluricanns etc)、德意志的侏儒(dwarfs)、我国的夜叉、山魈、狐仙都是。

(这里的第三四种的分类,由编者略加改变,与 Burne 的原著有异。)

崇拜的方法,人类对于同类的应付法也施诸于所崇拜的神。崇拜方法之中,供献很为重要,所供之物以牺牲(sacrifice)为多。此外还有祭坛、奴隶、神袍、宝物等。所谓牺牲,便是供献于神的食物,其物或由神吃去,或以神的名食之,(散福)或神与人共食之。神人同食有重大的意义,因为共食能使食者之间发生连带的关系,所以和神同食更能得神的眷顾。供献的形式不一律,视乎神的居处及神的性质而定。供地神的牺牲或埋于土内,或投于岩隙谷中。对于气体的或天空的神则常焚烧而使其气上腾于天。有剥牺牲的皮以蒙于神像身上者,有将牺牲露置于空地以待神自己秘密来歆受者。更有以为神只吸取牺牲的精不食其体者,如求律人(Zuru)说神只舐一舐,便算享受了牺牲了。人类一面对神供献,一面也对神要求,这便是祈祷(prayer)了。对于超人的威力之呼援、求赦是微弱的人类的自然举动,其初人类所以祈祷大都是实际生活的需要,很少是精神上的。

由于神的崇拜而发生巫觋一种阶级。巫觋之中有正邪二类:正的是祭司或僧侣(priest),他们是神物的保管人,神社的看护者,神话的传述人。唯他方能详悉崇拜的仪式为俗人的指导。他能与神交通,转达崇拜者的希望,解释占卜,并宣传神的旨意,有时他即为神所凭附,是于神的威力都不啻他自己的,他便能驱逐能力较神为低的鬼魅了。祭司之外还有一种"术士"(wizard),这是邪的。他们代表妖怪恶灵,或由自己的魔术而作种种超人的神秘的行为。也能禳祷占卜等事,但其地位不为社会所公认。这两种人也有会合为一的,如西伯利亚的"萨满"(shaman),我国的巫觋。专门作恶的术士欧洲较多。(编者自己的意见。)

五、预兆及占卜

好奇心、智识欲以及希望洞穿神秘而明了将来的希望，是人类自然的心理。再加以精灵的观念，对于不可思议的现象之惊畏的感情，以及谬误的推理，于是预兆(omen)的信仰以成。由于这种信仰遂发生占卜(divination)，即用仪式以期发见过去未来及现在的神秘，及"详兆"(augury)，即观察及解释已生的预兆。

凡意外的或非常的事项，无论大小，无不可视为预兆。奇异的声音、剥啄、铃声，无生物如家具等的异状，个人的偶发的行动，如震颤、疼痛、颠跌、做梦等，鸟兽的动作呼叫，火或天空的奇异现象，反常的事件如不按时令的花果，不播种而生的获物，过新年或出行前所遇的事物等，都常被认为有预兆的意义。

在文明人中占卜只是个人的举动，但在未开化民族中不论在公众或个人的行为都占重要的地位，凡重大的事项无不以占卜为难。例如婆罗洲海达押克人(Sea Dyaks)，凡造屋、耕种、战争，都要先问七种"预兆的鸟"(omen birds)。有解释的定律，听鸟声时有左右前后的分别，若遇不好的征兆则所做的事须立刻停止，以待转机。台湾高山族"出草"，即出门馘取人首时，也听一种鸟名"丝主丝里"(sitsusiri)的鸣声以验吉凶。非洲西部的约鲁巴人(Yoruba)奉一个占卜的神名"伊发"(Ifa)，由祭司们于每星期(五日)的头一日用十六个棕榈核掷卜，请神以示。占卜与祭祀常相联结，所以祭祀刚完时，眼前所见鸟兽的动作常被当作神的默示。又如牺牲的内脏也可据以体察神意，各民族所常行的肩胛骨卜，大约便是牺牲占卜所变成。牺牲供献后巫觋也有为神所凭而解答叩问的。占卜是巫觋的职务之一，他们依神的力而能预言未来之事，指引人类的行为，发见疾病的原因，交通神灵，统驭鬼怪等。

占卜也有关于医药，待下节详述。占卜又常用于裁判，如非洲土人，以此为审判罪人的正式方法。巫觋们在神附身的时候能发见罪人，又如偷盗、诳语、奸淫的嫌疑犯，则试以魔术匣(magic box)、热刀、沸水或沸油，以为不受伤的便是无罪。欧洲中古也有过这种裁判法。由旁人卜断罪人的是占卜的本式；由嫌疑犯自己实行试验的是占卜的变式，可别称为"神断"(ordeal)。

关于个人私事的详兆与占卜，直至文明时代还存在，如相术、星占、详梦、神签等，至今犹盛。

有一种占卜法名为"投骨"(throwing the bones)，行于南非洲土人中，很为特别。可据以察知窃贼，追寻失牛，定住屋的位置，知行人的踪迹。并预测种种未来之事，如个人的命运，旅行的吉凶，战争的胜负，出猎的成败等。其法用家畜的趾骨多块，以代表村人。野兽的趾骨以代表林中的精灵。各种贝壳以代表各种善恶的威力。龟壳几片，代表死亡的食蚁。熊爪一个，代表悲哀的黑石一块或数块，还有各式种子及别物等。把这些东西像掷骰一样的掷下，善于断兆的便能一一说出其意义。

六、魔术

由迷信者观之，宇宙万物不论是人或动物无生物，无不有魔术性或力（magical virtue or power）。凡人都能占有一部分，以为日常生活的襄祝与咒诅之用，但占有的能力不相等。精灵鬼怪自然比人类占得更多。凡声音、语言、姿势、举动、地方、时间、程序、数目、形状、色彩、气味，都有关于魔术性。施术者可按上述种种条件而利用魔术力以制驭自然，役使精灵，杀害仇敌，惩罚盗贼，对付恋人，辟除野兽，帮助狩猎。禀赋或获得这种伟大的力量，能驱使强大的精灵或势力。熟悉最有效的仪式与符咒的人，便是最厉害的术士了。术士的法力据说有些是天赋的，即生来就有的，这一种以治病预言为多。但术士通常都须学习，须经过长时期的训练及受苦，最后方得达成道的目的。有时老术士们也选收弟子以传其道。要学占卜或交通神灵的人，以有病的、神经质的，甚或疯癫性的为最宜。但在别种魔术，也需要强健的身心。学道的方法一面是练习耐苦，如独居、断食，或食呕吐性及不自然的食物，直至于过度紧张的神经兴奋状态发生；又一方面则由老师直接教授种种法术。师父的法力要传给弟子时，常须由殴击或其他的接触，或用传达魔力的法器。所以一个术士的能力有三个来源：即天赋的魔力，传得的魔力，与习得的法术，这三种的比例各处不一律。

魔术的施行大别之有两种方法：第一种是用具体物为媒介，以间接施法于目的物，非洲的以此为多，第二种则直接使所与交通的精灵代术士做事，亚洲的大都属于这一类。通常这两法都错综交用。

无论用那一种方法，凡魔术的施行必根据"感应律"（principle of sympathy）、"象征律"（symbolism）与"反抗律"（principle of antipathy）三种原则。

感应律有二细则：(1)凡由一个全体分开的各部分仍继续互相感应，例如发与身体虽离开，仍有密切的关系，施术于发即能影响于身体。应用这原则的魔术极多，如各处蛮族常有偷取仇人的指甲、毛发等以加于偶像之上，然后施术于偶像以杀害敌人者。(2)凡曾经互相接触过的两物，以后便是离开，也仍能互相感应。例如兵器与受伤者也有关系，如把兵器磨净，则伤口便易愈，如得仇人的衣服而施术，则其人也必受影响。

象征律所表现的魔术又名为"模仿的魔术"（mimetic or imitative magic），也有两条细则：(1)同类相生（like causes like），例如针刺一个假的心脏，则仇敌的心脏也真的受伤;又如把平常的事物颠倒,如倒转椅子,倒穿衣服等能使命运转变。(2)同类相治(like cures like),例如悬挂棘刺以避电击,佩用假眼以祛邪眼,拔疯犬的毛以疗其所啮的伤。

反抗律是善的魔术(benevolent magic),即厌胜(charming)的基础。例如爱尔兰人说"恶灵憎圣水",我国人也以爆竹桃符驱鬼魅。这一种魔术是以较高的力制服较低的力,如术士的斗法便是如此。

按照上述三种原理,择定适当的地方与时间,遵行适当的方法,便是所谓魔术了。魔术的种类,据非洲黑人的一个术士说,可分为四种:(1)善的魔术,(2)恶的魔术,(3)制人的魔术,(4)役物的魔术。善的魔术据说是顶难学的,因为行善本来不如为恶的容易。获符(talisman)或"招吉物"(luck-bringers)便是这种魔术的工具。非洲土人中一个叫作亚历山大王(King Alexander)的术士曾做一种"幸运球"(luck-ball),将他的精气即魔力,由唾涎、吹气或咬啮等法,灌入球内,并声明"以神的名制成"。据说这是最有效的法物。恶的魔术是用恶物并以恶灵的名制成的,例如非洲人用滞水、墓土、樫鸟的羽、婴孩的指等物施术,以为其效极速,犹如电击之疾。制人的魔术是以魔力在冥冥之中制服别人。役物的魔术则系使用树枝、棘刺、蜂蜡等物,以达施术者的目的。澳洲土人将人骨或袋鼠骨削尖,念咒于上,将尖端置向敌人所在的方向,以为敌人必中骨而死。

咒语是魔术的要素之一。其形式有时或只系临时简单的命令,但通常都有一定的公式,或且可以歌唱。咒语常系秘密的,即唱起来也是喃喃不明,而且很快。咒语不轻传授,以为泄漏必致不灵云。咒语的要素包含:(1)神灵的名号,(2)召唤或延请,(3)命令或祈求,(4)所希望的结果。在咒语中名号极为重要,有时一篇咒语中有多数的名号,这是因为名是全体的一部分,呼名便能影响于神的本体。咒语又有起头即列举敌人的根柢,以抑制他的。咒语的字句常不甚可晓,这或者是由于口传失真,或本系来自外族。有文字后咒语便可书写为护符,以便携带,或暗藏屋中。

厌胜物(amulets)和招吉物(talisman)也是魔术的不可少的工具。其效力或由于其物质的内在力,如珊瑚、玛瑙、有孔石等。或由其物原系有力者的一部分,如圣者的骨,某种动物的爪牙,某种植物的枝果,或有力者的偶像、象征物等。或由于术士所赋予。其物的性质可以传给接触的人,如象毛能使人多力,虎爪能使人勇猛。有的能招致幸运,有的能辟除邪秽。

魔术不一定都要专家才能施行,普通人只要晓得做法,便都会有效。魔术力的发生只在姿势、动作、材料、咒语等,而不关于人的本身。在下级文化的人民中,无论何种事件都有些魔术,如生育、成丁、婚姻、死亡、战争、狩猎、捞鱼、牧畜、家事、纺织、烹饪、建筑、冶铸,甚至行窃,都有魔术。这固然常由术士执行,但也有一部分是通俗的,为常人所能自行。

七、疾病及医药

有人说"医士的起源不过就是'破邪的术士',而药学也不过是魔术的一种而已"。这话是不错的。民间的医术实在就是对付一种特殊的仇敌即"疾病"的魔术。近代文明民族的医学方能渐渐脱离魔术。在原始民族中殊难分开,但这种原始的医术虽是无理可笑,却也是人类的无智识的心理所表现,颇有研究的价值。

无科学思想的人民几乎全以疾病是独立的事情,可以随便附加或脱离人的身体,像一件衣服一样。致病的原因有的以疾病为具人格的"物",能自动的攻击人,故以痘或霍乱为神而对之禳祷。南海群岛人(South Sea Islands)则常以生病为由于犯了迷信的禁条,有的则以为是由于神灵精怪或鬼魂附体,或术士施法。

由于这种信仰,所以"医巫师"即原始的医士(medicine man)的工作是要先发见病源,然后设法对付。如作祟的是上神便恳求他,鬼魂则调停他,妖怪则驱逐他,妖巫则惩罚他。不查问病征而但靠直觉的发见,是医巫师的手段的表示。

占卜的方法也用于治病,施行时常附以叫嚣金鼓的声以吓走恶灵。有时在病者陷于人事不省的状态之际加以诘问,以为所答的便是附身的恶灵的话。

西伯利亚的萨满巫的职务大都是治病。其法通常是歌唱跳舞以求神帮助。有时病人失了魂,萨满就去追回他,照他口里所唱,他所经的路很长,有时直至阴府。有时阴府的王要求替身方许放走原因,萨满便去捉病人的亲友来代替。染病如系由于精怪的凭附,也可用替身的法,如用假造的鸟兽鱼贝等请他凭附,诱他离开人体。蛮族们又有信病发是由于吞下动物,或体内自己发生动物,如蛇、蜥蜴等,治法须诱其出来。

治病法还有希望使病人脱离肉体的或精神的痛苦,而另换一个生命的。例如假出生(mock-birth)、假埋葬(mock-burial)等,有时甚至举行假火葬而竟致发生悲惨的结果。改换人名也是一种治疗法。将病转卸给别人或物也是简单的治疗法,例如欧洲17世纪时盛行此法。有一个医生说治病的方法只需把病人的指甲屑藏于小袋内,挂在邻家的门上。疾病也可以不移给别人,而移给死体或将灭的东西,使之同归于尽。

以上所述的都是要除去病根,而非对症的治疗法。简单的对症的疗法,其初大都是利用有关神圣的人物或地方的事物,如饮神井,浴圣水,谒神庙等,甚至国王的按摩都可以愈瘵疠。厌胜物和咒语也可以治病,如我国的祝由科便是以符咒治病的。

原始的药物常是可厌恶的东西,其选采的方法只应用同类相治的原则,仅取浮泛的类似性而已。如所谓"外征的原理"(doctrine of signatures),直至于近世犹为医学界所称道。这种"原理"便是说植物或矿物由其外表的特征,可知其能治何症。如眼明草(eye-bright),因其花冠上有小黑点如瞳孔,故知其能使眼明。黄色郁金草则能医黄疸。血石则用以止血。原始的医师自然也晓得些真的药草,但他们却以为药草的采摘应当在一定的时期,并行一定的仪式,药性方有效。

第三章　惯习

一、社会的及政治的制度

社会制度(social institutions):即惯习,何故也包含于民俗之中,这是因为制度像信仰与故事一样,也是人类心理的产物,也是非物质的,不可见不可触的。制度做骨架,信仰与故事则附于其上而得表现。制度与信仰怎样互相结合,以及此二者怎样产生故事,可以由图腾制与喀斯德制而知晓。

部落(tribe)与氏族(clan)二语常混用,应先加以分辨。部落是结合不甚紧密的政治的单位,或为土著的,或为移居的,或为自主的,或为从属的,或为纯粹一个血族的,或为数个部落相合的。其相合的数部落或混合不分或仍保存原状而为副部落(sub-tribe),至于氏族则为一部落内的社会单位。据英国人类学名词联合会议所规定:"部落是游牧的或定住的,用同一语言,有幼稚的(共同)政治组织,能合力为共同行动如战争等事的一个简单的集团。""氏族是部落中行族外结婚(exogamy)的一部分集团,其世系是只据母或父一方的。"氏族有兼行图腾制(totemisms)的,其族中的分子皆自信其属于同一血统,出于同一祖先,其祖先常即系其族由以得名的"名祖"(参看天地植物动物节)。一部落中的诸民族有时结成二个以上的外婚团体,称为"分族"(phratries),若只二个则称为"半族"(moieties)。在澳洲的还更分二,四,或八个"组"(classes)。有的部落全人口只分为两个"半族",没有氏族,这种"二元的组织"(dual-organization)必行母系制,父与儿童常分属相反的半族。

喀斯德或阶级(caste)是行族内结婚的(endogamy),与氏族的行族外结婚不同。印度的高级喀斯德的行内婚是要使阶级内人与外间断绝关系。较低的喀斯德则为要保存职业的秘密。

"族缘"(clanship)与"亲缘"(kinship)也应当分别。族缘是指结合亲密的社会集团中一般分子关系;亲缘则指世系明显的实际血统关系。所以氏族与亲族(kin)不同。还有家族(family)一语的意义也常过泛,在民俗学上家族应当用以专指亲与子合成的团体,义子也可包含在内。至于较大的团体即祖父母及其子孙合成的应名为"血族"(kindred),其同居一处者则名之为"大家庭"(undivided household)。以前有人说家族最初便是父系(patrilineal family),后来又有人说在父系之前还有母系制(matrilineal family),其团体中的儿童只与母亲及其血族或氏族有关系,与父全不相干,他们不算是父亲的儿子,却反算是舅父的后裔。王位不能传给自己的儿子而须传给兄弟或外甥。家族的支配权也有"父方支配"(patripotestal)、"母方支配"(matripotestal)的分别。子女的结婚也有出嫁(patrilocal)、入赘(matrilocal)的差异,前者是女子离己家而出嫁夫家,后者是男子出己家而入居妻家。父系、父方支配及出嫁,合成父权制(father-right);母系、母方支配及入赘,合成母权制(mother-right)。现在世界上还有行母系制的民族,但所谓母权并不就是女权,因为母权家族中握权的常是母的兄弟等男人。母权家族也有演成母权政体(matriarchy)的,但颇罕见。行父权政体(patriarchy)的则自上古史上的国家以至近代的文明国都是。

蛮族的计算亲属关系常有行所谓"组别制度"(classificatory system)的,如大洋洲、印度及别处都有此俗。依此制在同一社群中凡与父母同辈的都称为父或母,凡与自己同辈而不能结婚的都称为兄弟姊妹,凡与自己的子女同辈的都称为子女。

财产权,在行母权的民族中妇女占有家屋及其内容物,并传继于其女;至于男子只占有其用具武器,及其他个人物品而已。在父权家族有独传长子的,有均分于子女的,有只分于男子的。在游牧民族中,个人的所有权只限于个人的财物,无土地所有权。但游牧民族也非全无土地权的观念,他们对于常牧的地也有一点公共财产权之意而不愿给别族侵入。

未开化民族也有习惯法。从来未有全无一点道德的准则、犯罪的法典,或裁判的方法的。即在文明民族的民间,除正式的法律以外,也常有一种私法,规定两性关系、复仇的义务、契约法、继承法以及其他社会生活的轨则等。如犯他们的私法,他们也有其传袭的刑罚以惩创犯者。未开化民族的法律自然与文明的法典不同。关于宗教的、道德的与法律的犯罪,他们是分别不清,笼统合论的。人类生命的神圣常比不上咒誓的神圣。欺犯同族的人为犯罪,但盗窃或诈骗外人常反被奖为道德。

原始的政治组织有几种形式,略举如下:

1. 澳洲的长者政治:澳洲的部落有公共的名称,共通的语言,公认的部落领土，但却无共同的政府。除行冠礼外，无共同的行为。其真正的政治单位是小地方团体，拥有部落中一部分的土地，其分子或由数氏族合成。有繁复的法律以规定团体间的关系，有重要的使者（messenger）来往于各团体间。各团体都是自治的，最高的权力握于在酋长领导之下的长老会议。会议能发生独立行动，能按法律执行裁判，能惩罚犯罪者，对于团体内外的危害团体者能代表人民表示其愤怒之意。

2. 北美的母权政治：北美印第安人中氏族是最小的集团，部落则集合氏族而有强健的中央政府。如乌延督（Wyandot）部落中的氏族各有一个会议，议员是众女家长所选出的四个女家长，其职位是终身的。另有一个酋长，是选族内男子充任的。十一个氏族的会议合成部落会议，由男子们选出一个人为"沙监"（sachem），即部落酋长。氏族会议很常开，而且不定期，部落会议每满月时开一次。此外还有军事会议，包括部落内所有壮健的男子，并公选一军事领袖。

3. 原始的贵族政体：上述澳美两种部落都是平民主义的，唯有波里尼西亚的部落却建设在紧严的贵族政体上。政权在诸酋长的手里，酋长资格以门第为最重要。各阶级中最下的是平民，包含无地产者、渔人、工匠、不能独立者、酋长的下属及奴隶等。中等的是土地所有者、绅士、农夫以及中等僧侣。阶级的分隔与贵族的维持，是用许多禁忌，以禁止下人与贵族相接触，犯者即置之死地。在新西兰尤为特别，酋长们都是神圣的，替酋长修发的都要先行净手的仪式。

4. 蛮族的王国：蛮族君主的功能常是在文明国家所想不到的，他们本身即不被当作神灵也被拟为有与神灵交通的能力，他们常负调理天气与保护收获的责任。因此他们自己的身体也非常重要，他们的举动常须遵照繁重的规则。王的选择自然是非常重要的事，世袭不是普遍的。如非洲北刚果的蒲松峨族（Bushongo）便是行蛮族王国的好代表。

二、个人生活的仪式

在原始社会中仪式兼有实利的与宗教的二方面：其一是关于社会的，又其一是关于个人的。契约如经过批准的仪式，或官吏经过就职的仪式，则其有效自然不成问题。所以在无文字的人民中，举行有见证的仪式是证明重大事件的唯一方法。这种习惯直至有文字以后还是存在。

无论在野蛮的或文明的社会中，谁人出生，谁成为大人了，谁和谁结婚，谁死去了，这些事件的证明都是第一重要的。至于由一种生活转入别种生活的仪式，在低级文化的社会里更有双重的重要。这些诞生、成年、结婚与死亡的仪式常极繁缛，各地方在原则上虽多相同，但细节上却很多变化。

更纳(M. von Gennep)氏把这些经历一段时间的联续仪式名为"通过的仪式"(rites de passage)，按其程序分为三类：(1)逐渐脱离以前状况的仪式。(2)境界期(marginal period)的仪式，其时主要事件正在转变中。已离开以前的状况，但尚未进入以后的状况，局中人生活于渐次解除的限制中。(3)个人进入新境状的仪式。

在这三时期中占卜与厌胜盛行，除正式的仪式以外还举行附属的仪式。此种分类可应用于各种重要事件的仪式，兹列述于下：

诞生——孕妇在生产前必经过，(1)暂时与社会隔离的时期，其日常所做的工作禁不敢做，几种食物禁不敢吃，有时丈夫也同她受禁制。(2)生产进行时与社会的隔离更完全，常有特备住所给她移居，使特殊的人为她服役的，这便是所谓境界期。继续至于主要的事机已过，然后(3)行净秽式，重新进入社会，有时还举行宴会。关于婴孩本身的诞生仪式，则始自与阴间的脱离，继之则为境界期，其时系介于诞生及命名或他种"迎接入世"的仪式之间，最后则在一年内婴孩须遵几种禁忌。产婆大都以特定的亲人充任，分娩常行感应性的厌胜法。在出生后与举行迎接入世的仪式之间，据说婴儿最易于中邪，所以常加以特别的保护。承继也有仪式，古希腊人与巴尔干人常举行"假出生"(mock-birth)，的仪式，罗马人则养子须举行严重的祀灶放弃式。

成年(initiation)——在蛮族中由儿童转为成人常须举行成年仪式，即我国所谓冠礼。举行成年仪式时差不多适当体质成熟之际，但不一定完全同时。男子成年须完全脱离妇女及小孩的社会，并独居于远处，忍受肉体上的不舒服，经过多少时期方止。脱出这种限制后，也不能回复以前在妇女小孩中的自由的生活，因为他已经是大人了，应当和别的大人往来，服从大人的禁忌，并享受大人的权利。成年仪式的繁简与宽严不一定，最发达的常包括：(1)耐苦与自制的试验：如断食，食物的禁忌，强逼的静默，恐惧与痛苦的隐忍，无抵抗的服从之训练。(2)行肉体的手术：如割礼(割生殖器皮)、拔齿等。(3)行为的教训：特注意于民族的或部落的婚姻规则。(4)学习秘传的保存传说的"戏剧舞"，并瞻谒秘密的神物。有时伪做的死亡与甦生，也是仪式的一部分。新成年者又常受一新名，不复用以前的名。这种严厉的成年仪式自然是为要锻炼壮丁的能力，并以巩固社会制度的。女子到将成年时也常须闭居，并有举行成年仪式以为结婚的前导的，其式大都是教以结婚生活的义务。

结婚——在低级文化中结婚有六种主要型式：(1)掠夺婚姻(marriage by capture)，掠夺妇女在蛮族社会中和掠夺奴隶家畜都是一样自然的事情，此种结婚虽未必是绝对必经的阶段，至少也可说是一种重要型式。(2)服务婚姻(marriage by service)，男人在妻家服役，期满后可带妻同去。(3)交换婚姻

(marriage by barter)，例如二男人交换其姊妹为妻，或二父亲交换其女儿为媳。(4)买卖婚姻(marriage by purchase)，男人送代价与女家以买妻。(5)此一种可以说是"前定结婚"，或由诞生即定如所谓"中表结婚"(cross-cousin marriage)，即兄弟与姊妹的子女互相为婚；或于发生变故后即须照例结婚，如"兄弟妇婚"(levirate)，兄弟死后必须娶其寡妻。(6)私奔(elopement)，在蛮族社会中也不是少见的，如男女间有爱情而不能正式结婚便常出于这一途。

婚约的交涉自始至终常经过很长的程序，包含订婚、暂时同居、限制的权利，以至于最后的结合。成婚的仪式如打结、握手、交杯、并坐，都在大众前举行，意思无非要证明两个男女的发生关系。在蛮族社会，结婚的意义除两个人的结合以外，便是生活的变迁，即由个人生活转而为结婚生活，由一家族或社群转入别家族或社群，有时或由一地方转去别地方。这种脱离以前状况进入以后状况的意思，常表现于结婚仪式中。如新妇离去己家及进入夫家都有许多仪式。新妇在新环境中，常须经过多少时候，方获得社会权利，例如不得呼丈夫的名，或和丈夫的亲人讲话或同食，都是加于新妇的禁忌。丈夫也有须服从的禁忌，如不敢与岳母相见或讲话的"岳母禁忌"(mother-in-law taboo)，常行于蛮族中。入赘自然与出嫁的风俗略有异点，但原则都是一样。

死亡——死亡是被当作灵魂与肉体相离的，所以其仪式便是处置这二者。死亡的仪式在各民族依其习惯与环境而不同，并且依其灵魂观念与死后世界的信仰而有异。处置肉体的方法最常见者有两种：即火葬(cremation)及土葬(interment)，有时两种合并，埋葬后再挖出烧化。有行水葬(burial by water)的，将尸体抛掷水内，如印度人掷尸于圣水恒河内。有行露天葬(exposure)的，如西藏人将尸体露置给鸟兽吃。此外还有一种最奇的，便是非洲人的风俗，把尸体宰割了给亲人吃净，这竟可称为"人腹葬"了。所有这些方法，其目的都是要把死人的遗体隔离、隐藏，或毁灭。但此外却有少数民族，反要把他保存下来。有的用木乃伊法(mummification)，有的则保存骨头。游牧民族常携带死人的骨头，经过数年之久。骨头之中最常被保藏的是头颅，在海洋洲常把头颅行过净礼，保存为占卜祈祷之用。仪式视乎对死人的观念而定。关于灵魂的去处的信仰，影响于处置尸体的方法。灵魂所居如在地下，自然是以土葬为常；灵魂如住海外，则尸体或者便置小艇内，任他漂去。关于"尸床"(deathbed)的仪式，大都是由于畏惧邪祟，不晓得究竟是畏死人的鬼，或是畏可怕的死的现象，但这种畏惧的心理却很普遍。在蛮族中病人常被移置另一小屋，免致死后被其鬼占据正屋。居丧(mourning)的人大都改变平时的形状，如平时剪发的则留而不剪。辫发或束发的则改为散发。穿衣服则故意翻转。有时居丧者完全去掉衣服，绘画身体，有的甚且断去一指，或刺体流血。居丧者又常断食，至少也断炊。居丧的状态何以与平时相反，有人说是由于辟邪的禁忌,有的则说是由于畏惧死人,所以改变形状使他不能认。尸体移去时常用方法使鬼魂不能回头来,有时把两臂绑合,有时甚且将他支解,有时令足部向前,有时绕路以达葬地。出门时常不由正门,而由另开的"尸门"(cospse-door)以出。死者在冥世需用品的供给也是很普通的事,其用意或者为要使死者的生活舒服,或者要使鬼魂不想回家作祟。殉葬物中常有置钱的,或是要使死者在冥间买路之用。物的殉葬以外,还有人的殉葬,如奴仆妻妾等。丧期的终止也常有仪式。丧仪常以丧宴为结尾。丧仪完全终结后,生者对于死者的态度也改变,死者的鬼魂不再被视为可畏的,而反以为是可亲的,以后便常被祷请以参加于年年为他们而设的宴会。

三、职业

战争:战争不是蛮族的常态,只有以剽掠为生的部落或海盗方以此为职业。有组织的战争必须有有组织的社会,最好战的民族如毛利人(Maoris)和北美印第安人,都有一点独立的文化。有些部落如乌延督族(Wyandots),在平常的政治机关以外且有战时的特别机关。战士个人的预备,出发时的生活状况,归时回复平常生活的仪式等,可以证明战争在他们也不是平常的事件,而是不轻举措的大事。蛮族的战时生活可以奥沙哲(Osage)族为例:决定开战以后,战士们便搽绘身体,并举行战舞,整理兵器,离开妻室,实行断食。斋戒沐浴,祈祷胜利。服食麻醉性植物,以熊油搽体。最后再举行另一种战舞,摹仿各种战争的状态。如此预备清楚了,便出发向前。但在战期中还有许多厌胜的禁忌须遵守。战毕回家时,必掷去出发时的食具,有些部落的凯旋战士还须先住于特设的地方,并经过净秽礼,方回复其平常生活。像这样的风俗,各处蛮族都略相同。还有妇女们,当男子出战时也必须行感应的魔术,并遵守禁忌,以助其成功,例如不跳舞、不倒卧等。用于战争的法物很多,常佩在身上,其效用是使战士多力多幸运。

狩猎:狩猎的预备与战争多相同。北美印第安人在出猎前常行厌胜式的跳舞,化装为所要捕的动物,仿效其动作,希望以此暗制真的动物,而使之容易被捕。在出发猎熊以前,猎人有时向熊讲话,请他不要发怒奋斗,求他同情而受捕。熊杀死了,又有仪式以平其精灵的怒,几乎当他做人一样。在非洲刚果的蒲松峨族(Bushongo),出猎前先偷了邻村的鸡或羊,如光明的得来法便无效。在"狩猎神物"(hunting-fetish)之前,将他杀死,把血搽于神物上,肉则猎人自吃。狩猎回来后也要举行仪式至数日之久。

渔业:渔业的仪式也与狩猎同样。陶列斯海峡群岛(Torres Strait Islands)土人常行厌胜式跳舞,以帮助捞鱼。女人们忌入捞鳖的小艇,并不能加入渔人队里。小艇须烧草熏它,使它洁净,渔人则以鳖油和木炭搽身。出发时必吹"牛吼器"(bull-roarer),将偶像安置船上并祷请其精灵降临。别处的渔业也常如此。

牧畜:印度人的敬牛是著名的,而托达人(Todas)对于出乳的牛的看护且成为一种崇拜仪式。他们并不是真的以牛为神,而却是视榨乳所为圣地。榨乳者为僧侣,而日日的榨乳动作为宗教仪式。他们服用牛的乳,但不食牛的肉,只有在一定时期要将牛做牺牲方才杀它。牧羊的民俗比牧牛的为少,但用羊肩胛骨占卜的风俗是很广的。非洲的巴干达族(Baganda)女人不敢吃羊肉,而男人的宰羊必站在羊后面,不敢使它看见,恐怕羊的灵魂报仇。

农业——农耕的仪式是要使土壤肥沃,收获丰富。有一个最著名的例便是昆特族(Khonds)对于"地母"(earth-goddess)的杀人祭献。他们把做牺牲的人关闭了数年,视为神灵,加以崇敬,到了播种的时候然后把他杀死,群众碎割他的肉埋于田内,头颅骨骼和内脏则同一只羊一齐烧化,将灰扬于田上,或混于谷内,使虫不敢近。此外关于农耕的别种仪式也大都是应用感应的或象征的魔术。例如妇女于播种时故意把发散开,希望使谷物繁盛。男人将盛种子的袋高掷空中,以使谷物长得高。祈雨的仪式也是农事的一种,世界上极多。有些民族把雨的本身当作具人格的物,直接对它施法;有的又以为另有管理下雨的神,因而转对他们祈祷。祈雨的法,例如呼人为雨而叫喊他,以使真的雨下降;或令人站近井边,身披树叶,然后将水淋他;或向空发火器以逼雨降落。关于收获的仪式,在英国乡间最常见的,是将谷物的穗束为人形,称之为偶人、婴孩、姑娘、老婆子,或"收获的母"(harvest mother),保藏到次年,以为可使收获丰盛。"初穗"(first-fruits)即最初的获物,在蛮族中常有重大意义,有以之祭神的,有分给特殊的人如酋长、僧侣、医巫师等人的,有时由众人举行仪式把它分吃。

工艺:人类初时的各种工艺必是个人或各家族都要担任,后来才逐渐分化而成为专业。磨谷业、面包业、纺纱业、织布业、樵采业、烧陶业、冶铸业等,可以说是最古的。其演成为专业时,必连其惯俗都带下来。惯俗之生或者早于分工,例如伐木的仪式,纺纱的禁忌,烘面包的预兆,必在各该业成为专业之前便发生。各种工业在社会上的地位也常不等。铁匠常被信为具神秘力,能疗病及施术,他们也自以为是最古的工艺,百业都要倚赖他。在欧洲的打石工与泥水匠自中古以来常受社会上的敬重,而裁缝纺工与磨粉工则被贱视。

四、历及斋节目

人类虽愚,也无有不晓得昼夜明暗是由于太阳的。但除此以外,太阳在时间的计算上,便不是主要的标准了。冬夏至和春秋分是温带和高纬度地方的现象,太阳历在日夜不变的热带地方自然是不晓得。在热带地方只有燥季与湿季是一年中的区分,例如印第安人常说"热天"、"寒天"、"雨天"。在乌干达(Uganda)地方六个月之中有燥湿二期,所以土人便以六个月为一年。在刚果的蒲松峨人,因为燥期不生产,便不把它算在一年内。在新几内亚的一年是自上次的甘薯的收获期至下次的收获期。台湾的番族也在收获期毕做新年,月日无一定。巴须陀人(Basuto)有较高的文化,他们以星为计历的标准,以早春为新年。山威池岛人、社会岛人和毛利人都是海滨的居民,他们也以半年一出没的昴宿(Pleiades)为计时的标准。太阳与星都不及月球,月球在无论什么地方都是最明显的时间标准,而各民族也无有不认识月球的变化的。月的变化据说能影响于农作物的长成,所以极有关于农事。有很多民族加各月以特别的名,如印第安人的萧族(Sioux)有"落叶的月"、"狼成群的月"、"鸭来的月"、"草青的月"、"种玉蜀黍的月"、"牛肥的月"、"梅红的月"等名称,我国也有"花月"、"荔月"的名词。

每季每月或每年的转递间,常有行仪式的节日。如北印度的 holi 节,在每年早春"满月"(phālgun)有盛大的仪式。又如尼泊尔人在过年时将一根木雕的柱在宫殿前烧毁,据说是要烧去旧年。鬼魂的年祭在欧亚非三洲都有,有的在收获期之终,有的在年终。在印度的名为"灯祭"(diwāli),在我国的有盂兰盆节或普度等。舟节是很古的,在古埃及便有,其后由阿拉伯人传至东方。岁月递嬗不绝,旧的死了,新的便生出来。所以在新旧年过渡的时候,人类常举行占卜祭祀厌胜跳舞等事,也不分是送旧或是迎新。或者可以说假战角技,以及所有破坏烧毁掩埋丢弃各物件,或赶走人与动物,都是表明旧年或旧季的过去。至于以行列跳舞的仪式,移搬树船犁及别物,或献物宴会等,都是祝贺新年的来临。

斋日或禁忌期也常见。如英国人在耶稣诞节中不纺纱,在其前一日的星期五不洗濯。这种禁忌日或安息日常成为凶日或祭日。

五、竞赛及游戏

竞赛(games)在民俗中初看似不重要,其实不然。但竞赛对于民俗学的价值由其起源的差异而不同。竞赛多数是原始时代的遗留物,而且常带有"魔术、宗教的"(magico-religious)性质。所以有时在一地方是宗教仪式的事物,在别地方又变成玩戏的东西,如牛吼器便是这样。在玩戏中或者可寻出许多无记载的历史上的陈迹,例如数目歌或者是原始时代的计算法,球戏及其他运动或者是武术的起源。原因是不须远求的,儿童本来是好模仿而又有保守性,世界上的儿童都模仿大人的生活,其游戏中常保存了许多久经绝迹的事实。由他们的假拟恋爱结婚丧事及其他社会事件,可以看出古时的状况。唱歌竞赛也是古时遗留的,不但是叙述的而且是表演的,可以表现跳舞与戏剧未分的形式。

跳舞在原始民族中极盛。跳舞能表现一民族的最近的发展,如澳洲土人将新观念表现于新跳舞中,又能保存传说与失了旧意义的古语。跳舞有时还有伦理的价值,例如"歌赛"、"大鼓舞"在西格陵兰可用以息争,吠陀人或南美火国(Tierra del Fuego)人则用跳舞以表示感谢。跳舞与仪式相结合的极为普遍,例如魔术舞、战争舞、狩猎舞、祝祭舞都很常见。西伯利亚的萨满巫和美洲的医巫师都用跳舞施术。在高等文化的民族中跳舞渐减少其仪式性,而增加游戏性。

牌子戏、骰子戏或者可以溯源于箭,因为牌子戏是中国最先发明的,后来方由阿拉伯人等传去西洋,中国古时有投壶的戏,所投的便是箭,后来逐渐变成竹签,最后或者便变成现在中国式或西洋式的牌子。

游戏和占卜也有关系,因为凡有成败的意味的事都可用为占卜;例如羊蹠骨戏在英国不过是一种游戏,但在非洲却用以占卜。

竞赛与游戏在形式上颇不易分,兹略为分别如下:凡带有胜负之意的可称为竞赛,如无这种意义,只不过随意玩戏的,可名为游戏。运动若有争胜之意的可归入竞赛一类,否则可算作游戏。兹列表于下:

(甲)游戏(pastimes)

(1)儿童的游戏。

(2)身体或心灵的技术游戏。

(3)为游戏的运动:如游泳、跑步、摇船、打秋千、踏高跷、溜冰等。

(4)合拍的动作:如"歌谣戏"、跳舞等。

(5)假装(mimicry):如儿童学大人,或人类学动物。假装与合拍的动作联合便是"戏剧舞"(dramalic dance),后来便成为戏剧。

(乙)竞赛(games)

(1)败者受罚的竞赛。

(a)追逐捕捉或寻觅的竞赛(这一类和供牺牲或选国工或者有关)。

(b)丧失资格的竞赛(forfeit games):失败者被戏弄,有滑稽的意义。

(2)胜者受奖的竞赛。

(a)智力的竞赛:如辨物、猜谜。

(b)体力的竞赛:如角力、比拳、击剑、比枪棒等,又动物斗如斗鸡、斗熊、斗牛等。

(c)技术的竞赛:这是有组织有规则的竞赛,如各种球戏及其他运动比赛。

(d)机会的竞赛及机会技能相合的竞赛:如博戏等。

第四章　故事歌谣及成语

一、故事

没有文字或虽有而不很发达的民族常发挥其智力于故事、歌谣、谚语、谜语一方面。这些口传的东西也不可以鄙视,他们所表现的是人类初期的推理、记忆与幻想等,凡心理学家民族学家们都不可不加注意。

传袭的故事可略分为神话、传说(legends)与民谭(folktales or Märchen)。传说包含英雄谈(hero tales)与古事记(sagas)。民谭包含各种零碎的东西,如动物故事(beast tales)、愚人故事(drolls)、层积的故事(cumulative tales)及寓言(apologues)等。

神话是说明的故事(ætiological stories),是要说明宇宙、生死、人类、动物、种族、男女、宗教仪式、古旧风俗以及其他有神秘性的事物的原因,内容虽很奇异,常出于事理之外,但却为民众所确信。例如开辟的神话(creative myths),各民族大抵都有,有的说最初是由一个动物创造了天地,而人类乃由一丛芦苇生出来,或由一只牛呕出来;有的说最初是由一个超人的物创造人类,以后则由这第一个人继续造成万物;有的又说最初有一个善神巡行这已造成的天地,将种种物类颁给各处。关于海水及陆地的来源,或说是一个神创造了陆地,另一个恶魔则造成海水以淹没他;或说最初有超人的物住在陆地上以后乃创出海水以供使用;有的又说海水先成后来方由神或英雄们将陆地钓上来。开辟的神话大都如此;以外还有各种特别的自然物、史前遗物、某种动植物的形状与颜色、人名与地名的意义等,都是神话的资料。

兹举斯宾斯(Spence)的神话分类表于下,以见神话的一斑。神话学已经发展为独立的科学,有志深探者可看专书。

1. 开辟神话(Creative Myths)。
2. 人类起源神话(Myths of the Origin of Man)。
3. 洪水神话(Flood Myths)。
4. 褒赏神话(Myths of a Place of Reward)。
5. 惩罚神话(Myths of a Place of Punishment)。
6. 太阳神话(Sun Myths)。
7. 太阴神话(Moon Myths)。

8. 英雄神话(Hero Myths)。

9. 动物神话(Beast Myths)。

10. 惯习或仪式神话(Myths to Account for Custom or Rites)。

11. 阴间旅行神话(Myths of Journeys or Adventures through Underworld or Place of the Dead)。

12. 神灵降生神话(Myths regarding the Birth of Gods)。

13. 火的神话(Fire Myths)。

14. 星辰神话(Star Myths)。

15. 死亡神话(Myths of Dead)。

16. 死者食物神话(Myths of the Food of the Dead Formula)。

17. 禁忌神话(Myths regarding Taboo)。

18. 解体神话(Dismemberment Myths)。

19. 战斗神话(Dualistic Myths)。

20. 生活技术起源神话(Myths of the Origin of the Arts of Life)。

21. 灵魂神话(Soul Myths)。

传说(legends)不是要说明什么,而只是要叙述大家共信为确曾发生的某种事件,例如某一回的大水、移民、战争、建筑等事。传说所述事迹虽有时不很正确,甚或全无根据,然其中的人物却常是真的。传说中凡叙述一个英雄的事迹,只假定他个人的存在,而不涉及其他事项的,称为"英雄谈"(hero tales),至于详述历史人物的冒险与生活的一长串连续的传说,则称为"古事记"(sagas)。凡战争、迁徙、"文化的英雄"等故事,不可一闻即断其为无稽,故事中虽常有不可能的事,然有时也含有真确的史迹。蛮族中常有一部分人专司保存及传述一族中的故事,可见此种故事很为重要。

民谭(folk tales or Märchen)是专供娱乐的故事但也有历史的价值,因为其中的背景可以表示他成立时的实际社会状况。民谭与传说的差异,不但在其性质不像传说的严重,某形式也有不同,即(1)人物无名姓,(2)无一定的时间与地方,(3)有一定的构造及结局。由此可知传袭的故事可分为二类,即当作事实的神话与传说及专供娱乐的民谭。

民谭的种类很多,略举数种于下:动物故事(beast tales)其主人公是动物,但却能够说话动作如人类。这一种故事在蛮族中较多,蛮人对于物类的分别似乎不很明晰,而且故事中动物的动作也常非其肉体所可能,例如兔和象租耕一个人的田地,燕子请公鸡吃饭,野兔的妻去河边挑水被鳄鱼抓去,乌龟在长老会议中诉说他的不平,都很好笑。但在这种故事中关于心理方面的描写却很精确,这一个强横,那一个狡猾,别一个又很懒惰都能表现出来。愚人故事(drolls)是滑稽的故事,以愚人的愚笨为主题,文明民族中也常有之。层积的故事（cumulative tales）是由形式而论，不是由题材的，在其中的每段必重述以前的各段，以至于"极点"，以后又依次退下。仪式的讽诵文也常有这种形式。寓言是含有意识的及道德的目的而构成的，所以很与谚语相类。在非洲西部土人中，这种短篇故事且可引为法律上的准则，以供裁判的参考。

民谭自然是多由传袭而来，但民谭也极易于流播。例如美拉尼西亚土人（Melanesians）乘小艇往来各岛是很寻常的事，只要驻宿一夜，两族间应酬了一回，他们各有的民谭或者便因而流播了。世界上的民族，不易于互相同化其惯习的，或者也会同化其民谭，可见民谭是富于传播性的了。民谭题目的变化及其分布，是很重要的现象。题目的选择不但由于环境，而且由于种族的特性；有的民族喜欢带说明性的，有的则倾于带教训性的，有的则专爱怪异性的。其吸收外来的民谭也必由于己族的特性及环境而定。

二、歌谣

歌谣是多方面而且很普遍的一种表现法。民俗学的研究歌谣是要观察它在民众生活中的地位，它侵入于生活中的那一方面，以及它的种种形式是怎样的。歌辞（verse）与曲调（melody）都包括在一起，因为在下级文化的人民中，这两者是不分的。而且观于音乐的或其他人工的声调与宗教仪式的关系，可知音乐是很应注意的。

歌谣与宗教的关系，证据很多。刚果地方的土人说：歌谣是用以和别个世界的人交通的，是用以对"上面的人"（above-folk）即天上的人讲话的。北美印第安人的祷辞常出以歌唱，即在文明民族也常如此。各民族的巫觋的咒文也常是有韵的歌辞。战歌、恋歌、摇篮歌、挽歌、结婚歌，其始也都带有厌胜之意。养牛的民族常有奖牛努力或催牛出乳的歌谣，这也可说是有咒文的性质。人类劳动的时候，特别是协力劳动的时候，常伴以歌谣，这或者也是有厌胜的意思，但还有实际的效用，即一面可以鼓舞劳动者的精神，一面又可使其动作整齐合拍。以上是歌谣之影响于劳动的，反之劳动也能影响音乐，例如荡桨或运捶的起落有度，军队步伐的整齐划一，都能助成歌辞的节奏与韵律。

跳舞也是这样，歌辞一面能够鼓动跳舞者的精神，一面又能使他们动作合拍。蛮族的跳舞歌常很简短，念完又念。欧洲西北部的"谭歌"或"故事歌"（ballads），原来也是跳舞歌的一种。

叙事的歌谣最初必定是作谭歌的形式。新几内亚土人的歌谣中有一种叙述故事的，可以一段一段唱起来，并且伴以跳舞，例如下举的一只谭歌有六十余句的长，是叙述古时某处屋子的建筑和破坏的故事，兹举其一段于下：（歌中的亚伯尔 Abere 是他们的民族英雄。）

"亚伯尔属下的人民割去他们所要他造屋的地方的草。

亚伯尔属下的人民为要造屋现在为他烧草。

亚伯尔属下的人民为要造屋现在为他清土地。

亚伯尔属下的人民为要造屋现在为他去砍柱。

亚伯尔属下的人民现在为他砍伐造屋的柱。

亚伯尔属下的人民现在为他砍去柱的另一头。

亚伯尔属下的人民现在为他运柱。

亚伯尔属下的人民现在为他掘地要插柱。

亚伯尔属下的人民现在为他上短柱。

亚伯尔属下的人民现在为他上横梁。

……"

英文原译如下：

"People belong Abere cut him bush what place they want him make darimo.

People belong Abere burn him bush now for darimo.

People belong Abere clear him ground now for darimo.

People belong Abere go cut him post now for darimo.

People belong Abere cut him post now belong darimo.

People belong Abere cut him other end belong post.

People belong Abere carry him post now.

People belong Abere dig him hole now for post.

People belong Abere put him up abo.

People belong Abere put him mao.

……"

散文的民谭里面参插以断片的歌辞的很为常见，例如澳洲土人有叙述被弃的母亲的一段故事，其中有地下寻子的一节是可唱的歌辞。其辞如下：

"我寻找泥土，（或即指死人）向下去，

反向下去，

拆裂了硬的土地我下去，

我背后流血了，是的，我去，

血成一道了，是的，我下去，

地的深处，我再反下去。"

"Earth I, clay seeking, under go.

Backwards down go,

Hard earth splitting yes, I down go,

After me drawing,yes,I go,
Blood in streaks,yes,I down go,
Earth depth I back again go."

由这种无技术的作品进至于以诗为独立的艺术且专为娱乐用的时代,还需要很长的程途。在其间逐渐发生素朴的叙事诗,以叙述并纪念民族英雄的功绩;并且还有一种"唱诗人"(bards),专以歌唱这种诗为职业,其生活有时仰给于统治者,有时则由人民供给他。古代希腊的荷马便是这一种人,又如俾路支斯坦(Baluchistan)有一种部落叫作顿姆人(Doms),专门游行各地,唱这种诗歌,唱时还伴以粗朴的弦线乐器,其歌都是口传的。兹举他们所唱的一段于下:

"Gwaharam 在 Mir-Han 被杀的一天唱道:

'我们去会集在那个荒凉的山下的小丘纵观那野驴所栖息的不毛的平原。让那些 Rinds 人和 Dombkis 人同来,让那些 Bhanjars 人和 Jatois 人再肆他们的诛嘲。

'Rinds 人穿了长靴带了奴仆们来了。他们由各村恣取人们的血,于是有名的 Malik Mir-Han 也遭惨杀了。Chakur 乘夜逃走,拿了一根杖驱他的母牛并饲养他的青黑色的水牛!Rehan 和雄伟的 Safar,Ahmad 和高贵的 Kalo 都到那里去了呢?……'"

再举他们的一首恋歌于下:
"我的指环在你的指上,请你不要转回去;
你是我的旧恋人,请你不要转回去;
你的盟誓在我的指上,请你不要转回去;
你是从来没有差错的,请你不要转回去。"

歌谣有两种:(1)"独立的歌谣",像故事一样极易传播,由于游牧者、航海者或奴隶们,有时可以传到天边海角去。(2)"附属的歌谣",便与上不同,常附属于仪式祝祭节日或其他,而不易流播。

三、谚语及谜语

德克勒(de Clercq)氏说:"有一种东西值得详细观察,并且差不多进入宗教的领域的,这便是土人们的道德观念。他们以什么为恶,什么为善?他们奖励什么,惩罚什么?在他们眼中,谁是可敬的,谁是可恶的?这些问题每个传教师都应当答应得出。这些问题的答案,只需在土人们的谚语、俚言或道德谭中去找便有了。"

各民族的谚语常不为人所注意,其实这是很值得精细的研究的。因为谚语所表现的不是失了意义的遗留物,而是谈述者的实际的观念,这便是他们的实际的生活哲学或行为的原则。

种族的或国民的特性常表现于谚语中。东方人的定命论可由旁遮普人的谚语看出,他们说:"生与死,荣与辱,都在命运的手里。"又说:"命运是无可转移的。"欧洲人则说:"天助自助者。"可见态度的不同。西班牙人嘲笑贪吝者说:"死人的寿衣没有袋子。"由此可看出他们的诙谐癖。苏格兰人说:"朋友像提琴的弦,绞得太紧便要断。"由此可以看出他们的慎虑性。爱尔兰人则说:"遇到了恶魔的时候,也来得及对他说一句早安。"他们的豪爽不拘的性质也完全表现出来。

社会制度常生出谚语来。非洲的土人说:"敬爱国王并不坏,但为国王所敬爱却更好。"埃及的农奴说:"他打了我还说我为什么哭。"这便是被压迫者的呼声。英国农人说:"大家的女儿不要娶,磨房的猪不要买。"这便是表现社会阶级的观念。还有关于结婚的则说:"迎进一位丈夫,便是迎进一位主人。"关于家庭的则有"木的母胜于金的父。""小孩初时是手病,以后便是心病。"

还有很多谚语是起于职业和环境的。意大利城市人民说:"热闹的广场不能造自己的屋。"西非洲做行商的黑人说:"鸟儿们造巢,来来往往。""不要在路上交朋友,小心尔的刀子。""没有人把猪交给豺看管。"但同样的意见也常见于各地方或异职业的谚语。法国人说"鸡卵不打破,炒卵做不成"。挪威人则说:"走平路的到不得山上。"又如英国人说:"小鸡未孵出,不要先计算。"荷兰人则说:"青鱼未入网,不要说是尔的鱼。"苏格兰人也说:"鱼未捞到手,不要先打算破鱼腹。"意大利人也说:"不要卖窠里的鸟。"我国人也有"未生子先呼名"的谚语,都是同意义的。

谚语的分类有很多种,按照形式则可分为两大类:(1)完全谚语(proverbs proper),即成为全句者,(2)断片谚语(proverbial phrases),不成全句,但意思已隐括在内。

1. 完全谚语可再分为(1)格言(maxim)或警语(aphorism),这是直率叙述的,(2)隐喻(metaphor),这是由比喻类推的。

格言或警语的例如下:
"优美和速成不容易在一起。"
"正直是最好的计策。"
"恋爱和咳嗽都是不能瞒人的。"
"赞美昼间要等夜到,赞美人的一生要等他完结。"
"盖棺论定。"(我国的谚语,与上一句同意。)
"惩罚是跛子,但他总会到。"
"善恶到头终有报,只争来早与来迟。"(这也是与上句同意的中国谚语。)

隐喻的谚语如下：

"被咒骂的牛，角不会长。"

"在手的一枝鸟毛，胜过空中的一只飞鸟。"

"小狗赶兔，大狗抓到。"

"一次失败，二次害羞。"

"一只狗一块骨头。"（公平）

"豺浸蓝汁，自以为变成孔雀。"

2.断片的谚语也可分为隐喻（metaphor）和直喻（similes）二种，其例如下：

隐喻：

"把车放在马背上。"（冠履倒置）

"赞美自己的牧场好。"（自誉）

"刍草中找针。"（徒劳）

"和兔子赛跑，和狗赛猎。"（不自量）

直喻：

"安静像羊羔儿。"

"穷得像教堂的老鼠。"

"像牛乳中的木屑，无甚好坏。"

……

谜语在低等文化中不只是机智的游戏，而实是希望解决的问题。谚语虽也有用譬喻之处，谜语却用更暧昧的譬喻，以描写事物，使猜解的人更要运用智力上的技巧，所以制谜与猜谜成为智力的考试及语言上的竞争。有些民族不但用谜语为游戏，并且用以为教育的工具，当作智力测验的方法。例如在故事中常说有一青年因解了悬赏的谜语而得娶公主，而猜不中的有名智士则被罚死刑等事。

问题的形式，都是照有名的厄狄帕斯（Edipus）谜语的例子，即"什么东西在早上是四个足，中午二个足，晚上三个足"？例如"无足无翼，却能速行，岩隙河流或墙壁都不能阻住它，这是什么？"（声，Basuto人的谚）。"长而细的女商人，永远不曾入市场。"（船，Yoruba人的。）"一队白马围绕红色的小山，忽然齐动，忽然齐止。"（齿，英国的。）谜语在我国极多，是世界有名的，俯拾即是，无烦举例。

四、习惯的韵语及地方俗语

有韵律的语句有时虽似乎无意义，但却很有探索的价值。例如略具诗歌形式的咒语或祷文，原是古代仪式的重要部分，因其有耐久性，所以常比较仪式存留更久。这种韵语可称为"公式语"(formulae)。这种公式语传到后来或与别的事项结合,成为竞赛语、儿歌或其他琐屑的标语。这种韵语在蛮族社会不很重要,但在文明民族却很多。其较古的可以表现古代社会状况,较新的可以显示民族的特性。法术上所用的公式语有伤害人的,有治疗人的,有呼召鬼魂的,种类很多。有韵的公式语也用于法律上,例如"执有及保持"(to have and to hold)一语,不但用于财产的授受,并且也用于婚姻上。(英国)又如"不论在床上或在食桌上,都要快乐而服从"。这句有趣的话也是结婚的公式语。(英国)古印度的摩拉法典也是用韵文写的,而盎格鲁撒克逊的古法律也是有韵的,据说是为便于记忆起见。欧洲中古时守森林的官颁布他的禁令也是可诵的韵语,其辞如下:

"带狗的,站马厩,衣背钩裂手流血。"

"Dog draw, stable stand,

Back berend, and bloody hand."

有韵的语句除上述外还有一种专助记忆而可歌唱的名为歌诀(memorial thymes)。这原是不识字的人民用以保存智识的。这种歌诀很多关于天气或收获,吉征或凶兆以及自然界的各种事物等。略举数例于下:

"郭公鸟飞来荒草丛,

卖尔的马,买尔的谷。"

"If the cuccoo comes to a empty thorn,

Sell your horse and buy your born."

"三月雨,五月风,

多青草少干草。"

"A wet March and a windy May,

Plenty of good grass and little good hay."

"五月的一窝蜂值得一堆秣草,

六月的一窝蜂值得一个银匙,

七月的一窝蜂值不上一只苍蝇。"

"A swarm of bees in May is worth a load of hay,

A swarm in June is worth a silver spoon,

A swarm in July is not worth a fly."

我国这类的歌诀也很多,例如:

"云行东,雨无踪,车马通。云行西,马溅泥,水没犁。云行南,雨潺潺,水涨潭。云行北,雨便足,好晒谷。"

"檐前插柳青,农人休望晴;檐前插柳焦,农人好作骄。"

"日没胭脂红,无雨必有风。"

"十年九不收,一收胜十秋。"

有时民间韵语是为纪念历史上的大事件的,例如英国的一首民谣:

"零丁丁,我听见一只鸟儿鸣;
国会的兵士举行对王的欢迎。"
"Ring-a-ding-ding, I heard a bird sing,
The Parliament soldiers are gone for the king!"

我国这类民谣也甚多,例如下举的一首:

"东海大鱼化为龙,男便为王女为公,问在何所洛门东。"

地方的嘲谑语(local gibes)或有韵或无韵,各处都有,尤以相距不远的小村落间为最多。各村大都有其诨名用以互相嘲弄。此外如战叫、标语、家族诨名、个人绰号形容的成语等,也都是很有意义,而应加注意。此等无记载的过去的琐屑遗留物中,所蕴藏的社会史实在不少;它们能反映出旧日的乡村生活,那种生活的不安、平凡、对自然的密切,顽强的地方性等,一一表现出来。

参考书目录

本书系以英国民俗学会会长彭尼女士(C. S. Burne)所著《民俗学概论》(*Handbook of Folklore*. 1914)为蓝本,撮译其要点,并以己意略加改变,而文字与细目亦常有不同之处,此等处均由编者负责。此外并参考下列诸书略有增加。

1. Gomme, G. L., *Folklore as an Historical Science*
2. Gomme, G. L., *Ethnology in Folklore*
3. Marett, R. R., *Psychology and Folklore*
4. Hastings, J., Encyclopædia of Religion and Ethics: Folklore
5. Encyclopædia Britannica, *Folklore*
6. 西村真次:《神话学概论》。
7. 关正雄译,バヘソ著:《民俗学概论》。

(商务印书馆 1934 年版)